EDGAR HÖSCH

GESCHICHTE DER BALKANLÄNDER

VON DER FRÜHZEIT BIS ZUR GEGENWART

VERLAG C.H. BECK MÜNCHEN

Mit 4 Karten

Die Deutsche Bibliothek – CIP-Einheitsaufnahme

Hösch, Edgar:
Geschichte der Balkanländer : von d. Frühzeit bis zur Gegenwart / Edgar Hösch. – 3., durchges. u. erw. Aufl. – München : Beck 1995
(Beck's Historische Bibliothek)

ISBN 3 406 40014 0

ISBN 3406 40014 0

3., durchgesehene und erweiterte Auflage. 1995

Gesamtherstellung: Kösel, Kempten
Gedruckt auf alterungsbeständigem (säurefreiem) Papier, gemäß der ANSI-Norm für Bibliotheken
Printed in Germany

Meiner Mutter
zum 85. Geburtstag

Inhalt

Anhang

Vorwort

Die Völker des «Balkans» sind seit dem Wendejahr 1989, das in Ost- und Südosteuropa das Ende der kommunistischen Parteiherrschaft einleitete, aus ihrer peripheren Lage am Südostrand des europäischen Kontinents in den Mittelpunkt des öffentlichen Interesses gerückt. Die Schreckensbilder des Bürgerkrieges und des erbitterten Volkstumskampfes im zerfallenden Jugoslawien öffneten den Blick auf eine völlig andersgeartete Welt inmitten Europas, über die aus unseren gängigen Geschichtsbüchern kaum verläßliche Informationen zu erhalten sind.

Einem breiteren Leserkreis erste Verständnishilfen an die Hand zu geben, war die Absicht bei der Zusammenstellung dieses Bandes. Er wird nunmehr in einer überarbeiteten und ergänzten zweiten Auflage vorgelegt. Der Verfasser war sich angesichts der notwendigen umfangmäßigen Beschränkungen sehr wohl der Gefahr bewußt, dem kundigeren Leser allzu summarische Verkürzungen zuzumuten und dem wißbegierigen mit groben Durchblicken und Zusammenfassungen komplexer Vorgänge einen nur unzulänglichen Ausschnitt aus diesem unerschöpflichen Kaleidoskop der Völker und Kulturen anzubieten. Mehr als eine Einführung in die wechselvolle politische Geschichte der zentralbalkanischen Landschaften von der Antike bis zur Gegenwart konnte hier nicht versucht werden. An der Entstehung, dem Aufbau und dem Zerfall politischer Herrschaftsbildungen durch die Jahrhunderte sollten die besonderen Organisationsprobleme eines Raumes nachgezeichnet werden, der in seiner schicksalhaften geographischen Zwischenlage immer wieder als Objekt machtpolitischer Überlegungen in das Expansionsstreben starker Randstaaten einbezogen und an der dauerhaften Verwirklichung eines Eigenlebens gehindert worden ist. Unter diesem allgemeinen Blickpunkt, Möglichkeiten und Grenzen in der Geschichte Südosteuropas aufzuzeigen, mußte von einer einfachen Aneinanderreihung einzelner Nationalgeschichten ebenso abgesehen werden wie von einer betonten Hervorkehrung der neuzeitlichen oder zeitgeschichtlichen Entwicklungslinien.

Es zählt zu den Besonderheiten der südosteuropäischen Geschichte im Gesamtspektrum Europas, daß hier durch die Jahrhunderte die unterschiedlichsten Völker, Sprachen, Kulturen und Religionen auf engstem Raume sich in der Alltagswelt der Bewohner begegneten und aus dem Antagonismus und der Symbiose verschiedener Lebensformen und Verhaltensweisen ein unverwechselbares kulturelles Milieu erwachsen ist, das immer wieder den Außenstehenden zu faszinieren und selbst den flüchtigen Besucher in seinen Bann zu ziehen vermag. Wer den historischen Wurzeln dieser Vielvölkerwelt in Südosteuropa nachspürt, darf nicht nur bei den nationalen Einzelschicksalen verharren und allein die Innenansicht einer balkanischen Volksgeschichte zum Ausgangspunkt wählen. Es müssen immer auch die von außen auf den Raum einwirkenden imperialen Gestaltungskräfte im Wandel der Jahrhunderte in die Betrachtung einbezogen werden.

In der vorliegenden Darstellung ist der Wechsel der Perspektive in der Verbindung der Innen- und der Außenansicht als Gliederungsprinzip verwendet worden.

In einem abschließenden 9. Kapitel wird eine erste Bestandsaufnahme jenes umfassenden Transformationsprozesses versucht, der seit 1989 in allen Ländern des Donau- und Balkanraumes in Gang gekommen ist und den Übergang von der volksdemokratischen Ordnung zu einer modernen pluralistischen Gesellschaft einleitete. Der Text wird ergänzt durch eine der «Zeittafel» angefügte Chronik der aktuellen Ereignisse, in der Detailinformationen über die Einzelschritte der Reformpolitik zusammengestellt sind. Ausschließlich aus Gründen der besseren Veständigung wurde bei Ortsnamen vielfach auch eine dem deutschen Leser vertrautere Benennung gewählt. Eine allseits befriedigende Lösung wird sich in einem vielsprachigen Raum wohl nie erreichen lassen. Die Wiedergabe der Orts- und Personennamen aus dem serbischen und bulgarischen Bereich folgt den wissenschaftlichen Transkriptionsregeln, ausgenommen in jenen Fällen, in denen eine andere Umschrift sich weitgehend eingebürgert hat. Bei Datumsangaben wurde in der Regel die landesübliche Datierung beibehalten.

Neben der Berichtigung sachlicher Versehen und der Bereinigung von Druckfehlern wurde in der Neuauflage das Literaturverzeichnis ergänzt und aktualisiert. Berücksichtigt wurden dabei wiederum Neuerscheinungen vornehmlich in deutscher und englischer Sprache. Besonders hilfreich waren dem Verfasser die zahlreichen Verbesserungs- und Ergänzungsvorschläge, die von den Kollegen Prof. Dr. P. Rehder (Institut für Slavische Philologie der Universität München) und Dr. K. Nehring (Südost-Institut München) beigesteuert worden sind. Er ist ihnen und allen kritischen Lesern und Rezensenten für wertvolle Hinweise zu Dank verpflichtet.

München, im Oktober 1992 *Edgar Hösch*

Vorwort zur dritten Auflage

Der Verfasser verhehlt nicht seine Freude und Genugtuung, daß seine Darstellung der Geschichte Südosteuropas so zahlreiche Leser gefunden und der Verlag sich zu einem erneuten Nachdruck entschlossen hat. Der bisherige Text ist – von kleineren Berichtigungen abgesehen – beibehalten worden. Er wurde um einen kurzen «Epilog 1995» erweitert. Außerdem sind im Literaturverzeichnis wichtigere neue Titel nachgetragen und die Zeittafel der aktuellen Ereignisse ergänzt worden.

München, im August 1995 *Edgar Hösch*

I.

Grundlagen und Voraussetzungen der Geschichte Südosteuropas

Staaten und Grenzen

Seit der als sensationell empfundenen literarischen Entdeckung der versinkenden Welt einer altbalkanischen Patriarchalität in der Goethezeit hat eine mächtig aufblühende Spezialforschung, zu der Gelehrte aus allen Ländern ihren Beitrag geleistet haben, die Kenntnisse über diese lange Zeit kaum beachtete Randzone Europas vertieft und erweitert. Trotzdem ist der Südosten des europäischen Kontinents zwischen der mittleren und unteren Donau und dem griechischen Kulturbereich im landläufigen Geschichtsverständnis ein Randgebiet geblieben.

Daß der Vielvölkerraum Südosteuropa im breiten Spektrum europäischer historischer Entwicklungen einer Geschichtsregion eigener Prägung zuzuordnen ist, dürfte in der Gegenwart wohl kaum mehr bestritten sein. Innerhalb der modernen Geschichtswissenschaft ist im Zeichen einer sich immer mehr auffächernden Spezialisierung diesem augenfälligen Sachverhalt durch die Ausgliederung eines eigenen Regionalforschungsbereiches längst Rechnung getragen worden. Die historische Südosteuropa-Forschung arbeitet heute auf internationaler Ebene in einem engen Verbund mit einer Vielzahl benachbarter Fachdisziplinen zusammen. Als organisatorischer Rahmen für diese fächerübergreifenden wissenschaftlichen Bemühungen ist auf rumänische Initiative hin schon im Jahre 1963 als Regionalkommission der UNESCO für Südosteuropa eine «Association Internationale d'Etudes du Sud-Est Européen» (A.I.E.S.E.E.) ins Leben gerufen worden, die seither eine fruchtbare Tätigkeit entfaltet hat. Ein tragfähiger Konsens in der vieldiskutieren Frage nach Inhalt und geographischer Umschreibung eines angemessenen Südosteuropa-Begriffes zeichnet sich allerdings immer noch nicht ab.

Nach wie vor bestehen unter den einzelnen Forschern je nach nationaler Herkunft und fachlicher Zugehörigkeit erhebliche Meinungsunterschiede insbesondere in der räumlichen Eingrenzung einer südosteuropäischen Geschichtsregion. Der weiteren Konzeption eines Südosteuropa-Begriffes, der im Norden den Donauraum aus der Betrachtung nicht ausschließt und die mannigfachen Querverbindungen zum Nahen Osten (Kleinasien, östlicher Mittelmeerraum) offenhält, steht die betonte Beschränkung auf eine engere, «balkanische» Kernzone entgegen. Sie findet neuerdings zumal von philologischer und auch volkskundlicher Seite her – Balkanphilologie, Balkanologie – eine stärkere Profilierung und Aufwertung. Die Organisationsstruktur der A.I.E.S.E.E., die den Mitgliedsländern Albanien, Bulgarien, Griechenland, Rumänien, Türkei und Jugoslawien eine tragende Rolle zuweist, orientiert sich weitgehend an den gegenwärtigen Staatsgrenzen. Diese erschließen zwar einen bequemen, aber gemessen an der historischen Tiefendimension des Vielvölkerraumes Südosteuropa immer nur vordergründigen Zugang. Zumal der Historiker sieht sich in der Zusammenschau säkularer geschichtlicher Abläufe auf wechselnde übergreifende Zusammenhänge verwiesen, die sich eindeutigen geographischen Begrenzungen entziehen. Südosteuropa bietet durch die Jahrhunderte in seiner Randlage und gleichzeitigen Brückenfunktion zwischen Europa und Asien reiches Anschauungsmaterial für eine historische Bestandsaufnahme, die wechselnde räumliche Konstellationen in Betracht zu ziehen hat. Es ist die Geschichte eines vielfältig gegliederten Raumes, dem die innere Geschlossenheit fehlt und der in seiner schicksalhaften Zwischenlage immer wieder den Einbrüchen fremder Eroberer und dem Expansionsstreben starker Randstaaten ausgesetzt war.

Auf der Staatenkarte Südosteuropas spiegeln sich diese komplexen Sachverhalte nur in sehr unzulänglicher Weise wider. Sie ist zudem häufigen Veränderungen unterworfen gewesen und erst jüngst wieder in Bewegung geraten. In die zentralbalkanischen Landschaften teilen sich heute die Republiken Bulgarien («Republika Bălgarija» mit 110994 qkm und 9,1 Mill. Einwohnern), Albanien («Republika Shqipërisë» mit 28748 qkm und 3,3 Mill. Einwohnern) und die neuen souveränen Staaten, die durch den Zerfall der «Sozialistischen Föderativen Republik Jugoslawien» aus den ehemaligen Teilrepubliken entstanden sind. Von der Erbmasse des Titoreiches (mit 255804 qkm und zuletzt fast 24 Mill. Einwohnern) entfallen auf die Republiken Slowenien 20251 qkm und 2 Mill. Einwohner, auf Kroatien 56538 qkm und 4,7 Mill. Einwohner, auf Serbien 88361 qkm und 9,7 Mill. Einwohner, auf Montenegro 13812 qkm und 0,6 Mill. Einwohner, auf Bosnien-Herzegowina, dessen staatliche Existenz durch den andauernden Bürgerkrieg ernsthaft gefährdet ist, 51129 qkm und 4,4 Mill. Einwohner und auf Makedonien, das immer noch um seine internationale Anerkennung bangen muß, 25713 qkm und 2 Mill. Einwohner. Serbien und Montenegro sind seit dem 27. April 1992 zu einer neuen Bundesrepublik Jugoslawien («Federativna Republika Jugoslavija») zusammengeschlossen. Den im Süden angrenzenden Teil der Balkanhalbinsel – unter Einschluß der Inseln im Jonischen Meer und in der Ägäis – hat die «Hellenische Republik» (Helleniki Demokratia – mit 131957 qkm und über 10 Mill. Einwohnern), in der die Kernzone des ehemals umfassenderen griechischen Kultur- und Siedlungsraumes zu einem griechischen Nationalstaat zusammengefaßt ist, in Besitz. Nur in Ostthrazien behauptet die türkische Republik mit einem breiten Landstreifen um Edirne (Adrianopel) und die frühere Reichszentrale Istanbul (Konstantinopel) einen Restbestand des ehemaligen Osmanischen Reiches auf dem europäischen

Festland. Die Nordwestgrenze des ehemaligen Jugoslawien im Übergang zu italienischem und österreichischem Hoheitsgebiet ist das Ergebnis erbitterter Volkstumskämpfe und der Intervention der Großmächte. Im Norden haben schon die Grenzziehungen von Trianon 1920 die südosteuropäischen Ambitionen des ungarischen Königreiches, die über eine fast tausendjährige Verbindung mit Kroatien bis in den Adriaraum reichten, endgültig beschnitten. Die «Republik Ungarn» (Magyar Köztársaság – mit 93033 qkm und 10,4 Mill. Einwohnern) ist über die Drau und aus den ehemaligen südungarischen Gebieten (Banat, Batschka) auf das pannonische Kerngebiet der ursprünglichen ungarischen Landnahme zurückgedrängt worden. Nördlich der mittleren und unteren Donau erstreckt sich im Osten anschließend zu beiden Seiten des großen Karpatenbogens das Territorium der «Republik Rumänien» (Republica România – mit 237500 qkm und 23,2 Mill. Einwohnern). Sie hat mit der nördlichen Dobrudscha zwischen Donauknie und Schwarzem Meer noch Anteil an einem Ausläufer innerbalkanischer Landschaften. Im Norden und Nordosten grenzt sie an ehemals sowjetisches Territorium (heute Ukraine mit der Karpato-Ukraine und der Nord-Bukowina bzw. Moldauische Republik/Moldovija).

Die endgültige vertragliche Absicherung der territorialen Umschichtungen in den strittigen Grenzzonen ist nach dem Zweiten Weltkrieg zum Abschluß gebracht worden. Der langwierige jugoslawisch-italienische Streit um die Hafenstadt Triest konnte erst 1975 im Abkommen von Osimo beigelegt werden. Der Gründung mehr oder minder homogener kleiner Nationalstaaten vorausgegangen war auf dem Boden Südosteuropas eine Periode imperialer Reichsbildung, die über ein halbes Jahrtausend währte. Sie war vornehmlich durch die siegreiche Machtausdehnung der Osmanen bis in den Donauraum hinein gekennzeichnet. Nachdem der zweimalige osmanische Vorstoß bis unter die Mauern Wiens durch die vereinten Bemühungen der christlichen Völker Mitteleuropas erfolgreich abgewehrt werden konnte (1529 und 1683), haben sich die Habsburger und der türkische Sultan über mehrere Generationen auf einer wechselnden Grenzlinie den Besitz Südosteuropas geteilt. Erst der innere Machtverfall des türkischen Reiches schuf dann die Voraussetzungen für eine völlige politische Neuordnung in Südosteuropa.

Dieser Prozeß der schrittweisen Zurückdrängung des türkischen Machtbereiches, der als ‹Orientalische Frage› in das Vokabular der europäischen Diplomatiegeschichte einging, ist durch die Erhebungen der einzelnen Balkanvölker gegen Unterdrückung und Gewaltherrschaft während des 19. Jahrhunderts beschleunigt zum Abschluß gebracht worden. Nicht unbeeinflußt von den Ideen der deutschen Romantik, von der Französischen Revolution und dem westeuropäischen Staatsdenken haben in diesen Freiheitskämpfen die christlichen Balkanvölker das Leitbild eines in sich geschlossenen Nationalstaates vorbehaltlos übernommen. Bei dem Versuch seiner konsequenten Verwirklichung in einem andersgearteten Vielvölkerraum konnten unheilvolle Folgen nicht ausbleiben. Die Vielfalt der ethnischen, kulturellen, religiösen, wirtschaftlichen und sozialen Differenzierungen unter den zahlreichen Nationalitäten und Minderheiten, die hier auf engstem Raum zusammenleben, ließ sich nur notdürftig einem gesamtstaatlichen Willen unterordnen. Der Traum von der Errichtung eines nationalen Großreiches war nur auf Kosten der unmittelbaren Nachbarn zu verwirklichen und hat die Atmosphäre in den gegenseitigen Beziehungen vergiftet. So sind die weithin zufälligen Grenzziehungen in den vergangenen Jahrzehnten immer wieder durch irredentistische Bestrebungen gefährdet und in Frage gestellt worden.

Der Rückgriff auf die Geschichte konnte im Widerstreit der sich befehdenden nationalen Ideologien keine bequeme Handhabe zur Problemlösung bieten. Er verleitete eher zu einer verhängnisvollen Instrumentalisierung des historischen Wissens für vordergründige tagespolitische Ziele und produzierte nur unbrauchbare Argumente, die eine völlig anachronistische Denkweise anbot. Die verblaßte Erinnerung an eine früh- und hochmittelalterliche Eigenstaatlichkeit ließ sich unter den einzelnen Balkanvölkern nicht ohne den energischen Einspruch der Nachbarn unbesehen in ein territoriales Maximalprogramm umsetzen. Die Folge waren und sind jene unseligen Historikerdispute über Siedlungskontinuitäten und Grenzverläufe. Die überlieferten Normen eines nationalen Geschichtsbildes hat auch die heranwachsende marxistische Historikergeneration nicht in Frage zu stellen gewagt.

Die Wortführer eines integralen Nationalismus haben sich nur an den Glanzperioden der mittelalterlichen Staatlichkeit orientiert. Sie übersahen, daß sich schon die «Ethnogenese» der Balkanvölker im Zug der sog. Völkerwanderungszeit in einem multiethnischen Lebensraum abspielte, der in gleicher Weise durch Migrationen, gewaltsame Eingriffe von außen und fortdauernde Assimilationsvorgänge unter den autochthonen Bevölkerungselementen geprägt war. Die teilweise ephemeren ersten Herrschaftsbildungen waren in ihren wechselnden räumlichen Ausdehnungen eher an der imperialen römischen (byzantinischen) Reichsidee orientiert als an der Sicherung ethnischer Kernzonen. Vom Herrschaftsverständnis der byzantinischen Kaiser, der Arpaden, der Aseniden oder der Nemanjiden führt kein gerader Weg zu den griechischen, ungarischen, bulgarischen oder serbischen (jugoslawischen) Staatsgebilden der Gegenwart.

Obwohl die Nachfolgestaaten des osmanischen Reiches und der ehemaligen österreichisch-ungarischen Donaumonarchie erst eine verhältnismäßig kurze Phase der Eigenstaatlichkeit durchlaufen haben, mußten sie sich in der Bewältigung von Problemen bewähren, zu denen den kontinentaleuropäischen Völkern unter weitaus günstigeren allgemeinen Voraussetzungen eine Jahrhunderte währende organische Entwicklung vergönnt war. Die Balkanstaaten tragen an dem Erbteil einer gleichermaßen glanzvollen wie unseligen

Vergangenheit, die auch durch die gewaltsamen Flurbereinigungen der Nachkriegszeit nicht zu bewältigen war. Vielfach ist die ‹aufsummierte› Vergangenheit nur in jene künstlichen Staatsschöpfungen hineinverlegt worden, deren Innenpolitik durch Integrationsprobleme verschiedenster Art erheblich belastet ist.

Die naturlandschaftliche Gliederung Südosteuropas

Die unübersehbaren divergierenden Tendenzen im Zusammenleben der Völker Südosteuropas, die sich durch die Jahrhunderte und bis in die unmittelbare Gegenwart hinein als stark und geschichtsmächtig erwiesen haben, sind nicht zum wenigsten durch die besonderen geographischen Gegebenheiten der Balkanhalbinsel begünstigt worden. Die vielfältige landschaftliche Gliederung der einzelnen Siedlungszonen zwischen der Adria im Westen und dem Schwarzen Meer bzw. der Ägäis im Osten und Südosten, vom Donauraum im Norden und dem griechischen Mutterland im Süden hat immer wieder den zentrifugalen Kräften einen mächtigen Auftrieb gegeben und Versuche zu großräumigeren Zusammenfassungen herrschaftlicher Gruppierungen erheblich erschwert.

In der Geographie Südosteuropas fehlen naturgegebene Anreize zu einem engeren Zusammenschluß der einzelnen Siedlungszonen. Der nur wenige Kilometer breite istrisch-dalmatinische Küstenstreifen hat mit seinen zahlreichen Buchten und vorgelagerten Inseln menschlicher Besiedlung seit alters zwar die denkbar günstigsten Voraussetzungen eröffnet, er ist aber durch einen fast unübersteigbaren Gebirgsriegel von seinem natürlichen Hinterland abgeschnitten. Durch diese erzwungene Blickrichtung der Bewohner zum offenen Meer hin ist das Küstengebiet stets in einem besonderen Maße äußeren Einflüssen ausgesetzt gewesen. Die Küstenstädte waren nicht nur Zentren eines aufblühenden Handels, sondern gleichzeitig Einlaßpforten fremder – romanischer, byzantinischer, venezianischer, italienischer – Kulturelemente, die in allen Lebensbereichen ihre Spuren hinterlassen und den Städteanlagen jenes eigentümliche Gepräge gegeben haben, das noch heute den Besucher bezaubert.

Die Hochregionen des westbalkanischen Gebirgsmassivs, das hinter dem schmalen Küstenstreifen aufsteigt, haben immer wieder zu einer politischen und gesellschaftlichen Absonderung der umwohnenden Stämme eingeladen. Diese natürliche Barriere des Dinarischen Gebirges zieht in parallelen Ketten von den Ausläufern der Ostalpen (Karnische und Julische Alpen, Karawanken) von Nordwesten nach Südosten bis zu den nordalbanischen Bergen (Prokletije) und umfaßt weite Teile Sloweniens, Hochkroatiens (Velebit, Kapelagebirge), Bosnien (Dinarische Alpen) und die Herzegowina, die altserbischen Gebiete drinaaufwärts um die Piva, die Tara und den Lim (Raška/Raszien und der *Stari Vlah* = ‹der alte Wallache›), Montenegro und Albanien. Weiter südlich schließt sich im nordgriechisch-epirotischen Raum (Hochalbanien, Westmazedonien) das Pindusgebirge an. In nordöstlicher Richtung erhebt sich die Šar Planina. Alle diese Berglandschaften sind Teil einer Gebirgskette, die sich über den westlichen Teil Griechenlands bis zur Insel Kreta fortsetzt. Sie ist im zentralbalkanischen Abschnitt durch eine weitgehende Verkarstung gekennzeichnet und senkt sich in schroffem Abfall zur Adriaküste, zu der nur wenigen größeren Flüssen der Durchbruch gelingt (Zrmanja, Krka, Cetina). Nur an einigen Stellen öffnen sich breitere Flußtäler und schaffen Raum für die Anlage von Verbindungswegen in das Landesinnere (Neretva-, Drin-, Shkumbi-Tal).

In diesen entlegenen Bergkantonen und Talschaften der westlichen Balkanhalbinsel, fernab von den großen Verkehrswegen, haben altbalkanische Lebensformen zum Teil bis ins 20. Jahrhundert überdauert. Von diesen typischen Verharrungsgebieten sind auf die geschichtliche Entwicklung der Balkanvölker immer wieder wichtige Impulse ausgegangen. Es ist kein Zufall, daß sich in diesen Hochregionen die Wiege des mittelalterlichen serbischen Staates befunden hat, ehe er sich in einer mächtig ausgreifenden Kolonisationsbewegung die Flußniederungen des Donau-, Save- und Morava-Beckens angliederte, und daß die montenegrinischen und albanischen Bergstämme sich weitgehend nur nominell der osmanischen Fremdherrschaft beugten. Im gebirgigen Hinterland der Adriaküste, der Zagora, haben sich bis weit in die Neuzeit hinein aristokratische und Bauernrepubliken (Bruderschaften der Paštrovići bei Budva oder Poljica im Cetina-Tal, das sich bis 1807 gehalten hat, die uskokische Seefestung Senj/Zengg) zu behaupten vermocht, die in ihrer geschützten Lage (in der Boka von Kotor, in der Ravni Kotari und der Bukovica im Hinterland von Zadar/Zara) dem Zugriff äußerer Mächte trotzten.

Ein völlig verändertes landschaftliches Bild bietet das balkanische Binnenland um die verkehrswichtige Morava-Vardar-Achse, mit der im Nationalitätenkampf heiß umstrittenen Landschaft Mazedonien im Süden und der Save-Niederung als Nordgrenze. Die Landschaft verliert schrittweise ihren Hochgebirgscharakter und senkt sich in allmählicher Abdachung in Richtung der Entwässerung (Flußläufe von Kulpa, Una, Vrbas, Bosna, Drina) nach Norden und Nordosten zur Save und nach Osten zum Morava-Vardar-Tal. Eine zentrale Stellung nimmt hier das Nischer Becken ein, das den Übergang zur unteren Donau, zum Maricatal, zur Ägäis und über die mittelbalkanische Transversale zur Adria nach Cattaro/Kotor und Ragusa/Dubrovnik (durch das Tal der westlichen Morava) vermittelt. Als Kreuzungspunkt der wichtigsten Fernstraßen hat es seit der Antike seine in gleicher Weise einzigartige strategische und wirtschaftliche Bedeutung bewahrt.

Der östliche Teil des kontinentalbalkanischen Blocks ist verkehrsfreundlicher. Er zeigt eine deutliche Gliederung durch die weitgehend west-östliche Richtung der Flußläufe (Donau, Marica) und Gebirgszüge (der eigentliche Balkan = *Stara Planina,* das Haemus-Gebirge der Antike, und die Rhodopen). Die Gebiete zwischen dem Unterlauf der Donau und dem Balkangebirge (Donau- oder Nordbulgarien, Dobrudscha) und längs der Marica (Thrazien-Hochbulgarien) zählen zu den landwirtschaftlich fruchtbarsten Landstrichen der Balkanhalbinsel. Das sich im Norden anschließende rumänische Staatsgebiet ist durch den Verlauf der Karpaten (Ost-, Süd- und Westkarpaten) gekennzeichnet, die kranzartig der siebenbürgischen Hochebene vorgelagert sind und den gebirgigen Nordwesten des Landes von den südlichen und östlichen Flußniederungen und Ebenen (Walachei, Moldau) abtrennen. Der ungarische Staat hat seit der Landnahme der Madjaren seine Kernzone in der weiten pannonischen Ebene.

Ethnische Strukturen und Kulturzonen

In der Geschichte Südosteuropas sind vom Raum her keine zwingenden politischen Einigungsimpulse ausgegangen. Die auch in geographischer Hinsicht offene Nordgrenze (pannonischer Raum) und die breiten Küstenzonen haben immer wieder als Anreiz für Zuwanderer und Eroberer gewirkt. An der Nahtstelle zweier Kontinente gelegen war die Balkanhalbinsel durch die Jahrhunderte den verschiedenartigsten äußeren Einwirkungen ausgesetzt gewesen. Sie ist als klassisches Übergangs- und Durchzugsgebiet in die Geschichte eingegangen, als eine Begegnungszone der Völker und Kulturen, an der in gleicher Weise der Okzident wie der Orient, die westlich-abendländische und die orientalische und asiatische Welt, der kontinentaleuropäische und der mediterrane Bereich Anteil haben.

Schon in vorgeschichtlicher Zeit (ca. 10000–5000 v. Chr.) haben dabei offensichtlich einzelne Landschaften Südosteuropas im Vorfeld der sich formierenden primären Bauernkulturen des Vorderen Orients eine wichtige Vermittlungsrolle für zukunftsweisende Innovationen übernommen. Wesentliche Errungenschaften der sog. «neolithischen Revolution» – Dauersiedlungen, Tierdomestikation, Pflanzenkultivierung, Steinpolitur, Keramik, Kupfermetallurgie – sind nach neuesten Erkenntnissen vornehmlich über den Balkanraum nach Zentraleuropa weitergegeben worden.

Völker der verschiedensten Provenienz haben im Laufe der Jahrhunderte bestimmend in die Geschicke des Balkans eingegriffen und ihre unverwischbaren Spuren hinterlassen: Kelten, Griechen (Byzantiner), Römer, Germanen, Slawen, Italiener, Türken, Normannen, Franzosen – ‹Franken›, Deutsche und dazu immer wieder die kriegerischen Horden der Reiternomaden Innerasiens, die auf der großen Völkerstraße, dem Steppengürtel südlich des Ural und am Nordrand der Schwarzmeerküste, bis in den Balkanraum vorgestoßen sind. Mit den Ungarn (Madjaren) und (Proto- oder Ur-) Bulgaren haben Teile von ihnen sogar auf Dauer Wohnsitze inmitten der europäischen Völker genommen.

Die fremden Eroberer und Eindringlinge folgten dabei jenen großen Fernstraßen, die in Anlehnung an die natürlichen Gegebenheiten Südosteuropa durchziehen und das Innere der Balkanhalbinsel für die Außenwelt erschließen; noch in der Gegenwart wird der internationale Verkehr (‹Orientexpreß›) über jene historischen Routen abgewickelt. Auch der innerbalkanische Handels- und Kulturaustausch bedient sich eines eingespielten Systems wichtiger Transversalverbindungen.

Schon die Antike hatte die Bedeutung des Donauweges erkannt. Die systematische Anlage von Garnisonstädten und der Ausbau eines Straßennetzes sollten von der Donau her die römische Herrschaft und insbesondere den Zugang zu den wichtigen Balkanpässen sichern. Im Süden übernahm als direkte Fortsetzung der Via Appia die berühmte Römerstraße der Via Egnatia (angelegt um 130 v. Chr.) die Verbindung zwischen dem alten Rom und dem Osten. Sie führte über eine Distanz von 754 römischen Meilen, d. i. 1117 km, von Dyrrhachion/Durazzo durch das Shkumbi-Tal über Ochrid (Lychnidos), Heraclea (bei Bitolj/Monastir), Thessalonike, Philippi und Adrianopel (Edirne) nach Byzantion (Konstantinopel). Später hat die weiter nördlich verlaufende diagonale Verbindungsstraße von der Steiermark bis Konstantinopel den west-östlichen Überlandverkehr an sich gezogen. Die römischen Itinerare enthalten eingehende Beschreibungen dieser großen «Heeresstraße» (Via militaris) nach Konstantinopel von Poetovio (Pettau) an der Drau über Sirmium (Syrmisch-Mitrowitz = Srem. Mitrovica) an der Save, Singidunum (Belgrad) und Viminacium (Kostolac) an der Morava-Mündung nach Naissus (Nisch) und Serdica (Sofia) und von hier über den Paß von Succi, die sogenannten ‹Pforten Trajans› (beim heutigen Kapudžik) hinab in das Marica-Tal und über Philippopolis (Plovdiv) und Adrianopel (Edirne) nach Konstantinopel. Diese ‹königliche Route› der Byzantiner, die in den slawischen (serbischen) Quellen als ‹carski drum› erscheint, wählten die Kreuzritter auf ihrem Weg ins Heilige Land. Auf ihr führte der türkische Sultan seine Truppen gegen Wien. Im Mittelabschnitt zwischen Donau und Nisch läuft sie parallel zu jener bedeutenden Nord-Süd-Route entlang der Morava-Vardar-Achse, die auf kürzestem Wege den Donauraum mit der Ägäis (Kostolac–Nisch–Skoplje–Thessalonike) verbindet. In Nisch münden auch die beiden wichtigsten Verbindungswege quer durch den unwegsamen Westbalkan, die Karawanenwege der ragusanischen und catarrenischen Kaufleute: von Cattaro/Kotor bzw. Ragusa/Dubrovnik durch das (Narenta) Neretva-Tal in das Innere Bosniens (Sarajevo) mit Verbindungswegen nach Nisch (über das Tal der westlichen Morava) und zur Save (Bosna-Tal, heute Bahnstrecke Brod–Sarajevo–Mostar–Dubrovnik, oder Drina-Tal) und der südlicher verlaufende Zeta-Weg das Drin-Tal aufwärts nach Metohija und Prizren und über mehrere Pässe hinüber in das Becken von Kosovo (Amselfeld) und Priština und durch das Tal der Toplica in das Nischer Becken.

Der Verlauf dieser natürlichen Verbindungs- und Verkehrswege ist von schicksalhafter Bedeutung für das Leben der Balkanvölker geworden. Die Lage an den großen Verkehrswegen und Transversalen bedeutete die Teilnahme an einem ausgedehnten Handels- und Kulturaustausch, gleichzeitig aber auch eine ständige Bedrohung und Gefährdung, da hier die Natur des Landes keinen Schutz vor Eindringlingen und Eroberern bot. Die verkehrsungünstigen und abgelegenen Landschaften dagegen sind zu Verharrungs- und Rückzugsgebieten geworden.

Die Anthropogeographie (Cvijić) und die volkskundliche Forschung mit ihrer verfeinerten kulturtypologischen Betrachtungsweise (Gesemann, Gavazzi, Matl, A. Schmaus) unterscheiden daher eine Reihe von Kulturzonen und Kulturräumen. Unter ihnen heben sich heraus die Zone der balkanisch-byzantinischen Zivilisation mit einem stark orientalischen Einschlag in den verkehrserschlossenen kontinental- und ostbalkanischen Gebieten, die Welt des balkanischen Kleinbürgers und der typischen türkischen Landstadt; daneben die Zone des patriarchalischen Regimes in den Hochregionen der westlichen Balkanhalbinsel mit einem ausgeprägten Sozial- und Menschentypus und einem betont männlich-heroischen Lebensideal. Sie bot die günstigsten Voraussetzungen zur Konservierung der archaischen Volkskultur. Im Westen ist der Küste die Zone der italoslawischen Adriakultur vorgelagert, und im Norden verbindet die mitteleuropäische Kulturzone im pannonischen Raum (Nordostslowenien, Nordkroatien, Slawonien, Syrmien, Wojwodina, d. i. Baranya, Batschka, Banat) die Balkanhalbinsel mit Kontinentaleuropa. Die prägende Ausstrahlungskraft dieser verschiedenartigen Umwelteinflüsse auf die jeweiligen Bewohner erhellt aus der Tatsache, daß sich über alle ethnischen oder kulturell-religiösen Differenzierungen hinweg bleibende Gemeinsamkeiten einer balkanischen Kultursynthese herausgebildet haben und die Volks- und Stammesgrenzen nicht mit den Grenzen der Kulturzonen zusammenfallen.

Das verwirrende ethnische Gefüge Südosteuropas ist das Ergebnis eines Jahrhunderte dauernden Assimilierungsprozesses bodenständiger und fremder Elemente. Dabei ist im Regelfall zunächst keineswegs mit einem Nebeneinander ethnisch verschiedener Gruppen zu rechnen, sondern es haben sich charakteristische Formen der Überschichtung herausgebildet. Erst die gesellschaftlichen Umstrukturierungsprozesse ungeheueren Ausmaßes in den letzten zwei Jahrhunderten haben eine auch in ethnischer Hinsicht geschlossene Gesellschaftspyramide durch Unterwanderungen von unten hervorgebracht und die weitgehende Entfremdung der politischen und geistigen Führungsschichten von den unteren Bevölkerungsgruppen gemildert.

Von einer Urbevölkerung der Balkanhalbinsel vor der Landnahme indogermanischer Völker haben sich keine greifbaren Spuren erhalten. Die in der

Sprachwissenschaft lange Zeit heftig umstrittene Frage nach den vor- bzw. nichtindogermanischen Substraten im Mittelmeerraum und auf der Balkanhalbinsel, insbesondere das sogenannte ‹pelasgische› Problem in Griechenland, ist heute weitgehend in dem Sinne gelöst worden, daß die vor der historisch faßbaren Einwanderung indogermanischer Völker (Griechen, Thraker, Illyrer, Mazedonier u. a.) nachweisbaren Sprachreste in der südlichen Balkanhalbinsel dem Indogermanischen zuzuordnen sind, wenn auch gewichtige Argumente ein noch älteres vorindogermanisches Substrat nicht ausschließen. Über die Ausdehnung dieser vorgriechischen indogermanischen Sprache der ‹satem›-Gruppe nach Norden gehen die Meinungen auseinander. Durch Abwanderungen einzelner Volksgruppen (Phryger, Träger der ‹asianischen› Sprachen, d. i. des Lykischen, Lydischen, Karischen, Pamphylischen), vor allem aber durch die übermächtige Einwirkung der Kulturverschmelzungen durch Hellenisierung, Romanisierung und Slawisierung sind diese Sprachreste weitgehend aus der Sprachenkarte Südosteuropas verschwunden. Das gilt auch von der vorrömischen Bevölkerung des balkanischen Binnenlandes, den illyrischen Völkerschaften im Westen und den Thrakern im Osten, die der griechischen Einwanderungswelle des 2. Jahrtausends von Norden her gefolgt waren und die Urbevölkerung unterworfen hatten. Sie sind in dem umfassenden Verschmelzungsprozeß der folgenden Jahrhunderte aufgesogen worden und haben nur noch in dem geheimnisvollen Volk der Albaner Spuren hinterlassen – abgesehen von den im Volksglauben, der Folklore und der bäuerlichen Kultur der Balkanvölker weiterlebenden Elementen. Es verdient in diesem Zusammenhang auch besondere Hervorhebung, daß die Namen der größeren Flüsse heute noch in jene Frühzeit vor der Ankunft der Römer und Slawen zurückverweisen (vgl. die Bezeichnungen von Donau, Save, Drau, Mur, Theiß, Kulpa, Una, Vrbas, Bosna, Drina, Neretva, Zeta, Ibar, Morava, Isker, Marica).

Gräzisierung und Romanisierung haben seit der Mitte des ersten vorchristlichen Jahrtausends den alten Balkan weitgehend überformt. Ausgangspunkt der zeitlich früher einsetzenden Gräzisierung waren die zahlreichen Handelsniederlassungen (Emporia) und Agrarkolonien (Apoikiai), die im Verlaufe der zweiten Phase der großen griechischen Kolonisationswelle seit der Mitte des 7. Jahrhunderts v. Chr. an den Küstenrändern des Schwarzen Meeres, der Ägäis, des Jonischen und Adriatischen Meeres begründet worden waren. Eine großartige Kolonisationstätigkeit im Schwarzmeerbereich entfaltete insbesondere die ursprünglich jonische Kolonie Milet in Kleinasien. Zu den milesischen Pflanzstädten an der Westküste zählen u. a. Apollonia Pontica (um 610, heute Sozopol), Odessos (Mitte des 6. Jhs., heute Varna), Tomi (6. Jh. v. Chr., heute Konstanza) und als älteste Siedlung Istros (Mitte des 7. Jhs. v. Chr.). Megarische Gründungen waren neben Byzantion (um 660), der späteren Metropole des römischen Reiches am Bosporus, Mesembria (Ende des 6. Jhs., heute Nesebar) und Kallatis (Ende des 6. Jhs., heute Mangalia).

Den Zugang zur Küstenzone an der Adria erschlossen noch im 7. Jahrhundert v. Chr. Siedler aus Korinth, die sich auf Korfu (Korkyra) niederließen und durch zahlreiche Tochtergründungen auf dem gegenüberliegenden Festland Handelskontakte zu den illyrischen Stämmen knüpften. Korkyräische Gründungen waren u. a. Epidamnos (627 v. Chr., lat. Dyrrhachium/Durazzo) und Apollonia (588 v. Chr.). Bereits im 6./5. Jahrhundert v. Chr. wagten sich griechische Kaufleute auch in die nördliche Adria vor. Dorische Griechen aus Syrakus kolonisierten um 386 v. Chr. die Insel Issa (Lissa/Vis) und weiteten in der Folgezeit ihren Einfluß durch Stützpunkte im Küstenbereich weiter aus. So entstanden u. a. als griechische Niederlassungen Tragurion (4. oder 3. Jh. v. Chr., heute Trogir), Epetion (um 220 v. Chr., heute Stobreč) und Aspalathos (1. Hälfte des 2. Jhs. v. Chr., heute Split). Obwohl die issäische Seemacht sich mit Unterstützung des Tyrannen Dionysios I. von Syrakus (430–367 v. Chr.) zu einer schlagkräftigen militärischen Potenz entwickelt hatte, reichten die Kräfte nicht aus, ein sich ausdehnendes Handelsimperium gegen die Raubzüge der illyrischen Stämme abzusichern. Im Jahre 229 v. Chr. mußte erstmals ein römischer Flottenverband Issa zu Hilfe eilen, das gegenüber der Ardiäerkönigin Teuta, der Herrin des südillyrischen Reiches von Skodra, in Bedrängnis geraten war. Rom sicherte sich in dem sog. 1. illyrischen Krieg (229–228 v. Chr.) Schutzrechte über Issa, Pharos, Korkyra, Epidamnos und Apollonia und leitete damit eine folgenschwere Wende in der militärischen und politischen Durchdringung des balkanischen Hinterlandes der Küstenzone ein.

Die griechischen Kolonisten hatten sich mit einer Besiedlung der Küstengebiete begnügt und auf eine dauerhafte Eingliederung binnenländischer Landschaften verzichtet. Auf dem Wege des Handelsaustausches aber verbreiteten sich griechische Lebensformen im «barbarischen» Hinterland. Die Kaufmannsniederlassungen wurden so rasch als Kleinzentren hellenischer Stadtkultur zu Trägern einer erfolgreichen griechischen Kulturoffensive. Die reichen Goldschatzfunde der Thraker, die von bulgarischen Archäologen gehoben wurden, sind eindrucksvolle Zeugnisse einer hellenisch-barbarischen Mischkultur.

Im Gegensatz dazu nahm die Romanisierung ihren Ausgang von den Legionslagern und Garnisonstädten in Mazedonien, an der dalmatinisch-albanischen Küste und im Donauraum. Nach dem systematischen Auf- und Ausbau einer einheitlichen Verwaltung (römisches Provinzialsystem) und nach der in erbitterten Kleinkriegen verwirklichten Befriedung des balkanischen Binnenlandes hat das natürliche Übergewicht der römischen Reichskultur und der römischen Reichssprache die einheimischen Lebensgewohnheiten grundlegend umgeformt. Das Provinziallatein wurde die neue Umgangssprache der einheimischen Bevölkerung, die Volkssprachen starben langsam aus. Doch das allmächtige Rom mußte sich die geistige Herrschaft über die Balkanhalbinsel mit der überlegenen griechischen Kultur teilen.

Südosteuropa wurde zweisprachig; eine deutlich ausgeprägte Sprach- und Kulturgrenze verlief von West nach Ost quer durch die Balkanhalbinsel auf einer Linie von Durazzo über das Drin-Tal nach Skoplje und auf den Höhen des Balkangebirges nach Osten. Sie läßt sich anhand der erhaltenen Inschriften (Grabsteine) rekonstruieren. In den südlich davon gelegenen Landschaften mit griechischer Umgangssprache (Mazedonien, das südliche Albanien und Bulgarien) behauptete sich das Latein nur als amtliche Reichssprache noch einige Jahrhunderte.

Der Sturm der germanischen Völkerwanderungszeit (Durchzug der West- und Ostgoten) ging an diesen Zuständen fast spurlos vorüber, ganz im Gegensatz zur slawischen Siedlungsausbreitung, die seit dem 6. Jahrhundert die wohl einschneidendste Veränderung der Völkerkarte Südosteuropas gebracht hat. Zur Zeit der maximalen Ausdehnung der slawischen Siedler, im Zeitraum von etwa 600–800 n. Chr., war der überwiegende Teil des Binnenlandes von slawischen Ackerbauern in Besitz genommen, und selbst eine griechische Zentrallandschaft wie die Peloponnes drohte zu einem weitgehend slawischen Siedlungsboden zu werden. Die alte Bevölkerung – im Süden die Griechen, im Norden die lateinisch sprechende Provinzialbevölkerung – ist an die Küste und auf die Inseln oder in die Gebirgsregionen abgedrängt worden. Zum Teil konnte sie sich auch noch in befestigten Städten verschanzen. Das byzantinische Reich hatte durch diese slawische Völkerflut das gesamte Binnenland verloren. Die wenigen verbliebenen Küstenstriche, Inseln und Fluchtsiedlungen waren von jeder Landverbindung abgeschnitten und nur dank des militärischen Rückhaltes an der Reichsflotte zu halten.

Im dalmatinischen Raum hat sich die provinzialromanische Bevölkerung, die sich in die Küstenstädte zurückgezogen hatte, noch lange gegen die slawische Siedlungsausbreitung in ihrer Sonderart zu behaupten vermocht. Die Slawisierung dieser Städte ist erst das Ergebnis späterer Entwicklungen. Noch interessanter ist das Schicksal der provinzialromanischen Siedler, die auf die Bergregionen ausgewichen sind. Da die slawischen Zuwanderer die fruchtbaren Böden des Landes unter den Pflug nahmen, zwangen sie die einheimische Bevölkerung, auf den schlechteren Böden in den Höhenlagen zu einem wirtschaftlichen und damit auch kulturellen Rückschritt auf die primitivere Lebensstufe des Hirten- und Nomadentums, ein Vorgang, der sich noch deutlich aus den Lehnwortbeziehungen des Albanischen und Rumänischen mit dem Slawischen ablesen läßt. Obwohl sich die slawischen Stämme in den zentralbalkanischen Landschaften als beherrschendes ethnisches Element durchzusetzen verstanden, blieben starke Minderheiten mit wechselnder Ausstrahlungskraft an den Randzonen und in den Hochregionen erhalten. Im Zusammenhang mit der Wiederbelebung des Bergbauwesens, hauptsächlich im bosnischen und serbischen Raum seit dem 13. Jahrhundert, das zur wirtschaftlichen Voraussetzung des Aufstiegs einer mittelalterlichen balkanischen Staatenwelt wurde, haben die slawischen Herrscher selbst zahlreiche Fremde ins Land gerufen und ihnen weitgehende Privilegien geboten. Deutsche Bergleute aus Ungarn, als ‹Sachsen›, ‹Sasi›, bezeichnet, gaben den rasch aufblühenden Bergbausiedlungen zusammen mit den Großhändlern und Bergwerksbesitzern aus den adriatischen Küstenstädten, insbesondere Ragusa, ein ausgesprochen ‹lateinisches› Gepräge.

Die Städte im eigentlichen Sinn sind auf der Balkanhalbinsel bis weit ins 19. Jahrhundert hinein fremdvölkische Sozialgebilde geblieben. Im Donauraum waren sie vor allem deutsch, an der Adriaküste venezianisch bestimmt, im eigentlichen Balkan entwickelten sie sich auf spätantik-byzantinischen bzw. osmanisch-orientalischen Grundlagen. Der Aufbau des osmanischen Herrschaftsapparates seit dem Ausgang des 14. Jahrhunderts hat diese Entwicklung noch weiter vorangetrieben. Handel und Gewerbe blieben dem einheimischen Volkstum weitgehend verschlossen; sie lagen fast ausschließlich in den Händen von Türken, Griechen, Armeniern, Aromunen oder Juden, die sich in gesonderten Vierteln niederließen.

Dieser Sachverhalt hatte weitreichende Konsequenzen für die Sozialgeschichte der einheimischen Landbevölkerung. Der soziale Aufstieg in den städtischen Zentren war gleichbedeutend mit einer Entfremdung vom eigenen Volkstum. Die Emanzipation der Balkanvölker im 19. und 20. Jahrhundert hatte sich daher nicht nur gegen eine politische Fremdherrschaft (Türkei, Österreich-Ungarn) zu vollziehen, sie mußte in gleicher Weise gegen eine übermächtige soziale und geistige Überfremdung durchgefochten werden. Die dadurch angestaute Erbitterung entlud sich in wiederholten heftigen Ausbrüchen, in denen sich die immer latent vorhandenen antigriechischen, antimadjarischen und insbesondere antijüdischen Ressentiments austobten.

In den ständigen Bevölkerungsfluktuationen darf man ein Wesensgesetz der balkanischen Volkstumsgeschichte erblicken. Sie haben sich gerade auch während der jahrhundertelangen osmanischen Herrschaft fortgesetzt. Das türkische Element war nicht nur durch eine osmanische Oberschicht in Südosteuropa vertreten. Es kam vereinzelt zu einer Ansiedlung türkischer Bauern aus Anatolien, wenn auch nur Ostthrazien, d. h. das Gebiet in der unmittelbaren Umgebung der Hauptstadt Istanbul und um Edirne (Adrianopel), auf die Dauer zu einem rein türkischen Siedlungsboden geworden ist. Folgenreicher für die Bevölkerungskarte der Balkanhalbinsel wurde die Siedlungsausbreitung der – in zunehmendem Maße vertürkten – albanischen Bergstämme (Arnauten), die sich über Westmazedonien und die altserbischen Gebiete (Raszien) ausdehnten und in ihren Ausläufern bis nach Bulgarien, die Peloponnes und sogar auf die griechischen Inseln übergriffen. Außerdem hat die osmanische Fremdherrschaft jene folgenreiche große Nordwanderung der Serben noch im ausgehenden 14. Jahrhundert ausgelöst, die schließlich über die Donau hinweg südungarisches Gebiet (Gründungen sogenannter ‹Raitzen›-Städte) erfaßte.

Diese Tatsache sollte für die nationale Erweckung der Serben von großer Bedeutung werden. Die in Südungarn lebenden Serben sind mit dem langsamen Vordringen der Habsburger frühzeitig in einen umfassenden Staatsverband einbezogen worden und vermochten so leichter eine Intelligenzschicht heranzubilden, aus der namhafte nationale Erwecker (u. a. Dositej Obradović) hervorgegangen sind. Der von den Habsburgern planmäßig betriebene Auf- und Ausbau einer ‹Militärgrenze› gegenüber den Türken von der Adria über Kroatien, Slawonien, Syrmien, Banat bis Siebenbürgen hat durch die Ansiedlung balkanischer Flüchtlinge in ähnlicher Weise für die Herausbildung eines nationalen Selbstbewußtseins gewirkt wie der Rückzug freiheitsliebender Einzelgänger in die unzugänglichen Bergregionen des Landesinneren (Montenegro, Albanien, Balkangebirge).

Kirchen und Konfessionen

Dieses verwirrende Bild der ethnischen Struktur Südosteuropas wird noch erheblich kompliziert durch die Verschiedenartigkeit des konfessionellen Elements. Die Konfessionsstatistik der Neuzeit verzeichnet neben der in Westungarn und im Nordwesten (nördlicher Adriaraum, Slowenien, Kroatien, Nordalbanien) dominierenden katholischen Kirche und der im Süden und Südwesten vorherrschenden Orthodoxie erhebliche Minderheiten mohammedanischen Glaubens (Bosnien, Mittel- und Südalbanien, Westmazedonien) und einen Restbestand an Juden.

Die jurisdiktionelle Abgrenzung der Ost- und Westkirche auf der Balkanhalbinsel ist das Ergebnis eines langwierigen und wechselvollen Prozesses. Am längsten hatten sich die Serben angesichts der konkurrierenden Missionsbemühungen der beiden kirchlichen Zentren in Rom und Konstantinopel einer eindeutigen Stellungnahme entzogen. Erst der Aufbau einer serbischen Nationalkirche unter dem hl. Sava mit Unterstützung des griechischen Patriarchats zu Beginn des 13. Jahrhunderts bedeutete die endgültige Absage an Rom. Politische Grenzziehungen haben in der Folgezeit die konfessionellen Spaltungen konserviert und verschärft.

Dem Islam ist trotz seiner beherrschenden politischen Stellung ein nennenswerter Einbruch in den Bereich der christlichen Kirchen nur in Albanien und in Bosnien gelungen. Der Grund ist vor allem in dem besonderen Charakter des islamischen Fremdenrechtes zu sehen. Den Sultanen lag schon aus fiskalischen Gründen – zu Steuerzahlungen wurde vornehmlich die unterworfene nichtmuslimische Bevölkerung im Osmanischen Reich herangezogen – eine Missionierung der unterworfenen Bevölkerung fern. Bei den meisten Massenübertritten christlicher Bevölkerungskreise dürften weniger ideelle Motive als handfeste wirtschaftliche Überlegungen den Ausschlag gegeben haben. Während der orthodoxe Adel der Serben und Bulgaren unter der Türkenherrschaft weitgehend nivelliert oder physisch ausgerottet worden ist, vermochte sich die bosnische Oberschicht mit dem Übertritt zum Islam in ihrer beherrschenden sozialen Stellung zu behaupten. Eine jahrhundertelange antikirchliche und antihierarchische Bewegung (Bogumilentum) hatte den Boden für einen Glaubensabfall vorbereitet. In Albanien hatte die begründete Furcht vor harten türkischen Repressalien im 17. Jahrhundert Anstöße zum Glaubenswechsel gegeben. Die in den Quellen bezeugte weite Verbreitung des Kryptochristentums im islamischen Bereich wirft ein bezeichnendes Licht auf die wahren Beweggründe.

Ohne Zweifel sind von den konfessionellen Trennungen und Spaltungen nachhaltige Wirkungen auf die geistige Physiognomie der einzelnen Balkanvölker ausgegangen. Der Gegensatz zwischen den katholischen Kroaten und den orthodoxen Serben, zwischen den katholischen Nordalbanern und den orthodoxen bzw. muslimischen Mittel- und Südalbanern hat von der verschiedenen kirchlichen Orientierung her zumindest eine zusätzliche Rechtfertigung erfahren. Die Differenzierungen und Nuancierungen in der Auslegung der christlichen Heilswahrheiten zwischen Katholizismus und Orthodoxie, die in der Verschiedenartigkeit künstlerischer Darstellungsformen, in den gesellschaftlichen Normen und Wertvorstellungen, in den unterschiedlichen Anleitungen zu einer idealen Lebensführung und zum angemessenen politischen und sozialen Verhalten ihren Ausdruck finden, sind in ihren prägenden Auswirkungen noch heute im öffentlichen und geistigen Leben der Balkanvölker mit wechselnder Intensität zu beobachten. Die Verwendung der kyrillischen bzw. lateinischen Schriftzeichen entsprechend der jeweiligen kirchlichen Zugehörigkeit ist nur nur eine der augenfälligen Besonderheiten.

Daß sich aber die Konfessionsgrenze nicht zu einer Kulturgrenze im eigentlichen Sinne verfestigt hat, lag in ihrer weitgehenden Beschränkung auf den Bereich der Hochkultur begründet. Die Volkskultur und das Leben der unteren Schichten folgten durch die Jahrhunderte anderen Gesetzen. Sie sind gerade durch die verschiedenartigen Fluktuationen, den Wechsel von Abgrenzung und Anpassung, geprägt, die trotz bestehender konfessioneller Differenzierungen gemeinsame ‹balkanische› Schichtungen und Strukturen in Sitte und Brauchtum, Folklore und Lebensstil hervorgebracht haben.

Nachhaltiger als die konfessionellen Trennungslinien haben sich unterschiedliche politische, wirtschaftliche und soziale Faktoren ausgewirkt. Etatistisches und insbesondere nationalistisches Denken hat im Verlauf der neuzeitlichen Entwicklungen den Glauben überformt und – etwa bei den Serben, Bulgaren, Rumänen und Griechen – das Aufkommen eines tragfähigen gemeinorthodoxen Selbstbewußtseins und Zusammengehörigkeitsgefühls immer wieder verhindert. Das Nationale und das Religiöse sind in der Geschichte der Balkanvölker während der Türkenherrschaft und in der Periode der nationalen Wiedergeburt eine enge Verbindung eingegangen. In einem unmittelbaren Zusammenspiel hat die politische Verselbständigung immer auch die kirchliche Unabhängigkeit nach sich gezogen. Die Anteilnahme der Kirche am politischen Schicksal ihrer Gläubigen ist unter den besonderen Bedingungen der Türkenherrschaft, in der Kirchenführer als die vom Sultan anerkannten Sprecher (Ethnarchen) der christlichen Untertanen mit einem politischen Mandat auftraten, erwachsen. Die orthodoxen Klöster in Serbien und Bulgarien hatten sich als die eigentlichen Wahrer nationaler Traditionen und als Zufluchtsorte für flüchtige Freiheitskämpfer bewährt und die Achtung des einfachen Mannes gewonnen. Dieses politische Engagement der Kirche wirkte in der Zeit der nationalen Erhebung weiter. In Montenegro haben die Bischöfe von Cetinje schließlich sogar die herrschende Dynastie gestellt und ihr Volk in die politische Selbständigkeit geführt. So haben sich in Südosteuropa das Streben nach einer nationalkirchlichen Verwirklichung der christlichen Verkündigung und die erbitterte Absage an die in der Türkenzeit unaufhaltsam vorwärtsschreitende Gräzisierung der Orthodoxie als dauerhafter erwiesen als ein einheitliches Kirchenverständnis und eine gemeinsame Abwehr äußerer Anfechtungen.

Die besondere landschaftliche Struktur, die kleinräumige Herrschaftsbildungen begünstigte, und die wechselvollen historischen Schicksale eines typischen Durchzugslandes haben es verhindert, daß Südosteuropa durch die Jahrhunderte zu einer Einheit zusammenwachsen und dauerhaftere politische Organisationsformen unter den einheimischen Bewohnern finden konnte. Eine festere Einbindung aller Randgebiete ist auf die Dauer nie gelungen. Das bunte Völkergemisch, das in einer unlösbaren Gemengelage auf engstem Raume siedelte, war immer wieder starken äußeren Einflüssen ausgesetzt und nahm an dem geschichtlichen Leben der umwohnenden Nachbarvölker unmittelbaren Anteil. Diese Tatsache ist von entscheidender Bedeutung für die Geschichte der Balkanstaaten bis in die Gegenwart hinein geblieben. Sie wird von einer auf einen nationalen Bezugspunkt eingeengten Geschichtsschreibung, die die Spuren der modernen Nationalstaaten in eine ferne Vergangenheit zurückverfolgt, allzu leicht übersehen.

Die Geschichte des Gesamtraumes ist nur von einer universalen Betrachtungsweise her zu verstehen, die den nationalen Rahmen übersteigt und die Einzelschicksale der Völker Südosteuropas in die Geschichte der mitteleuropäischen, der mittelmeerländischen und der vorderasiatischen Welt hineinstellt. Die Balkanlandschaften haben nicht nur von ihrer besonderen ethnischen Struktur her Anteil an der geschichtlichen Entwicklung der umliegenden Gebiete, sie sind auch immer wieder als Objekt machtpolitischer Überlegungen in das Spiel der Mächte hineingezogen worden. Das Expansionsstreben mächtiger Nachbarn hat hoffnungsvolle Ansätze eigenständiger politischer Herrschaftsbildungen in größerem Rahmen wiederholt gewaltsam unterbunden und der einheimischen Bevölkerung ein fremdes Ordnungsgefüge aufgezwungen. So sind ein durch die Natur des Landes begünstigter Partikularismus zu charakteristischen Eigentümlichkeiten in der politischen Geschichte der Balkanstaaten geworden.

II.

Mittelalterliche Herrschaftsbildungen

Stammespartikularismus und römischer Imperialismus

Die der Römerherrschaft vorangegangenen Jahrhunderte haben unter den einheimischen Stammesgruppierungen Südosteuropas wohl vereinzelte Herrschaftsbildungen überregionalen Charakters gesehen, aber keine dauerhaften politischen Organisationsformen. Schon dem scharfsinnigen und aufmerksamen Beobachter Herodot aus Halikarnassos (ca. 485–425 v. Chr.), der in sein großes griechisches Geschichtswerk interessante ethnographische Exkurse einschaltete, war bei der Schilderung der thrakischen Stämme im Osten der Balkanhalbinsel der fehlende politische Einheitswille nicht entgangen.

«Das Thrakervolk ist, wenigstens nach den Indern, unter allen Völkern das größte. Und wenn es einen Herrn hätte oder einträchtig zusammenhielte, so wäre es unbesiegbar und bei weitem das mächtigste aller Völker nach meiner Meinung. Weil es ihnen aber auf keine Art und Weise möglich ist, daß es jemals dahin komme, so sind sie demgemäß auch schwach» (‹Historiae› V, 3).

So ist das unter König Seuthes I. (424 bis um 410 v. Chr.) aufblühende Odrysenreich des 5.–4. Jahrhunderts, das vorübergehend die thrakischen Stämme aus der persischen Einflußsphäre löste und zu einer politischen Einheit zusammenführte, nicht erst an der mazedonischen Großmachtpolitik (Thrakerkriege Philipps II., 358–341) gescheitert. Der Stammespartikularismus hatte sich als mächtiger erwiesen. Er hat auch den wiederholt einbrechenden Fremdvölkern sehr rasch seine Lebensgesetze aufgezwungen. Der mazedonische Erobererstaat fand in dieser Umgebung keine dauerhaften Grundlagen. Die beiden überragenden Herrscherpersönlichkeiten Philipp II. (359–336) und sein Sohn Alexander der Große (336–323) haben die thrakischen Stämme in verlustreichen Kämpfen unter ihre Botmäßigkeit gezwungen. Auch die unmittelbaren Nachbarn im Westen, die illyrischen Stämme, und die Skythen im Raum des nördlichen Schwarzmeergebietes hatten der militärischen Stoßkraft der mazedonischen Eroberer keinen wirksamen Widerstand entgegenzustellen, die unter ihrem genialen Führer Alexander innerhalb weniger Jahre ein Weltreich aufrichteten. Aus der Erbmasse dieses kurzlebigen imperialen Machtkomplexes hatte sich eine Griechenland und den Großteil der Balkanhalbinsel umfassende politische Einheit unter der Dynastie der Antigoniden herausgelöst. Sie blieb aber am Rande der Weltgeschichte im Windschatten der machtpolitischen Entscheidungszentren, die sich in die Großstädte des östlichen Mittelmeeres verlagert hatten, und ist schließlich über den rasch aufbrechenden wechselvollen Diadochenkämpfen des 3. Jahrhunderts um die Nachfolge Alexanders in der Weltherrschaft wieder zerfallen. Den gefährlichen Einbruch der Kelten (der ‹Galater› der Paulus-Briefe) 281/80 nach Thrazien und Mazedonien hatte Antigonos Gonatas in der Schlacht bei Lysimacheia 277 aufgefangen, doch keltische Herren behaupteten sich um Tylis (Tulovo) am Balkangebirge bis gegen 212 unter den ansässigen thrakischen Stämmen. Immerhin hat das den Tod Alexanders überdauernde mazedonische Königreich als Vermittler der hellenistischen Kultureinflüsse unter den Stämmen der östlichen Balkanhalbinsel Bedeutendes geleistet; für deren weiteres politisches Schicksal ist es jedoch nur eine Episode gewesen.

Das Einigungswerk der Antigoniden in Mazedonien, das vorübergehend auch auf die rivalisierenden griechischen Stadtstaaten ausstrahlte (im Jahre 224 v. Chr. schloß Antigonos Doson die Achaier, Thessaler, Epeiroten, Akarnanen, Boioter, Phoker, Lokrer und die Bewohner Euboias zu einem Hellenenbund zusammen), ist unter dem Ansturm der römischen Legionen, die von Westen her in das Innere der Balkanhalbinsel vorstießen, endgültig zerbrochen.

Die römische Reichsmacht hatte sich erst nach langem Zögern zu einem dauernden machtpolitischen Übergreifen auf die Balkanhalbinsel entschließen können. Es waren weniger die Entstehung eines südillyrischen Großreiches unter König Agron (um 250 bis 230) und seiner Gemahlin Teuta (230–228) um Skutari und die Bucht von Cattaro (Reich der Ardiäer) gewesen, als die wachsende Bedrohung der adriatischen Seefahrt durch das illyrische Korsarentum und allgemein strategische Überlegungen, die Rom den Hilfegesuchen griechischer Küstenstädte und italienischer Kaufleute Gehör schenken ließ. Über ein Jahrhundert wurde so die römische Macht an der Adriaküste in einen erbitterten Kleinkrieg mit illyrischen und keltischen Stämmen verwickelt, ehe Oktavians und Agrippas illyrische Feldzüge gegen die aufständischen Japoden, Pannonier und Dalmaten (35–33) in gezielten Vorstößen in das Landesinnere die Wendung brachten (Unterwerfung der Japoden und Dalmaten) und den westlichen Balkan bis in die pannonische Ebene hinein an Rom angliederten. Die Donau wurde zur römischen Reichsgrenze (Provinz *Pannonia,* 33 v. Chr.). Sie ist nach der Niederwerfung des gefährlichen Aufstandes in Illyrien und Pannonien im Jahre 6 n. Chr. von Tiberius in den militärischen Unternehmungen der Jahre 8–9 n. Chr. endgültig gesichert worden.

In die römisch-illyrischen Auseinandersetzungen sind auch die mazedonischen Herrscher hineingezogen worden. Der überlegenen römischen Militärmacht hatten sie auf die Dauer keinen wirksamen Widerstand entgegenzusetzen. Schon im Jahre 197 v. Chr. mußte König Philipp V. (221–179), der sich 215 mit Hannibal gegen die Römer verbündet hatte, bei Kynoskephalai in Thessalien eine vernichtende Niederlage hinnehmen. Sein Sohn und Nachfolger Perseus (179–168) ist am 22. Juni 168 in der denkwürdigen Schlacht bei Pydna endgültig L. Aemilius Paullus (Macedonicus) unterlegen und in der Gefangenschaft gestorben. Auch der letzte Aufstandsversuch unter dem Usurpator Andriskos, der sich auf Thessalien und Thrazien ausdehnte, konnte das Schicksal nicht mehr wenden. Die siegreichen Römer errichteten 148 zur Sicherung ihrer Herrschaft in der östlichen Balkanhalbinsel eine eigene Provinz «Macedonia». Ihr wurden nach der Niederwerfung der Erhebung des Achäischen Bundes vom Jahre 146, der mit der Eroberung und Zerstörung Korinths durch L. Mummius endete, auch die griechischen Staaten eingegliedert.

Die römische Provinzialverwaltung hat in der Folgezeit wesentlich zur Befriedung der innerbalkanischen Stammesgebiete beigetragen, die auch weiterhin durch vereinzelte Aufstandsbewegungen – insbesondere unter den Bessen, Maiden und Triballern – in Unruhe versetzt wurden. Die aufsässigen Stämme sind in ihren Aktionen bestärkt worden durch den pontischen König Mithridates VI. Eupator (120–63), der in mehreren Unternehmungen (sog. mithridatische Kriege) niedergeworfen werden mußte. Der Schöpfer des im Karpaten- und Donauraum um 60 v. Chr. sich herausbildenden großdazischen Reiches Burebista ist im Jahre 45 oder 44 v. Chr. einer Verschwörung zum Opfer gefallen.

Der Statthalter M. Licinius Crassus in Mazedonien hat schließlich das Eroberungswerk an der unteren Donau gegen die letzten Aufstandsversuche der dortigen Stämme (29–18 v. Chr. Feldzüge gegen die Bastarner, Dazier und Geten) weitgehend vollendet. 44 bzw. 46 n. Chr. wurden hier die Provinzen Mösien und Thrazien eingerichtet. Rom konnte als Herr der Balkanhalbinsel an den Aufbau einer politischen Neuordnung gehen.

Der römische Balkan

Der planvoll betriebene Ausbau eines römischen Straßennetzes mit der Anlage befestigter Plätze und die Einführung einer geordneten Provinzialverwaltung schufen erstmals dauerhaftere Grundlagen einer politischen Einigung Südosteuropas. Eingehende Beschreibungen dieses römischen Straßensystems mit einem Verzeichnis der Mansionen (*mansio* = Nachtquartier) und Mutationen (*mutatio* = Wechselstation für Pferde) sowie der Kastelle und Befestigungsanlagen (*castella, praesidia, turres*) verdanken wir einer Reihe von Straßenkarten (Itinerarien) aus der späteren Kaiserzeit (*Tabula Peutingeriana* aus dem 3. Jahrhundert, *Itinerarium Antonini Augusti* und *Itinerarium Hierosolymitanum* oder *Burdigalense* aus dem 4. Jahrhundert). Neben der berühmten *Via Egnatia,* die zur Sicherung Mazedoniens errichtet worden war, erlangte insbesondere die strategisch wichtige Verkehrsader von Belgrad quer durch den östlichen Balkan wachsende Bedeutung. Wie eine ganze Reihe wichtiger Baudenkmäler der Römerzeit ist auch sie mit dem Namen jenes Kaisers verbunden, der als einer der großen abschließenden Organisatoren der Römerherrschaft auf der Balkanhalbinsel in vielen Lokaltraditionen noch weiterlebt: Kaiser Trajan (98–117). Er hat nach der Niederwerfung der Dazier und ihres kriegerischen Königs Decebalus der römischen Reichsverteidigung im Norden durch die Angliederung der Provinz ‹Dacia Trajana› (107 n. Chr.) im heutigen Siebenbürgen auf eineinhalb Jahrhunderte das Vorfeld gesichert (107–271).

Durch ein aufwendiges Verteidigungssystem an der Nordgrenze (Donau-Limes) suchte die römische Reichspolitik ihre balkanischen Besitzungen vor den Einfällen ‹barbarischer› Völker abzuschirmen. Im Verband des *imperium Romanum* haben die Balkanvölker in den folgenden zwei Jahrhunderten einen ungeahnten wirtschaftlichen und kulturellen Aufschwung erlebt und durch ihren Dienst im römischen Heer nicht unwesentlich zur Festigung und Bewahrung des Reiches beigetragen. Den Aufstieg der sogenannten illyrischen Kaiser im 3. Jahrhundert haben gerade jene Truppenkontingente getragen, die sich zum großen Teil aus der einheimischen Bevölkerung rekrutierten. Eine Reihe der fähigsten Kaiser und Heerführer entstammte den Balkanprovinzen. Sie wußten ihren starken Provinzpatriotismus mit dem römischen Reichsgedanken in beispielhafter Weise zu identifizieren. Kaiser Aurelian z. B. (270–275) war in Mösien geboren, der große Reorganisator des Reiches, Diokletian (284 bis 305), war dalmatischer Herkunft, sein Gegenspieler Galerius entstammte der Umgebung von Sofia, Justin (518–527) war aus bäuerlichen Verhältnissen in Mazedonien über die Offizierslaufbahn im kaiserlichen Heer zur höchsten Würde im Reich aufgestiegen, der Geburtsort seines Neffen und Nachfolgers Justinian I. (527–565) lag in der Nähe von Skoplje.

Die Römer haben sich nicht nur auf den Einsatz militärischer Machtmittel – Festungsbau, Garnisonen – verlassen. Bürgerrechtsverleihungen an die Einheimischen und eine gezielte Kolonisationspolitik, die im letzten Jahrhundert der Republik, insbesondere gegen Mitte des 1. Jahrhundert v. Chr., zahlreiche italische Ansiedler heranführte, sollten über eine rasche Romanisierung die Integrierung der eroberten Provinzen beschleunigen.

Der römische Staatsdienst hat vielen ansässigen Familien eine Bewährung an größeren staatsmännischen und administrativen Aufgaben geboten. Dieser Entwicklung kam die allmähliche Schwerpunktverlagerung des Reiches von den italienischen Provinzen an die Gefahrenpunkte an der Peripherie, insbesondere in die Donauprovinzen und an die kleinasiatische Ostgrenze, entgegen. Angesichts der zunehmenden äußeren Bedrohung hatten immer häufiger die Kaiser ihre Residenz in Rom mit dem Heerlager vertauschen müssen. Das hatte nicht nur bedeutsame verfassungsrechtliche Konsequenzen – die Wahl der Kaiser ging folgerichtig immer mehr von den bisherigen bestimmenden Kaisermachern, den senatorialen Kreisen, auf das Heer und das Offizierskorps über –, sondern die häufige Anwesenheit des kaiserlichen Hofes in den Garnisonstädten und Legionslagern etwa der balkanischen Provinzen trug auch wesentlich zu deren Aufwertung bei und legte schon bald den Gedanken an eine Verlagerung des Reichszentrums nach Osten nahe.

Unter diesen Voraussetzungen erfolgte die Gründung Konstantinopels im Jahre 324 bzw. 330 n. Chr., die sich als eine der folgenreichsten Stadtgründungen für die Geschichte der mittelalterlichen Staatenwelt erweisen sollte. Als Mittelpunkt des künftigen Ostreiches (nach der Reichsteilung vom Jahre 395) fiel dem «Neuen Rom» die Aufgabe zu, auf der Balkanhalbinsel die Organisation der Reichsverteidigung fortzuführen. Sie ist bis zur türkischen Eroberung Konstantinopels 1453 eine Konstante der römischen und byzantinischen Außenpolitik geblieben. Aus der Aufeinanderfolge verheerender Einbrüche ‹barbarischer› Völker und der verschiedenen Herrschaftsgründungen unter den neu zugewanderten Stammesgruppierungen leiteten die byzantinischen Kaiser durch die Jahrhunderte den gleichbleibenden politischen Auftrag ab, den Territorialbestand des Reiches wiederherzustellen und seinen universalen Herrschaftsanspruch – und sei es unter zum Teil nur noch fiktiven Rechtsformen – zu wahren.

Konstantinopel – Ostrom – Byzanz

Auch nach der Reichsteilung des Jahres 395 haben sich die im «Neuen Rom» am Bosporus residierenden Kaiser nie als Herrscher eines «oströmischen» Teilstaates, sondern als die einzigen legitimen Erben der römisch-christlichen Universalmonarchie empfunden. Die Bewohner Konstantinopels und des Reiches lebten bis zum Untergang der Kaiserstadt in dem stolzen Bewußtsein, «Rhomäer» (d. h. Römer) zu sein. Die uns heute geläufigere Bezeichnung «Byzanz» ist eine gelehrte, humanistische Erfindung des 16. Jahrhunderts, die an die ehemalige megarische Kolonie «Byzantion» anknüpfte.

Der rasche Untergang des Westreiches in den Stürmen der Völkerwanderungszeit und die vorteilhafte geographische Lage an der Kreuzung wichtiger Verkehrsadern haben den weiteren Aufstieg der «gottbehüteten» Kaiserstadt sehr begünstigt. Sie wuchs schnell über den inneren Mauerring hinaus, den Konstantin d. Gr. um seine Residenz gelegt hatte, und entwickelte sich zur bevölkerungsreichsten Großstadt der mittelalterlichen Welt, zur «Stadt» schlechthin, die alle Superlative auf sich vereinigte: sie war Metropole der universalen christlichen Kaiserherrschaft, Sitz der Reichszentrale und eines sich aufblähenden bürokratischen Apparates, Residenz des ökumenischen Patriarchen und Mittelpunkt der orthodoxen Christenheit seit der Trennung der Ost- und Westkirche, Wirtschafts-, Handels-, Bildungs-, Kultur- und

Kunstzentrum, das alle übrigen Großstädte des Reiches weit in den Schatten stellte, und nicht zuletzt mauerbewehrte Festung von herausragender militärisch-strategischer Bedeutung, die über ein volles Jahrtausend erfolgreich den äußeren Bedrohungen trotzte und den schwindenden Abwehrkräften in den Reichsprovinzen den notwendigen Rückhalt bot. Nur Verrat hatte 1204 die Tore den Lateinern geöffnet.

Konstantinopel hat im griechisch-römischen Osten durch die Jahrhunderte eine ungeheuere Integrationskraft bewiesen in einem gesellschaftlichen Umfeld, das durch extreme soziale, ethnische, kulturelle und konfessionelle Spannungen geprägt war und es hat insbesondere die einzelnen, neu in den mediterranen Kulturkreis eintretenden «barbarischen» Völker immer wieder in seinen Bann zu ziehen vermocht. Gerade das Hinterland, die Balkanhalbinsel, ist als Kriegsschauplatz, als Missionsfeld und als kulturelles Ausstrahlungsgebiet eng mit den Geschicken der Stadt verbunden geblieben. Die byzantinische Synthese, die man als die Verbindung des römischen Staatsgedankens mit der christlichen Kirche und der griechischen Kultur umschrieben hat, ist dabei in unterschiedlicher Intensität an die Völker Südosteuropas weitergegeben worden.

Ein volles Jahrtausend ist die Geschichte der Balkanhalbinsel durch die Landnahme und Staatsgründung ‹barbarischer› Völker auf der einen Seite und die Abwehrmaßnahmen bzw. die Reconquistaversuche der römischen und byzantinischen Kaiser auf der anderen Seite bestimmt. In der Kaiserzeit hatte die Reichsgrenze an der Donau dem massiven Druck germanischer Völkerschaften standzuhalten. Gezielte militärische Operationen in das barbarische Hinterland über die Donau und der Einsatz diplomatischer Mittel – Schaffung einzelner Klientelstaaten im Vorfeld der Donaugrenze – haben auch mitunter gefährliche Einbrüche überstehen lassen. Den großen Markomannenkrieg der Jahre 166–180 hatte das römische Reich unter der Führung Mark Aurels (161–180) siegreich für sich entschieden. Ein Jahrhundert später aber schon sah sich Kaiser Aurelian (270–275), dem starken gotischen Druck nachgebend, zur endgültigen Räumung Daziens, des römischen Vorpostens im germanischen Einflußbereich jenseits der Donau, gezwungen (271). Völkerverschiebungen unter den nomadischen Steppenbewohnern Innerasiens waren die Ursache dafür, daß immer stärkere Angriffswellen gegen die Reichsgrenzen an der unteren Donau heranbrandeten und schließlich der Zusammenbruch des Donau-Limes nicht mehr aufzuhalten war. Ein erster folgenreicher Einbruch gelang den Westgoten: Sie erzwangen auf der Flucht vor den nachdrängenden Hunnen den Übertritt auf Reichsterritorium und behaupteten sich in der blutigen Schlacht vor Adrianopel (378) gegen Kaiser Valens siegreich. Erstmals in der Geschichte des Reiches mußte der neue Kaiser Theodosios I. 382 den Westgoten vertraglich Wohnsitze auf Reichsboden zuweisen.

Das balkanische Binnenland erlebte im Gefolge der germanischen Völkerwanderung eine turbulente Übergangszeit. Der Durchzug germanischer Stammesgruppen war von verheerenden Plünderungen und Zerstörungen begleitet (Westgoten unter Alarich). Die Goten haben sogar vorübergehend den Einzug in die Kaiserstadt erzwungen und auf die Führung der Reichspolitik Einfluß genommen. Der Gote Gainas als *magister militum praesentalis* (= Befehlshaber der Palasttruppen) und der Alane Aspar mit seinen Söhnen Ardabur und Patrikios, der eine Tochter des Kaisers Leon I. ehelichte und vorübergehend zur Würde eines *Caesars* aufstieg, repräsentierten eindrucksvoll die Vormachtstellung des germanischen Elementes am Kaiserhof in Konstantinopel während des 5. Jahrhunderts. Die gewaltsame Beseitigung Aspars und der Abzug der Ostgoten unter dem Amaler Theoderich 488 befreite die Osthälfte des Reiches von der germanischen Gefahr auf Kosten des Westreiches, das den Ostgoten zufiel. So ist die Einheit des römischen Reiches über diesen Ereignissen der germanischen Völkerwanderung auseinandergebrochen. Die ursprünglich aus dynastischen Gründen erfolgte Reichsteilung des Jahres 395 sollte sich als unwiderruflich erweisen.

Die Grenze der beiden Reichshälften verlief durch den westlichen Teil der Balkanhalbinsel. Sie ist unter der Einwirkung der Invasionen ‹barbarischer› Völker im späteren Verlauf immer weiter westwärts verlegt worden. Von dem *Illyricum* der konstantinischen Zeit, das als Teil der Präfektur Italien die Diözesen Pannonien, Dazien und Mazedonien umfaßte, war bei der Reichsteilung von 395 nur Pannonien dem Westreich zugesprochen worden. Dazien und Mazedonien wurden dem Osten zugeschlagen.

Die Trennungslinie auf der Balkanhalbinsel, die den größeren Teil Dalmatiens mit dem Vorort Salona beim Westen beließ, hat sich in der Folgezeit zu einer politischen und sprachlich-kulturellen Grenze verfestigt. Der schon von Diokletian abgetrennte Südteil um Skodra, die sog. Praevalitana, wurde der Diözese Mazedonien zugeteilt, Dalmatien im engeren Sinne blieb ein Teil der Präfektur Italien und damit eng mit dem Schicksal der Apenninenhalbinsel verbunden. Diese Abgrenzung des östlichen und westlichen Herrschaftsbereiches innerhalb des alten Illyricum ist in der Zuordnung der Kirchensprengel zunächst nicht nachvollzogen worden. Der Papst in Rom hat bis zum Jahre 732/33 seine Jurisdiktionsrechte auch in dem nunmehrigen östlichen Illyricum beibehalten. Erst die ikonoklastischen Kaiser des 8. Jahrhunderts entzogen ihm hier wie auch in den oströmischen Besitzungen in Unteritalien – Kalabrien und Sizilien – die angestammten Rechte.

Der Untergang des Westreiches am Ausgang des 5. Jahrhunderts hat die gesamte Adriaküste wieder dem Hoheitsbereich der oströmischen Kaiser eingegliedert. Vorübergehend konnte Kaiser Justinian I., nach den erfolgreichen Offensiven seiner Feldherrn Belisar und Narses, in der Mitte des 6. Jahrhunderts nochmals die Reichseinheit wiederherstellen und das Ostgotenreich in Italien vernichten, doch mit der Abwanderung der Langobarden aus ihren pannonischen Wohnsitzen nach Oberitalien unter ihrem König

Alboin im Jahre 568 entglitten die Eroberungen auf dem italienischen Festland der oströmischen Herrschaft von neuem. Der Exarch von Ravenna behauptete sich noch bis 751 gegen die neuen Herren Italiens. Justinians aufwendige imperiale Reichspolitik entzog durch die Verlegung zahlreicher Truppenkontingente auf die italienischen, nordafrikanischen und vorderasiatischen Kriegsschauplätze der Verteidigung des Donau-Limes gerade jene Kräfte, die gegen die neue Bedrohung aus dem Nordosten dringend benötigt worden wären. So hatte die Reconquista Justinians I. eine entscheidende Schwächung der Nordgrenze zur Folge und damit jene umfassende Bevölkerungsbewegung indirekt begünstigt, die das Bild der balkanischen Binnenlandschaften am nachhaltigsten verändern sollte: die slawische Landnahme. Sie ist im Zusammenhang größerer Bevölkerungsumschichtungen in der Steppenzone des nördlichen Schwarzmeerraumes zu sehen.

Die byzantinische Reichsverteidigung ist nicht unversehens mit den neuen Gefahren aus der Steppe konfrontiert worden. Schon frühzeitig hatte die griechische Diplomatie Verbindungen zu den Völkern nördlich des Kaukasus und des Schwarzen Meeres angeknüpft und von den Stützpunkten und Beobachtungsposten auf der Krim aus Präventivmaßnahmen eingeleitet. Die elementare Kraft der andrängenden Völker war durch den Einsatz diplomatischer Mittel nur vorübergehend zu bändigen. Die nach Westen abgedrängten Awaren ließen sich nur wenige Jahre durch das 558 eingegangene Föderativverhältnis von weiteren Streifzügen zurückhalten. Schon 561 erschienen sie landsuchend an der unteren Donau. Als Justinian I. und auch sein Nachfolger Justin II. (565–578) ihnen einen Übertritt auf Reichsterritorium verwehrten, wandten sie sich im Bunde mit den Langobarden gegen die Gepiden und nahmen nach deren Vernichtung 567 ihre Wohnsitze in Dazien und dem östlichen Teil Pannoniens. Nach dem Abzug der Langobarden weiteten sie ihren Herrschaftsbereich im Westen bis zu den Alpen und über das Karpatenbecken nach Norden und Nordosten aus.

Gegen diese bedrohliche Machtzusammenballung im pannonischen Raum hatte die byzantinische Reichsverteidigung auch nach der Absage an die imperialistische Großmachtpolitik Justinians I. keine nennenswerten Abwehrkräfte mehr aufzubieten. Trotz des Verlustes des strategisch wichtigen Sirmium, das 582 dem awarischen Chan Bajan nach zweijähriger Belagerung zugefallen war, vermochten der tapfere Kaiser Maurikios (582–602) und sein Feldherr Priskos noch notdürftig die Donaugrenze zu halten, ehe eine Truppenrebellion alle Erfolge zunichte machte. Unter dem unfähigen Soldatenkaiser Phokas (602–610) bahnte sich sehr rasch die Katastrophe an. Die awarisch-slawische Flut ergoß sich über die Balkanhalbinsel, und schon 626 schloß sich zum ersten Male ein Belagerungsring um die Reichshauptstadt Konstantinopel.

Für fast zwei Jahrhunderte blieb Südosteuropa der byzantinischen Herrschaft entzogen. Als um 800 die byzantinische Gegenoffensive einsetzte, waren die in der Zwischenzeit eingetretenen Veränderungen in der Bevölkerungsstruktur der Binnenlandschaften nur noch zum Teil zu revidieren. Die Landnahme der slawischen Ackerbauern war nicht mehr ungeschehen zu machen. Ihre Folgen haben die Geschicke der Balkanhalbinsel bis in die Gegenwart hinein mitbestimmt.

Slawische Landnahme und erste Herrschaftsgründungen

Über Einzelheiten und Begleitumstände der slawischen Landnahme schweigen die zeitgenössischen Quellen, doch finden sich seit Anfang des 6. Jahrhunderts, noch unter der Regierungszeit Justins (518–527), Hinweise auf gelegentliche Einfälle ‹bulgarischer›, sklawinischer und antischer Horden über die Donaugrenze. Die ethnische Zuordnung dieser ‹Bulgaren›, die schon zu Ende des 5. Jahrhunderts Thrazien heimsuchten, bereitet für diese Periode noch Schwierigkeiten. Zusammenhänge mit den Ogurstämmen (Kutriguren und Utiguren) sind auf Grund der bestehenden Quellenlage nicht eindeutig zu klären. Auf jeden Fall haben wir mit Teilen jener turkstämmigen Bulgaren zu rechnen, die dann zu Anfang des 7. Jahrhunderts im Raum nördlich des Kaukasus sich aus der awarischen Vorherrschaft lösten und unter Kovrat zu einem eigenen, zunächst nur kurzlebigen Großreich zusammenschlossen. In byzantinischen Quellen wird es als das alte ‹Großbulgarien› bezeichnet (ἡ παλαιὰ Βουλγαρία ἡ μεγάλη). Auch die Sklawinen und Anten, die in der Geschichtsschreibung des 6. Jahrhunderts (Jordanes, Prokopios, Pseudo-Maurikios) als die beiden großen Stammesgruppierungen der Slawen hervortreten, standen zunächst wohl in einem mehr oder minder lockeren Abhängigkeitsverhältnis zu den Awaren. Sie scheinen schon seit dem beginnenden 5. Jahrhundert in einer allmählichen und friedlichen Siedlungsausbreitung von ihren Wohnsitzen nördlich der Karpaten begriffen gewesen zu sein, als Teile von ihnen von der awarischen Westbewegung erfaßt und an die Reichsgrenze im Donauraum herangeführt wurden.

Dem wachsenden Druck dieser Ackerbauern nachgebend hatte sich noch Justinian I. zu einer Ansiedlung einzelner Gruppen auf Reichsterritorium entschlossen und ein diplomatisches Ausspielen der Anten gegen die ‹Bulgaren› versucht. Trotz beträchtlicher Teilerfolge der Reichsverteidigung in den dreißiger Jahren des 6. Jahrhunderts ließ sich der Völkerflut im Donauraum kein Einhalt mehr gebieten. Awarische, slawische und bulgarische Horden suchten auf ihren ausgedehnten Plünderungszügen die balkanischen Kernlandschaften heim und wagten sich bis vor die Mauern Thessalonikes und Konstantinopels. Einen vollständigen Zusammenbruch der Donaugrenze konnte nur der Einsatz der Donauflotte vorerst noch hinauszögern, aber das offene Land in den Balkanprovinzen war den Eindringlingen schutzlos ausgeliefert.

Die Slawisierung des flachen Landes setzte damit schon zu einem Zeitpunkt ein, als die militärische Entscheidung noch nicht gefallen war. Die gleichzeitige bedrohliche Persergefahr an der Ostgrenze des Reiches hat die byzantinischen Abwehrkräfte in den entscheidenden Phasen der Auseinandersetzung mit dem Awaren-Chan zu Ende des 6. Jahrhunderts geschwächt, und als sich Kaiser Maurikios nach einem siegreichen Feldzug im Osten endlich mit neuen Kräften dem Balkanproblem zuwenden konnte, machte eine Truppenrebellion die Früchte des Kampfes in kurzer Zeit zunichte. Nach 602 brachen die Balkan- und die Ostfront zusammen. Die Katastrophe des Reiches schien unabwendbar. Die Rettung kam vom Sohn des Exarchen von Karthago, Herakleios, der sich an die Spitze einer Rebellion stellte und dem tyrannischen Regiment des Kaisers Phokas ein Ende setzte.

Dem neuen Herrscher Herakleios gelang es in seiner langdauernden Regierungszeit (610–641), nicht nur das persische Problem nach wechselvollen Kämpfen durch den Vorstoß bis in das Zentrum des Sassanidenreiches schließlich zu bereinigen (Großkönig Chosrau II. wurde gestürzt, sein Sohn unterwarf sich dem byzantinischen Kaiser), sondern auch die chaotischen Zustände auf der Balkanhalbinsel in geordnetere Bahnen zu lenken. Voraussetzung dazu war jener Prestigeverlust der Awaren nach der vergeblichen Belagerung Konstantinopels im Jahre 626, der ihren Herrschaftsanspruch erheblich erschütterte und den Selbständigkeitsbestrebungen der Hilfsvölker einen mächtigen Auftrieb gab. Die byzantinische Diplomatie hat diese Gelegenheit benutzt und die Lage im Inneren der Balkanhalbinsel wieder unter Kontrolle zu bringen versucht.

Der byzantinische Kaiser hat dabei offensichtlich auf die Landnahme slawischer Stämme Einfluß genommen und neue Formen von Klientelverhältnissen eingeführt. Der kaiserliche Schriftsteller des 10. Jahrhunderts, Konstantin VII. Porphyrogennetos, dem wir die detailliertesten Auskünfte über die slawischen Siedler der Balkanprovinzen verdanken (in seinem Staatshandbuch ‹De administrando imperio›), bringt die Ankunft der ‹Kroaten› und der ‹Serben› in einen unmittelbaren Zusammenhang mit der Politik des Kaisers Herakleios. Dieser soll sie zur Abwehr der Awaren in den dalmatinischen Raum gerufen und ihnen Wohnsitze zugewiesen haben.

Die unter dem Namen der Kroaten und Serben zusammengefaßten slawischen Stämme sind also wohl erst in der Spätphase der slawischen Landnahme auf dem Balkan erschienen, als der Zerfall des Awarenreiches den Weg in den Donauraum freigab. Schon um 623 hatte ein fränkischer Kaufmann Samo die offensichtliche Schwäche des Awaren-Chans dazu benutzt, unter den slawischen Stämmen im böhmisch-mährischen Raum ein unabhängiges Herrschaftsgebilde zu schaffen, das sich dank seiner handelspolitischen Mittlerstellung an der Kreuzung wichtiger Handelsstraßen mehrere Jahrzehnte zu behaupten vermochte.

Die Anfänge des donaubulgarischen Staates

Weiterreichende Folgen für das Schicksal der Balkanvölker sollte jene andere Abfallsbewegung von der awarischen Oberherrschaft zeitigen, die der Onogure Kovrat 635 im Osten in den Gebieten nördlich des Schwarzen Meeres anführte. Er trat in freundschaftliche Beziehungen zu Kaiser Herakleios und erwies sich bis zu seinem Tode 642 als treuer Bundesgenosse. Seinem Großbulgarischen Reiche war allerdings nur kurze Dauer beschieden. Unter dem Stoß der aus Innerasien nachdrängenden Chazaren brach es Mitte des 7. Jahrhunderts auseinander. Ein Teil der ‹Bulgaren› wandte sich nordwärts und gründete das Reich der Wolgabulgaren, eine andere Gruppe erschien 680 unter dem Sohne Kovrats, Asparuch (Isperich) an der unteren Donau und erzwang den Übertritt auf Reichsterritorium. Durch Vertrag vom Jahre 681 mußte sich Kaiser Konstantin IV. (668–685) zur Anerkennung dieses Reiches der turkstämmigen (Proto-, Ur-)Bulgaren bequemen, die von ihrer Hauptstadt Pliska aus die Gebiete zwischen dem Balkangebirge und dem Dnestr kontrollierten. Ein Großteil der ostbalkanischen slawischen Stämme ist in diesem sich ausweitenden Herrschaftsverband der Bulgaren aufgegangen. In den byzantinischen Quellen sind die Namen zahlreicher slawischer Stämme überliefert, deren Siedlungsräume sich bis in das Hinterland von Thessalonike und nach Mittelgriechenland sowie in die Peloponnes hinein erstreckten. Erst aus der Verschmelzung der protobulgarischen Oberschicht und der Masse der slawischen Bevölkerung ist das slawische Volk der Bulgaren entstanden.

Die Antwort auf die Frage, warum gerade dieser bulgarisch-slawischen Mischbevölkerung am ehesten der Schritt zu einem großräumigeren politischen Herrschaftsgebilde gelungen ist, wird man in der besonderen Situation der balkanslawischen Stammeswelt erblicken dürfen. Über die gesellschaftliche und politische Verfassung der eingewanderten Slawen sind wir nur unzureichend unterrichtet. Die zeitgenössischen Autoren sind sich in der Betonung ihrer stark individualistisch ausgerichteten Lebensweise allerdings einig. Prokopios von Kaisareia (* um 500), der in sein Geschichtswerk über die Kriege gegen die Perser, Vandalen und Goten ethnographische Exkurse eingestreut hat, verwandte zur Charakterisierung der Herrschaftsstruktur unter den Sklawinen und Anten den Begriff der ‹Demokratie› («sie werden nicht von einem Mann regiert, sondern leben seit alters in Demokratie» – ἐν δημοκρατίᾳ ἐκ παλαιοῦ βιοτεύουσι). Offensichtlich hatten bluts- und verwandtschaftliche Bindungen als Grundlage gesellschaftlicher Zusammenschlüsse noch weitgehend den Vorrang.

Nicht ohne Grund hat man in den bis weit in das 19. Jahrhundert hinein lebendigen spezifischen Formen einer Hausgemeinschaft der Großfamilie *(zadruga)* im dinarischen Westbalkan vergleichbare Züge mit dieser ursprünglichen Verfassung der slawischen Stämme gesehen, die aus den besonderen Bedingungen der Wanderungszeit erwachsen ist. Aus dem Zusammenschluß einzelner Familien mit dem patriarchalisch regierenden Hausvater *(domaćin, starešina)* an der Spitze zu Dorfsiedlungen (*bratstvo* = Bruderschaft, Sippe) mit einem gemeinsamen Vorsteher *(čelnik)* konnten größere territoriale Verbände entstehen, sogenannte Župen (*župa* = Gau). Es waren territoriale Einheiten eines Stammesgebietes, die sich in der Regel um eine feste Burganlage *(grad)* herausbildeten. Der Errichtung großräumigerer Herrschaftsverbände stand aber ein stark ausgeprägter Stammespartikularismus hemmend entgegen. Auch die Vielfalt der landschaftlichen Gliederung Südosteuropas hat einen Zusammenschluß mehrerer Župen unter einem Fürsten (Knezen) wenig begünstigt. Die Überwindung des Stammespartikularismus ist in der Folgezeit erst durch Anstöße von außen erzwungen oder zumindest erleichtert worden.

Der fortschreitende Verfall des Awarenreiches hat die Machtverhältnisse im pannonischen Raum seit der Mitte des 7. Jahrhunderts grundlegend gewandelt. In der Abwehr verheerender awarischer Streifzüge nach Westen war das bairische Stammesherzogtum und sein Erbe, das Reich der Karolinger, immer mehr in die inneren Probleme des Donauraumes hineingezogen worden. Durch den Aufstieg eines neuen slawischen Großreiches mit dem Zentrum in Mähren und der westlichen Slowakei (sogenanntes ‹Großmährisches Reich der Mojmiriden›) um 840 ist ein weiterer machtvoller Konkurrent erwachsen. Er ist schon zu Beginn des 10. Jahrhunderts durch den Einbruch der Madjaren vernichtet worden, die in der Donau-Theiß-Ebene als die eigentlichen Nachfolger der Awaren ein dauerhaftes Reich begründet haben. Das ungarische Großmachtstreben ist seither von schicksalhafter Bedeutung für das politische Leben der angrenzenden slawischen Völker geworden.

In diesem Mächtedreieck zwischen dem Ostreich der Karolinger bzw. dem deutschen Kaiserreich der Ottonen, Salier und Staufer und den aus den südöstlichen Marken hervorgegangenen Landesherrschaften im Vorfeld der Ostalpen, dem Großmährischen Reich des 9. Jahrhunderts bzw. dem Ungarn der Arpaden (bis 1301), Anjous (1308–1382) und des Luxemburgers Sigismund (1387–1437) im Norden sowie dem byzantinischen Reich und seinen Nachfolgestaaten nach 1204 im Süden hat sich der allmähliche Aufbau einer balkanischen Staatenwelt während des Mittelalters vollzogen.

Zunächst haben die Bulgaren den Weg zur imperialen Ausweitung ihres Herrschaftsbereiches beschritten und weite Teile der Balkanhalbinsel einem Großreich eingegliedert, das erst zu Ende des 10. und am Anfang des 11. Jahrhunderts an der wieder erstarkten byzantinischen Militärmacht zerbrochen ist. Die ersten kroatischen und serbischen Herrschaftsbildungen des 9.–12. Jahrhunderts sind lange Zeit noch kaum den stammhaften Bindungen entwachsen. Sie waren immer wieder Stammesrivalitäten mit wechselnden

Gruppierungen ausgesetzt. Dauerhafter gelungen ist der Übergang zum Territorialstaat im Bosnien des hohen und späten Mittelalters und insbesondere im serbischen Nationalstaat der Nemanjiden (1123–1394) und seiner Fortsetzung in den Reststaaten unter den Lazarevići, den Brankovići und den Despoten in Südungarn.

Die Adriazone ist nur bedingt dieser Entwicklung zuzurechnen. Die von der slawischen Siedlungsausbreitung in die Küstenstädte und auf die Inseln abgedrängte provinzialromanische Bevölkerung suchte eher Rückhalt an der byzantinischen Reichsflotte und der aufstrebenden venezianischen Handelsmacht und wahrte auch während der Hochblüte der balkanslawischen Staatenwelt eine Sonderstellung. Zum Teil verstand sie diese noch in die Zeit der osmanischen Fremdherrschaft hinüberzuretten. Unter den Stadtrepubliken der Adriaküste blieb Ragusa/Dubrovnik bis weit in die Neuzeit hinein die Wahrerin einer stolzen freiheitlichen Tradition, die eine wirtschaftliche Hochblüte in eindrucksvollen Formen zu repräsentieren erlaubte.

Der Aufstieg eines bulgarisch-slawischen Staatsgebildes seit dem ausgehenden 7. Jahrhundert im Ostteil der Balkanhalbinsel wurde durch den Ausfall eines wirksamen byzantinischen Verteidigungssystems begünstigt. Die triumphalen militärischen Erfolge des Kaisers Herakleios gegen den persischen Erbfeind hatten dem Reich an der Ostfront nur eine Ruhepause von wenigen Jahren gesichert. Der nach 632 einsetzende Arabersturm, der mit elementarer Kraft über die östlichen Provinzen des Reiches hinwegfegte, überrannte innerhalb weniger Jahre die mühsam wieder aufgerichtete byzantinische Verteidigungslinie. Die eben erst zurückgewonnenen Provinzen gingen erneut verloren. Mit ihrer fortschrittlichen Kriegstechnik wurden die Araber sehr rasch zu einer tödlichen Bedrohung des Reiches. Der Kalif Muawija (661–680) wagte in einer folgenschweren Entscheidung den Schritt auf das Meer. Der Aufbau einer eigenen arabischen Flotte schuf die Voraussetzungen für Vorstöße bis unter die Mauern Konstantinopels. Innerhalb weniger Jahrzehnte hatte die byzantinische Hauptstadt zweimal einer gefährlichen arabischen Belagerung standzuhalten (674–678 und 717–718). Eine erhebliche Schwächung der Abwehrkräfte bedeutete auch die langjährige erbitterte Auseinandersetzung um die Verehrung der Kultbilder in der orthodoxen Kirche (sogenannter Bilderstreit oder Ikonoklasmus, 730–843), die bürgerkriegsähnlichen Charakter annahm.

Unter dem Eindruck dieser katastrophalen äußeren und inneren Entwicklungen mußte sich die Übertragung des in Kleinasien erprobten neuartigen Verteidigungssystems, der sogenannten Themenorganisation, auch auf die Balkanhalbinsel als wenig wirksam erweisen gegenüber den um sich greifenden slawischen Herrschaftsbildungen. Es war, wie auch in anderen Reichsteilen, der Versuch, durch eine weitgehende Militarisierung der Provinzialverwaltung und die Vergabe von Soldatengütern mit Heeresdienstverpflichtung in den bedrohten Provinzen des Reiches ein einheitlich gelenktes militärisches Abwehrsystem und ein schlagkräftiges Aufgebot aus der ansässigen Bevölkerung zu gewinnen. An der schrittweisen Einführung der Themenverfassung in den Küstenrandgebieten Südosteuropas lassen sich immerhin Etappen der byzantinischen Rückeroberungen wiedererkennen.

Das Thema Thrazien wird erstmals im Jahr 687 in den Quellen erwähnt. Bis zur Jahrhundertwende schlossen sich die Themen Hellas und Mazedonien an. Im Verlauf des 9. Jahrhunderts wurden die Reste der nur noch nominell bestehenden Provinzialverwaltungen durch die Themen Thessalonike, Strymon und Boleron ersetzt. Aber nur im südlichen Teil der Balkanhalbinsel war der damit eingeleiteten byzantinischen Gegenoffensive von den Küstenrändern und befestigten Fluchtsiedlungen aus und der Regräzisierung des flachen Landes Ende des 8. Jahrhunderts ein bleibender Erfolg beschieden. Staurakios, der tüchtige Feldherr der Kaiserin Irene (797–802), hatte mit seinen Operationen in Griechenland und der Peloponnes die Wendung angebahnt, Kaiser Nikephoros I. (802–811) glückte mit der Eroberung von Patras (805) der entscheidende militärische Schlag.

Im Norden dagegen hatte Byzanz dem gefährlichen Expansionsstreben der Bulgaren, die von ihren Wohnsitzen in der Dobrudscha aus die umwohnenden slawischen Stämme (Sewerier, Gebiet der sogenannten 7 Stämme) unter ihre Oberhoheit brachten, keine wirksamen Abwehrkräfte entgegenzustellen. Die zahlenmäßig geringe turkotatarische Oberschicht der Bulgaren ist schon in den nächsten Generationen von der Masse der slawischen Bevölkerung aufgesogen worden. Diese Verbindung des nomadischen und seßhaften-bäuerlichen Elementes sollte sich als tragfähig erweisen, den Stammespartikularismus zu überwinden und die slawischen Ackerbauern im östlichen Teil der Balkanhalbinsel zu neuen Formen des gesellschaftlichen und politischen Lebens zusammenzuführen.

Es ist Byzanz trotz eines massiven Einsatzes militärischer und diplomatischer Mittel, vornehmlich unter Kaiser Konstantin V. Kopronymos (741–775), nicht gelungen, diesem werdenden Staatsgebilde die weiteren Entwicklungsmöglichkeiten zu beschneiden. In Chan Krum (802–814) fanden die Bulgaren zu Beginn des 9. Jahrhunderts einen genialen Führer und Staatsmann, der das Wagnis eines Zweifrontenkrieges – die unmittelbare Konfrontation mit den Franken im Westen und Byzanz im Süden – nicht scheute und seinem Volk den Weg zur innerbalkanischen Vormachtstellung und imperialen Machtausweitung wies. Die Zerschlagung des awarischen Reststaates durch die Feldzüge Karls des Großen, Pippins und des Markgrafen Erich von Friaul in den Jahren 791 und 795/96 (Erstürmung des Awarenringes im Alföld) benutzte Krum dazu, die Gebiete östlich der Theiß (Ostpannonien) seinem Herrschaftsbereich einzugliedern. Die anschließende Wendung gegen das byzantinische Reich brachte ihm 809 mit Serdica (Sofia) den Zugang nach Thrazien und Mazedonien. 811 kehrte Kaiser Nikephoros nach einer vernichtenden Niederlage seines Heeres nicht mehr von einem

Feldzug gegen die Bulgaren zurück, und zwei Jahre später, nach dem bulgarischen Sieg bei Versinikia (813), haben nur ihre uneinnehmbaren Mauern die byzantinische Kaiserstadt gerettet. Adrianopel ist Krum noch kurz vor seinem plötzlichen Tode 814 in die Hände gefallen.

Sein Nachfolger Omurtag (814–831) lenkte das byzantinisch-bulgarische Verhältnis in ruhigere Bahnen. Er fand sich zu einer auf 30 Jahre befristeten Abgrenzung der beiderseitigen Herrschaftsbereiche bereit. Die damit eingeleitete jahrzehntelange Friedensperiode hat Bulgarien dem griechischen Kultureinfluß und unter Chan Boris auch der christlichen Missionierung geöffnet (864/5).

Der Adria- und der Donauraum im 8. und 9. Jahrhundert

Die slawischen Stämme, die sich in dem ehemals römischen Illyricum, den Provinzen Dalmatien und Pannonien, angesiedelt hatten und unter denen die Kroaten und Serben als führende Stammesorganisationen hervortraten, sind ebenfalls in die Auseinandersetzungen der angrenzenden Mächtegruppierungen hineingezogen und zu politischen Zusammenschlüssen veranlaßt worden. Sie hatten sich insbesondere eines starken fränkischen Zugriffs von Nordwesten und des bulgarischen Ausgreifens nach Westen zu erwehren.

Der fränkische Vorstoß in den Donauraum nach der Eingliederung des bairischen Stammesherzogtums Tassilos (788) und die Eroberung des Byzanz zugehörigen Istrien (vorausgegangen war die Errichtung der fränkischen Markgrafschaft Friaul 776) standen im Zusammenhang mit der notwendigen Bereinigung der Awarengefahr. Im Zuge dieser Unternehmungen sind die slawischen Stämme der Ostalpen (Slowenen), die politisch im Herzogtum Karantanien organisiert und seit der Mitte des 8. Jahrhunderts den bairischen Herzögen tributpflichtig waren, dem Frankenreich angeschlossen worden. Die Slowenen sind seither über ein volles Jahrtausend, bis zur Auflösung der österreichisch-ungarischen Donaumonarchie im Jahre 1918, eng mit dem Schicksal der deutschsprachigen Nachbargebiete in Kärnten, Krain und der Südsteiermark verbunden geblieben.

Die Schaffung der ‹Pannonischen Mark› (Ostmark) und der ‹Karantanischen Mark› im Jahre 803 diente der Sicherung der fränkischen Eroberungen. Bei der Vernichtung der Awarenherrschaft hatte Karl der Große auf die tatkräftige Unterstützung des Fürsten Vojnomir von Pannonisch-Kroatien rechnen können, der im Ergebnis allerdings nur die fränkische Oberherrschaft gegen das bisherige Awarenjoch eintauschte. Sein Herrschaftsbereich ist politisch dem Markgrafen von Friaul untergeordnet worden, die kirchliche Jurisdiktionsgewalt übte der Patriarch von Aquileja aus. Im Schiedsspruch des Jahres 811 war die Abgrenzung der Diözesanbezirke in Karantanien zwischen Aquileja und Salzburg entlang der Drave (Drau) vorgenommen worden.

Mit diesen Regelungen kehrte die Ruhe unter den Slawen Pannoniens allerdings noch nicht ein. Schon 819 trat Ljudevit als Führer einer antifränkischen Aufstandsbewegung hervor, deren Niederwerfung Ludwig dem Frommen erst nach mehreren Feldzügen 822 glückte. In der Folgezeit erwies sich Fürst Pribina, der von dem mährischen Fürsten Mojmir aus seinem angestammten Herrschaftsgebiet um Nitra/Neutra vertrieben worden und landflüchtig in Pannonien erschienen war, als treuer Vasall und Sachwalter fränkischer Interessen; Ludwig hat ihm hier zwischen Plattensee, Save und Donau eine neue politische Aufgabe zugewiesen, die er mit Geschick löste. Er ist 861 im Kampf mit Mähren gefallen, sein Sohn Kocel führte aber noch über ein Jahrzehnt sein Werk fort (861–876).

Neben der Abwehr äußerer Feinde war es vor allem eine großzügige Aufbauarbeit in Verbindung mit der Christianisierung des Landes sowie eine planmäßige Siedlungspolitik gewesen, mit der diese beiden Fürsten – zusammen mit anderen slawischen Teilfürsten – den pannonischen Raum weitgehend befriedet haben. Unter ihrer tatkräftigen Förderung setzte ein breiter Zustrom deutscher Siedler ein. Diese haben neben der kirchlichen Mission Salzburgs einen wesentlichen Beitrag zum Landesausbau geleistet. Die Residenz des Fürsten Pribina in Moosburg (Zalavár) am Plattensee ist unter Beteiligung deutscher Künstler und Handwerker zu einem neuen Kulturzentrum ausgebaut worden, das aber den Einfall der Madjaren zu Ende des 9. Jahrhunderts nicht überdauert hat.

Die militärische Niederwerfung des Ljudevit-Aufstandes hatte Ludwig den Frommen vorübergehend in einen ernsten Konflikt mit den Bulgaren gebracht. Über neuerliche bulgarische Grenzforderungen ist ein volles Jahrzehnt (827–838) mit der Waffe in der Hand gefochten worden. Erst bedrohliche Entwicklungen im Norden führten seit der Jahrhundertmitte die beiden Kontrahenten in eine gemeinsame Allianz zusammen. Fürst Rastislav in Mähren hatte sich von einem Parteigänger Ludwigs des Frommen in einen eifrigen Verfechter mährischer Partikularinteressen und Unabhängigkeitsbestrebungen verwandelt und durch seine expansiven Absichten in gleicher Weise fränkische wie bulgarische Ansprüche bedroht. Der bulgarische Chan Boris (852–889) durfte sich von einem außenpolitischen Kurswechsel und einem engeren Zusammengehen mit den Franken auch einen Rückhalt gegenüber den aufständischen Slawenstämmen des westlichen Balkan erhoffen, an deren Erhebung die byzantinische Diplomatie nicht unbeteiligt gewesen war.

Nach Omurtags Tod hatte der bulgarische Vorstoß nach Mazedonien bis in die Gebiete des Ochrid- und Prespa-Sees in Byzanz neue Widerstandskräfte geweckt und diplomatische Aktivitäten ausgelöst. Arabische Operationen in der Adria mahnten Konstantinopel zu erhöhter Wachsamkeit und ließen es nach möglichen Bündnispartnern Ausschau halten; die Hilfe kam jedoch unerwartet. Im Jahre 862 ersuchte eine Gesandtschaft Rastislavs von Mähren an den byzantinischen Kaiserhof um die Entsendung christlicher Missionare und bot offensichtlich auch ein politisches Bündnis an. Diese kirchliche Neuorientierung des Mährerfürsten bedeutete eine Absage an die fränkisch-bairische Mission. Sie war eine logische Folge seiner politischen Umorientierung. In gleicher Weise wollte der bulgarische Chan Boris den unvermeidlich gewordenen Übertritt zum Christentum zunächst lieber durch die Vermittlung des entfernten Rom als des benachbarten Konstantinopel vollziehen.

Die byzantinische Slawenmission

Ein heidnischer Staat hatte in einer christlichen Umgebung, die den Missionierungsgedanken ihrem außenpolitischen Konzept einordnete, keine Überlebenschance. Seine Bündnisfähigkeit blieb zweifelhaft trotz gelegentlicher Absprachen mit realpolitisch denkenden christlichen Potentaten. Einer dauerhaften völkerrechtlichen Garantie zwischenstaatlicher Vereinbarungen fehlten im Zeichen eines gegenüber Andersgläubigen militanten Christentums die notwendigen Voraussetzungen. Den offiziellen Übertritt zum Christentum haben daher machtpolitische Überlegungen mehr motiviert als religiöse Erwägungen. Noch hatten sich auch Westkirche und Ostkirche trotz erheblicher Vorbehalte gegenüber einzelnen Sonderentwicklungen nicht so weit auseinandergelebt, daß ein Kampf um neue Missionsfelder zentrale Fragen der Heilsverkündigung berührt hätte. Die römische Kirche hatte sich zunächst auch keineswegs generell der Zulässigkeit der slawischen Liturgiesprache verschlossen. Die bestehenden Differenzierungen und die sie tragenden politischen Gruppierungen eröffneten aber den betroffenen heidnischen Fürsten günstige Optionsmöglichkeiten in der Zuordnung der neu entstehenden Kirchenorganisationen zu kirchlichen Jurisdiktionsbereichen.

Sowohl Rastislav von Mähren als auch der bulgarische Chan Boris haben sich dieser Chancen bedient und sich durch eine überlegte kirchliche Umorientierung drohenden politischen Implikationen zu entziehen versucht. Es zählt zu den folgenreichsten Entscheidungen der byzantinischen Kirchenpolitik, daß der weitblickende Patriarch Photios (858–867 und nochmals 877–886) das Missionierungsgesuch des mährischen Fürsten Rastislav mit der Entsendung sprachenkundiger Missionare, der Brüder Kyrill (Konstantin) und Method, beantwortete (863). Ein bleibender Erfolg war dem Wirken dieser ‹Slawenlehrer› im entfernten Mähren allerdings nicht beschieden. Die bairische Kirche, die eifersüchtig über ihre Rechte wachte, hatte sich bald von ihrem Rückschlag erholt und den Einbruch der griechischen Kirche durch kirchen- und machtpolitische Gegenmaßnahmen abgewendet.

Nachhaltiger wirkte die großartige Übersetzungsleistung der beiden Brüder im gesamten slawischen Bereich. Sie haben der Slawenmission die wichtigsten christlichen Lehrschriften und liturgischen Bücher in einer allen Slawen verständlichen Sprache geschenkt. Diese sogenannte kirchenslawische Sprache, ein altbulgarisches Idiom, hatten die griechischen Brüder von slawischen Siedlern im Hinterland von Thessalonike erlernt.

Dauerhafte Wurzeln geschlagen hat das Werk der Slawenlehrer erst in Bulgarien, dessen Chan Boris den 885 aus Mähren geflüchteten Schülern Kyrills und Methods eine neue Wirkungsstätte bot. Chan Boris hatte 864 oder 865 von Byzanz die Taufe empfangen und den Namen seines kaiserlichen Taufpaten Michael angenommen. Militärische Demonstrationen von byzantinischer Seite haben ihm diesen Entschluß gewiß erleichtert. Aber erst 870 entsagte er endgültig seinen Absichten, durch einen römischen Bischof eine von Byzanz unabhängige Kirchenorganisation aufzubauen. Sein Sohn Simeon hat sich zu Ende des Jahrhunderts durch die Errichtung eines eigenen bulgarischen Patriarchats die Verfügungsgewalt über die Kirche wieder zurückgeholt.

Die Entscheidung zur Annahme des Christentums mußte Boris-Michael gegen eine altheidnische Adelsopposition und deren Rückhalt in den schwindenden protobulgarischen Elementen mit blutiger Gewalt durchsetzen. So hat, wie auch in anderen Gebieten, das Bekenntnis zum Christentum in Bulgarien einen wesentlichen Beitrag zur Konsolidierung eines in sich geschlossenen Staatsgebildes und einer einheitlichen Fürstenmacht geleistet. Der freiwillige Thronverzicht Boris-Michaels, der sich 888 als Mönch in ein Kloster zurückzog und die Herrschaft seinem ältesten Sohn Vladimir (889–893) überließ, gefährdete vorübergehend sein Aufbauwerk. Im Jahre 893 sah er sich zur Abwendung einer altheidnischen Reaktion zur Rückkehr genötigt. Die Blendung Vladimirs und seine Ersetzung durch den jüngeren Bruder Simeon machte den Weg frei zur Glanzperiode mittelalterlicher bulgarischer Geschichte an der Wende zum 10. Jahrhundert, in der die Herausforderung an Byzanz um die Beherrschung der zentralbalkanischen Landschaften gewagt worden ist. Dieser byzantinisch-bulgarische Zweikampf sollte in den nächsten Generationen die gesamte geschichtliche Entwicklung Südosteuropas überschatten.

Der sich immer deutlicher abzeichnende byzantinisch-bulgarische Gegensatz fand im Nordwesten der Balkanhalbinsel in den byzantinisch-fränkischen Auseinandersetzungen eine Parallele. Ein direkter byzantinischer Einfluß auf die slawischen Stämme blieb auf die Dauer nur im unmittelbaren Bereich der Adriaküste spürbar, wo die Präsenz einer starken Flottenmacht den byzantinischen Ansprüchen Nachdruck verleihen konnte. Der fränkische Vorstoß an die Adriaküste unter Verletzung byzantinischer Hoheitsrechte (Besetzung Istriens, 788) und die als Affront empfundene Kaiserkrönung Karls des Großen am Weihnachtstage des Jahres 800 in Rom drohten sich zu einem umfassenden Konflikt der beiden Kaiserreiche auszuweiten. Im Jahre 803 konnte eine Abgrenzung der beiderseitigen Interessenspähren im dalmatinischen Raum gefunden werden. Der Vertrag von Königshofen beließ Venedig, die Inseln und Küstenplätze bei Byzanz und sprach das Binnenland dem fränkischen Reich zu. Der Abfall Venedigs und der dalmatinischen Städte sah wenige Jahre später Karl den Großen vorübergehend im Vorteil (Eroberung Venetiens und Dalmatiens, 806, 810), doch 812 erkaufte er von Kaiser Michael I. Rangabe in Aachen die Anerkennung seines (westlichen) Kaisertitels mit der Wiederherstellung des Status quo.

Der Aufstand der pannonischen Slawen gegen die fränkische Herrschaft und die fränkisch-bulgarisch-byzantinischen Auseinandersetzungen in der ersten Hälfte des 9. Jahrhunderts sind nicht ohne Auswirkungen auf die slawischen Stämme im nordwestlichen Teil der Balkanhalbinsel geblieben. Im gebirgigen Binnenland zwischen den Machtblöcken begann der allmähliche Aufstieg einheimischer Stammesfürsten, die im geschickten Lavieren zwischen den Parteien ihren Herrschaftsbereich zu festigen und auszuweiten verstanden. Die faktisch kaum noch wirksame, formale Oberhoheit erleichterte es der byzantinischen Diplomatie, diese Selbständigkeitsbestrebungen zu fördern und ihnen eine antibulgarische Wendung zu geben. Die für kurze Zeit unter Vlastimir in politische Unabhängigkeit geführten serbischen Stämme der Raška (Rasziens) an den Drina-Zuflüssen – im oberen Tal der Tara, der Piva, des Lim und des Ibar – erwehrten sich in den dreißiger Jahren des 9. Jahrhunderts erfolgreich einer weiteren bulgarischen Expansion nach Westen. Schwieriger war es für die Slawen (kroatische Stämme) des Küstengebietes, politischen Gewinn aus der vorübergehenden Schwächung des byzantinischen Reiches im Adriaraum zu ziehen. Im nördlichen Bereich verstand es die fränkische Südostpolitik, einzelne Stammesfürsten durch verschiedenartige Föderativverhältnisse an sich zu binden. Die Stämme im unmittelbaren Küstenbereich sahen sich seit dem Erscheinen arabischer Flotteneinheiten (867 vor Ragusa/Dubrovnik) zu einer Rückkehr unter den Schutz von Byzanz und seiner Reichsflotte gezwungen. So hat Kaiser Basileios I. (867–886) – nach den vorübergehenden Erfolgen in Bulgarien – auch den westlichen Teil der Balkanhalbinsel nochmals dem byzantinischen Einfluß erschlossen. Im Zusammenhang mit der Tätigkeit der Method-Schüler in Mazedonien und Bulgarien ist eine letzte Welle der Gräzisierung weit nach Westen vorgetragen worden, ehe die Ergebnisse des um die Jahrhundertwende anhebenden byzantinisch-bulgarischen Zweikampfes auch hier den Weg zu neuen Entwicklungen ebneten.

Die Erhebung Dalmatiens zum Thema (nach 870) ist in engem Zusammenhang mit der neuen Phase einer offensiven Westpolitik des Reiches zu sehen, in der den dalmatinischen Küstenplätzen als Marinebasen eine strategisch wichtige Position zufallen mußte. Doch die weithin isolierten befestigten Anlagen und Küstenstädte (u. a. Zadar, Trogir, Split, Dubrovnik, Kotor) boten für eine wirkungsvolle territoriale Neuformierung des byzantinischen Restbesitzes im Adriaraum nur noch beschränkte Möglichkeiten. Die Reichszentrale begnügte sich aus ihrer Position der Schwäche heraus daher in der Folgezeit mit einer indirekten Wahrung der Souveränitätsrechte und arrangierte sich nicht ohne Erfolg mit dem lokalen Separatismus. Sie akzeptierte die einheimischen Repräsentanten des politischen Lebens und tastete die bestehenden gesellschaftlichen Verhältnisse, die auf den spätrömischen Grundlagen des Kolonats, der städtischen Autonomie und der beherrschenden Stellung des Patriziates beruhten, nicht an. Seit dem 11. Jahrhundert ist Byzanz endgültig aus seinen Stellungen in der nördlichen Adria hinausgedrängt worden. Es mußte das Feld seinem ehemaligen Verbündeten Venedig und den zur Küste drängenden ungarischen Königen überlassen.

Der byzantinisch-bulgarische Kampf um die innerbalkanische Vorherrschaft

An der Wende zum 10. Jahrhundert, als sich im ostfränkischen Bereich der Übergang zum Deutschen Reich vollzog und dieses infolge innerer Wirren als bestimmender Faktor im Donauraum vorübergehend ausschied, während Byzanz nach der Überwindung der ikonoklastischen Krise seine Kräfte gegen die äußeren Bedrohungen wieder zu sammeln begann, bewirkten zwei Ereignisse eine grundlegende politische Umgruppierung in Südosteuropa: die madjarische Landnahme seit 895 und die erfolgreiche imperiale Machtpolitik des bulgarischen Zaren Simeon (893–927). Zwischen beiden Ereignissen bestand ein ursächlicher Zusammenhang. Die byzantinische Diplomatie hatte sich nach altbewährtem Muster gegen die bulgarische Bedrohung der madjarischen Hilfe versichert (894). Dieser Schachzug veranlaßte den Bulgarenherrscher seinerseits, die Petschenegen im Rücken der Madjaren als Verbündete zu gewinnen. Dem petschenegischen Druck weichend verlegten die Madjaren ihre Wohnsitze nach Westen und stiegen über die Karpaten in die Donau-Theiß-Ebene hinunter (896). 906 versetzten sie dem mährischen Reich den Todesstoß. Auch die von Markgraf Luitpold in der bairischen Ostmark aufgebaute Verteidigungsfront zeigte sich dem ungestümen Ansturm der Reiternomaden nicht gewachsen. Aus der blutigen Abwehrschlacht von Preßburg (4. Juli 907) sind er und sein Gefolge aus den bairischen Adelsgeschlechtern nicht mehr zurückgekehrt.

Die Überlieferung verbindet die Landnahme dieses ursprünglich finnisch-ugrischen Volkes, das aber während seiner langen Westwanderung starke türkische Beimischungen erfahren hatte, mit der Gestalt Árpáds aus dem Stamm der Megyer (Madjaren), der als Begründer der ersten Herrscherdynastie der Arpaden (bis 1301) im Gedächtnis der Nachwelt weiterlebt. Er soll die sieben landflüchtigen madjarischen Stämme zusammen mit chazarischen Splittergruppen in die pannonische Ebene geführt haben. Die Madjaren

(Magyaren) erwiesen sich in der Folgezeit nicht nur als unbequeme Nachbarn des Deutschen Reiches, das erst nach der siegreichen Abwehrschlacht auf dem Lechfelde am 10. August 955 unter Otto I. den jahrelangen verheerenden Plünderungszügen Einhalt gebieten konnte. Auch Byzanz hatte wiederholt unter den Einfällen madjarischer Horden zu leiden (934, 959 Vorstoß bis unter die Mauern von Konstantinopel). Erst der allmähliche Übergang dieses Nomadenvolkes zur seßhaften Lebensweise und der Aufbau eines christlichen Staatsgebildes haben eine friedlichere Entwicklung in den nachbarschaftlichen Beziehungen eingeleitet.

Obwohl König Stephan I. der Heilige (997–1038), der Gemahl der bairischen Prinzessin Gisela aus dem Geschlecht der Liudolfinger, seinem Vater Géza nacheifernd, sein Land dem abendländischen Kulturkreis zuführte, sind die Verbindungen zu Byzanz nicht vollständig abgerissen. Die Beseitigung des bulgarischen Reiches zu Beginn des 11. Jahrhunderts erleichterte durch die gemeinsame Grenze diesen gegenseitigen Austausch. Die gleichgerichteten Interessen nach außen festigten sich im Verlauf des 11. und beginnenden 12. Jahrhunderts in einer Reihe von Militärbündnissen. In der Mitte des 12. Jahrhunderts schien vorübergehend sogar der Gedanke einer dynastischen Union der Verwirklichung nahe: Der am byzantinischen Kaiserhof erzogene Sohn Gézas II. (1141–1162), der spätere ungarische König Béla III. (1173–1196), wurde zum byzantinischen Thronfolger ausersehen und mit Maria, der Tochter Kaiser Manuels I. verlobt. Aber selbst durch massive Einmischungen in die ungarischen Thronstreitigkeiten ließen sich auf die Dauer die über der Beherrschung der nördlichen Balkanhalbinsel aufgebrochenen Gegensätzlichkeiten nicht mehr ausgleichen. Der Ausgriff der ungarischen Könige über die Donau-Save-Line hinaus in Richtung Adriaküste (Kroatien und Dalmatien) wurde auch durch die vertragliche Anerkennung der byzantinischen Oberhoheit für diese Gebiete im Jahre 1167 nicht mehr revidiert. So hat die byzantinische Diplomatie zur Bereinigung der vordringlichen bulgarischen Frage zu Ende des 9. Jahrhunderts den ernsthaftesten Konkurrenten um ihre innerbalkanischen Machtpositionen selbst ins Land gerufen: Ihm sollte die Zukunft gehören.

Der neuerliche byzantinisch-bulgarische Waffengang (894–896), den Simeon nach anfänglicher Bedrängnis durch die madjarischen Bundesgenossen des Kaisers Leon VI. (886–912) mit einem glänzenden Sieg bei Bulgarophygon 896 zu seinen Gunsten entscheiden konnte, war wohl durch handelspolitische Differenzen ausgelöst worden. Simeon wußte den errungenen Vorteil zu wahren. Die unerwartete Eroberung Thessalonikes durch eine arabische Flottenexpedition am 31. Juli 904 verhalf ihm zu weiteren Grenzberichtigungen. Ein knappes Jahrzehnt später beantwortete er die brüskierende Haltung der neuen byzantinischen Regierung nach dem Tode Leons VI. (912), die die 896 vertraglich zugesicherten Zahlungen einstellte, mit einem verheerenden Kriegszug. Er brachte das Reich vorübergehend an den Rand des Abgrundes.

Zweimal, 913 und 924, stand Simeon mit großer Truppenmacht vor den Toren Konstantinopels. 914 war Adrianopel gefallen. Auch die nach der Beseitigung der Regentschaft des Patriarchen Nikolaos Mystikos zurückgekehrte Kaiserinmutter Zoe hatte keine nennenswerten militärischen Abwehrkräfte mehr aufzubieten und mußte am 20. August 917 am Acheloos eine vernichtende Niederlage hinnehmen. Nur der Mauerring Konstantinopels trotzte noch dem mächtigen Bulgarenzaren. Sein kühnes Fernziel aber, Herr eines byzantinisch-bulgarischen Imperiums zu werden, blieb Simeon bis zu seinem plötzlichen Tode am 27. Mai 927 versagt. Der Patriarch Nikolaos Mystikos hatte ihm wohl 913 einen feierlichen Einzug in Konstantinopel und die Kaiserkrönung (als ‹Basileus der Bulgaren›, nicht der ‹Rhomäer›) zugestanden, die Einlösung weitergehender Verpflichtungen wurde aber schon von der Regierung Zoes strikt verweigert. Im Griff nach der ‹römischen› Kaiserwürde ist ihm schließlich der neue Regent, der ehemalige *Drungarios* (Befehlshaber der kaiserlichen Flotte), Romanos Lakapenos, zuvorgekommen. Seit 919 führte dieser als Schwiegervater des Kaisers Konstantin VII. Porphyrogennetos den Titel *Basileiopator,* 920 ließ er sich als Caesar und Mitkaiser seine beherrschende Stellung bestätigen. An diesem Sachverhalt vermochte auch die eigenmächtige Annahme des Titels ‹Kaiser der Rhomäer und Bulgaren› durch Simeon nichts mehr zu ändern. Seinem Reich von Meer zu Meer (zwischen Adria und Schwarzem Meer und bis vor Thessalonike und Konstantinopel) blieb diese letzte Erfüllung versagt. Mit dem Tode Simeons endete der erste Höhenflug bulgarischer Großmachtpolitik. Sein Sohn und Nachfolger Peter (927–969) begnügte sich im Friedensschluß des Jahres 927 mit der Anerkennung des bulgarischen Basileus-Titels und der Hand der Maria Lakapena, der Enkelin Romanos I.

Die Zeit Simeons zählt nicht nur außenpolitisch zu den Glanzperioden der mittelalterlichen bulgarischen Geschiche, auch die noch junge bulgarische Literatur erlebte ihr erstes ‹goldenes Zeitalter›. Die von den Slawenlehrern Kyrill und Method und ihren nunmehr auf bulgarischem Boden wirkenden Schülern entwickelte Literatursprache bewährte sich in den großartigen Übersetzungsleistungen eines Kliment von Ochrid, des Bischofs Konstantin von Preslav (Konstantin Presbyter) und des Exarchen Johannes, dessen Hauptwerk ‹Hexaemeron› (Sechstagewerk), eine Kompilation aus griechischen Vorlagen, übrigens eine aufschlußreiche Beschreibung der Residenz Simeons in Preslav enthält. In die Regierungszeit Peters fällt die Apologie der slawischen Sprache aus der Feder des Mönches Chrabr und die gegen die Bogumilen gerichtete polemische Kompilation des Presbyters Kozma. Die enge Anlehnung des kulturellen Lebens in Buglarien an das byzantinische Vorbild fand ihren sichtbaren Ausdruck in der prunkvollen Ausgestaltung der Herrscherresidenzen in der Hauptstadt Preslav und in Ochrid. Diese Byzantinisierung erreichte ihren Höhepunkt unter Zar Peter, als der Machtverfall des stolzen Reiches sich schon deutlich abzeichnete.

Die jahrelangen kriegerischen Auseinandersetzungen mit Byzanz und seinen ungarischen, serbischen und kroatischen Bundesgenossen hatten die Kräfte des Landes erschöpft. Lange angestaute soziale Gegensätze drängten zu einem offenen Ausbruch. Hinter den überraschenden Erfolgen jener radikalen antikirchlichen und antihierarchischen Sektenbewegung der Bogumilen, die sich gerade in den unteren Bevölkerungsschichten wachsenden Zulaufs erfreute, wird ein massiver sozialer Protest gegen das herrschende System in Staat und Kirche deutlich. Mit dieser Wiederaufnahme alter manichäischer Vorstellungen, die aus Kleinasien herüberwirkten, hat Bulgarien in die mittelalterlichen religiösen Vorstellungen nicht nur der Balkanländer ein neues befruchtendes Element hineingebracht. Die Sektenbewegungen des abendländischen Mittelalters (Katharer, Albigenser u. a.) sind davon nachhaltig beeinflußt worden. Zahlreiche Filiationen sektiererischer Gedanken weisen auf den Balkanraum als Herkunftsgebiet hin. Bulgarien und Bosnien dürfen in diesem Zusammenhang als Hauptumschlagsplätze orientalischer, gnostisch-manichäischer und christlich-häretischer Vorstellungen bezeichnet werden. So hat das mittelalterliche Bulgarien in seiner einzigartigen kulturellen Vermittlerfunktion – durch die Weitergabe der kirchenslawischen Übersetzungsliteratur an die orthodoxen Slawen, durch die Rezeption der byzantinischen Kulturelemente und durch die Umsetzung sektiererischer Gedanken – dauerhafter auf das geistige Leben der Balkanvölker gewirkt als durch seine staatsschöpferischen Versuche.

Noch im Verlauf des 10. Jahrhunderts setzte das in den siegreichen Unternehmungen gegen die Araber (961 Eroberung Kretas, 962 Aleppos, der Hauptstadt des Emirs Saif-ad-Daulah von Mossul und Aleppo, seit 963 Siegeszug des Kaisers Nikephoros II. Phokas durch Kilikien nach Syrien und Einnahme Antiochiens am 28. Oktober 969) erstarkte byzantinische Reich dem bulgarischen Staat ein Ende. Die militärische Niederwerfung überließ Kaiser Nikephoros II. Phokas (963–969) zunächst dem kriegerischen Fürsten des Kiewer Rußland, Svjatoslav. Dieser zwang in zwei Feldzügen (967 und 972) den Zaren Peter († 969) und seinen Sohn Boris II. (969–972) zur Übergabe und nahm das Land ohne Rücksicht auf byzantinische Ansprüche in Besitz. Svjatoslav hat sogar eine Verlegung seiner Residenz vom Dnepr in den nordöstlichen Balkan ernsthaft in Erwägung gezogen. Erst nach einem massierten militärischen Aufmarsch vermochte der neue Kaiser Johannes I. Tzimiskes (969–976) Svjatoslav seine Beute wieder zu entreißen. Durch den völligen Verzicht auf seine Eroberungen erkaufte sich der russische Fürst den Abzug aus dem belagerten Silistria an der Donau und kehrte an den Dnepr zurück, wo er im Kampf mit den Petschenegen wenig später fiel.

Bulgarien verlor im Zuge dieser byzantinischen Operationen nicht nur seine politische Unabhängigkeit, sondern auch sein nationalkirchliches Zentrum im bulgarischen Patriarchat. Die historische Bedeutung dieser Vorgänge kann kaum überschätzt werden: Nach 300 Jahren hatte Byzanz im

Ostteil der Balkanhalbinsel erstmals seinen Herrschaftsbereich wieder bis an die Donau vorgeschoben.

In den zentralbalkanischen Landschaften begegnete die Restitution der byzantinischen Herrschaft allerdings noch erheblichen Widerständen. Eine Aufstandsbewegung unter den sogenannten vier Kometopuloi, den Söhnen des Gouverneurs Komes Nikolaos in Westbulgarien, d. i. Mazedonien, weitete sich seit 976 zu einer gefährlichen Bedrohung der eben gewonnenen byzantinischen Machtpositionen aus, insbesondere seit der jüngste der Brüder, Samuel, nach 987 von seiner Hauptstadt Prespa (später Ochrid) aus das eben untergegangene großbulgarische Reich wiedererstehen ließ und der bulgarischen Kirche im Patriarchat von Ochrid einen neuen Mittelpunkt schuf. 986 hatte Kaiser Basileios II. (976–1025) nach einem vergeblichen Vorstoß gegen Serdica (Sofia) eine empfindliche Niederlage hinnehmen müssen. Dann waren ihm durch den Ausbruch des Bürgerkrieges (Erhebung des Bardas Skleros und des Bardas Phokas, 987–989) und durch neue Verwicklungen im Osten (Syrien und Kaukasusgebiet) die Hände gebunden. Seit 1001 aber führte der Kaiser persönlich den Oberbefehl auf dem balkanischen Kriegsschauplatz. Er holte schließlich nach einem mit beispielloser Erbitterung geführten Kleinkrieg 1014 zum vernichtenden Schlag gegen Samuel aus. Am Paß von Kleidion (Ključ) verlor der bulgarische Zar den größten Teil seines Heeres. Die gefangenen Bulgaren, der Überlieferung nach 14000 bis 15000, soll Basileios geblendet und dem nach Prilep ausgewichenen Samuel nachgesandt haben, der den furchtbaren Anblick nicht ertragen konnte und am 6. Oktober 1014 starb. Sein Sohn Gabriel Radomir überlebte ihn nur um ein Jahr: 1015 fiel er einem Mordanschlag des Johannes Vladislav, eines Neffen Samuels, zum Opfer, der die Reste der bulgarischen Herrschaft an sich riß. Sein Tod vor Dyrrhachium im Jahre 1018 öffnete Kaiser Basileios II. die Tore von Ochrid. Im triumphalen Zug kehrte der ‹Bulgarenschlächter› *(Bulgaroktonos)* über Athen nach Konstantinopel zurück (1019).

So hatte zu Beginn des 11. Jahrhunderts das byzantinische Reich nach einer Periode grandioser Eroberungen einen letzten Abglanz seiner Weltgeltung zurückgewonnen und den größten Teil der Balkanhalbinsel wieder unter seine Kontrolle gebracht. Der Ausbau der Themenorganisation sollte die neuen Machtpositionen für die Zukunft sichern, ein klug gestaffeltes Vasallitätssystem auch die Selbständigkeitsbestrebungen der serbischen und kroatischen Stämme an das Reich binden. Ein letztes Mal dehnte Byzanz seinen Einfluß auf den Adriaraum aus. Doch das großartige Restitutionswerk sollte seinen Schöpfer nicht lange überleben.

Das Auftauchen der türkischen Seldschuken im Osten und der Normannen im Westen (Sizilien), die verheerenden Einbrüche der nomadischen Steppenvölker Innerasiens über die untere Donau in das Balkaninnere (Petschenegen, Uzen, Kumanen) und das Einsetzen der abendländischen Kreuzzugsbewegung haben noch im 11. Jahrhundert die Stellung des Reiches schwer erschüttert. Sie haben auch in das politische Leben der Balkanvölker wieder Bewegung gebracht und insbesondere im Nordwesten einer Entwicklung zum Durchbruch verholfen, deren Anfänge noch in das 9. Jahrhundert zurückreichen: dem politischen Aufstieg der Serben und Kroaten. Wie im Falle der Madjaren hatte hier die byzantinische Diplomatie den Preis für ihre antibulgarische Kampagne an das Selbstbewußtsein aufstrebender Stammesfürsten zu zahlen.

Die Zeitumstände haben zunächst die unter dem Einfluß der Markgrafen von Friaul und der Karolinger in Italien stehenden kroatischen Stämme im dalmatinischen Raum begünstigt. Sie hatten noch zu Ende des 9. Jahrhunderts die faktische Abwesenheit der Franken seit 875 in einer großen Aufstandsbewegung ausgenutzt und in wenigen Jahren sich der Reste der fränkischen Oberherrschaft entledigt. Zum eigentlichen Begründer eines unabhängigen Kroatien wurde Fürst Branimir (879–892), den eine Gegenaktion gegen die probyzantinische Politik Zdeslavs (878–879) emporgetragen hatte. Er versicherte sich der päpstlichen Unterstützung durch den vorbehaltlosen Anschluß an die römische Kirche.

Die weitere Entwicklung des Nordwestbalkans – der adriatischen Küstenzone wie der angrenzenden slawischen Binnenlandschaften – wurde durch weitreichende macht- und kirchenpolitische Rivalitäten zwischen dem Frankenreich, Rom und Byzanz überschattet. Sie spiegelten sich in den ungeklärten jurisdiktionellen Abgrenzungen zwischen den Bischofssitzen von Aquileja, Split und Nin wider und äußerten sich in der Auseinandersetzung um die Liturgiesprache in Formen eines teilweisen erbitterten «Kulturkampfes», der sich über mehrere Generationen hinzog.

Küsten-Dalmatien als Kulturlandschaft

Die Frühgeschichte der christlichen Mission unter den dalmatinischen Kroaten ist nur noch lückenhaft rekonstruierbar. Sie ist sowohl von den der provinzialromanischen Bevölkerung verbliebenen Bischofssitzen in den Küstenplätzen und auf den Inseln in das slawische Hinterland vorgetragen worden wie von den vorgeschobenen fränkischen Positionen in Istrien und Pannonien aus. Die militärischen Erfolge des Markgrafen von Friaul über die ansässischen slawischen Stämme hatten hier dem Missionszentrum Aquileja im 9. Jahrhundert weitreichende Einwirkungsmöglichkeiten eröffnet.

Das Christentum römischer Observanz hatte in den dalmatinischen Städten wohl bereits im 7. Jahrhundert, im kroatischen Hinterland (Dalmatinisch-Kroatien) unter der fränkischen Herrschaft an der Wende zum 9. Jahrhundert Fuß gefaßt. Den Aufbau einer eigenen Kirchenorganisation mit dem Mittelpunkt im Erzbistum Spalato/Split – unter Umgehung des alten Bistums in Nin – besorgte das Patriarchat von Aquileja. Die damit verbundene Zurückdrängung des slawischen Gottesdienstes in der Sprache des Volkes (unter Verwendung glagolitischer Schriftzeichen), der als entfernter Ausläufer der Missionsarbeit der Slawenlehrer Kyrill und Method auch unter den Küstenkroaten Verbreitung gefunden hatte, hat erhebliche kirchenpolitische Auseinandersetzungen heraufbeschworen. Sie sind Ausdruck jener auffallenden kulturgeschichtlichen Besonderheit des kroatisch-dalmatinischen Küstenstreifens, die bis in die Gegenwart hinein fortwirkt. Die dalmatinisch-istrische Stadtlandschaft hat das spätantike römische Erbe vornehmlich in den rechtlichen und wirtschaftlichen Institutionen (das agrarsoziale Kolonatssystem, die Munizipalverfassung der städtischen Kommunen mit ihrer Selbstverwaltung und Bürgerfreiheit) in eine Zeit hinüberretten können, die durch das Heraufkommen einer lateinisch-slawischen Symbiose geprägt ist. Dabei blieben auch die ererbten Beimischungen östlicher Elemente erhalten. Sie dokumentieren den Anteil Ostroms an der machtpolitischen und kulturellen Durchdringung dieses Raumes.

Im Hinblick auf die eigentümliche Verbindung westlicher und östlicher Stilprinzipien in der dalmatinischen Sakralkunst ist gelegentlich sogar von einem «Adrio-Byzantinismus» gesprochen worden. In Ravenna, Venedig und Istrien hatte der byzantinische Kunststil die Herrschaft Ostroms überdauert und den ankommenden Slawen nachahmenswerte Vorbilder vor Augen geführt. Der von Aquileja verbreitete «lombardische» Stil zeigt eine deutliche Affinität zu byzantinischen Vorlagen. In den Grundrißformen dalmatinischer Kirchenbauten werden noch lange bewährte byzantinische Raumlösungen reproduziert, unter den Patrozinien sind nicht selten Heilige östlichen Ursprungs (Stephan, Kosmas und Damian, Demetrius, vgl. auch die Verbreitung der Sophienkirchen) häufiger als üblich vertreten. Am nachhaltigsten überlebte wohl der byzantinische Kultureinfluß unter den dalmatinischen Slawen im liturgischen Bereich.

Die byzantinische Slawenmission hatte sich unter Führung der «Slawenapostel» im Gegensatz zur römischen Praxis vorbehaltlos für die Volkssprache in der Glaubensverkündigung und der Meßfeier entschieden. Es ist durchaus denkbar, daß die dalmatinischen Kroaten über ihre Stammesbrüder in Pannonien schon früh mit der kyrillo-methodianischen Mission im großmährischen Reich in Berührung gekommen sind. Einzelne Schüler des Methodios dürften nach der Vertreibung (885) unter den Kroaten Dalmatiens eine neue Wirkungsstätte gefunden haben. Jedenfalls wird im Hinterland der dalmatinischen Küstenstädte schon an der Wende zum 10. Jahrhundert die slawische Liturgie allgemeine Verbreitung gefunden haben. Vergeblich versuchte die lateinische Hierarchie durch restriktive Maßnahmen und Verbote, die durch die Beschlüsse mehrerer Synodalsynoden abgesegnet wurden, die liturgische Einheit des Kirchensprengels wiederherzustellen.

Im Jahre 925 ist auf der ersten Synode von Split durch die Unterordnung

Nins unter Split die jurisdiktionelle Reorganisation der kroatischen Kirche eingeleitet worden. Unter dem Eindruck der Kirchenspaltung des Jahres 1054 hat eine römische Reformbewegung auf dem Laterankonzil (1059) zentralisierenden Bestrebungen neuen Auftrieb gegeben und Beschlüsse gegen das Weiterbestehen nationaler Liturgien durchgesetzt. Schon auf der Spliter Synode von 1060 wurde die kroatische Kirche zur Ausführung der Konzilsbeschlüsse verpflichtet. Die Anhänger der slawischen Liturgie insbesondere unter der ungebildeten Pfarrgeistlichkeit, die sog. «glagoljaši», probten den Aufstand gegen den römischen Konformismus, der das Priesteramt an Lateinkenntnisse binden und eingewurzeltes lokales Brauchtum, das den Traditionen der byzantinischen Kirche entlehnt war (Verheiratung der Priester, langer Haarwuchs und Bart) beseitigen wollte. Sie fanden Unterstützung in einer kroatischen Bewegung, die sich der geforderten Latinisierung energisch widersetzte. Erst das 4. Laterankonzil von 1215 hat den Weg für eine Tolerierung der slawischen Liturgiesprache geebnet.

In den kroatischen Küstendiözesen haben dem Glagolitischen nicht zuletzt die Benediktinerklöster ein Überleben gesichert, die sich der Bewahrung der nationalen slawischen Kulturtradition in besonderer Weise annahmen. Allerdings blieb die Verwendung der glagolitischen Schrift vor allem auf liturgische Bücher der katholischen Kirche, den Meßritus, beschränkt. Im weltlichen Bereich war der Vorsprung des Lateinischen schon nicht mehr einzuholen. Die frühesten handschriftlichen Textzeugnisse der kroatischen Glagolica haben sich erst aus der späteren Entwicklungsphase, dem 12. Jahrhundert, erhalten (das fragmentarische Baška-Missale). Die besten Handschriften stammen aus dem 14.–16. Jahrhundert. Der älteste Druck ist das Missale von 1483.

Inschriften in glagolitischen Schriftzeichen haben sich in dem wohl bedeutendsten Zentrum der glagolitischen Schriftkultur, auf der Insel Krk, noch aus dem 11./12. Jahrhundert erhalten (Inschrift in der ehemaligen Benediktinerabtei des hl. Laurentius in der Stadt Krk und die sog. Tafel von Baška in der frühromanischen Benediktinerkirche der hl. Lucia in Jurandvor bei Baška im südöstlichen Teil der Insel Krk).

Das Königreich Kroatien

Dalmatinisch-Kroatien war an der Wende zum 10. Jahrhundert auf dem besten Weg, durch eine zielstrebige Ausweitung des Herrschaftsbereichs die Hegemonie über den westlichen Balkan zu erlangen. Daran änderte zunächst auch der Einbruch der Madjaren wenig, die Fürst Tomislav (um 910–928) vorübergehend an der Nordostgrenze in kriegerische Auseinandersetzungen verwickelten, ohne der Ausdehnung seines Machtgebietes auch auf die pannonischen Kroaten Einhalt zu gebieten. Madjarisch wurden nur Syrmien und Ostslawonien. Die Gegensätze zwischen Byzanz und dem bulgarischen Zaren Simeon arbeiteten für das kroatische Staatsgebilde. Während sich Simeon der durch die byzantinische Diplomatie aufgewiegelten Serben um 924 in einem erfolgreichen Kriegszug entledigte und ihr Gebiet seinem Großreich unterwarf, erlitt er gegen die Kroaten eine empfindliche Niederlage und mußte sich zur Annahme eines vom Papst vermittelten Friedensschlusses bequemen. Rom war es auch gewesen, das 924 den Königstitel des Fürsten Tomislav nachträglich sanktionierte und damit dem jungen Staat zu einem beachtlichen Prestigeerfolg verhalf. Tomislav herrschte schließlich über Nord- und Süddalmatien (Weiß- und Rotkroatien), Teile der vorgelagerten Inseln, über Istrien und Bosnien und sicherte sich in den südlich anschließenden Gebieten von Travunien und Dioclea (Duklja, dem heutigen Montenegro) und wohl auch in Zachumlien (d.h. dem Land «jenseits des Hügels» – Zahumlje) einen beherrschenden Einfluß. Eine beachtliche Flottenmacht ließ ihn sogar in der Adria gegenüber Venedig und Byzanz bestehen.

Seine Nachfolger vermochten diesen Territorialbestand des jungen Königreiches nicht mehr zu behaupten. Die Erfahrung lehrte, daß nur in Anlehnung an eine der benachbarten Großmächte eine erfolgversprechende Politik gegen die separatistischen Tendenzen lokaler Stammesfürsten zu führen war. Der gewiegte Diplomat Stefan Držislav (969–997) ließ sich ein enges Zusammengehen mit dem byzantinischen Kaiser Basileios II. gegen den Aufstand der Kometopuloi großzügig honorieren und in seiner Machtposition in Dalmatien erneut bestätigen. Byzanz erkannte ihm mit der Ernennung zum Exarchen von Dalmatien die Besitzrechte über die Städte und Inseln im ehemals byzantinischen Thema Dalmatien zu und akzeptierte schließlich durch die Übersendung königlicher Insignien im Jahre 986 auch die Königswürde Stefans.

Doch mit dem Erstarken der beiden Randmächte Venedig und Ungarn waren die weiteren Entwicklungsmöglichkeiten beschnitten. Auch die päpstlichen Gunstbezeugungen haben es nicht zu verhindern vermocht, daß das *‹regnum Dalmatiae et Chroatiae›* im nächsten Jahrhundert zwischen den beiden Machtblöcken zerrieben wurde. Die dalmatinischen Städte gingen schon im Jahre 1000 an Venedig verloren. Das Schicksal konnte nach dem Tode des fähigen Herrschers Peter Krešimir IV. (1058–1074) auch der Banus von Pannonisch-Kroatien, Demetrius Zvonimir, nicht mehr wenden. Er hatte sich 1076 mit päpstlicher Unterstützung (Gregor VII.) zum König krönen lassen und verfügte durch seine Gemahlin Helene, einer Schwester Gézas I., über gute Beziehungen zum ungarischen Nachbarn. Das kroatische nationale Königtum des Mittelalters scheiterte schließlich nach der Ermordung Zvonimirs 1089 an der Unfähigkeit der Stammesfürsten, sich auf einen gemeinsamen Thronkandidaten zu einigen und den chaotischen bürgerkriegsähnlichen Zuständen zu wehren.

Ungarn wußte die Situation geschickt zu nutzen. Im Einvernehmen mit einer ungarnfreundlichen Adelsgruppierung ließ sich König Ladislaus I. (1077–1095) ins Land rufen. In regelrechten Feldzügen haben er und sein Nachfolger Koloman (1095–1116) schrittweise Kroatien unterworfen und lokale Widerstandszentren gegen die ungarische Herrschaft gebrochen. Der erbitterte Kleinkrieg gegen die vordringenden Ungarn, der seit 1091 mit venezianischer und normannischer Unterstützung in den Küstengebieten organisiert worden war, ist nach der entscheidenden Schlacht in der Petrova gora südlich der Kulpa 1097 gewaltsam beendet worden. König Koloman ließ den neu geschaffenen Zustand einer Personalunion zwischen dem Königreich Ungarn und Kroatien in Verhandlungen mit dem kroatischen Hochadel – den Vertretern der zwölf Stämme –, deren Standesprivilegien er garantierte, vertraglich absichern. Die Historizität und die staatsrechtliche Bedeutung dieser sogenannten ‹*Pacta conventa*› des Jahres 1102 sind bis heute in der nationalen ungarischen und kroatischen Geschichtswissenschaft und Publizistik heftig umstritten, da die Überlieferung der Vereinbarung erst ein Jahrhundert später einsetzt.

Das ‹Dreieinige Königreich Dalmatien, Kroatien und Slawonien› behielt auch unter arpadischer Herrschaft seine Sozialstruktur und seine Landesgesetze bei. Verwaltung und Heer blieben in der Verfügungsgewalt der herrschenden Schichten. Dem ungarischen Königstitel wurden die neuen Erwerbungen eingefügt (‹Dei gratia rex Hungariae, Chroatiae atque Dalmatiae›), im Lande selbst aber wahrte der kroatische *Ban* als Königlicher Stellvertreter zusammen mit der Landesversammlung *(sabor)* die nationale Autonomie und die privilegierte Stellung des Adels. Kroatien blieb seither aufs engste mit dem Schicksal Ungarns und bis 1918 mit der österreichisch-ungarischen Monarchie der Habsburger verbunden.

Die Anfänge eines serbischen Nationalstaates

Mit erheblich größeren Schwierigkeiten als die Kroaten hatten anfänglich die serbischen Stämme im frühen Mittelalter auf dem Wege zur Eigenstaatlichkeit zu kämpfen. Immer nur vorübergehend war es im 9. und 10. Jahrhundert einzelnen Stammesfürsten gelungen, eine unabhängige Stellung gegenüber Byzanz oder dem übermächtigen bulgarischen Nachbarn im Osten zu behaupten, der seit Simeon die Hand auf das serbische Stammesgebiet gelegt hatte. Die Schwächeperiode Bulgariens unter dem Zaren Peter hatte Fürst Časlav im Jahre 931 nicht ohne Erfolg zu einem neuerlichen Aufstandsversuch benutzt. Aber auch dieses Herrschaftsgebilde dürfte den Schöpfer nicht lange überdauert haben. In der zweiten Hälfte des 10. Jahrhunderts waren die serbischen Stämme wiederum unter den Einfluß des westbulgarischen Reiches Samuels geraten. Dessen Untergang bedeutete zunächst die Wiederherstellung der byzantinischen Oberhoheit.

Doch der nur noch formelle Charakter dieser verschiedenen Vasallitätsverhältnisse, mit denen die byzantinische Politik von den festen Küstenplätzen aus die Stammesfürsten des Binnenlandes an sich zu binden suchte, sollte sich schon in den nächsten Jahrzehnten zeigen, als Fürst Stefan Vojislav in der Küstenlandschaft Zeta, dem alten Dioclea (d. i. etwa das heutige Montenegro unter Einschluß Nordalbaniens, die Landschaft um den Skutari-See) den Gehorsam aufsagte (um 1035). Nach überstandener Haft in Konstantinopel trotzte er allen byzantinischen Strafexpeditionen. Er unterstützte auch den gefährlichen Slawenaufstand Peter Deljans in den zentralbalkanischen Landschaften (1040/41) und dehnte seinen Herrschaftsbereich auf benachbarte serbische Stämme aus. Das Fürstentum Zeta schien im 11. Jahrhundert dazu berufen, Keimzelle eines unabhängigen serbischen Nationalstaates zu werden und die einzelnen serbischen Landschaften unter einem Szepter zusammenzuführen.

Die Küstenregion fiel Fürst Stefan Vojislav verhältnismäßig rasch zu: Trebinien (Travunja zwischen Cattaro und Ragusa) sowie Zachumlien, dessen Fürst Michael (‹dux Chulmorum›) im 10. Jahrhundert wiederholt als eigenwilliger Politiker hervorgetreten war. Stefan Vojislavs Sohn und Nachfolger Michael (ca. 1050–1082) wußte die römische Kurie für den Aufstieg seines Landes zu interessieren und gewann – ebenso wie Demetrius Zvonimir in Kroatien – aus der Hand Gregors VII. die Königskrone. Kirchenpolitische Zugeständnisse an die lateinische Kirche waren der Preis für diese Aufwertung. Bar/Antivari wurde zum Erzbistum erhoben und als Organisationszentrum einer serbischen katholischen Kirche ausersehen. Sein Sohn Konstantin Bodin (1082–1100), der schon 1072 an die Spitze eines antibyzantinischen Aufstandes der slawischen Bevölkerung in Mazedonien getreten war und sich in Prizren zum Zaren wählen ließ, rundete das Einigungswerk der serbischen Stämme durch die Angliederung Bosniens und Rasziens ab. Sein politisches Programm hat aber keinen Fortsetzer gefunden. Es ist durch die Unzulänglichkeit der Nachfolger zu Fall gekommen.

Über dem Zwist innerhalb der Dynastie sind die Randgebiete sehr rasch wieder abgefallen. Der Einigungsversuch der serbischen Stämme von den westlichen Küstenlandschaften her und unter lateinischen Vorzeichen war damit nach hoffnungsvollen Ansätzen zu Beginn des 12. Jahrhunderts gescheitert. Er ist nach einem halben Jahrhundert in den östlichen Gebirgslandschaften nochmals aufgenommen und im zweiten Anlauf schließlich zum Erfolg geführt worden.

Voraussetzung dazu waren die günstigen außenpolitischen Umstände des ausgehenden 12. Jahrhunderts, als das byzantinische Reich als Klammer der innerbalkanischen Herrschaftsverhältnisse Zusammenbruch im vierten Kreuzzug des Jahres 1204 endgültig ausschied und sein Erbe neue Mächte von den Rändern her angetreten haben. Die Balkanhalbinsel ist damit als politische Einheit endgültig in eine Vielzahl einzelner lokaler Gebilde zerfallen. Im Adriaraum spielte sich die venezianische Seemacht in den Vordergrund, vom Norden her drängte das ungarische Königtum in den kroatisch-bosnisch-serbischen Bereich. Der Aufstieg der Nemanjiden in Serbien und der Aseniden in Bulgarien (sog. zweites bulgarisches Reich) leitete zu einer neuen Phase balkanischer Staatengeschichte über, in der das byzantinische Reich endgültig seiner Führungsrolle verlustig ging.

Der Aufstieg Venedigs und die politische Verselbständigung der zentralbalkanischen Landschaften

Daß seit dem 11. Jahrhundert das aufstrebende Venedig die byzantinischen Kaiser in der Beherrschung der adriatischen Küstenzone ablösen konnte, war durch eine schrittweise Verschiebung der realen Machtverhältnisse vorbereitet worden. Schon in den Jahrhunderten zuvor hatte sich die Lagunenstadt, die aus ehemaligen Fluchtsiedlungen romanischer Bevölkerungselemente auf der Inselgruppe des Rialto nach dem Durchzug der Hunnen Attilas 452 zusammengewachsen war, dank der geschützten und von der Natur begünstigten Lage zu einem führenden Handelszentrum des Küstenlandes entwikkelt. 568 hatte sich auch der Patriarch von Aquileja dem fortdauernden Strom der Flüchtlinge angeschlossen und seine Residenz auf die kleine Insel Grado verlegt. Kaiser Maurikios (582–602) vermochte aus dem Zusammenbruch des justinianischen Restaurationswerkes nach dem Einfall der Langobarden in Italien (568) nur noch vorübergehend eine schmale Küstenzone zu behaupten und im Exarchat von Ravenna militärisch zu sichern. Mit der Eroberung Ravennas durch den Langobardenkönig Aistulf 751 fiel dem Dux von Venetien die Aufgabe zu, die politischen und militärischen Belange der ansässigen Bevölkerung zu vertreten. Er wandelte sich unter dem Zwang der äußeren Umstände rasch von einem loyalen Parteigänger der byzantinischen Kaisermacht zum Repräsentanten eines selbstbewußten städtischen Patriziates, das schon 764 sich das Recht der Dogenwahl zu sichern verstand. Die wirtschaftliche Grundlage dieser städtischen Aristokratie bildete ein reicher Grundbesitz, der allerdings vornehmlich als Weideland und zum Wein-, Gemüse- und Obstanbau genutzt wurde. Eine ausreichende Getreideversorgung der Bevölkerung war auf den kargen Böden kaum zu erwirtschaften. Zum begehrten Tauschobjekt und Rückgrat des venezianischen Handels wurde das Salz, das in den Salinen an der Adriaküste gewonnen und teilweise über weite See- und Landverbindungen hinweg mit beachtlichem Gewinn abgesetzt wurde. Venezianische Kaufleute wickelten einen beträchtlichen Teil des Handelsaustausches mit dem balkanischen Binnenland ab (Salzmonopol, Holzausfuhr, Import von Luxusgütern über venezianische Vermittlung). Die Eigner venezianischer Kauffahrtsschiffe beherrschten die Adria und unterhielten rege wirtschaftliche Verbindungen bis in die Gewässer des östlichen Mittelmeerraumes. Das frühzeitige gute Einvernehmen mit den dortigen Herren, den Arabern, sicherte Venedig erhebliche Handelsvorteile vor allen übrigen italienischen Seestädten. Insbesondere der Sklavenhandel weitete sich zu einem lukrativen Unternehmen aus.

Noch während des 9. Jahrhunderts, als innere Wirren und bürgerkriegsähnliche Zustände das byzantinische Reich erschütterten und an einer wirksamen Ausübung der Oberherrschaft an der adriatischen Küste hinderten, sah sich Venedig gegenüber den freibeuterischen Unternehmungen slawischer Küstenstämme immer mehr in eine Beschützerrolle der freien Handelsschifffahrt hineingedrängt. Den Friedensvereinbarungen mit dem raublustigen und kriegerischen slawischen Stamm der Narentaner, die im Jahre 830 unter dem Dogen Johannes Patricianus zu Venedig zustande kamen, war nur kurze Dauer beschieden. In den dreißiger und vierziger Jahren des 9. Jahrhunderts hatte sich Venedig in mehreren Strafexpeditionen der Übergriffe der räuberischen kroatischen und narentanischen Stämme zu erwehren. Durch das Erscheinen der Sarazenen, die Mitte des 9. Jahrhunderts von ihren neugewonnenen sizilianischen Stützpunkten aus überfallartige Unternehmungen gegen die adriatischen Küstenplätze starteten, wurde der Aufbau einer eigenen Flottenmacht Venedigs nur noch beschleunigt. Sie hat die militärische Bedeutung der byzantinischen Reichsflotte immer mehr in den Hintergrund treten lassen.

Die Byzantiner hatten sich im Vertrag von Aachen (812), in dem Karl der Große auf weitere Expansionen im Adriabereich Verzicht leistete, ihre Souveränität in der dalmatinischen Küstenzone nochmals bestätigen lassen. Doch die wachsenden inneren und äußeren Schwierigkeiten des Reiches ließen nur noch eine nominelle Ausübung der kaiserlichen Hoheitsrechte zu. Die Bewohner Venetiens nahmen die dauerhafte Sicherung ihrer Interessen in die eigenen Hände. Noch 840 erreichte der «gloriosissimus dux Veneticorum» im Vertrag mit Lothar I., dem zum Mitkaiser erhobenen ältesten Sohn Ludwigs des Frommen und Herren Italiens, Rechtsgarantien für den venezianischen Handel mit den italienischen Städten (sog. pactum Lotharii). Die byzantinische Diplomatie, die vorübergehend in dem aufstrebenden kroatischen Hinterland ein willkommenes Gegengewicht sah und den kroatischen Königen Verwaltungsrechte über die Städte und Inseln der dalmatinischen Küstenzone vertraglich eingeräumt hatte (924), fand sich erst spät mit einer eigenständigen Rolle des ehemaligen Vasallen Venedig im adriatischen Raum ab. Im Chrysobull (d. i. Urkunde mit Goldsiegel) vom März 992 gewährten die Kaiser Basileios II. und Konstantin VIII. den Venezianern weitergehende Handelsprivilegien in Konstantinopel, um sich die für die byzantinische Italienpolitik unentbehrliche Unterstützung der venezianischen Seemacht zu erkaufen. Sie haben damit die Kaufleute der Lagunenstadt zu jenen beispiellosen wirtschaftlichen Aktivitäten im östlichen Mittelmeerraum ermuntert, die Venedigs Großmachtstellung begründet haben und dem mittelalterlichen europäischen Wirtschaftsleben neue und zukunftsweisende Impulse vermittelten.

Das Einvernehmen mit der byzantinischen Kaisermacht, das Venedig vorübergehend griechischen Kultureinflüssen öffnete (die 1093/94 eingeweihte Kirche von San Marco ahmte die Apostelkirche in Konstantinopel nach), wußte der Doge Pietro Orseolo II. geschickt gegen den kroatischen Konkurrenten an der dalmatinischen Küstenzone zu nutzen. Kretschmayr verband das «Geburtsjahr» der adriatischen Vorherrschaft Venedigs nicht zu Unrecht mit der großen Flottenexpedition des Jahres 1000, als die Venezianer einem Hilfeersuchen der Küstenstädte nachkommend in die kroatischen Wirren eingriffen und sich in den Besitz wichtiger Küstenpositionen brachten.

Der erfolgreiche Einsatz der venezianischen Flottenmacht hat nur eine zeitweilige Beruhigung der Lage gebracht. Noch im Verlaufe des 11. Jahrhunderts sahen sich Venezianer und Byzantiner neuen Ansprüchen konfrontiert. Der kühne Sprung der Normannen von Unteritalien nach Süddalmatien erwies sich als eine der gefährlichsten Bedrohungen der freien Handelsschiffahrt in der Adria; eine Schließung der Straße von Otranto lag im Bereich der Möglichkeiten. Die Venezianer haben in dieser Krisensituation aus dem Zweckbündnis mit Byzanz erneut einen bleibenden Nutzen gezogen. Sie ließen sich für ihre Waffenhilfe durch ein Handelsabkommen entschädigen, das sämtliche Gebiete des byzantinischen Reiches zoll- und abgabenfrei dem venezianischen Handel öffnete (Chrysobull vom Jahre 1082). Ihr Sieg über die normannische Flotte vor Dyrrhachion brachte nicht die erwartete Wendung, da dem Kaiser Alexios I. Komnenos (1081–1118) die Entsetzung der Stadt von der Landseite her mißlang. Robert Guiskard erzwang im Oktober 1081 die Übergabe der Stadt, die ihm die Venezianer erst ein Jahr später wieder entrissen. Die unmittelbare Bedrohung ist aber weniger durch die enttäuschend verlaufenden gemeinsamen Operationen der Verbündeten als durch einen unvorhersehbaren Glücksfall abgewendet worden: eine furchtbare Pestepidemie dezimierte das normannische Heer und raffte auch seinen Führer Robert Guiskard hinweg (1085).

Folgenreicher als diese normannische Episode hat der Drang der ungarischen Könige auf einen freien Zugang zur Adria den Aufbau eines venezianischen Überseereiches behindert. Noch in den vierziger und fünfziger Jahren des 11. Jahrhunderts waren den Ungarn Einbrüche in den kroatisch-dalmatinischen Raum gelungen, die sich als ausbaufähig erwiesen. Verwandtschaftliche Beziehungen zur aussterbenden kroatischen Herrscherdynastie konnten als Rechtsgrundlage für eine expansive Adriapolitik dienen. Als die ungarischen Könige die unmittelbare Konfrontation mit der konkurrierenden venezianischen Macht suchten und König Laszlo I. (Ladislaus) als Schwager des 1089 verstorbenen kroatischen Königs Zvonimir Binnenkroatien in Besitz nahm (1091), konnte Venedig seine Position in den dalmatinischen Küstenstädten nur noch mühsam behaupten. Großzügige Privilegiengarantien haben seit der vertraglichen Verbindung Kroatiens mit Ungarn (sog. pacta conventa vom Jahre 1102) zahlreichen Stadtregierungen ein rasches Umschwenken auf den ungarischen Kurs erleichtert. König Koloman (1095–1116), der in Zara vecchia die Krone und die Huldigung der Küstenbewohner entgegennahm, gewährte weitgehende Autonomierechte auf der Grundlage der ererbten Munizipalverfassung, doch unter der Aufsicht eines «comes». Die Ausdehung ihres Herrschaftsbereiches in den Adriaraum hat den ungarisch-kroatischen Königen die erbitterte Feindschaft der Venezianer eingetragen, die ihnen das Feld nicht kampflos überlassen wollten. Schon 1115 rüsteten sie zum Gegenschlag, doch blieb ihnen trotz der diplomatischen Unterstützung durch Kaiser Heinrich V. ein durchschlagender Erfolg ebenso versagt wie in den folgenden Waffengängen der Jahre 1124, 1126, 1181, 1191, 1193, 1202, 1243–44. Die politische Entwicklung der dalmatinischen Küstenzone ist so auf Jahrhunderte durch die Rivalität zwischen Venedig und Ungarn überschattet worden. Die massive Militärhilfe durch die Kreuzfahrer, die der Doge Enrico Dandolo, der Schöpfer des venezianischen Überseereiches, der Lagunenstadt sicherte (1202 Eroberung Zaras), brachte nur eine vorübergehende Entlastung. Unter den ungarischen Anjous, die den Handel der dalmatinischen Städte tatkräftig förderten, sind die Venezianer in mehreren Kriegen (1345–46, 1356–57, 1378–81) wieder von der Küstenzone abgedrängt worden. Erst das durch die Türkenabwehr geschwächte Ungarn mußte ihnen in der ersten Hälfte des 15. Jahrhunderts endgültig die Vorherrschaft im nördlichen Adriaraum zugestehen.

Für die weitere Verfassungsentwicklung der dalmatinischen Städte ist das venezianische Vorbild beispielgebend geblieben. Der Ausbau der städtischen Einrichtungen im 13. und 14. Jahrhundert war getragen von einem selbstbewußten Patriziat, das sich als Körperschaft der «nobiles» gegenüber der Masse der Stadtbewohner abzugrenzen und über den sog. «Großen Rat» (consilium maius) das Stadtregiment den Repräsentanten weniger Familien zu sichern verstand. Wirtschaftliche Grundlage blieb weiterhin der Zwischenhandel mit dem balkanischen Hinterland, dem sich durch die Verbindung mit der ungarischen Krone neue Märkte im Landesinneren erschlossen.

Spätestens zu Beginn des 12. Jahrhunderts mußten auch die byzantinischen Kaiser erkennen, daß die einseitige Privilegierung des venezianischen Handels zu verhängnisvollen politischen Konsequenzen führte. Radikale Gegenmaßnahmen – Entzug der Vorrechte (1124), Vermögenskonfiskationen und Verhaftung sämtlicher Venezianer auf Reichsterritorium am St. Georgstag (12. März) 1171 – erwiesen sich als wirkungslos und mußten unter dem Druck der Venezianer wieder zurückgenommen werden. Diese Vorgänge sind symptomatisch für die schwindende außenpolitische Bewegungsfreiheit des byzantinischen Reiches: trotz militärischer Teilerfolge entglitt ihm während des 12. Jahrhunderts die Kontrolle über die Balkanhalbinsel.

Die außenpolitische Wende hatte sich unmißverständlich schon im Schicksalsjahr 1071 angekündigt, als Byzanz in Armenien eine vernichtende Niederlage gegen die vordringenden Seldschuken (Schlacht von Mantzikert) hinnehmen und gleichzeitig den letzten Stützpunkt Bari in Unteritalien den Normannen überlassen mußte. Das Restaurationswerk der großen Komnenenkaiser (1081–1185) hat den sichtbaren Zerfall nur aufzuhalten, aber nicht mehr abzuwenden vermocht. Die Eroberung Konstantinopels durch die Lateiner während des vierten Kreuzzuges (1204), den der greise Doge Enrico Dandolo in Verfolgung einer eigensüchtigen venezianischen Machtpolitik von seinem eigentlichen Ziel ablenkte, war nur der Schlußstrich unter ein Drama, das sich über mehrere Jahrzehnte hingezogen hatte.

Die Geschichte der Balkanhalbinsel löste sich damit endgültig aus dem imperialen Rahmen. Sie gliederte sich in eine Vielzahl konkurrierender Teilbereiche auf, die bis zum Heraufkommen einer neuen imperialen Phase im Zuge der osmanischen Eroberungen das Bild bestimmten.

Die Balkanstaaten der Nemanjiden und Aseniden

Den serbischen und bulgarischen Stämmen der zentralbalkanischen Landschaften gelang in der zweiten Hälfte des 12. Jahrhunderts fast gleichzeitig der Durchbruch zur Selbständigkeit. Der politische Aufstieg der serbischen Gebirgslandschaften am Oberlauf der Tara, der Piva, des Lim und des Ibar, dem alten Raszien, hatte schon unmittelbar nach dem Scheitern des Einigungswerkes der Fürsten von Zeta am Ausgang des 11. Jahrhunderts eingesetzt. Die serbischen Župen fanden einen natürlichen Bundesgenossen im benachbarten Ungarn, und dieser Rückhalt ließ sie wiederholte byzantinische Expeditionen unbeschadet überstehen. Der Schritt zur endgültigen Aufsage des Gehorsams durch Großžupan Stefan Nemanja im Jahre 1166 oder 1167 erwies sich freilich noch als verfrüht. Kaiser Manuel Komnenos (1143–1180) erzwang im Jahre 1172 nochmals die Wiederherstellung des Vasallitätsverhältnisses. Sein Tod im Jahre 1180 und das neuerliche Übergreifen der Normannen auf die Balkanhalbinsel (Juni 1185 vor Dyrrhachion, Eroberung Thessalonikes am 24. August 1185) gewährte die notwendige Entlastung vom byzantinischen Druck. Noch 1181 hatte sich der ungarische König Béla III. die 1167 an Byzanz verlorenen Gebiete (Dalmatien, Kroatien, Sirmium-Gebiet) zurückgeholt. 1183 bedrohte ein ungarisch-serbisches Militärbündnis das Terrorregime des Andronikos Komnenos (1183–1185).

Stefan Nemanja wußte die Gunst der Stunde geschickt zur Sicherung der serbischen Unabhängigkeit und zur Ausweitung seines Herrschaftsgebietes auszunutzen. Er hat insbesondere den Führungsanspruch Rasziens gegenüber den anderen serbischen Landschaften bekräftigt und den politischen Ambitionen der Fürsten von Zeta den Boden entzogen. Bei seinem freiwilligen Thronverzicht im Jahre 1196 – er zog sich zunächst in seine Klostergründung Studenica, später auf den Heiligen Berg Athos zurück – hinterließ er ein innerlich gefestigtes Reich, das sich in den Wirren des 13. Jahrhunderts erfolgreich behauptete und schließlich zur ersten Balkanmacht aufsteigen sollte.

Auf diesem Weg drohte es zunächst von dem glanzvoll wiedererstehenden, sogenannten zweiten bulgarischen Reich im Osten der Balkanhalbinsel erdrückt zu werden. Im Jahre 1185 war den Brüdern Peter (Theodor) und Asen unter starker Beteiligung walachischer und kumanischer Elemente ein erfolgreicher Aufstand gegen die verhaßte byzantinische Oberherrschaft geglückt. Dieser Schlag traf Byzanz um so härter, als es sich gerade noch der normannischen Bedrohung durch den Sieg vom 7. November 1185 bei Dimitrica erfolgreich erwehrt hatte. Die Normannen hatten sich anschließend aus Thessalonike und Dyrrhachion wieder zurückgezogen. Kaiser Isaak II. Angelos (1185–1195) war es zunächst gelungen, die Führer der aufständischen Bulgaren über die Donau abzudrängen, doch ein beachtlicher Zuzug kumanischer Hilfstruppen und die tatkräftige Unterstützung Stefan Nemanjas zwangen ihn schließlich, sich mit einem unabhängigen Bulgarien abzufinden, dessen Herrschaftsbereich vorerst auf die Gebiete zwischen der unteren Donau und dem Balkangebirge beschränkt blieb.

Die Gefährlichkeit dieser beiden serbischen und bulgarischen Neuschöpfungen für die byzantinische Stellung auf der Balkanhalbinsel sollte sich schon kurze Zeit später zeigen, als sowohl Stefan Nemanja wie die Bulgaren während des Kreuzzuges des Jahres 1189 in Bündnisverhandlungen mit Kaiser Friedrich Barbarossa eintraten und eine offen antibyzantinische Haltung an den Tag legten. Eine militärische Demonstration der Byzantiner hatte nach der Überwindung der durch das Kreuzfahrerheer geschaffenen kritischen Situation gegenüber den Serben mehr Erfolg (1190) als gegenüber den Bulgaren, die in dem Bruder Peters und Asens, Kalojan (1197–1207), eine tatkräftige und zielstrebige Herrscherpersönlichkeit gefunden hatten. Seit 1204 trug Kalojan die Köngiskrone. Papst Innozenz III. hatte sie ihm durch Kardinal Leo nach Tărnovo überbringen lassen, der überdies am Tag vor den prunkvollen Krönungsfeierlichkeiten Erzbischof Vasil von Tărnovo zum neuen Primas der bulgarischen Kirche weihte. So begann unter römischen Auspizien eine letzte Glanzperiode der mittelalterlichen bulgarischen Geschichte. Dieses sogenannte zweite bulgarische Reich erreichte im Kampf um die Nachfolge der 1204 gefallenen Kaiserstadt am Bosporus innerhalb weniger Jahrzehnte eine ungeahnte äußere Machtentfaltung, mußte aber schließlich doch der nüchterneren und zielstrebigeren Politik der serbischen Nemanjiden den Vortritt in der politischen Führung der zentralbalkanischen Landschaften überlassen.

Der Aufstieg Serbiens zur hegemonialen Führungsmacht wurde von den Söhnen Stefan Nemanjas, Stefan Prvovenčani (dem ‹Erstgekrönten›) und seinem geistlichen Bruder Rastko-Sava zu Beginn des 13. Jahrhunderts eingeleitet. Das realpolitische Gespür, das so viele Mitglieder des Nemanjidenhauses auszeichnete, hatte Stefan den gefährlichen Usurpationsversuch seines älteren Bruders Vukan überstehen lassen. Vukan hatte sich wohl vorübergehend von seiner Bastion Zeta aus mit päpstlicher und ungarischer Unterstützung den Weg zum Thron freigekämpft (1203), sich dem geschickten Taktieren Stefans zwischen Rom, Bulgarien und Ungarn aber nicht gewachsen gezeigt. Stefan akzeptierte 1217 die Königskrone aus der Hand des Papstes; bei der Lösung der anstehenden Kirchenfrage jedoch verschloß er sich den Wünschen der römischen Kurie. Er überließ sie seinem Bruder, dessen Ziel eine eigenständige orthodoxe serbische Kirche war. Sava erreichte in Verhandlungen mit dem griechischen Patriarchen in Nikäa 1219 die Trennung von dem autokephalen Erzbistum in Ochrid. Er übernahm selbst als Erzbischof mit Sitz im Kloster Žiča die oberste Leitung der serbischen Kirchenorganisation, die sich anfänglich in acht Bistümer untergliederte. Diese Wendung zur Ostkirche schloß ein gutes Verhältnis zur katholischen Bevölkerung der Küstenstädte nicht aus. Sie sind der Folgezeit von den serbischen Königen mit reichen Privilegien ausgestattet und an das Reich gebunden worden.

In dem Werk der beiden Brüder verwirklichte sich ein für das mittelalterliche Serbien charakteristisches enges Zusammengehen von Staat und Kirche. Es fand seinen künstlerischen Ausdruck in den prachtvoll ausgestatteten und reich dotierten Klostergründungen der Herrscherfamilie. Die herrlichen Fresken in Studenica (nach 1209), der Grabeskirche Stefan Nemanjas und seines Sohnes Stefan des Erstgekrönten, sind eindrucksvolle Zeugnisse jener serbischen Monumentalmalerei (‹Schule von Raška›), die im 13. Jahrhundert ihre reichste Entfaltung erfuhr: Mileševo (um 1235), Peć (Kirche der hl. Apostel, 1250), Morača (1252) und Sopoćani (um 1260). Die Hochblüte des klösterlichen Lebens bezeugen die großen Stiftungen der Herrscherfamilie und des serbischen Adels im 14. und 15. Jahrhundert: Dečani, Gračanica auf dem Amselfeld (1321), sowie die Werke der sog. ‹Schule von Morava› im Morava-Tal: Ravanica (um 1375), Lazarica (in Kruševac), Kalenić, Ljubostinja und Manasija. Die ideelle Ausgestaltung fand dieser Herrschaftsgedanke in jener stolzen Reihe von Viten serbischer Herrscher und Kirchenführer, die das serbische Mittelalter als einzigartiges literarisches Erbe hinterlassen hat. Mit der eigenhändig verfaßten Lebensbeschreibung Stefan Nemanjas haben Sava und sein Bruder Stefan ihrem Vater nicht nur ein unvergängliches Denkmal gesetzt, sondern auch eine weitwirkende ideologische Begründung für das politische Werk der Nemanjidendynastie versucht.

Ihre Politik war ohne Zweifel nur durch die günstige Randlage zu den Schauplätzen machtpolitischer Auseinandersetzungen möglich. Das Ausscheiden des byzantinischen Reiches aus dem Kampf um die innerbalkanische Vormachtstellung im Jahre 1204 konzentrierte die Energien der sich neu gruppierenden Teilstaatenwelt auf die Beherrschung der Meerengen und die Besitznahme der alten Kaiserstadt am Bosporus. Serbien blieb weitgehend unbehelligt und konnte eine innere Schwächeperiode schadlos überstehen.

Es wurde dagegen der bulgarischen Außenpolitik unter Kalojan (1197–1207) zum Verhängnis, daß sie sich in den Konkurrenzkampf um das byzantinische Erbe mit dem lateinischen Kaiserreich, der feudalen Kleinstaatenwelt der fränkischen Barone und Ritter und den griechischen Restreichen in Epirus und Kleinasien (Nikäa) hat hineinziehen lassen. Die anfänglich unbestreitbaren Erfolge sprachen zunächst für Kalojans Entscheidung. Im Zusammengehen mit der in Thrazien ansässigen griechischen Aristokratie führte er am 14. April 1205 vor Adrianopel einen vernichtenden Schlag gegen das lateinische Kaisertum Balduins von Flandern. Die Früchte seines überwältigenden Sieges hat Kalojan nicht mehr geerntet. Schon im Jahre 1207 ist er auf rätselhafte Weise – wohl durch Mörderhand – ums Leben gekommen, als er Thessalonike belagerte, die Hauptstadt des Königreiches des Bonifaz von Montferrat, der kurz zuvor im Kampf gegen die Bulgaren gefallen war.

Der durch Usurpation auf den bulgarischen Thron in Tărnovo gelangte Boril (1207–1218) scheiterte an den wachsenden inneren und äußeren Schwierigkeiten. Vor allem der Abfall starker lokaler Herrschaften hat den Territorialbestand seines Herrschaftsbereiches empfindlich getroffen. In den Rhodopen schuf sich ein Vetter Borils, Slav, um sein Bergschloß Melnik ein selbständiges Fürstentum und der Wojewode Dobromir Chrysos wiederholte seinen Versuch, in Mazedonien mit dem Rückhalt an dem uneinnehmbaren Felsenschloß Prosek am Vardar ein Reich zwischen den Fronten aufzubauen. Der sowohl gegenüber den Lateinern (31. Juli 1208 Niederlage gegen Kaiser Heinrich von Flandern bei Philippopel) wie in der Lösung der sozial-religiösen Unruhen im Innern (Synode von Tărnovo 1211: vergeblicher Versuch, der Bogumilenbewegung Herr zu werden) glücklose Boril mußte schließlich dem legitimen Thronerben Ivan Asen II. (1218–1241) weichen. Mit dessen Regierungszeit endete der letzte Höhenflug bulgarischer Großmachtpolitik des Mittelalters. Zunächst erwuchsen ihm in den griechischen Herren von Epirus (Michael Angelos bzw. seit 1215 dessen Halbbruder Theodor Angelos) gefährliche Konkurrenten. Sie residierten in Arta, später in Janina, und hatten ihren Herrschaftsbereich vorübergehend von der Adriaküste (nordwärts bis in die Gegend von Skutari) aus weit nach Osten (Ochrid, Prilep) bis zur Marica ausgedehnt. Thessalonike war ihnen 1224 zugefallen. Mit der Kaiserkrönung des Theodor Angelos in dieser ehemals zweitmächtigsten Stadt des byzantinischen Reiches schien das erloschene griechische Kaisertum nochmals glanzvoll wiederzuerstehen. Die Zerschlagung der lateinischen Lehensherrschaft in Thessalonike brachte Theodor Angelos mit Thessalien und Teilen Mazedoniens den Zugang zur Ägäis. Als er diese günstige territoriale Ausgangsposition für den Endkampf um das byzantinische Erbe in Richtung auf Thrazien erweiterte, war der Zusammenstoß mit den gleichgerichteten griechischen Plänen des Bulgarenzaren Ivan Asen II. unvermeidlich, der einen diplomatischen Rückhalt im lateinischen Kaiserreich von Konstantinopel fand. Die vernichtende Niederlage des «Basileus und Autokrator der Rhomäer» Theodor Angelos bei Klokotnica an der Marica im Jahr 1230 brachte ein jähes Ende der hochfliegenden epirotischen Pläne. Der Bulgarenzar trat das politische Erbe in den zentral- und westbalkanischen Landschaften an und dehnte seine Herrschaft über Mazedonien und Teile Albaniens aus. Sein Großreich schloß Braničevo und Belgrad im Norden ebenso ein wie Adrianopel im Osten und Dyrrhachion/Durazzo an der Adria. Auch auf die Thronfolge in Serbien gewann er Einfluß. Die unbestrittene bulgarische Hegemonie schien in greifbare Nähe gerückt.

Ivan Asen II. hat Tărnovo zu einer prachtvollen Residenz mit herrlichen Palastbauten, Kirchen und Klöstern ausbauen lassen. 1235 wurde die wenig populäre Unterstellung der bulgarischen Kirche unter Rom aufgekündigt und im Einvernehmen mit den orthodoxen kirchlichen Autoritäten eine nationalkirchliche Lösung verwirklicht (bulgarisches Patriarchat in Tărnovo). Die symbolische Vollendung des neuen imperialen Herrschaftsanspruchs, der Einzug in Konstantinopel, ist Ivan Asen II. – wie schon seinem großen Vorgänger Simeon im 10. Jahrhundert – verwehrt geblieben. Selbst das vorübergehende enge Bündnis mit Johannes III. Vatatzes (1222–1254) von Nikäa, das im Jahre 1235 durch die Heirat der bulgarischen Zarentochter mit dem Kaisersohn Theodor Laskaris bekräftigt wurde, hat ihn seinem ersehnten Ziele nicht nähergebracht.

Die bulgarische Vormachtstellung hat seinen Tod im Jahre 1241 nur kurze Zeit überdauert. Der mit elementarer Kraft über Osteuropa hinwegfegende Mongolensturm des Jahres 1241/42 hinterließ im Donauraum, gegen den sich die Hauptstoßkraft richtete, völlig veränderte Herrschaftsverhältnisse. Weite Teile des ungarischen Königreiches waren verwüstet, auch die bulgarische Wehrkraft war entscheidend geschwächt. Bulgarien hat sich in der Folgezeit nicht mehr von dieser unerwarteten schweren Heimsuchung erholt. Schon ein Jahrzehnt später, 1257, starb die Dynastie der Aseniden aus, was zu endlosen Bürgerkriegen und Machtkämpfen einzelner Thronprätendenten führte. Das Reich Ivan Asens II. zerfiel in lokale Herrschaftsgebilde mit partikularistischen Tendenzen.

Die Restauration der Paläologen in Konstantinopel und das serbische Großreich Stefan Dušans (1331–1355)

Seit der Mitte des 13. Jahrhunderts standen einem Aufstieg Serbiens im Innern der Balkanhalbinsel und einer Rückkehr der griechischen Herrscherdynastie der Paläologen von Nikäa nach Konstantinopel keine ernsthaften Konkurrenten mehr im Wege. Noch in den vierziger Jahren hatte Bulgarien den Rückzug aus den vorgeschobenen Randgebieten angetreten. Johannes III. Vatatzes schob die Grenzen des nikäanischen Reiches in Thrazien bis an die Marica und in Mazedonien bis an den Vardar vor. Theodor Angelos, der bei Klokotnica 1230 unterlegene epirotische Despot, und sein Sohn Johannes mußten ihren letzten Stützpunkt Thessalonike räumen, und auch die von Michael II. Angelos aus den Trümmern des westgriechischen Reiches gebildete Herrschaft in Epirus und Thessalien hatte in Westmazedonien große Einbußen hinzunehmen (Prilep, Ochrid). Das unter Theodor II. Laskaris (1254–1258) gefestigte Reich von Nikäa überstand auch die letzte gefährliche Anfechtung von Westen her, als sich 1258 der Sohn Kaiser Friedrichs II., Manfred von Sizilien, in Wiederaufnahme der alten normannischen Ostpolitik mit Michael II. von Epirus und Wilhelm Villehardouin von Achaja zu einem Dreibund zusammenfand, dem auch der Serbenkönig Stefan Uroš I. (1243–1276) beitrat. Durch den glänzenden Sieg des Sebastokrators Johannes Palaiologos von 1259 wurde der Weg nach Konstantinopel endgültig freigekämpft, dessen Tore sich am 25. Juli 1261 dem kaiserlichen Heerführer Alexios Strategopulos öffneten.

Durch zwei Ereignisse ist diese letzte Phase der Auseinandersetzung um Konstantinopel für die innerbalkanische Geschichte von Bedeutung geworden. Nach dem militärischen Übergreifen Manfreds von Sizilien auf die Balkanhalbinsel (Besetzung Korfus im Jahre 1258 und der gegenüberliegenden Küstenplätze) hatte Michael II. von Epirus mit der Vermählung seiner Tochter Helena an Manfred dem Offensivbündnis gegen das nikäanische Kaiserreich einen festeren Rückhalt zu geben versucht. Als Mitgift übertrug er 1259 seinem Schwiegersohn die Besitzrechte über wichtige Küstenplätze (Durazzo und Valona), die sich der Nachfolger Manfreds in der neapolitanischen Herrschaft, Karl von Anjou, im Jahre 1272 nach der Landung seiner Truppen erneut bestätigen ließ. Nur die ‹Sizilianische Vesper› von 1282, die Peter III. von Aragon im Zusammenspiel mit der byzantinischen Diplomatie in Sizilien zur Herrschaft brachte, hinderte ihn an der Verwirklichung eines neuen antibyzantinischen Militärbündnisses aus Epiroten, Serben, Bulgaren, Albanern und der venezianischen Kriegsflotte. Als Karl Robert von Neapel, dessen Großvater Karl der Hinker mit Maria von Ungarn verheiratet gewesen war, 1308 den ungarischen Königsthron erbte, behielten die Anjous die albanische Küste um Durazzo vorübergehend als Sekundogenitur. 1368 verselbständigte sich das Gebiet unter einem einheimischen ‹princeps Albaniae› Karl Thopia († 1388). Sein Sohn Georg Thopia überließ es 1392 den Venezianern, die es bis 1501 vor dem Zugriff der Osmanen behaupteten.

Ein zweites bedeutsames Ereignis für die Geschichte des östlichen Mittelmeerraumes war jenes Militärbündnis zwischen der italienischen Seerepublik Genua und dem nikäanischen Kaiserreich (Vertrag von Nymphaion am 13. März 1261), das gegen Meistbegünstigung die genuesische Macht als Gegenpol gegen Venedig an das byzantinische Restreich der Paläologen band und das konkurrierende Nebeneinander der beiden Seemächte verschärfte. Als ernsthafter Widerpart der Venezianer konnte Byzanz in den beiden letzten Jahrhunderten seines Bestehens nicht mehr auftreten. Der erzwungene Verzicht des Kaisers auf eine Wiederaufrichtung der byzantinischen Seegeltung hat der Markusrepublik die Küstenregionen der Adria als Einfluß- und Interessenzone überlassen und den Ausbau des venezianischen Überseereiches für die Zukunft gesichert.

Die territorialen Gewinne des neu erstandenen byzantinischen Reiches gegenüber dem zerfallenden Bulgarenreich und dem westgriechischen Reststaat um Epirus erwiesen sich als kaum ausbaufähig. Die byzantinische Herrscherdynastie der Paläologen (1261–1453) konnte trotz beachtlicher Anfangserfolge die ehemals beherrschende Stellung in den zentralbalkanischen Landschaften nicht mehr zurückgewinnen. Sie mußte sie den aufstrebenden serbischen Herrschern überlassen, denen die Tatareninvasion von 1241/42 eine willkommene Entlastung an der Nord- und Westgrenze gegenüber Ungarn und Bulgarien gebracht und der Endkampf um den Besitz Konstantinopels vorteilhafte Koalitionsmöglichkeiten eröffnet hatte. Noch 1282 gewann Stefan Uroš II. (1282–1321), der seinen Bruder Stefan Dragutin (1276–1283) vom Thron verdrängt hatte, Nordmazedonien mit Skoplje. Vier Jahre später dehnte er seinen Einfluß auf das benachbarte Bosnien und bis an die albanische Adriaküste aus.

Der Aufbau einer geordneten Verwaltung, die systematische Förderung des Handels und die Hebung der Wirtschaftskraft des Landes zählen zu den herausragenden Leistungen seiner langen Regierungszeit. Mit der Berufung deutscher Bergleute (*Sasi* = ‹Sachsen›) aus Ungarn setzte eine Wiederbelebung des balkanischen Bergbauwesens ein, dessen Förderungen bei den italienischen Handelsstädten einen aufnahmefähigen Absatzmarkt fanden. Den mühseligen Zwischenhandel und Transport von der Küste ins Binnenland besorgten die Karawanen vornehmlich der reichen ragusanischen Kaufmannsfamilien, in geringerem Maße auch die Bewohner von Trogir (Tragurium, Trau) und Spalato/Split (nach Bosnien) und die Cattarenser und Antivarenser (nach Serbien). Als kapitalkräftige Finanziers sind sie auch unternehmerisch hervorgetreten. Diese großzügige Erschließung der reichen Bodenschätze (Gold, Silber, Blei, Kupfer, Eisen) hat die wirtschaftlichen Voraussetzungen für den unerhörten Machtaufstieg der Serben im 14. Jahrhundert geschaffen und der politischen Sonderstellung Bosniens zwischen Ungarn und Serbien den notwendigen Rückhalt gegeben. Innerhalb weniger Jahre sind im balkanischen Binnenland blühende Bergwerkssiedlungen und Handelsplätze entstanden, insbesondere um den erzreichen Kopaonik (Brskovo, Rudnik, Trepča, Rogozno und als bedeutendste Bergstadt Novo Brdo, d. i. Novus Mons – Novomonte bzw. Nyenberghe nahe Priština am Ostrande des Amselfeldes).

Weder Bulgarien, das unter dem Despoten von Vidin (Bdyn), Michael (seit 1313), dem Begründer der Šišmaniden-Dynastie, nochmals aus den anarchischen Thronkämpfen herausgefunden hatte, noch Byzanz, dessen Herrschaft eben erst Andronikos III. (1328–1341) nach jahrelangem Bürgerkrieg an sich gebracht hatte und das in Kleinasien von den unaufhaltsam vorrückenden Osmanen hart bedrängt wurde (1326 fiel Brussa/Bursa), mochten sich mit dem überraschenden serbischen Aufstieg widerstandslos abfinden. Stefan Uroš III. Dečanski (1321–1331) kam der drohenden Vereinigung der byzantinischen und bulgarischen Truppenkontingente zuvor und vernichtete am 28. Juli 1330 in der Entscheidungsschlacht bei Velbužd (Küstendil) die bulgarische Streitmacht. Zar Michael III. Šišman fiel im Kampf. Mit ihm sank das bulgarische Reich dahin, noch ehe es ein Menschenalter später den osmanischen Eroberern endgültig erlag. König Uroš III. ist um die Früchte seines Sieges betrogen worden. Ein wachsender Anhang im serbischen Hochadel und seine Popularität erlaubten dem tatendurstigen Prinzen und Mitkönig Stefan Dušan, dessen mutiger persönlicher Einsatz maßgeblich zum erfolgreichen Ausgang der Schlacht bei Velbužd beigetragen hatte, den vorzeitigen Griff nach der höchsten Würde. Der abgesetzte König kam schon wenige Monate später bei einem Fluchtversuch ums Leben.

In einem beispiellosen Siegeszug baute der jugendliche König Stefan Dušan Uroš IV. (1331–1355) ein serbisches Großreich auf, dessen Grenzen die dalmatinische Küste und die Hauptorte Albaniens – mit Ausnahme des den Anjous verbliebenen Durazzo –, Epirus, Mazedonien (mit Ochrid, Prilep, Kastoria, Strumica, Vodena – nur Thessalonike behaupteten die Byzantiner), Teile Mittelgriechenlands und die strategisch wichtige Morava-Vardar-Linie mit Belgrad im Norden umschlossen. Auch auf Bulgarien hatte er seine Hand gelegt. Die bürgerkriegsähnlichen Zustände im byzantinischen Reich, die durch den Usurpationsversuch des Johannes VI. Kantakuzenos (Kaiser von 1347–1354), die sozialrevolutionäre Bewegung der Zeloten in Thessalonike (seit 1342) und die religiösen Streitigkeiten (Palamismus, Hesychasmus) verursacht wurden, ließen die Abwehrkräfte gegenüber den vordringenden Serben auf der Balkanhalbinsel wie gegenüber den Türken in Kleinasien erlahmen. Mit seiner glanzvollen Krönung zum ‹Kaiser der Serben und Griechen› am 16. April 1346 in Skoplje durch den serbischen Patriarchen setzte Stefan IV. Dušan auch seiner Politik das alte Ziel balkanischer Herrscher: die Wiederaufrichtung eines umfassenden Balkanimperiums um den

Mittelpunkt Konstantinopel. Seine ehrgeizigen Pläne scheiterten jedoch an der Unbezwingbarkeit des Mauerrings um die Kaiserresidenz.

Dauerhafter erwiesen sich seine Maßnahmen zur inneren Festigung des Reiches, dessen Verlagerung aus dem altserbischen Siedlungsraum in die griechisch beeinflußten Gebiete im Süden um Prilep und Ochrid mit einer weitgehenden Gräzisierung verbunden war. In der Übernahme des Hofzeremoniells, im Kanzleiwesen und der Verwaltungsorganisation folgte er dem byzantinischen Vorbild. Der Rechtsvereinheitlichung diente das berühmte Gesetzbuch des Zaren ‹*Zakonik*›, das im Mai des Jahres 1349 von einer Adelsversammlung in Skoplje gebilligt und 1354 in Seres (Serrhai) erheblich erweitert und ergänzt worden ist. In ihm ist eine Verbindung des ererbten Volksrechts mit den byzantinischen Rechtsnormen versucht worden.

Der eigentliche Nutznießer dieser serbischen Großmachtpolitik Stefan Dušans war allerdings nicht die kaiserliche Zentralgewalt, sondern der Feudaladel. Er zog nicht nur unmittelbaren Nutzen aus den Kriegsgewinnen und dem allgemeinen Aufschwung von Handel und Gewerbe, sondern rückte auch in die neuen Verwaltungsstellen und Hofwürden ein, die sich in Verbindung mit dem nicht unerheblichen Grundbesitz als ausbaufähige Machtpositionen erwiesen. So erlag in Serbien nach dem pötzlichen Tod des Zaren am 20. Dezember 1355 der zentralistische Staatsgedanke sehr rasch den Sonderinteressen des Hochadels. Das serbisch-griechische Großreich löste sich in eine Vielzahl territorialer Einheiten unter mächtigen Fürstengeschlechtern auf. Dem jungen Zaren Stefan Uroš V. (1355–1371) blieb nur noch eine nominelle Oberherrschaft, die ihm zudem sein Onkel Simeon, ein Halbbruder Stefan Dušans, als Herr von Epirus, Thessalien und Ätolien streitig machte. Er ließ sich in Trikkala zum König der Serben und Griechen krönen.

Die einzelnen Landesteile gingen wieder ihre eigenen Wege. Im albanischen Raum begründeten einheimische Stammesführer unabhängige Herrschaften: Andreas Muzaka und Karl Thopia, der den Anjous Durazzo entriß; in Valona und Kanina setzte sich ein Bulgare (Ivan Asen) fest. In Mazedonien stiegen die Brüder Mrnjavčevići zu einer führenden Stellung auf: Vukašin herrschte als ‹König der Serben und Griechen› (seit 1365) im Gebiet um Prilep, Skoplje, Prizren, sein Bruder Uglješa um Seres (Serrhai). Im südlichen Mazedonien behaupteten sich Bogdan (Jug Bogdan) und die Dejanovići (Kumanovo, Velbužd, Štip, Strumica), um Kosovo und Priština Vuk Branković. Die zentrifugalen Tendenzen griffen auch auf die altserbischen Landschaften über. In der Zeta bauten sich die Balšići – die drei Brüder Stracimir, Georg und Balša Balšić – eine unabhängige Stellung auf, in der Herzegowina Vojislav Vojinović, der aber dann seinem Neffen Nikola Altomanović weichen mußte, in Moravaserbien Fürst Lazar I. Hrebeljanović (1371–1389).

Der Untergang des zweiten bulgarischen Reiches

Ähnliche Auflösungserscheinungen charakterisierten das staatliche Leben der Bulgaren in der Endphase vor der osmanischen Eroberung. Die Küstengebiete des Schwarzen Meeres (Varna) unterstanden seit dem zweiten Viertel des 14. Jahrhunderts einem Bojaren kumanischer Abkunft Balik, der sich um die Festung Karvuna (Kavarna) im Nordosten verschanzte und enge Anlehnung an Byzanz suchte. Nach seinem Tode beerbte ihn sein Bruder, der Despote Dobrotica, der dem Landstrich zwischen der unteren Donau und dem Schwarzen Meer – der Dobrudscha – den Namen gab. Von Nordwesten her schoben die ungarischen Könige ihren Einflußbereich weiter vor, die südwestlichen Gebiete wurden nach der bulgarischen Niederlage bei Velbužd 1330 von serbischen Truppen besetzt. Der unversöhnliche Hader innerhalb der herrschenden Familie der Šišmaniden ließ an keine Sammlung der schwindenden Abwehrkräfte mehr denken. Zar Ivan Alexander (1331–1371) gab durch die von ihm verfügte Teilung des Reiches unter seine beiden Söhne den zentrifugalen Kräften einen mächtigen Aufschwung. Der ältere Sohn aus erster Ehe Ivan Sracimir, der mit Vidin abgefunden worden war und später als Vasall auf die ungarische Seite überwechselte, entzweite sich in erbitterter Feindschaft mit seinem Stiefbruder Ivan Šišman (1371–1393) und drängte diesen noch in den sechziger Jahren an die Seite des türkischen Sultans. 1388 unterstellte er sich selbst der türkischen Oberhoheit. Das in sich zerstrittene Land ist so eine leichte Beute der Osmanen geworden.

Nur die beachtliche kulturelle Hochblüte gibt dem Verlöschen des mittelalterlichen bulgarischen Staates noch versöhnliche Züge. Zu den herausragenden Leistungen einer Rezeption der zeitgenössischen literarischen und künstlerischen Strömungen im griechischen Kulturbereich zählen die illuminierten Prachthandschriften des 14. Jahrhunderts. Erwähnung verdienen neben dem Psalter von 1337 und dem Sbornik (Sammelband) von 1348 an erster Stelle das Tetraevangelium, das im Jahre 1356/57 im Auftrage des Zaren Ivan Alexander von dem Mönch Simon auf 284 Pergamentblätter niedergeschrieben und mit 365 Miniaturen kunstvoll ausgestaltet worden war. Auf dem Umwege über die Donaufürstentümer und den Athos gelangte die Handschrift in den 20er Jahren in den Besitz des British Museum. Die gleiche künstlerische Qualität zeigt die berühmte Manesse-Chronik mit ihren 69 mehrfarbigen Miniaturen, von denen 18 auf bulgarisch-byzantinische Themen und 4 auf Vorgänge zwischen Russen, Bulgaren und Griechen Bezug nehmen. Textvorlage war eine mittelbulgarische Übersetzung der griechischen Weltchronik in Fünfzehnsilblern, die der 1187 als Metropolit von Naupaktos verstorbene Konstantinos Manasses verfaßt hatte. Die illuminierte Ausfertigung der mittelbulgarischen Übersetzung wurde gemeinsam mit anderen Handschriften zwischen 1475–1481 aus der Bibliothek des Bischofs von Modruš Nikola Katarski in den Vatikan übernommen. In beiden Werken erreichte das Reformbemühen der bulgarischen Kirche, dessen Anfänge noch in die Mitte des 13. Jahrhunderts zurückreichen und das eine Revision der kirchenslawischen Überlieferung in Anlehnung an griechische Vorbilder anstrebte, einen künstlerischen Höhepunkt. Die in diesem Zusammenhang erarbeitete «Schriftreform», die häufig mit dem letzten bulgarischen Patriarchen Euthymios (1375–1393) in Tărnovo und seiner «Schule» in enger Verbindung gesehen wird, hat weit über die Grenzen Bulgariens hinausgewirkt. Ihre stilistischen und sprachlichen (orthographischen, grammatikalischen und lexikalischen) Normierungen sind an der Wende des 15. Jahrhunderts für die Entwicklung der russischen Literatursprache richtungsweisend geworden. Vermittler und Träger dieses sog. «zweiten südslawischen Einflusses» in Rußland waren Metropoliten bulgarischer Abkunft (Kiprian, Grigorij Camblak) und die zahlreichen Handschriftenkopisten, die im Auftrage der russischen Kirche in den orthodoxen Kulturzentren und klösterlichen Begegnungsstätten Südosteuropas (Athos, Konstantinopel) die benötigten Übersetzungen nach bulgarischen oder serbischen Textvorlagen anfertigten.

Anders als im benachbarten Serbien haben dagegen nur noch wenige Reste der Monumentalarchitektur und der Wandmalerei aus der Glanzperiode der mittelalterlichen bulgarischen Geschichte die widrigen Zeitläufte überdauert. Die alte Königsstadt Tărnovo ist im Zuge der osmanischen Eroberung in Schutt und Asche gesunken. Aus den wenigen erhaltenen Spuren läßt sich die Entwicklung der bulgarischen Kunst nur noch bruchstückhaft rekonstruieren. Die vielbeachteten Freskenzyklen in der kleinen Bojana-Kirche bei Sofja aus dem Jahre 1259 und aus dem 14. Jahrhundert die Wandmalereien in der Höhlenkirche von Ivanovo und in der von dem Despoten Dejan gestifteten Kirche von Zemen (bei Küstendil) sind die letzten Zeugnisse eines königlichen und adeligen Mäzenatentums, dessen Stilempfinden trotz mancher Anregungen aus volkstümlichen oder westlichen Traditionen dem byzantinischen Vorbild (sog. Paläologenstil) verhaftet blieb.

Der bosnische Staat des Mittelalters

Der unaufhaltsame Zerfall der zentralbalkanischen Landschaften in eine Vielzahl ohnmächtiger Kleinstaaten und konkurrierender Herrschaftsbereiche hat vorübergehend den Gebieten an der oberen Bosna, die lange Zeit sich nur im Schatten mächtiger Nachbarn entfalten konnten, zu einem ungeahnten politischen Aufstieg verholfen. Im 10. Jahrhundert hatten sich in Bosnien der serbische Fürst Časlav und der kroatische König Krešimir in der Herrschaft abgelöst. Nach kurzer Zugehörigkeit zum byzantinischen Reich unter Kaiser Basileios II. zu Anfang des 11. Jahrhunderts war das Land in den

Einzugsbereich der Fürsten von Dioclea geraten. Konstantin Bodin (1081–nach 1101) gliederte im Zuge der von ihm betriebenen Politik der Sammlung der serbischen Lande Bosnien dem Königreich Zeta ein und bestellte den Fürsten Stefan als Statthalter. Seit dem Ausgreifen Ungarns nach Kroatien und Dalmatien war mit der wachsenden ungarischen Einflußnahme auf die innerbosnischen Vorgänge ein gewisses Abhängigkeitsverhältnis zum Nachbarn im Norden nicht zu umgehen. Die ungarischen Könige erhoben seit 1138 in ihrem Titel Anspruch auf den Besitz Bosniens. Die für das 12. Jahrhundert erstmals bezeugte Ban-Würde als Bezeichnung der bosnischen Herrscher ist wohl dem ungarischen Vorbild entlehnt worden.

Die Besonderheit der mittelalterlichen Geschichte Bosniens ist auf religiösem Gebiete zu sehen. An der Grenzscheide des west- und des ostkirchlichen Einflußbereiches gelegen, hatte sich Bosnien zu Ende des 12. Jahrhunderts – unter Ban Kulin (1180–1204) – den aus Bulgarien bzw. aus Serbien und den dalmatinischen Städten herüberwirkenden häretischen Lehren (mit östlichen und westlichen Varianten des mittelalterlichen Ketzertums bogomilisch-dualistischer Ausrichtung) geöffnet und allen päpstlichen Vorhaltungen und Gegenmaßnahmen zum Trotz eine unabhängige ‹bosnische› Kirchenorganisation des ‹häretischen› Typs aufgebaut. An der Spitze dieser ‹bosnischen Kirche› stand der *djed,* dem in hierarchischer Abstufung die *gosti* und die *starci* beigeordnet waren. Sie konnte der wohlwollenden Förderung insbesonders der adligen Oberschicht sicher sein, da gleichgerichtete Interessen Kirche (gegen Rom und die von Ungarn geförderten Rekatholisierungsbestrebungen) und Adel (gegen äußere Intervention, gegen Erstarken der Zentralgewalt im Innern) aufs engste verbanden. An diesem massiven Zweckbündnis mußte auch der auf päpstliche Initiative von dem ungarischen König Andreas II. (1205–1235) und seinem Sohn, dem kroatischen Banus Koloman, betriebene Kreuzzug gegen Bosnien (1234–1239) scheitern. Getragen von einem nationalen Widerstandswillen machte der in seinen politischen Aktionen teilweise zwielichtige Ban Matthäus Ninoslav (1232–1250) die anfänglichen Erfolge des Kreuzzuges zunichte.

Noch fehlten im 13. Jahrhundert die inneren und äußeren Voraussetzungen für eine politische Trennung vom benachbarten Ungarn. 1254 mußten sich die Nachfolger des Ban Matthäus Ninoslav in eine formelle Anerkennung der ungarischen Oberhoheit fügen, die eine administrative Aufteilung des Landes bedeutete. Die nördlichen Gebiete wurden als Banate Usora und Soli von Ober-Bosnien und den Dolnji kraji (d. i. den «unteren Gegenden» zwischen Vrbas und Una) abgetrennt und der nordöstliche Teil dem Banat Mačva (zwischen Drina, Save, Donau und Morava) eingegliedert, dessen Leitung in den nächsten Jahrzehnten nahen Verwandten des ungarischen Herrscherhauses anvertraut wurde. In den Jahren 1282–1314 war Mačva-Bosnien in den Händen des ehemaligen serbischen Königs Stefan Dragutin, eines Schwagers des ungarischen Königs Ladislaus IV. Die Schwäche der ungarischen Zentralgewalt während der Erbfolgekriege nach Ladislaus' IV. Tod (1290) begünstigte in den Randgebieten des Reiches den Aufstieg lokaler Machthaber. In Bosnien gewann das kroatische Magnatengeschlecht der Šubići vorübergehend eine selbstherrliche Machtposition (1299–1322). Der Banus Paul Šubić führte in Urkunden den stolzen Titel ‹Ban von Kroatien und Dalmatien und Herr von Bosnien›. Mladen Šubić (1302–1322) ist schließlich aus seiner Stellung in Kroatien und Bosnien von einer Verschwörung der ansässigen Magnaten verdrängt worden. Sie brachten mit Einverständnis des ungarischen Königs Karl Robert dessen Mündel, Stefan II. Kotromanić (1322–1353), zur Herrschaft.

Unter ihm setzte der eigentliche Machtaufstieg des mittelalterlichen Bosnien ein: Stefan Kotromanić gewann das bislang unter serbischer Hoheit stehende Land Hum (Zahumlje – seit der Verleihung des Herzogtitels an den Großwojewoden Stefan Vukčić im Jahre 1448 bekannter geworden als ‹Herzogsland›, d. i. Herzegowina) und mit dem Küstenstreifen zwischen Ragusa und Almissa/Omis (Cetina-Mündung) einen breiten Zugang zur Adria.

Die finanziellen Mittel zu dieser aufwendigen Außenpolitik kamen wie im benachbarten Serbien aus den reichen Bodenschätzen, deren Erschließung auch hier mit Hilfe deutscher Bergleute betrieben wurde (Bergwerksstädte Srebrnica, Olovo, Kreševo, Fojnica). Ernsthafte Schwierigkeiten waren nicht zu erwarten. Stefan Dušans Politik hatte eine andere Stoßrichtung in die gräzisierten Gebiete im Süden genommen, und Ungarn war in Kroatien und in der Auseinandersetzung mit dem venezianischen Konkurrenten auf bosnische Waffenhilfe angewiesen. Der Neffe und Nachfolger Stefans II. Kotromanić, Banus Tvrtko I. (1353–1391), hatte weder den serbischen Nachbarn noch den ungarischen Oberherrn zu fürchten. Der Bund mit dem serbischen Fürsten Lazar gegen Nikola Altomanović nach Stefan Dušans Tod erbrachte weitere Landgewinne an der oberen Drina und in Travunien (Trebinije), der Tod Ludwigs I. von Ungarn (1382) eine Restitution und Erweiterung der Besitzungen an der dalmatinischen Küste bis Ragusa (1385 Cattaro).

Schon 1377 hatte sich Tvrtko am Grabe des hl. Sava in Mileševo zum König Serbiens, Bosniens und des Küstenlandes krönen lassen, wobei er seine Ansprüche auf den serbischen Thron immerhin durch verwandtschaftliche Beziehungen zum Nemanjidenhause begründen konnte. 1390 fügte er seinem Titel die Ansprüche auf Kroatien und Dalmatien hinzu. Sein Tod im Jahre 1391 hat den Abschluß eines politischen Einigungswerkes unter den kroatischen und serbischen Stämmen verhindert, dem allerdings die innere Lebenskraft zum Überdauern in einer gewandelten außenpolitischen Situation fehlte. Der unaufhaltsame osmanische Eroberungsdrang auf der Balkanhalbinsel lähmte die Aktivität der Stammesfürsten. Das ungarische Königreich an der Nordgrenze zog die Randgebiete Bosniens wieder an sich (1393

Kroatien und Dalmatien). Die Unfähigkeit der Nachfolger Tvrtkos und die unverhohlenen Standesinteressen der großen Magnatengeschlechter trugen gleichermaßen zum Zerfall bei. Nur die günstige Lage zwischen dem türkischen und ungarischen Machtbereich zögerte den Untergang Bosniens noch fast ein Jahrhundert bis 1463 hinaus.

Die Wanderhirten der balkanischen Hochregionen

Die Auflösung des serbischen Großreiches nach dem Tode Stefan Dušans (1355) hat eine für die Volkstumsgeschichte der Balkanhalbinsel bedeutsame Siedlungsbewegung in Gang gebracht: die albanische Siedlungsausbreitung nach Süden über Epirus, die nordwestgriechischen Landschaften Akarnanien und Ätolien und schließlich in breitem Strom nach Zentralgriechenland (Böotien und Attika) und bis in die Peloponnes. Schon in den Jahrhunderten zuvor waren die albanischen und ‹walachischen› Wanderhirten, die Nachkommen jener balkanromanischen Bevölkerungselemente, die vor der slawischen Landnahme auf die Hochregionen innerbalkanischer Berglandschaften ausgewichen waren, in Bewegung geraten und teilweise zur seßhaften Lebensweise übergegangen. Die Albaner waren seit dem 11. und 12. Jahrhundert vom Gebirge in die Küstenniederungen (Niederalbanien) hinabgestiegen und hatten im 13. Jahrhundert auf Westmazedonien und die epirotischen Gebiete ausgegriffen. Unter den einheimischen Stammesfürsten, deren politischer Aufstieg nach 1355 einsetzte, gewannen die Familie des Karl Thopia (1359–1388) im Gebiet zwischen Durazzo, Kruja und Antivari/Bar und die Balšići/Balsha nördlich und östlich von Skutari eine beherrschende Stellung. Der erbitterte Konkurrenzkampf dieser Familien, in dem auch die Türken Partei ergriffen (erstmals 1385 als Verbündete der Thopia), hat weiteren Geschlechtern zu Ansehen und Macht verholfen. Unter ihnen ragen heraus die Dukagjini, die Shpata, die Muzaka, die Arianiti und die Kastriota. Einem Mitglied der Kastriotenfamilie, die um Kruja reich begütert war, sollte es vorbehalten bleiben, in der Abwehr der osmanischen Invasion einen entscheidenden Anstoß zum politischen Zusammenschluß der albanischen Stämme zu geben. Als vielbeachteter Freiheitsheld überstrahlt er zusammen mit Johann Hunyadi eine der dunkelsten Perioden balkanischer Staatengeschichte.

Die politische Zukunft des ‹walachischen› Hirtentums lag demgegenüber jenseits der Donau (Siebenbürgen, Donaufürstentümer Moldau und Walachei), obwohl es wiederholt auch auf innerbalkanische Vorgänge Einfluß genommen hat. Walachische und kumanische Beteiligung hatte nach 1185 den Aufstand der Brüder Peter und Asen zum Erfolg geführt und die Begründung des zweiten bulgarischen Reiches ermöglicht. Reste walachischer Siedler haben sich noch bis zur Gegenwart im albanisch-epirotischen Raum (Pindus), in Westmazedonien und im Hinterland von Thessalonike gehalten (Kutzo-, Makedo- oder Maurowlachen, d.i. ‹Schwarze Wlachen› oder Morlaken, Zinzaren). Eine Sonderstellung nehmen in diesem Zusammenhang die Sarakatschanen ein, die als Abkömmlinge der aromunischen Farscheroten in Südalbanien im Zuge einer ausgedehnten Wanderungsbewegung in die griechischen Siedlungszonen der südlichen Balkanhalbinsel (über Epirus und Akarnanien nach Thessalien, Mazedonien und Thrazien) allmählich das griechische Idiom übernommen haben.

Mit dem aromunischen bzw. walachischen Wanderhirtentum ist im vortechnischen Zeitalter der Geschichte Südosteuropas ein für den wirtschaftlichen und kulturellen Austausch der einzelnen Regionen wichtiger Vermittlungsvorgang verbunden. Durch den gezielten Einsatz ihrer Maulesel, die für sie während der Weide- und Ruhezeiten als Tragtiere entbehrlich waren, im Transportgeschäft und zu Fuhrdiensten über weite Distanzen haben sie sowohl die innerbalkanische Verkehrserschließung wie die Anbindung an die Wirtschaftszentren der Außenzone gewährleistet.

III.
Die Türkenzeit

Die osmanische Eroberung und der Untergang der balkanischen Kleinstaatenwelt des 14. Jahrhunderts

Die balkanische Kleinstaatenwelt des 14. Jahrhunderts ist in rascher Folge den osmanischen Eroberern zugefallen, die seit ihrem ersten Übergreifen auf das europäische Festland (1352 in Çimpe/Tzympe auf dem Westufer der Dardanellen, 1354 in Gallipoli/Kallipolis) auf keine gemeinsame Abwehrfront gestoßen waren. Innerhalb weniger Jahrzehnte wurden so den Balkanvölkern wiederum von außen her Formen einer politischen Gesamtorganisation aufgezwungen. Sie mußten ihre Partikularinteressen erneut einem vorgegebenen imperialen Rahmen einfügen. Die verschiedentlichen Anläufe einheimischer Fürsten, ihren engeren Herrschaftsbereich zum Sammelpunkt einer umfassenderen Einigungsbewegung unter den Balkanvölkern auszubauen – von den slawisch-griechischen Großreichversuchen eines Simeon von Bulgarien im 10. Jahrhundert über seine späteren Nachfahren Samuel oder Ivan II. Asen bis zu Stefan Dušan und Tvrtko von Bosnien – waren durch die Jahrhunderte über erfolgversprechende Ansätze nicht hinausgediehen. Auch den tatkräftigen Herrscherpersönlichkeiten auf dem byzantinischen Kaiserthron – Basileios II., den Komnenenkaisern, Michael VIII. – war eine Restauration des byzantinischen Reichsgedankens von Meer zu Meer und im Norden bis zur alten Donaugrenze der römischen Kaiserzeit nicht mehr gelungen. Erst unter dem Halbmond hat die Balkaninsel wieder zu einer politischen Einheit zusammengefunden.

Die osmanische Eroberung ist über das balkanische Binnenland nicht wie ein unvorhersehbares Naturereignis hereingebrochen. Schon die vernichtende byzantinische Niederlage des Jahres 1071 bei Mantzikert, die den Seldschuken den Weg nach Kleinasien geöffnet hatte, mußte die Gefährlichkeit der sich rasch herausbildenden türkischen Fürstentümer im Osten vor Augen führen. Der Aufstieg der Dynastie der Osmanen zu Beginn des 14. Jahrhunderts weitete sich bald zu einer akuten militärischen Bedrohung aus. Sie war aus der militärischen Eliteschicht der Glaubenskämpfer *(Gazi)* hervorgegangen und hatte sich im Kampf gegen Byzanz und die christlichen Kreuzfahrerstaaten auf kleinasiatischem Boden für größere staatsmännische Aufgaben empfohlen.

Die osmanischen Herrscher fügten zunächst von ihrem Sitz in Brussa/ Bursa aus die zahlreichen türkischen Feudalherrschaften in Kleinasien zu einem wohlorganisierten Staatsgebilde zusammen. Im Jahre 1352 wagten sie schließlich den Sprung auf das europäische Festland, über dessen Verhältnisse sie durch ihre Teilnahme am byzantinischen Bürgerkrieg (1345 Bündnis zwischen Johannes Kantakuzenos und Urchan) hinreichend informiert waren. Schon 1365 konnte Sultan Murad I. (1359–1389) seine Hauptstadt von Bursa nach Adrianopel verlegen, das 1362 in osmanische Hände gefallen war. In Philippopel (Plovdiv) ließ sich als erster Statthalter des Sultans im europäischen Reichsteil Lala Şahin nieder. Er führte den Titel eines Beglerbeg von Rumelien (d. i. von Byzanz, auf Grund der offiziellen Bezeichnung der Byzantiner als ‹Rhomäer›). Die Heerführer des Sultans warfen in den folgenden Jahrzehnten die verbliebenen balkanischen Kleinstaaten und lokalen Herrschaften nieder und stürmten 1453 schließlich den Mauerring Konstantinopels.

Dieses grandiose Eroberungswerk ist ihnen nicht nur durch die unwiderstehliche Schlagkraft ihrer Truppenverbände und die überlegene Kunst der Kriegführung, sondern gerade auch durch die mangelnde Zusammenarbeit der christlichen Fürsten erleichtert worden. Versuche der päpstlichen Diplomatie und einzelner einsichtiger Potentaten, den untergehenden christlichen Balkanstaaten in einer abendländischen Stützungsaktion von außen eine wirksame Hilfe zu leihen, sind immer wieder kläglich gescheitert, zumal sie in der Regel mit unrealistischen Unionsforderungen der römischen Kirche verbunden waren.

So blieben auch die überraschenden Waffenerfolge des «grünen Grafen» (il Conte Verde) Amadeo VI. von Savoyen, eines Vetters des byzantinischen Kaisers, der 1366 den Türken vorübergehend Kallipolis wieder entreißen konnte, nur eine Episode. Einen für die beteiligten abendländischen Ritter verhängnisvollen Ausgang nahm das Kreuzzugsunternehmen des ungarischen Königs Sigismund, das am 25. September 1396 in der Schlacht bei Nikopolis an der Donau kläglich scheiterte. Ein letzter Versuch unter Führung des Johann Hunyadi und des jugendlichen polnisch-ungarischen Königs Władysław III. endete ein Menschenalter später in der Katastrophe vor Varna (10. November 1444).

Lokale Widerstandszentren wurden von den osmanischen Truppen in zum Teil erbitterten Schlachten überrannt. Unter den serbischen Teilfürsten ereilte das Schicksal zunächst die Brüder Johann Uglješa und ‹König› Vukašin, die eine ansehnliche Streitmacht zusammengezogen hatten und den osmanischen Vorstoß in ihrem Herrschaftsbereich in Mazedonien abzufangen hofften. Am 26. September 1371 erlitten beide eine vernichtende Niederlage bei Černomen an der Marica, die sie nicht überlebten. Mazedonien unterwarf sich dem Sieger. Die Brüder Dejanović Dragaš und der Sohn Vukašins, Kraljević Marko (der ‹Königssohn› Marko), dem das serbische Volkslied ein heldenhaftes Andenken bewahrt hat, mußten sich als Vasallen der Türken an deren weiteren Kriegszügen beteiligen. 1395 sind Marko und

Konstantin Dejanović Dragaš in der Nähe von Rovine gegen die ‹Wlachen› Mirceas des Alten gefallen.

Das Aussterben der serbischen Nemanjidendynastie mit Stefan Uroš V. (1355–1371) gab noch im Jahre der Niederlage von Černomen dem serbischen Fürsten Lazar eine letzte Chance, von Moravaserbien und Raszien aus das Schicksal zu wenden. Das gute Einvernehmen mit dem aufsteigenden bosnischen Nachbarn Tvrtko brachten ihm erhebliche Territorialgewinne gegenüber Nikola Altomanović. Eine kluge Heiratspolitik sicherte ihm schlagkräftige Bundesgenossen (Vuk Branković um Priština, Georg II. Balšić von Zeta). Türkische Erfolge in Albanien, zu denen ihnen das Hilfegesuch Karl Thopias gegen den Rivalen aus der Familie der Balsha 1385 verholfen hatte, und in Bulgarien (Eroberung von Sofia, 1382 und Nisch, 1386) drohten sich zu einer gefährlichen Zangenbewegung gegen die Verbündeten auszuweiten. Fürst Lazar mußte sich ebenso wie vorher der Bulgarenzar Ivan Šišman in Tărnovo zu Tributzahlungen bequemen. 1387 gelang es den verbündeten Serben, Bosniern und Bulgaren, eine osmanische Heeresabteilung unter Lala Şahin bei Pločnik an der Toplica vernichtend zu schlagen. Ein türkischer Stoß nach Bosnien endete mit einem ähnlichen Mißerfolg. Eine entscheidende Wende haben diese Episoden nicht mehr gebracht. Beide Seiten rüsteten zum letzten Waffengang. Ein türkischer Feldzug nach Ostbulgarien zwang den abgefallenen Zaren Ivan Šišman wieder unter die türkische Botmäßigkeit und sicherte die Flanke für weitere Operationen gegen die Serben. Auf dem Amselfeld *(Kosovo polje)* stellte sich Fürst Lazar am 15. Juni (a. St.) 1389, dem berühmten *Vidovdan* (St. Veitstag), mit Vuk Branković und den verbündeten Bosniern unter Führung des Wojewoden Vlatko Vuković und kroatischen, albanischen, bulgarischen und walachischen Hilfstruppen dem Sultan.

Die Ermordung des Sultans Murad durch den sagenhaften Serben Miloš Obilić im Verlaufe der Schlacht gab der Begegnung einen dramatischen Akzent. Der stürmische Angriff der Serben brachte die verwirrten Türken vorübergehend in arge Bedrängnis, doch die Entschlossenheit des Thronfolgers Bajezid rettete noch einen verlustreichen türkischen Sieg. Der greise Fürst Lazar geriet mit seinem Gefolge in Gefangenschaft und wurde hingerichtet. Der angebliche Verrat Vuk Brankovićs gehört in den Bereich jener Legenden, die sich schon bald dieser blutigen Schlacht als eines dankbaren Themas bemächtigten und den Untergang des serbischen Heeres und seiner adligen Führer mit dramatischen Zügen ausschmückten. Fürst Stefan Lazarević (1389–1427) wurde zunächst türkischer Vasall, konnte sich aber während des türkischen Thronfolgekrieges zu Anfang des 15. Jahrhunderts als Verbündeter König Sigismunds von Ungarn um Belgrad und Mačva eine neue Machtposition aufbauen.

Sultan Bajezid I. Yildirim, d. i. «der Blitz» (1389–1402) ging in den folgenden Jahren daran, das Eroberungswerk seines Vaters auf der Balkanhalbinsel zu vollenden. Bulgarien wurde nun endgültig niedergeworfen. Über die alte Zarenstadt Tărnovo, die im Jahr 1393 gestürmt wurde, brach ein furchtbares Strafgericht herein. Der Patriarch Euthymios mußte nach Mazedonien in die Verbannung ziehen, ein Großteil der Bewohner wurde nach Kleinasien umgesiedelt. Das türkische Schwert griff über die Donaugrenze hinaus und zwang den tapferen Walachenfürsten Mircea den Alten nach der Schlacht auf dem Rovinefeld am 17. Mai 1395, deren Ausgang umstritten ist, in ein loses Abhängigkeitsverhältnis. Der ungarische König suchte die drohende Gefahr von sich abzuwenden, indem er ein durch den Zuzug abendländischer, insbesondere französischer, Ritter verstärktes Heer die Donau hinabführte, dessen erste Erfolge zunächst zu berechtigten Hoffnungen Anlaß geben konnten. Der bulgarische Herrscher von Vidin (Bdyn), Zar Sracimir, entledigte sich seiner türkischen Besatzung und öffnete nach anfänglichem Widerstand die Tore. Doch schon am 25. September 1396 bereitete der aus Tărnovo herbeigeeilte Sultan dem christlichen Ritterheer bei Nikoplis eine vernichtende Niederlage. Nun verlor auch noch das bisher verbliebene bulgarische Restgebiet um Vidin seine Unabhängigkeit. Bulgarien war Ende des 14. Jahrhunderts bis an die Donau fest in der Hand der Türken.

Die unerwartete Niederlage und anschließende Gefangennahme des Sultans Bajezid in der Schlacht von Ankara 1402 gegen den mongolischen Welteroberer Timur Lenk (Tamerlan) bedeutete für die Balkanvölker nur eine vorübergehende Entlastung. Sie wußten ihre Chance nicht zu nutzen. Schon Mehmed I. (1413–1421) beendete den blutigen Thronfolgestreit mit seinen Brüdern Süleiman und Musa in der entscheidenden Schlacht bei Čamorlu in der Nähe von Philippopel, in der sich serbische Vasallen, insbesondere Georg Branković, rühmlich hervortaten. Er ermöglichte so seinem Nachfolger Sultan Murad II. (1422–1451) eine Fortführung der offensiven Balkanpolitik. 1422 hatte Konstantinopel einer ersten Belagerung standzuhalten. 1430 wurde Thessalonike, das erst 1423 in venezianischen Besitz übergewechselt war, eine Beute der osmanischen Eroberer.

Der ungarisch-türkische Gegensatz sollte alle folgenden Ereignisse auf der Balkanhalbinsel überschatten. Über einem Großteil der serbischen Gebiete wehte der Halbmond. Nur im Norden hatte sich in Anlehnung an die ungarische Macht um Smederevo (Semendria) ein Herrschaftsgebilde zwischen den Fronten erhalten, um das ein heißer Kampf entbrannte. 1439 konnte sich der Sultan Smederevos bemächtigen, Belgrad belagerte er im darauffolgenden Jahr vergeblich. In dieser Situation ruhten nochmals die Hoffnungen der Christenheit auf einem strahlenden Kriegshelden, der sich in mehreren Zusammenstößen mit türkischen Truppen siegreich behauptet hatte und schließlich ein bunt zusammengewürfeltes Kreuzzugsheer unter dem jagellonischen König von Polen und Ungarn, Władysław III., 1443 zur Offensive über die Donau führte: Johann Hunyadi, dem siebenbürgischen

Wojewoden, dem ‹Sibinjanin Jako› (Johann von Hermannstadt) der serbischen Volkslieder. Über Kruševac, Nisch, Pirot zog das Heer nach Sofia und erfocht auf dem Wege nach Philippopel bei Jalovac einen glänzenden Sieg, dem sich beim Rückzug ein weiteres siegreiches Nachhutgefecht bei Kunovica in der Nähe von Nisch anschloß.

Murad II. schlug angesichts der prekären Lage seines Reiches (innere Schwierigkeiten in Kleinasien, albanischer Aufstand des ‹Skanderbeg›) einen zehnjährigen Waffenstillstand und die Restitution des serbischen Despoten Georg Branković in seinen Besitzungen um Smederevo vor. Auf dem Reichstag zu Szegedin (1444) wurden die Vereinbarungen beschworen, die nur wenige Monate Bestand haben sollten. Auf Betreiben des päpstlichen Gesandten, Kardinal Julian Cesarini, sind Władysław und Johann Hunyadi zu einem neuerlichen militärischen Aufmarsch verleitet worden. Ungenügende Vorbereitung und mangelnde Abstimmung mit den Verbündeten ließen dieses überraschende Unternehmen vor Varna ein unrühmliches Ende nehmen (10. November 1444). König Władysław und Kardinal Cesarini fanden den Tod. Johann Hunyadi gab sich erst im Jahre 1448, nach einem neuerlichen Waffengang auf dem Amselfeld, geschlagen.

Nur Georg Branković rettete noch einen Rest serbischer Eigenständigkeit und behauptete sich jahrelang durch eine kluge Politik in der Zwischenzone zwischen dem ungarischen und türkischen Machtbereich (Residenz in Smederevo, dazu Gebiete um Golubac, Kruševa, Novo Brdo). Noch 1456 trotzte er einem türkischen Angriff auf Smederevo und Belgrad, das Johann Hunyadi zusammen mit dem päpstlichen Legaten Johannes Capistranus am 21./22. Juli durch einen glänzenden Sieg entsetzte. Drei Jahre später hörte das serbische Despotat auf zu bestehen. Sultan Mehmed II. Fatih (der ‹Eroberer›, 1451–1481) zog unter dem Entsetzen des Abendlandes 1459 kampflos in Smederevo ein. Der Weg nach Ungarn lag offen vor ihm.

Mehmed II. der Eroberer

Während der Regierungszeit des großen Eroberers Mehmed II. wurden die letzten lokalen Widerstände auf der Balkanhalbinsel niedergeworfen. Schon 1453 hatte die christliche Welt mit innerer Anteilnahme den Fall der stolzen Kaisermetropole am Bosporus vernommen (Erstürmung am 29. Mai 1453), der einen jahrzehntelang konzentrisch vorgetragenen Angriff der Osmanen von der Land- und von der Seeseite her abschloß. Das Symbol der orthodoxen Welt, die berühmte Hagia Sophia, wurde in eine Moschee umgewandelt. Die verbliebenen griechischen Restgebiete haben den Untergang Konstantinopels nur wenige Jahre überlebt. Mistra (auf der Peloponnes) wurde 1460, das Kaiserreich von Trapezunt 1461 besiegt.

Nicht minder bedeutsam für die Festigung der osmanischen Macht war die sich anschließende Unterwerfung der slawischen und albanischen Stämme im westlichen und nordwestlichen Balkan. 1463 sah der letzte bosnische König, Stefan Tomašević (1461–1463), sein Reich einem überraschenden Vorstoß türkischer Truppen erliegen. Vergeblich hatte er durch eine radikale Wendung in der Religionspolitik (Absage an die «bosnische Kirche» und Begünstigung des Katholizismus) sich noch westliche (päpstliche) Hilfe erhofft. Der bosnische Adel (Hrvoje Vukčić-Hrvatinić, Sandalj Hranić Kosača, die Pavlovići) hatte in den vorausgegangenen Jahrzehnten in der Ausspielung der Türken gegen den ungarischen Druck einen gefährlichen Weg beschritten. Als Hrvoje Vukčić-Hrvatinić den Feind ins Land rief, war der Untergang nicht mehr aufzuhalten. Die Abneigung der Bogumilen gegen die katholischen Kroaten und Ungarn wie gegen die orthodoxen Serben hatte längst nationale Formen angenommen und einer weitgehenden Islamisierung Bosniens während der Türkenherrschaft den Boden bereiten helfen. Der unmittelbare Übergang von der «bosnischen Kirche» zum Islam wird allerdings von neueren Forschungen erheblich in Zweifel gezogen. Gegen Massenübertritte der ansässigen Bevölkerung spricht die Tatsache, daß anfänglich weniger die von den «Häretikern» besiedelten ländlichen Regionen als die städtischen Zentren von der Islamisierungswelle erfaßt worden sind. Immerhin hat es ein Teil des bosnischen Adels verstanden, durch die Hinwendung zum mohammedanischen Glauben seinen ererbten Grundbesitz und seine privilegierte soziale Stellung auch unter den veränderten äußeren Bedingungen zu bewahren. Eine spätere Zuwanderung orthodoxer Bevölkerungsgruppen aus dem serbischen Siedlungsraum, die vor dem osmanischen Druck auszuweichen suchten, hat in den folgenden Jahrhunderten Bosnien zu einer der widerspruchsvollsten Landschaften Südosteuropas werden lassen, in der sich auf engstem Raume West- und Ostkirche mit dem Islam berührten.

Der Niedergang Bosniens setzte auch der Sonderentwicklung der südlich gelegenen Gebiete ein Ende, die sich unter dem Wojewoden Sandalj Hranić Kosača und Stefan Vukčić Kosača (1435–1466) verselbständigt und aus der Anlehnung an die Türken erheblichen Gewinn gezogen hatten. Als Aufmarschgebiet gegen Bosnien sind sie unter unmittelbare osmanische Herrschaft geraten. 1482 ist die letzte Stadt an der Adriaküste gefallen.

Der Sohn des Türkensiegers Johann Hunyadi, Matthias Corvinus, stellte sich als gewählter ungarischer König (1458–1490) nur noch gelegentlich dem Erbfeind des christlichen Abendlandes in offener Feldschlacht. Er verzehrte in einem jahrelangen zermürbenden Kleinkrieg seine Kräfte in der Auseinandersetzung mit dem habsburgischen Gegenkönig Friedrich III. Obwohl er schließlich im Jahre 1485 siegreich in Wien einziehen konnte und als «Herzog von Österreich» in der Hauptstadt des Rivalen residierte, vermochte er diesen nicht zum Verzicht auf die im Vertrag von Wiener Neustadt 1463/64 zugestandene Erbfolge in Ungarn zu bewegen. An der Türkenfront sicherte er durch die erfolgreiche Rückeroberung der strategisch bedeutsamen Festungen Jajce (1463) und Šabac (1476) nur vorübergehend den Besitz der nördlichen bosnischen und serbischen Randgebiete, die in den Banaten von Jajce und Srebrenica zusammengefaßt wurden. Sie sind Anfang des 16. Jahrhunderts ebenso eine Beute der Türken geworden (1512 bzw. 1522) wie das heiß umkämpfte Belgrad (1521) und der Großteil des ungarischen Königreiches selbst nach der vernichtenden Niederlage des jugendlichen Jagellonen Ludwig II. in der Schlacht bei Mohács am 29. August 1526.

Der Habsburger Ferdinand, der auf Grund des Erbvertrages von 1515 den Jagellonen im Reich der Stephanskrone (und in Böhmen) nachfolgen sollte, sah sich in der Folgezeit auf die nördlichen und nordwestlichen Randgebiete Ungarns (das sog. «Königliche Ungarn») beschränkt. Er hatte sich in seinen Thronansprüchen einer Oppositionsbewegung zu erwehren, die sich im ungarischen Adel gegen das Ausgreifen der Habsburger in den Donauraum formierte. Eine Mehrheit insbesondere aus dem niederen Adel einigte sich schon im November auf dem Reichstag in Stuhlweißenburg auf den Wojewoden von Siebenbürgen und Gespan der Szekler, Johann Zápolya (Szapolyai), einen der reichsten Grundbesitzer, als nationalen Repräsentanten für das verwaiste Königsamt. Nur eine kleine Gruppe, der sich die Kroaten auf dem Landtag von Cetin 1527 anschlossen, gab im Dezember 1526 der Wahl Ferdinands in Preßburg (Krönung am 3. November 1527 in Stuhlweißenburg) ihre Zustimmung. Dem von den Truppen Ferdinands verdrängten Johann Zápolya eilte der Sultan Süleiman der Prächtige (1520–1566) zu Hilfe, wenig später stand er mit einer großen Streitmacht vor Wien, das er vom 29. September bis 15. Oktober – allerdings vergeblich – belagerte. Er sicherte seinem Vassallen bis zu dessen Tode (1540) einen eigenen Herrschaftsbereich in Mittelungarn und Siebenbürgen und beanspruchte schließlich in einem erneuten Waffengang sein Erbe. Seit 1541 wehte nach der türkischen Besetzung Mittelungarns für eineinhalb Jahrhunderte der Halbmond über der ungarischen Hauptstadt. Erst der sichtbare Machtverfall des Osmanischen Reiches seit dem Ausgang des 17. Jahrhunderts eröffnete den Habsburgern die Möglichkeit, schrittweise das ihnen zugedachte Erbe in Ungarn anzutreten. Die Festung des Ofener Burgberges ist im Jahre 1686 nach einem erbitterten 75tägigen Sturmangriff unter Karl von Lothringen und dem bayerischen Kurfürsten Max Emanuel zurückerobert worden, doch erst nach einer langwierigen Wiederaufbauphase, die sich bis in 19. Jahrhundert hinzog, konnten die völlig zerstörten Städte Ofen (Buda) und Pest ihre alte Bedeutung als Mittelpunkt des Landes zurückgewinnen und die provisorische Haupt- und Residenzstadt Preßburg ablösen.

Skanderbeg und der albanische Widerstand

Erfolgreicher hatte der adriatische Küstenbereich der Balkanhalbinsel mit dem Rückhalt an der venezianischen Seemacht der osmanischen Eroberung widerstanden. In den montenegrinisch-albanischen Bergen hatten die eindringenden türkischen Truppen in einem erbitterten Kleinkrieg Widerstandsnester niederzukämpfen und wiederholt empfindliche Rückschläge hinzunehmen. Unter den albanischen Stämmen organisierte der am Sultanshof erzogene Georg Kastriota ‹Skanderbeg› einen im christlichen Abendland vielbeachteten lokalen Widerstand. Er hat im März 1444 in Alessio die Stammesfürsten zu einem engeren Bündnis (‹Albanische Liga›) zusammengeführt und sich bis zu seinem Tode (1468) gegen eine zahlenmäßig überwältigende osmanische Übermacht behauptet.

Das albanische Stammesgebiet war schon Ende des 14. Jahrhunderts – angesichts der rivalisierenden Adelsgeschlechter – Gefahr gelaufen, zwischen den Osmanen und den Venezianern aufgeteilt zu werden. Während der Sultan in der Familienfehde der Balšići (Balsha) und der Thopia 1385 für letztere Partei ergriff (Schlacht an der Vojusa), sicherten sich die Venezianer den Besitz der wichtigsten Küstenplätze (Durazzo, Skutari u. a.). Die Schlacht auf dem Amselfeld (1389), die Katastrophe der Osmanen bei Angora/Ankara gegen Timur Lenk (1402) und die nachfolgenden dynastischen Wirren und Bruderkämpfe sowie Verwicklungen an der ungarischen Grenze hatten jedoch vorübergehend zum Abzug der türkischen Truppenverbände geführt. Erst im 2. Jahrzehnt des 15. Jahrhunderts setzten die Türken ihr Eroberungswerk mit der Besetzung wichtiger Plätze Mittelalbaniens fort (1415 Kruja, umbenannt in Akçe Hisar, d. i. ‹Weiße Zitadelle›, 1417 Valona, Kanina, Berat, 1419 Gjirokastra). Schon 1430 ist Albanien als Sandschak (*Sancak-i Arvanid,* später *Sancak-i Arnaud*) Teil des Osmanischen Reiches geworden, nachdem die Erhebung des Herren von Mati und Dibra, Johann Kastriota, während des türkisch-venezianischen Krieges 1428 niedergeschlagen worden war. Johann Kastriota blieb als türkischer Vasall auf seinen Besitzungen. Er mußte drei seiner vier Söhne als Geißeln an den Sultanshof nach Adrianopel übergeben. Einen der Söhne, Georg Kastriota, betraute der Sultan 1438 mit der Herrschaft über Kruja, 1440 zog er als Sandschakbey in Dibra ein.

Georg Kastriota, genannt Skanderbeg (1405–1468), benutzte jedoch diese ungewöhnliche Vertrauensstellung zu konspirativen Plänen gegen seinen Oberherrn. Er knüpfte heimliche Verbindungen zu den italienischen Seemächten, Neapel und Venedig, sowie zum ungarischen König an. 1443, während des siegreichen Vorstoßes Johann Hunyadis, trat er schließlich offen an die Spitze einer Insurrektion und verkündete im November in Kruja die Unabhängigkeit Albaniens. Schon im Juni 1444 vernichtete er als Befehlshaber des Heeres der ‹Albanischen Liga› bei Torvioll einen türkischen Truppenverband unter Ali Pascha und erwehrte sich 1450 erfolgreich einer Zangenbewegung überlegener türkischer Streitkräfte gegen Kruja. 1456 behauptete er sich trotz fehlender auswärtiger Unterstützung in einer erbitterten Schlacht nahe Oranik (Unter-Diber) und errang schließlich am 7. September 1457 unterhalb von Kruja einen glänzenden Überraschungssieg. Das Ausbleiben eines abendländischen Kreuzzugunternehmens, das Skanderbeg trotz eines zweimaligen Aufenthaltes in Italien nicht in Gang zu bringen vermochte, mußte dem albanischen Freiheitskampf auf die Dauer den Erfolg versagen. Skanderbeg selbst hat den Untergang der albanischen Freiheit nicht mehr erlebt, er ist am 17. Januar 1468 gestorben. Auch nach seinem Tod hatten die Türken erhebliche Mühe, den – von den Venezianern gestützten – Widerstand einzelner fester Plätze zu brechen. Alessio und Durazzo fielen erst 1501, Ulcinj und Bar erst 1571. Die Freiheit der Berge blieb den Albanern auch in der Folgezeit erhalten. Wie im benachbarten Montenegro beschränkten sich die türkischen Eroberer auf eine Kontrolle der strategisch wichtigen Plätze und der verkehrszugänglichen Gebiete.

Montenegro hatte in der zweiten Hälfte des 15. Jahrhunderts vorübergehend Gewinn aus dem venezianisch-türkischen Gegensatz gezogen: Er ermöglichte den Aufstieg der Familie der Crnojevići, die das venezianische Protektorat schließlich mit der türkischen Vasallität vertauschte und ihre Residenz Cetinje zu einem kulturellen Zentrum ausbaute (u. a. erste serbische Druckerei). 1499 wurde Montenegro nominell dem Osmanischen Reich eingegliedert.

Der venezianisch-türkische Gegensatz

Der erzwungene Rückzug Venedigs von den wichtigen Außenposten im albanischen Raum war symptomatisch für die neue Kräfteverteilung in Südosteuropa an der Wende zum 16. Jahrhundert. Gestützt auf eine schlagkräftige Kriegsflotte hatte die Markusrepublik seit dem Jahre 1000 sich ein wachsendes levantinisches Überseereich *(Oltramare)* aufzubauen verstanden. Der Teilungsvertrag des Jahres 1204 mit den lateinischen Eroberern Konstantinopels hatte die rechtlichen Grundlagen geschaffen. Drei Achtel des ehemaligen byzantinischen Besitzes war den Venezianern zugestanden worden. Trotz der Beschränkung auf küstennahe, leicht zu verteidigende und zur Sicherung des Überseeweges strategisch wichtige Plätze (Durazzo, Kephallenia, Zakynthos, Modon, Koron, Thessalonike, Negroponte/Euböa und die ägäische Inselwelt) hatte die Signoria noch im Verlauf des 13. Jahrhunderts schwere Einbußen hinzunehmen. In der Abwehr der politischen Ambitionen der Patriarchen von Aquileja konnte sie wohl nach wechselvollen Auseinandersetzungen die Besitzrechte in Istrien wahren und auch die von Ungarn und dem Banus Koloman geschürte Selbständigkeitsbewegung der Republik

Zara/Zadar (1242–1243) niederwerfen, ein weiteres Vordringen Ungarns an die adriatische Küste aber war nicht mehr aufzuhalten.

1357/58 brach die venezianische Herrschaft in Dalmatien zusammen. Im Friedensschluß von Zara/Zadar am 18. Februar 1358 erzwang König Ludwig von Ungarn eine weitgehende Verzichtserklärung. Spalato/Split, Trau/Trogir, Sebenico/Šibenik, Nona/Nin, Brazza/Brač mußten geräumt werden. Im Jahre 1378 überstand Venedig nur mit äußerster Anstrengung eine Auseinandersetzung mit den verbündeten Ungarn, Genua und Padua, denen sich schließlich noch Herzog Albrecht III. von Österreich anschloß. Es gewann wohl das schon geräumte Chioggia wieder zurück (Friedensvertrag von Turin, 1381), doch Ungarn ließ sich in seinen dalmatinischen Besitzungen bestätigen. Erst die drohende osmanische Eroberung hat den Venezianern wieder verlorenes Terrain eingebracht und wichtige Küstenplätze in die Hand gespielt. Die bedrängten albanischen Familien der Balšići und der Thopia haben den Venezianern den Besitz von Plätzen wie Valona (seit 1388 zeitweilig venezianisch), Durazzo (1392 von Georg Thopia übereignet, bis 1501 venezianisch), Alessio, Skutari und Drivasto (1396) und schließlich im 15. Jahrhundert Dulcigno, Budva und Antivari/Bar zugestanden. Die Schwäche des ungarischen Königtums um die Wende zum 15. Jahrhundert brachte die beherrschende Stellung in Friaul und den verlorenen dalmatinischen Besitz zurück. Zadar/Zara wurde schon 1409 gewonnen, die übrigen Städte fielen zwischen 1419 und 1421.

In dieser Situation mußte der osmanische Vorstoß an die Adriaküste – 1417 waren die Türken in Valona eingezogen – zu einer unmittelbaren Konfrontation mit der venezianischen Seemacht führen. Die venezianische Diplomatie hat das drohende Unheil heraufziehen sehen und durch eine, wenn auch nur zaghaft gewährte, Unterstützung lokaler Widerstandszentren der türkischen Expansion den Weg zu verlegen versucht. Auch in der Ägäis ist Venedig der unvermeidlichen Machtpobe nicht ausgewichen. Die Verteidigungsanlagen auf der Peloponnes und auf Euböa wurden instand gesetzt, 1423 Thessalonike durch Kauf erworben. Den ersten Waffengang entschied Venedig durch einen glänzenden Seesieg am 29. Mai 1416 bei Gallipoli noch günstig für sich. Der Friedensvertrag mit Sultan Mehmed I. (1413–1421) garantierte den freien Handel, die Vereinbarung nach dem Fall Thessalonikes (1430) nochmals den venezianischen Besitzstand in der Ägäis und an der albanischen Küste.

Seit der Mitte des 15. Jahrhunderts jedoch wurde Venedig in einer Reihe kriegerischer Unternehmungen aus seinen Positionen im Osten und an der Adriaküste schrittweise hinausgedrängt. Über 16 Jahre zogen sich nach 1463 die militärischen Auseinandersetzungen hin, in deren Verlauf Venedigs Seegeltung durch den raschen Aufbau einer türkischen Flotte erheblich ins Wanken geriet. 1470 fiel Negroponte (Euböa) in türkische Hände, die entfernten Außenposten im Schwarzmeerraum gingen 1475 verloren. 1474 hatte Skutari noch einer Belagerung getrotzt, doch das heiß umkämpfte Kruja mußte nach zweijähriger Belagerung am 15. Juni 1478 seine Tore öffnen. Alessio und Drivasto waren nicht mehr zu halten. Den Frieden vom Jahre 1479 mußte Venedig mit dem Verzicht auf Skutari und andere wichtige albanische und dalmatinische Orte teuer erkaufen. Nur Dulcigno (1423–1571), Antivari (1442–1571), Budva (1442–1797) und Durazzo (1392–1501) konnten aus dem allgemeinen Zusammenbruch gerettet werden. Aber auch der glückliche Gewinn Zyperns (1489) hielt den offensichtlichen Niedergang Venedigs nicht mehr auf. Während eines zweiten Türkenkrieges wurde die venezianische Flotte vor Modon am 12. August 1499 vernichtend geschlagen. Im folgenden Jahr brach die venezianische Herrschaft auf der Peloponnes (Morea) zusammen. Lepanto, Modon, Koron, Navarino mußten im Frieden von 1502/03 abgetreten werden. Durazzo war schon 1501 gefallen. Unter der Herrschaft Süleimans II. (nach türkischer Zählung: I.) des ‹Prächtigen› (1520–1566) und seines Nachfolgers Selim II. (1566–1574) mußten die restlichen Inseln des levantinischen Reiches geräumt werden.

Venedig hatte längst seine beherrschende Stellung in den Gewässern des Mittelmeeres eingebüßt und die Initiative im Türkenkampf den anderen europäischen Mächten überlassen. 1539 zog es sich nach dem gescheiterten gemeinsamen Flottenunternehmen unter dem kaiserlichen Kommandanten Andrea Doria aus der christlichen Liga vorzeitig zurück und suchte mit französischer Vermittlung die einseitige Verständigung mit dem Sultan. Der Friedensvertrag vom Herbst 1540 besiegelte den weitgehenden Rückzug Venedigs aus der Ägäis, die nunmehr von dem gefürchteten Seeräuber und Beglerbeg von Algier, Hayreddin Barbarossa, als Großadmiral Süleimans beherrscht wurde. Die Inselherrschaften venezianischer Edelleute, die seit dem Eroberungszug Marco Sanudos 1207 eingerichtet worden waren, lösten sich auf. 1566 mußte der letzte Herzog von Naxos dem portugiesisch-jüdischen Günstling des Sultans Selim II., Josef Nassi, dem «Fugger des Orients», weichen.

Zypern ging im Jahre 1571 verloren. Nur Kreta überdauerte bis zum 25jährigen Krieg der Jahre 1645–1669. Weder der vielbeachtete, aber häufig überschätzte Seesieg bei Lepanto am 7. Oktober 1571 (zum Dank wird in der katholischen Kirche dieser Tag als ‹Rosenkranzfest› gefeiert) noch die erfolgreiche Gegenoffensive der ‹Heiligen Allianz› (Habsburg, Polen und Venedig) nach der Entsetzung Wiens im Jahre 1683 hat den Venezianern zu ihrer früheren Geltung verholfen. Das Erbe im Adriaraum ging – nach dem Napoleonischen Zwischenspiel – an die Habsburger über.

Die Sonderstellung Ragusas

Aus dem allgemeinen Niedergang der venezianischen Großmacht und des balkanischen Binnenlandes heraushalten konnte sich nur die Adelsrepublik Ragusa/Dubrovnik. Die ehemalige Fluchtsiedlung des 7. Jahrhunderts (vor den andrängenden Awaren und Slawen) hatte den fehlenden Rückhalt an einem schützenden Hinterland durch geschickte Anlehnung an die jeweils am ehesten Vorteil versprechende Nachbarmacht (Venedig, Ungarn, Serbien, Bosnien) auszugleichen gewußt. Nach dem Rückgang des byzantinischen Einflusses bestand eineinhalb Jahrhunderte ein loses Abhängigkeitsverhältnis zu Venedig (1205–1358), das dem Aufschwung des Handels und der Ausweitung der Handelsbeziehungen zugute kam: Der balkanische Binnenhandel und die Verbindung zu den italienischen Seestädten sind zumeist durch die ragusanischen Kaufleute vermittelt worden. Die innerbalkanischen Bergwerke boten gewinnbringende Kapitalanlagen. Das Gemeinwesen hatte sich nach venezianischem Vorbild eine aristokratische Verfassung gegeben, die dem reichen Stadtpatriziat den beherrschenden Einfluß garantierte. Den eigentlichen Aufstieg erlebte Ragusa noch nicht während der ungarisch-kroatischen Herrschaft (1358–1526), sondern erst während der Türkenzeit, als es sich durch Tributzahlungen weitgehende Handelsrechte innerhalb des Osmanischen Reiches zusichern ließ und nach 1683 eine immer unabhängigere Stellung im Adriaraum gewann.

In den Palästen des reichen Stadtadels fanden sich Mäzene genug, die sich der von Italien herüberwirkenden humanistischen Bildung und der Renaissancekultur gegenüber aufgeschlossen zeigten und der aufblühenden dalmatinischen Literatur (in kroatischer Sprache) eine Heimstätte boten. Neben Spalato/Split, wo Marko Marulić (1450–1524) wirkte (Versepos ‹Judith›, 1501), beherbergte gerade Ragusa während des 16. und 17. Jahrhunderts eine Reihe bedeutender Dichter in seinen Mauern, so die vom Petrarkismus beeinflußten Liebeslyriker Šiško Menčetić (1457–1527) und Djore Držić (1461–1501), den Lustspieldichter Marin Držić (1508–1567) und insbesondere Ivan Gundulić (1588–1638), dessen barockes Epos ‹Osman› ihm Weltruhm verschaffte. In Ragusa entstand auch jener erste Versuch einer Darstellung der balkanslawischen Geschichte aus der Feder des gelehrten Benediktinerabtes Mauro Orbini († 1614), der sich allerdings noch weitgehend in einer kritiklosen Kompilation von Quellenzeugnissen erschöpfte: ‹Il regno degli Slavi hoggi corrottamente detti Schiavoni› (erstmals veröffentlicht 1601). Von dem Werk ist eine nachhaltige Wirkung auf das Geschichtsbewußtsein der Balkanslawen ausgegangen.

Den wirtschaftlichen und kulturellen Niedergang Ragusas leitete das furchtbare Erdbeben des Jahres 1667 ein, von dem sich die Stadt nicht mehr erholte. Die napoleonischen Truppen hoben den autonomen Status Ragusas auf. 1814–1815 teilte es das Schicksal Venedigs und fiel an die Habsburger.

Die Uskoken
und die Anfänge der «Militärgrenze»

Nach der osmanischen Eroberung Südosteuropas sah sich Venedig, die einst so stolze Herrin der Meere, auf wenige Außenposten und auf ihren engeren Stadtbereich mit dem Hinterland *(terra ferma)* beschränkt. Nordöstlich an die verbliebenen venezianischen Besitzungen schlossen sich die Reste des dalmatinisch-kroatischen Königreiches an, das sich aus dem serbischen, bosnischen und ungarischen Zusammenbruch gerettet und durch die Anlehnung an die habsburgische Macht (der kroatische Landtag hatte 1527 für die Habsburger gestimmt) auch wiederholte osmanische Vorstöße abgewehrt hatte. Dieses ‹Restkroatien› umschloß im Vorfeld der innerösterreichischen Kronländer Krain, Steiermark und Kärnten nur noch jenen schmalen Gebietsstreifen bis zur Kulpa und Save (Linie Varaždin–Agram/Zagreb–Senj/Zengg), der dann durch den Zuzug zahlreicher Flüchtlinge aus den türkisch besetzten benachbarten Landschaften mit einer kampferprobten und kampfwilligen Bevölkerung aufgefüllt wurde.

Zu einer gleicherweise bei Freund wie Feind gefürchteten Berühmtheit gelangten jene Uskoken (von ‹uskočiti› = flüchten) des dalmatinischen Küstenraumes, die sich auf das einträgliche Seeräubergeschäft verlegten und schließlich zu einer auch für Venedig unerträglichen Herausforderung wurden (seit 1557 in Senj/Zengg). Zu Anfang des 17. Jahrhunderts haben die Venezianer die Habsburger nach einer mehrjährigen kriegerischen Auseinandersetzung (1612–1617) im Frieden von Madrid zur Verlegung der Uskokensiedlungen von Zengg ins Landesinnere veranlassen können (in das Gebiet von Karlstadt und an die Kulpa).

Aus den Erfordernissen der Grenzsicherung ist auch jene andere eigentümliche Organisationsform der Grenzverteidigung entstanden: die «Militärgrenze» (oder «Konfin» – aus lat. «confinium militare»). Die Anfänge reichen noch in das 16. Jahrhundert zurück, als König Ferdinand nach dem Zusammenbruch Ungarns und nach der ersten Belagerung Wiens durch die Osmanen 1529 sich um eine aktive Vorfeldsicherung seiner Residenz bemühen mußte. Schon Matthias Corvinus hatte durch die gezielte Anwerbung christlicher Flüchtlinge aus dem osmanischen Machtbereich, die er als Grenzwachen einsetzte, den Weg gewiesen. Nach der Kapitulation Belgrads (29. August 1521) hatte sich König Ferdinand im Frühsommer 1522 einem Hilferuf des kroatischen Adels folgend zur militärischen Intervention in Kroatien entschlossen. Die mangelnde Bereitschaft der Reichsstände, das ungarische Engagement der Habsburger vorbehaltlos zu unterstützen, zwangen ihn in der Folgezeit, gemeinsam mit den innerösterreichischen Ständen die lokalen Abwehrkräfte zu mobilisieren. Die Privilegisierung der «Uskoken» (1535) war die zwangsläufige Folge einer aktuellen Notlage. Aus einem notdürftig organisierten System einzelner Befestigungsanlagen und wehrdorfartiger Ansiedlungen entwickelte sich so schrittweise die Grenzzone zum osmanischen Machtbereich zu einem geschlossenen Siedlungsgebiet mit eigener Verwaltungsstruktur innerhalb des habsburgischen Staatsverbandes. Seit 1553 unterstand sie einem einheitlichen militärischen Kommando. Die örtlichen Zivilbehörden waren an die Weisungen des Militärkommandanten gebunden, der als unmittelbarer Beauftragter des Herrschers den Grenzschutz organisierte. Die Militärkolonisten siedelten auf Kronland, das ihnen zur bedingten Nutzung überlassen worden war.

Im Verlaufe des 17. und 18. Jahrhunderts ist die Militärgrenze als Organisationsform auf den gesamten habsburgisch-türkischen Grenzbereich ausgedehnt worden. Sie reichte schließlich von der Adriaküste bis nach Siebenbürgen und war auf dem Höhepunkt ihrer Entwicklung in vier voneinander unabhängige Generalate (das kroatische, das slawonische, das Banater oder ungarische und das siebenbürgische Generalat) unter dem Hofkriegsrat in Wien gegliedert. Nach 1849 bildete sie vorübergehend ein eigenes Kronland, ehe sie schrittweise aufgelöst und 1881 endgültig beseitigt wurde.

Die habsburgische Militärgrenze hat zunächst in der Abwehr osmanischer Kriegszüge, später in der Eingliederung der allmählich den Türken entrissenen Gebiete in Südosteuropa eine wertvolle Aufbauarbeit geleistet. Sie hat durch ihre besondere Organisationsform, die Selbstverwaltung, religiöse Toleranz und weitreichende Privilegierungen garantierte, unter den Bewohnern einen sozialen Differenzierungsprozeß eingeleitet, der eine selbstbewußte, neue Führungsschicht heranbilden half. Sie hat aber andererseits auch das Verhältnis zwischen der Wiener Zentrale und den erwachenden Nationalitäten erheblich belastet durch die Bevorzugung des deutschen Elementes in den oberen Kommandostellen und durch die strikte administrative Trennung der eigentlichen «Grenze» von dem unmittelbaren Hinterland.

Die Donaufürstentümer

Den ‹heroischen› Landschaften der Balkanhalbinsel zuzurechnen sind auch die den Ost- und Südabhängen der Karpaten vorgelagerten Fürstentümer der Moldau und der Walachei. Seit alters waren diese Gebiete in einem besonderen Maße den aus dem innerasiatischen Steppengürtel drohenden Gefahren ausgesetzt. Der politische Aufstieg selbständiger Fürstentümer im 13. und 14. Jahrhundert ist in einem engen Zusammenhang mit der Grenzmarkensicherung des ungarischen Königtums zu sehen. Am frühesten hatte sich die Walachei unter ihren Fürsten aus der Familie Basarab der ungarischen Bevormundung entzogen und in mehreren Schlachten während des 14. Jahrhunderts siegreich behauptet. Die Moldau folgte nach der Jahrhundertmitte. Trotz der exponierten Lage zwischen den Fronten (Krimtataren, polnisches und ungarisches Königtum, osmanische Türken) retteten die einheimischen

Dynasten durch wechselnde Koalitionsabsprachen ihre politische Eigenständigkeit und konnten sich auch weitgehend aus dem Niedergang der balkanischen Staatenwelt heraushalten. Türkische Vorstöße über die Donau wurden ebenso erfolgreich abgewehrt (u. a. 1395 Mircea der Alte im Olt-Tal bei Rovine gegen Bajezid I., Stephan der Große von der Moldau in der denkwürdigen Schlacht bei Rahova (Vaslui), 1475, wie die weiterhin aus Ungarn drohenden Gefahren (1467 Sieg Stephans über Matthias Corvinus bei Baia). Zugeständnisse an die überlegene osmanische Militärmacht waren auf die Dauer nicht zu umgehen, insbesondere seit der Halbmond den Großteil der Balkanhalbinsel in Abhängigkeit gebracht hatte. Schon eineinhalb Jahre nach seinem Triumph bei Vaslui hatte Stephan der Große in der Schlacht am Bach Valea Albă (Războieni) am 26. Juli 1476 gegen die Türken eine empfindliche Niederlage hinnehmen müssen.

Die Walachei hatte sich schon Anfang des 15. Jahrhunderts, nach dem mißglückten Kreuzzug vor Nikopolis, zu Tributzahlungen an den Sultan bequemt (Vertrag von 1411). Der wohl bedeutendste moldauische Herrscher des Mittelalters, Stephan der Große (1457–1504), hat seinem Nachfolger Bogdan zu einem ähnlichen Schritt geraten. Mit der Kapitulation des Jahres 1513 ließ dieser sich aber ebenso wie die Fürsten der Walachei die Anerkennung der türkischen Oberhoheit durch weitgehende Zugeständnisse honorieren (Recht der freien Fürstenwahl, Verwaltungsautonomie, eigene Gesetzgebung). Den Donaufürstentümern ist so bis weit in die Neuzeit hinein eine Sonderstellung innerhalb des Osmanischen Reiches unter eigenen Fürsten und einem einheimischen Adel erhalten geblieben, bis der Sultanshof immer offenkundiger die Fürstenwahlen manipulierte und nach der Teilnahme der Donaufürstentümer am mißglückten Pruthfeldzug Peters des Großen 1711 auf ein Jahrhundert die Kandidatur landfremder Hospodare, der – griechischen – ‹Phanarioten›, vorzog.

Im kirchlich-kulturellen Bereich hat sich in den Donaufürstentümern schon frühzeitig mit der Errichtung von Metropolitensitzen durch den Patriarchen von Konstantinopel – 1359 in der Walachei und 1407 in der Moldau – der byzantinische Ritus in der slawischen Form endgültig durchgesetzt. Die slawische Liturgie ist offensichtlich schon in den Jahrhunderten zuvor über die Dobrudscha in die Gebiete nördlich der Donau schrittweise vorgedrungen, wobei dem Bischofssitz in Silistria wohl eine wichtige Rolle zugefallen war. Aus den sprachlichen Eigentümlichkeiten der ältesten Handschriften ist jedenfalls eine bulgarische Vermittlung (sog. mittelbulgarische Redaktion) noch deutlich zu ersehen. In ihren Ausläufern hat diese slawisch-byzantinische Missionierungsbewegung sogar noch Siebenbürgen und den pannonischen Raum erreicht.

Die kyrillo-methodianischen Traditionen erschlossen den Donaufürstentümern im 15. und 16. Jahrhundert den Zugang zu einem breiten literarischen Erbe und regten noch im 16. Jahrhundert die Entstehung einer eigenständigen slawisch-rumänischen Literatur (insbesondere im chronistischen Genre) an. Im moldauischen Kloster Neamţ eröffnete in der ersten Hälfte des 15. Jahrhunderts der Mönch Gavril Uric auf diesen Grundlagen mit reich illuminierten Handschriften (berühmt ist die Bibelhandschrift des Jahres 1429 für Marina, die Frau des Fürsten Alexanders des Guten) eine kalligraphische Schule von hohem künstlerischem Niveau, die in einer Reihe moldauischer Schreibschulen nachwirkte. Während der Regierungszeit Stephans des Großen erreichte die kulturelle Tätigkeit in den Klöstern Neamţ und Putna, einer reichdotieren Neugründung des Fürsten, ihren Höhepunkt. Der Buchdruck, der in der Walachei schon zu Anfang des 16. Jahrhunderts einsetzte, sicherte der slawischen Liturgie bis in das 18. Jahrhundert hinein ein Überleben, ehe die von den Unierten Siebenbürgens ausgehende Rückbesinnung auf die gemeinsamen dakisch-römischen Grundlagen eine Umorientierung zum lateinischen Alphabet einleitete. Als Erstdruck ist im Jahre 1508 ein Missale in mittelbulgarischer Redaktion von dem montenegrinischen Mönch Macarie für den Fürsten Radu cel Mare vorgelegt worden. Als ältester Druck in rumänischer Sprache mit kyrillischen Lettern gilt ein reformierter Katechismus aus Hermannstadt vom Jahre 1544. Nur zwei Jahrzehnte zuvor, 1521, ist der erste sicher datierbare Text in rumänischer Sprache, ein Brief des Bojaren Neacşu aus Cîmpulung Muscel an Richter Hans Benkner in Kronstadt über die drohende Türkengefahr, niedergeschrieben worden.

In der schriftlichen Überlieferung des Rumänischen ist das kyrillische Alphabet erst im Verlaufe des 19. Jahrhunderts endgültig abgelöst worden. Seit Februar 1860 wurde in den Fürstentümern Moldau und Muntenien bzw. im Königreich für offizielle Publikationen die Verwendung der lateinischen Schrift verbindlich.

Eindrucksvolle Zeugnisse einer Nachblüte byzantinischer Kunsttraditionen haben sich in den Kirchen- und Klosterbauten des 14. und 15. Jahrhunderts in den Donaufürstentümern erhalten. Es handelt sich durchweg um fürstliche Stiftungen. Auf walachischem Boden verbreitete sich mit dem 1369 gegründeten Vodiţa im Severiner Banat die orthodoxe Klosterkultur, die Moldau folgte am Ende des 14. Jahrhunderts mit dem berühmten Kloster Neamţ, das sich sehr rasch zum kirchlichen und kulturellen Zentrum des Fürstentums entwickelte und reichlich mit fürstlichen Stiftungen bedacht wurde. Vornehmlich den moldauischen Klöstern war mit den Wehranlagen und dem steineren Mauerring in den strategischen Planungen der Fürsten eine wichtige Verteidigungsfunktion zugedacht worden. Stephan der Große hat in der zweiten Hälfte des 15. Jahrhunderts in seinem moldauischen Herrschaftsbereich mit Bauaufträgen nicht gegeizt. Das 1466 gegründete Kloster Putna baute er zu seiner eigenen Grablege aus. Mit weiteren Kirchenstiftungen, die teilweise mit aufwendigen Wandmalereien ausgestattet wurden, ist sein Name verbunden, u. a. mit Pătrăuţ (1487), Voroneţ (1488), Balineşti (1499). Zu den kunstgeschichtlichen Besonderheiten der nordmoldauischen Klöster zählen die vielbewunderten Freskenmalereien an den Außenwänden der St. Georgskirche in Suceava (1522, 1534/5) und den Klosterkirchen von Probata (1530), Baia (1532), Humor (1535), Moldoviţa (1537), Arbore (1541), Voroneţ (um 1547) u. a. In ihren Bildprogrammen werden die traditionellen Themen der byzantinischen Wandmalerei mit unmittelbaren zeitgeschichtlichen Erfahrungen des Türkenkampfes (vgl. die Darstellung des Weltgerichtes an der Westseite des Klosters Voroneţ) künstlerisch verarbeitet.

Südosteuropa unter dem Halbmond

Die bewunderungswürdige organisatorische und staatsmännische Leistung, die die neuen Herren der Balkanhalbinsel – die osmanischen Türken – in der Führung und Bewahrung eines riesigen Vielvölkerreiches während mehrerer Jahrhunderte gezeigt haben, hat naturgemäß im historischen Bewußtsein der betroffenen Balkanvölker nicht die gebührende Beachtung und unvoreingenommene Würdigung finden können. Die offensichtlichen Verfallserscheinungen der Spätzeit haben einen nachhaltigeren Eindruck hinterlassen und einer aus der Erbitterung der Freiheitskämpfe verständlichen Türkengreuelpropaganda immer wieder Nahrung gegeben, die bis in die unmittelbare Gegenwart hinein das Ansehen der osmanischen Fremdherrschaft verdunkelt hat.

Es gehört zu den Eigentümlichkeiten in der Herrschaftsordnung der Osmanen, daß sie eine absolutistische und streng militaristische Regierungsform mit einer weitgehenden Kultur- und Verwaltungsautonomie der unterworfenen Bevölkerung zu einem funktionierenden Ganzen zu verbinden wußten. In der Regel wurden die lokalen Rechtstraditionen nicht angetastet. Die bestehenden gewohnheitsrechtlichen Normen sind teilweise sogar in die osmanischen Gesetzbücher einzelner Provinzen übernommen worden. Die politische, soziale, rechtliche und wirtschaftliche Exklusivität der auf der Balkanhalbinsel zahlenmäßig immer geringen Herrenschicht (Anfang des 15. Jahrhunderts knapp 20%) gründete sich ausschließlich auf das Bekenntnis zum Islam. Es zeugt von der völlig fehlenden nationaltürkischen Einengung des osmanischen Staatsdenkens, daß christlichen Renegaten der Aufstieg bis zu den höchsten Würden des Reiches offenstand. Die Regenerationskraft des Reiches in bedrohlichen Krisen- und Verfallszeiten erklärt sich gerade aus diesem Zuzug von den unterworfenen Bevölkerungsschichten her. Von der Institution der ‹Knabenlese› (*Devşirme,* d. i. der Aushebung christlicher Knaben, die am Sultanshof im islamischen Glauben erzogen wurden) abgesehen, die zur Unterhaltung des Janitscharenkorps unumgänglich war, blieben gewaltsame Bekehrungsversuche dem islamischen Recht wesensfremd. Sie waren schon aus steuerlichen Gründen kein geeignetes Mittel der dauerhaften

Herrschaftssicherung. Die ausschließliche Bindung der weitgehenden Vorrechte und Privilegien (Steuerfreiheit bzw. Steuernachlaß, Berechtigung zum Waffentragen u. a.) an das Bekenntnis zum islamischen Glauben hat dagegen als mächtiger Anreiz zu freiwilligen Übertritten gewirkt.

Seit der Zerschlagung der Mameluckenherrschaft in Ägypten 1517 durch Selim I. (1512–1520) und der Gefangennahme des Abbasidenkalifen konnte der Sultan als Herr über die heiligen Stätten des Islams Anspruch auf die höchste weltliche und geistliche Würde erheben. Süleiman der Prächtige (1520–1566) nahm nach dem Tode des letzten Kalifen offiziell den Titel eines «Kalifen des Islams» an. Er blieb bis zum Jahre 1924 mit dem osmanischen Sultanat verbunden. In der Herrschaftsausübung stützte er sich auf ein hierarchisch gestuftes System von Helfern, die sich aus der herrschenden militärischen Oligarchie rekrutierten. Das die Stärke und Schlagkraft des osmanischen Staates garantierende Lehenswesen (Spahilyk) war dem byzantinischen Pronoia-System (Soldatengüter mit Wehrbauern) entlehnt. Die Übernahme eines Lehensgutes mit untertänigen christlichen Bauern sicherte dem muslimischen Eigentümer (Spahi = sipahi) den notwendigen Lebensunterhalt und dem Staat eine wohlgerüstete, schlagkräftige Lehensreiterei, deren Kommando dem jeweiligen Provinzgouverneur übertragen war. Je nach der Größe des verliehenen Gutes *(Chass, Ziamet* und als kleinste Form *Timar)* war der Inhaber zur Gestellung einer bestimmten Anzahl von bewaffneten Reitern *(dschebeli)* verpflichtet. Das osmanische Lehenssystem kannte ursprünglich weder die Erblichkeit noch eine Standesprivilegierung. Es entsprach dem militärischen Charakter der Herrschaftsordnung, daß die Lehensgüter dem Verwaltungsaufbau integriert waren. Eine unmittelbare Verwaltungsbefugnis war mit der Übertragung eines Lehensgutes allerdings nicht verbunden. Die Aufsicht über die Administration lag oftmals in den Händen von Militärs nichttürkischer Abstammung. Der Sandschak (d. i. die ‹Fahne›) als untere Gebietseinteilung faßte die einzelnen Lehensgüter einer Landschaft zusammen. Ihre administrative und militärische Führung war den Sandschak-Beys (Begs) übertragen, die ihrerseits dem Beylerbey (Beglerbeg) als oberster Führungsinstanz unterstanden. Ursprünglich teilten sich in diese Aufgabe nur zwei Paschas, der Beylerbey von Anadolu (Anatolien, d. i. Asien) und für den gesamten europäischen Bereich der Beylerbey von Rumeli d. i. von ‹Rum› (Rom = Besitzungen des ehemaligen byzantinischen Reiches; der Name lebt noch als Landschaftsbezeichnung ‹Ostrumelien›, d. h. Südbulgarien, fort) mit Sitz in Sofia. Im Zuge dezentralisierender Tendenzen sind weitere Zwischeninstanzen eingeschaltet worden: mehrere Sandschaks wurden zu Paschalyks oder Wilayets (Generalgouvernements) zusammengefaßt.

Autonomie der nichtmuslimischen Bevölkerung

Die Umgestaltung der Agrarverfassung der Balkanvölker durch die Einführung des Spahilyk-Systems hat den betroffenen Bauern zumindest anfänglich keine unzumutbaren Belastungen aufgebürdet. In weiten Gebieten dürften die Steuer- und Abgabeverpflichtungen (Kopfsteuer an den Staat, Natural-Ertragssteuer an den Herrn, d. h. bei Lehensgütern an den Spahi, bei Krondomänen an den Sultanshof und bei den sogenannten Vakuf-Ländereien an die Moschee bzw. die betreffende fromme Stiftung) sogar erheblich unter den gewohnten Normen der voraufgegangenen Jahrhunderte gelegen haben. Bevorzugte Schichten der nichtmuslimischen Bevölkerung, die mit besonderen Aufgaben betraut wurden (Gestellung von Hilfstruppen, Paß- oder Brückenwächter, aber auch Bergarbeiter und Kaufleute) konnten mit gewissen Erleichterungen und unter Umständen mit einem völligen Steuererlaß rechnen. Zu einer bekannten Institution sind z. B. im Balkangebirge und den Rhodopen die sogenannten Vojnik-Dörfer *(vojniški sela)* geworden, die sich noch heute schon in der äußeren Dorfanlage deutlich von anderen Siedlungen abheben und einen selbstbewußten und auch wirtschaftlich unabhängigen Bevölkerungstyp beherbergten (Koprivštica, Panagjurište, Kotel, Zeravna, Gradec, Jambol, Sliven u. a.). Die Bewohner wurden im Kriegsfall zu besonderen Hilfsdiensten herangezogen. In späterer Zeit, während der nationalen Erhebungen, sind dann gerade diese Dörfer zu Widerstandszentren gegen die Fremdherrschaft geworden.

Die Bewohner einiger entlegener Bergregionen erkauften sich mit der nominellen Anerkennung der osmanischen Herrschaft weitgehende Freiheitsrechte und blieben vom Zugriff der Behörden nahezu unbehelligt (z. B. die sog. Agrapha-Dörfer, d. i. die nicht in die Steuerlisten eingetragenen Ortschaften, im Pindus oder Pelion und Ambelakia in Thessalien, das sich im 18. Jahrhundert zu einem blühenden Textilzentrum entwickelte). Einen Sonderstatus genossen die kleineren Inseln des griechischen Archipelag, deren Bewohner als Seeleute für die osmanische Flotte herangezogen, oder einzelne Bergbauortschaften auf der Chalkidike, die zur Förderung einer bestimmten Silbermenge verpflichtet wurden. In vielen Teilen der Balkanhalbinsel konnten sich auf diese Weise lokal begrenzte Autonomiebezirke herausbilden. In den Randzonen ihres Herrschaftsbereiches begnügten sich die Osmanen zwangsläufig mit einem vielfach gestuften System von Vasallitätsverhältnissen und tributären Abhängigkeiten (Donaufürstentümer, Ragusa, Siebenbürgen).

Die orthodoxe Kirche und der Islam

Die überwiegende Mehrheit der christlichen Balkanbevölkerung wurde allerdings dem islamischen Fremdenrecht entsprechend unterschiedslos der Unterschicht, *Raya* (d. i. «Herde», nicht im abwertenden, verächtlichen Sinne, sondern als Bezeichnung für die Schutzbefohlenen des Sultans) zugerechnet, die zu Steuerleistungen für die muslimischen Herren verpflichtet waren. Der Steuereinzug und die Garantie des Steueraufkommens wurde nicht den türkischen Beamten, sondern der kirchlichen Behördenorganisation der jeweiligen Religionsgemeinschaften übertragen (= das sogenannte *Millet*-System). Diese Tatsache, daß der Sultan dem theokratischen Denken des Islam folgend jeglichen Kontakt mit seinen Untertanen über deren religiös-kirchliche Führung abwickelte, hat zu sehr bedeutsamen Folgen für die innere Organisation der betroffenen Bevölkerungsschichten geführt. Nicht mehr ethnische Bindungen sind als Organisationsformen ausschlaggebend geworden, sondern die Zugehörigkeit zur gleichen Religionsgemeinschaft.

Da sich die muslimischen Herren nicht in die inneren Angelegenheiten der einzelnen Millets einmischten, wurden über die Kirchenorganisationen Autonomiebezirke aufgebaut, die rechtliche, wirtschaftliche und administrative Anforderungen weitgehend in eigener Regie erledigten. So sind die kirchlichen Abgrenzungen in Südosteuropa während der Türkenherrschaft zu Voraussetzungen für die Herausbildung eines politischen und nationalen Eigenbewußtseins geworden.

Die muslimische religiöse Toleranz bewirkte einen erheblichen Zuzug der aus Spanien vertriebenen ‹spaniolischen› Juden in den osmanischen Herrschaftsbereich und half im innerorthodoxen Bereich mit, die jurisdiktionellen Vorrechte des griechischen Patriarchen in Konstantinopel in einem bisher nicht gekannten Ausmaß auf sämtliche orthodoxen Untertanen der Balkanhalbinsel auszudehnen. Wohl blieben auch weiterhin nationalkirchliche Tendenzen innerhalb der Orthodoxie lebendig. Sie haben sich in Bulgarien nach dem Untergang des Patriarchats von Tărnovo (1393) an Ochrid und in Serbien an Ipek/Peć angelehnt, das freilich im Jahre 1459 seine kirchliche Selbständigkeit vorübergehend für ein Jahrhundert einbüßte; sie wurde aber 1557 nochmals erneuert und erst im Jahre 1766 endgültig aufgehoben. Das Erzbistum Ochrid ereilte im folgenden Jahre 1767 das gleiche Schicksal. Damit hatte mit Hilfe der Hohen Pforte das griechische Patriarchat seine alten Ansprüche gegenüber der bulgarischen und der serbischen Kirche im vollen Umfang durchgesetzt. Diese kirchliche Vorrangstellung Konstantinopels und die damit verbundene weitgehende Gräzisierung der kirchlichen Hierarchie, des christlichen Schulwesens und der Bildungstradition unter den orthodoxen Balkanvölkern zählt zu den folgenschwersten Ergebnissen der osmanischen Religionspolitik, von der insbesondere Bulgarien und die beiden Donaufürstentümer betroffen waren.

Die griechische Kirchenführung hatte für diese Kompetenzerweiterung einen hohen Preis zu entrichten. Nur eine bedingungslose Loyalität zum islamischen Herrscher sicherte dem Amtsinhaber eine Überlebenschance. Eine Gewähr gegen vorzeitige Amtsenthebungen – allein zwischen 1595 und 1695 sind 61 Umbesetzungen gezählt worden – boten auch erhebliche Geldzuwendungen an die Hohe Pforte und an korrupte Würdenträger nicht. Die Wahrnehmung der zur Regelung interner Angelegenheiten zugestandenen Autonomierechte erforderte eine bürokratische Aufblähung des kirchlichen Verwaltungsapparates, mit der ein weltlicher Geist und handfeste materielle Interessen Einzug hielten. Intrigen und Machenschaften bei der Besetzung der Bischofsstühle und Kirchenämter waren auf Dauer dem Ansehen der hohen griechischen Prälaten unter den Balkanchristen abträglich. Sie provozierten eine wachsende Entfremdung zum Kirchenvolk. Kirchenfeindliche Ressentiments und nationalkirchliche Bestrebungen mit einer betont antigriechischen Zielrichtung sind so im 19. Jahrhundert zwangsläufig zu Begleiterscheinungen des politischen Emanzipationsprozesses der Balkanvölker geworden.

Die Herauslösung nationaler Kirchenorganisationen aus der jurisdiktionellen und geistigen Vorherrschaft der griechischen Kirche hat sich unter diesen Bedingungen erst mit erheblicher Verzögerung nach der politischen Verselbständigung der einzelnen Balkanvölker verwirklichen lassen. Die seit 1861/2 vereinigten Donaufürstentümer fanden erst 1885 die Bestätigung des griechischen Patriarchen für die einseitige Proklamierung einer autokephalen rumänisch-orthodoxen Kirche im Jahre 1865. Die serbische Kirche hat 1879 ihren alten Status der Autokephalie wieder erreicht. In Bulgarien ist es über dieser Frage zum offenen Bruch mit dem ökumenischen Patriarchen gekommen (1870 Errichtung eines autonomen Exarchats), der erst 1945 durch eine nachträgliche Sanktionierung seitens der griechischen Kirche wieder geheilt worden ist. Nur die echte Volksverbundenheit des niederen Klerus, der sich in seinem sozialen Status kaum von den unteren Volksschichten abhob, und die nationalen Klöster haben unter den orthodoxen Balkanchristen den Gedanken an eine völkische und religiöse Schicksalsgemeinschaft während der Türkenzeit am Leben erhalten.

Wirtschaft und Gesellschaft in der osmanischen Zeit

Die gängige Vorstellung von einem ruinösen Umbruch in der gesellschaftlichen und wirtschaftlichen Entwicklung der Balkanvölker paßt heute nicht mehr in das Bild, das die moderne Forschung von den Auswirkungen der Türkenherrschaft in Südosteuropa gewonnen hat. Den osmanischen Herrschern mangelte es durchaus nicht an Einsicht in globale wirtschaftliche

Zusammenhänge. Schon aus fiskalischen Rücksichtnahmen mußte ihnen an einer Erhaltung und Förderung der Wirtschaftskräfte des Landes gelegen sein. Die verfügbaren demographischen Daten signalisieren in der Tat noch für das 15. Jahrhundert einen kontinuierlichen Anstieg der städtischen Bevölkerung, an dem die christlichen Untertanen in gleicher Weise beteiligt waren wie die Moslems. Im Verlaufe des 16. Jahrhunderts verdoppelte sich die Einwohnerzahl der osmanischen Balkanstädte. Dieser Vorgang, der auf eine gezielte Siedlungspolitik und eine wachsende Prosperität von Handel und Gewerbe hindeutet, war begleitet von einem prozentualen Anstieg des muslimischen Bevölkerungsanteils vornehmlich in den größeren und strategisch wichtigen Ansiedlungen. Nur in Ausnahmefällen bildete sich ein rein muslimischer Stadttyp heraus (so das 1462 gegründete Sarajevo). Selbst in der Reichshauptstadt Istanbul, die durch den Exodus der christlichen Bewohner unmittelbar nach der osmanischen Eroberung weitgehend entvölkert war, hielten sich Muslime und Christen bzw. Juden schon zu Ende des 15. Jahrhunderts wieder nahezu die Waage. Für den Zeitraum von 1520–1535 wurden 46635 muslimische, 25292 christliche und 8070 jüdische Haushalte (d. i. rund 400000 Einwohner, davon 58,3% muslimisch und 41,7% nichtmuslimisch) gezählt. Diese Zahlenverhältnisse blieben selbst in der Zeit ziemlich stabil, als die Bevölkerung der osmanischen Hauptstadt bis Ende des 17. Jahrhunderts auf 700000 anwuchs und Istanbul zur größten Stadt in Europa und im Nahen Osten wurde. Trotz einer teilweise forcierten Ansiedlungspolitik zugunsten türkischer Bevölkerungselemente blieben die Muslime in den einzelnen Provinzen der Balkanhalbinsel bis zum Zusammenbruch des Osmanischen Reiches in der Minderheit. Ihr Anteil stieg allerdings insgesamt von ca. 20% im 16. Jahrhundert auf über ⅓ und erreichte Anfang des 19. Jahrhunderts im Wilayet Saloniki mit knapp 42% den höchsten Stand (1831).

Der Sieg des Islam in Südosteuropa hat vornehmlich den traditionellen Führungsschichten der christlichen Balkanvölker – dem Adel – die Existenzgrundlage entzogen. Sie hatten auf den zahlreichen Schlachtfeldern einen hohen Blutzoll zu entrichten. Unter den Überlebenden zogen viele die Flucht über die Grenzen einem ungewissen Schicksal im Machtbereich des Sultans vor. Von Renegaten abgesehen fanden sie im islamischen Militärsystem nur in Ausahmefällen während der Übergangszeit als christliche Spahis einen angemessenen Platz.

Die christliche Landbevölkerung und insbesondere die städtischen Handwerker und Händler waren in ihrer Umstellung auf die neuen machtpolitischen Gegebenheiten weniger durch vergleichbare Anpassungsschwierigkeiten belastet. Die veränderten Rahmenbedingungen eines Herrschaftsverbundes, der einen Großteil der Balkanhalbinsel zu einem einheitlichen Wirtschaftsraum zusammenschloß, blieben nicht ohne günstige Auswirkungen auf das ökonomische Gesamtgefüge. Handel und Gewerbe profitierten von den großräumigen Verbindungen der einzelnen Wirtschaftsregionen und von dem Nachfragestoß, der vom Sultanshof und den vielfältigen Bedürfnissen einer wachsenden städtischen Bevölkerung ausging. Dabei sahen sich die Zentralbehörden schon aus praktischen Erwägungen heraus, um die Finanz- und Wehrkraft des Reiches und die schwierige Versorgung der großen städtischen Zentren dauerhaft zu sichern, zu weitgehenden Eingriffen in das Marktgeschehen veranlaßt. Von seiner theokratischen Struktur her war der osmanische Staat von Anfang an auf eine starke Zentralisierung und Bürokratisierung hin angelegt. Das Ergebnis war eine kleinliche Reglementierung sämtlicher relevanter Vorgänge im Wirtschaftsgeschehen des Reiches bis hin zu zunftmäßigen Organisationen einzelner Gewerbezweige, strengen Preisvorschriften und Staatsmonopolen bei wichtigen Handelsgütern (z. B. Salz).

Staatliche Detailregelungen zur Überwachung des Wirtschaftsgeschehens, die seit dem 15. Jahrhundert in zahlreichen Verordnungen ihren Niederschlag fanden, mußten sich wie jeglicher Gesetzgebungsakt an den Prinzipien des islamischen Rechtes (Scheriat) messen lassen. Eine wichtige Funktion in der praktischen Anwendung kam daher den «Richtern» (Kadi) zu, die auf die Einhaltung der Normen unter den jeweiligen lokalen Bedingungen zu achten und Zweifelsfälle in der Auslegung zu entscheiden hatten. Sie waren Straf- und Zivilrichter in einer Person. In ihrer Amtsführung verwischten sich richterliche und exekutive Kompetenzen, gleichzeitig gewährleisteten sie eine praxisnahe und auf die Belange der einzelnen Regionen abgestimmte Verwirklichung der vorgegebenen gesetzlichen Bestimmungen. In Zeiten des inneren Verfalls mußte eine derart herausgehobene Institution wie das Kadiamt zu einer Quelle der Korruption werden. Nicht umsonst ist in der Spätphase der osmanischen Herrschaft die Bestechlichkeit des Richters sprichwörtlich geworden. Sie bot allerdings auch den unterprivilegierten Bevölkerungsgruppen die Chance, sich einen relativen Schutz vor Willkürmaßnahmen zu erkaufen.

Die aktive Förderung von Handel und Gewerbe, die Zurückdrängung unbequemer ausländischer Konkurrenz (insbesondere die schrittweise Auflösung des von den italienischen Seestädten aufgebauten Handelsimperiums), die räumliche Erweiterung des Binnenmarktes und die von äußeren Eingriffen weithin ungestörte wirtschaftliche Gesamtentwicklung, die der osmanische Militärstaat in den Anfangsjahren garantierte, ermunterten die christlichen Balkanvölker zu eigenen Aktivitäten. Die sich bietenden Möglichkeiten sind in den einzelnen Regionen unterschiedlich genutzt worden. Im günstigsten Falle ergaben sich tragfähige Grundlagen für die wirtschaftliche Prosperität kleinerer gesellschaftlicher Gruppen und Anstöße für soziale Differenzierungsprozesse mit weitreichenden Konsequenzen. Herausragende Beispiele wirtschaftlichen Unternehmungsgeistes unter den Balkanvölkern in osmanischer Zeit sind jene griechischen Reeder- und Unternehmerfamilien auf den küstennahen Ägäisinseln, die mit diplomatischem Geschick und Geschäftssinn die sich im ost-westlichen Seeverkehr anbietenden Gewinnchancen zu nutzen wußten und eigene Handelsflotten ausrüsteten. Nach einer Aufstellung vom Jahre 1764 verfügten die Ägäisinseln über insgesamt 615 Schiffen mit einer Gesamttonnage von 153 580 Tonnen und einer Besatzung von 37 526 Mann. Hauptbasen dieser griechischen Schiffe, die im 18. Jahrhundert zumeist unter fremder (russischer) Flagge segelten, waren die «Schifferinseln» Hydra, Spetsai und Psara, die Kykladeninseln Andros, Skopelos, Thera und Mykonos stellten davon 129 Schiffe. Auf dem Festland gewannen ebenfalls im 18. Jahrhundert überregionale wirtschaftliche Bedeutung die Textilstädte Westmazedoniens (Naoussa) und Thessaliens, allen voran Ambelakia, das mit seiner begehrten «Türkisch-Garn»-Produktion und Spezialerzeugnissen der Türkischrot-Färberei die gesamte Mittelmeerwelt und europäische Abnehmer belieferte. Die Bewohner hatten für Erzeugung, Verarbeitung und Vertrieb ihrer Textilerzeugnisse vielbeachtete Organisationsformen auf genossenschaftlicher Basis entwickelt, die das doch erhebliche finanzielle Risiko einzelner Unternehmerfamilien auf mehrere Schultern verteilten. Noch heute sind prachtvolle, architektonisch aufwendig gestaltete Bürgerhäuser in Ambelakia, Kastoria, Kozane, Siatista, Veroia u. a. aus dem 17. und 18. Jahrhundert beredte Zeugnisse einer vergangenen wirtschaftlichen Blütezeit dieser Region.

Auch in den internationalen Handelsverflechtungen hatte der osmanische Einbruch zunächst noch keine einschneidenden Veränderungen für die südosteuropäischen Länder gebracht. Kapitalkräftige ausländische Kaufleute, die in Ragusa (Dubrovnik), Venedig, Genua, Ancona oder in Siebenbürgen ansässig waren, beherrschten weiterhin den Markt. Seit dem Ausgang des 15. Jahrhunderts eröffnete zudem die Toleranzpolitik der Sultane gegenüber den aus Spanien, Portugal und Sizilien vertriebenen Anhängern des mosaischen Glaubens, den sephardischen (spaniolischen) Juden, im östlichen Mittelmeerraum und auf der Balkanhalbinsel ein breites Feld wirtschaftlicher Betätigungen. Weitreichende Handelsprivilegien und Konzessionen (z. B. beim Wolleeinkauf für die jüdischen Textilunternehmer in Saloniki) erleichterten die Ansiedlung jüdischer Gemeinden in den Balkanstädten. Neben Skoplje, Sofia, Belgrad und Sarajevo profitierte insbesondere Saloniki vom Zuzug jüdischer Händler und Gewerbetreibender. Ihnen verdankte die Stadt den Aufstieg zum bedeutendsten Warenumschlagsplatz des östlichen Mittelmeeres im 16. und 17. Jahrhundert. Zeitweilig überstieg der Anteil der jüdischen Haushalte bei weitem den der übrigen Bevölkerungsgruppen. Die Textilbranche Salonikis war bis zur Finanzkrise des Jahres 1584 fest in jüdischer Hand.

Nur vorübergehend hat die venezianische Besetzung der dalmatinischen Städte und die osmanische Eroberung des balkanischen Binnenlandes die traditionelle Stellung der ragusanischen Kaufleute als Vermittler im Balkanhandel erschüttern können. Noch in der Übergangsphase des 15. Jahrhunderts bestätigte der Sultan in mehreren Privilegien, die u. a. Zollpräferenzen gegenüber ausländischer Konkurrenz und rechtliche Zusicherungen selbst gegenüber Mohammedanern enthielten, den Sonderstatus der Adriastadt. Im Vordergrund des ragusanischen Karawanenhandels standen weiterhin die wertvollen Bodenschätze, die in den bosnischen und serbischen Bergbaugebieten um Srebrenica, Kreševo, Fojnica, Olovo, Zvornik, Rudnik, Kapaonik, Novo Brdo, Kučevo gewonnen wurden und die schon seit dem 13. Jahrhundert zum wirtschaftlichen Aufstieg Dubrovniks beigetragen hatten. Seit dem Niedergang des nordwestbalkanischen Bergbaues im 16. Jahrhundert stellten sich die ragusanischen Unternehmer und Finanziers in ihrem Warenangebot mehr auf die Erzeugnisse einer aufblühenden extensiven Viehwirtschaft um und lieferten insbesondere Vieh, Häute und Wolle an die Küste.

Die vornehmlich jüdischen und ragusanischen Zwischenhändler, die nach der osmanischen Eroberung für auswärtige Interessenten begehrte Rohstoffe auf den Binnenmärkten der Balkanhalbinsel aufkauften oder gegen hochwertige und teuere Textilerzeugnisse westlicher Produktion eintauschten, bedienten sich einer Vielzahl einheimischer Helfer und Vermittler. Diese sind schrittweise in eine eigenverantwortliche Rolle hineingewachsen und konnten schließlich ihre bisherigen Auftraggeber und Partner ganz aus dem Marktgeschehen hinausdrängen. Der wirtschaftliche Niedergang Dubrovniks zeichnete sich schon seit der Mitte des 16. Jahrhunderts ab. Die jüdischen Händler und Gewerbetreibenden, die sich einer wachsenden Konkurrenz durch billige Importwaren zu erwehren hatten, folgten dem Sog des internationalen Großkapitals und wanderten in die aufblühenden atlantischen Handelszentren ab. Eine judenfreundliche Toleranzpolitik in den Niederlanden und in England lockte jüdische Zuwanderer aus Polen, Rußland und aus dem osmanischen Machtbereich an. Unter der Bevölkerung Thessalonikes verloren die Juden im Verlaufe des 18. Jahrhunderts ihre dominierende Stellung, ihr prozentualer Anteil sank auf 20% ab mit weiterhin absteigender Tendenz. Die Zeichen einer neuen Zeit sind in den meisten Balkanstädten seither an dem rapiden Zuwachs des christlichen Bevölkerungsanteils abzulesen.

Seit dem 17. Jahrhundert begannen als Folge dieser weitreichenden Umschichtungen einheimische, «griechische» Kaufleute und Kleinhändler das Marktgeschehen zu beherrschen. Die nach der Religionszugehörigkeit gewählte Sammelbezeichnung der «Griechen» schloß dabei neben den Griechen in gleicher Weise Vertreter anderer orthodoxer Bevölkerungsgruppen der Balkanhalbinsel – Serben, Bulgaren, Albaner und insbesondere Aromunen (Kutzowlachen, Zinzaren) mit ein. Als typische Kleinhändler, die ohne den Rückhalt internationaler kapitalkräftiger Handelsgesellschaften operieren mußten, bevorzugten sie zur Tätigung ihrer Handelsgeschäfte den Landweg nach Mitteleuropa. In Siebenbürgen finden sich schon am Ende des 15. Jahrhunderts griechische Kaufmannsfamilien. 1636 erlaubte Georg Rákóczy in Hermannstadt (Sibiu) die Errichtung einer griechischen Handelskompagnie und begünstigte sie in den folgenden Jahren durch weitere Privilegien. Ferenc Rákóczy II. sicherte 1708 einer Gesellschaft griechischer Kaufleute, die sich in Mittelungarn in Kecskemét konstituiert hatte, den freien Handel zu. Zu einem Sammelpunkt von Kaufleuten aus den verschiedensten Balkanvölkern entwickelte sich im 18. Jahrhundert vor allem Pest. Weitere Niederlassungen bildeten sich in Gyöngyös, Erlau und Tokay.

Die griechischen Kaufmanns- und Handwerkerfamilien waren in ein verzweigtes eurasisches Kommunikationsnetz einbezogen, mit Zweigniederlassungen einzelner erfolgreicher Familien an den Brennpunkten des damaligen Marktgeschehens. Aus den Stiftungen und Zuwendungen von Gemeindemitgliedern wurden Einrichtungen einer aktiven griechisch-orthodoxen Bildungsarbeit (Kirchen, Schulen, Druckereien) und Krankenhäuser etc. finanziert.

In der typischen Organisationsstruktur privilegierter Handelskompanien, zu denen sich Kaufleute aus Epirus, Thessalien und Mazedonien zusammenschlossen, lebten jene vielfältigen praktischen Erfahrungen und gewohnheitsrechtlichen Normen weiter, die sich während der Türkenzeit in den religiösen, politischen, wirtschaftlichen und militärischen korporativen Zusammenschlüssen der christlichen Bevölkerungsgruppen innerhalb einer dominierenden islamischen Gesellschaft angesammelt hatten. Privilegien der jeweiligen Landesherren sicherten ihnen eine autonome Regelung ihrer inneren Angelegenheiten zu. In ihrem Warenangebot führten sie seit dem 18. Jahrhundert in zunehmendem Maße Fertigwaren ihrer sich entwickelnden heimischen Textilindustrie mit, daneben spielten die Erzeugnisse landwirtschaftlicher Spezialkulturen der Balkanländer – Baumwolle, Tabak, Reis, Seide – eine stärkere Rolle.

Die Habsburger vergaßen es nicht, in ihren Friedensschlüssen mit dem Osmanischen Reich jeweils Regelungen für den weiteren Handelsaustausch vorzusehen. Begehrte Importartikel aus dem osmanischen Machtbereich waren neben Pelzen, orientalischen Stoffen und Teppichen vor allem Getreide, Reis, Gewürze u. a. Aus Mitteleuropa wurden Erze, Quecksilber, Salz angeliefert.

Von gegenläufigen Tendenzen ist die Entwicklung innerhalb der tragenden Schichten des osmanischen Militärapparates gekennzeichnet. Im Soge einer tiefgreifenden Umstrukturierung, die seit dem Ende des 16. Jahrhunderts einsetzte und zur Auflösung des bisherigen Systems der Lehensgüter führte, wandelten sie sich zu Nutznießern staatlicher Pfründen und wurden weitgehend von der Bürokratie aufgesogen. Kostspielige militärische Offensiven und der anhaltende Kriegszustand erschöpften die Finanzkraft des Reiches. Zunehmende Unzulänglichkeiten des Steuereinzuges, der immer häufiger der Willkür privater Steuerpächter überlassen werden mußte, förderten lokale Mißstände. Vereinzelte Versuche zur Abhilfe, die auf der unteren Ebene von lokalen Honoratiorengruppen unternommen wurden, verstärkten die desintegrierenden Kräfte. Als im Laufe des 18. und 19. Jahrhunderts die Gebiete Südosteuropas als Lieferanten landwirtschaftlicher Erzeugnisse und begehrter Rohstoffe erneut in einen gesamteuropäischen Wirtschaftsverbund einbezogen wurden, fehlte es so in der islamischen Führungsschicht an der Bereitschaft und der Fähigkeit zu einer Umstellung auf die neue Herausforderung. Im Gegensatz zu den Ländern Ostmitteleuropas und Osteuropas, deren gesamtgesellschaftliche Entwicklung durch vergleichbare Phänomene relativer Rückständigketi geprägt war, ist es kaum zur Ausbildung eines Großgrundbesitzes mehr gekommen. Die zukunftsweisenden gesellschaftlichen und wirtschaftlichen Initiativen verlagerten sich zusehends auf die aufsteigenden Schichten der nichtmuslimischen Bevölkerungsgruppen, die ihr Schicksal in die eigenen Hände zu nehmen gewillt waren.

Islamische Fremdherrschaft und christliche Volkskultur

Die islamische Fremdherrschaft hat den christlichen Balkanvölkern in der Regel keinen radikalen Bruch mit der Vergangenheit zugemutet. Trotz erheblicher Diskriminierung der nichtmuslimischen Bevölkerungsgruppen blieb im Rahmen der bestehenden kirchlichen Zuordnungen genügend Spielraum, das nationale Erbe zu wahren und zu pflegen. Die direkten Eingriffe sind in der bäuerlichen Lebenswelt sicher weniger einschneidend empfunden worden als im Bereich der «städtischen» Gesellschaft, die schon im äußeren Erscheinungsbild doch erheblich verfremdet wurde. Der sich herausbildende neue islamische Stadttyp hebt sich in seinen architektonischen Dominanten – den Minaretts der Moscheen, dem ausgedehnten Basarviertel, der charakteristischen Anlage abgetrennter Wohnviertel – deutlich gegenüber den bisherigen städtischen Siedlungen ab. Doch auch unter den veränderten Organisationsformen sind die weiterwirkenden Traditionen eines urbanen Wirtschaftsraumes unverkennbar geblieben.

Es hat im Verlaufe einer teilweise 500jährigen osmanischen Herrschaft naturgemäß nicht an einschneidenden kultur- und sozialgeschichtlichen Auswirkungen, an nivellierenden Assimilationsvorgängen und einer sichtbaren «türkischen» Überfremdung gefehlt. Trotzdem waren es weniger die unmittelbaren kulturellen, sprachlichen, künstlerischen oder folkloristischen Einflüsse des Orients, die eine innerbalkanische Kultursynthese eigener Art hervorgebracht haben, als vielmehr die weitgehende Abschließung des osmanischen Machtbereiches von der weiteren Entwicklung Zentral- und Westeuropas. Sie ist bekanntlich den albanischen Emigranten in Italien, den nach Südungarn ausweichenden Serben und den slawischen (kroatisch-bosnisch-serbischen) Flüchtlingen im venezianischen und habsburgischen Herrschaftsbereich erspart geblieben. Die abendländische Geistesbewegung der Renaissance und des Humanismus hat unter diesen machtpolitischen Gegebenheiten nur nach Ungarn und in die dalmatinische Randzone hineingewirkt, die Reformation hat an der Grenze Sloweniens und Binnenkroatiens zum eigentlichen Balkan haltgemacht und ist trotz der spektakulären Aufgeschlossenheit des ökumenischen Patriarchen Kyrillos Lukaris (1621–1638) für die reformatorische (calvinische) Lehre nur in Ausläufern weiter nach Süden vorgedrungen. Dem vorbehaltlosen Bekenntnis der Reformatoren zur Sprache des Volkes verdanken die Slowenen die ersten Drucke in ihrer Muttersprache. Eine erste slowenische Druckerei wurde 1561 in Urach in Württemberg eröffnet, gegründet von Primož Trubar (1508–1586); spätere Drucke entstanden vor allem in Tübingen. Von besonderer Bedeutung ist die Bibelübersetzung des Jurij Dalmatin (1547–1598) geworden, die 1584 in Wittenberg im Druck erschien. Die religiöse Literatur der habsburgischen Gegenreformation, die von den Jesuiten und den Franziskanern getragen war, hat auf diesen Grundlagen weitergebaut. Die Franziskaner insbesondere haben weit in südslawisches Gebiet hineingewirkt. Bis nach Bulgarien ist ihre Predigt und ihr religiöses Schrifttum gedrungen. In den nordwestbulgarischen Bergbausiedlungen im Raume von Čiprovec (heute Čiprovci), in die noch zu Ende des Mittelalters (wohl erste Hälfte des 13. Jahrhunderts) Bergleute aus Siebenbürgen (Sassi) zugezogen waren, entwickelte sich im 17. Jahrhundert ein blühendes katholisches Kirchenleben mit eigener Hierarchie und engen kirchlichen und politischen Kontakten zu den katholischen Machtzentren in Venedig und Wien. Während des großen Türkenkrieges nach 1683 formierte sich 1688 in Čiprovec nicht zufällig eine erste größere Aufstandsbewegung unter den Balkanvölkern gegen die islamische Fremdherrschaft.

Am weitesten hatten sich in Südosteuropa die Stände Siebenbürgens – der ungarische Adel und die Siebenbürger Sachsen – auf die reformatorische Lehre zubewegt. Unter den Sachsen hat nach Studien in Wien, Krakau und Basel der gelehrte Humanist Johannes Honter, der seit 1544 als Stadtpfarrer an seinem Geburtsort in Kronstadt wirkte, der Reformation zum Durchbruch verholfen. Mit seiner «Kirchenordnung aller Deutschen in Sybembürgen» von 1547 führte er die sächsischen Kirchengemeinden zu einem festen lutherischen Verband auf dem Boden der Augsburgischen Konfession zusammen, während der magyarische Adel mehr dem reformierten Bekenntnis Calvins zuneigte. Der ungarische Humanist Ferenc Dávid aus Klausenburg hat in seiner biographischen Entwicklung vom katholischen Priester über den evangelischen Pfarrer zum calvinischen Superintendenten (1564) die Wandlung des ungarischen Protestantismus beispielhaft vorgelebt. Die letzte Wegstrecke zum radikalen Antitrinitarismus mußte er ohne Gefolgschaft zurücklegen. 1579 verfiel er dem Verdikt des Landtages und wurde zu lebenslänglicher Haft verurteilt.

Die exponierte Randlage Siebenbürgens und die Suzeränitätsrechte des

Sultans seit 1541 haben in Siebenbürgen eine Pattsituation der Konfessionen konserviert, die auch der katholischen Gegenoffensive der Gegenreformation standhielt. Sie ist in den Landtagsbeschlüssen des 16. Jahrhunderts verfassungsrechtlich abgesichert worden. Die in Siebenbürgen praktizierte religiöse Toleranz schloß vier «rezipierte», d. h. staatlich anerkannte Religionsgemeinschaften (die calvinische, die evangelische des Augsburgischen Bekenntnisses, die römisch-katholische und die unitarische) ein. Der rumänischen Bevölkerungsmehrheit blieb allerdings weiterhin die ständische und konfessionelle Gleichstellung versagt. Die orthodoxe Kirche hatte als «tolerierte» Religionsgemeinschaft im öffentlichen Leben nur eine mindere Rechtsposition. Sie wurde zu Ende des 17. Jahrhunderts durch die von Wien aus betriebene Kirchenunion (Diploma Leopoldinum vom 16. 2. 1699) noch weiter geschwächt.

Eine stärkere Einbindung der unter osmanischer Fremdherrschaft stehenden Balkanvölker in das abendländische Geistesleben ist durch die Ausstrahlungen der Renaissancekultur, des humanistischen Denkens und der reformatorischen Lehre in den Donau- und Adriaraum nicht erreicht worden. So hat sich ein Gegensatz der Randzonen und Emigrationszentren zum balkanischen Binnenland herausgebildet und verfestigt, der die Entwicklung der neuen nationalstaatlichen Gebilde im Verlaufe des 19. Jahrhunderts erheblich belasten mußte. Er fand eine weitere, allerdings gemäßigtere Widerspiegelung in der innerbalkanischen Differenzierung zwischen den Autonomiebezirken privilegierter Bevölkerungsgruppen oder natürlicher Rückzugsgebiete und der weithin nivellierten Raya-Bevölkerung auf dem flachen Lande, die, ihrer natürlichen Oberschicht beraubt, auf eine kleinbäuerliche Entwicklungsstufe zurückgesunken war. Insbesondere im dinarischen Westbalkan sind derartige Rückbildungen und eine Wiederbelebung patriarchalischer und stammhafter Lebensformen begünstigt worden. Im serbischen und montenegrinisch-albanischen Bereich lebte in diesem Zusammenhang die Großfamilie (*zadruga*) wieder auf.

Erheblich verschärft hat sich in türkischer Zeit andererseits die ethnische und kulturelle Überfremdung der innerbalkanischen städtischen Siedlungen. Sie sind zu Sammelplätzen eines bunten Völkergemisches geworden. So fehlten zu Beginn des 19. Jahrhunderts, als die Balkanvölker in wechselvollen Kämpfen ihre verlorene politische Freiheit zurückgewannen und die Gestaltung ihres Schicksals in eigene Hände nahmen, in der wenig differenzierten Sozialstruktur noch weitgehend die Grundvoraussetzungen für ein geordnetes staatliches Zusammenleben. In einer vielfach überstürzten inneren Entwicklung mußten in den folgenden Generationen Versäumnisse der vergangenen Jahrhunderte nachgeholt werden.

Der Niedergang des Osmanischen Reiches

Die zunächst aus der Sicht des «kleinen Mannes» keineswegs nur negativen Auswirkungen der Türkenherrschaft haben es anfänglich den christlichen Balkanvölkern erleichtert, sich mit ihrem Schicksal abzufinden. Es hat an Einzelaktionen gegen Willkür- und Unterdrückungsmaßnahmen nicht gefehlt, und das einfache Volk hat in seinen Liedern und epischen Erzählungen heroischen Einzelkämpfern immer wieder eine ehrfürchtige Achtung und Scheu bezeugt – den Hajduken in Bulgarien und Serbien, den Uskoken im nordwestlichen Balkan, den Klephten in Griechenland und im mazedonisch-epirotischen Raum –, aber solange die osmanische Militärmaschinerie funktionierte und jederzeit harte Repressalien zu erwarten waren, blieb einer Revolutionierung breiterer Volksschichten der Erfolg versagt. Noch 1690 hatten sich die Serben, die sich während der kriegerischen Unternehmungen der «Heiligen Liga» (seit 1684) gemeinsam mit den benachbarten albanischen Stämmen den weit in das Balkaninnere vorstoßenden österreichischen Truppen angeschlossen hatten, nur durch einen fluchtartigen Abzug unter Führung ihres Patriarchen Arsenije III. Crnojević (um 1633–1706) von Peć / Ipek drohenden türkischen Vergeltungsmaßnahmen entziehen können. Sie sind in Gruppen über die Save und Donau auf südungarisches Gebiet abgewandert und haben – begünstigt durch kaiserliche Privilegien, die ihnen Glaubensfreiheit, freie Bischofswahl und eine gewisse Verwaltungsautonomie zugestanden – Syrmien zu einem neuen Zentrum orthodoxer serbischer Kirchenkultur (u. a. zahlreiche Klostergründungen in der Fruška gora, d. i. dem «Frankengebirge») ausgebaut. 1713 wurde der Sitz ihres kirchlichen Oberhauptes vom Kloster Krušedol in das nahegelegene Karlowitz (Sremski Karlovci) verlegt, dem seither als kirchlich-kultureller und organisatorisch-politischer Mittelpunkt der in der Habsburger Donaumonarchie lebenden orthodoxen Christen weit über den Bereich der südungarischen Serben hinaus eine wichtige vermittelnde Funktion zufallen sollte.

Die realen machtpolitischen Gegebenheiten, unter denen die christlichen Balkanvölker jahrhundertelang als Untertanen des Sultans zu leben hatten, lassen es verständlich erscheinen, daß die von außen zögernd herangetragenen Interventionsversuche der Habsburger, der Venezianer, der Polen und später der russischen Zaren zunächst – von lokalen spektakulären Einzelaktionen abgesehen – kaum mit einer fühlbaren Entlastung durch den Aufbau einer inneren Front rechnen durften. Die mangelnde Koordinierung der konkreten Kriegsziele und der Truppenbewegungen, die allzu zaghaften offensiven Unternehmungen und der oftmals überhastete Rückzug hinter die sicheren eigenen Verteidigungslinien waren nicht dazu angetan, unter den zurückbleibenden und Repressalien schutzlos ausgelieferten Balkanchristen Sympathien und Vertrauen zu wecken.

Die vielbeschworene Solidarität der christlich-abendländischen Völkergemeinschaft ist in Südosteuropa nicht nur in der Abwehr der äußeren Bedrohung einer harten Belastungsprobe ausgesetzt gewesen, sie ist noch mehr in der siegreichen Offensive im kleinlichen konfessionspolitischen Hader und durch die unverhohlenen machtegoistischen Eigeninteressen der beteiligten Mächte in Frage gestellt worden. Den militärisch erfolgreichen Habsburgern, die in den neugewonnenen Gebieten vornehmlich als Vorkämpfer der Gegenreformation und des Wiener Zentralismus aufgetreten sind, ist sehr rasch eine Widerstandsbewegung unterschiedlicher Gruppierungen erwachsen, deren Repräsentanten ständisch-nationale und religiöse Forderungen zu einer gefährlichen Waffe zusammenschmiedeten. Die Vorgänge in Ungarn und Siebenbürgen während des «langen» fünfzehnjährigen Türkenkriegs 1593–1606 sind mehr als symptomatisch. Aus der Abwehr von türkischen Übergriffen an der kroatisch-bosnischen Grenze hatte Kaiser Rudolf II. im Sommer 1593 dem Pascha von Bosnien vor Sissek mit einem Entsatzheer eine vernichtende Niederlage zugefügt. Gegen den Rachefeldzug des Sultans formierte sich mit Hilfe des Papstes, Spaniens und der Reichsstände eine umfassende Antitürkenallianz, die mit der Einbeziehung Siebenbürgens, der beiden Donaufürstentümer und Polens eine beachtliche Offensivkraft entfaltete. In der Anfangsphase des Kriegsverlaufs erregte der Hospodar der Walachei, Michael der Tapfere (Mihai Viteazul) durch eine Reihe siegreicher Abwehrschlachten auf walachischem Territorium (1594–1596) beträchtliches Aufsehen. Er lebt zu Recht in der nationalen Erinnerung als einer der größten Kriegshelden, aber auch als der erste Einiger der rumänischen Länder (er war vorübergehend 1600 für mehrere Monate gleichzeitig Fürst der Walachei, der Moldau und Siebenbürgens) weiter.

Die Kaiserlichen schlugen sich weniger glücklich. Am 26. Oktober 1596 erlitten sie bei Mezőkeresztes eine unerwartete Niederlage, die sie zum Abbruch offensiver Kriegshandlungen zwang. Um so nachhaltiger suchten sie die Machtposition, die ihnen der verbündete siebenbürgische Fürst 1598 einzuräumen bereit war, zu nutzen. Das Schreckensregiment, das die kaiserlichen Söldner unter ihrem Oberbefehlshaber Graf Georg Basta in Siebenbürgen ausübten, und die zahlreichen Übergriffe und «Verfassungsbrüche» der Zentralbehörden waren der Anlaß für eine militärische Erhebung unter Führung des früheren Oberkapitäns Siebenbürgens aus altem ostungarischen Adel, István (Stephan) Bocskay. Er erhielt aus Kreisen der ungarischen adeligen Grundbesitzer und der protestantischen – oberungarischen und siebenbürgischen – Städte Unterstützung und Zulauf und behauptete sich als gewählter Fürst Siebenbürgens (1605–1606) siegreich gegen die kaiserlichen Truppen. Die Verbindung des inneren und äußeren Feindes, die sich nach der Begegnung Bocskays mit dem Großvezir bei Pest 1605 drohend abzeichnete, zwang den widerstrebenden Kaiser zum Nachgeben. Im Wiener Frieden vom 23. Juni 1606 ließ er seinen Bruder, Erzherzog Matthias, als Verhandlungsführer mit den Aufständischen die geforderten Zugeständnisse (freie Religionsausübung für Adel, Städte und königliche Marktflecken, Garantie der ständischen Verfassung Ungarns, Anerkennung Bocskays als Fürsten von Siebenbürgen) unterschreiben. Noch im gleichen Jahr, am 11. November 1606, einigt er sich im Frieden von Zsitvatorok mit dem Sultan auf einen Friedensschluß, der den territorialen Status quo als Grundlage der beidseitigen Beziehungen anerkannte und gegen eine einmalige Zahlung von 200000 Gulden die jährlichen Tributzahlungen des Kaisers an die Türken beendete.

Der 20jährige Waffenstillstand an der Türkenfront markiert eine epochale Wende in den Innen- und Außenbeziehungen der Habsburger Monarchie. Erstmals hatte der Kaiser in den Verhandlungen mit dem Sultan seine Anerkennung als gleichberechtigter Partner durchgesetzt und einen Vertragsabschluß außerhalb der Mauern Istanbuls erreicht. An einer Verwirklichung seiner teilweise voreiligen weiteren Türkenpläne hinderte ihn nicht nur der hartnäckige Widerstand der besonders gefährdeten Ungarn, deren Verbindung mit den unzufriedenen böhmischen Ständen eine ernsthafte Staatskrise heraufbeschwor und im sog. «Bruderzwist in Habsburg» den Bruder Matthias an die Macht brachte. Mehr noch entzog die selbstherrliche Rolle, die die siebenbürgischen Fürsten (insbesondere Gabriel Bethlen, 1613–1629, und Georg I. Rákóczy, 1630–1648) nach dem Zurückweichen der Reichszentrale vor den ständischen Partikularinteressen auf der europäischen Bühne spielen konnten, dem Kaiser an der Südostgrenze die Operationsbasis. Die Untätigkeit des Wiener Hofkriegsrates nutzten seit der Jahrhundertmitte die Türken zu einer letzten offensiven Kraftanstrengung. Sie zwangen Siebenbürgen wieder in ein engeres Abhängigkeitsverhältnis zum Sultan (1660) und dehnten die Grenzen des Reiches bis Podolien (im Frieden von Buczacz am 18. Oktober 1672, nach dem Fall der Festung Kamieniec Podolski im August des gleichen Jahres) im Nordosten und bis Kreta (1669) im Mittelmeer aus.

Ermöglicht hatte diese verspätete Machtdemonstration eines Großreiches, das längst den Zenit seiner bisherigen Weltgeltung überschritten hatte und an den sich verschärfenden inneren Widersprüchen und Mißständen zu zerbrechen drohte, die sog. Restauration der Köprülü, die den schlimmsten Entartungserscheinungen und Auswüchsen (u. a. Erblichkeit der Lehen, Zersetzung des Janitscharenkorps und der Wehrkraft des Landes, Korruption und Ineffizienz der Verwaltung, Auswucherung frommer Stiftungen und verhängnisvoller Einfluß der ulema-Geistlichkeit auf die Staatsgeschäfte) zu steuern versuchte. Sie stand im Zeichen einer Großvezirsfamilie albanischer Abstammung (sog. «Arnauten») aus Kleinasien (der Name ist von der Ortschaft Köprü bei Amasya hergeleitet). Diese verdankte ihren Aufstieg aus ärmsten Verhältnissen bis in die höchsten Staatsämter gerade dem Verfall der Sultansmacht und dem Günstlingswesen. Ihre unumschränkte Machtposition hat sie rücksichtslos für ihre Ziele eingesetzt, die Ordnung im Innern kurzfristig wiederhergestellt und nochmals ungeahnte Kräfte für eine militärische Offensive an verschiedenen Kriegsschauplätzen mobilisiert. Köprülü Mehmed Pascha gewann 1657 von den Venezianern die Inseln Tenedos und Lemnos zurück und zwang Georg II. Rákóczy von Siebenbürgen durch die Eroberung der Festungen Jenő (3.9.1658) und Großwardein (27.8.1660) unter die Botmäßigkeit des Sultans. Sein Sohn und Nachfolger Ahmed Pascha, der stolze Sieger vor Kandia (27.9.1669) und Kamieniec Podolski (27.8.1672), hatte im Zusammenhang mit der Auseinandersetzung um Siebenbürgen durch einen überraschenden Vorstoß gegen Neuhäusel (erobert am 25.9.1663) auch die Habsburger nochmals in Bedrängnis gebracht, ehe das eilends herangeführte Reichsheer unter Raimund Graf Montecuccoli in der Schlacht bei St. Gotthard an der Raab/Mogersdorf (1.8.1664) durch einen glänzenden Sieg die gefährliche Situation bereinigte. Mit den für die Türken überraschend günstigen Bestimmungen des Friedens von Eisenburg (Vasvár, am 10.8.1664) zogen sie sich noch glimpflich aus der Affäre.

Vergeblich suchten einflußreiche ungarisch-kroatische Magnaten notfalls gegen den Kaiser eine offensive Kriegführung zu erzwingen (sog. Magnatenverschwörung) und zahlten als «Aufrührer» mit ihrem Leben. 1671 wurden Péter Zrínyi, der Banus von Kroatien, Ferenc Nádasdy, Fran Krsto Frankopan und Erasmus von Tattenbach hingerichtet. Wenig später sammelte der mitbeteiligte Graf Imre Thököly im Bunde mit der Pforte und dem siebenbürgischen Fürsten die mit der habsburgischen Herrschaft unzufriedenen Elemente (sog. Kuruzzen) zum Aufstand in Ostungarn und baute sich einen eigenen Herrschaftsbereich in Oberungarn (als von der Pforte anerkannter Fürst von Oberungarn 1682–1685) aus. Der unter dem Großvezir Mustafa Pascha bis vor die Tore Wiens vorgetragene Angriff türkischer Truppen, die am 14.7.1683 die zweite Belagerung der habsburgischen Residenz einleiteten, war als Entlastungsoperation für den bedrängten ungarischen Vasallen geplant. Sie endete mit einem völligen Fiasko und brachte die entscheidende Wende auf dem südosteuropäischen Kriegsschauplatz. Die heldenhafte Verteidigung Wiens, die von Rüdiger Graf von Starhemberg umsichtig organisiert wurde, und die siegreiche Entsatzschlacht eines abendländischen Koalitionsheeres unter Führung Karls von Lothringen und des Polenkönigs Jan III. Sobieski am Kahlenberg (12.9.1683) bildeten den Auftakt zur Rückeroberung Ungarns in den folgenden Jahren und zur schrittweisen Ablösung der osmanischen Herrschaft in den Balkanländern.

Dieses heroische Zeitalter der Türkenkriege und der Befreiung Ungarns ist im Gedächtnis des Abendlandes mit den großen Feldherrngestalten der Zeit, mit dem Namen eines Prinzen Eugen von Savoyen (1663–1736), des badischen Markgrafen Ludwig Wilhelm I. (‹Türken-Louis›, 1655–1707) und des bayrischen Kurfürsten Max Emanuel (Maximilian II. Emanuel, 1662–1726), des Erstürmers von Belgrad (1688), verbunden. An der sich bildenden großen Türkenallianz des ausgehenden 17. Jahrhunderts beteiligte sich erstmals auch das aufstrebende Moskauer Reich, das sich bisher stets den abendländischen Werbungen und den dringenden Hilfegesuchen der balkanischen orthodoxen Glaubensbrüder versagt hatte.

Dieser Sinneswandel des orthodoxen «Zaren und Selbstherrschers» in Moskau war die zwangsläufige Folgerung aus den erheblichen territorialen Zugewinnen Rußlands seit der zweiten Hälfte des 16. Jahrhunderts, die islamische Interessen verletzten (Eroberung der Chanate von Kazań und Astrachań 1552 bzw. 1556 unter Ivan IV.) oder im Zusammenhang mit der Vorverlegung der Grenzverteidigung in die südrussische Steppenzone kriegerische Auseinandersetzungen mit den Vasallen des Sultans, den Krimtataren, heraufbeschwören mußten. Nach dem großen Kosakenaufstand des Bohdan Chmel'nyćkyj, der im Vertrag von Perejaslav 1654 eine Ausdehnung des moskowitischen Hoheitsgebietes bis an die Dnepr-Grenze brachte, und vollends mit den russischen Erwerbungen aus den polnischen Teilungen der Jahre 1772, 1793 und 1795 und den Kriegserfolgen Katharinas II. ist Rußland als unmittelbarer Nachbar immer tiefer in die «Orientfrage» der europäischen Diplomatie hineingezogen worden. Die Partnerschaft mit der westlichen Antitürkenallianz, die nach der erfolglosen osmanischen Belagerung Wiens 1683 durch den Beitritt Rußlands zur «Heiligen Liga» 1686 besiegelt wurde, zahlte sich für Rußland zunächst nicht aus. Die erfolglosen Krimfeldzüge des Fürsten V. V. Golicyn in den Jahren 1687 und 1689 haben nicht unwesentlich zum Sturz der Regentin Sofija beigetragen. Erfolgreicher schlug sich kurze Zeit später der junge Peter I., der nach vergeblichen Versuchen im Spätsommer 1695 im zweiten Anlauf schließlich im Juli 1696 die wichtige Festung Azov eroberte und im Frieden von Konstantinopel (1700) behauptete. Doch nur wenig später mußte sich der Zar nach dem unglücklichen Verlauf des Pruthfeldzuges unter schmählichen Bedingungen den Abzug erkaufen und auf alle Eroberungen, Azov eingeschlossen, wieder verzichten (1711).

Seit dem Ausgang des 17. Jahrhunderts zeichnete sich so immer deutlicher eine Internationalisierung der «Orientalischen Frage» ab. Der Zwang zu einvernehmlichen Regelungen der vielschichtigen Balkanprobleme hat daher die Völker Südosteuropas auch nach der Erringung der Selbständigkeit, die mit hohen eigenen Blutopfern erkauft werden mußte, nur noch in einen Raum relativer Freiheit entlassen. Seine Grenzen waren durch die unmittelbaren Lebensinteressen starker Randstaaten (Venedig, Habsburg, Polen, Rußland) und die von handfesten wirtschaftlichen und strategischen Überlegungen bestimmte Nahostpolitik der englischen See- sowie der französischen Kontinentalmacht bestimmt und eng gezogen. Die in den Zeiten des Niederganges der osmanischen Machtstellung zunehmende Bereitschaft der Balkanvölker, einen militärischen Aufstand gegen die drückende Ausbeutung und die selbstherrlichen Machenschaften einzelner Provinzstatthalter zu wagen, ist von den Großmächten einem kleinlichen Streit um Einflußsphären und Arrondierungen und einem eigennützigen Expansionsstreben dienstbar gemacht worden. Wachsende Rivalitäten und Animositäten ließen im Verlaufe des 19. Jahrhunderts bei der diplomatischen und militärischen Bereinigung der orientalischen Frage immer weniger Alleingänge einer einzelnen Macht zu. Einseitige Begünstigungen, die der bedrängte Sultan in vertraglichen Vereinbarungen zugestand, sind immer wieder durch die energischen Interventionen der übrigen Rivalen korrigiert und durch eine allgemeine Mächtegarantie für den türkischen Besitzstand (in Verbindung mit den Pontus-Klauseln) abgelöst worden. So haben die Interessengegensätze und die Rivalitäten der europäischen Großmächte den inneren Zerfall des Sultanreiches bis zum Beginn des 20. Jahrhunderts hinausgezögert und auf Kosten der christlichen Balkanvölker einen immer unhaltbareren Status quo konservieren helfen.

IV.

Die «Orientalische Frage» in der europäischen Politik: Etappen einer Krisenbewältigung

Türkenkriege

Die politischen Vertreter des christlichen Abendlandes, die wegen ihrer divergierenden Einzelinteressen schon beim Heraufkommen der osmanischen Gefahr zu keiner gemeinsamen antiislamischen Abwehrfront zusammenfinden konnten, hatten seit dem ausgehenden 18. Jahrhundert noch erheblich größere Schwierigkeiten, sich bei der anstehenden Beerbung des kranken Mannes am Bosporus und in den einzelnen Phasen einer aktuellen Krisenbewältigung auf eine einheitliche Linie zu einigen.

Am entschiedensten hatte sich schon frühzeitig Frankreich den lästigen Verpflichtungen einer nur noch fiktiven Solidargemeinschaft der christlichen Potentaten entzogen und zum eigenen Vorteil einen Modus vivendi mit den Osmanen gesucht. König Franz I. (1515–1547) zeigte in der Phase schwerer persönlicher Bedrängnis, nachdem er seinem habsburgischen Rivalen Karl V. auf dem italienischen Kriegsschauplatz unterlegen war und nach der Niederlage in der Schlacht bei Pavia (25. Februar 1525) als Gefangener in Madrid weilte, wenig Skrupel, geheime Kontakte zum Sultanshof zu knüpfen. Er suchte Süleiman zu einem offensiven Vorgehen in Ungarn zu ermutigen und den Habsburgern im eigenen Hinterland einen gefährlichen Zweifrontenkrieg aufzuzwingen. Vorrangiges Ziel der nachfolgenden vertraglichen Vereinbarungen (ein erster Vertragstext ist vom Februar 1553 überliefert, die Authentizität einer Vereinbarung vom Jahre 1536 im Zusammenhang mit der diplomatischen Mission des Jean de la Forêt ist umstritten) blieb es, Frankreich auf Dauer vom militärischen Druck in Mitteleuropa zu entlasten und dem durch die osmanischen Eroberungen angeschlagenen französischen Mittelmeerhandel aufzuhelfen. Die handfesten wirtschaftlichen und rechtlichen Zugeständnisse sind den Untertanen der «allerchristlichen» Könige in der Folgezeit wiederholt in den sog. Kapitulationen (u. a. in den Jahren 1569, 1581, 1604, 1773 und zuletzt in der umfassenden Bestätigung der französischen Vorrechte von 1740) als Gegenleistung für wertvolle diplomatische Dienste verbrieft worden. Sie gaben den Beziehungen zwischen den beiden Höfen eine solide Grundlage. Diese hat trotz erheblicher Irritationen und Verstimmungen, als beispielsweise seit den 80er Jahren des 16. Jahrhunderts den Venezianern, Engländern und Niederländern ähnliche Vorrechte im Mittelmeerhandel eingeräumt wurden oder die französische Diplomatie sich unter dem Druck der öffentlichen Meinung gemeinsamen Kreuzzugsplanungen des Westens nur schwer entziehen konnte, bis zum spektakulären Flottenunternehmen Napoleons gegen Ägypten im wesentlichen Bestand gehabt. Das Protektoratsrecht, das den französischen Königen über die Christen (Katholiken) im Osmanischen Reiche zugestanden worden war, ermöglichte Frankreich eine erfolgreiche, bis in die Gegenwart nachwirkende Kulturmission im gesamten Nahen Osten. Ein engmaschiges Netz von Niederlassungen, Faktoreien und Missionsstationen französischer Ordensleute an den Küstenzonen des östlichen Mittelmeeres und auf den Inseln markierte so im 18. Jahrhundert die Reichweite des französischen Einflußbereiches in der Levante. Sie dienten gleichzeitig als Stützpunkte französischer Handelsinteressen im Orient. Ihre Wahrnehmung war vornehmlich der Kaufmannschaft von Marseille anvertraut. Seit den tiefgreifenden organisatorischen Reformmaßnahmen, die der herausragendste Minister unter Ludwig XIV., Jean Baptiste Colbert, im Geiste des Merkantilismus initiiert hatte, unterstanden die französischen Handelsaktivitäten allerdings einer strengen staatlichen Kontrolle, die von den Marinesekretären ausgeübt wurde. Den diplomatischen Vertretern Frankreichs am Sultanshof war unter diesen Bedingungen über zwei Jahrhunderte eine einflußreiche Vermittlerrolle zugefallen. Das abrupte Ende der traditionellen türkenfreundlichen Politik Frankreichs in der Napoleonischen Ära ist den Fernwirkungen jenes aufsehenerregenden Frontwechsels, des «renversement des alliances» von 1756, zuzuschreiben, der die über zweihundertjährige Feindschaft zwischen den Häusern Habsburg und Bourbon beendete und gleichzeitig den sich abzeichnenden weltweiten Verwicklungen Frankreichs und Großbritanniens in den Kolonien Rechnung trug.

Im Gegensatz zu Frankreich hat die englische Diplomatie das östliche Mittelmeer erst an der Wende zum 19. Jahrhundert als eigenständiges politisches Interessengebiet für sich reklamiert. In den Jahrhunderten zuvor bewegte sie sich im Schlepptau privater Handelsinteressen und bediente sich der Dienste einer Handelskompanie. Diese war nach der Anerkennung der englischen Kaufleute in Istanbul (1579) von Königin Elisabeth 1581 als «Turkey Company» (1590 umbenannt in «Levant Company») lizenziert worden. Als offene oder regulierte Gesellschaft genoß sie den Schutz der Regierung und durfte in Konfliktsfällen auf diplomatische Unterstützung zählen. Die Levant Company wirkte bei der Wahl des britischen Geschäftsträgers am Sultanshof traditionsgemäß unmittelbar mit und bezahlte auch dessen Gehalt bis in den Anfang des 19. Jahrhunderts aus eigenen Mitteln. Der wachsende Gegensatz zur französischen Kontinentalmacht und insbesondere das unverhohlene Mißtrauen gegenüber den territorialen Aspirationen Rußlands im Schwarzmeerbereich legten es der britischen Diplomatie nahe, immer offener Partei zugunsten einer Wahrung des osmanischen Besitzstandes zu ergreifen. Noch 1791 hatte der englische Premierminister

William Pitt d.J. vergeblich in der Öffentlichkeit darum geworben, von der russischen Regierung notfalls in ultimativer Form eine Zurückhaltung in der Türkenfrage zu erwingen. Das Parlament mochte ihm in der «Russian Armament»-Debatte auf diesem ungewohnten Weg noch nicht folgen. Die Wende brachte Napoleons massives Ausgreifen in das östliche Mittelmeer. Immer mehr wuchs so in den folgenden Jahrzehnten Großbritannien aus längerfristigen strategischen und wirtschaftlichen Überlegungen zur Sicherung des Weges nach Indien und der Absatzmärkte im Nahen Osten in die Rolle eines Sachwalters türkischer Interessen hinein. Die Lebensfähigkeit des Osmanischen Reiches durch Reformmaßnahmen und eine schrittweise Öffnung nach Europa hin zu fördern und den zentrifugalen Kräften wirksam Einhalt zu gebieten, ist zu einem Grundsatz britischer Orientpolitik im 19. Jahrhundert geworden.

Bei dieser schwierigen Aufgabe gewann die britische Diplomatie mit zunehmender Verschärfung der Orientfrage am Wiener Hof gleichgesinnte und kompromißbereite Partner. In der Habsburger Monarchie war die anfängliche Begeisterung über die grandiosen Waffenerfolge an der Türkenfront, die im Friedensschluß von Karlowitz (Sremski Karlovci) 1699 die Rückeroberung Ungarns (mit Ausnahme des Banats) und den Gewinn des Fürstentums Siebenbürgen sowie im Frieden von Passarowitz 1718 nach dem neuerlichen Waffengang unter Prinz Eugen den Zuerwerb des Banats und der Kleinen Walachei sicherten, längst die nüchterne Erkenntnis gewichen, daß einem weiteren Vorstoß in den Balkanraum hinein mit Rücksicht auf das europäische Gleichgewicht Grenzen gesetzt sind. Das enge Zusammengehen mit Rußland, das 1726 im Wiener Vertrag vereinbart worden war, zahlte sich an der Südostgrenze des Reiches nicht aus. Nach dem unglücklichen Verlauf des neuerlichen Türkenkrieges, in den Kaiser Karl VI. an der Seite Rußlands hineingezogen worden war, mußten im Frieden von Belgrad 1739 Gebietsverluste (sog. österreichische Walachei) hingenommen werden. Seit der Jahrhundertmitte wurde der Wiener Hofkriegsrat mit dem fortschreitenden Niedergang der osmanischen Widerstandskräfte in ein auswegloses Dilemma manövriert. Geschwächt durch die langjährigen kriegerischen Verwicklungen in der europäischen Mitte gegen den preußischen Rivalen sah sich der Wiener Hof immer weniger in der Lage, dem immer bedrohlicheren Vordringen Rußlands in das Zentrum des Osmanischen Reiches und gegen Istanbul mit wirksamen Maßnahmen zu begegnen.

Die glänzenden Waffenerfolge im Verlaufe des russisch-türkischen Krieges von 1768–1774 erlaubten Katharina II. (1762–1796) einen Friedensschluß zu ihren Bedingungen. Russische Truppen hielten die Donaufürstentümer und die Halbinsel Krim besetzt, die baltische Flotte, die unter dem Kommando der Brüder Orlov bis in die Gewässer des östlichen Mittelmeeres vorgestoßen war, hatte 1770 bei Çeşme die türkische Kriegsflotte vernichtet und bedrohte von den Ägäischen Inseln aus die Meerengen. Im Vertrag von

Kütschük Kainardscha 1774 verzichtete der Sultan auf wichtige Festungen an den Flußmündungen von Don, Dnepr und Bug (d. i. Azov, Kertsch, Jenikale, Kinburn), auf die Große und Kleine Kabardei im Nordkaukasus, und räumte mit der Abtretung des Gebietes zwischen Bug und Dnepr dem russischen Reich einen Zugang zum Nordufer des Schwarzen Meeres ein. Er ist in den folgenden Jahrzehnten durch die Annexion der Krim (1783), nach der siegreichen Beendigung des Türkenkrieges von 1787–1792 im Frieden von Jassy um die Festung Otschakow und den Küstenstreifen zwischen Bug und Dnestr erweitert und nach dem Türkenkrieg 1806–1812 im Frieden von Bukarest bis an den Pruth (Abtretung der Ostmoldau, d. i. Bessarabiens) ausgedehnt worden.

Schon 1774 in Kütschük Kainardscha hatte sich Katharina II. zudem durch ideelle Zugeständnisse des Sultans – Interventionsrecht bei der Hohen Pforte zugunsten der orthodoxen Christen in den von den russischen Truppen geräumten Gebieten, Protektorat über die orthodoxe Religion und die Kirche in Istanbul – einen propagandistischen Vorsprung gegenüber dem habsburgischen Konkurrenten verschafft. Russische Agenten verstanden ihn unter den Balkanchristen geschickt auszuspielen. Die Glaubensgemeinschaft mit den orthodoxen Balkanvölkern wurde zu einer politischen Waffe in der Hand der russischen Zaren. Sie konnten bei ihren antiosmanischen Unternehmungen auf die Kooperationsbereitschaft aufstandswilliger Gruppierungen in Südosteuropa setzen und sich selbst den Wunschvorstellungen nationaler Kreise in erheblichem Maße annähern, denen sich die um den Fortbestand der habsburgischen Monarchie besorgten Wiener Politiker immer entschiedener versagen mußte. In ihrem Briefwechsel mit Joseph II. hatte Katharina II. als Radikallösung der orientalischen Frage einen Teilungsplan skizziert. Er sah die Errichtung eines christlichen Balkanstaates als russische Sekundogenitur unter ihrem Enkel Konstantin in Istanbul vor (sog. «Griechisches Projekt»). Spekulationen und auch Befürchtungen über mögliche russische Alleingänge und den unvermeidlichen Machtzuwachs des unbequemen Partners dämpften die Bereitschaft österreichischer Politiker, den sich abzeichnenden Niedergang des Osmanischen Reiches durch voreilige Interventionen zu beschleunigen. Schon 1776 hatte der Staatskanzler Fürst Wenzel Anton von Kaunitz-Rietberg, beunruhigt über die russischen Orientpläne, in einer Denkschrift für die Kaiserin Maria Theresia zur Vorsicht gemahnt und den Grundsatz formuliert, daß ein schwacher türkischer Nachbar einem starken Rußland vorzuziehen sei. Aus dem gleichen Grunde war Joseph II. selbst auf dem Höhepunkt der russisch-österreichischen Zusammenarbeit fest entschlossen, sich einem direkten Zugriff Katharinas auf Istanbul mit allen verfügbaren Mitteln zu widersetzen, da die Nachbarschaft der Turbane für Wien immer weniger gefährlich sein werde als die der Hüte. Eine betonte Zurückhaltung empfahl sich insbesondere nach den Erfahrungen des Jahres 1798/9, als das Ausgreifen Napoleons in das östliche Mittelmeer den Bestand des Osmanischen Reiches ernsthaft gefährdete. Der bedrängte Sultan schreckte selbst vor einem Hilfeersuchen an den russischen Erbfeind nicht mehr zurück und eröffnete der russischen Schwarzmeerflotte unter Admiral F. F. Ušakov ein militärisches Operationsfeld im östlichen Mittelmeer. Nach der Eroberung Korfus hatte ein russisch-türkisches Kondominium über die «Republik der Sieben Vereinigten Inseln» (d.i. Jonische Inseln) die vom Zaren beanspruchte Protektoratsrolle über die orthodoxen Balkanchristen in augenfälliger Weise herausgestellt. Mehr noch mußten die unabsehbaren Konsequenzen, die sich seit dem serbischen Aufstand des Jahres 1804 in der Verwirklichung des Nationalitätenprinzips auf dem Balkan für den habsburgischen Vielvölkerstaat ankündigten, zu äußerster Vorsicht gemahnen. Noch in der Rückschau bedauerte der österreichische Außenminister Karl Ferdinand Graf von Buol-Schauenstein 1854 angesichts des neuerlichen Waffenganges im sog. Krimkrieg das Versäumnis des Wiener Kongresses, in der Schlußakte die allgemeine Garantie nicht auch auf die europäische Türkei ausgedehnt zu haben.

Der europäischen Pentarchie, die sich im Geiste Metternichs und der «Heiligen Allianz» zu einer antirevolutionären Solidargemeinschaft der Monarchen zusammenfand, mißlang trotz langwieriger Verhandlungen ein Interessenausgleich in der Orientfrage. Selbst der Sultan widersetzte sich jeglicher Regelung. Rußlands Schwanken zwischen Bündnistreue und unverhohlener Sympathie für die Belange der unterdrückten Glaubensbrüder mußte die Orientpolitik der Zaren immer mehr ins Zwielicht bringen. Alexander I. glaubte dem Dilemma einer einseitigen Option sich entziehen und den Sultan durch diplomatischen Druck zu den notwendigen Zugeständnissen an die Autonomiewünsche seiner christlichen Untertanen bewegen zu können. Er ermunterte die aufständischen Serben, durch militärische Erfolge die Verhandlungsbereitschaft der Pforte zu erzwingen, ließ sie aber ebenso unbedenklich fallen, als russische Gesamtstaatsinteressen in Gefahr gerieten, und begnügte sich mit zaghaften humanitären Hilfsmaßnahmen. Die Berufung des griechischen Emigranten I. A. Kapodistrias Ende 1815 zum zweiten Staatssekretär im russischen Außenministerium, der schon während der Wiener Verhandlungen den Zaren beraten und als griechischer Patriot einer aktiveren Orientpolitik zuneigte, mußte als deutliches Zeichen einer russischen Interventionsbereitschaft gewertet werden. Dennoch fehlen für eine direkte oder indirekte Beteiligung Kapodistrias oder gar der russischen Regierung an den Aufstandsvorbereitungen der griechischen Hetärie jegliche Beweise, obwohl die Erhebung im März 1821 in der Nähe der russischen Grenze von der Moldau aus ihren Ausgang nahm und mit Alexandros Ypsilantis ein ehemaliger Offizier der russischen Armee an der Spitze des Aufstandes stand.

Der krisenhafte Verlauf des griechischen Freiheitskampfes (1821–1829) zeigte sehr rasch die Grenzen der von Metternich und Alexander I. beschworenen antirevolutionären Solidarität. Überzogene Gegenmaßnahmen der türkischen Behörden und ungerechtfertigte Repressalien gegen wehrlose Griechen (u. a. die Hinrichtung des griechischen Patriarchen Gregorios V.) brachten den Zaren in Zugzwang. Im Juli 1821 ließ er durch G. A. Stroganov in ultimativer Form russische Forderungen überreichen und brach schließlich die diplomatischen Beziehungen ab, doch keine der übrigen Großmächte wollte sich noch dem Alleingang Rußlands auf dem Wege zu einer kriegerischen Konfliktlösung vorbehaltlos anschließen. Als nach zähen vergeblichen Verhandlungen um eine europäische Kollektivintervention Alexander I. im August 1825 die Solidargemeinschaft in der griechischen Frage aufkündigte, fand sich vorerst nur Großbritannien zu einer weiteren Kooperation (im St. Petersburger Protokoll vom April 1826 mit dem neuen Zaren Nikolaus I.) bereit. Frankreich trat ein Jahr später im Londoner Vertrag, der eine Autonomie Griechenlands als Lösungsmöglichkeit anvisierte, der Koalition bei.

Die weiteren Phasen der Krisenbewältigung in der griechischen Frage folgten einem Verlaufsmuster, dem im Hinblick auf die künftige Krisenstrategie der europäischen Pentarchie exemplarische Bedeutung zukommt. Ein philhellenischer Gefühlsüberschwang, der die gebildeten Schichten Europas erfaßt hatte, brachte die Regierungen mit ihrem vorsichtigen Taktieren zusehends in Gegensatz zu einer erregten öffentlichen Meinung, die auf rasche und wirksame humanitäre Hilfe und militärische Intervention drängte. Nationale Egoismen, die von handfesten wirtschaftlichen und politisch-strategischen Überlegungen gespeist waren, überspielten die hehren Grundsätze einer antirevolutionären Allianz der europäischen Monarchen. Aus nationalen Interessen steuerte der neue englische Außenminister George Canning schon seit 1822 in der Griechenfrage einen eigenwilligen Kurs, der die völkerrechtliche Anerkennung der Aufständischen und die Bemühungen um ein autonomes Griechenland einschloß. Rußland blieb bei der Zweigleisigkeit seiner Orientpolitik und behielt bei allen Zugeständnissen an die europäische Staatengemeinschaft den Eigennutz im Auge. Alleingänge, die nur notdürftig mit den befreundeten Kabinetten abgestimmt waren und zwangsläufig Mißtrauen säen mußten, waren unter diesen Konstellationen kaum zu vermeiden. Noch im Herbst 1826 zwang Rußland der türkischen Regierungen in allen wesentlichen Punkten, die bei der Ausführung der friedensvertraglichen Vereinbarungen von Bukarest 1812 heftig umstritten waren (u. a. Grenzfrage, freie Schiffahrt auf dem Schwarzen Meere, Privilegien zugunsten der Donaufürstentümer und Serbiens), seinen Standpunkt auf (sog. Konvention von Akkerman).

Seit dem Frühjahr 1828 focht Rußland um die Einlösung der Zusagen an der balkanischen und kaukasischen Front einen Separatkrieg aus. Der Sultan konnte die russischen Truppen unter General Diebitsch nach der erfolgreichen Überquerung des Balkangebirges erst im Vorfeld von Istanbul zum Stehen bringen und mußte im Frieden von Adrianopel (2./14. 9. 1829) den russischen Forderungen entsprechen. Den weitgehenden Verzicht auf territoriale Gewinne im Balkanraum kompensierte die russische Diplomatie mit Zugeständnissen, die ihr bei der bevorstehenden Regelung der griechischen Frage und in den Donaufürstentümern Mitsprache und Einfluß sicherten. Die russischen Besatzungstruppen wurden erst 1834 aus den Donaufürstentümern abgezogen. Die betonte russische Zurückhaltung bei der Formulierung der Friedensbedingungen, die in wesentlichen Punkten den Vereinbarungen mit den Westmächten entsprachen, ebnete den Weg für eine Lösung der Orientkrise ohne den zusätzlichen Einsatz militärischer Zwangsmittel. Der Beitrag englischer und französischer Waffenhilfe zur Erringung der griechischen Freiheit blieb so auf jene aufsehenerregende Affäre vom 20. Oktober 1827 in der Bucht von Navarino beschränkt, in der ein gemeinsamer alliierter Flottenverband unter dem Kommando des englischen Admirals Sir Edward Codrington die ägyptisch-türkische Kriegsflotte großenteils vernichtete, noch ehe eine offizielle Kriegserklärung zwischen den streitenden Parteien vorlag.

Nur wenige Monate nach der Beilegung der griechischen Frage war das Krisenmanagement der europäischen Pentarchie erneut gefordert, um die Gefahr für das soeben noch mühsam austarierte Mächtegleichgewicht im Nahen Osten abzuwenden. Noch bevor nach langwierigen Verhandlungen um die Grenzen des griechischen Staates auf den Londoner Konferenzen ein monarchisches Regime mit dem Segen der beteiligten Großmächte eingerichtet werden konnte (am 9. Oktober 1831 war der gewählte griechische Präsident Kapodistrias in Nauplion einem Mordanschlag erlegen, die Entscheidung für die Thronbesteigung Ottos von Wittelsbach fiel erst mit der Londoner Konvention vom 7./19. Mai 1832), ließ Mehmed Ali, der Pascha Ägyptens (1805–1848), seine Truppen in Syrien gegen den Sultan aufmarschieren. Ziel des Unternehmens war es, unbezahlte Rechnungen aus der ägyptischen Beteiligung an der militärischen Bekämpfung der aufständischen Griechen in der Peloponnes zu begleichen. Die Schlagkraft der ägyptischen Truppen unter Ibrahim, dem Adoptivsohn des Paschas, weitete den lokalen Konflikt sehr rasch zu einer gefährlichen Reichskrise aus. Sie wurde verstärkt durch die Uneinigkeit der Westmächte, die sich zu keiner übereinstimmenden Lagebeurteilung durchringen konnten, um den Siegeszug Ibrahim Paschas durch Palästina, Syrien, Kilikien nach Inneranatolien zu stoppen.

Am wenigsten Veranlassung zum Eingreifen sah die französische Diplomatie. Sie hatte den Machtaufstieg des ehemaligen Oberbefehlshabers des Arnautenkorps (Albanerkorps) in Ägypten, Mehmed Alis, der der Mameluckenherrschaft ein Ende bereitet hatte, mit unverhohlenem Wohlwollen begleitet und technische Hilfe für das aufwendige und ehrgeizige Modernisierungsprogramm des gebürtigen Albaners aus Mazedonien geleistet. Durch eine Reform der Herrschaftsmethoden, durch Förderung von Wirtschaft und Handel, durch die Übernahme westlicher technischer Errungenschaften, den Aufbau einer starken Flotte und durch religiöse Toleranz im Innern hatte Mehmed Ali eine konsequente Wendung nach Europa vollzogen. Sie zahlte sich für die Machtstellung Ägyptens in Vorderen Orient aus. Die von dem «Napoleon des Ostens» begründete Herrscherdynastie der sog. Khediven (d.i. Könige) sollte sich bis 1952 auf dem ägyptischen Thron behaupten. Die erfolgreichen Feldzüge Ibrahims gegen die Wahhabiten 1811–1819 brachten die Angliederung Arabiens, der Ostsudan folgte 1820–1822. Nach der vernichtenden Niederlage des Sultans in der Schlacht bei Konia (21. Dezember 1832) war der Weg nach Istanbul offen. Erst das energische Eingreifen des russischen Zaren Nikolaus I., der im Februar 1833 russische Hilfstruppen am Bosporus an Land setzen ließ und N. N. Murav'ev zu einer diplomatischen Vermittlungsaktion entsandte, befreite Mahmud II. aus einer hoffnungslosen Situation, rief aber die Westmächte auf den Plan. Auf massiven französischen und englischen Druck hin einigten sich die beiden Kontrahenten in der Konvention von Kütahia (8. April 1833) auf eine Interimslösung, die keine Seite befriedigte (der Sultan mußte auf Syrien verzichten) und den Konflikt nur aufschob.

Für weitere Unruhe in der europäischen Diplomatie sorgte die Defensivallianz, zu der sich der Sultan am 8. Juli 1833 unter dem Eindruck der bedrohlichen Ereignisse mit den russischen Rettern im Vertrag von Hunkâr Iskelesi einließ. Es waren weniger die Vertragspunkte selbst, die gegenseitigen Beistand und die Schließung der Meerengen für fremde Kriegsschiffe vorsahen, die Anstoß erregten, als die im Kontext früherer Vereinbarungen interpretationsfähige Regelung russischer Durchfahrtsrechte durch die Meerengen. Für die russische Diplomatie hatte die Vereinbarung nach der Instruktion, die Außenminister Nesselrode dem Verhandlungsführer Graf A. Orlov mit auf den Weg gab, eher einen Präventivcharakter. Man hatte schon in den 20er Jahren während des griechischen Freiheitskampfes Teilungspläne des Osmanischen Reiches durchgesprochen, die aber mit Rücksicht auf die Allianzpartner zurückgestellt wurden. Nunmehr wollte man für mögliche Eventualfälle sich eine günstigere Ausgangsposition verschaffen. Die scharfe Ablehnung des russischen Alleinganges bewog Nikolaus I., auf dem Treffen mit Kaiser Franz II., dem Kronprinzen Wilhelm von Preußen und Metternich in Münchengrätz in Böhmen (September 1833), sich auf eine Erhaltung des Osmanischen Reiches und ein gemeinsames Vorgehen mit den Habsburgern bei einer künftigen Veränderung des Besitzstandes zu verpflichten. Zum schärfsten Widersacher einer russischen Vorzugsstellung in Istanbul wurde in den 30er Jahren Großbritannien, dessen Presse einen sich steigernden russophoben Ton anschlug und das eine Ablösung des einseitigen russischen Schutzverhältnisses zum Osmanischen Reich durch eine Kollektivgarantie der Großmächte einforderte.

Eine günstige Gelegenheit dazu bot die neuerliche Orientkrise, die ihren Urheber wiederum in Mehmed Ali hatte. Seine fortdauernden Emanzipationsbestrebungen, die 1838 in die einseitige Unabhängigkeitsproklamation einmündeten, nutzte London zur Unterminierung der russischen Position am Bosporus. Auf dem Höhepunkt seines militärischen Erfolges war für Mehmed Ali der siegreiche Einzug in die Sultansresidenz in greifbare Nähe gerückt. Am 30. Juni 1839 war Sultan Mahmud II. nur acht Tage nach der vernichtenden Niederlage gegen Ibrahim Pascha bei Nisib in Nordsyrien überraschend gestorben, die türkische Flotte unter Kapudan Pascha Ahmed Mushir hatte die Front gewechselt und war nach Alexandrien gesegelt, der 16jährige neue Sultan Abd ul Medschid war nicht mehr Herr der Lage. Doch Mehmed Ali mußte vor dem Einschreiten der verbündeten Staaten Großbritannien, Frankreich, Rußland, Österreich und Preußen zurückweichen. In einer Kollektivnote der diplomatischen Vertreter der europäischen Pentarchie bei der Hohen Pforte wurde eine gemeinsame Lösung des Orientkonflikts signalisiert und eine europäische Friedensgarantie angekündigt. Die Verhandlungsstrategie Nikolaus I., der auf eine interne zweiseitige Lösung zwischen der Hohen Pforte und Ägypten gesetzt hatte und freie Hand für Rußland behalten wollte, hatte sich ebensowenig durchhalten lassen wie die Obstruktionspolitik Frankreichs, das weiterhin Mehmed Ali Unterstützung gewährte und in einen scharfen Gegensatz zu London geraten war. Das Prinzip des kollektiven Schutzes des türkischen Besitzstandes, zu dem sich zunächst die vier Mächte Großbritannien, Rußland, Österreich und Preußen in der Londoner Konvention vom 15. Juli 1840 zusammenfanden, gab der Orientpolitik der europäischen Pentarchie wieder klare Konturen. Nach der erfolgreichen militärischen Intervention der Verbündeten in Syrien seit Anfang 1840, die Ibrahim Pascha zum Rückzug zwang, schwenkte auch Frankreich auf die gemeinsame Linie ein. Der Rücktritt des Premierministers Thiers am 22. Oktober 1840 ermöglichte dem neuen Außenminister François Guillaume Guizot eine schrittweise Annäherung an die europäische Allianz. Ein Firman des Sultans vom 13. Februar 1841 sicherte Mehmed Ali mit eingeschränkten Souveränitätsrechten den erblichen Besitz Ägyptens zu, stieß aber auf entschiedene Ablehnung. Er mußte unter dem massiven Druck der europäischen Helfer des Sultans in entscheidenden Punkten gemildert werden, um eine rasche Beilegung des türkisch-ägyptischen Konfliktes zu gewährleisten.

In einer zweiten Londoner Konvention vom 13. Juli 1841, der auch Frankreich beitrat, wurde als «alte Regel des Osmanischen Reiches» bestätigt, daß fremden Kriegsschiffen in Friedenszeiten die Einfahrt in die Meerengen zu verwehren ist. Eine Kollektivgarantie der europäischen Pentarchie sollte künftigen krisenhaften Entwicklungen in dieser Frage vorbeugen. Gleichzeitig hat der englische Außenminister Palmerston mit diesem geschickten Schachzug zweiseitigen russisch-türkischen Vereinbarungen den Boden entzogen. Durch die Internationalisierung der Orientfrage ist der Erhalt des Osmanischen Reiches in der Gleichgewichtspolitik der europäischen Pentarchie verankert worden. Es mußte im besonderen Interesse dieser englischen Politik liegen, durch fortschrittliche innere Reformen, die berechtigten Wünsche der christlichen Untertanen des Sultans nach Sicherheit und Gleichberechtigung entgegenkamen, die politische Stützungsaktion dauerhaft abzusichern und vergleichbare krisenhafte Schwächeperioden des Sultansregimes auszuschließen. Folgerichtig fand der kleine Kreis der Reformer, die sich um den westlich orientierten Außenminister Mustafa Reschid Pascha scharten, gerade in Großbritannien einen starken Rückhalt.

Die sog. Tanzimat-Periode in der osmanischen Geschichte wird im Jahre 1839 eingeleitet durch die Kabinettsorder des Sultans, den Hatt-i-scherif von Gülhane (3. November 1839), der in feierlicher Form in Anwesenheit des Sultans und der höchsten weltlichen und geistlichen Würdenträger des Reiches verkündet worden war. Das allgemeine Reichsgesetz garantierte den Untertanen des Sultans ohne Rücksicht auf ihre religiöse Zugehörigkeit die Sicherheit von Leben, Ehre und Eigentum, versprach die Beseitigung jeglicher Willkür und eine gleichmäßige Verteilung der dem Gemeinwesen zu erbringenden Leistungen (Aufhebung ungerechtfertigter Abgaben, Beschränkung der Militärdienstpflicht). Außerdem bekräftigte er die Grundsätze künftiger finanzieller, militärischer, administrativer und rechtlicher Reformmaßnahmen. Es war eine typische Reform von oben, die auf dem Anordnungswege (daher der Name tanzimat = Anordnung) verfügt wurde. Entsprechend groß und in der Praxis oftmals unüberwindlich waren die Widerstände, die sich auf lokaler Ebene und unter den betroffenen muslimischen Bevölkerungsgruppen, die einträglicher Vorrechte verlustig zu gehen drohten, formierten. Sultan Mahmud II. hatte mit Brachialgewalt und Terror dem selbstherrlichen Gebaren eigenmächtiger Provinzstatthalter Einhalt zu bieten versucht. In einem regelrechten Kriegszug mußte der «Löwe von Janina», Ali Pascha Tepelenli, niedergerungen werden (1820–1822). Er hatte sich seit 1787 in Südalbanien und Nordgriechenland einen weithin eigenständigen Herrschaftsbereich aufgebaut und gestützt auf eine bewaffnete eigene Streitmacht und eine bescheidene Kriegsflotte sich eine gewisse außenpolitische Bewegungsfreiheit zwischen den Mächten zu erhalten gewußt.

Das einstmals berühmte und gefürchtete Janitscharenkorps, das längst zu einer korrupten Soldateska ohne nennenswerte militärische Bedeutung entartet war, wurde 1826 in einem blutigen Massaker gewaltsam aufgelöst. Der Weg für eine umfassende Heeresorganisation und den Aufbau einer modernen, schlagkräftigeren Truppe war damit offen. Doch den nachfolgenden Herrschern fehlten der Wille, das Durchsetzungsvermögen und die Machtmittel, den oftmals kühnen Programmentwürfen einsichtiger Reformer Leben einzuhauchen. Der an westeuropäischen Vorbildern orientierte Mustafa Reschid Pascha (1800–1858), der den noch unerfahrenen jugendlichen Nachfolger Mahmuds II. 1839 zur Verkündigung des Reformdekrets gedrängt hatte, mußte schon im März 1841 wieder dem Druck der innenpolitischen Gegner weichen. Er wurde auf den Botschafterposten in Paris abgeschoben. Nach seiner Rückkehr in die Reichszentrale im Herbst 1845 konnte er nur noch Bruchstücke seines ursprünglichen Reformkonzeptes verwirklichen. In seiner Zeit als Großvezir (1846–1858) fallen so wichtige Gesetze wie die Einrichtung weltlicher Schulen (1846), die Zulassung nichtmuslimischer Untertanen als Zeugen vor Gericht (1847), das nach französischem Vorbild gestaltete Handelsgesetzbuch (1850) und die Schaffung gemischter Gerichte unter Beteiligung weltlicher (und christlicher) Vertreter (1852). Bei der Reorganisation des osmanischen Heeres waren ausländische Instrukteure behilflich, u. a. wirkte der ältere von Moltke (Helmuth Karl Bernhard Graf von Moltke, 1800–1891), der spätere Generalfeldmarschall, in den Jahren 1835–1839 als Militärberater mit. Er hat eindrucksvolle Schilderungen seiner Erlebnisse und Beobachtungen in den «Briefen aus der Türkei» hinterlassen.

Gegen eine durchgreifende Umgestaltung der bestehenden Verhältnisse nach westlichen Vorbildern leisteten sowohl die Geistlichkeit wie Vertreter der hohen Bürokratie hinhaltenden und erfolgreichen Widerstand. Sie fürchteten nicht nur um ihre privilegierte Stellung in einem muslimischen Staate. Durch eine vorbehaltlose Öffnung gegenüber den in ihren Augen zersetzenden fremden Ideen sahen sie den Fortbestand des osmanischen Vielvölkerstaates ernsthaft gefährdet. Und in der Tat haben die Zugeständnisse gegenüber den nichtmuslimischen Untertanen gerade auch jenen zentrifugalen Kräften neuen Auftrieb gegeben, die weitergehende Autonomieforderungen erhoben und auf eine stärkere Berücksichtigung der vornehmlich in den Randgebieten des Reiches virulenten nationalen und religiösen Sonderwünsche drängten. Es ist nicht zu bestreiten, daß auch die Großmächte hier einen sehr wirksamen Hebel erblickten, sich in die inneren Angelegenheiten des Osmanischen Reiches einzumischen. Nach den Erfahrungen des griechischen Freiheitskampfes wollten sich einzelne Staatsmänner und Monarchen der sich bietenden Chance, sich vor der europäischen Öffentlichkeit als Wahrer humanitärer Belange in Szene zu setzen, nicht gerne entgehen lassen. Anlaß und Verlauf der nächsten großen Orientkrise der Jahrhundertmitte, des sog. Krimkrieges (1853–1856), liefern anschauliche Beispiele für publikumswirksame Engagements in der Orientfrage, aber auch für die Fähigkeit der europäischen Diplomatie, einzelstaatliche Sonderinteressen auszugleichen und den Weg zu einer erfolgreichen Krisenbewältigung zu ebnen.

Der Krimkrieg

Auf den heißumkämpften Schlachtfeldern unter den Mauern von Sewastopol hat vornehmlich das zaristische Rußland alle weiterreichenden Pläne einer aktiven Orientpolitik vorerst begraben müssen. Durch den Frieden von Paris hat es zudem die noch wenigen verbliebenen Vorrechte durch die Neutralisierung des Schwarzen Meeres und die Aufhebung des russischen Protektorates über die Donaufürstentümer wieder eingebüßt. Zar Nikolaus I. hatte den für sein Land so verhängnisvollen Waffengang gegen eine gesamteuropäische militärische Allianz keineswegs leichtfertig gesucht, noch weniger die drohende Ausweitung des Konfliktes in eine weltweite Konfrontation der konkurrierenden Mächte in seinen Planungen einkalkuliert. Nach den schlimmen Erfahrungen der soeben mühsam beigelegten Orientkrisen fühlte er sich eher als ehrlicher Sachwalter gemeinsamer Sicherheitsinteressen. Aus der berechtigten Sorge, für alle Eventualfälle im Orient gerüstet zu sein und bei einem möglichen vorzeitigen Zusammenbruch des Osmanischen Reiches die negativen Auswirkungen auf das europäische Staatensystem in Grenzen zu halten, hatte er noch während der 40er Jahre am Wiener und am Londoner Hof auf zweiseitige Absprachen gedrängt. Mit den im sog. Nesselrode-Memorandum nach Abschluß der Londoner Besprechungen niedergelegten Prinzipien von 1844 glaubte er sich bei künftigen krisenhaften Entwicklungen der britischen Trumpfkarte sicher zu sein. Letztlich aber hat der Zar in Verkennung der wahren Orientinteressen Großbritanniens und der Mechanismen parlamentarischer Entscheidungsfindung den militärischen Konflikt, den zu vermeiden er sich zur Aufgabe gestellt hatte, selbst erst heraufbeschworen und zu einem für Rußland ungünstigen Zeitpunkt durchstehen müssen.

Es war ein Krieg, den keiner der Beteiligten so recht gewollt hatte. Angesichts einer aufgeputschten öffentlichen Meinung aber reichten in den entscheidenden Augenblicken die traditionellen Mittel zu einer diplomatischen Krisenbewältigung nicht mehr aus. Der verhängnisvolle europäische Waffengang entwickelte sich im Verlauf des Jahres 1852 aus eher beiläufigen Steitigkeiten der Konfessionsparteien um die Heiligen Stätten in Palästina, in die schließlich die beiden christlichen Schutzmächte Frankreich und Rußland involviert wurden. Napoleon III., der Emporkömmling aus einer geächteten Familie, wollte sich die Chance eines Prestigegewinnes ebenso wenig entgehen lassen wie der russische Zar. Aber ein unbesonnener Abenteurer und Kriegstreiber, der es aus egoistischen Motiven bewußt auf einen beschränkten militärischen Konflikt angelegt hätte, war er sicher nicht. Eine Verkettung unglücklicher Umstände, das ungeschickte und wenig taktvolle Auftreten der Verhandlungsbevollmächtigten (Menšikov-Mission im Frühjahr 1853 in Konstantinopel), haben den Weg zu einer friedlichen Beilegung der Krise verbaut. Mit den überzogenen russischen Protektoratsforderungen zugunsten der orthodoxen Christen unter osmanischer Herrschaft war ein eher lokales Mönchsgezänk zu einer Konfrontation der europäischen Mächte eskaliert. Die Besetzung der Donaufürstentümer durch russische Truppen (Juli 1853) und die Verlegung der englischen Mittelmeerflotte, der sich französische Verbände anschlossen, in die Beşikbucht vor der Einfahrt in die Meerengen leiteten die Endphase der hektischen diplomatischen Bemühungen ein. Sie endete nach dem Scheitern der sog. Wiener Note vom 28. Juli 1853, einem letzten Vermittlungsversuch Englands, Frankreichs, Österreichs und Preußens, mit der Kriegserklärung des Sultans an Rußland am 16. Oktober. Nur wenige Wochen später sahen sich England und Frankreich unter dem Eindruck des «Massakers von Sinope», als die russische Schwarzmeerflotte unter Admiral P. S. Nachimov den in der Bucht von Sinope gestellten türkischen Flottenverband vollständig vernichtete (30. November), an der Seite des Sultans in die kriegerische Auseinandersetzung hineingezogen.

Kampfhandlungen sind an mehreren, teils entlegenen Schauplätzen eingeleitet worden. Der lange Arm der englischen Seemacht bedrohte russische Küstenregionen in der Ostsee, im hohen Norden (Kola) und sogar im Fernen Osten (Amur-Mündung) durch begrenzte Flottenunternehmungen. Hauptkriegsschauplätze waren die Nordküste des Schwarzen Meeres und der Kaukasus. Die Balkanhalbinsel blieb bei den Kriegshandlungen weitgehend ausgespart. Vergeblich hatten sich zaristische Emissäre um eine Mobilisierung aufstandswilliger orthodoxer Balkanchristen bemüht. Aus vereinzelten Rekrutierungen von Freiwilligen und lokalen Erhebungen ließ sich keine zweite Front aufbauen. Im Mai 1854 erzwang eine alliierte Flottendemonstration vor dem Hafen von Piräus die Neutralität der Griechen, die sich schon in eine Kreuzzugsbegeisterung gegen den Islam hineingeredet hatten und von einer Ausweitung der griechischen Staatsgrenzen im Norden träumten. Die in den Grenzgebieten zu Thessalien und Epirus operierenden Freiwilligenverbände mußten wieder zurückbeordert werden.

Die russischen Truppen konnten aus dem am 23. März 1854 bei Brailov, Galatz und Ismail erzwungenen Donauübergang keinen operativen Gewinn mehr ziehen. Unter dem Druck des Wiener Hofes mußten sie sich schon im Sommer wieder auf das linke Donauufer zurückziehen, bis September schließlich sogar die Donaufürstentümer räumen und österreichische Besatzungstruppen nachrücken lassen, noch ehe ein zum Entsatz von Silistria bei Varna gelandetes Expeditionskorps der Westmächte herangeführt werden konnte. Der aussichtslose Versuch, den russischen Gegner zu stellen, die wachsenden Versorgungsschwierigkeiten und das Umsichgreifen der Cholera bewogen die Alliierten, durch einen direkten Angriff auf den wichtigsten russischen Flottenstützpunkt im Schwarzen Meer Sewastopol, den Zaren zum Nachgeben zu zwingen. Mitte September 1854 gingen die Truppen südlich von Eupatoria auf der Krim an Land und kämpften sich den Weg nach Sewastopol frei, das in einem zermürbenden Stellungskrieg nach 349 Tagen am 8. September 1855 zur Kapitulation gezwungen wurde.

Zar Nikolaus I. hat das Scheitern seiner Orientpläne nicht mehr erlebt, er war im Februar 1855, mitten in einer Phase hektischer diplomatischer Bemühungen des Wiener Hofes um eine Verhandlungslösung, gestorben. Seinem Nachfolger Alexander II. hat er ein geschwächtes Reich hinterlassen, das seinen Nimbus als Garantiemacht der monarchischen Ordnung, als

«Gendarm Europas», endgültig eingebüßt hat und sich im Innern den Forderungen unzufriedener Untertanen nach einschneidenden Veränderungen ausgesetzt sah. Im Friedensvertrag, der am 30. März 1856 nach langwierigen Verhandlungsrunden in Paris unterzeichnet wurde, mußte Alexander II. auf die letzten noch verbliebenen Sonderrechte Rußlands in Südosteuropa verzichten und eine Reihe diskriminierender Auflagen hinnehmen (u. a. Neutralisierung des Schwarzen Meeres, Schließung der Meerengen für alle Kriegsschiffe und Befestigungsverbot für die Küstenplätze). Rußland verlor das Gebiet von Kars wieder an die Türken und mit den südwestlichen Teilen Bessarabiens (an das Fürstentum Moldau) das Donaudelta und damit den Status des Donauanrainers. An allen künftigen Regelungen der Donauschifffahrt war so das russische Reich nur noch mit einem eingeschränkten Mitspracherecht beteiligt.

In den beiden neu einzurichtenden Donaukommissionen war für Rußland nur in der zeitlich befristeten «Europäischen Donaukommission» Sitz und Stimme vorgesehen, zur «Ständigen Uferstaatenkommission» sollte den umittelbaren Anrainern – Württemberg, Bayern, Österreich, Serbien, Türkei, Walachei und Moldau – der Zutritt vorbehalten bleiben. In der Folgezeit konnten sich allerdings die Signatarmächte nicht über die weiteren Modalitäten einigen, so daß in der Praxis das Mandat der «Europäischen Donaukommission» mehrfach verlängert werden mußte.

Noch gravierender für Rußland waren die ideellen Einbußen, die es als orthodoxe Vormacht in Südosteuropa zu akzeptieren hatte. Den russischen Residenten in den Donaufürstentümern wurde das im Frieden von 1774 zugestandene besondere Recht, im Bedarfsfall zugunsten der Bewohner der Walachei und der Moldau bei der Hohen Pforte vorstellig zu werden, wieder abgesprochen. Einer extensiven Auslegung der Vertragsbestimmungen von Kütschük Kainardscha, aus denen die zaristische Diplomatie einen russischen Protektoratsanspruch über die orthodoxen Balkanchristen abzuleiten versuchte, war damit endgültig der Boden entzogen. Noch im Vorfeld der Friedensverhandlungen hat der Sultan, um drohenden Eingriffen in seine Souveränitätsrechte vorzubeugen, sich zu weitgehenden Reformmaßnahmen verpflichtet und eine konsequente Weiterführung der mit dem Reichsgesetz von 1839 (Hatt-i-scherif von Gülhane) eingeleiteten Modernisierungspolitik versprochen. Das am 17. Februar 1856 erlassene feierliche «Reformedikt» (türk. Islâhat Fermani, in der westlichen Geschichtsschreibung bekannter unter dem Namen «Hatt-i Humayun») sah eine weitgehende rechtliche Gleichstellung der christlichen Untertanen mit den Moslems vor. In den Einzelbestimmungen (Religionsfreiheit, Garantie von Leben, Ehre und Eigentum, Gleichstellung vor dem Gesetz, Zugang zum Staatsdienst und zur Armee, Steuergerechtigkeit) bekundete sich der Wille der osmanischen Reformer, den Bestand des Reiches über eine zügige Angleichung an westliche rechtsstaatliche und verfassungsmäßige Normen zu sichern. Im Gegenzug sicherten die Signatarmächte zu, sich künftig jeglicher Einmischung in die inneren Angelegenheiten des Osmanischen Reiches zu enthalten und die territoriale Integrität zu achten. Mit erheblicher Verspätung wurde so das Versäumnis des Wiener Kongresses nachgeholt und der Sultan in den Schutz der europäischen Rechtsgemeinschaft einbezogen.

Mit ihrem mühsam erreichten Konsens in der orientalischen Krise setzten die europäischen Mächte unter der maßgeblichen Führung der englischen Politik auf die Reformfähigkeit des Osmanischen Reiches und die Reformwilligkeit der leitenden Staatsmänner am Bosporus. Ein dauerhafter Erfolg auf diesem risikoreichen Weg, den eine kleine Gruppe westlich gebildeter, aufgeklärter Politiker verfolgte, hätte einen radikalen Bruch mit der Vergangenheit, eine Absage an das islamische Recht und einen konsequenten Umbau von Staat und Gesellschaft erfordert. Widerstände dagegen formierten sich sowohl von islamischer Seite wie unter den nichtmuslimischen Untertanen des Sultans, die schwerwiegende Eingriffe in ihre gewachsenen Autonomierechte innerhalb des millet-Systems befürchten mußten. Islamische Fundamentalisten mobilisierten die Massen gegen jegliche Säkularisierungstendenzen und beschworen den drohenden Ausverkauf nationaler Interessen. Radikaleren Neuerern galten selbst die überkommenen politischen Institutionen und die Person des Sultans nicht mehr als unantastbar.

Die Reformer der Tanzimat-Periode haben unbestreitbare Erfolge aufzuweisen. Im Bereiche des Schulwesens, der Verwaltung, der Rechtsprechung, des Finanz- und Militärwesens wurden eine Reihe von tiefgreifenden Veränderungen vorgenommen, die allen Untertanen des Sultans zugute kamen. Die Bemühungen um die Verwirklichung rechtsstaatlicher Normen gipfelten in der Verfassung von 1876, die sich an fortschrittliche westeuropäische Verfassungstexte anzulehnen versuchte und u. a. die Gewaltenteilung und eine Volksvertretung, die Unabhängigkeit der Rechtsprechung und die Garantie der Menschenrechte vorsah.

Unkalkulierbar waren aber die Kosten, die für diese Verwestlichungspolitik zu erbringen waren. Die finanziellen Folgelasten der einzelnen Modernisierungsprogramme bargen nicht unerhebliche wirtschaftliche Risiken für das Osmanische Reich. Bald zeigte sich eine wachsende Verschuldung. Aufwendigere Reformvorhaben waren nur über Kapitalanleihen im Ausland zu finanzieren, eine korrupte und ineffiziente Verwaltung und die enorme Verschwendungssucht des Sultanshofes trieben den Finanzbedarf zusätzlich in die Höhe. Die Belastungen des Staatshaushaltes durch den Schuldendienst ließen sich schließlich nicht mehr über Steuererhebungen auf die Masse der Bevölkerung abwälzen. Im Oktober 1875, am Vorabend der neuen großen Orientkrise, mußte die Regierung ihre Zahlungsunfähigkeit eingestehen. Die Gläubigerstaaten setzten eine Schuldenregulierung durch, für die sich erst nach heftigen innenpolitischen Auseinandersetzungen eine Mehrheit fand (sog. Muharrem-Dekret von 1881). Sie erlegte der Reichsführung erhebliche

Beschränkungen der wirtschaftspolitischen Entscheidungsfreiheit auf und unterstellte die Entschuldungsmaßnahmen einem ausländischen Aufsichtskonsortium, dem «Conseil d'Administration de la Dette Publique Ottomane», in den Großbritannien, Frankreich, das Deutsche Reich, Österreich-Ungarn und Italien Vertreter entsandten. Der Sultan hatte einen Großteil der regulären Staatseinnahmen an die westlichen Geldgeber zu verpfänden.

Abd ul Hamid II. (1876–1909) hatte schon längst die innenpolitischen Konsequenzen gezogen. Er trennte sich von den westlich orientierten Reformern um den Großvesir Midhat Pascha, suspendierte die Verfassung und bevorzugte ein autokratisches, teilweise in despotische Willkür entartendes persönliches Regime. Unter den Exzessen dieses «blutigen Sultans» hatten insbesondere die Minderheiten und unzufriedene christliche Untertanen zu leiden, ein strenges Überwachungssystem und polizeistaatliche Maßnahmen des mißtrauischen Herrschers hielten aber auch unter den muslimischen Intellektuellen jede oppositionelle Regung nieder. Vergeblich versuchte er, durch wechselnde Übernahmen von Ideen des Osmanismus bzw. des Pan-Islamismus tragfähigere Grundlagen für ein neues Reichsbewußtsein zu schaffen und dem weiteren Verfall seiner Autorität in den Randprovinzen Einhalt zu gebieten. Doch die sichtbaren Erfolge der Nationalbewegungen stellten die Überlebensfähigkeit des herrschenden Systems immer mehr in Frage.

Schon die Problemlösung des Jahres 1856 war mit dem unkalkulierbaren Risiko behaftet, daß ein künftiges Wohlverhalten der Balkanchristen aus staatspolitischer Einsicht und gesamteuropäischer Verantwortung unter den gegebenen Umständen nicht zu erwarten war. Solange Aufstandswillige auf moralische Unterstützung in der westlichen öffentlichen Meinung und auf Geld- und Waffenlieferung rechnen durften und die Interventionen der Großmächte vor dem harten Zugriff der türkischen Behörden und vor Repressalien einen relativen Schutz gewährten, war eine dauerhafte Befriedung der Krisenregion kaum zu erreichen. Sie lag auch nicht im Interesse der starken Randstaaten, die sich nur widerwillig den Restriktionen einer einvernehmlichen europäischen Friedensregelung beugen und zumindest Optionen für künftige territoriale Arrondierungen offen halten wollten. Das Vertragswerk von 1856 ruhte auf einem brüchigen Fundament. Nur das gegenseitige Mißtrauen hielt die Großmächte in ihren Orientplänen in Schach, für eine alle Beteiligten bindende Zukunftsperspektive fehlten die Voraussetzungen. Wohl war es gelungen, dem russischen Vordringen auf dem Balkan einen Riegel vorzuschieben, aber über die völkerrechtliche Verankerung einer Pufferzone an der unteren Donau (aus den Territorien der autonomen Fürstentümer der Walachei und der Moldau) konnte in jahrelangen Verhandlungsrunden keine einvernehmliche Regelung erzielt werden. Gegen den Willen einzelner Signatarmächte haben sich die Rumänen ihren Nationalstaat in kleinen Schritten durch die Schaffung vollendeter Tatsachen (Doppelwahl des Fürsten Alexandru Ioan Cuza 1859 in beiden Fürstentümern und anschließende Vereinigung, 1861/2) ertrotzt. Die nachträgliche Sanktionierung dieses Vorgehens nahm Fürst A. M. Gorčakov, der russische Außenminister und Reichskanzler, später zum willkommenen Anlaß, sein Land von allzu lästigen Verpflichtungen aus dem Vertragswerk von 1856 zu entbinden. Während der Krise des deutsch-französischen Krieges von 1870/71 kündigte er mit Billigung Bismarcks in einer Zirkularnote vom 31. Oktober 1870 die sog. Pontusklauseln auf, in denen die Neutralisierung des Schwarzen Meeres und die Durchfahrtsrechte durch die Meerengen geregelt waren, und setzte in der Londoner Konferenz vom 17. Januar–13. März 1871 den russischen Standpunkt weitgehend durch.

Die große Orientkrise der 70er Jahre

Das internationale Gleichgewichtssystem, das die Friedensmacher von Paris mit der Garantie des osmanischen Besitzstandes und der Regelung der Meerengendurchfahrt nochmals auszutarieren und gegen die drängenden Wünsche der christlichen Balkanvölker nach raschen Veränderungen abzusichern versuchten, ist schon wenige Jahre später auf den europäischen Schlachtfeldern erneut ins Wanken geraten und schließlich auseinandergebrochen. Das Kaiserreich Österreich war aus den Niederlagen auf dem italienischen Kriegsschauplatz von 1859 (Magenta und Solferino) und gegen die Preußen bei Königgrätz (1866) geschwächt hervorgegangen. Während des Krimkrieges hatte der Wiener Hof mit seinem übervorsichtigen Taktieren zwischen den streitenden Parteien wohl eine Ausweitung des schwelenden Kriegsbrandes verhindern können, die militärische Niederlage Rußlands beraubte ihn aber auch seines stärksten Rückhaltes in der Abwehr der ehemals von Metternich gefürchteten «Umsturzpartei». Die Habsburger Monarchie hatte den politischen Ambitionen eines Cavour in Italien und eines Bismarck im Deutschen Bunde nichts entgegenzusetzen. Sie mußte eine grundlegende Neuordnung der europäischen Mitte hinnehmen und vor den nationalen Bewegungen das Terrain räumen. Aber auch Bismarcks Hoffnungen, durch ein Zusammengehen der konservativen Ostmächte (Dreikaiserbündnis vom 22. Oktober 1873) dem europäischen Mächtesystem auf der Grundlage territorialer Saturiertheit und eines engen herzlichen Einvernehmens der Monarchen Dauer zu verleihen, konnten sich angesichts der ungelösten orientalischen Frage nicht erfüllen.

Die veränderte politische Großwetterlage begünstigte nationale Emanzipationsbewegungen und ermunterte deren Wortführer zu einem koordinierten Vorgehen, um den entscheidenden Durchbruch auf dem südosteuropäischen Krisenschauplatz zu erzwingen. Ein spürbarer Bewußtseinswandel unter den betroffenen Balkanvölkern beflügelte die Hoffnungen. Er schlug sich nieder in den Programmpunkten einer veränderten revolutionären Ideologie, die der Revolution von 1848, dem europäischen Liberalismus wie Konstitutionalismus wesentliche Anregungen verdankte. Insbesondere die akademische Jugend wurde von einem politischen und sozialen Solidaritätsgefühl mit einer stark romantischen und panslawistischen Färbung (serbische Omladina-Bewegung, begründet 1866 in Neusatz/Novi Sad) erfaßt und zu gemeinschaftlichen Aktivitäten angeregt. Daneben wirkten sozialutopische Ideen der Pariser Kommune und der radikalen russischen Sozialkritiker um N. G. Černyševskij und N. A. Dobroljubov nach Serbien (Svetozar Marković) und Bulgarien (Christo Botev).

Mit der einseitigen Aufkündigung der Pontus-Klauseln während des Deutsch-Französischen Krieges hatte die russische Regierung in unmißverständlicher Weise Eigeninteresse in der Orientfrage angemeldet und die längst brüchig gewordene Krimkrieg-Koalition endgültig aufgebrochen. Panslawistische Kreise drängten zu einem stärkeren Engagement und notfalls zu militärischen Befreiungsaktionen zugunsten der unterdrückten slawischen Brudervölker unter osmanischem Joch. Auch die österreichische Politik war bei einem weiteren sichtbaren Machtverfall des Osmanischen Reiches dem Gedanken an territoriale Veränderungen und eigene Gebietserwerbung im Nordwestbalkan nicht mehr abgeneigt, um Serbien durch Zugeständnisse ködern und aus einer zu engen Anbindung an den russischen Konkurrenten zu lösen, gleichzeitig aber einer gefährlich auswuchernden «südslawischen» Einigungsbewegung vorzubeugen.

Als sich daher die «Ältesten» der herzegowinischen Stammesverbände auf ihrer Versammlung von Nevesinje im Herbst 1874 dazu entschlossen, einen erneuten Aufstandsversuch zu wagen, konnten sie sich einer aktiven Anteilnahme der benachbarten Staaten schon sicher sein. Die umliegenden Stämme schlossen sich sehr rasch der Erhebung vom 9. Juli 1875 an. Die zögernden Regierungen an den Fürstenhöfen in Belgrad und Cetinje, die zunächst einer diplomatischen Lösung den Vorzug geben wollten, hielten dem Druck einer erregten öffentlichen Meinung nicht lange stand. In Serbien mußte Fürst Milan im Mai 1876 den als Interventionsbefürworter wenige Monate zuvor entlassenen Führer der Liberalen, Jovan Ristić, als Ministerpräsidenten zurückholen, seit Ende Juni/Anfang Juli standen Serbien und Montenegro an der Seite der Aufständischen im Krieg mit dem Sultan. Den Oberbefehl über das Haupttruppenkontingent hatte man dem ehemaligen russischen General Michail Černjaev anvertraut, der sich als «Löwe von Taschkent» auf dem asiatischen Kriegsschauplatz militärischen Ruhm erworben hatte und von einer russischen Führungsrolle unter den Slawen träumte. Eine größere Zahl russischer Freiwilliger schloß sich seinem eigenmächtigen, von der Regierung mißbilligten Vorgehen an und eilte auf den südosteuropäischen Kriegsschauplatz. Die allgemeine euphorische Stimmung trug nur wenige Tage. Die Ernüchterung folgte, als die türkischen Truppen schon nach 14 Tagen den Vormarsch der serbischen Verbände stoppten und zu einer verheerenden Gegenoffensive ansetzten. Die serbische Niederlage brachte auch die erfolgreicher operierenden Montenegriner in arge Bedrängnis. Den Aufständischen im Nordwestbalkan und ihren Verbündeten drohte das gleiche Schicksal wie den bulgarischen Revolutionären, deren Aufstandsversuch schon im Frühjahr (sog. April-Aufstand) im Keime erstickt worden war und einen blutigen Rachefeldzug der Türken ausgelöst hatte. Es schlug die Stunde der Diplomaten, die schon hinter den Kulissen die Fäden in der Hand hatten.

Der russische Außenminister Gorčakov hatte schon zur Jahreswende 1867/68 im Rückblick auf ein Jahrzehnt Balkanpolitik nach dem Krimkrieg für den Zaren notiert, daß die alte Koalition der Rußlandgegner nicht mehr trage, daß die Einigung Italiens und Deutschland die Bewegungsfreiheit Frankreichs und Österreichs einschränke sowie der «Krieg in Amerika» zum Hemmschuh der englischen Politik geworden sei. Unter den gegebenen Umständen hätte Rußland weder das Recht noch ein Interesse daran, die christliche Bevölkerung auf dem Balkan zu bremsen und sie sich so zu entfremden und in die Arme des Westens zu treiben. Andererseits müßte sich aber Rußland jeder direkten Einmischung enthalten, wenn es nicht einen europäischen Brand auslösen wolle, da es nicht wie die Franzosen in Italien in kürzester Frist 200000 Soldaten innerhalb von drei Tagen auf den Balkan werfen und Konstantinopel unter dem Beifall Europas besetzen könne. Man dürfe daher den Christen im Orient nicht zu unüberlegten Handlungen zuraten. Nicht alle Ratgeber in der Umgebung des Zaren teilten die vorsichtige Zurückhaltung Gorčakovs. In panslawistischen Kreisen wurde unverhohlen ein offensives Vorgehen Rußlands empfohlen, um vergangene Schmach zu tilgen und einen russischen Führungsanspruch unter den Slawen zu begründen. Sie fanden in dem russischen Botschafter bei der Hohen Pforte, N. P. Ignat'ev, einen eifrigen und einflußreichen Fürsprecher. Er wollte die sich ausweitende Orientkrise nicht ungenutzt verstreichen lassen und drängte auf eine energischere Vertretung russischer Interessen. In seinen Denkschriften zeigte er sich selbst radikaleren Lösungen, die territoriale Umverteilungen zugunsten der Balkanchristen nicht mehr ausschlossen, nicht abgeneigt. Nach Lage der Dinge war daher den gemeinsamen Pazifikationsbemühungen, auf die sich der Wiener und der St. Petersburger Hof schließlich verständigt hatten und die gemäß den in der Andrássy-Note vom 31. 1. 1876 niedergelegten Forderungen Zugeständnisse der Pforte gegenüber den Aufständischen (erweiterte Autonomierechte, Religionsfreiheit u. a. Reformmaßnahmen) vorsahen, noch kein Erfolg beschieden. Sie stießen selbst bei den Betroffenen auf wenig Gegenliebe. Auf der Gegenseite formierte sich am Sultanshofe um Midhat Pascha, den großen Reformer der Tanzimat-Periode, ein nationaler Widerstand gegen den drohenden Ausverkauf türkischer Interessen und gegen die massive Einmischung des Auslandes. Unruhen unter der mohammedanischen Bevölkerung signalisierten das Ende der

Konzessionsbereitschaft. Sie griffen von Saloniki, wo am 6. 5. 1876 der französische und der englische Konsul vom Mob ermordet wurden, auf die Hauptstadt über. In der Nacht vom 29. auf 30. Mai mußte Sultan Abd ul Asîs zugunsten seines Neffen Murad V. auf den Thron verzichten. Midhat Pascha hatte für einen reibungslosen Vollzug des Staatsstreiches die Weichen gestellt. Zwei Monate später brachte der Kriegseintritt Serbiens und Montenegros an der Seite der Aufständischen die europäischen Kabinette in Zugzwang. Sie standen unter dem zunehmenden Druck einer erregten öffentlichen Meinung, die über Grausamkeiten bei der Niederwerfung des bulgarischen Aufstandes empört war und ein energischeres Vorgehen anmahnte.

Von einer einvernehmlichen Regelung der anstehenden Probleme war längst keine Rede mehr. Schon im Mai hatte sich die englische Regierung einem gemeinsamen Vorgehen der Großmächte versagt. Disreali weigerte sich, dem sog. Berlin-Memorandum, das die in der Andrássy-Note übermittelten Reformforderungen erneuerte, beizutreten. Wien und St. Petersburg zogen es daher vor, sich in zweiseitigen Absprachen rechtzeitig vor unliebsamen Folgen der Orientkrise zu sichern. Während eines Monarchentreffens auf Schloß Reichstadt in Böhmen einigten sich in Anwesenheit der beiden Außenminister Zar Alexander II. und Kaiser Franz Joseph über die Prinzipien des künftigen Zusammenwirken. Die geheime Absprache vom 26. 6./ 8. 7. 1876 bestätigte den Grundsatz der Nichteinmischung in den Krieg zwischen dem Osmanischen Reich und Serbien bzw. Montenegro. Die Schließung der österreichischen Adriahäfen Klek und Cattaro für die kriegführenden Parteien war eine Neutralitätsmaßnahme, die aber die Nachschubverbindungen der türkischen Verbände empfindlicher stören mußte als die der christlichen Truppen. Eine erheblich größere Brisanz verbarg sich hinter jenen Formulierungen, mit denen die beiden Gesprächspartner Kompensationswünsche bei künftigen territorialen Veränderungen festzuschreiben versuchten. Da sie nicht in einem offiziellen Beschlußprotokoll niedergelegt waren, sondern nur in voneinander abweichender Textfassung in die Niederschriften Gorčakovs und Andrássys Eingang fanden, waren Auslegungsschwierigkeiten vorhersehbar. Sie betrafen insbesondere das Schicksal Bosniens und der Herzegowina, die Österreich-Ungarn großenteils für sich beanspruchte, während sie nach den russischen Aufzeichnungen bei einer Niederlage des Osmanischen Reiches im gegenwärtigen Krieg den siegreichen Serben und Montenegrinern zugedacht waren. Österreichischen Wünschen entsprach die Vereinbarung, die Entstehung eines großen Slawenstaates auf der Balkanhalbinsel nicht zu begünstigen, in der Bessarabien- und der Batumfrage versicherte sich Gorčakov der Duldung russischer Annexionsabsichten. Einigkeit bestand darin, bei einem türkischen Sieg die Wiederherstellung des Status quo ante zu erzwingen.

Eine Verständigung der europäischen Kabinette über weitere konkrete Schritte am Sultanshof war trotz hektischer Bemühungen noch lange nicht in

Sicht, als alarmierende Nachrichten vom Kriegsschauplatz in Ostserbien den Entscheidungsspielraum immer mehr einzuengen drohten. Das nur mangelhaft vorbereitete und schlecht ausgerüstete Aufgebot der Regierung Ristić hatte auch General M. G. Černjaev nicht mehr zu einer schlagkräftigen Truppe formen können. Es hielt nur kurze Zeit dem Druck der türkischen Gegenoffensive stand. Schon nach wenigen Wochen mußte Fürst Milan Obrenović die Signatarstaaten des Pariser Friedensvertrages um die Vermittlung eines Waffenstillstandes bei der Pforte bitten. Eine erste Verhandlungsrunde brachte zunächst nur eine kurze Verschnaufpause. Am 17./29. Oktober 1876 durchstießen die Türken bei Djunis die serbische Front. Ein Ultimatum der russischen Regierung vom folgenden Tag bewahrte Serbien vor dem vollständigen Zusammenbruch.

Während sich zu der Jahreswende 1876/77 Vertreter der Signatarmächte einen Monat lang vergeblich bemühten, in direkten Verhandlungen mit der Pforte in Istanbul Vorschläge für eine friedliche Beilegung des Konfliktes zu erarbeiten und die türkische Regierung zu Zugeständnissen gegenüber den Forderungen der aufständischen Balkanchristen zu bewegen, war in den geheimen Gesprächen zwischen Gorčakov und Andrássy in Budapest schon Vorsorge für den Eventualfall eines unvermeidlichen kriegerischen Vorgehens getroffen worden (Militärkonvention vom 15. Januar 1877). Ein Zusatzabkommen vom 18. März (das ebenfalls auf den 15. I zurückdatiert wurde) hielt die Grundzüge einer künftigen territorialen Abgrenzung der Interessensphären auf der Balkanhalbinsel fest. Gegen die Zusicherung der wohlwollenden Neutralität Österreich-Ungarns ließ Rußland seinem Bündnispartner freie Hand in Bosnien und in der Herzegowina. Rumänien und Bulgarien wurden als mögliche Aufmarschzone der russischen Truppenverbände Rußland zugeordnet. Serbien, Montenegro und der Sandschak von Novipazar sollten als neutraler Bereich bei den Überlegungen künftiger Neuregelungen ausgenommen werden, obwohl Unstimmigkeiten wegen kleinerer Grenzregulierungen zwischen den beiden Höfen nicht ausgeräumt werden konnten. Ein «großer slawischer Staat» sollte nicht entstehen.

Nach Abbruch der Verhandlungen in Istanbul hatte der russische Kanzler Gorčakov in einer Zirkularnote die preußische, österreichisch-ungarische, französische, englische und italienische Regierung aufgefordert, in einem gemeinsamen Memorandum ihre Vorstellungen von einer Beilegung der Orientkrise zu präzisieren und in einer Kollektivnote der Hohen Pforte die Forderungen der Signatarmächte zu präsentieren. Als Sonderbevollmächtigter des Zaren warb in den folgenden Wochen der russische Geschäftsträger in Istanbul, N. P. Ignat'ev, in den Hauptstädten Westeuropas für eine Zustimmung zum russischen Protokollentwurf. Sie ist schließlich nur nach erheblichen Zugeständnissen an Großbritannien im sog. Londoner Protokoll vom 19./31. März erreicht worden. Am 9. April wies der Sultan das Ansinnen endgültig zurück. Die türkische Regierung verweigerte hartnäckig ihre

Unterschrift unter ein Dokument, das Reformmaßnahmen in den balkanischen Aufstandsgebieten präjudiziert und ihre Souveränitätsrechte erheblich eingeschränkt hätte. Am 12./24. April 1877 antwortete Rußland mit der Kriegserklärung an die Pforte, der sich einen Monat später Rumänien anschloß, und leitete damit eine neue Phase der kriegerischen Auseinandersetzung ein. Die russischen Bemühungen um ein europäisches Mandat für diese Intervention verliefen ergebnislos. Der drohende Alleingang Rußlands rief die übrigen Mächte auf den Plan und stellte die bislang von einzelnen Kabinetten nur zögerlich geförderten solidarischen Pazifikationsbemühungen unter Erfolgszwang.

Der Weg zum Berliner Kongreß

Der russische Aufmarschplan sah die Eröffnung der Kriegshandlungen an zwei Fronten vor, im Kaukasus und an der Donau. Auf dem kaukasischen Kriegsschauplatz konnte der Oberkommandierende der russischen Truppen, der Zarenbruder Michail Nikolaevič, eine den Türken zahlenmäßig überlegene und besser gerüstete Streitmacht ins Feld führen. Noch in den Monaten April und Mai wurden Bayazid und Ardahan erobert und ein Belagerungsring um die strategisch wichtige Festung Kars gelegt. Sie konnte allerdings erst in der kriegsentscheidenden Phase im November 1877 unter General I. D. Lazarev gestürmt werden. Auf dem europäischen Kriegsschauplatz verzögerten Nachschubprobleme und die enormen Entfernungen, die auf den Anmarsch bis zur Donau zu überwinden waren, den Beginn der Kampfhandlungen um mehrere Wochen. Der Abfall der Rumänen von ihrem osmanischen Oberherrn erleichterte den Durchzug der Donauarmee, der sich die rumänischen Verbände anschlossen. Nach der im Juni erzwungenen Donauüberquerung bei Galatz-Braila und bei Zimnicea kündigten rasche Waffenerfolge der russischen Verbände und ihrer Verbündeten einen baldigen Zusammenbruch der türkischen Front an. Noch im Juni fielen Nikopol und Tărnovo (25. 6./7. 7. 1877) und bis zum 7./19. Juli hatte sich eine russische Vorausabteilung unter dem draufgängerischen General I. V. Romejko-Gurko bis zum Schipka-Paß durchgeschlagen und den Weg über das Balkangebirge freigekämpft. Doch eilends von der montenegrinischen Front herbeigeführte türkische Verbände brachten sie in einer mehrwöchigen mörderischen Gegenoffensive in arge Bedrängnis. Der Nachzug der russischen Hauptarmee war vor der hartnäckig verteidigten nordbulgarischen Festung Plevna vorübergehend zum Stehen gekommen. Erst nach drei vergeblichen Sturmläufen während der Sommerwochen, die beiden Seiten enorme Blutopfer abverlangten, und nach einer mehrwöchigen vollständigen Blockade konnte der erbitterte Widerstand gebrochen werden. Nach einem gescheiterten Ausbruchversuch kapitulierte die ausgehungerte türkische Besatzung unter Osman Pascha am 28. 11./10. 12. 1877 und gab den russischen und rumänischen Truppen den Weg frei. Die siegreiche Beendigung des sog. Plevna-Krieges hatte den Bann gebrochen, die türkischen Verteidiger gerieten an allen Frontabschnitten unter wachsenden Druck. Am 1./13. 12. trat Serbien erneut in den Krieg ein und beteiligte sich an der erfolgreichen Winteroffensive der Verbündeten.

Der nunmehr zahlenmäßig weit überlegenen Donauarmee, der sich in wachsender Zahl kleinere, aus der einheimischen Bevölkerung rekrutierte Verbände anschlossen, waren die vom Sultan aufgebotenen türkischen Truppen nicht gewachsen. Auch die in Eilmärschen herangeführten Reserven waren nicht mehr in der Lage, dem in mehreren Angriffskeilen gegen Istanbul vorrückenden Gegner den Weg zu verlegen. Noch im Dezember hatte das russische Oberkommando die Überquerung des Balkangebirges befohlen. In rascher Folge fielen in den folgenden Wochen Sofia (23. 12. 1877/4. 1. 1878), Philippopel/Plovdiv (5./17. 1. 1878) und schließlich auch die letzte Bastion vor der Sultansresidenz, Adrianopel/Edirne (8./2. 1. 1878). Der russische Oberbefehlshaber gab dem türkischen Ersuchen nach Waffenruhe erst mit gezielter Verzögerung statt und diktierte am 19./31. 1. in Adrianopel die harten russischen Bedingungen. Sie sahen die Autonomie eines bulgarischen Fürstentums und die Selbständigkeit Montenegros, Serbiens und Rumäniens, eine eigenständige Verwaltung Bosniens und der Herzegowina, ein allgemeines Reformprogramm zugunsten der Balkanchristen und eine noch auszuhandelnde Kriegsentschädigung für Rußland vor, ohne den weiteren russischen Vormarsch endgültig zu stoppen. Sehr zum Unbehagen westlicher diplomatischer Beobachter war eine Besetzung Istanbuls nicht mehr auszuschließen. Sie wurde von panslawistischen Kreisen immer unverhohlener gefordert. Nur die energische Intervention Österreich-Ungarns und der drohende Aufmarsch der englischen Flotte im Marmarameer hinderte den Bruder des Zaren an einer Radikallösung der orientalischen Frage im Alleingang. Der Zar und seine außenpolitischen Berater versagten sich schließlich trotz erheblicher interner Meinungsverschiedenheiten nicht dem Begehren der Signatarstaaten nach einer einvernehmlichen internationalen Regelung. Um so eiliger drängten sie auf vorherige vertragliche Vereinbarungen zwischen den beiden kriegführenden Parteien, um rechtzeitig für eine künftige Konferenz essentielle russische Forderungen festzuschreiben. Das Ergebnis dieser russischen Bemühungen waren jene aufsehenerregenden Friedenspräliminarien, die am 19. 2./3. 3. 1878 in Sichtweite der Sultansresidenz in San Stefano von Bevollmächtigten beider Seiten unterzeichnet wurden. Sie bekräftigten in wesentlichen Punkten die vorhergehenden Waffenstillstandsvereinbarungen. Russische Wunschvorstellungen drückten sich vornehmlich in den vorgesehenen territorialen Veränderungen aus. Sie mußten sowohl in Wien wie in London Anstoß erregen und Revisionsforderungen provozieren. Die großzügige Grenzregelung für das autonome bulgarische Wahlfürstentum, dem ganz Mazedonien zugeschlagen werden sollte, ist am Wiener Hof als Bruch der Budapester Konvention verstanden worden, und gegen eine mögliche Ablösung der Kriegsentschädigung durch Gebietsabtretungen im Kaukasus (Batum, Kars, Ardahan, Bayazid) erhob u. a. die britische Regierung erhebliche Bedenken. Auch die kleineren balkanischen Verbündeten Rußlands, die eher auf eigene Gebietserweiterungen gesetzt hatten, mochten sich nicht mit einem großbulgarischen Staat zwischen Donau, Schwarzem Meer, Ägäis und dem Ochrid-See als neuer Balkanvormacht von Rußlands Gnaden abfinden.

Rußlands Alleingang von San Stefano hat den Status quo auf der Balkanhalbinsel einschneidend verändert. Er hielt dem Revisionsbegehren der Signatarmächte des Pariser Vertragswerkes nur kurze Zeit stand. In den Sondierungsgesprächen, die N. P. Ignat'ev im März in Wien und P. A. Šuvalov in London führten, signalisierte das russische Kabinett schon frühzeitig seine Konzessionsbereitschaft. Zweiseitige Kompensationsgeschäfte ebneten den Weg zu einer friedlichen Beilegung der orientalischen Krise, zu der schließlich Fürst Bismarck seine Maklerdienste anbot. Das Deutsche Reich hatte keinerlei territoriale Ambitionen, Bismarck trieb allein die Sorge um, durch eine unkontrollierbare Konfliktsverlagerung an die europäische Peripherie mit der Gefahr unerwarteter Koalitionsbildung konfrontiert zu werden. Im Kissinger Diktat vom 15. 6. 1877 schwebte ihm daher als Ideallösung eine politische Gesamtsituation vor, «in welcher alle Mächte außer Frankreich unser bedürfen, und von Koalitionen gegen uns durch ihre Beziehungen zueinander nach Möglichkeit abgehalten werden». Zur dauerhaften Sicherung dieser Zielsetzung hat sich aber der in teilweise mühsamen Verhandlungsrunden schließlich erreichte Kompromiß zwischen den divergierenden Großmachtinteressen als wenig tragfähig erwiesen. Der provisorische Charakter einzelner territorialer Bestimmungen (Bosnien-Herzegowina, Ostrumelien, Zypern) ließ Spekulationen über weitergehende Lösungsmöglichkeiten der Orientfrage nicht mehr zur Ruhe kommen, und die wachsende Verstimmung, die wegen der mangelnden deutschen Unterstützung am russischen Hofe aufgebrochen war, hat in langfristiger Perspektive gerade jene Umorientierung der europäischen Bündnissysteme in Gang gebracht, die Bismarck mit seiner Vermittlerrolle zu verhindern suchte.

An den Beschlüssen des Berliner Kongresses, der vom 1./13. Juni bis 1./13. Juli tagte, waren die eigentlich Betroffenen – die diplomatischen Vertreter der Balkanchristen und des Sultans – nur am Rande beteiligt. Die wesentlichen Entscheidungen fielen hinter verschlossenen Türen im engsten Kreis der Signatarmächte. Sie waren schon durch bilaterale Vereinbarungen noch vor dem Zusammentritt des Kongresses vorbereitet worden. Im geheimen Londoner Protokoll vom 18./30. Mai 1878 hatte Großbritannien den russischen Hof auf eine Reduzierung der künftigen bulgarischen Grenzen festgelegt und sich in der Geheimkonvention vom 23. 5./4. 6. 1878 gegen territoriale Zusagen im Kaukasus vom Sultan das Besetzungsrecht auf Zypern bestätigen lassen. In der Vereinbarung mit dem Wiener Hof vom 6. 6. 1878 war ein gemeinsames Vorgehen gegen die überzogene russische Balkanpolitik verabredet worden. In ähnlicher Weise hatte Graf Andrássy die österreichisch-ungarischen Ambitionen auf Bosnien und Herzegowina mit dem serbischen Außenminister Jovan Ristić im Vertrag vom 8. Juli 1878 abgesichert und Vorabsprachen über eine künftige engere wirtschaftliche Kooperation (u. a. Handelsvertrag und Eisenbahnbau von Belgrad über Nisch zur türkischen Grenze) getroffen. Im Gegenzug ließ sich Serbien die Ansprüche auf Nisch, Pirot und Vranje bestätigen.

Das in Berlin schließlich ausgehandelte Vertragswerk, das am 1./13. Juli 1878 unterzeichnet werden konnte, protokollierte einen letzten gemeinsamen Versuch der maßgeblichen europäischen Kabinette, in der Orientfrage einen Ausgleich der divergierenden Großmachtinteressen zu finden. Mit der Anerkennung der staatlichen Unabhängigkeit Serbiens, Montenegros und Rumänie leiteten die Signatare eine für den Bestand des Osmanischen Reiches folgenschwere Abkehr von den bisherigen Prinzipien der Orientpolitik ein. Sie hat die krisenhaften Entwicklungen im zerfallenden Machtbereich des Sultans weiter beschleunigt. Von den betroffenen Balkanchristen sind die politischen Zugeständnisse nur mit erheblichen Vorbehalten honoriert worden. Die noch ausstehenden Regelungen des genauen Grenzverlaufes, die eigenen Kommissionen zur Entscheidung überlassen wurden, sorgten für zusätzlichen Hader und stellten die Solidarität der kleinen Völker auf eine harte Probe. Schwerer wog die herbe Enttäuschung über das Verhalten der Schutzmächte, die aus machtpolitischem Kalkül den Wünschen und Hoffnungen der Aufständischen nur in beschränktem Umfange zu entsprechen geneigt waren. Am härtesten traf es die Bulgaren. Sie hatten Abschied zu nehmen von den im Vertrag von San Stefano greifbar nahen Plänen einer innerbalkanischen Vormachtstellung. Selbst die volle Unabhängigkeit blieb ihnen noch versagt. Sie mußten sich mit einem weiterhin tributpflichtigen autonomen Fürstentum auf erheblich reduzierter territorialer Basis im Norden des Balkangebirges begnügen. Mazedonien fiel an die Pforte zurück und die südbulgarischen Gebiete verblieben als Provinz Ostrumelien mit Autonomiestatus unter einem eigenen christlichen Generalgouverneur weiterhin Bestandteil des Osmanischen Reiches.

Rußland erkaufte den Verzicht auf die in San Stefano erreichte Position mit bescheidenen Landgewinnen an der unteren Donau (Südteil Bessarabiens ohne Mündungsgebiet der Donau/Jedisan) und umfangreicheren Gebietserwerbungen an der Ostküste des Schwarzen Meeres (die Städte Kars, Ardahan und Batum mit dem jeweiligen Hinterland). Den russischen Okkupationstruppen in Bulgarien wurde eine Abzugsfrist von neun Monaten eingeräumt, während sich die russischen Kontrahenten Großbritannien und Österreich-Ungarn Besetzungsrechte in Zypern bzw. in Bosnien-Herzegowina und im

Sandschak von Novipazar verbriefen ließen. Frankreich hielt sich wenig später an Tunis schadlos (1881), dessen Besetzung der Sultan unter Protest ebenso hinzunehmen hatte wie den nachfolgenden Griff Großbritanniens nach Ägypten (1882). Griechenland war in Berlin mit seinen Forderungen nach Kreta, Thessalien und Epirus leer ausgegangen. Erst nach langwierigen Verhandlungen und unter massivem Druck der Signatarmächte war die Pforte schließlich zu Grenzkorrekturen bereit. Sie brachten nach dem Vorschlag der Botschafterkonferenz der sechs Mächte in Istanbul dem griechischen Königreich in der Konvention vom 24. Mai 1881 Thessalien und das Gebiet von Arta als Zugewinn ein. Österreich-Ungarn und Großbritannien vergaßen auch nicht, für ihre künftigen wirtschaftlichen Interessen auf der Balkanhalbinsel Vorsorge zu treffen. In Artikel 10 verpflichteten sich die Hohe Pforte bzw. Serbien und Bulgarien, Eisenbahnkonzessionen zu vergeben und für eine Eisenbahnverbindung über ihr jeweiliges Territorium zu sorgen. Schon 1881 besorgte eine Vier-Länder-Konferenz die Weichenstellung für die weitere wirtschaftliche Durchdringung der Balkanländer und für den zügigen Abschluß an das internationale Verkehrsverbundnetz.

Zur krisenhaften Entwicklung der Orientalischen Frage im Verlaufe des 19. Jahrhunderts haben die Bemühungen der Industrienationen, den osmanischen Markt westlichen Exporten zu öffnen und den Anschluß an das europäische Wirtschaftssystem zu erzwingen, nicht unwesentlich beigetragen. Der Sultan konnte sich dem Würgegriff westeuropäischer Wirtschafts- und Kapitalinteressen immer weniger entziehen. Das traditionelle System der sog. Kapitulationen, das seit dem 16. Jahrhundert den Handelsvertretern des Westens beschränkte Wirkungsmöglichkeit im türkischen Herrschaftsbereich eingeräumt hatte, verwandelte sich zusehends zu einem wirkungsvollen Hebel, um weitergehende Zugeständnisse zu erzwingen. Die über zwei Jahrhunderte, seit dem Ausgang des 16. Jahrhunderts wirksame Sperre des Schwarzen Meeres für fremde Schiffe war nach der Vorverlegung der russischen Staatsgrenze bis an die Nordküste ebensowenig zu halten wie die über Staatsmonopole gewährleistete dirigistische Wirtschaftspolitik. Im Handelsabkommen von Balta Liman (1838) hatten die Engländer weitgehend das Freihandelsprinzip durchgesetzt. Die englische Industrie verstand es in der Folgezeit erfolgreich, es für den Absatz ihrer billigen Massenproduktion zu nutzen. Einheimische Unternehmer, vornehmlich der Textilbranche, waren mit ihren veralteten Produktionsmethoden dieser Konkurrenz kostengünstiger Massenware nicht mehr gewachsen und wurden aus dem Markt gedrängt. Nur auf lokaler Ebene blieb einzelnen wendigen und geschäftstüchtigen Kleinunternehmern eine Chance, sich den veränderten Wettbewerbsbedingungen anzupassen und als Partner ausländischer Handelsagenten, als Zwischenhändler und Vermittler der unentbehrlichen Ortskenntnisse in einem noch weithin unerschlossenen, schwer zugänglichen Gelände zu überleben.

Genossenschaftliche Organisationsformen zur Regelung der Produktion und des Absatzes verteilten das Risiko auf mehrere Schultern und erleichterten die Finanzierung notwendiger Investitionsmaßnahmen. Aus dieser Schicht selbstbewußter und erfolgreicher Kaufleute und Unternehmer sind im Laufe des 19. Jahrhunderts unter den Balkanchristen dynamische «Erwekker»-Persönlichkeiten herangewachsen. Sie waren in ihren aufklärerischen Bemühungen zugunsten breiterer Volksschichten und in ihrem kämpferischen Einsatz für politische Freiheitsrechte nicht nur durch eine glühende national-patriotische Gesinnung motiviert, sondern sie verstanden es auch, für die gemeinsame Sache zu werben und die erforderlichen Finanzmittel zu mobilisieren. Unter den Auswirkungen dieser sog. nationalen Wiedergeburt sah sich der Sultan einem wachsenden inneren Druck ausgesetzt, der sich immer wieder in eruptionsartigen Ausbrüchen entlud und schließlich kaum mehr unter Kontrolle halten ließ. Dieses häufig unkoordinierte Zusammenwirken einer inneren und einer äußeren Front haben schließlich dem Osmanischen Reich jegliche Überlebenschancen genommen.

V.

Der Türkenkampf der Balkanvölker

Die Balkanvölker sind nicht unvorbereitet in das neue heroische Zeitalter des Türkenkampfes hineingezogen. Das Heldenlied hatte die Erinnerung an eine glanzvolle Vergangenheit im historischen Bewußtsein lebendig erhalten. Im Milieu der Uskoken und Hajduken war auch schon ansatzweise eine militärische Eliteschicht herangebildet worden, die sich unter ungünstigsten äußeren Bedingungen bewährt hatte. Es spricht für das erwachende neue Selbstbewußtsein der Raya-Bevölkerung, daß gerade in den von den islamischen Herren geduldeten Autonomiebezirken und unter den privilegierten Bevölkerungsschichten der Gedanke an eine grundsätzliche und gewaltsame Änderung der allgemeinen Verhältnisse am ehesten Wurzel faßte. Die Bewohner in den Vojnik-Dörfern in Bulgarien, die Führer (Knezen) der Selbstverwaltungs-Dorfgemeinschaften unter den serbischen Bauern (*knežina*-System) und die unter den günstigen Voraussetzungen des osmanischen Großreiches sich herausbildende bevorrechtete Schicht von Händlern und Kaufleuten wachten eifersüchtig über ihre Privilegien. In den Zeiten eines allgemeinen Zerfalls der staatlichen Ordnung, der Willkürherrschaft und Korruption, fanden sich unter ihnen am ehesten Verfechter eines bewaffneten Widerstandes, der allein eine wirksame Abhilfe versprechen konnte. Es ist gewiß kein Zufall, daß sich der serbische Freiheitskampf des Jahres 1804 aus lokalen Anlässen, aus einer Auflehnung gegen die Eigenmächtigkeiten des Provinzstatthalters, entwickelt hat.

Voraussetzung für derartige politische Aktivitäten der Balkanvölker war jener gesellschaftliche Differenzierungs- und Umstrukturierungsprozeß, der aus der weithin geschlossenen Agrargesellschaft eine neue selbstbewußte Führungsschicht ausgliederte und damit einen Ausgleich für den Verlust der einheimischen Oberschicht während der ersten Phase der osmanischen Eroberungen schuf. Die Chancen und Möglichkeiten wuchsen mit der räumlichen Entfernung von der Reichszentrale und der Nähe zum russischen, habsburgischen oder venezianischen Herrschaftsbereich.

Montenegro

In Montenegro, der alten Zeta, hatte die Gunst der geographischen Lage eine zusätzliche stimulierende Wirkung. Der Pascha von Skutari begnügte sich in der Regel mit einer nur nominellen Herrschaft über die Stämme des montenegrinischen Hochlandes. Das Wiederaufleben der ursprünglichen patriarchalischen Verfassungsformen unter den dortigen Stammesgruppierungen drängte den kirchlichen Führer, den Bischof von Cetinje, allmählich in eine immer mehr politische Aufgabe zur Interessenwahrnehmung nach außen hinein. Getragen von der Zustimmung der Stammesführer und mit venezianischer und habsburgischer Unterstützung wagten die Bischöfe schließlich den weiteren Schritt zur Herauslösung aus dem osmanischen Reichsverbande. Seit der Wahl des Mönches Danilo Petrović Njegoš aus dem kirchlichen Zentrum des Landes, dem Kloster in Cetinje, im Jahre 1697 setzte sich die Erblichkeit des Fürstenamtes in der bischöflichen Familie – Übertragung vom Onkel auf den Neffen – durch.

Die montenegrinischen Stämme, deren Territorium offiziell seit 1499 dem Osmanischen Reich eingegliedert war, hatten auf dem beschwerlichen Weg zur staatlichen Eigenständigkeit gegen erhebliche innere und äußere Widerstände anzukämpfen. Zu den vordringlichen Aufgaben zählten die Überwindung des zählebigen Stammespartikularismus, die Sicherung der Grenzen gegenüber begehrlichen Nachbarn und die Koordinierung der von eigenmächtigen und selbstbewußten Familienclans gesteuerten politischen und militärischen Einzelaktionen.

Aus der gemeinsamen Abwehr gewaltsamer Eingriffe türkischer Statthalter in die überlieferte Rechtsordnung verfestigte sich im Laufe des 18. Jahrhunderts der Gedanke einer dauerhafteren Schicksalsgemeinschaft. Sie begann unter den vornehmlich von Peter I. Petrović Njegoš (1782–1830) erfolgreich eingeleiteten Zentralisierungs- und Modernisierungsmaßnahmen eigene staatliche Organisationsformen zu finden. Die montenegrinische Staatswerdung ist im Zeichen einer stark nachwirkenden gentilen Patriarchalität, die im dinarischen Karst als eine «geschlossene Bergfestung im türkischen Meere» (G. Gesemann) länger überlebt hatte, eng mit dem Mythos des Türkenkampfes verbunden geblieben.

Die Dynastie der Njegoši hat sich bis zum Ersten Weltkrieg in dieser exponierten Stellung behauptet und die montenegrinische Selbständigkeit durch alle Fährnisse der wechselnden außenpolitischen Situationen zu wahren und zu mehren gewußt. Vielfältige Verbindungen zum russischen Zarenhofe garantierten in Krisenzeiten einen starken diplomatischen Rückhalt. Vom 18. Jahrhundert bis in das 20. Jahrhundert hinein war die russische Orientierung eine Konstante der montenegrinischen Außenpolitik.

Die griechische Kirche und der Phanar

Die Mehrzahl der nationalen «Erwecker» unter den Serben, Bulgaren, Rumänen und Griechen haben ihre wesentlichen und bestimmenden Eindrücke in außerbalkanischen Emigrationszentren gesammelt und zunächst von außen her das Werk der nationalen Wiedergeburt eingeleitet. Nicht zufällig hat die Rückbesinnung auf das eigene Volkstum in kirchlichen Kreisen Wurzeln geschlagen. Aus den täglichen Bedürfnissen der Seelsorge heraus ergab sich die Notwendigkeit, die christliche Heilsverkündigung in die Sprache und Vorstellungskraft des einfachen Mannes zu übertragen und auf seine Sorgen und Nöte eine Antwort zu finden. Gerade die nationalen Klöster hatten auch während der jahrhundertelangen Fremdherrschaft den engen Kontakt mit dem eigenen Volk nicht verloren und den nationalen Selbstbehauptungswillen genährt und gehütet. Dieses Bekenntnis der Kirche zum Volk lebte noch stark von sozialen Impulsen. Es ließ sich unter den gegebenen Umständen leicht in politische Demonstrationen und Aktionen umsetzen. Im Millet-System des osmanischen Fremdenrechtes war eine derartige Politisierung von Anfang an angelegt.

Die Horrorvisionen von einem rigiden islamischen Unterdrückungssystem, das jahrhundertelang auf den christlichen Balkanvölkern lastete und jegliche Freiheitsregung im Keime erstickte, paßt mit der sozialen Wirklichkeit nicht recht zusammen. Die christliche Raya hat in den einzelnen Regionen der Balkanhalbinsel die Präsenz des Sultans im täglichen Leben in sehr unterschiedlicher Intensität erfahren. Mit dem schleichenden Niedergang der osmanischen Macht, als aufsässige Statthalter in den Randprovinzen sich den Verfügungen der Reichszentrale entzogen, gewannen regionale Differenzierungen ein zusätzliches Gewicht bei der Mobilisierung der schlummernden Widerstandskräfte im Volke, das sich gegen Willkürmaßnahmen lokaler Amtsträger zur Wehr setzte.

Die Praxis der neuen Machthaber, unter restriktiven Auflagen die Fortexistenz von Christengemeinden zu dulden, kam zunächst unter den Balkanvölkern eher den Griechen zugute. Sie hatten sich nach der Eroberung Konstantinopels am besten auf die neuen Machtverhältnisse umgestellt und Karrieremöglichkeiten am Sultanshof – als Dolmetscher, Diplomaten, Berater, Handelsagenten und Schiffahrtssachverständige – zu nutzen verstanden. Seit der vom Sultan geförderten Investitur des Gennadios Scholarios (1453) war das Patriarchenamt fest in griechischer Hand. Die Besetzung wurde unter den einflußreichen Familien im Phanar, dem Griechenviertel am Sultanshof, ausgehandelt. Als Ethnarch aller orthodoxen Christen gewann der Patriarch nicht nur Jurisdiktionsrechte und Einfluß in den balkanischen Kirchenprovinzen und im Orient zurück, die er unter den christlichen Kaisern schon längst verloren hatte, er wuchs auch in eine neue politische Rolle hinein, die bisher ausschließlich der Kaisermacht vorbehalten war.

An vielen Einzelschicksalen läßt sich ablesen, daß die Griechen unter allen Balkanflüchtlingen, die vor den heranrückenden Türken den bitteren Weg der Emigration wählten, an den neuen Zufluchtsorten am schnellsten wieder Fuß faßten. Der Exodus griechischer Gelehrter aus dem sterbenden Byzanz hatte schon lange vor der Endphase der kriegerischen Auseinandersetzungen eingesetzt. Griechische Exulanten fanden an den Fürstenhöfen Italiens und

Westeuropas bereitwillige Aufnahme. Den Zugang verschafften ihnen weniger die oftmals beschwörenden Kreuzzugsappelle, die sie mit teilweise abenteuerlichen Rückeroberungsplänen verbanden, sondern vornehmlich ihr Gelehrtenruhm und die reichen Handschriftenbestände, die sie in ihrem Gepäck mit sich führten. Sie waren im Zeitalter der Renaissance und des Humanismus begehrte Sammelobjekte für eine neue Geldaristokratie in den italienischen Stadtkommunen.

Der endgültige Untergang Konstantinopels 1453 hatte eine neuerliche Abwanderungswelle zur Folge. Als Zielorte boten sich neben Italien die näher gelegenen Außenposten des venezianischen Überseereiches im Mittelmeer und im adriatischen Küstenbereich an. Die griechische Kultur erlebte so auf Kreta eine ungeahnte Nachblüte, der sie u. a. den vielgelesenen Versroman Erotokritos im volksprachlichen Idiom von Vitzentzos Kornaros (1650) und beachtliche Leistung in der populären Schauspielkunst und in der Malerei verdankte. Sie endete mit der osmanischen Eroberung im türkisch-venezianischen Krieg von 1654–1669.

Venedig selbst entwickelte sich zum Sammelpunkt einer wachsenden griechischen Gemeinde aus Flüchtlingen, Handeltreibenden, Seeleuten und Handwerkern mit eigener Kirchenorganisation (Metropolit von Philadelphia) und kulturellen Einrichtungen. Die Druckerpressen der griechischen Verlagshäuser in Venedig deckten über mehrere Generationen den Bedarf der orthodoxen Balkanchristen und lieferten kirchliche Texte bis in das entfernte Moskau. Griechischer Kaufmannsgeist hielt über politische und ideologische Grenzen hinweg den Güteraustausch zwischen den europäischen und eurasischen Wirtschaftsregionen in Gang. Griechische Unternehmer in den Küstenregionen und auf den Inseln wußten die Chancen, die der ostwestliche Seeverkehr im Mittelmeer nach der Verdrängung des venezianischen Fern- und Zwischenhandels aus den levantinischen Gewässern bot, zu ihrem Vorteil zu nutzen. Die Inselgriechen waren am lukrativen Getreideexport, der seit der Wende zum 19. Jahrhundert langsam über die neugegründeten südrussischen Hafenstädte in Gang kam, maßgeblich mit ihren Schiffen beteiligt. Den Verkehr in der Gegenrichtung nutzten sie zum Absatz heimischer Erzeugnisse in der Schwarzmeerregion.

Die Hauptwege der griechischen Emigrationsbewegung nach dem Fall Konstantinopels führten nicht nur in westliche Richtung. Im Gefolge der Sofija/Zoë, der Nichte des letzten byzantinischen Kaisers, die über päpstliche Vermittlung im Jahre 1472 den Moskauer Großfürsten Ivan III. ehelichte, hielten Griechen als Begleiter und Berater Einzug in der Moskauer Residenz. Einzelnen gelang in russischen diplomatischen Diensten und in der Finanzverwaltung ein rascher Aufstieg. In der Folgezeit finden wir Griechen in einflußreichen Stellungen am Moskauer Druckerhof und in den neugeschaffenen Bildungseinrichtungen.

In den Donaufürstentümern hat die griechisch-byzantinische Kultur noch

Jahrhunderte nach dem Untergang der Kaiserstadt eine ungeahnte Nachblüte («Byzance après Byzance») erlebt. Manchen Emigranten aus den Balkanländern hatte sich hier eine Zufluchtsstätte geboten. Auch bei der Weitergabe des griechischen Kulturerbes in den ostslawischen Raum – nach Kiew und Moskau – haben die Moldau und die Walachei eine nicht zu unterschätzende Rolle gespielt. Griechische Lebensformen und Bildungsideale verbreiteten sich unter den einheimischen Bojaren, die jeglichen Kontakt mit dem eigenen Volk und den bäuerlichen Unterschichten verloren. Nach dem gescheiterten Pruth-Unternehmen Peters des Großen (1711) sind Abkömmlinge gräzisierter und griechischer Familien aus dem Phanar in den beiden Fürstentümern gegen angemessene Einstandszahlungen an die Hohe Pforte sogar zu herrscherlichen Würden von Sultans Gnaden aufgestiegen. Über ein Jahrhundert, bis zum Beginn des griechischen Freiheitskampfes, stellten die Mavrokordatos, die Ghikas, die Ypsilantis oder Kallimachis abwechselnd die Hospodare der Moldau und der Walachei. In ihrem Gefolge hielten griechische Kulturtraditionen, giechische Sprache und griechische Bildungseinrichtungen in den Fürstenresidenzen Einzug. An den in Bukarest und Jassy eingerichteten Hohen Schulen, den «Herrscherlichen Akademien», fanden sich griechische Gelehrte von 1714–1821 zu einem pädagogischen Experiment mit weitreichendem Wirkungsradius zusammen. Den Gräzisierungstendenzen der Phanariotenzeit hatten in der ersten Hälfte des 17. Jahrhunderts schon gräkophile Herrscher wie Vasile Lupu (1634–1653) in der Moldau vorgearbeitet. Unter den Nachfolgern fanden sich eifrige Beförderer aufklärerischer Ideen, deren teilweise kurzlebigen Reformprogramme Emanzipationsmaßnahmen, eine Linderung der bäuerlichen Notlage (Bauernbefreiung bzw. Normierungen der Dienstleistungen unter Konstantin Mavrocordat in den 40er Jahren) und die Rezeption westlicher Rechts- und Verwaltungspraxis (Gesetzbuch des Scarlat Callimachi in der Moldau, 1816–1817, ein Werk des Siebenbürger Sachsen Christian Flechtenmacher, und der Kodex des walachischen Fürsten J. G. Karadza von 1818), vorsahen. Die erzwungenen häufigen Herrscherwechsel und die bis in höchste Regierungsämter reichende Korruption ließen aber für eine vorausschauende Planung und eine kontinuierliche Reformpolitik nur wenig Spielraum. In den Augen der betroffenen Rumänen ist die Phanariotenzeit mit dem Odium der Fremdherrschaft belastet geblieben.

Das gescheiterte phanariotische Experiment in den Donaufürstentümern ist für den Freiheitskampf der Griechen im 19. Jahrhundert nicht ohne Folgen gewesen. Nicht zufällig hat er von zwei entfernten Regionen her, von der zentralgriechischen Landschaft der Peloponnes und von der Moldau seinen Ausgang genommen. Die vergeblichen Freiheitshoffnungen der griechischen Landbevölkerung hatten jahrhundertelang auf verwegenen Einzelkämpfern, den sog. Klephten, geruht, die in begrenzten lokalen Unternehmungen den islamischen Herren zusetzten. In Gestalt der edlen Räuber und ausgleichenden Rächer haben sie in vielerlei Variationen das Repertoire der

Volkslieder bereichert. Die Freiheitskämpfer des ausgehenden 18. Jahrhunderts hatten in diesem heroischen Milieu ihre unentbehrliche Rekrutierungsbasis. Über herausragende Führerpersönlichkeiten wie Odysseus Androutsos im östlichen Rumelien oder den berühmten Aufstandsführer in der Peloponnes, Theodoros Kolokotronis (1770–1843), der einer bekannten Klephtenfamilie entstammte, haben diese teilweise anarchischen heroischen Traditionen auf die militärischen und politischen Organisationsformen des entstehenden griechischen Nationalstaates eingewirkt. Das Beamtendenken der bayerischen Berater König Ottos fand sich später in diesem undurchschaubaren Gewirr der Familienclans und persönlichen Bindungen nur schwer zurecht. An der ideellen und strategischen Vorbereitung einer allgemeinen Erhebung der Griechen waren aber weniger die auf begrenztem Territorium agierenden einheimischen Kräfte beteiligt, als die «Dispora». In deren weitverstreuten Gemeinden war inzwischen eine neue selbstbewußte Führungsschicht herangewachsen. Sie war mit den modernen politischen Ideen Westeuropas eng vertraut und verfügte über die notwendigen finanziellen Mittel und die organisatorischen Erfahrungen. Unter den begeisterungsfähigen Abkömmlingen arrivierter Familien in den reichen Kaufmannssiedlungen, die an europäischen Hochschulen ihre Ausbildung genossen hatten, zündeten die aufrührerischen Parolen der westlichen Aufklärung gegen Willkürherrschaft und Unterdrückung des freien Menschentums. Sie fühlten auch in ihrer privilegierten Stellung immer dringlicher die moralische Verpflichtung, ihren bedrängten Landsleuten unter türkischer Fremdherrschaft zu Hilfe zu eilen. Der reiche Kaufmannssohn aus Chios Adamantios Korais (1748–1833), er zeit seines Lebens als Gelehrter und Publizist von seinem Pariser Domizil aus für die griechische Sache geworben hatte, erhoffte sich von einer geistigen Wiedergeburt des Griechentums einen Weg zur Freiheit. Der Dichter Rhigas Pheräos Velestinlis (1757–1798), der in eindringlichen Versen und Liedern von Bukarest und Wien aus die Freiheitsideale der antiken Griechen beschworen und zum bewaffneten Aufstand gerufen hatte, büßte seinen Einsatz mit dem Leben. Er wurde von der habsburgischen Regierung an die türkischen Behörden ausgeliefert und 1798 in Belgrad hingerichtet. Während zur gleichen Zeit der griechische Patriarch Anthimos von Jerusalem in einer eindringlichen «Brüderlichen Ermahnung» an die Gehorsamsverpflichtung auch der Christen gegenüber dem Sultan als dem von Gott geduldeten rechtmäßigen Herrscher gemahnte, wurden unter dem Eindruck des Napoleonischen Angriffes gegen Ägypten schon die Weichen für eine gewaltsame Konfliktlösung gestellt. Seit 1814 liefen auf konspirativen Kanälen über die in Odessa gegründete Geheimgesellschaft der «Hetärie der Philikier», zu der sich Vertreter aus allen Gesellschaftsschichten zusammengeschlossen hatten, die Aufstandsvorbereitungen.

Die Serben in Südungarn

Inzwischen hatten schon die Serben den ersten Versuch einer Erhebung unter den Balkanchristen geprobt. Er war ebenso wie bei den Griechen getragen von einer neuen nationalbewußten Führungsschicht. Die Geburtshelferrolle hatte hier das ungarländische Serbentum für die noch unter osmanischer Herrschaft verbliebenen Landsleute übernommen. Im Schutze einer immer erfolgreicher operierenden habsburgischen Kriegsmacht hatten sie jenseits von Save und Donau eine neue Heimstatt gefunden, die ihnen im Verbund der habsburgischen Länder erfolgreiche wirtschaftliche Betätigungen und Anteil an der westeuropäischen Kulturentwicklung bot. Die erwünschte territoriale Autonomie auf kaiserlichem Boden blieb den Grenzgängern und Flüchtlingen, auch als sie in größerer Zahl sich dem Exodus ihres geistlichen Oberhauptes, des Pećer Patriarchen Arsenije III. Crnojević 1690 anschlossen, auf Dauer versagt. Der in mühevollen Gesprächen mit den kaiserlichen Behörden ausgehandelte und in den leopoldinischen Patenten bestätigte privilegierte Rechtsstatus der Serben war im praktischen Vollzug vor mancherlei Behinderungen und Anfechtungen nicht gefeit, da die Ständeversammlungen der betroffenen Territorien (Ungarn, Siebenbürgen, Kroatien-Slawonien) eine Bestätigung und Übernahme in ihre jeweiligen Landesgesetze verweigerten. Außerdem hatten sich die orthodoxen Neusiedler wiederholter Unionsbemühungen oder gar gegenreformatorischer Maßnahmen ihrer Gastländer zu erwehren. Sie haben in den 30er Jahren des 18. Jahrhunderts größere Gruppen zur Abwanderung in die südrussischen Neulandgebiete («Neuserbien») unter den Schutz des orthodoxen Zaren veranlaßt. Einzelne Familien zogen sogar die Rückkehr auf türkisches Territorium vor.

Die positiven Seiten der habsburgischen Herrschaft hatten am ehesten die Balkanflüchtlinge in der relativ sicheren militärischen Schutzzone des Konfin erfahren. Orthodoxe Serben waren schon in der Anfangsphase beim Aufbau der kroatischen Militärgrenze als Wehrbauern angesiedelt worden. Unter der Befehlsgewalt des Hofkriegsrates in Graz waren sie vor Behinderungen in ihrem kirchlichen Leben und vor der Begehrlichkeit des kroatischen Adels im Hinterland sicher, der Militärdienst eröffnete willkommene Aufstiegsmöglichkeiten. Die Zurückdrängung der Türken bis an die Save-Donau-Grenze nach der erfolgreichen Abwehr der zweiten Belagerung Wiens im Jahre 1683 ermöglichte es den kaiserlichen Behörden, den Flüchtlingsstrom in weitere grenznahe und während der Kriegsereignisse weitgehend entvölkerte Regionen zu lenken, die 1699 im Frieden von Karlowitz den Habsburgern zugefallen waren. Der Ostteil Slawoniens wurde in dieser Zeit von einer mehrheitlich orthodoxen serbischen Bevölkerung besiedelt, die im syrmischen Karlowitz (Sremski Karlovci) im Schatten der nationalen Klöster in der Fruška Gora ihr kirchliches Zentrum erhielten. Der Karlowitzer Metropolie waren als Suffragane die orthodoxen Bischöfe von Neusatz (Novi Sad), Pakrac und

Karlstadt (Karlovac) zugeordnet. Nach dem Frieden von Passarowitz und der Angliederung des Banats (1718) kamen die Bistümer von Arad, Temesvár und Werschetz hinzu, in denen die Rumänen die Mehrheit des Kirchenvolkes stellten.

Anders als in der Militärgrenze und in Syrmien hatten es die in die Komitate der Stefanskrone zugewanderten Serben erheblich schwerer, Fuß zu fassen und insbesondere in den städtischen Siedlungen, die für Handwerker und Handeltreibende attraktiv waren, als gleichberechtigte Bürger Aufnahme zu finden. Obwohl sich serbische Gemeinden u. a. in Komorn, Gran, Ofen, Pest, Sankt Andrae, Neusatz herausgebildet hatten, die rege wirtschaftliche Aktivitäten entfalteten und gemeinsam mit den griechischen Händlerkompagnien Verbindungen zu den mitteleuropäischen Märkten herstellten, gelang der Abbau diskriminierender Restriktionen erst in einem langwierigen zähen Ringen mit der madjarischen Obrigkeit. Bei der Besiedlung der transdanubischen Steppenlandschaften konkurrierten die Serben mit anderen bäuerlichen Gruppen (Deutschen, Franzosen, Italienern), denen die staatliche Kolonisationspolitik den Vorzug gab, und mit dem ungarischen Komitatsadel, der sich jeglicher Einschränkung seiner grundherrlichen Vorrechte durch privilegierte Ansiedler energisch widersetzte. Durch die Errichtung königlicher Freistädte und einzelner Krondistrikte suchte die für die administrativen Belange in den neuerworbenen Territorien zuständige Hofkommission (die sog. Neoacquistische Kommission) einen gerechten Ausgleich zwischen den unterschiedlichen Interessen zu schaffen. 1745 übernahm eine Illyrische Hofkommission (seit 1747 als «Hofdeputation in Banaticis, Transylvanicis et Illyricis») die Betreuung der orthodoxen Balkanflüchtlinge in der südungarischen Grenzregion. Siebenbürgen und das Banat wurden 1755 wieder der Hofkammer zugeordnet. Während die Serben in der Bačka als Bürger und Bauern – gemeinsam mit den katholischen Stammesverwandten der Bunjewatzen und Schokatzen – innerhalb einer deutsch-madjarischen Mischzone in kompakten Siedlungsräumen eine relative Mehrheit erreichten und insbesondere in den königlichen Freistädten (Neusatz, Sombor) und im Theißer Krondistrikt (mit Alt-Becse) zum vorherrschenden Element wurden, teilten sie sich die Vorrangstellung der Orthodoxen in den östlich der Theiß angrenzenden Komitaten – im sog. «Partium» (d. i. den «partes adnexae» der Stefanskrone im Übergang zwischen Ungarn und Siebenbürgen mit dem Temesvárer Banat) mit den zahlenmäßig überlegenen Rumänen. Die kirchliche Hierarchie und das gerade im Banat aufblühende kirchliche Schulwesen blieben allerdings fest in serbischer Hand. In den Leopoldinischen Diplomen waren den serbischen Einwanderern die gleichen Vorrechte zugesichert worden, die sie schon unter osmanischer Herrschaft im Ipeker/Pećer Patriarchat genossen hatten. Sie garantierten ihnen freie Religionsausübung, die innerkirchliche Autonomie mit ungehinderter Metropoliten- und Bischofswahl auf eigenen National- und Wahlkongressen sowie Steuerprivilegien.

Unter den Bedingungen einer konfessionellen, wirtschaftlichen und sozialen Konkurrenzsituation mußte in Ermangelung einer politischen Standesvertretung der obersten Kirchenleitung der orthodoxen Serben in der Karlowitzer Metropolie eine Führungsaufgabe zufallen. Die Metropoliten wuchsen erneut, wie schon unter dem Millet-System im Osmanischen Reich, in eine Art Ethnarchenrolle hinein, in der sie vor den zuständigen Instanzen als Fürsprecher ihrer Gläubigen auftraten und trotz wiederholter Abmahnungen politische Rechte und die Einhaltung der Privilegienzusagen einforderten. Erst nach dem Temesvárer Nationalkongreß von 1790 bewilligte der ungarische Landtag 1791/93 den Orthodoxen schließlich die vollen Bürgerrechte. Ihre Erzbischöfe und Bischöfe erhielten Sitz und Stimme im Landtag.

An den Kirchenversammlungen (Sabore) der Orthodoxen wirkten in herkömmlicher Weise neben den Klerikern auch Laienvertreter, die von den Gemeinden gewählt worden waren, gleichberechtigt mit. Diese wandelten sich so zu quasi-parlamentarischen Beratungs- und Entscheidungsinstanzen, deren Mandat weit über den engeren kirchlichen Raum hinausreichte. Man hat in diesem Zusammenhang zu Recht von «Konfessions-Nationalitäten» gesprochen (E. Turczynski). Sie bildeten unter den orthodoxen Serben und Rumänen im Donau- und Balkanraum eine wichtige Übergangsstufe auf dem beschwerlichen Weg zur Nation. In dieser Entwicklungsphase sind Versäumnisse der Vergangenheit nachgeholt und in der erzwungenen Angleichung an die neue Umwelt die notwendigen Umstrukturierungen der traditionalen Agrargesellschaften eingeleitet worden.

Unter den Serben hatte wohl schon die Nordwanderung des 15.–17. Jahrhunderts nach Bosnien, in die Šumadija (Moravaserbien) und das Save-Donau-Gebiet einen Anstoß zu weitreichenden Umschichtungen gegeben, als der natürliche Gegensatz zwischen Altsiedlern und Zuwanderern neue gesellschaftliche Energien freisetzte. Aber erst die habsburgische Südostpolitik, die während der theresianischen und josephinischen Reformperiode zu vorausschauenden administrativen und sozialen Zugeständnissen bereit war, beschleunigte unter den in Südungarn angesiedelten Serben die Ausgliederung mittelständischer Elemente, aus denen sich eine nationalbewußte Führungsschicht rekrutieren konnte. Die gesellschaftlichen Aufsteiger wurden zu den gegebenen Vermittlern einer sich am kaiserlichen Hof und an der Wiener Gesellschaft orientierenden Europäisierung, die sich in aufklärerisch-literarischen Bemühungen und insbesondere in schulreformerischen Maßnahmen niederschlug. Die theresianischen Schulgesetze der 70er Jahre strebten eine grundlegende administrative Neuordnung des Volksschulwesens unter den orthodoxen serbischen und rumänischen Untertanen – in den sog. griechisch-nichtunierten oder «illyrischen» Schulen – an. Bis 1782 leitete der große serbische Schulreformer Theodor Janković Mirijevski, der dem Vorbild Johann Ignaz Felbigers und der «Normalschule» in Wien nacheiferte, das serbische Schulwesen im Banat, ehe ihn Katharina II. als pädagogischen

Berater nach Rußland verpflichtete. Die heranwachsende Jugend der serbischen Exulanten wurde so mit den aus dem deutschen Sprachraum übernommenen pädagogischen Ideen und mit dem fortschrittlichen westlichen Denken der Aufklärungszeit vertraut. Die gesellschaftliche Isolierung in einer ungewohnten, anderssprachigen und heterodoxen Umwelt verstärkte die Rückbesinnung auf die eigene Herkunft, auf die genuin orthodoxen Kulturtraditionen, und sie schärfte das Bewußtsein für die eigene Sprache und Nation sowie für die zukünftige geschichtliche Sendung. Dem südungarischen Serbentum entstammte nicht nur der Archimandrit Jovan Rajić (1726–1801), der als Versuch einer historiographischen Deutung der südslawischen geschichtlichen Entwicklung ein vierbändiges Werk hinterließ (Wien, 1794–1795), sondern auch der große serbische Aufklärer und Sprachschöpfer Dositej Obradović (1742–1811). Er war ebenso wie Rajić aus dem Athos-Mönchtum hervorgegangen und hatte erst allmählich sein asketisches Lebensideal mit einem weltlichen Bildungsprogramm vertauscht. Auf einem unsteten Wanderleben durch Europa hatte er sich mit den populären Vorstellungen der Aufklärungsphilosophie vertraut gemacht und als erster Erziehungsminister des autonomen serbischen Fürstentums seit 1807 eine praktische Wirksamkeit im Dienste der Volksbildung entfaltet.

Auch der überragende serbische Sprachreformer Vuk Stefanović Karadžić (1787–1864), der mit der kirchenslawischen Tradition brach und der volkssprachlichen Literatur zum Durchbruch verhalf (1814/15 erschien seine ‹Beschreibung der serbischen Sprache nach der Rede des gemeinen Volkes›), hatte seine entscheidenden Anregungen – im Sinne der deutschen Romantik – im Ausland, im Wiener Exil, gewonnen. Sein Lehrer in Wien, der slowenische Slawist Bartholomäus Kopitar (1780–1844), hatte ihn zum Studium der Volkssprache angeregt und ihn für die Sammlung serbischer Volkslieder, Märchen und Sprichwörter zu begeistern gewußt. J. G. von Herder († 1803) hat diese literarische Entdeckung des serbischen Volksliedes noch miterlebt, J. W. von Goethe und Jakob Grimm haben ihr reges Interesse für die Sammelarbeit Vuk Karadžićs bekundet. Die Wiederentdeckung des serbischen Volkes war zu einem europäischen Ereignis geworden.

Die Rumänen in Siebenbürgen und in den Donaufürstentümern

Nicht zufällig hat unter den Rumänen ein nationales Selbstbewußtsein zuerst auf dem Boden Siebenbürgens Wurzeln geschlagen. Unter den gewachsenen verfassungsrechtlichen Normen, die eine Teilung der öffentlichen Gewalt zwischen dem Fürsten, dem Rat (Gubernium) und der Ständeversammlung (Landtag) vorsahen und das Zusammenleben der unterschiedlichen Völker, Sprachen und Konfessionen im Fürstentum regelten, waren der Bevölkerungsmehrheit, den rumänischen Bauern, keinerlei politischen Eigenrechte zugestanden worden. Sie lebten nur als «geduldete» Bewohner (tolerati) im Lande. Den «berechteten Nationen» der Ungarn, Szekler und Deutschen (Siebenbürger Sachsen) hatte Kaiser Leopold I. bei der Rückeroberung des Fürstentums und der Eingliederung in den habsburgischen Herrschaftsverband 1691 die in den überlieferten Rechtsgepflogenheiten, in den königlich-ungarischen Dekreten und Privilegien, in den alten Reichstags- und den siebenbürgischen Landtagsbeschlüssen niedergelegten Freiheiten bestätigt. Die drei Landstände – die «universitas nobilium» der ungarischen Magnatenaristokratie und der kleinadeligen Familien, die communitas der Szekler und die sächsische Nationsuniversität der deutschen Bürger und freien Bauern – hatten das Territorium als autonome Gebietskörperschaften in Besitz genommen. Auf den «Komitatsboden» des ungarischen Adels entfiel ⅔ des Grundbesitzes, den Rest teilten sich die Szekler (⅕), die ursprünglich als Grenzwächter angesiedelt worden waren und die die östlichen und südöstlichen Randzonen besetzt hielten, sowie die Siebenbürger Sachsen (⅛), die teils als städtische Bürger und Handwerker, teils als Bauern auf «Königsboden» (fundus regis) in vier räumlich getrennten Siedlungskomplexen saßen. Die Rumänen lebten zumeist als Hörige (Jobagyen) auf den Höfen der Sachsen und Szekler. Sie waren auf den Landtagen nicht vertreten und hatten so bis ins 18. Jahrhundert hinein weder politische Mitspracherechte noch eine Garantie ihrer orthodoxen kirchlichen Einrichtungen. Zu den vier «rezipierten» Religionen (religiones receptae) zählten gemäß den Landtagsbeschlüssen des 16. Jahrhunderts nur die Katholiken, Calviner, Arianer (Unitarier) und Lutheraner.

Mehr noch als die serbischen Untertanen des Kaisers waren die rumänischen Bauernmassen Siebenbürgens auf die tätige Fürsprache ihres Klerus bei den Landesbehörden und am Wiener Hof angewiesen. Die offizielle Begünstigung der unierten Hierarchie säte allerdings Mißtrauen in den Reihen der Rumänen, deren orthodoxer Klerus zudem im Banat und im Partium sich der Bevormundung durch serbische Suffragane des Karlowitzer Metropoliten zu erwehren hatte. Eine Aktionseinheit aller nationalbewußten Rumänen über bestehende kirchliche Abgrenzungen hinweg ist erst in der zweiten Phase, unter der Einwirkung der theresianisch-josephinischen Reformen und unter dem Eindruck radikaler bäuerlicher Protestbewegungen (Aufstand des Jahres 1784 unter dem Bauernführer V. Horea) zustande gekommen. Zunächst hatte die Kirchenführung der Unierten die besseren Trumpfkarten in der Hand. Geschult an den Priesterseminaren und theologischen Hochschulen in Tyrnau, Munkács, Wien und Rom waren ihre Sprecher um passende Argumente nicht verlegen. 1732 ergriff der erstmals zur Ständeversammlung zugelassene neuernannte Bischof von Fogărăş, Ioan Micu (Inochentie Klein/Clain) die Gelegenheit, im siebenbürgischen Landtag sehr zum Unwillen der übrigen Ständevertreter die Forderungen nach Abschaffung der Leibeigenschaft und nach einer Anerkennung der Rumänen als gleichberechtigte «Nation» öffentlich zu erheben. In Denkschriften an den kaiserlichen Hof warb er für die rumänische Sache und scheute auch vor spektakulären Auftritten nicht zurück. Sie trugen ihm schließlich ein Untersuchungsverfahren in Wien ein, dem er sich duch die Flucht nach Rom entzog. Ohne die erhoffte Unterstützung durch den Papst mußte er schließlich resignieren und 1751 sein Bischofsamt aufgeben. Unter seinem Generalvikar und Nachfolger Petru Pavel Aron wurde der Bischofssitz Blasendorf (Blaj) zu einem geistigen und kulturellen Zentrum der Unierten in Siebenbürgen ausgebaut. Die 1754 eröffnete Schule bot einer rasch wachsenden Schülerzahl ein gegliedertes Unterrichtssystem vom Elementarunterricht über die Lateinschule bis zur Klerikerausbildung an. Das Verhältnis zu den orthodoxen Glaubensbrüdern blieb weiterhin erheblich belastet. Deren Missionierungserfolgen versuchte Bischof Aron mit teilweise drastischen Gegenmaßnahmen zu begegnen. Der Furcht der Wiener Behörden vor einer weitergehenden Solidarisierung der orthodoxen Untertanen in allen Landesteilen und vor möglichen diplomatischen Verwicklungen mit Rußland verdankten die Orthodoxen Siebenbürgens 1758 das Zugeständnis eines zunächst exempten, von der serbischen Metropolie in Karlowitz getrennten eigenen Bischofs.

Daß Unierte und Orthodoxe in Siebenbürgen schließlich doch um der gemeinsamen rumänischen Sache willen zu einer Aktionsgemeinschaft zusammenfanden, war das Ergebnis äußerer Bedrohung nach der Rückgliederung des Großfürstentums (seit 1765) Siebenbürgen an die Länder der Stefanskrone und die Folge eines Bewußtseinswandels, der die Verbundenheit durch gleiche Abstammung, Sprache und Kultur und durch den gleichen Status geminderter Rechte höher bewertete als kirchliche Abgrenzungen. Mit historischen Argumenten hatte schon Bischof I. Micu-Klein den Anspruch der Rumänen auf Gleichstellung mit den anderen Nationen begründet. Die zum Theologiestudium nach Rom entsandten Zöglinge der Unierten brachten die Überzeugung mit, daß eine ungebrochene Kontinuitätslinie die gegenwärtigen Rumänen mit den Dakern der Römerzeit verband. Die Vertreter der sog. Siebenbürgischen Schule (Şcoala ardeleană) lieferten in ihren historiographischen Versuchen zur siebenbürgischen Geschichte den historischen Beweis. 1778 schrieb der am theologischen Seminar in Blasendorf und in Wien ausgebildete Samuil Micu-Klein seine «Brevis historica notitia originis et progressus nationis Daco-Romanae» nieder, 1800–1805 ließ er eine vierbändige Gesamtdarstellung der rumänischen Geschichte folgen. Gemeinsam mit G. Şincai arbeitete er in der 1780 veröffentlichten ersten rumänischen Grammatik die lateinischen Ursprünge des Rumänischen heraus. S. Micu-Klein zählt auch zu den Verfassern der berühmten Denkschrift «Supplex Libellus Valachorum», die die Wortführer der Rumänen in Siebenbürgen 1791 dem Kaiser überreichten und in der sie ihre Forderungen mit rechtshistorischen Argumenten untermauerten und eine

Wiederherstellung früherer Rechtszustände zugunsten der rumänischen Bevölkerungsmehrheit verlangten. Über das von den Reformen Josephs II. begünstigte nationale Schulwesen ist der Dako-Romanismus fest im Geschichtsbild der heranwachsenden Generationen verankert worden. Über den Lehrer am orthodoxen Priesterseminar Gheorghe Lazăr (1779–1823), der 1816 Siebenbürgen verlassen mußte, ist die auf siebenbürgischen Boden gewachsene nationalrumänische Idee in die Donaufürstentümer getragen worden. Er zählt nicht nur als Begründer des modernen gymnasialen Schulwesens in Rumänien, sondern er steht als Vermittler der deutschen Aufklärungsideen auch am Anfang der nationalen Bewegung in den Donaufürstentümern.

Die bulgarische Wiedergeburt

Mit erheblichen äußeren Schwierigkeiten hatte auch die bulgarische Wiedergeburt (vŭzraždane) zu kämpfen. Durch die geographische Nähe zum Machtzentrum des Osmanischen Reiches waren die Bulgaren mehr als andere Balkanbewohner einem Islamisierungsdruck ausgesetzt gewesen, der ihnen lange Zeit auch die ökonomische Basis für einen gesellschaftlichen Aufstieg und die notwendige Differenzierung der kleinbäuerlichen Lebensformen entzog. In den städtischen Zentren behinderte bis in die zweite Hälfte des 19. Jahrhunderts hinein ein teilweise erheblicher muslimischer Bevölkerungsanteil die Bewegungsfreiheit, in den fruchtbaren Landstrichen machte sich der Großgrundbesitz türkischer Feudalherren (çiftlik-Besitzer) breit. Noch 1866 hatten die Muslime eine Mehrheit vor den Bulgaren u. a. in den Städten Vidin, Küstendil, Sofija, Loveč, Nikopol, Ruse, Šumen, Silistria und Osman Pazar. Eine wesentliche Voraussetzung eines erfolgreichen politischen Kampfes des bulgarischen Volkes war die Emanzipation aus der kirchlichen Bevormundung der Griechen. Nicht zufällig hatte das in Kirche, Handel und Geistesleben vorherrschende griechische Element in Bulgarien die ersten zaghaften Regungen eines nationalen Eigenbewußtseins in die Emigrationszentren nördlich der Donau (Braila, Bukarest) und in die bulgarischen Kolonien der großen Handelsplätze (Odessa, Smyrna, Konstantinopel) verdrängt. Das bahnbrechende Werk des Otec (‹Vater›) Paisij, der in der Abgeschiedenheit seiner Mönchszelle auf dem Berge Athos (zunächst im serbischen Chilandar-, später im bulgarischen Zographu-Kloster) im Jahre 1762 das Manuskript seiner ‹Slaweno-bulgarischen Geschichte von den bulgarischen Völkern, Zaren und Heiligen› in einem volkssprachlichen Idiom abschloß und damit die Umrisse eines neuen nationalen Geschichtsbildes und Bildungsprogrammes entworfen hatte, war bis zur ersten Drucklegung im Jahre 1844 nur handschriftlich verbreitet; dennoch bewirkte es in der gräzisierten bulgarischen Oberschicht die Wiederentdeckung des eigenen

Volkstums und der eigenen geschichtlichen Größe. Dem gleichen Ziel galt das Wirken des Bischofs Sofronij von Vraca (1739–1813), der eine beachtenswerte Autobiographie über sein leidvolles Leben hinterließ (‹Leben und Leiden des sündigen Sofronij›), sowie des bulgarischen Kaufmanns Vasil Aprilov aus Odessa. Aprilov finanzierte mit seinen Geschäftsfreunden eine erste bulgarische Schule in seiner Heimatstadt Gabrovo (1835) und wurde so zum Begründer des modernen bulgarischen Schulwesens. Über die engen Bindungen an Rußland sind dabei dem erwachenden bulgarischen Geistesleben prägende Impulse vermittelt worden, die in der bulgarischen revolutionären Bewegung der zweiten Jahrhunderthälfte (Christo Botev, Ljuben Karavelov) nachwirkten.

Am Anfang der den aufklärerischen Ideen verpflichteten volksbildnerischen Bemühungen steht die imponierende Gestalt P. Berons (1800–1871), der in Heidelberg Philosophie studiert und sein Medizinstudium 1831 in München mit einem Doktorat abgeschlossen hatte. Schon 1824 hatte er mit seiner Fibel, der sog. Fischfibel, den Beförderern einer breiten Elementarschulbildung eine nützliche Lernhilfe an die Hand gegeben. In den beiden Mönchen Neofit Rilski und Neofit Chilendarski Bozveli fand er zwei eifrige Fortsetzer seiner pädagogischen Arbeit, die letzteren zu einer immer radikaleren Abkehr von den Griechen führte. Zusammen mit Ilarion Makariopolski gehörte er zu den einflußreichsten Ideologen und Agitatoren des bulgarischen Kirchenkampfes, der mit der Errichtung des Exarchates 1870 einen vorläufigen Abschluß fand.

Der kroatische Illyrismus

Unter völlig anderen Rahmenbedingungen ist im Nordwesten der Balkanhalbinsel der Weg zum Nationalstaat beschritten worden. Die nationale Wiedergeburt der Kroaten hat sich vornehmlich in der Abwehr sprachlicher und kultureller Madjarisierungsbestrebungen vollzogen. Unter dem Eindruck der kurzlebigen napoleonischen Staatsschöpfung im nordwestlichen Balkan begann sich ein gegen Habsburg bzw. Ungarn gerichtetes Eigenbewußtsein zu regen. Im Vertrag von Campo Formio (1797) waren die ehedem venezianischen Besitzungen in Istrien und Dalmatien zusammen mit der Republik des hl. Markus an den langjährigen habsburgischen Konkurrenten gefallen. Nach 1809 (Friede von Schönbrunn) führte jedoch Napoleons Marschall Marmont diese Gebiete südlich der Save mit Slowenien, Triest, Villach, Krain, Görz und Teilen Kroatiens – die kroatische Militärgrenze blieb bestehen – zu einer neuen politischen Einheit zusammen (‹Illyrische Provinzen› mit der Hauptstadt Laibach), die zwar nur bis 1815 Bestand hatte, aber in den Jahren 1816–1849 teilweise als ‹Illyrisches Königreich› (aus Krain, Kärnten, Görz, Gradisca und Istrien) innerhalb der Donaumonarchie der Habsburger noch weiter lebte.

An dieser, wenn auch nur vorübergehenden Vereinigung von Slowenen, Kroaten und Serben in einem staatlichen Gebilde entzündete sich unter den Kroaten eine geistige Bewegung, in der sich Ideale der Französischen Revolution, Gedanken der deutschen Romantik und panslawistische Vorstellungen (Kopitar, Palacký, Mickiewicz) zu einem nationalpolitischen Einigungsprogramm (unter Einschluß der Bulgaren) verbanden. Ihren ersten weitwirkenden Wortführer fand diese ‹illyrische› (später ‹südslawische›) Bewegung in Ljudevit Gaj (1809–1872). In seiner ‹Kurzen Grundlage der kroatisch-slawischen Rechtschreibung› vom Jahre 1830 war er für eine kroatische Schriftreform nach dem Vorbild der tschechischen Umschrift eingetreten. Die Entscheidung für das im größten Dialektgebiet des Serbokroatischen gesprochene Štokavische (benannt nach der Aussprache des Fragepronomens ‹was?› = što) in der sogenannten jekavischen Variante als Grundlage der Schriftsprache sollte die Angleichung an die serbische Sprachreform des Vuk Karadžić und damit eine tiefere Gemeinsamkeit der beiden Völker herstellen helfen. Der kroatische «Illyrismus» war die Angelegenheit einer dünnen, vom mittleren Adel und der Geistlichkeit dominierten Bildungsschicht. Er hat sich weder gegenüber einem serbischen Großreichdenken noch gegenüber dem habsburgischen Zentralismus als lebensfähig erwiesen. Die Hoffnungen des Bischofs von Djakovo, J. J. Stossmayer, auf eine Föderalisierung der habsburgischen Monarchie und ein Entgegenkommen gegenüber allen Nationalitäten, sollten sich immer mehr als Illusion erweisen. Er hatte sich mit der Gründung der ‹Jugoslawischen Akademie› zu Agram/Zagreb 1866 zum südslawischen Gemeinschaftsprogramm bekannt. Leidvolle Erfahrungen mußten die Kroaten belehren, daß nur über einen Ausgleich mit den Madjaren, der 1868 auch zustande kam, nationale Zugeständnisse zu erreichen waren.

Möglichkeiten und Grenzen einer nationalpolitischen Bewegung unter den Balkanvölkern im Verbande der habsburgischen Donaumonarchie sind am kroatischen Beispiel in besonderer Deutlichkeit hervorgetreten. Lange Zeit hatte der österreichische Zentralismus die Kaisertreue der Grenzer in der kroatischen Militärgrenze gegen die Standesinteressen des kroatisch-ungarischen Adels in Zivilkroatien – Königreich Kroatien-Slawonien – auszuspielen verstanden. Als der ungarisch-kroatische Hochadel in Verhandlungen mit auswärtigen Mächten, darunter auch der Pforte, die Anerkennung der verfassungsrechtlichen Sonderstellung Ungarns und seiner Nebenländer zu ertrotzen hoffte, griff Kaiser Leopold I. (1658–1705) mit harter Hand durch; die Magnaten Peter Zrinski (Zrínyi) und Fran Frankopan (Frangipani) wurden im Jahre 1671 in Wiener Neustadt hingerichtet. Die Ideale der Verschwörergruppe, der u. a. auch der Palatin Franz Wesselényi sowie die Magnaten Nádasdy, Thököly und Rákóczy angehörten, ließen sich jedoch nicht ausrotten. Sie lebten weiter in der Erhebung des Franz II. Rákóczy (sogenannte ‹Kuruzzenkriege›, 1704 bis 1711). Die Abwehr der zentralistischen Tendenzen des Wiener Hofes haben so den kroatischen und madjarischen Adel zu einem Zweckbündnis zusammengeführt, das im Zeichen einer zunehmenden Madjarisierung seit dem Ausgang des 18. Jahrhunderts (Ersetzung des Lateinischen als Amtssprache durch das Ungarische, Förderung des madjarischen Elementes in Bildung und Schulwesen, Wirtschaft und Verwaltung) einer erheblichen Belastungsprobe ausgesetzt war.

Die nichtmadjarischen Nationalitäten der Stephanskrone haben im Revolutionsjahr 1848 dem kämpferischen Nationalismus des demagogischen Ludwig Kossuth die Gefolgschaft versagt. Die Nationalarmee Kossuths – Honvéd – konnte 1849 von der Wiener Regierung dank der Intervention des russischen Zaren Nikolaus I. im Verein mit serbischen, rumänischen und slowakischen Freischaren und kroatischen Truppen unter dem ‹Banus› General Joseph Jelačić niedergekämpft werden (Kapitulation bei Világos 1849). Eineinhalb Jahrzehnte später setzte Ungarn jedoch in dem berühmten ‹Ausgleich› des Jahres 1867 eine Anerkennung seiner Eigenstaatlichkeit im Rahmen der Donaumonarchie durch.

Eine zukunftsweisende Nationalitätenpolitik hat der ungarische Nationalismus – trotz der Verständigung mit den Kroaten im Jahre 1868 – in den folgenden Jahrzehnten nicht mehr zugelassen. Am nationalen Egoismus und dem chauvinistischen Großmachtstreben sollten auch alle Ansätze zu einem Föderativgedanken unter den betroffenen Nationalitäten selbst immer wieder zerbrechen. Die Träume des serbischen Außenministers Ilija Garašanin von einem Wiedererstehen des Großreiches Stefan Dušans in seiner berühmten Geheimschrift des Jahres 1844 ‹Načertanie› haben in der Jugendbewegung der sechziger Jahre (‹Omladina›) begeisterte Anhänger gefunden. Der kroatische Illyrismus verlor gegenüber der nationalistischen und autonomistischen Rechtspartei des Ante Starčević († 1896) zusehends an Popularität.

So ist im Zeichen eines nationalen Großmachtdenkens trotz der Ablösung der osmanischen und habsburgischen vielvölkischen Staatsgebilde in Südosteuropa kein gleichwertiges dauerhaftes Ordnungsgefüge mehr aufgebaut worden. Svetozar Marković (1846–1875), der den Idealen der großserbischen Omladina-Bewegung zuneigte und dem materialistischen und sozialistischen Denken der Zeit verpflichtet war, hatte der revolutionären Bewegung unter den Balkanvölkern und einer kommenden Phase des politischen Neuaufbaus noch günstige Prognosen gestellt:

«Der Gedanke unserer nationalen Einheit ist der revolutionärste Gedanke, der auf dem Balkan existiert. Er enthält in sich die Vernichtung Österreichs und der Türkei, das Aufhören Serbiens und Montenegros als selbständiger Fürstentümer, die Revolution in allen Gebieten der Südslawen mit dem Ziel eines neuen gemeinsamen Staates.»

Doch die notwendige Solidarität der unter Fremdherrschaft stehenden Balkanvölker zerbrach an den unvereinbaren Zielen der einzelnen nationalen

Revolutionen. Territoriale Maximalforderungen belasteten auf Dauer die gutnachbarschaftlichen Beziehungen. In den ethnischen Mischzonen war nur unter dem massiven Druck der Garantiemächte ein von beiden Seiten respektierter Grenzverlauf sicherzustellen. Er hatte eher den Charakter einer vorläufigen Demarkationslinie. Ein grundsätzlicher Revisionsvorbehalt gab den Nährboden ab für unselige Volkstumskämpfe, die den jungen Balkanvölkern einen hohen Blutzoll abverlangten.

Die «Rilindja» der Albaner

Die Albaner verdankten ihre nationale Existenz ausschließlich dem massiven Einspruch, mit dem die österreich-ungarische Monarchie und Italien der Begehrlichkeit der Anrainer entgegentraten. Beide verband das gemeinsame Interesse, den Serben den Zugang zur Adriaküste zu verwehren. Ein ausgeprägter Stammespartikularismus und erhebliche religiöse und soziale Gegensätze, die die katholischen Bergstämme Nordalbaniens von den mohammedanischen Grundbesitzern und den Orthodoxen in Mittel- und Südalbanien trennten, haben es verhindet, daß sich die Albaner frühzeitig auf ein gemeinsames Aktionsprogramm verständigen und ihren Nationalstaat aus eigener Kraft erkämpfen konnten. Die stolzen «Adlersöhne» hatten eine lange Tradition des Türkenkampfes vorzuweisen, sie sind auch nach der förmlichen Unterwerfung ein kaum zu bändigendes Unruheelement im Herrschaftsverband des Osmanischen Reiches geblieben. In der zweiten Hälfte des 18. Jahrhunderts war dem Sultan praktisch die Kontrolle über das albanische Territorium entglitten. Im Norden hatte sich die aus Dukagjin stammende islamisierte Familie der Bushati einen eigenen Herrschaftsbereich aufgebaut und das Paschaamt von Skutari okkupiert. Im Süden hatte sich Ali Pascha Tepelenli seit 1787 von Janina aus gegen den erbitterten Widerstand der Bergstämme der Himarioten und Sulioten im griechisch-albanischen Grenzgebiet erfolgreich durchgesetzt und alle Interventionsversuche der Reichszentrale abgewehrt. Im Feldzug des Jahres 1809/10 gewann er das Paschalyk Berat hinzu, am 1. August 1811 zogen seine Truppen in Valona/Vlora ein. Es ist dem Sultan Mahmud II. erst nach mehrmaligem Anlauf 1822 in einem regelrechten Krieg gelungen, den hinhaltenden Widerstand zu brechen. Die Hauptstadt Janina konnte von den türkischen Truppen erst nach 17monatiger Belagerung erstürmt werden. Mit brutalen Methoden stellte der mit den militärischen Operationen in Albanien betraute Großvezir Mehmed Reschid-Pascha die Souveränität des Sultans wieder her. 1831 mußte auch Mustafa-Pascha von Skutari die Waffen strecken.

Der Loyalität der albanischen Untertanen konnte die Reichszentrale auch in der Folgezeit nie mehr sicher sein. Verfügungen der türkischen Behörden, die gegen gewohnheitsrechtliche Normen verstießen oder den Steuerdruck erhöhten, begegneten sie mit Obstruktion und Unbotmäßigkeit, die sich zu lokalen und regionalen Aufständen ausweiteten. Eine gesamtalbanische Perspektive gewannen die Autonomieforderungen erst im Zusammenhang mit der großen Orientkrise der 70er Jahre, als sich eine territoriale Neuordnung zu Lasten der Albaner abzuzeichnen begann. Im Vorfrieden von San Stefano war auf russischer Seite das von Albanern bewohnte Territorium nur als Verteilungsmasse zugunsten der slawischen Nachbarn – Bulgaren, Serben, Montenegrinern – vorgesehen. Am Vorabend des Berliner Kongresses, am 10. Juni 1878, drei Tage vor der Eröffnung, konstituierte sich mit Billigung der türkischen Behörden in Prizren eine «Albanische Liga» als Interessenvertretung aller Albaner. Die Initiative war von den nordalbanischen Gebieten ausgegangen, deren Vertreter sich schon Ende Mai auf einer Zusammenkunft in Djakovica für eine eigenständige Regelung der drängenden nationalen Belange ausgesprochen hatten. Der albanische Süden schloß sich kurze Zeit später an. Die protürkischen Elemente gerieten dabei immer mehr in die Minderheit gegenüber den Verfechtern einer albanischen Autonomie, auf deren konkrete Ausgestaltung sich der Nationalrat am 27. November 1878 in einem 5-Punkte-Programm einigte. Es sah die Vereinigung aller albanischen Gebiete in einem Wilayet, das Indigenatsgebot für Beamte, verstärkte Bildungsanstrengungen und eine nationale Vertretung vor. Die Meinungsverschiedenheiten über das weitere Vorgehen sollten sich als unüberbrückbar erweisen. Schon im August 1880 kam es auf der Versammlung von Dibra zum offenen Bruch. Dem radikalen Flügel unter Abdyl Bey Frashëri war auch der Gedanke an eine Herauslösung aus dem osmanischen Reichsverbande nicht mehr fremd. 1881 machte Derwiş-Pascha mit seinen türkischen Truppen der drohenden Gefahr einer albanischen Unabhängigkeit vorläufig ein gewaltsames Ende. Prizren wurde nach erbittertem Widerstand der albanischen Freischärler am 23. April eingenommen, Djakovica am 8. Mai 1881 besetzt. Die Führer der «Liga» wurden aufgespürt und zu hohen Freiheitsstrafen verurteilt.

Inzwischen hatten sich längst die Repräsentanten einer nationalen Erwekkungsbewegung die Idee eines gemeinsamen albanischen Staates über alle religiösen und sozialen Grenzen hinweg zu eigen gemacht. Sie warben in den albanischen Siedlungsschwerpunkten und Emigrationszentren außerhalb des Mutterlandes – in Rumänien, Unteritalien, Bulgarien, Ägypten und insbesondere in der Reichshauptstadt Stambul selbst – für die albanische Sache und für die Verbreitung der albanischen Sprache. 1844 und 1845 hatte Naum Veqilharxhi (1767–1846) auf der Grundlage des slawischen Alphabetes seine albanische Fibel herausgebracht, 1871 lenkte Zef Jubani (1818–1880) mit seiner in Triest in italienischer Sprache veröffentlichten Sammlung albanischer Volkslieder und Erzählungen die Aufmerksamkeit des gebildeten Publikums auf den reichen Überlieferungsschatz der albanischen Volkskultur. Nationalpatriotische Gesellschaften, zu denen sich arrivierte albanische

Kaufleute und Handwerker und die Vertreter einer noch dünnen bürgerlichen Intelligenzschicht zusammenschlossen, propagierten den Gedanken einer Volksaufklärung und eines erweiterten Schulprogrammes, um in einer mehrheitlich analphabetischen Bevölkerung die Voraussetzungen für eine eigenstaatliche Entwicklung zu schaffen. Als eine der vordringlichsten Aufgaben erwies sich die Lösung der strittigen Alphabetfrage. Es ist bezeichnend für den ambivalenten Charakter des sich formierenden albanischen Nationalbewußtseins, daß das lateinische, das griechische und kyrillische sowie das arabische Schriftsystem miteinander konkurrierten, ehe eine Expertenkommission 1879 in Stambul sich für die Verwendung der modifizierten lateinischen Schriftzeichen aussprach und ein Musteralphabet – «Allfabetarja» – vorlegte, das in hoher Auflage in Albanien verbreitet wurde. Die Pflege der albanischen Sprache und Literatur machte sich die sog. Stambuler Gesellschaft zu eigen, zu der sich u. a. Sami Bey Frashëri, Jani Vreto und Vasa Pashko zusammenfanden. Aus diesem Umkreis entstanden die beiden pointierten Programmschriften der jungen albanischen Nationalbewegung. An ein europäisches Publikum wandte sich die zunächst 1879 in französischer Sprache erschienene Broschüre von Vasa Pashko «Die Wahrheit über Albanien und die Albaner», die die heroische Vergangenheit und die Leidensgeschichte eines weithin vergessenen Balkanvolkes in Erinnerung rief. Zum eigentlichen Manifest der albanischen Wiedergeburt (der sog. Rilindja) wurde Sami Frashëris Schrift «Albanien, was es war, was es ist und was es sein wird» von 1899. Das albanische Volk wird als die «älteste Nation Europas» – aufgrund der Abstammung von den Pelasgern – vorgestellt und als eine Einheit der Sprache und des Blutes verstanden – «es gibt keinen Türken und keinen Giaur, alle sind ja Albaner».

Sami Bey Frashëri hat, wie viele seiner Mitstreiter, in seiner eigenen Lebensgeschichte die allmähliche Herauslösung eines albanischen Eigenbewußtseins aus der überlieferten dominierenden Kulturwelt beispielhaft vorgelebt. Er war im islamischen Bildungsmilieu aufgewachsen und zählt in der türkischen Literatur unter dem Namen Şemseddin Sami als einer der bedeutendsten populären Aufklärer, Sprachreformer und Lexikographen. In seiner Familiengeschichte spiegeln sich die typischen Schicksale einer albanischen Beyfamilie, deren Mitglieder in einem leidvollen Prozeß wachsender Desillusionierung die Loyalität zum Sultansregime aufkündigten und sich als fanatische Patrioten den nationalen Zielen des albanischen Volkes verschrieben.

Ihnen und ihren Mitstreitern stand eine beschwerliche Wegstrecke bis zur völligen Unabhängigkeit eines albanischen Fürstentums bevor. Nur sehr zögernd fand ihre Sympathiewerbung an den maßgeblichen europäischen Höfen Widerhall. Die Kongreßdiplomatie nach der großen Orientkrise hatte die Eigeninteressen eines albanischen Volkes noch völlig ignoriert und dem erwachenden Selbstwertgefühl einer noch kleinen patriotisch gesinnten Oberschicht Gebietsabtretungen zuzumuten versucht. Erst der von der Liga von Prizren organisierte militärische Widerstand nötigte die Botschafterkonferenz zu Korrekturen. Für die kommenden Auseinandersetzungen in strittigen Territorialfragen war die sich rasch formierende albanische Nationalbewegung besser gerüstet. Den türkischen Behörden wurden Zugeständnisse in der Schulfrage in einem mühsamen täglichen Kleinkrieg abgetrotzt. 1886 öffnete erstmals eine öffentliche Schule mit albanischer Unterrichtssprache in Korça ihre Pforten. Der Einfluß des kirchlichen – griechisch-orthodoxen bzw. lateinischen – Schulwesens verlor schrittweise an Bedeutung, über patriotisch gesinnte Lehrer und Publizisten verbreitete sich eine nationale Gesinnung auch in den unteren Bevölkerungsschichten. Die politischen Forderungen der Nationalbewegung, die sich schließlich im «Rotbuch» der Aufständischen von 1911 in einem 12-Punkte-Programm niederschlugen, fanden über alle Parteigrenzen hinweg einen breiten Widerhall. Den Erfolg sicherte schließlich der diplomatische Rückhalt, den Österreich-Ungarn und Italien während der Balkankriege gewährten.

Die nationale Wiedergeburt als Kulturepoche

Als Epochenbezeichnung ist der Begriff der «nationalen Wiedergeburt» für die Geschichte der Balkanvölker nur von beschränkter Brauchbarkeit. Die äußeren Markierungspunkte des ersten serbischen Aufstandes von 1804 und der Staatsgründung Kemal Atatürks im Jahre 1923 sind nur grobe Orientierungshilfen in einem komplexen Nationsbildungsprozeß, dessen regional unterschiedliche Anfänge noch weiter in die Vergangenheit zurückreichen und der in seinen auf gesellschaftliche Transformation und «Modernisierung» der vorherrschenden patriarchalischen agrarischen Strukturen abgestellten Zielsetzungen teilweise bis heute noch nicht abgeschlossen ist. Er war gekennzeichnet durch asynchrone Entwicklungsabläufe und ist je nach der historischen Ausgangslage von unterschiedlichen Trägerschichten in Gang gehalten worden. Trotzdem lassen sich in den einzelnen Verlaufsformen typologische Gemeinsamkeiten über alle ethnischen und sprachlich-kulturellen Abgrenzungen hinweg erkennen. Im Regelfall handelte es sich – von den Madjaren und Griechen abgesehen – um kleine Bauernvölker mit geringer sozialer Mobilität und Innovationskraft und einem noch wenig entwickelten urbanen Milieu. Sie waren seit Jahrhunderten schon ihrer politischen Selbstbestimmung beraubt, und die Führungspositionen in Gesellschaft, Wirtschaft, Kultur und Kirche befanden sich in volksfremden Händen. Nur eine Nationalbewegung des sezessionistischen Typs hatte auf Dauer eine Chance, die weithin analphabetischen bäuerlichen Massen anzusprechen und für eine Abkehr von den bisherigen Herren zu mobilisieren. In den gesellschaftlichen Konsens mußten auch jene Aufsteiger eingebunden werden, die bislang dem eigenen Volk und seinen Kulturtraditionen durch Assimilation an die Herrenschicht verlorengegangen waren. Dabei haben europäische Aufklärungsideen, denen die Neuentdeckung des Eigenwertes der Völker und der einzelnen Nationalkulturen zu verdanken war, stimulierend gewirkt. Sie haben zur intensiveren Beschäftigung mit den verschütteten nationalen Überlieferungen angeregt. Aus der Neubewertung des Volksidioms ergab sich zwangsläufig die Aufgabe, durch sprachnormierende Bemühungen ein überregionales Kommunikationsmedium zu schaffen, das sich sowohl zur Verbreitung einer gehobeneren literarischen Kultur wie zur Vermittlung der dem westlichen Schulsystem entlehnten Bildungsinhalte eignete. In Griechenland blieb das konkurrierende Nebeneinander von Reinsprache (kathareousa) und Volkssprache (dēmotikē) als kulturpolitischer Sprengstoff bis ins 20. Jahrhundert erhalten. Die Donaufürstentümer lösten sich endgültig 1860 im Sinne des Romanitätsideals radikal von der Vergangenheit und führten in den offiziellen Publikationen die lateinische Schrift ein. Die konsequenteste Lösung wurde nach erheblichen internen Schwierigkeiten von den Sprachreformern im serbokroatischen Sprachraum durchgesetzt. Sie durchbrachen die bestehenden regionalen und konfessionellen Sprachbarrieren und wählten als künftiges Medium gemeinsamer literarischer Traditionen die mehrheitlich gesprochene Sprache des Volkes (d. i. die jekavische Variante des štokavischen Dialekts) und setzten in der Rechtschreibung auf das phonetische Prinzip. («Schreibe, wie Du sprichst!»)

Obwohl Kirchenvertreter und Ordensangehörige engagiert sich beteiligten, war mit der Abkehr von der Kirchensprache als normgebender Instanz schon eine tendenzielle Säkularisierung des Bildungssystems vorgezeichnet. Dies lag auch in der Absicht der theresianisch-josephischen Reformen, aus denen sich im Donauraum die Anfänge eines mehrgliedrigen nationalen Schulsystems unter den kleinen Balkanvölkern entwickelten, das die geistlich geführten Lateinschulen und Jesuitengymnasien schrittweise ablöste und in der zweiten Hälfte des 19. Jahrhunderts in der Errichtung von Akademien und Universitäten (Athen 1837, Jassy 1860, Bukarest 1864, Agram/Zagreb 1869, Sofia 1889, Belgrad 1896) gipfelte.

Eine wesentliche Aufgabe fiel der nationalen Geschichtsschreibung zu. In bewußter pädagogischer Absicht sollte sie durch die erinnernde Vergegenwärtigung einstiger nationaler Größe dem Selbstbewußtsein der kleinen Völker aufhelfen und gleichzeitig die für den täglichen Emanzipationskampf brauchbaren historischen Argumente bereithalten. «Es ist euch vonnöten und nützlich, die Taten eurer Väter gewißlich zu kennen, wie es alle anderen Völker und Zungen von ihrem Volk und ihrer Sprache wissen» – so hatte Paisij Chilandarski in der Vorrede zu seiner «Slaweno-bulgarischen Geschichte» seine Aufgabe formuliert und das bulgarische Volk zum Studium der eigenen Vergangenheit aufgefordert. Nicht von ungefähr haben die großen Dichtergestalten unter den Balkanvölkern, die in der Phase der nationalen Wiedergeburt in ihren Werken die neuen sprachlichen Möglichkeiten nutzten und die literarische Ausdrucksfähigkeit des Volksidioms erprobten, aus einer lebendigen Volksüberlieferung geschöpft und sich in der Aneignung der zeitgemäßen europäischen Dichungsformen mit Vorliebe an historischen Themen aus der Geschichte des eigenen Volkes versucht. Von den Slowenen bis zu den Griechen zählt die dichterische Gestaltung des Türkenkampfes in Versepen und Romanen, aber auch in der sehr persönliche Lebenserfahrungen verarbeitenden lyrischen Gattung, zum Standardrepertoire. In der bulgarischen Literatur der «Wiedergeburt» wurde die dichterische Bewältigung der zeitgeschichtlichen Erfahrungen und die Sinngebung des gemeinsamen Freiheitskampfes auf einem künstlerisch hohen Niveau von den revolutionären Aktivisten teilweise selbst besorgt. In seinem «Bergwanderer» von 1857 hat Georgi S. Rakovski (1821–1867) dem Freischärler im Türkenkampf ein literarisches Denkmal gesetzt. Penčo S. Slavejkov (1827–1895), der eigentliche Vater der neubulgarischen Dichtung, griff in mehreren Versepen das beliebte Thema auf (u. a. «Die Quelle der Weißfüßigen», «Bojka, die Führerin», 1873). Das dichterische Schaffen eines Ljuben Karavelov (1835–1879), der die realistische Erzählweise – unter dem Einfluß der zeitgenössischen russischen und ukrainischen Prosa – heimisch machte, und eines Christo Botev (1848–1876) lebt von der unmittelbaren Umsetzung der revolutionären Freiheitsideale und der begnadete Dichter der Jahrhundertwende Ivan Vazov (1872–1921) hat in seinen Gedichtzyklen den Schicksalsweg seines Volkes über mehrere Jahrzehnte begleitet und in allen Niederungen und Höhepunkten mit innerer Anteilnahme besungen. Seine Romane «Unter dem Joch» und «Neues Land» sind dem schicksalhaften Aprilaufstand des Jahres 1876 und dem Neuanfang eines eigenständigen staatlichen Lebens nach der Vereinigung Ostrumeliens mit dem bulgarischen Fürstentum gewidmet.

In der Intensität der lyrischen Bewältigung traumatischer zeitgeschichtlicher Erfahrungen des eigenen Volkes ist Vazov in der neugriechischen Literatur vergleichbar der aus Kerkyra stammende Dionysios Solomos (1798–1857). In der Sprache des Volkes hat er den Freiheitskampf der Griechen besungen (u. a. «Hymne an die Freiheit», 1823, «Ode auf den Tod Byrons», 1825, und «Die freien Belagerten», 1826 – zur Verteidigung Mesolonghis gegen Ibrahim-Pascha).

In der kroatischen Literatur war das Türkenthema schon von dem ragusanischen Dichter Ivan Gundulić (1588–1638) in dem berühmten Versepos «Osman» aufgegriffen worden. Die Erinnerung an eine heroische Vergangenheit des Volkes hielt das weitverbreitete Volksbuch mit religiös gefärbten und sagenhaften Erzählstoffen des dalmatinischen Franziskaners Andrija Kačić-Miošić (1696–1760) «Das erbauliche Gespräch des slawischen Volkes», das er 1756 in Venedig drucken ließ, lebendig. Unter den Autoren der nationalen Wiedergeburt besang Ivan Mažuranić (1814–1890), der später ein knappes Jahrzehnt Banus von Kroatien war (1873–1880), in seinem balladesken Versepos «Der Tod des Čengić-Aga» von 1846 das Schicksal des muslimischen Vojvoden Smail Aga Čengić, der 1840 der Blutrache der Montenegriner zum Opfer gefallen war. In der patriotischen Lyrik, in den Oden (u. a. «Dem Slawentum») und in dem lyrischen Drama «Kraljević Marko» (1852) des wohl bedeutendsten Dichters Petar Preradović (1818–1872) verdichten sich die historischen Bezüge zu einer kulturphilosophischen Vision von der besonderen slawischen Sendung an der Grenze zweier Welten.

Unter den Serben hat der montenegrinische Dichterfürst Peter II. Petrović Njegoš (1830–1851) seinen «Bergkranz» dem Freiheitskampf gegen die türkische Unterdrückung gewidmet. Jovan S. Popović (1806–1856), der Begründer der modernen serbischen Dramenliteratur und des nationalen Theaters, fand die hehren patriotischen Stoffe zur Erbauung und Motivierung seines Publikums in Episoden des serbischen Mittelalters (u. a. «Der Tod des Stefan Dečanski», 1841, «Haiduken», «Serbiens Sieg und der Traum des Kraljević Marko», ein allegorisches Schauspiel). Der Schöpfer der modernen slowenischen Schriftsprache, France Prešeren (1800–1849) verlegte den Schauplatz seiner lyrisch-epischen Verserzählung «Die Taufe an der Savica» (1836) in die heidnische Frühzeit der slowenischen Geschichte.

In gleicher Weise suchten in den Donaufürstentümern die Dichter aus der historischen Rückerinnerung die Sinngebung für das aktuelle Tagesgeschehen und das Werk der nationalen Erneuerung. Der große Lyriker Mihai Eminescu (1850–1889), der durch längere Studienaufenthalte in Wien und Berlin mit der westeuropäischen literarischen Szene gut vertraut war, verdankte der rumänischen Volksüberlieferung dichterische Anregungen und patriotische Gesinnung.

Unter dem Einfluß der Romantik sind ethnographische und linguistische Studien, die Sammlung des im Volksmunde tradierten literarischen Erbes und die Vertiefung in alte Chroniken und Handschriften zu einer zeitgemäßen nationalen Aufgabe geworden, der sich Wissenschaftler ebenso verpflichtet fühlten wie Politiker. Der Vorkämpfer der Vereinigung der rumänischen Fürstentümer und mehrmalige Innenminister Mihail Kogălniceanu (1817–1891) avancierte gleichzeitig zu einem der fruchtbarsten Historiker Rumäniens, der serbische Sprachreformer Vuk Stefanović Karadžić hat sich als Sammler der Volkslieder, der Sprachwörter und der Volkserzählungen sowie als Verfasser historischer Werke bleibende Verdienste erworben.

Mit der Entstehung der vergleichenden slawischen Sprachwissenschaft, deren Anfänge in Prag und Wien mit dem Namen J. Dobrovský (1753–1829), J. Jungmann (1773–1847), Fr. Palacký (1798–1876), J. Kollár (1793–1852), P. J. Šafařík (1795–1861), V. Kopitar (1780–1844) u. a. im gleichen zeitlichen und ideellen Kontext verbunden sind, wurden der Außenwelt gesichertere und detailliertere Kenntnisse über die ethnographischen, sprachlichen, konfessionellen und kulturellen Besonderheiten des europäischen Südostens zugänglich. Sie haben Interesse und Mitgefühl auch für die aktuelle Lage der Balkanvölker geweckt. Zur Durchsetzung ihrer noch unerfüllten nationalen Träume waren sie alle auf die aktive Mithilfe der europäischen Mächte angewiesen.

VI.
Auf dem Weg zum Nationalstaat

Der Aufstand der Serben

Das allmählich erwachende romantisch gefärbte Volksbewußtsein der Balkanvölker fand in der politischen Wirklichkeit zunächst keine Orientierungshilfen. Die ideellen Einwirkungen von außen (Französische Revolution, deutsche Romantik) hatten den Willen zum eigenen Nationalstaat in einen Raum verpflanzt, dessen eigenstaatliche Traditionen in eine mehr als 500 Jahre zurückliegende Epoche verwiesen. Die Gemengelage der einzelnen Nationalitäten und ethnischen Minderheiten ließ ein Wiederaufleben der romantisch verklärten mittelalterlichen Vormachtstellung und eine Verwirklichung der nationalen Wunschträume nur auf Kosten der anderen Nationalitäten zu. Es hat nicht unwesentlich zur Labilität des neu im Entstehen begriffenen balkanischen Staatensystems beigetragen, daß im Konfliktsfalle die Gemeinsamkeiten der Interessen und Ziele gegenüber irredentistischen Bestrebungen einzelner Nationalitäten zurücktreten mußte.

Es lag zudem in der inneren Schwäche der Balkanvölker begründet, daß sich die Ablösung der osmanischen Fremdherrschaft während des 19. Jahrhunderts immer nur über ein mehr oder minder offenes Protektoratsverhältnis zu den angrenzenden Großmächten Österreich-Ungarn und Rußland verwirklichen ließ. Die Gleichheit des religiösen Bekenntnisses legte zunächst bei einem Großteil der Balkanvölker eine Anlehnung an die orthodoxe Vormacht Rußland nahe, das sich seit Ausgang des 18. Jahrhunderts geschickt in die Rolle eines Schutzherrn der orthodoxen Christenheit unter türkischer Herrschaft hatte hineindrängen lassen. Seit Peter dem Großen hatten russische Agenten einen engeren Kontakt mit der Raya-Bevölkerung unter Umgehung der offiziellen türkischen Stellen gesucht. Odessa hatte für die Heranbildung einer neuen, selbstbewußten Intelligenzschicht in Bulgarien seit den vierziger Jahren des 19. Jahrunderts Bedeutendes geleistet. Das gute Einvernehmen zwischen dem serbischen orthodoxen Patriarchat von Karlowitz in Südungarn und der russischen Orthodoxie fand nicht nur seinen Ausdruck in der Literatur und im Bildungswesen der südungarländischen Serben; ein Teil von ihnen war auch dem Ruf der zaristischen Behörden gefolgt und hatte an der Besiedlung der russischen Neulandgebiete im nördlichen Schwarzmeerraum Anteil genommen (‹Neu-Serbien›). Doch das Verhältnis der Balkanvölker zu Rußland war im Grunde an desillusionierenden Erfahrungen nicht minder reich als die wechselvolle Beziehung zu den Habsburgern.

Schon die erste revolutionäre Bewegung unter der christlichen Raya vom Jahre 1804 in der Šumadija, die das Zeitalter der nationalen Erhebungen auf der Balkanhalbinsel einleitete, war in diesen Widerstreit der Mächte geraten. Sie hatte sich an den Unzulänglichkeiten und Mißständen in den lokalen osmanischen Verwaltungseinrichtungen im Paschalyk Belgrad entzündet. Zur Abwehr der Willkürherrschaft der Janitscharen, die beim benachbarten Provinzstatthalter Pasvan Oglu von Vidin Unterstützung fanden, hatte der Pascha von Belgrad in letzter Not die serbischen Bauern unter ihren Knezen zu den Waffen gerufen. Nach einem hinterhältigen Massaker der aufgebrachten Janitscharen an den serbischen Bauernführern stellte sich Djordje Petrović, der ‹Schwarze Georg› (Karadjordje) als ‹vožd› (Führer) an die Spitze einer allgemeinen Volkserhebung. Er entstammte der neuen Mittelschicht der Šumadija-Serben und hatte als ehemaliger Hajduk und auch im Dienste der Österreicher schon gegen die Osmanen gekämpft und beachtliche Führerqualitäten bewiesen.

Seiner Bewegung fehlten noch klar umschriebene politische Zielsetzungen. Die Emotionen der serbischen Bauern richteten sich nicht gegen den Sultan im entfernten Istanbul, sondern gegen die handgreiflichen Mißstände der Janitscharenherrschaft im Paschalyk Belgrad. Erst das mangelnde Verständnis am Sultanshof für die Autonomiewünsche der Aufständischen, die bald die wichtigsten festen Plätze kontrollierten (Šabac, Passarowitz/Požarevac, Smederevo, Belgrad), ließ die Auseinandersetzung in eine Revolte mit politischem Charakter umschlagen. Ausländische Unterstützung wurde angesichts der internationalen Lage zu Beginn des 19. Jahrhunderts nur zaghaft gewährt. Nur die südungarischen Serben und manche österreichischen Offiziere serbischer Herkunft stellten sich der serbischen Sache vorbehaltlos zur Verfügung. Den Habsburgern waren durch die Auseinandersetzung mit dem Napoleonischen Frankreich in der Vorphase des 3. Koalitionskrieges die Hände gebunden. Der russische Zar Alexander I. sah sich seit 1806 in einen neuerlichen Waffengang mit dem Osmanischen Reich verwickelt und hielt sich nach den Absprachen mit Napoleon in Tilsit (7. Juli 1807) und Erfurt (12. Oktober 1808) von einer offenen Parteinahme in den innerbalkanischen Wirren zurück.

Die zunehmenden Meinungsverschiedenheiten über eine pro-österreichische oder eine pro-russische Orientierung haben die in sich zerstrittene serbische Führungsschicht noch weiter entzweit. Als sich die russischen Unterhändler im Frieden zu Bukarest (16./28. Mai 1812) schließlich nur mit einer formalen Autonomiegarantie des Sultans und einer allgemeinen Amnestie für die aufständischen Serben begnügten und türkische Truppen von allen Seiten gegen das Aufstandsgebiet aufmarschierten, trat Karadjordje 1813 auf österreichisches Territorium über. Er überließ die Führung seines Volkes dem kompromißbereiten vorsichtigen Taktierer Miloš Obrenović, der auch ein zeitweiliges Zusammengehen mit den Türken nicht scheute. Der

Erfolg des verschlagenen Diplomaten Miloš Obrenović und das Versagen des Volkshelden Karadjordje werfen ein bezeichnendes Licht auf die politische Situation der Balkanvölker während der nationalen Befreiungsbewegung. Eine kluge Kombination evolutionärer und revolutionärer Schritte erwies sich wirkungsvoller als ein weithin unpolitischer, spontaner Elan revolutionärer Kräfte.

In Serbien zeichnete sich schon in dieser Frühphase der nationalen Erhebung jener unversöhnliche Gegensatz zwischen den beiden Familien der Karadjordjevići und der Obrenovići ab, der bis in das 20. Jahrhundert hinein die innere Entwicklung des entstehenden Fürstentums und Königreiches überschattete. Von den neuen Herrschern in Serbien und Jugoslawien während des 19. und 20. Jahrhunderts sind vier eines gewaltsamen Todes gestorben, und die gleiche Anzahl ist vom Thron gestoßen und zur Abdankung gezwungen worden.

Auf Karadjordje lastete der Verdacht, beim Tod des Milan Obrenović im Jahre 1810, der eine pro-russische Fraktion um sich gesammelt hatte, seine Hand im Spiel gehabt zu haben. Aus Rache für diesen seinen Halbbruder ließ Miloš Obrenović 1817 den aus dem österreichischen Exil zurückkehrenden Karadjordje ermorden. Dennoch gewannen die Karadjordjevići in der Jahrhundertmitte vorübergehend (1842–1859) und 1903 endgültig den serbischen Thron zurück.

Miloš Obrenović hatte sich mit türkischer Unterstützung als Oberknez der Serben bestätigen lassen, ehe er nach 1815 in einer zweiten evolutionären Phase die Serben in einem langwierigen schrittweisen Vorgehen in die volle Unabhängigkeit führte. Die Gunst der Stunde hat ihm dieses Lavieren zwischen den Mächten erheblich erleichtert. Der griechische Freiheitskrieg (seit 1821), der auf einer Welle des Philhellenismus in der gebildeten Welt schließlich zu einem erfolgreichen Abschluß gebracht werden konnte, nötigte dem Sultan auch hinsichtlich der übrigen christlichen Untertanen beträchtliche Zugeständnisse ab. Im russisch-türkischen Frieden von Adrianopel (14. September 1829) bestand der russische Zar unnachgiebig auf einer strikten Einhaltung der 1812 in Bukarest versprochenen serbischen Autonomie und ließ sich das Protektorat über die Donaufürstentümer ausdrücklich bestätigen. Das bedeutete in der Moldau und Walachei ein Ende der von der Pforte abhängigen (griechischen) Phanariotenherrschaft und die Wahl einheimischer Fürsten auf Lebenszeit. Im August 1830 löste der Sultan in Serbien seine Verpflichtungen ein: Miloš Obrenović wurde als Fürst eines autonomen Serbien anerkannt. Die Suzeränitätsrechte des Sultans beschränkten sich auf die Besetzung einzelner Grenzfestungen (bis 1867) und Tributzahlungen.

Von der griechischen «Demokratie» zur «Bavarokratie»

Von langer Hand vorbereitet war die griechische «Revolution» gegen das Sultansregime, ohne daß ein tragfähiger Interessenausgleich unter den beteiligten gesellschaftlichen Gruppierungen festgeschrieben werden konnte. Die unüberbrückbaren Gegensätze, die zwischen kompromißlosen Verfechtern der französischen Revolutionsideale (Rhigas Velestinlis) und den Anhängern westlicher Bildungsideen (Kolettis), zwischen den weltläufigen Abkömmlingen der griechischen «Diaspora» und den bodenständigen Honoratiorengruppen oder dem Phanar (A. Mavrokordatos), zwischen den Interessenvertretern peloponnesischer Grundbesitzer und den reichen Reederfamilien auf den Schifferinseln (G. Kountouriotis) oder unter den Militärs zwischen den vorsichtig taktierenden Generalstäblern (A. Ypsilantis) und den verwegenen Haudegen unter den Klephtenführern Rumeliens und der Peloponnes (Th. Kolokotronis) aufbrachen, haben als verhängnisvolle Hypothek die weiteren Entwicklungen belastet. Bürgerkriegsähnliche innere Frontbildungen, die der Aufstandsbewegung erheblich geschadet haben, und eine dauerhafte instabile Lage waren die langfristige Folge dieser Sachlage.

In der Endphase hatten die in der «Philike Hetaireia» konspirativ organisierten Aktivisten die Initiative an sich gerissen. Die Anhänger eines mehr evolutionären Weges in der «Hetaireia der Musenfreunde» (gegründet 1813 in Athen mit Zweigstelle in Wien 1815), die auf eine innere Erneuerung durch verstärkte Bildungsarbeit und Volksaufklärung setzten und die diplomatische Hilfe des Auslandes erhofften, wurden zur Seite gedrängt. Sie hatten ihren wirkungsvollsten Fürsprecher in J. Kapodistrias, der in zahlreichen Denkschriften zur Lage der Griechen und seit 1816 als stellvertretender russischer Außenminister in einflußreicher Position sich der Belange seiner Landsleute angenommen hatte. Kapodistrias entstammte dem alten korfioter Adel. Er hatte an der Universität Padua ein Medizinstudium absolviert. Seine politische Karriere begann auf den Jonischen Inseln während der Zeit des russisch-türkischen Kondominiums (1800–1807) zur Abwendung der Napoleonischen Bedrohung, als die Präsenz eines russischen Flottenverbandes unter Admiral F. F. Ušakov den griechischen Bewohnern der «Republik der Sieben Vereinigten Inseln» ein liberales Verfassungsprojekt bescherte. Kontakte, die russische Militärs mit den im küstennahen Bereich des Festlandes (Albanien, Epirus, Peloponnes) operierenden Klephtenführern knüpften und die ältere Verbindungen zu den Manioten und den von Ali Pascha bedrängten Sulioten und Himarioten wieder aufleben ließen, haben das russische Ansehen als Schutzmacht der orthodoxen Balkanchristen und insbesondere der Griechen gefestigt. So war es nur folgerichtig, daß Kapodistrias sich den abziehenden russischen Marinetruppen anschloß und künftig vom russischen Boden aus der griechischen Sache zu dienen versuchte. Durch die Ansiedlung griechischer Kolonisten und Flüchtlinge, deren ungehinderten Abzug sie sich in den Friedensverträgen vom Sultan zusichern ließ, hatte Katharina II. in den neugewonnenen Gebieten entlang der nördlichen Schwarzmeerküste schon Reservetruppen in Bereitstellung, die sich bei künftigen Balkankrisen einsetzen ließen.

Entgegen den Erwartungen blieb dem Aufstand, den der russische General phanariotischer Herkunft und zeitweilige Adjutant Alexanders I. A. Ypsilantis von der moldauischen Hauptstadt Jassy aus im März 1821 inszeniert hatte, der erhoffte Zulauf versagt. Der Zar hatte sich von dem eigenmächtigen Vorgehen distanziert und den türkischen Behörden freie Hand zur Niederschlagung der Rebellion gegeben. Ypsilantis Versuche, zusammen mit dem walachischen Aufstandsführer gegen die Phanariotenherrschaft Tudor Vladimirescu eine Abwehrfront gegen die heranrückenden Truppen des Sultans aufzubauen, scheiterten kläglich am beiderseitigen Mißtrauen. Als Tudor Vladimirescu von Feinden in seiner eigenen Umgebung arretiert und an Ypsilanti überstellt worden war, ließ dieser ihn ohne Gerichtsverfahren in seinem Rückzugsort Tîrgovişte exekutieren. Ihn selbst zwang die vernichtende Niederlage seiner bewaffneten Schar im Gefecht von Drăgăşani (7. 6. 1821), sich in Siebenbürgen den habsburgischen Behörden zu stellen. Er blieb bis zu seinem Tode in Wien 1828 in Haft. Erfolgreicher schlugen sich die griechischen Aufständischen in der Peloponnes, obwohl der mit Ypsilantis Invasion abgestimmte Plan sich nicht im vorgesehenen Umfange realisieren ließ. Griechenland feiert in traditioneller Weise den 25. März/6. April 1821 als Unabhängigkeitstag, als vom Kloster der Hagia Lavra bei Kalavryta aus der Funke des Aufstandes zündete und innerhalb der nächsten drei Monate in einem Flächenbrand die ganze peloponnesische Halbinsel erfaßte. Die Bewohner der küstennahen Inseln schlossen sich an und sicherten mit ihren Schiffen die Außenverbindungen der Aufständischen.

Die eigentliche Kraftprobe stand der in sich wenig homogenen griechischen Aufstandsführung noch bevor. Die Hände des Sultans, der seine Truppen zur endgültigen Niederringung des selbstherrlichen Ali Paschas von Janina zusammengezogen hatte, waren noch nicht frei. Ali Pascha fiel erst am 5. 2. 1822. Doch die erbitterten Rivalitätskämpfe um die Besetzung der Machtpositionen im befreiten Griechenland, die rasch in bürgerkriegsähnliche Bruderkämpfe ausarteten, verhinderte eine sinnvolle Ausnutzung der unverhofften Verschnaufpause. Lokale Machtgruppen beharrten auf ihren Vorrechten, die Beschlüsse der mühsam erreichten «Nationalversammlungen» (Epidauros, 1821/22, Astros, 1822, Troizene, 1827, Argos, 1829, Argos, 1831/32, Pronoia, 1831) und die heftig diskutierten Verfassungsentwürfe (Epidauros, 1822, Troizene, 1827 und Nauplion, 1832) blieben trotz der Beschwörung hehrer Grundsätze und der antiken demokratischen Traditionen in den tagespolitischen Positionskämpfen weitgehend Makulatur. Die Stunde der Wahrheit schlug, als Sultan Mahmud II. den mächtigen und mit einer schlagkräftigen Truppe ausgerüsteten Pascha

Ägyptens Mehmed Ali mit der Niederschlagung des Aufstandes betraute. Im Februar 1825 landete das ägyptische Expeditionskorps unter dem Oberbefehl Ibrahim-Paschas, des Sohnes Mehmed Alis, der als künftiger Statthalter auf der Peloponnes vorgesehen war, bei Modon. Am 10./22. April 1826 mußten die Bewohner Mesolonghis die Waffen strecken, Athen wurde besetzt und den griechischen Guerillaverbänden verblieb nur noch eine engbegrenzte Operationsbasis. Überlebenschancen im Türkenkampf boten die entlegenen Bergregionen. Nur sie waren den ägyptischen regulären Truppen, die unter französischer Führung (Oberst Sèves) nach westlichem Vorbild geschult waren, unzugänglich. Auch erfahrene westliche Militärs, die als begeisterte Philhellenen zu den griechischen Fahnen geeilt waren (General R. Church, Admiral Lord Cochrane), kämpften in dieser Situation auf verlorenem Posten. Die Rettung brachte schließlich die zwischen dem Petersburger und dem Londoner Hof abgesprochene «Humanitätsintervention» der europäischen Mächte. Sie erzwang den Abzug der ägyptischen Truppen aus der Peloponnes. Ein französisches Truppenkontingent von 14000 Mann wurde am 30. 8. 1828 an Land gesetzt und überwachte im alliierten Auftrag die Einhaltung der Vereinbarungen. Der Weg für einen unabhängigen griechischen Staat war frei.

Zur Enttäuschung der griechischen Patrioten hatte die Londoner Konferenz dem neuen Staatsgebilde nur eine sehr beschränkte territoriale Basis zugestanden. Ganz Nordgriechenland blieb außerhalb, das Traumziel Konstantinopel war in unerreichbarer Ferne. Die kaum zu bändigenden anarchischen Kräfte, die während der turbulenten Aufstandsjahre in den einzelnen Regionen freigesetzt worden waren, bedrohten das politische und wirtschaftliche Überleben des Landes. J. Kapodistrias, der seit 1828 als gewählter Präsident (kybernitis) in enger Anlehnung an die russische Schutzmacht einen Ausweg aus der Krise suchte, fiel 1831 einem Mordanschlag des Mavromichalis-Clans aus der Mani zum Opfer. Als Leopold von Sachsen-Coburg die Offerte der Schutzmächte, den griechischen Thron zu besteigen, ausgeschlagen hatte, wollte sich der Griechenfreund Ludwig I. einer Kandidatur seines Hauses nicht versagen. Die 30jährige Herrschaft des Wittelsbachers Otto (1832–1862) in Athen ist trotz erheblicher innerer Widerstände und trotz der Turbulenzen, mit der sie im Februar 1862 vorzeitig zu Ende ging (schon 1844 war dem Monarchen eine Verfassung aufgezwungen worden), keine Episode gewesen. Zwar hatte das wenig erfreuliche Schauspiel einer in sich zerstrittenen Regentschaft (J. L. Graf von Armansperg, G. L. von Maurer und K. W. Freiherr von Heideck), die dem minderjährigen Prinzen beigegeben wurde, schon die Zeitgenossen irritiert und in den oppositionellen nationalgriechischen und orthodox-konservativen Kreisen blieb die «Bavarokratie» mit dem Odium einer Fremdherrschaft belastet. Doch der Vorwurf mangelnder Landes- und Sprachkenntnisse, der weltfremden Gelehrsamkeit, des gesetzgeberischen Übereifers oder der kostspieligen

Untätigkeit, der Unkenntnis historischer Gegebenheiten und des fehlenden psychologischen Einfühlungsvermögens wird der historischen Leistung nicht gerecht, die bayerische Politiker und Beamte, Militärs und Gelehrte, Künstler und Handwerker für die Modernisierung der neugriechischen Gesellschaft erbracht haben. Ihre Arbeit hat nicht nur im Stadtbild Athens dauerhafte Spuren hinterlassen. Sie haben nach den schlimmen Erfahrungen des selbstmörderischen Bürgerkrieges und dem Scheitern Kapodistrias die notwendigen administrativen und institutionellen Rahmenbedingungen für ein funktionierendes monarchisches System geschaffen. Die Einführung eines streng zentralistischen Verwaltungssystems mußte zwangsläufig die Kompetenzen der überkommenen Selbstverwaltungseinrichtungen beschneiden und gewachsene lokale Machtstrukturen aufbrechen. In einem noch weithin durch gewohnheitsrechtliche Normen geregelten Alltag einer bäuerlichen Umwelt waren moderne einheitliche Verwaltungsgrundsätze auf gesetzlicher Grundlage nur sehr mühsam durchzusetzen. Gerade G. L. von Maurer hat von seiner der historischen Rechtsschule zuneigenden Auffassung her erhebliche Mühe darauf verwandt, die in den einzelnen Regionen gültigen gewohnheitsrechtlichen Überlieferungen zu erfassen und in die beabsichtigte Kodifikation des griechischen Zivilrechtes einzubringen. In der Neuordnung des Gerichtssystems und des Strafvollzugs sowie bei der Abfassung des Strafgesetzbuches folgte er dem juristischen Denken seiner Zeit in Anlehnung an bayerische Vorbilder. Seine Gesetzbücher haben sich in einer langen Bewährungsprobe behauptet. Sie sind erst in unserem Jahrhundert durch zeitgemäßere Kodifikationen ersetzt worden.

Zwischen Reform und Revolution

Im Umfeld der sich formierenden Kleinstaatenwelt Südosteuropas waren die bayerischen Regierungsmethoden, sieht man von einzelnen administrativen Fehlgriffen und bürokratischen Exzessen ab, weder ungewöhnlich noch originell. Darauf weisen die zahlreichen länderübergreifenden strukturellen Gemeinsamkeiten in der administrativen Bewältigung der anstehenden innenpolitischen Fragen hin. Sie waren dem damals gültigen Vorbild eines wohlgeordneten «Polizey-Staates» in den mitteleuropäischen Monarchien nachempfunden und begünstigten ein paternalistisches Herrschaftsgefüge und eine starke Exekutive. In den Bestimmungen des «Règlement organique», das während der mehrjährigen russischen Okkupationsverwaltung in den Donaufürstentümern (1829-1834) unter dem Grafen P. D. Kiselev in der Walachei und in der Moldau eingeführt wurde – es wird als die erste moderne Verfassung Rumäniens bezeichnet –, sowie in den von russischen Beamten inspirierten Reformmaßnahmen kehren die gleichen Programmpunkte wieder wie im bayerischen Griechenland: institutionelle Sicherung der staatlichen Autorität und des monarchischen Systems, klare Kompetenzverteilung und Regelung der Verantwortlichkeiten der Fachressorts, Garantie rechtsstaatlicher Grundsätze über Gewaltenteilung, Rechtssicherheit und ein geregeltes bürokratisches System, Stimulierung nationaler Integrationsbemühungen (Hauptstadtfrage), Förderung umfassender Bildungsmaßnahmen und die Erschließung der wirtschaftlichen Ressourcen des Landes und der Infrastruktur. Auf der Tagesordnung standen Wege- und Straßenbau, Landesaufnahme und Kartierungen, Einführung moderner landwirtschaftlicher Methoden und neuer Anbaukulturen, Errichtung von Musterfarmen und Zuchtbetrieben etc.

Im Vertrag von Adrianopel (2./14. September 1829) hatte sich der Zar erneut die Garantie aller Privilegien der beiden Fürstentümer bestätigen lassen. Ein Zusatzvertrag regelte die Wahl der künftigen Hospodare auf Lebenszeit und beschnitt die Einmischungsmöglichkeiten der Pforte in die inneren Angelegenheiten. Die Suzeränitätsrechte des Sultans waren künftig auf die Tributerhebung und die Bestätigung der jeweiligen Fürstenwahl eingeschränkt. Damit war der entscheidende Schritt zur Herauslösung der Donaufürstentümer aus dem osmanischen Herrschaftsverband getan. Der nächste Schritt – nach dem gescheiterten Aufstandsversuch des Jahres 1848 und dem enttäuschenden Ausgang des Krimkrieges im Pariser Frieden – war die von Frankreich favorisierte und von Rußland unterstützte Vereinigung der Fürstentümer durch die Doppelwahl des Fürsten Alexandru Ioan Cuza in der Moldau (5./17. Januar 1859) und in der Walachei (24. Januar/5. Februar 1859), die nach hinhaltendem Widerstand schließlich doch die Zustimmung der Garantiemächte fand. Sie wurde am 24. Januar/5. Februar 1862 auf der nach Bukarest einberufenen Sitzung der vereinigten Kammern beider Fürstentümer feierlich vollzogen. 1866 wurde A. I. Cuza im Fürstenamt von Prinz Karl von Hohenzollern-Sigmaringen abgelöst.

So waren schon in der ersten Hälfte des 19. Jahrhunderts mit Griechenland, den rumänischen Donaufürstentümern und dem vorerst noch weitgehend auf die Gebiete um Belgrad und das nördliche Moravatal beschränkte serbische Fürstentum weite Gebiete der Balkanhalbinsel der direkten Kontrolle des Sultans entzogen. Auch in Montenegro waren durch die Festigung des theokratischen Regimes der Bischöfe von Cetinje die Abhängigkeitsverhältnisse längst – schon 1697 unter dem ‹Vladika› Danilo Petrović – aufgekündigt worden. Dauerhafte völkerrechtliche Garantien hatten aber vorerst weder die Beteiligung an den Türkenkriegen des ausgehenden 18. Jahrhunderts noch die militärischen Erfolge an der Seite Rußlands zu Beginn des 19. Jahrhunderts (1812 Eroberung von Cattaro) eingebracht. Um die innere Befriedung des durch Stammesfehden aufgewühlten Landes hat sich dann Peter I. Petrović (1782–1830) ‹der Heilige› bleibende Verdienste erworben, während sein in Petersburg zum Bischof geweihter Neffe Peter II. Petrović (1830–1851) eine beachtliche kulturelle Aufbauarbeit leistete: Mit seinem

Epos ‹Bergkranz› (‹Gorski vijenac›, 1847) schenkte er der serbischen Literatur ein bleibendes Literaturdenkmal. Sein Nachfolger Danilo I. Petrović (1851–1860) erklärte schließlich, unter Verzicht auf die bischöfliche Würde, sein Land mit Zustimmung der Österreicher und Russen zu einem erblichen Fürstentum (1852), im Jahre 1878 gewann es die Unabhängigkeit. 1910 nahm der regierende Fürst den Königstitel an.

Der Sultanshof versuchte vergeblich, mit durchgreifenden Reformmaßnahmen zugunsten der christlichen Raya dem weiteren Zerfall des Reiches Einhalt zu gebieten. Selim III. (1789–1807) war noch an den reaktionären Kräften im Inneren gescheitert. Sein Nachfolger Mahmud II. (1808–1839) hat mit blutigem Terror Widerstände ausgeräumt (Ausrottung der Janitscharen 1826) und den Weg zur Überwindung der inneren Anarchie gewiesen. Das Reformdekret *Hatt-i Scherif von Gülhane* (1839) des neuen Sultans Abd ul Medschid (1839 –1861), leitete die eigentliche Reformperiode (*Tanzimat*) ein. Doch die Zeit arbeitete gegen die weitblickenden Reformer, unter denen Mustafa Reschid Pascha überragende staatsmännische Fähigkeiten zeigte. Die Abfallsbewegung der christlichen Balkanvölker ließ sich auch durch die Gewährung der vollen Gleichberechtigung (Reformdekret *Hatt-i Humayun* vom Jahre 1856) nicht mehr auffangen. Die Desintegrationserscheinungen griffen auf alle Reichsteile über. Zweimal setze Mehmed Ali von seiner ägyptischen Machtpositon zum Todesstoß auf die Reichszentrale an (1831–1833 und 1839–1841). Nur das energische Eingreifen der Großmächte vermochten den Bestand des Reiches noch über diese schwere innere Bedrohung hinwegzuretten und 1853–1856 auch im Krimkrieg die russische Gefahr zu bannen. Im Friedensvertrag von Paris 1856 wurde die territoriale Integrität des türkischen Reiches unter die Garantie der europäischen Großmächte gestellt.

Den auf Veränderung des Status quo und eine Beseitung der osmanischen Fremdherrschaft drängenden Kräften ist nur vorübergehend Einhalt geboten worden. Der Siegeszug der nationalen Einigungsbestrebungen in Italien und in Deutschland hat unter den Balkanchristen seine stimulierende Wirkung nicht verfehlt. Im Windschatten der europäischen Kriegsereignisse war es den Rumänen gelungen, eine diplomatische Absegnung ihrer widerrechtlichen Fürstenwahl durchzusetzen. Patriotisch gesinnte Intellektuelle und nationale Fanatiker suchten unter den anderen Balkanvölkern in konspirativen Kreisen, die sich zumeist fern vom Zugriff der osmanischen Behörden in den Randzonen (Militärgrenze) und autonomen Fürstentümern organisierten, den großen Schlag vorzubereiten. Sie rekrutierten sich vornehmlich aus Kaufleuten, Militärs, Lehrern und Geistlichen. Daß in den 60er Jahren eine Vielzahl lokaler Erhebungen gegen die osmanische Herrschaft noch nicht den allgemeinen Flächenbrand entfachte, hat seine wesentliche Ursache in der mangelnden Beteiligung der Bauern. In dem beschränkten Erfahrungshorizont eines selbstgenügsamen bäuerlichen Milieus fehlten noch geeignete

Kommunikationsmöglichkeiten, um einer nationalen Agitation die notwendige Resonanz zu verschaffen und andauernde, über die engeren Gemarkungsgrenzen hinauswirkende Solidarisierungseffekte zu erzielen. Zudem taten sich die Vertreter arrivierter städtischer Schichten schwer, in ihren Zukunftsvisionen überzeugende Antworten auf die konkreten Ängste, Sorgen und Nöte des einfachen Mannes zu finden. Den Drahtziehern bei den zahlreichen lokalen Erhebungen der 60er und 70er Jahre in den nordwestbalkanischen Randzonen des osmanischen Herrschaftsbereiches fehlte eine aufstandswillige Massenbasis. Sie blieben bei der Mobilisierung von Sympathisanten auf eine wirksame Außensteuerung, auf den Nachschub über die nahegelegene Grenze und die Interventionsbereitschaft der unmittelbaren Anrainer, angewiesen. In der Herzegowina hatte Omer Pascha Latas 1857–1862 erhebliche Schwierigkeiten, die von Luka Vukalović geführte Erhebung unter Kontrolle zu bringen. Sie griff auf Bosnien über und zog schließlich die sympathisierenden Montenegriner in einen regelrechten Grenzkrieg mit den osmanischen Truppen hinein, der mit unerbittlicher Grausamkeit auf beiden Seiten ausgefochten wurde und einen hohen Blutzoll forderte.

Die wachsende Besorgnis über die eigennützige Balkanpolitik der europäischen Großmächte hatte schon zu Beginn der sechziger Jahre Politikern der unabhängigen und halbsouveränen Staaten in Südosteuropa Anlaß gegeben, über eine Interessengemeinschaft der betroffenen Völker nachzudenken und die Möglichkeiten gemeinsamer Aktionen auszuloten. Trotz hektischer Aktivitäten in den verschiedensten revolutionären Zirkeln, in denen häufig abenteuerliche Aufstandspläne geschmiedet wurden, sind die meisten Solidarisierungsbemühungen nicht über das Stadium unverbindlicher Absichtserklärungen hinaus gediehen. 1860/61 war es auf griechische Initiative hin zu Kontakten zwischen der serbischen und griechischen Regierung gekommen. Unüberbrückbare Meinungsverschiedenheiten zeigten sich dabei in der Frage der künftigen Grenzziehungen. Einer weitgehenden Übereinstimmung im militärischen und politischen Bereich (Bildung einer Defensiv- und Offensivallianz, Nichteinmischung der Großmächte in innerbalkanische Angelegenheiten) standen noch völlig überzogene Territorialforderungen beider Seiten (weite Gebiete Bulgariens für Serbien, griechische Ansprüche auf Mazedonien und Thrazien) entgegen. Der Gedanke einer Balkanföderation, der durch mehrere Denkschriften geisterte, fand in Mihajlo Obrenović (1860–1868), der wohl bedeutendsten Herrscherpersönlichkeit der neueren serbischen Geschichte, einen eifrigen Befürworter und Förderer. In der gegenseitigen Abstimmung der divergierenden Interessen Griechenlands, Montenegros, Rumäniens, Serbiens und des bulgarischen Revolutionskomitees, die er in zweiseitigen Ansprachen festhalten ließ, bewies er ein bemerkenswertes Verhandlungsgeschick. Schon begann sich in den Jahren 1866–1868 die Formierung einer offensiven Balkanliga unter den

Beteiligten abzuzeichnen, da wurde die Bewegung jäh ihres führenden Kopfes beraubt. Der serbische Fürst fiel am 10. Juni 1868 im Park von Topčider einem Mordanschlag zum Opfer. Zu diesem Zeitpunkt war allerdings die Gunst der Stunde, die der preußisch-österreichische Krieg und die Revolte auf Kreta geboten hatte, schon längst wieder verstrichen. Serbien wurde nicht zum Piemont des Balkans.

Die Griechen auf Kreta, die sich seit 1866 erneut im offenen Aufruhr gegen das Sultansregime befanden, hatten vergeblich gehofft, durch eine zweite Front auf der Balkanhalbinsel in wirkungsvoller Weise entlastet zu werden. Einzelne lokale Erhebungen in Epirus und Thessalien konnten aber nur vorübergehend osmanische Truppenverbände binden, sie sind sehr rasch niedergeschlagen worden. Der Einspruch der Großmächte hinderte die griechische Regierung an einer offenen Parteinahme und erzwang schließlich die Demission von Koumoundouros. Die griechische Militärallianz mit Serbien ließ sich nicht in eine wirkliche Hilfe für die aufständischen Landsleute umsetzen. Nachdem die Hohe Pforte der christlichen Bevölkerung Kretas größere Mitspracherechte in der lokalen Verwaltung zugesichert hatte, mußte die Aufstandsführung 1869 die Waffen strecken.

Erfolgreicher ist ein Jahrzehnt später bei den Unruhen, die in der nordwestbalkanischen Grenzregion des Osmanischen Reiches ausbrachen, von den Hintermännern Regie geführt worden. Die besonderen sozialen Verhältnisse in Bosnien und der Herzegowina, eine gezielte Agitation serbischer und montenegrinischer Militärs sowie habsburgische Annexionsgelüste haben hier eine revolutionäre Situation entstehen lassen, die zu einem offenen Ausbruch drängte.

Bosnien hatte ebenso wie Albanien unter den türkischen Provinzen der Balkanhalbinsel durch die Jahrhunderte eine Sonderstellung eingenommen. Der Übertritt des ansässigen Adels zum muslimischen Glauben hatte den Bewohnern eine natürlich gewachsene Oberschicht bewahrt, deren Standesbewußtsein sie allerdings immer mehr dem eigenen Volkstum entfremdete. Im Zeitalter des erstarkenden balkanischen Nationalismus wurde gerade sie zum eifrigsten Verfechter eines osmanischen Gesamtstaatsgedankens. Wirtschaftliche Repressalien als Folge der inneren Krisensituation und die bestehenden religiösen Gegensätze gaben einer Mobilisierung breiter Volksmassen unter stark sozialrevolutionären Parolen günstige Agitationsmöglichkeiten.

Montenegro gewährte militärische Unterstützung, als im Juli 1875 der Aufstand in der Herzegowina ausbrach und sehr rasch um sich griff. Unter dem Druck einer erregten öffentlichen Meinung sahen sich Fürst Nikola I. von Montenegro (1860–1918) und Milan Obrenović (1868–1889, seit 1882 König) in Serbien, das nach dem Wahlsieg der Liberalen unter Jovan Ristić einen immer unverhohleneren Kriegskurs steuerte, zur offenen Intervention gezwungen. Am 30. Juni bzw. 2. Juli 1876 erklärten Serbien und Montenegro der Pforte den Krieg, der bald einen für die Balkanstaaten unglücklichen Verlauf nahm und schließlich den russischen Kriegseintritt am 12./24. April 1877 nach sich zog.

Vorausgegangen war eine Phase hektischer diplomatischer Bemühungen. Sie war geprägt von einem Zusammengehen der Höfe in Wien und St. Petersburg und einem verschärften englisch-russischen Gegensatz. Die Interventionsbereitschaft der Großmächte ist nicht zuletzt durch die aufsehenerregenden Vorfälle während des mißglückten Aufstandes in Bulgarien 1876 erheblich bestärkt worden. Die Nachrichten über die Bulgaren-Greuel, die insbesondere in der britischen Presse mit Entrüstung kommentiert wurden, haben dem Ansehen des Sultansregimes irreparablen Schaden in einer breiteren Öffentlichkeit zugefügt.

Die Bulgaren im Aufstand

Die Bulgaren hatten innerhalb der balkanischen Befreiungsbewegung einen beträchtlichen zeitlichen Rückstand aufzuholen. Die besonderen inneren und äußeren Bedingungen des Landes hatten den Schritt von der nationalen Bewußtwerdung zur Herausbildung eines gemeinsamen politischen Willens um Generationen hinausgezögert. Die mühevolle Emanzipierung aus der geistlichen Vorherrschaft des griechischen Patriarchats hatte in den vorausgegangenen Jahrzehnten einen Großteil der nationalen Energie absorbiert. Mit Unterstützung panslawistischer Kreise in Rußland und der starken Emigration in Bukarest, Braila und der bulgarischen Gemeinde in Konstantinopel war die Herauslösung der bulgarischen orthodoxen Kirche aus der griechischen Bevormundung als vorrangiges Ziel gefordert worden. Als in den sechziger Jahren der Kirchenkampf immer heftigere Formen annahm, konnte sich selbst der Sultanshof dem Wunsch nach einer dauerhaften Bereinigung der kirchenpolitischen Streitfragen nicht mehr verschließen. Hinter den weitreichenden bulgarischen Forderungen nach einer Abgrenzung der Kirchensprengel, mit denen sich schließlich eine Kommission unter Beteiligung türkischer Beamter und des russischen Geschäftsträgers Ignat'ev zu befassen hatte, wurden Umrisse einer großbulgarischen nationalen Konzeption sichtbar. Der Firman des Sultans vom 11. März 1870 räumte der christlichen Bevölkerung für die Zukunft eine Optionsmöglichkeit für die griechische bzw. die neugeschaffene bulgarische Kirche ein und gab damit einer Verwirklichung der bulgarischen Vorstellung einen nicht unerheblichen moralischen Rückhalt. Der griechische Patriarch fand sich allerdings mit der Existenz einer bulgarischen Nationalkirche trotz dieser Entscheidung nicht ab und versagte dem bulgarischen Exarchat die kirchliche Anerkennung. Der Bann ist erst im Jahre 1945 aufgehoben worden.

Die politische Emanzipation des bulgarischen Volkes hat mit der geistigen

Loslösung aus der griechischen Überfremdung zunächst nicht Schritt gehalten. Die auf einen allmählichen Ausgleich zielenden Bemühungen der Reformer, die sich hauptsächlich aus den politisch aktiven mittelständischen Schichten (Lehrer, Handwerker, Kaufleute) rekrutierten, blieben auf die Dauer erfolgreicher als die vereinzelten Aufstandsversuche in den dreißiger bis fünfziger Jahren. Die Mehrheit der Landbevölkerung versagte sich noch den radikalen Ideen revolutionärer Agitatoren wie Georgi Rakovski, Ljuben Karavelov, Vasil Levski, Christo Botev und Stefan Stambolov. Ihre weitverzweigte Untergrundtätigkeit hat aber dennoch die unerläßlichen organisatorischen Voraussetzungen für die kommende nationale Revolution geschaffen. Sie ist von Exilgruppen auf rumänischem Boden über die Donau getragen worden.

1871 hatten Karavelov und Levski in Bukarest ein Revoluionskomitee ins Leben gerufen. Durch Verrat wurden sie aber an der Durchführung ihrer Aufstandspläne gehindert. Die Nachricht von der Erhebung in Bosnien und der Herzegowina 1875 bestärkte Botev und Stambulov in ihren Vorbereitungen zu einem neuerlichen Aufstandsversuch. Die Erhebung nahm am 2. Mai ihren Ausgang in den Vojnik-Dörfern des Balkangebirges (Panagjurište, Koprivštica). Die überstürzte Vorverlegung des Termins, die mangelhafte organisatorische Vorbereitung und eine Reihe schwerwiegender taktischer Fehler ließen die alarmierten türkischen Truppenverbände sehr rasch wieder Herr der Lage werden. Es fehlte auf beiden Seiten nicht an Ausschreitungen, aber die blutige Unterdrückung und die harten Vergeltungsmaßnahmen von türkischer Seite haben im Bewußtsein der Zeitgenossen einen unvergleichlich nachhaltigeren Eindruck hinterlassen. Die ‹bulgarischen Greuel› gaben den interventionsbereiten Nachbarstaaten eine willkommene Rechtfertigung in der breiteren Öffentlichkeit und banden nicht zuletzt der britischen Regierung Disraeli die Hände, so daß sie tatenlos dem russischen Siegeszug auf der Balkanhalbinsel zusehen mußte. Die nachfolgende Friedensregelung, die unter den Signatarstaaten des Pariser Vertrages ausgehandelt wurde, ist als eine Routineangelegenheit des europäischen Krisenmanagements mit Theaterdonner und Geheimabsprachen hinter den Kulissen in Berlin abgewickelt worden. Die wesentlichen Vertragsbestimmungen sind unter Ausschluß der betroffenen Völker beschlossen worden.

Der englische Premier Disraeli mochte sich auf dem Berliner Kongreß als der eigentliche diplomatische Sieger über den russischen Imperialismus im Nahen Osten fühlen – eine dauerhafte Lösung des Balkanproblems wurde freilich auch während der erhitzten Debatten in Berlin nicht gefunden. Als Kompromiß erheblich divergierender Meinungen konnten die Beschlüsse des Kongresses auf keine einhellige Zustimmung stoßen. Sie haben im Gegenteil wesentlich zu kommenden neuen Verwicklungen beigetragen. Die Verstimmung in St. Petersburg über das mangelnde Verständnis bei Bismarck verursachte eine spürbare Abkühlung in den deutsch-russischen Beziehungen. Die unmittelbare Folge war eine stärkere Anlehnung des Deutschen Reiches an die Politik Österreich-Ungarns (Zweibund von 1879), das sich 1878 mit der Okkupation Bosniens, der Herzegowina und des Sandschaks Novipazar wichtige Schlüsselpositionen bei der politischen Neugestaltung Südosteuropas zu sichern wußte. Die formelle Unabhängigkeit und bescheidene Landgewinne für die Fürstentümer Serbien, Montenegro und Rumänien wogen die Enttäuschung über die unbefriedigende Berücksichtigung nationaler Erwartungen unter diesen Völkern nicht auf.

Die enttäuschten nationalen Gefühle der Balkanvölker suchten in einem terroristischen Irredentismus nach einem Ausweg dessen maßlosen Zielen in den folgenden Jahrzehnten immer mehr die revolutionäre Solidarität der Balkanstaaten geopfert wurde. In einem erbitterten gegenseitigen Machtkampf wußte man sich dabei den Verschiebungen des europäischen Mächtesystems anzupassen und in der außenpolitischen Orientierung auf den jeweils gewinnversprechenden Partner einzustellen. Die Abgrenzungen der österreichisch-ungarischen und russischen Interessensphären im Südosten (Erneuerung des Dreikaiserbündnisses am 18. Juni 1881) spiegelte sich in den folgenden Jahren in der Außenpolitik Serbiens und Bulgariens getreu wider. Serbien wandte sich aus Enttäuschung über die russische Bulgarienpolitik nunmehr dem Kaiserhaus Österreich als Verbündetem zu und stellte seine nationalen Ansprüche hinsichtlich Bosniens und der Herzegowina vorläufig zurück. Mit dem Abschluß des Handelsvertrages vom 21. April 1881 sollte Serbien für ein Jahrzehnt zu einem wirtschaftlichen Nebenland der Donaumonarchie werden. 87% des Exports und 67% des Imports wurden mit dem habsburgischen Nachbarn im Norden abgewickelt. Ein politischer Geheimvertrag des gleichen Jahres gestand Österreich-Ungarn weitgehende Vorrechte in der Bestimmung der serbischen Außenpolitik zu. Durch ähnliche Absprachen wußte die österreichisch-ungarische Politik Rumänien (1883) an sich zu binden.

Die Bulgaren setzten demgegenüber auf ein enges Zusammengehen mit dem russischen Zaren. Von einer tatkräftigen russischen Unterstützung versprach man sich eine Wiedergewinnung der auf dem Berliner Kongreß verlorenen Grenzen von San Stefano. Im Gegenzug hoffte die russische Diplomatie, mit dem neuen bulgarischen Fürsten Alexander von Battenberg, einem Verwandten des russischen Herrscherhauses, und der liberalen Verfassung von Tărnovo (1879) die personellen und verfassungsrechtlichen Voraussetzungen für eine aktive Balkanpolitik in der nahen Zukunft gesichert zu haben.

Das völlige Fiasko der russischen Bulgarien- und Balkanpolitik sollte sich schon bei der ersten ernsthaften Bewährungsprobe erweisen. Als die Drahtzieher einer revolutionären Erhebung in Ostrumelien die Vereinigung mit dem autonomen bulgarischen Fürstentum proklamierten, gab Fürst Alexander der nationalen Forderung nach und stellte sich in einem bewußten Affront zu den Beschlüssen des Berliner Kongresses an die Spitze einer bulgarischen Einigungsbewegung, ohne sich durch Vorhaltungen und direkte Interventionen der russischen Regierung beirren zu lassen. Zar Alexander III. beorderte die russischen Offiziere und Instrukteure aus Bulgarien zurück und beraubte die bulgarische Armee damit mit einem Schlag fast der gesamten militärischen Führung. Doch der glanzvolle Sieg bei Slivnica (17.–19. November 1885) gegen die serbischen Invasionstruppen, die den Kompensationsforderungen König Milans Nachdruck verleihen sollten, gab nicht nur der neuen nationalbulgarischen Armeeführung eine vielbeachtete äußere Bestätigung, er sicherte auch die internationale Anerkennung der Gebietserweiterung. Rußland fand sich mit einer – zunächst auf fünf Jahre befristeten – Verbindung Ostrumeliens mit Bulgarien in Personalunion ab. Großbritannien hatte, in Umkehrung seiner Haltung auf dem Berliner Kongreß, von vorneherein keine Einwände erhoben. Auch die spektakulären Umstände, unter denen im August des folgenden Jahres (1886) der russische Zar durch eine gewaltsame Entführung den Thronverzicht des Fürsten Alexander von Battenberg erzwang, haben das verlorene Terrain in Bulgarien nicht wieder zurückgewinnen lassen.

Stefan Stambolov hat als die beherrschende staatsmännische Figur des nächsten Jahrzehnts (Ministerpräsident von 1887–1894) seine herbe Enttäuschung über das Verhalten Rußlands und über die Einmischungsversuche in innerbulgarische Angelegenheiten nicht verhehlt. Seine «Liberale Volkspartei» wurde zu einem Sprachrohr des liberalen Bürgertums in Bulgarien, dessen latente russophobe Einstellung er sich in seinen politischen Aktionen zunutze machte. Er hat dem neu gewählten Herrscher Ferdinand aus dem Hause Sachsen-Coburg-Gotha-Koháry (1887–1918) gegen den Willen des russischen Zaren zur Anerkennung verholfen. 1894 brach Ferdinand jedoch mit seinem selbstherrlichen und auch skrupellosen Minister – Stambolov ist ein Jahr nach seiner Entmachtung auf offener Straße ermordet worden –, und suchte die Versöhnung mit Rußland, was ihm wohl zur internationalen Anerkennung seiner Herrschaft verhalf (1896). In der Außenpolitik ebenso wie in der auch die anderen Balkanstaaten beherrschenden mazedonischen Frage fand er freilich nicht den erhofften Rückhalt.

Auf der Gegenseite haben die wirtschaftlichen Repressivmaßnahmen nach 1906, die bosnische Annexionskrise (1908) und die diplomatischen Vorgänge während der Balkankriege (1912/13) den letzten Anstoß zu einer unheilbaren Entfremdung zwischen Österreich-Ungarn und dem serbischen Bündnispartner gegeben. So bahnte sich aus der Zwangslage der sich wandelnden Umweltbedingungen jene tiefgreifende Umkehrung des balkanischen Verbundsystems an, die Bulgarien an der Seite Österreich-Ungarns gegen das mit Rußland verbündete Serbien in den Ersten Weltkrieg ziehen ließ. Diese abrupten Wendungen der Balkangeschichte haben sich in den Jahren nach 1878 bis weit in das 20. Jahrhundert hinein vornehmlich aus den ungelösten Grenzproblemen ergeben.

Der wirtschaftliche Aspekt der balkanischen Nationswerdung

Den steinigen Weg der Balkanvölker zur nationalen Selbstbestimmung und in die Eigenstaatlichkeit haben seit dem Ausgang des 18. Jahrhunderts wenig günstige Zukunftsperspektiven überschattet. Sie stellten die wirtschaftliche Überlebensfähigkeit der südosteuropäischen Agrargesellschaften in Frage. Schon der neugegründete griechische Nationalstaat, dem eine Woge des europäischen Philhellenismus Sympathie und tätige Anteilnahme sicherte, konnte sich nur als Kostgänger wohlwollender Großmächte finanziell über Wasser halten. Die negativen Auswirkungen der Kontinentalsperre im Mittelmeerraum, die jahrelangen kriegerischen Auseinandersetzungen im Gefolge der serbischen Erhebung und des anschließenden russisch-türkischen Krieges, die wechselvollen Phasen des griechischen Freiheitskampfes und die militärische Intervention des Auslandes ließen einer schrittweisen Erholung und kontinuierlichen Fortentwicklung des Wirtschaftslebens unter den Balkanchristen nur geringe Chancen. Die verfügbaren statistischen Zahlen belegen eine Stagnation des Handels und des städtischen Handwerks. Abwanderungen beraubten einzelne Manufakturzentren, die sich beispielsweise in Bulgarien herausgebildet hatten, der dringend benötigten qualifizierten Arbeitskräfte. Erst in den 40er Jahren, als die europäische Pentarchie wieder zu einer gemeinsamen Linie in der Orientpolitik zurückgefunden hatte, setzte ein zunächst bescheidener Aufschwung ein. Die Belebung des Binnenmarktes läßt sich an den Umsätzen der zahlreichen Jahrmärkte ablesen, die – wenn auch nur in sehr lückenhafter Form – in den Konsularberichten ausländischer Vertreter mitgeteilt werden.

Noch fehlte es allenthalben an dem notwendigen Kapital, um die Ressourcen des Landes, insbesondere die wertvollen Bodenschätze, zu heben und vorausschauende Investitionsmaßnahmen zur Verbesserung der Infrastruktur in die Wege zu leiten. Voraussetzung für eine kostengünstige Anbindung an die europäischen Absatzmärkte war der zügige Ausbau der Infrastruktur mit festen und sicheren Landstraßen und einem modernen Schienennetz. Es mußte mit einem hohen Arbeitsaufwand in schwierigem Gelände verlegt werden. Südosteuropa hat sich verspätet und erst nach massivem Druck der Großmächte und interessierter Wirtschaftskreise dem modernen Verkehrsmittel der Eisenbahn geöffnet. Daß dabei in der Projektierung der Trassen die Eigeninteressen ausländischer Finanziers Vorrang hatten vor den Belangen einheimischer Unternehmer, ist langfristig nicht ohne negative Auswirkungen geblieben.

Eine gewisse Vorreiterrolle bei der Verkehrserschließung Südosteuropas war zunächst der Donauschiffahrt zugefallen. Die 1829 gegründete erste kk. Private Donau-Dampfschiffahrts-Gesellschaft in Wien hat sich seit 1835 in zunehmenden Maße vermittelnd in den Warenaustausch zwischen Mitteleuropa und den Donauländern eingeschaltet. Über Odessa, das innerhalb von

20 Jahren in der Zeit vor dem Krimkrieg seinen Warenumschlag vervielfachte, wurde die Donau-Wasserstraße an den regen Schwarzmeerhandel angebunden. Die erste Bahnstrecke in Südosteuropa ist 1858 von den Engländern fertiggestellt worden (Verbindung von Cernavoda nach Konstanza). Das eigentliche Eisenbahnzeitalter wird 1869 mit der Vereinbarung zwischen dem Osmanischen Reich und Baron Moritz Hirsch eingeleitet.

Der Balkan als Krisenregion

Je deutlicher sich nach 1878 der territoriale Zerfall des Osmanischen Reiches abzeichnete, desto unausweichlicher geriet die Außenpolitik der jungen Balkanstaaten in den Teufelskreis eines nationalistischen Irredentismus. Der Traum vom nationalen Großreich suchte seine Verwirklichung in einem hektischen Wettlauf um die Aufteilung der osmanischen Restgebiete auf europäischem Boden und führte zu einem kleinlichen Hader um Grenzkorrekturen und Landumverteilungen.

Die neuere Geschichte Südosteuropas kennt eine Reihe strittiger Gebiete, in denen die Gemengelage der einzelnen Nationalitäten eine exakte und allseits befriedigende Grenzziehung nicht zuließ. Strategische und wirtschaftliche Überlegungen (freier Zugang zum Meer) trugen ihr Teil dazu bei, daß sich die aufgeputschten Nationalisten in allen Lagern mit den bestehenden Verhältnissen, denen weithin der Charakter des Zufälligen und Willkürlichen nicht abzusprechen war, nicht abfinden mochten. Die siebenbürgische Frage entzweite Ungarn und Rumänien, in der Dobrudscha standen sich bulgarische und rumänische, in Bessarabien russische und rumänische, in Thrazien bulgarische und griechische Interessen unversöhnlich gegenüber. Der jugoslawische Staat des 20. Jahrhunderts hatte seine Grenzen gegenüber Ungarn in der Vojvodina (Südungarn) und gegenüber Albanien in Kosovo-Metohija zu verteidigen und erhob Ansprüche auf Triest und Istrien gegenüber Italien. Jahrzehntelang hatten die Habsburger den Serben die Eingliederung Bosniens, der Herzegowina und des Sandschaks Novipazar verwehrt, und ebenso hartnäckig versuchte das griechische Königreich, seine Nordgrenze nach Nordepirus, d. i. Südalbanien, hineinzuverlegen.

Zum klasssichen Beispiel des innerbalkanischen Nationalitätenkampfes am Ausgang des 19. Jahrhunderts ist Mazedonien geworden, auf das Bulgaren, Serben und Griechen in gleicher Weise ethnische und historische Ansprüche erhoben und das seiner einzigartigen strategischen und wirtschaftlichen Bedeutung wegen in der Expansionsrichtung der angrenzenden Staaten lag. Mazedonien beherrschte nicht nur die wichtige Verbindungsstraße am Vardar entlang, es vermittelte über den Hafen von Saloniki auch den Kontakt mit den Handelszentren der Ägäis und des Mittelmeeres. In der Bevölkerung der drei türkischen Wilayets Saloniki, Monastir und Kosovo überwog wohl das slawische Element eindeutig gegenüber den giechischen, albanischen, türkischen, kutzowlachischen und jüdischen Minderheiten; das sprachliche Idiom dieser slawischen Bevölkerungsmehrheit reichte allerdings für eine Zuordnung zum serbischen oder bulgarischen Nachbarstaat nicht aus. Einer eigenen ‹mazedonischen› Lösung, die im Jugoslawien Titos in der Gegenwart praktiziert wird, fehlten um die Jahrhundertwende noch die inneren Voraussetzungen (Schriftsprachlichkeit, tragfähiges mazedonisches Gemeinschaftsbewußtsein u. a.).

Die wachsende Emigrationsbewegung nach Bulgarien und die Ausdehnung des Jurisdiktionsbereiches des bulgarischen Exarchats auch auf Mazedonien sicherten dem bulgarischen Nationalismus und der Mazedonienpolitik Stambolovs jahrelang einen Vorsprung vor den griechischen und serbischen Bemühungen. Das von bulgarischen Emigranten getragene sogenannte ‹Äußere Organisationskomitee›, das 1895 in Sofia begründet wurde, drängte auf eine militärische Bereinigung der mazedonischen Frage im nationalbulgarischen Sinne. Die ‹Innere Mazedonische Revolutionsorganisation› (IMRO) sah nach anfänglichem Schwanken eher in einer ‹mazedonischen›, föderativen Lösung – ein ungeteiltes autonomes Mazedonien als gleichberechtigtes Glied einer Balkanföderation – einen Ausweg aus dem aussichtslosen Dilemma, in das der Bandenkrieg der verfeindeten Nationalisten in den neunziger Jahren geführt hatte (1886 Gründung der ‹Gesellschaft des hl. Sava› in Serbien, 1894 der ‹Nationalgesellschaft› – Ethnikē Hetaireia – in Athen). Auf dem Höhepunkt des Terrorismus, nach dem IMRO-Aufstand am Elias-Tag (2. August) 1903, intervenierten die Großmächte Österreich-Ungarn und Rußland zugunsten einer Erhaltung des Status quo und einer türkischen Reformpolitik für Mazedonien (Abkommen von Mürzsteg, einem kaiserlichen Jagdschloß in der Nähe von Neuberg in der Steiermark, vom Oktober 1903). Sie ist ebensowenig zum Tragen gekommen wie die serbisch-bulgarische Annäherung nach dem Königsmord in Serbien.

Am 10. Juni 1903 war der wenig erfolgreiche letzte Obrenović, Alexander, einer Offiziersverschwörung zum Opfer gefallen. Da eine wirksame russische Unterstützung wegen der Verwicklungen im Fernen Osten (russisch-japanischer Krieg von 1904–1905) ausfiel, suchte der neue Herrscher Peter Karadjordjević (1903–1921) die ablehnende Haltung Österreich-Ungarns durch eine militärische Geheimallianz (12. April 1904) und ein Wirtschaftsabkommen (22. Juni 1905) mit Bulgarien auszugleichen. Serbien überstand das unerwartete Wirtschaftsembargo der Wiener Regierung (sogenannter «Schweinekrieg» vom Juni 1906–1909) durch eine Umorientierung seiner Handelsbeziehungen und den Aufbau einer eigenen fleischverarbeitenden Industrie. So hat die unnachgiebige Haltung der Wiener Diplomatie eine folgenreiche Veränderung des innerbalkanischen Bündnissystems vorbereiten helfen, die nach den Ereignissen des Krisenjahres 1908 beschleunigt zum Abschluß gebracht worden ist.

Im Juli 1908 erzwang eine Verschwörung türkischer Offiziere von Mazedonien (Saloniki) aus von dem autokratisch regierenden Sultan Abd ul Hamid (1876–1909) die Rückkehr zur verfassungsmäßigen Regierungsweise. Nach Abwehr einer konservativen Gegenrevolution rissen sie die Macht im Staat an sich. Der Sultan verzichtete am 27. April 1909 auf den Thron, und seinem Nachfolger Mehmed V. (1909–1918) wurden nur noch sehr beschränkte Rechte eingeräumt. Diese sogenannte ‹jung-türkische Revolution› ist mit ihrem nationalen Reformprogramm zur Wahrung des Reichsterritoriums gegen die erwachenden Nationalitäten (Armenien, Kreta, Balkanhalbinsel, arabische Länder) jedoch weitgehend gescheitert. Die Wirren in der osmanischen Reichszentrale haben ihrerseits sogar stimulierend auf Abfallsgelüste einzelner Nationalitäten gewirkt (albanischer Aufstand im Wilayet Kosovo 1910) und auch den Großmächten den Gedanken an eine Generalbereinigung der ‹Orientalischen Frage› nahegebracht.

Im Vorgriff auf künftige territoriale Veränderungen in Südosteuropa hat der österreichische Außenminister Graf A. Aehrenthal durch die offizielle Annexion Bosniens und der Herzegowina am 5. Oktober 1908 eine völlig neue Ausgangsposition geschaffen. Am Tag zuvor hatte Ferdinand von Bulgarien die völlige Unabhängigkeit seines Landes erklärt und den Titel ‹Zar› angenommen.

Die bosnische Annexionskrise wurde auf diplomatischem Wege beigelegt, da weder die zumeist betroffenen Anrainerstaaten Serbien und die Türkei, noch die russische Macht im Hintergrund zu einem Waffengang gerüstet waren. Die mittelbaren Folgen sollten sich aber als unübersehbar erweisen: die serbische Todfeindschaft zur habsburgischen Donaumonarchie, das Wiederaufleben des für ein Jahrzehnt begrabenen russisch-österreichischen Antagonismus in Südosteuropa, der sich schon beim österreichischen Sandschakbahn-Projekt angekündigt hatte, die Entstehung des Balkanbundes und die Balkankriege der Jahre 1912/13, das Attentat von Sarajevo und der Ausbruch des Ersten Weltkrieges. Das Gleichgewicht der Mächte war so empfindlich gestört worden, daß es sich erst nach einer Epoche revolutionärer Umbrüche wieder notdürftig einpendelte.

Rußlands Anteil an der Herausbildung einer neuen balkanischen Einheitsfront im Jahre 1912 hat wiederholt zu weitreichenden Spekulationen Anlaß gegeben. Ohne Zweifel hatte der Außenminister des Zaren, A. P. Izvol'skij (1906–1910), der 1907 den weltweiten Interessenausgleich mit Großbritannien zustande gebracht hatte (Vereinbarung über Persien, Afghanistan und Tibet vom 18./31. August 1907), Österreichs Alleingang im Jahre 1908 zu Kompensationen hinsichtlich der Meerengen-Klausel auszunutzen versucht. Seine diplomatische Niederlage in der Annexionskrise gab jedoch den Verfechtern einer defensiven Balkanpolitik einen mächtigen Auftrieb, deren Hauptziele eine Eindämmung des österreichischen Expansionsstrebens vorsahen und erst in zweiter Linie gegen den Nationalismus der Jungtürken gerichtet waren. Verschiedentlich wurde sogar eine Einbeziehung der Türkei in ein balkanisches Allianzsystem ernsthaft in Erwägung gezogen. Die Eigenmächtigkeit und das gegenseitige Intrigenspiel der russischen Vertreter in Konstantinopel (N. V. Čarykov seit 1909), Sofia (A. V. Nekljudov seit 1911) und in Belgrad (N. G. Hartwig, 1909–1914) wurde durch die mangelnde Klarheit der Direktiven aus der russischen Zentrale mitverschuldet und zu einem erheblichen Teil provoziert.

So hat die russische Regierung wohl die zweiseitigen Verhandlungen der Balkanstaaten zum Interessenausgleich ermutigt, auf die entscheidenden Absprachen hinsichtlich der Zielsetzung und einer möglichen Bewegungsrichtung des Allianzsystems konnte sie allerdings keinen entscheidenden Einfluß nehmen. Serbien und Bulgarien fanden sich – den italiensich-türkischen Krieg um Tripolis im September 1911 ausnutzend – zu Verhandlungen und zu einer vertraglichen Fixierung eines gemeinsamen Vorgehens in der Balkanfrage zusammen (März 1912). Schon am 29. Mai 1912 schloß sich ein bulgarisch-griechischer Vertrag an. Der Beitritt Montenegros (September/Oktober 1912) bedeutete nicht nur den Schlußstein am Gebäude des Balkanbundes, er kehrte auch die antitürkische Blickrichtung offen hervor.

Die Unterstüzung des Aufstandes in Nordalbanien hatte den montenegrischen König Nikola schon im Verlauf des Jahres 1912 in eine Konfrontation mit der türkischen Macht hineinmanövriert. Am 6. Oktober brach er die diplomatischen Beziehungen ab und erklärte der Pforte zwei Tage später den Krieg. Die verbündeten Serben, Bulgaren und Griechen zogen am 18. Oktober nach. Militärisch war der Waffengang rasch entschieden. Die osmanische Herrschaft auf der Balkanhalbinsel brach unter dem konzentrierten Angriff der verbündeten Armeen innerhalb weniger Wochen vollständig zusammen. Der Friede von London (30. Mai 1913), der den ersten Balkankrieg unter dem Druck der Großmächte beendete, schränkte die europäischen Besitzungen der Türkei auf einen kleinen Gebietsstreifen im Vorfeld Istanbuls ein. Über der Aufteilung der Beute brachen allerdings auch die nur notdürftig überdeckten Interessengegensätze der Balkanstaaten mit unverminderter Heftigkeit wieder auf. Das mazedonische Problem erwies sich wiederum als Angelpunkt.

Bulgariens Versuch, in einer militärischen Blitzaktion ein fait accompli zu schaffen, beantworteten Serbien und Griechenland mit einer Gegenoffensive, an der sich Montenegro, Rumänien und die eben besiegte Türkei beteiligten. In diesem sogenannten zweiten Balkankrieg vom 29. Juni bis 10. August 1913 mußte Zar Ferdinand den Traum von einer bulgarischen Vormachtstellung auf der Balkanhalbinsel endgültig begraben und sich im Frieden von Bukarest zu erheblichen territorialen Zugeständnissen bequemen. Die Süddobrudscha fiel an Rumänien, die Türkei baute ihren europäischen Vorposten in Thrazien erneut aus und gewann Adrianopel (Edirne) zurück. In den Besitz Mazedoniens teilten sich in der Hauptsache Serbien und Griechenland, das mit Saloniki einen der wichtigsten Ausfuhrhäfen und die mazedonische Küste gewann. Nur ein kleiner Gebietsstreifen an der mazedonischen Ostgrenze wurde Bulgarien zugestanden.

Mit diesen Bukarester Friedensvereinbarungen kehrte unter den Balkanvölkern aber noch keineswegs die erwartete Ruhe ein. Insbesondere in Bulgarien wurde der Ruf nach einer Revidierung der harten Bedingungen immer lauter, der serbische Irrendentismus drängte nach einer Revolutionierung der slawischen Brüder unter habsburgischer Herrschaft, die Autonomie Albaniens kam nur nach massiven Interventionen der Großmächte zustande. Die jungen Balkanstaaten haben sich als unfähig erwiesen, in der Ablösung der universalen osmanischen Reichsidee ein funktionierendes Ordnungsgefüge aus eigener Kraft aufzubauen. Die Balkankriege waren nur die Symptome einer umfassenden inneren Krise im Übergang zu einer neuen Periode balkanischer Staatengeschichte.

Die turbulenten Ereignisse in den Jahren nach der bosnischen Annexionskrise haben auch den Albanern als letztem Balkanvolk den Weg zur Autonomie und zur eigenstaatlichen Existenz ebnen helfen. Die besonderen Bedingungen, unter denen die Albaner dem osmanischen Herrschaftsverband eingegliedert waren, hatten die Entstehung eines die inneren Gegensätze ausgleichenden Volksbewußtseins hinausgezögert, zumal das Bekenntnis zum muslimischen Glauben der überwiegenden Mehrheit der Bevölkerung (70%) eine Identifizierung mit der osmanischen Reichsidee erlaubte. Die griechisch geprägte Hierarchie der orthodoxen Kirche, zu der sich über 20% der Bevölkerung vornehmlich im südlichen Albanien bekannten – nur im gegischen Nordalbanien hatte sich ein katholischer Bevölkerungsanteil gehalten (ca. 10%) –, zeigte sich nationalalbanischen Bestrebungen gegenüber wenig aufgeschlossen. So ist es verständlich, daß die ersten politischen Zusammenschlüsse mit nationaler Zielsetzung durch Anstöße von außen angeregt werden mußten.

1878 hatten die Albaner zur Abwehr der montenegrinischen, serbischen, bulgarischen und griechischen Expansionsbestrebungen in Prizren eine sogenannte ‹Albanische Liga zur Wahrung der Rechte der albanischen Nation› ins Leben gerufen. Sie konnte in ihren Anfängen, als sie einen bewaffneten Widerstand gegen die Ansprüche Montenegros auf Podgorica und Antivari und die griechischen Aspirationen auf epirotische und thessalische Gebiete organisierte, durchaus mit türkischer Unterstützung rechnen. Die Hoffnungen auf eine Zusammenlegung der hauptsächlich von Albanern bewohnten Wilayets Monastir, Janina und Skutari und die Gewährung einer albanischen Autonomie innerhalb des türkischen Reiches sollten sich allerdings sehr bald zerschlagen. Schon im Jahre 1881 wurde von den türkischen Behörden, denen die gefährlichen nationalistischen Tendenzen in Albanien nicht verborgen geblieben waren, die Auflösung der ‹Liga› verfügt.

Diese Maßnahme bedeutete aber keine Beendigung der nationalen Agitationen. Sie erhielten durch das Herüberwinken der neuen Ideen aus den albanischen Emigrationszentren in Italien und den Vereinigten Staaten von Amerika einen mächtigen Auftrieb. Trotzdem wurde einer Verwirklichung der nationalen Wünsche innerhalb des osmanischen Reichsverbandes so lange der Vorzug vor radikaleren Lösungen gegeben, bis die zentralistischen und islamisierenden Bestrebungen der jungtürkischen Revolutionäre die erstrebte albanische Provinzautonomie ernstlich gefährdeten. Vom Jahre 1909 an rissen innere Unruhen, Aufstände und Bandenkriege auf albanischem Gebiet nicht mehr ab. Dieser Tatbestand lieferte den Nachbarstaaten einen erwünschten Vorwand zum diplomatischen und militärischen Engagement.

König Nikola von Montenegro nahm schließlich, wie oben bereits erwähnt, am 9. Oktober 1912 die Vorgänge in Albanien zum Anlaß, der Pforte den Krieg zu erklären. Die im «Balkanbund» geeinten übrigen Balkanstaaten – Bulgarien, Serbien und Griechenland – schlossen sich am 18. Oktober an. Der für die Verbündeten erfolgreiche Kriegsverlauf – schon am 2. November 1912 mußten die Türken nach schweren Niederlagen Bulgarien Waffenstillstandsverhandlungen anbieten – ließ für die Verwirklichung albanischer Wünsche zunächst wenig Spielraum. Albanisches Territorium war wiederum zum Aufmarschgebiet der türkischen Gegner geworden und von fremden Truppen besetzt. Albanische Nationalkomitees nutzten das durch die Verdrängung der türkischen Behörden entstandene Machtvakuum. Noch im November 1912 hatten sich führende albanische Politiker in der rumänischen Emigration um Unterstützung an die Großmächte gewandt. Ismail Kemal Bey wurde zur Organisation eines albanischen Nationalkongresses in die Heimat entsandt. Er traf am 20. November 1912 in Durazzo ein, am 28. November proklamierte in Valona der von ihm einberufene Kongreß aus 37 Delegierten die Unabhängigkeit Albaniens und wählte eine provisorische Regierung mit Ismail Kemal Bey als Premierminister und Außenminister. Sein Stellvertreter wurde der katholische Geistliche Dom Nikolle Kaçorri. Muslime und Christen stellten sich gemeinsam der Aufgabe, dem albanischen Nationalstaat in einer feindlichen Umwelt das Überleben zu sichern.

Eine Aufteilung des albanischen Territoriums, bei der dem benachbarten Serbien der Löwenanteil zugefallen wäre und Montenegro im Norden und Griechenland im Süden sich schadlos gehalten hätten, ist durch den Einspruch Österreich-Ungarns und Italiens verhindert worden. Der Londoner Botschafterkonferenz der Großmächte wurde am 17. Dezember 1912 die Schaffung eines autonomen albanischen Staates unter der Oberhoheit des Sultans vorgeschlagen. Im Friedensvertrag vom 30. Mai 1913 verzichtete die Türkei auf alle Ansprüche, und die Botschafterkonferenz bestätigte am 29. Juli 1913 die volle Unabhängigkeit. Eine dauerhafte Lösung der albanischen Frage scheiterte allerdings in den noch verbleibenden wenigen Monaten vor Ausbruch des Ersten Weltkrieges nicht zuletzt an der offenen Obstruktionspolitik der Nachbarstaaten. Die mit der Festlegung der Grenzen beauftragte internationale Botschafterkonferenz in London zeigte sich der Aufgabe nicht gewachsen, während der als Herrscher Albaniens ausersehene deutsche Fürst Wilhelm zu Wied das Land angesichts der unüberwindlichen innenpolitischen Schwierigkeiten nach einem nur sechsmonatigen Aufenthalt 1914 vorzeitig wieder verließ. Obwohl die nationalen Führer Ismail Kemal Bey Vlora und Essad Pascha sich der internationalen Kontrollkommission unterworfen hatten und eigene Ansprüche zurückstellten, war dem landfremden deutschen Fürsten eine dauerhafte Versöhnung der inneren Gegensätze nicht gelungen. Die Auseinandersetzungen um die albanische Staatsgründung war im Grunde nur Teil einer allgemeinen innerbalkanischen Krisensituation, zu deren Bereinigung sich in zunehmendem Maße Radikallösungen anboten.

In Serbien, das sich durch das Dazwischentreten Österreich-Ungarns um die Früchte seines glanzvollen Sieges vom Jahre 1913 betrogen sah, wuchsen die Animositäten gegen ein vielvölkisches Staatsgebilde, das weite, von den Serben beanspruchte Gebiete in Besitz hielt und in seiner Nationalitätenpolitik keine glückliche Hand bewies. Mit der Annexion Bosniens und der Herzegowina konnte sich der serbische Nationalismus unter den gegebenen Umständen nicht mehr versöhnen. Die föderative Umgestaltung der Donaumonarchie war nach dem Ausgleich mit Ungarn vom Jahre 1867 auf halbem Wege steckengeblieben. Die südslawische bzw. rumänische Bevölkerung in Kroatien, Slawonien, der Wojwodina und in Siebenbürgen sah sich nunmehr mit einem madjarischen Staatsvolk konfrontiert, dessen unverhohlenen Madjarisierungstendenzen auch der Ausgleich mit den Kroaten von 1868 keinen wirksamen Einhalt mehr gebot.

Vernünftige Ansätze zu einer weiterführenden trialistischen Lösung der Nationalitätenproblematik wurden angesichts der wachsenden Spannungen zwischen der serbischen und der Wiener Regierung durch die Sprengkraft des ‹jugoslawischen› Gedankens überspielt, der auf eine Zerschlagung der habsburgischen Monarchie und die Errichtung eines umfassenderen slawischen Staatsgebietes abzielte. Im Widerstreit dieser südslawischen Föderationsidee mit dem großserbischen Nationalismus ist zu Beginn des 20. Jahrhunderts ein gefährlicher Konfliktstoff angehäuft worden. Als er schließlich durch das Attentat von Sarajevo zur Explosion gebracht wurde, hat die Mechanik der europäischen Bündnissysteme sehr rasch den balkanischen Anlaß vergessen lassen und die Völker Europas in eine weltweite militärische Auseinandersetzung hineingezogen.

Die Ermordung des österreichischen Thronfolgers Erzherzog Franz Ferdinand durch einen jungen bosnischen Nationalisten Gavrilo Princip, raubte dem Wiener Hof gerade jenen Anhänger einer trialistischen Umgestaltung der Donaumonarchie, der die Versöhnung mit dem ‹jugoslawischen› Nationalismus nach dem Vorbild des Ausgleichs von 1867 anstrebte und auf dem die Hoffnungen der Gemäßigten ruhten. Das Attentat war das Werk einer Verschwörergruppe (‹Ujedinjenje ili Smrt› d. i. ‹Einheit oder Tod›, bekannter unter dem Namen ‹Schwarze Hand›), die sich schon in den vorausgegangenen Jahren für einen terroristischen Weg zur Verwirklichung ihrer revolutionären panserbischen Ziele entschieden hatte. Die mangelnde Konformität mit dem großserbischen Programm der Radikalen Partei des serbischen Ministerpräsidenten Pašić ließ wohl eine engere Zusammenarbeit nicht zu, aber mancherlei Verbindungsfäden sind trotz der offiziellen Distanzierung nicht abgerissen. Die Frage nach einer unmittelbaren oder zumindest moralischen Mitschuld der serbischen Regierung am Attentat von 1914 ist wiederholt gestellt worden. Sie ist über den Kriegsereignissen rasch gegenstandslos geworden und in den späteren Prozessen nie restlos aufgeklärt worden.

Auf allen Seiten fehlte es nach dem 28. Juni 1914 an der ernsthaften Bereitschaft zu einer friedlichen Verständigung über die anstehenden Probleme. In Wien gewann die Kriegspartei um den Außenminister Graf L. von Berchtold und den Chef des Generalstabes, General F. Conrad von Hötzendorf, die Oberhand gegenüber den warnenden Stimmen. Eine Annahme der in ultimativer Form an Serbien übermittelten Forderungen vom 23. Juli wurde nicht erwartet, doch war es letztlich der überstürzte russische Aufmarsch nach der österreichisch-ungarischen Kriegserklärung vom 28. Juli, der eine Begrenzung des Konfliks endgültig verhinderte. Gegenseitige Bündnisverpflichtungen lösten Kriegserklärungen der übrigen europäischen Staaten in rascher Folge aus.

Der Zusammenbruch der Vielvölkerstaaten

Der Kriegsausbruch überraschte die Balkanstaaten in einem Zustand innerer Zerrissenheit. Sie kämpften auf verschiedenen Seiten gegeneinander um die Verwirklichung ihrer nationalen Ziele. Serbien, das noch 1914 die Offensive österreich-ungarischer Truppen abgewehrt hatte und zu einem Gegenstoß ansetzte, brach unter dem konzentrischen Angriff feindlicher Nachbarstaaten – die Türkei war im November 1914, Bulgarien im September 1915 auf der Seite der Mittelmächte in den Krieg eingetreten – militärisch zusammen. König Peter rettete Anfang 1916 einen Teil seiner Truppen durch die Evakuierung auf die Insel Korfu, nachdem er sich in einem abenteuerlichen Rückzug bis an die Adriaküste durchgeschlagen hatte. Eine verzweifelte Stützungsaktion der Alliierten, die eben erst einen vergeblichen Schlag gegen die Meerengen geführt hatten (Landungsunternehmen auf Gallipoli vom April 1915), scheiterte an der strikten Neutralität Griechenlands. König Konstantin hatte sich den energischen Vorhaltungen des Ministerpräsidenten

Venizelos, der die Mehrheit der Parteien hinter sich wußte und noch 1915 eine Truppenlandung der Alliierten in Saloniki eigenmächtig erlaubt hatte, weniger aus Loyalität gegenüber seinem kaiserlichen Schwager in Berlin versagt, sondern in Fehleinschätzung der realen machtpolitischen und militärischen Kräfteverhältnisse. Er riskierte mit seinem Neutralitätskurs einen verhängnisvollen Verfassungskonflikt mit der Parlamentsmehrheit und provozierte schließlich einen Putsch unzufriedener Militärs in Saloniki (17./30. 8. 1916). Der im März 1915 demissionierte E. Venizelos bildete im Schutze der Entente-Truppen eine Gegenregierung der «nationalen Abwehr» und führte Griechenland gegen die Mittelmächte in den Krieg. In einer alliierten Gegenoffensive von der Operationsbasis Saloniki aus wurden im September 1918 die Stellungen der Mittelmächte überrannt. Schon am 29. September 1918 schloß Bulgarien einen Separatvertrag und schied aus dem aussichtslos gewordenen Krieg aus. Serbische Truppenkontingente übernahmen die Befreiung ihres Landes. Am 12. Oktober konnten sie Nisch einnehmen und am 1. November 1918 in die Hauptstadt Belgrad einziehen. Die italienische Front war schon Ende Oktober zusammengebrochen.

Die militärische Niederlage Österreich-Ungarns war von einer allgemeinen Abfallbewegung der Nationalitäten begleitet, die ihre jahrhundertealten engen Bindungen an das habsburgische Herrscherhaus aufkündigten. Das berühmte Manifest Kaiser Karls vom 16. Oktober 1918, das die Donaumonarchie in ein föderatives Staatsgebilde umwandelte und die Unabhängigkeitsbewegungen aufzufangen suchte, kam zu spät. Am 29. Oktober 1918 proklamierte der *Sabor* (Landtag) in Agram/Zagreb den Austritt Kroatiens, Slawoniens und Dalmatiens aus dem ungarischen Staatsverband. Die anderen Nationalitäten der Donaumonarchie im Südosten schlossen sich – teilweise im Einzugsbereich der vorrückenden serbischen und rumänischen Truppenverbände – in rascher Folge der Abfallsbewegung an.

Erstmals seit über einem halben Jahrtausend bot sich den Völkern Südosteuropas die Gelegenheit, ihr weiteres politisches Schicksal selbst in die Hand zu nehmen, nachdem auch das zaristische Rußland durch die Oktoberrevolution von 1917 und die Türkei als Kriegsverlierer bei der Neugestaltung der Balkangeschichte ausgeschieden waren. Durch die Pariser Vorortverträge wurde die letzte Phase der staatlichen Neugründungen in Südosteuropa zu einem Abschluß gebracht. Sie standen wohl im Zeichen des von Präsident Wilson proklamierten Rechtes der nationalen Selbstbestimmung (Wilsons ‹14 Punkte› vom 8. Januar 1918), haben aber durch erhebliche Zugeständnisse in der Grenzziehung an ein nationales Großreichsdenken der ‹siegreichen› Balkanstaaten die außenpolitische Spannungslage und die innerstaatlichen Konsolidierungsschwierigkeiten der folgenden Jahrzehnte weitgehend mitverschuldet.

Bulgarien – als Verlierer des Weltkrieges in Südosteuropa – haben weniger die verhältnismäßig geringen territorialen Einbußen als die erheblichen

Auflagen und Beschränkungen (übermäßig hohe Kriegsentschädigungen, Beschränkung der Heeresstärke, kein Zugang zur Ägäis) hart getroffen. Es mußte im Vertrag zu Neuilly-sur-Seine vom 27. November 1919 die Dobrudscha wieder an den rumänischen Nachbarn restituieren, Westthrazien an Griechenland abtreten und strategische Grenzkorrekturen gegenüber Jugoslawien hinnehmen. Zar Ferdinand hatte schon während der Balkankriege keine glückliche Hand bewiesen und auch im Ersten Weltkrieg – wenn auch nach einigem Zögern und unter erheblichen Bedenken – wiederum auf die falsche Karte gesetzt. Er zog für seine Person die Konsequenzen und dankte angesichts der wachsenden Mißstimmung im Lande – der aus der Haft entlassene Bauernführer Alexander Stambolijski hatte vorübergehend die Republik ausgerufen – zugunsten seines Sohnes Boris (III.) ab (4. Oktober 1918). Aus den Wahlen vom April 1919 ging Stambolijski als überlegener Sieger hervor. Aber auch er vermochte als Delegationsleiter auf der Pariser Friedenskonferenz Eingriffe in den territorialen Bestand Bulgariens nicht abzuwenden.

Die Vertreter Großbritanniens, Frankreichs, der Vereinigten Staaten von Amerika und Italiens erwiesen sich den Appellen an das Selbstbestimmungsrecht in strittigen Einzelfällen unzugänglich. Zugeständnisse der großen Vier waren nur von einem aktiven Widerstand zu erwarten. So hat die militärisch geschlagene Türkei nach der nationalen Revolution Mustafa Kemals (Atatürk) und der erfolgreichen Abwehr der griechischen Offensive in Kleinasien die harten Bedingungen des Friedensvertrages von Sèvres (10. August 1920) schließlich in wesentlichen Punkten revidieren können (Friede von Lausanne vom 24. Juli 1923). Mit dem Verlust der balkanischen Vormachtstellung und der Abtretung der Provinzen in Südosteuropa hat sich die Türkei aber abfinden müssen.

Zu den einschneidendsten Veränderungen der Staatenkarte Südosteuropas, die auf den Pariser Vorortsverträgen vorgenommen worden sind, zählen die völlige Zerschlagung Ungarns, die Bildung einer Serben, Kroaten und Slowenen umfassenden Staatenföderation und die Schaffung des großrumänischen Reiches. Durch den Trianon-Vertrag vom 4. Juni 1920 blieb Ungarn nur noch ein knappes Drittel seines ehemaligen Gebietsumfangs erhalten. Der neu geschaffenen Tschechoslowakei wurde das historische Oberungarn, d. i. die Slowakei und die Karpatoukraine (Ruthenien) zugeschlagen (mit den wichtigen Städten Preßburg, Kaschau, Munkacs). Jugoslawien gewann die südungarischen Gebiete Baranya, Batschka und Banat, die nunmehr als Wojwodina eingegliedert wurden. Das umstrittene Siebenbürgen, die Bukowina (‹Buchenland› mit Czernowitz) und der Banat von Temesvár fielen an Rumänien, das sein Territorium mehr als verdoppelte. Dank der geschickten und zielstrebigen Diplomatie Ionel Brătianus hat Rumänien den alten Traum vom nationalen Großreich der Verwirklichung am nächsten gebracht, allerdings auf Kosten eines die innere Konsolidierung erheblich belastenden Minderheitenproblems.

Brătianu erntete auf der Pariser Friedenskonferenz die Früchte einer langfristig angelegten vorausschauenden Politik, die dem nationalen Interesse Vorrang vor bestehenden Bündnisverpflichtungen einräumte. Sie ließ ihn im entscheidenden Augenblick auch nicht vor einem Frontwechsel zurückschrecken. Rumänien war seit dem 18./30. Oktober 1883 mit Österreich-Ungarn und dem Bismarckreich in einer Verteidigungsallianz verbunden, die am Vorabend des Ersten Weltkrieges 1913 nochmals verlängert worden war. Auf der Sitzung des Kronrates in Sinaia vom 21. Juli/3. August 1914 hatte der König Carol I. keine Mehrheit mehr für den Kriegseintritt an der Seite der Mittelmächte gefunden, die Entscheidung fiel zugunsten einer bewaffneten Neutralität nach italienischem Vorbild. Den Ausschlag für diese Zurückhaltung hat die tiefe Verstimmung über die Madjarisierungspolitik in den von Rumänen bewohnten Landesteilen der Stefanskrone gegeben. Nur wenige Wochen später ließ sich Rumänien in einer Geheimkonvention mit Rußland (sog. Sazonov-Diamandi-Abkommen vom 18. September/1. Oktober 1914) dieses Umschwenken auf einen ententefreundlichen Kurs durch Zugeständnisse bei künftigen territorialen Regelungen honorieren. Der förmlichen Kriegserklärung an Österreich-Ungarn am 14./27. August 1916 ging im Bukarester Vertrag vom 4./17. August mit Frankreich, Großbritannien, Rußland und Italien eine Garantie der rumänischen Gebietsforderungen voraus, deren Einlösung allerdings durch den weiteren Kriegsverlauf in unerreichbare Ferne zu rücken schien. Der massiven Gegenoffensive der Mittelmächte und ihrer Verbündeten waren die rumänischen Truppen nicht gewachsen. Schon am 23. November/6. Dezember 1916 fiel die Hauptstadt Bukarest, Rumänien wurde unter deutsche Militärverwaltung gestellt. Die Regierung mußte sich nach Iassy zurückziehen und nach dem Waffenstillstand vom 26. November/9. Dezember 1917 in die harten Bedingungen des Bukarester Friedensvertrages vom 24. April/7. Mai 1918 einwilligen. Erst der Zusammenbruch der Mittelmächte, der den Nationalitäten der österreichisch-ungarischen Monarchie den Weg zur nationalen Selbstbestimmung ebnete, ermöglichte die Verwirklichung der nationalrumänischen Wunschträume. In Budapest konstituierte sich am 17./30. Oktober 1918 der «Zentrale Rumänische Nationalrat» (Consiliul National Român Central) aus Vertretern der Rumänischen Nationalpartei und der Sozialisten, der von Arad aus auf den staatlichen Zusammenschluß aller Rumänen hinarbeitete. In der Bukowina proklamierte nach dem Einmarsch rumänischer Truppen ein eiligst berufener Nationalkongreß die Vereinigung mit dem Königreich am 15./28. November 1918, über 100000 Rumänen aus Siebenbürgen und dem Banat, die einem Aufruf des Nationalrates folgend sich zu einer großen Nationalversammlung in Karlsburg (Alba Iulia) zusammengefunden hatten, schlossen sich am 18. November/1. Dezember 1918 diesem Beispiel an. Der «Bessarabische Landesrat» hatte sich schon am 27. März/9. April 1918 für die Vereinigung ausgesprochen. Mit dem Dekret vom 11./24. Dezember 1918, das die Union Siebenbürgen mit dem Altreich sanktionierte, schuf König Ferdinand für die Pariser Friedenskonferenz vollendete Tatsachen.

Diese territorialen Umverteilungen wurden jedoch ebensowenig einer echten plebiszitären Entscheidung unterworfen wie die schwierigen Grenzziehungen des neuentstandenen südslawischen Königreiches nach Norden und Nordwesten. Die Alliierten hatten im Londoner Vertrag vom 26. April 1915 dem bisher neutral gebliebenen Italien beträchtliche Gebietserwerbungen zugesagt, um es zu einem Kriegseintritt zu bewegen. Die italienischen Forderungen nach Einlösung dieser Verpflichtungen hätten beinahe die Pariser Friedenskonferenz gesprengt. Die Abtretung Südtirols bis zur Brennergrenze konnte dem Reststaat Österreich zugemutet und mittels manipulierter Karten gerechtfertigt werden; die Erfüllung der italienischen Ansprüche auf Istrien und dalmatinische Küstengebiete hätte aber nicht nur eine schwerwiegende Mißachtung des Selbstbestimmungsrechtes der ansässigen slawischen Bevölkerung, sondern auch einen Affront gegen die verbündeten Serben bedeutet. Diese Streitfrage konnte erst Jahre später vorläufig beigelegt werden: Im zweiseitigen italienisch-jugoslawischen Vertrag vom 27. Januar 1924 wurde Fiume/Rijeka, das Gabriele D'Annunzio am 12. September 1919 mit seinen Freischärlern in einer aufsehenerregenden Überraschungsaktion besetzt hatte, ohne Hinterland – der Vorort Sušak wurde jugoslawisch – zusammen mit der Hafenstadt Triest und Istrien Italien zugesprochen. Das südslawische Königreich gewann endgültig die dalmatinische Adriaküste mit Ausnahme einiger Inseln wie Cherso/Cres, Lussino/Lošinj, Lagosta/Lastovo und der dalmatinischen Hauptstadt Zara/Zadar, die bei Italien verblieben, und schob seine Nordgrenze weit in die slowenisch-deutsche Mischzone hinein. Krain mit Laibach/Ljubljana sowie die Untersteiermark mit Marburg/Maribor, Pettau/Ptuj und Cilli/Celje mußten von Österreich abgetreten werden. Der jugoslawische Griff nach Südkärnten und Klagenfurt konnte dagegen erfolgreich abgewehrt werden, nur Unterdrauburg/Dravograd und das Miestal gingen verloren.

Die ehemaligen südslawischen Untertanen der Donaumonarchie hatten sich noch im Jahre 1918 für den Zusammenschluß mit den Serben zum ‹Königreich der Serben, Kroaten und Slowenen› (SHS = *Kraljevina Srba, Hrvata i Slovenca*) entschieden. Montenegro erklärte nach der Absetzung König Nikolas in Podgorica seinen Beitritt (29. 11. 1918). Der Vereinigungsakt wurde am 1. Dezember 1918 in feierlicher Form in Belgrad vollzogen. Eine Delegation des kroatischen Nationalrates in Agram/Zagreb unter Führung von Svetozar Pribičević überbrachte dem serbischen Thronfolger Alexander eine Adresse, an die sich – den vorigen Absprachen gemäß – die feierliche Proklamierung der Vereinigung in Form einer Beantwortung der kroatischen Adresse anschloß. Diese späte Verwirklichung der südslawischen Einheitsidee war aus dem Geiste des Kompromisses zwischen den großserbischen zentralistischen und annexionistischen Bestrebungen der

Radikalen Partei des Pašić – mit starkem Rückhalt im Offizierskorps und auch am Hofe in Belgrad – und den mehr auf einen föderativen Ausgleich zwischen den verschiedenen Landesteilen bedachten Vorstellungen der habsburgischen Südslawen geboren worden. Er hatte seinen vielbeachteten programmatischen Ausdruck in der ‹Deklaration von Korfu› vom 20. Juli 1917 gefunden, in der sich Pašić und der Vorsitzende des ‹Jugoslawischen Komitees› *(Jugoslavenski Odbor)* in London, Ante Trumbić, auf die Grundzüge der künftigen politischen Neuorganisation der südslawischen Völker geeinigt hatten: völlige Gleichberechtigung der drei Staatsnationen der Slowenen, Kroaten und Serben in politischer, religiöser und kultureller Hinsicht (Gleichstellung der katholischen, orthodoxen und muslimischen Religion, des lateinischen und kyrillischen Alphabets) unter einer konstitutionellen Monarchie der Karadjordjevići. Dieser Geist von Korfu, zu dem sich die serbische Regierung unter dem Eindruck der Kriegsereignisse und der unter dramatischen Umständen geglückten Evakuierung bekannte, sollte in den Zwischenkriegsjahren seine Bewährungsprobe zu bestehen haben.

VII.
Die Strukturkrise der Nachfolgestaaten

Grenzprobleme

Mit dem Zusammenbruch der Vielvölkerstaaten am Ende des Ersten Weltkrieges waren langgehegte Träume und Sehnsüchte vieler Patrioten, die seit Jahrzehnten um ihren Nationalstaat und das Selbstbestimmungsrecht gekämpft hatten, endlich in Erfüllung gegangen, und der Weg für eine grundsätzliche Neuregelung nach dem Nationalitätenprinzip war frei. Die Sprecher der kleinen Völker Ostmittel- und Südosteuropas, denen noch Karl Marx und Friedrich Engels als «geschichtslose Völker», als Nationalitätensplitter und disiecta membra eine eigenständige Existenzberechtigung abgesprochen hatten und denen ein Friedrich Naumann während des Kriegsgeschehens den visionären Gedanken einer «mitteleuropäischen» Lösung, eine engere Anlehnung der Agrargesellschaften des Ostens an eine deutsche industrielle Führungsmacht nahezubringen versuchte, waren den Parolen eines «Neuen Europa» gefolgt. Diese waren im Londoner und Pariser Exil im Umkreis des tschechischen Nationalrates von Th. G. Masaryk und E. Beneš formuliert und publikumswirksam vertreten worden. In der Zerschlagung der österreichisch-ungarischen Monarchie, deren Fortexistenz noch ein halbes Jahrhundert zuvor ein F. Palacký als Garantie für ein friedliches Zusammenleben der Nationalitäten gefordert hatte, wurde die einzige Zukunftschance der kleinen Völker gesehen. Nach Masaryk standen im Weltkrieg gegeneinder «die Mächte des mittelalterlichen, theokratischen Monarchismus, des undemokratischen und anationalen Absolutismus» auf der einen Seite, und «die konstitutionellen, die demokratischen und republikanischen Staaten» auf der anderen Seite, welche «das Recht aller Völker, nicht nur der großen, auch der kleinen, auf staatliche Selbständigkeit anerkennen». Auf einem Kongreß der unterdrückten Völker, zu dem sich vom 8.–11. April 1918 Vertreter der Tschechen, Polen, Rumänen und Südslawen in Rom versammelten, ist das Recht eines jeden Volkes auf einen eigenen Nationalstaat bekräftigt worden.

Die praktische Einlösung dieses hehren Prinzips nach dem Ende der Kampfhandlungen ist im kleinlichen Gezänk der Beteiligten um den Verlauf der neuen Grenzen sehr rasch zu einem Alptraum der europäischen Diplomaten geworden. Für die nahezu unlösbare Aufgabe, in einer typischen Gemengelage der ethnischen Gruppen, in der von «Dorf zu Dorf, beinahe von Pachthof zu Pachthof» die Sprache variiert (K. Marx), zu konsensfähigen

Grenzziehungen zu finden, waren die Staatsmänner auf den Pariser Friedenskonferenzen nur völlig unzulänglich vorbereitet. Eine erschreckende Unkenntnis der geographischen und ethnographischen Gegebenheiten hat zu verhängnisvollen Fehlschlüssen geführt und falsche Entscheidungen nicht verhindern können. Den Expertengruppen, die in den schwierigen Grenzfragen den Politikern zuarbeiteten und durch Erhebungen vor Ort sich um authentische Bewertungskriterien bemühen sollten, waren nationale Sympathien und Antipathien nicht fremd. Findige Politiker unter den Betroffenen hatten es noch während des Krieges verstanden, die Gunst der Stunde zu nutzen und sich im Vorgriff auf künftige territoriale Neuregelungen Faustpfänder zu sichern. So war die strittige Grenzziehung zwischen Italien und dem südslawischen Staat durch die Bestimmungen des Londoner Vertrages vom 26. April 1915 erheblich vorbelastet, mit denen sich Italien den Kriegseintritt gegen die Mittelmächte durch extensive territoriale Zugeständnisse von Großbritannien, Frankreich und dem zaristischen Rußland honorieren ließ. Die Zusicherungen betrafen nicht nur die Brennergrenze, sondern auch Triest, die Markgrafschaften Görz und Gradisca, Istrien bis zum Quarnero und die istrischen Inseln. Dalmatien sollte in den gegenwärtigen Verwaltungsgrenzen Italien zugeschlagen werden, ferner war eine Neutralisierung der dalmatinischen und albanischen Küste, die volle Souveränität Italiens über Valona und die Insel Saseno sowie eine italienische Außenvertretung Albaniens vorgesehen. Weitere Bestimmungen bezogen sich auf die Inseln des Dodekanes und italienische Mittelmeerinteressen. Mit ähnlichem diplomatischen Geschick hat der rumänische Ministerpräsident Ion I. C. Brătianu im Bukarester Vertrag vom 4./17. August 1916 seinem Lande zu einer günstigen Ausgangsposition für die kommenden Friedensverhandlungen verholfen. Die alliierten Zusagen garantierten die Süddobrudscha, Siebenbürgen, das Banat und die Bukowina bis zum Pruth (mit Czernowitz). Zuvor schon hatten sich Großbritannien und Frankreich im sog. Sykes-Picot-Abkommen vom 16. Mai 1916 auf eine Abgrenzung der Interessensphären in den arabischen Gebieten des Osmanischen Reiches verständigt und schon 1915 hatte sich das zaristische Rußland von seinen Verbündeten die Ansprüche auf die Meerengen und den Besitz Istanbuls bestätigen lassen.

In diesem Geflecht interalliierter Geheimabsprachen und sich widersprechender Zugeständnisse hatte das Programm einer demokratischen und freiheitlichen Friedensordnung und einer nationalen Selbstbestimmung, das der amerikanische Präsident W. Wilson am 8. Januar 1918 vor dem Senat der Weltöffentlichkeit unterbreitete, einen eher deklamatorischen Charakter. Die berühmten «14 Punkte» Wilsons enthielten aber auch konkretere Vorschläge, die auf der Grundlage der von den einzelnen Verbündeten angemeldeten Kriegsziele erarbeitet worden waren, und nahmen auf berechtigte Partikularinteressen Rücksicht, wenn die Überlebensfähigkeit der neuen Staaten auf dem Spiele stand. Die französische Diplomatie war allerdings am Ende eines mörderischen Waffenganges, der allen Beteiligten unsägliche Opfer abverlangt hatte, nicht gewillt, zur Tagesordnung überzugehen und auf Konsequenzen aus der grundsätzlichen Bewertung der Vorgänge zu verzichten. Sie setzte auch in den zwischenstaatlichen Beziehungen auf die disziplinierende Wirkung von Strafe und Belohnung, sehr zum Unwillen der pragmatischeren Briten und Amerikaner, die ihre unmittelbaren Wirtschaftsinteressen nicht aus den Augen verloren. John Maynard Keynes, der der britischen Verhandlungsdelegation in Paris als Wirtschaftsexperte angehörte und als energischer Verfechter eines engeren Zusammenschlusses der Nachfolgestaaten in einem Freihandelsverband hervortrat, reichte seinen Rücktritt ein, als er die Aussichtslosigkeit seiner Bemühungen erkennen mußte und an den Vertragstexten die unmittelbaren Auswirkungen nationaler Egoismen ablesen konnte.

Ihrer Zielvorgabe, durch einen stabilen Ordnungsrahmen im Versailler System der neuerstandenen Kleinstaatenwelt in Ostmittel- und Südosteuropa den Weg zu einer dauerhaften Eigenständigkeit zu ebnen, konnten die Friedensmacher in den Pariser Vorortverträgen nur in sehr unvollkommener Weise gerecht werden. Der amerikanische Senat entzog sich der Mitverantwortung für das komplizierte Vertragswerk. Der auf Anregung des amerikanischen Präsidenten Wilson in Genf begründete «Völkerbund», der als ein internationales Forum zum friedlichen Interessenausgleich in den zwischenstaatlichen Beziehungen und «zum Zwecke gegenseitiger Sicherheit für die politische Unabhängigkeit und territoriale Unverletzlichkeit der großen und kleinen Nationen» (Punkt 14 des von Wilson vorgelegten Friedensprogrammes), vorgesehen war, war der ihm zugedachten vermittelnden Rolle nicht gewachsen. Die Folge war eine permanente Strukturkrise, die die außen- und innenpolitische Bewegungsfreiheit der kleinen Staaten erheblich einschränkte und aus der sie mit den beschränkten eigenen Kräften während der Zwischenkriegszeit keinen Ausweg mehr finden konnten. Die Funktionsfähigkeit des aus Westeuropa übernommenen parlamentarischen Systems wurde auf eine harte Bewährungsprobe gestellt. Als letztes Mittel blieb der diktatorische Notausstieg zur «Rettung des Vaterlandes», zu dem nahezu alle Balkanvölker gegriffen haben, ehe sie sich erneut fremden, von außen herangetragenen Ordnungsvorstellungen unterzuordnen hatten.

Eine auf die Möglichkeiten und Bedürfnisse der einzelnen Staaten abgestellte wirtschaftliche Friedensordnung, die das politische Vertragswerk in sinnvoller Weise ergänzt und ihm Dauer verliehen hätte, ist letztlich an der Unvereinbarkeit der nationalen Egoismen und an überzogenen Autarkiebestrebungen der Politiker gescheitert. Sie machten einen wirtschaftlichen Kooperationsverbund unmöglich. In Anwendung des Territorialprinzips wurden zudem die Nachfolgestaaten zur Tilgung der österreichisch-ungarischen Vorkriegsschulden in einem Maße in Pflicht genommen, das ihre finanziellen Möglichkeiten bei weitem übertraf und eine Konsolidierung der

Staatsfinanzen verhinderte. Eine Einigung auf einen umfassenden Sanierungsplan zur Schuldentilgung ist zu spät erreicht worden (Haager Konferenz vom Januar 1930). Den verheerenden Folgen der Weltwirtschaftskrise waren die Balkanstaaten hilflos ausgeliefert. Sie gerieten in der Folgezeit immer mehr in den Sog des nationalsozialistischen Deutschland, das sich als Großabnehmer von Agrarprodukten zu Vorzugskonditionen anbot, seine Außenwirtschaftsbeziehungen unter dem von Hjalmar Schacht entwickelten «Neuen Plan» (1934) aber immer mehr einer rassenideologischen Großraumpolitik unterordnete. Unter dem Würgegriff wirtschaftlicher Abhängigkeiten haben die Balkanstaaten ihre eben erst errungene nationale Eigenständigkeit wieder eingebüßt, noch bevor Verlauf und Folgen des Zweiten Weltkrieges in Südosteuropa das bestehende politische System grundlegend veränderten.

Unter den Konsolidierungsproblemen, die die Stabilität der Balkanstaaten schon in der teilweise hektischen Entstehungsphase ernsthaft gefährdeten, standen die noch ungelösten Grenzfragen in den nationalen Mischgebieten im Vordergrund. In Istrien (mit Triest und Fiume) und im Nordepirus, in Kärnten, in der Vojvodina und im Burgenland, im Kosovo und in Siebenbürgen, in der Slowakei, in der Karpathoukraine, in der Bukowina und in Bessarabien, im Hinterland von Konstantinopel und in Mazedonien bis hin nach Kleinasien (Smyrna), waren die Nachfolgestaaten ungelösten Nachbarschaftskonflikten ausgesetzt. Die angestauten Animositäten hatten sich beim Zusammenbruch der österreichisch-ungarischen Monarchie und des Osmanischen Reiches in teilweise erbitterten Volkstumskämpfen entladen, die zu gnadenlosen Abrechnungen mit den jeweiligen Minderheitengruppen entarteten. Die aus Paris verfügten Grenzziehungen wurden von den Betroffenen als Demarkationslinien in einem fortdauernden Kriegszustand nur unter Revisionsvorbehalt hingenommen.

Bei den Kriterien, die den territorialen Kommissionen auf der Pariser Friedenskonferenz als Leitlinien zur Entscheidungsfindung vorgegeben waren, hatte das ethnographische Prinzip wohl den obersten Stellenwert, doch sollten historische, wirtschaftliche und auch strategische Überlegungen nicht außer acht bleiben, wenn die lokalen Gegebenheiten dies nahelegten. Sie haben beispielsweise an der ungarisch-slowakischen und der ungarisch-jugoslawischen sowie an der bulgarisch-jugoslawischen und der bulgarisch-griechischen Grenze zu leichten Korrekturen zuungunsten der Kriegsverlierer Anlaß gegeben. Den Staatsmännern des Neuen Europa, die sich der Logik des ethnographischen Arguments beugten, war auch der Gedanke an Bevölkerungsverschiebungen größeren Umfanges, an Zwangsdeportationen und den Austausch von Minderheiten, nicht fremd.

Griechenland hatte in den unmittelbaren Nachkriegsjahren die Repatriierung eines Millionenheeres von Flüchtlingen zu verkraften. Die Revolutionswirren in Rußland hatten einen Großteil der griechischen Bewohner, deren

Vorfahren einst unter der Zarin Katharina II. in den südrussischen Kolonisationsgebieten Zuflucht gefunden hatten, zum Abzug bewogen (ca. 60000). Nach dem mit Bulgarien vereinbarten Vertrag über den Austausch von Minderheiten vom 27. 11. 1919 hatte Griechenland weitere 50000 Umsiedler aufzunehmen. Den Untergang des kleinasiatischen Griechentums haben krasse Fehlentscheidungen griechischer Politiker, die in einer Zeit des nationalen Aufbruchs von den utopischen Zielen der «Großen Idee», der Wiedererrichtung des byzantinischen Reiches, nicht Abschied nehmen mochten, mitverschuldet. Am 15. Mai 1919 hatte Venizelos mit Billigung der Westmächte griechische Truppen in Smyrna (Izmir) an Land gesetzt, um einem italienischen Zugriff auf die von einer starken griechischen Minderheit besiedelte Region zuvorzukommen. Die Ausweitung des Brückenkopfes und der Vorstoß ins Landesinnere (1921) scheiterten nach anfänglichen Erfolgen an einer nationaltürkischen Erhebung, die unter Mustafa Kemal Pascha (Atatürk) organisierte und die in der 22tägigen Schlacht am Fluß Sakaria (23.8.–13.9.1921) die Wende brachte. Ein Jahr später ging das kleinasiatische Abenteuer der Griechen im militärischen Fiasko vor Smyrna im Blutrausch der Sieger zu Ende. 1100000 griechische Flüchtlinge schlossen sich den geschlagenen und demoralisierten Truppen bei der überhasteten Evakuierung auf die nahegelegenen Inseln an. Im Gegenzug mußten nahezu eine halbe Million Muslime griechisches Territorium verlassen. Griechenland verdankte immerhin diesem außenpolitischen Desaster eine weitgehend national homogene Bevölkerungsstruktur. Sie ersparte der griechischen Innenpolitik in der Zwischenkriegszeit jene enormen Belastungen, denen die Nachbarstaaten durch die andauernden Auseinandersetzungen um Minderheitenrechte und Minderheitenschutz ausgesetzt waren.

Es gehört zu den Widersprüchlichkeiten des Versailler Systems, daß mit der Ablösung der habsburgischen Donaumonarchie und des Osmanischen Reiches durch eine Vielzahl unabhängiger Kleinstaaten keineswegs die vielvölkischen Staatsgebilde vollständig von der Landkarte Südosteuropas verschwunden sind. In verkleinerter Form finden sie sich unter den Neuschöpfungen wieder, die durch die Gunst der Siegermächte in großzügiger Weise mit Landzuweisungen bedacht worden waren. Auf dem Boden des Königsreiches der Serben, Kroaten und Slowenen lebten 15 Nationalitäten und Volksgruppen, unter denen die nicht den südslawischen Völkern angehörenden Minderheiten einen Anteil von fast 15% erreichten, in Groß-Rumänien, das in Siebenbürgen, im Banat, in der Bukowina, in Bessarabien und in der Dobrudscha Randzonen mit einer starken heterogenen ethnischen Struktur hinzugewonnen bzw. behauptet hatte, stieg die Minderheitenquote bei insgesamt 19 Nationalitäten auf die beachtliche Höhe von etwa 28%. Selbst Ungarn, das durch gewaltsame Amputationen in Trianon auf seinen ethnographischen Kern reduziert worden war und damit nach Österreich die höchste ethnische Homogenität unter den Nachfolgestaaten erreichte, hatte immer noch eine Minderheitenquote von 10% (darunter als kompakte Siedlergruppe die Deutschen mit allein 6,9%) aufzuweisen. Umgekehrt mußten nahezu 3 Mill. Magyaren jenseits der neuen Landesgrenzen als Minderheiten auf vier Nachbarstaaten verteilt um den Fortbestand ihrer nationalen Identität kämpfen. Den Friedensmachern ist zugute zu halten, daß sie sich des unauflöslichen Widerspruches zwischen dem ethnographischen und dem historischen bzw. ökonomischen und strategischen Prinzip bei der Festlegung des Grenzverlaufes sehr wohl bewußt waren und Komplikationen in den nachbarschaftlichen Beziehungen vorausgesehen haben. Über Minderheitenschutzverträge, die den neuen Regierungen abverlangt wurden und im Wortlaut in die jeweiligen Friedensverträge eingingen, und Beschwerderechte vor dem Völkerbund glaubte man, Diskriminierungen und Übergriffen in hinreichendem Maße vorbeugen zu können. Dies sollte sich sehr rasch als große Illusion erweisen. Die verantwortlichen Politiker der betroffenen Staaten waren nur unter erheblichem Druck zur Unterschrift zu bewegen. In der Praxis sind die Auflagen, die als diskriminierende Einschränkungen der nationalen Souveränität empfungen wurden, im Verwaltungsvollzug unterlaufen oder durch gezielte Einzelmaßnahmen (Diskriminierung, Zentralisation, Bodenreform) völlig entwertet worden.

Eine antisemitische Grundstimmung in den sich verändernden Agrargesellschaften trat hinzu. Die Juden wie alle Fremden stießen in den kleinbürgerlichen Aufsteigerschichten auf Ressentiments und Ablehnung. Sie wurden als lästige Konkurrenten empfunden. Während der Zwischenkriegszeit waren unter den südosteuropäischen Ländern die Juden am stärksten in Ungarn und in Rumänien vertreten. Das madjarische Judentum hatte sich dank einer langjährigen Begünstigung durch den adeligen Großgrundbesitz als besonders assimilationsfreudig gezeigt und war über akademische Berufe (Ärzte, Juristen, Beamte, Journalisten, Management der Industriebetriebe) bis in die obersten Gesellschaftsschichten aufgestiegen. Bei einem Anteil an der Gesamtbevölkerung von über 5% konzentrierte es sich vornehmlich im Großraum der Hauptstadt Budapest (mit einem Anteil von 20% an der Stadtbevölkerung). In Rumänien stellten die Juden etwa 4% der Bevölkerung, aus historischen Gründen bevorzugten sie aber Bessarabien und die Bukowina als Aufenthaltsgebiete. Dorthin waren ihre Vorfahren im Laufe des 19. Jahrhunderts vor den Diskriminierungsmaßnahmen einer restriktiven Judenpolitik der russischen Behörden ausgewichen.

Es ist bezeichnend für die prekäre Lage der Minderheiten in den ostmittel- und südosteuropäischen Staaten während der Zwischenkriegszeit, daß offensichtlich nur in Estland vorbildliche Regelungen des Minderheitenschutzes – die gesetzliche Garantie der Selbstverwaltung kultureller Einrichtungen mit einschlossen – auch in der Praxis funktionierten. In allen anderen Staaten sorgten Revisionsforderungen der benachteiligten Nachbarn und vor dem Völkerbund anhängige Beschwerdeverfahren der Minderheitenvertreter für eine angeheizte Atmosphäre, die für freiwillige Zugeständnisse und Kompromisse zum Ausgleich der inneren Spannungen wenig förderlich war. Immerhin ist es dem Völkerbund in einigen Fällen gelungen, erfolgreich seine Vermittlerdienste anzubieten. So konnten 1923, nach dem Überfall auf die italienischen Mitglieder der griechisch-albanischen Grenzkommission, die Italiener bewogen werden, das besetzte Korfu wieder zu räumen, und 1925 war Griechenland nach einer Genfer Intervention bereit, dem bulgarischen Nachbarn für den kriegerischen Grenzkonflilkt eine Entschädigung zu zahlen. Zur Rücknahme des Handsteiches gegen Fiume (Rijeka), den der Dichterpatriot Gabriele D'Annunzio mit seinen Freischaren am 12. September 1919 inszeniert hatte, fehlten selbst den großen Drei auf der Pariser Friedenskonferenz die Machtmittel. Im bilateralen Vertrag mit Italien stimmte Jugoslawien am 12. 10. 1920 der Errichtung eines Freistaates von Fiume zu, der aber schon 1924 von Italien annektiert wurde. Erst der Friedensvertrag von 1947 brachte Jugoslawien in den Besitz der Hafenstadt.

Mit der Waffe in der Hand haben schon in der ersten Stunde die türkischen Nationalisten um Mustafa Kemal (Atatürk) das Pariser Diktat angefochten und ihre Revisionsforderungen erfolgreich durchgesetzt. Das Sultansregime hatte nach dem Waffenstillstand von Mudros (30. Oktober 1918) die alliierte Besetzung Istanbuls und der Meerengen sowie Truppenlandungen der Italiener in der Region von Antalya und der Griechen in Smyrna hinnehmen müssen. Der Friedensvertrag von Sèvres (10. August 1920) sah eine weitgehende Zerschlagung des Osmanischen Reiches vor. Dem türkischen Reststaat sollte nur noch das kleinasiatische Territorium mit einem kleinen Gebietsstreifen auf dem europäischen Kontinent vorbehalten bleiben. Getragen von einer Woge der nationalen Empörung verweigerten die Kemalisten ihre Zustimmung. Gestützt auf das Mandat einer nach Ankara einberufenen Nationalversammlung (April 1920) organisierten sie den militärischen Widerstand, der mit der katastrophalen Niederlage der griechischen Invasionsarmee endete. Nach langwierigen Verhandlungsrunden setzte Mustafa Kemal, der Schöpfer der modernen Türkei, im Frieden von Lausanne (23. Juli 1923) erträglichere Vertragsbedingungen für sein Land durch.

Auch auf der Balkanhalbinsel ließ sich die in den Pariser Vorortsverträgen mühsam erreichte Gleichgewichtslage in den zwischenstaatlichen Beziehungen der folgenden Jahre nur unter erheblichen Schwierigkeiten aufrechterhalten. Ein gefährliches Jonglieren mit Geheimabsprachen und Bündnissystemen zur Abwendung irredentistischer Bestrebungen war sicherlich wenig hilfreich, das bestehende Mißtrauen abzubauen. Es mußte unter den gegebenen Umständen zwangsläufig die großen Verlierer Ungarn und Bulgarien nur noch weiter ausgrenzen.

Ungarn, Bulgarien und Albanien haben den Aufbau der Bündnissysteme der zwanziger Jahre («Kleine Entente») und des Balkanpaktes als direkte Bedrohung empfunden und die sichtbare außenpolitische Isolierung zwangsläufig durch eine Hinwendung zu starken schutzversprechenden Bündnispartnern auszugleichen versucht. Mussolini fand so für seine aktive Balkanpolitik günstige Voraussetzungen, als er freundschaftliche Verbindungen zu den revisionistischen Kräften in Ungarn und Bulgarien sowie zu den autonomistischen Kroaten knüpfte und Albanien zu einem italienischen Brückenkopf auf der Balkanhalbinsel ausbaute. Verstärkte Bemühungen um einen umfassenden Interessenausgleich unter den Balkanstaaten am Vorabend des Zweiten Weltkriegs kamen zu spät.

Auf griechische Initiative hin traten die Balkanstaaten zu Anfang der dreißiger Jahre unter dem Eindruck der Weltwirtschaftskrise zu einer Reihe von Konferenzen in Athen, Istanbul, Bukarest und Saloniki zusammen. Die Voraussetzung für eine engere Zusammenarbeit aber, der Abschluß eines Nichtangriffspaktes und die Garantie des Status quo in den zwischenstaatlichen Beziehungen, scheiterte am Einspruch Bulgariens gegen die Rechtmäßigkeit der Vereinbarungen von Neuilly. Der als Notlösung und Vorstufe gedachte Balkanpakt vom Februar 1934 zwischen Griechenland, Jugoslawien, Rumänien und der Türkei hat die bestehenden Fronten nicht aufgebrochen und die Gegensätze zwischen den Balkanstaaten eher verschärft.

Südosteuropa ging politisch in sich gespalten in diese neue weltweite militärische Auseinandersetzung hinein und hatte in einem mörderischen Bruderkampf einen hohen Preis für die politischen Versäumnisse der Zwischenkriegsjahre zu zahlen. Daran trugen nicht zum wenigsten die besonderen innenpolitischen Gegebenheiten in den einzelnen Balkanländern die Schuld.

Krise der Agrargesellschaft

Die innere Entwicklung der Balkanstaaten hatte offensichtlich mit den einzelnen Etappen der Staatswerdung im Verlauf der nationalen Befreiungsbewegung des 19. Jahrhunderts nicht Schritt gehalten. Die überwiegend agrarisch strukturierte Gesellschaft hatte weder eine funktionierende Führungsschicht noch ein tragfähiges politisches Bewußtsein zur Überbrückung der divergierenden inneren Tendenzen hervorgebracht. Eine wachsende Bevölkerungszahl, die seit der Verselbständigung der Balkanstaaten nach 1878 sprunghaft angestiegen war, trug zu einer erheblichen Verschlechterung der sozialen Lage auf dem Lande bei und erzeugte einen kaum stillbaren Landhunger mit all jenen negativen Folgeerscheinungen, die das soziale Gefüge der im Umbruch befindlichen südosteuropäischen Agrargesellschaften zusätzlich belasten mußten. Ohne eine durchgreifende Bodenreform und eine gerechtere Verteilung der Lasten waren die aufwendigen Investitionsprogramme auf Dauer kaum zu finanzieren, die notwendig waren, um die wenig entwickelte Infrastruktur zu verbessern, Absatzmärkte für die heimische Produktion zu sichern und zusätzliche Arbeitsplätze im nichtagrarischen – gewerblichen und industriellen – Sektor zu schaffen.

Die grundlegende Neuordnung der Wirtschaft ist zu einer Überlebensfrage der einzelnen Balkanstaaten in der Zwischenkriegszeit geworden. Trotz der staatlichen Industrieförderungsgesetze und einer rigorosen Schutzzollpolitik, die seit den 80er Jahren des 19. Jahrhunderts der heimischen Industrie günstige Startbedingungen sichern sollte, waren die Ausgangspositionen nur in Teilbereichen verbessert worden. Im europäischen Vergleich zählten die Kleinstaaten Südosteuropas zu den «Entwicklungsländern». Die wesentlichen ökonomischen und sozialen Indikatoren wiesen nur eine bescheidene Zukunftsperspektive auf. Weithin war die Situation gekennzeichnet durch einen überproportionalen Anteil der Landwirtschaft am Volkseinkommen, durch chronischen Kapitalmangel, geringe Hektarerträge, mangelnde Arbeitsproduktivität, niedriges pro-Kopf-Einkommen, ungleiche Verteilung der gesellschaftlichen Ressourcen, durch ein wenig entwickeltes Bildungssystem und einen extrem niedrigen Alphabetisierungsgrad inbesondere in den ländlichen Gebieten, durch hohe Kindersterblichkeit etc. In den letzten beiden Jahrzehnten des 19. Jahrhunderts sind zudem im Sog einer stürmischen demographischen Entwicklung die Handlungsspielräume einer vorausschauenden Wirtschaftspolitik noch erheblich eingeengt worden. Der bescheidene Zuwachs an industriellen Arbeitsplätzen reichte in keiner Phase aus, um die natürliche Bevölkerungsvermehrung auszugleichen. Die Auswanderung nach Übersee brachte nur vorübergehend Entlastung. Aus den rückständigen und weitgehend noch immobilen innerbalkanischen Bauerngesellschaften haben vergleichsweise wenige Wagemutige den Weg in die Neue Welt gefunden. Nur in Griechenland erreichte die Abwanderung nach Amerika in den Jahren vor Ausbruch des Ersten Weltkrieges mit 254000 Emigranten zwischen 1899–1911 vergleichbare Ausmaße wie in den ostmitteleuropäischen Gebieten (Galizien, Bukowina, Slowakei, Ungarn, Polen).

Die Balkanvölker hatten sich im Laufe des 19. Jahrhunderts unter den ungünstigeren ökonomischen und hygienischen Ausgangsbedingungen erst mit deutlicher Verzögerung dem allgemeinen Trend eines rapiden Bevölkerungswachstums angeschlossen. Nach 1878 erreichte das Wachstum mit einer Verdoppelung des durchschnittlichen jährlichen Zuwachses boomartige Ausmaße. Die Bevölkerung Serbiens stieg zwischen 1878 und 1914 von 1,7 Mill. auf 3,02 Mill., die Bulgaren vermehrten sich zwischen 1880 und 1910 von 2,8 Mill. auf 4,3 Mill., die Rumänen von 4,6 Mill. auf 7 Mill., Griechenland erreichte am Vorabend des Weltkriegs fast die 5-Mill.-Grenze (begünstigt durch die Gebietserwerbungen von 1881: Thessalien, Südepirus, und 1912/13), noch 1853 hatte es erst knapp über 1 Mill. Einwohner gezählt.

Die verheerenden sozialen Folgen dieses Bevölkerungsbooms in den Balkanstaaten lassen sich an den nüchternen Zahlen der Agrarstatistik ablesen. Eine wachsende Anzahl verarmter Bauern wurde zur Aufgabe der Höfe und kleinen Landparzellen gezwungen. Sie vermehrten das Heer entwurzelter Landarbeiter, die in einer stagnierenden Landwirtschaft nur noch ungenügende Beschäftigungsmöglichkeiten fanden und am Rande des Existenzminimums dahinvegetierten oder als pauperisierte proletarische Unterschicht in die nahegelegenen städtischen und gewerblichen Zentren drängten. Deren Aufnahmefähigkeiten für ein Massenheer unqualifizierter Arbeitskräfte waren sehr rasch erschöpft. Die große Agrarrevolte landhungriger rumänischer Bauern, die im März 1907 von der Moldau ausgehend innerhalb kurzer Frist weite Landesteile erfaßte, war ein deutliches Warnzeichen. Der soziale Unmut, der sich nach dem enttäuschenden Fortgang der Landreform des Fürsten Alexandru Ioan Cuza vom 14./26. August 1864 angestaut hatte, war nur noch mit brutaler Gewalt, durch den Einsatz regulärer Truppen, niederzuhalten.

Als Erblast der Vergangenheit hatten die Balkanstaaten mit regional unterschiedlicher Auswirkung die Folgen einer ungleichen Verteilung der Landanteile zu tragen. Die stürmische demographische Entwicklung hat seit der Jahrhundertwende selbst in den Regionen, in denen der Großgrundbesitz längst zerschlagen und eine durchgreifende Bodenreform in Gang gekommen war, das Unruhepotential der Landarbeiter und der Kleinstbauern, die den Lebensunterhalt ihrer Familien nicht mehr auf eigenem Boden zu erwirtschaften vermochten und in ungünstige Pachtverträge hineingezwungen wurden, in beängstigendem Ausmaße anschwellen lassen. In Serbien waren um die Jahrhundertwende 11,5% der bäuerlichen Bevölkerung ohne eigenes Land. Das Nachkriegsungarn ist als das Land der 3 Millionen Bettler bezeichnet worden. Der «Dorfarmut» zuzurechnen sind hier ca. 1,5 Millionen Landlose (Gesinde und Landarbeiter) und die ca. 1,5 Millionen Zwergbauern mit einem Landanteil bis zu 5 Katastraljoch (1 kj. = 0,575 ha), die zusammen 70% der landwirtschaftlichen Bevölkerung stellten. Ihnen standen 500–600 Familien mit Latifundienbesitz gegenüber, von denen jede über mehr als 1000 kj. verfügte und die gemeinsam ⅓ der landwirtschaftlichen Nutzfläche ihr Eigen nannten (0,2% der Höfe, 32,3% der Bodenfläche). Zur «Dorfarmut» zählten 53,6% der Haushalte mit 5,8% Anteil am Boden. Die Gebietsreduzierungen des Friedensvertrages von Trianon hatten durch den Wegfall der Randgebiete mit vorherrschendem bäuerlichen Kleinbesitz bzw. mit Staatseigentum (Militärgrenze) oder genossenschaftlich organisiertem Freibauerntum (Szeklerland und Sachsenboden in Siebenbürgen) das numerische Gewicht des ungarischen Großgrundbesitzes noch erheblich verstärkt. Der prozentuale Anteil der Betriebe über 1000 kj. stieg von 11,05% auf 17,67%. 14–15% des Großgrundbesitzs hielt der Hochadel, dessen Zusammenhalt weitgehend durch Fideikommisse – insbesondere im Zentrum des hochadeligen Besitzes in Transdanubien – gesichert war. Dem bäuerlichen Besitz drohte durch Realteilungen die Gefahr weiterer Zerstückelung.

Eine dem Trianon-Ungarn vergleichbare ungerechte Verteilung des Bodenbesitzes hatte das Altreich (Vechiul Regat, d.i. Moldau, Walachei und

Dobrudscha) in den großrumänischen Staat 1918 eingebracht. Nahezu die Hälfte der Anbaufläche (48,3%) teilten sich zu Ende des 19. Jahrhunderts Großgüter über 100 ha., über 95% der Höfe zählten 1897 zum Kleinbesitz unter 10 ha (0–5 ha bei 77,2%, 5–10 ha bei weiteren 18,2%). Das Heer der Landarbeiter ohne Bodenanteil wurde 1905 auf 300000 geschätzt, 200000 hatten nur bescheidene Landstreifen in Besitz, die keine Hofwirtschaft zuließen. Nimmt man das Existenzminimum für den Lebensunterhalt einer bäuerlichen Durchschnittsfamilie mit 3 ha an, so konnten über 60% der Bauern im rumänischen Altreich sich von ihrem Ackerland nicht ernähren, eine beträchtliche Zahl der Hofbesitzer zwischen 3–5 ha war auf einen ständigen Zugewinn angewiesen, mehr als 80% der Bevölkerung vergetierte unterhalb der Armutsgrenze in einer nahezu ausweglosen wirtschaftlichen Situation. Zur notwendigen Ergänzung der nur in unzureichendem Umfange verfügbaren Betriebsflächen mußten viele Kleinbauern ungünstige Pachtverhältnisse zu benachbarten Großgrundbesitzern eingehen. Großbetriebe über 100 ha bewirtschafteten nur einen Teil der Ackerfläche in eigener Regie, fast die Hälfte war als Pachtland an Kleinbesitzer ausgegeben.

Eine dem rumänischen Altreich ähnliche Grundbesitzstruktur hatte sich auch in Bessarabien (der historischen Ostmoldau) erhalten, das im Februar 1918 von rumänischen Truppen besetzt und im Pariser Protokoll vom 28. Oktober 1920 dem großrumänischen Staat zugesprochen worden war (unter 10 ha 96,6% der Höfe mit einem Anteil an der Gesamtfläche von 51,6%, Großgrundbesitz über 100 ha mit 0,6% der Höfe und 44,1% Bodenanteil sowie Mittelbesitz zwischen 10–100 ha mit 2,8% der Höfe und 4,3% der Ackerfläche). Die Tatsache, daß in dieser umstrittenen Grenzregion die Großgüter häufig von russischen Besitzern gehalten wurden und unter den Mittelbauern deutschstämmige Kolonisten stärker vertreten waren, hat die Diskussion um eine Bodenreform in den 20er Jahren sehr rasch in ein nationalistisches Fahrwasser gelenkt. Im Zuge der russischen Revolutionsereignisse hatten aufrührerische Bauernmassen in spontanen Selbsthilfeaktionen schon 1917/18 die Abwesenheit der russischen Gutsbesitzer genutzt und das Land großenteils unter sich aufgeteilt. Das Bukarester Parlament sah sich im Dezember 1918 zur Sanktionierung dieser Umverteilung genötigt. Weitere Enteignungsmaßnahmen, die den Großgrundbesitz in der Moldau und Walachei betrafen (16./29. 12. 1918), sollten einen wachsenden sozialen Unmut unter den radikalisierten Bauernmassen auffangen und durch die Schaffung neuer kleinbäuerlicher Betriebe unter Kontrolle bringen. Sie wurden auch auf die neu erworbenen nordwestlichen und westlichen Randgebiete – Bukowina (Buchenland), Siebenbürgen und Temescher Banat – ausgedehnt und hatten vornehmlich den Landbesitz ungarischer Magnaten im Visier. Wegen der günstigeren landschaftlichen Voraussetzungen hatten die Bukarester Behörden in dieser Region mit einem gefestigten mittelbäuerlichen Besitz zu rechnen, der sich zumeist ebenfalls in fremden Händen befand

(Szekler in Ostsiebenbürgen, Siebenbürgen Sachsen im südlichen Landesteil und Donauschwaben im Banat).

In Rumänien boten die abschließenden Agrargesetze vom Juli 1921 hinreichende Gelegenheit, nach einem mehr national ausgerichteten Verteilungsschlüssel korrigierend in die überkommene Grundbesitzstruktur einzugreifen. Wohl sind bei den Enteignungen auch rumänische Großgrundbesitzer nicht verschont geblieben (insgesamt wurde 6 125 000 ha Ackerland eingezogen, d. i. 66,2 % der Fläche, die der Grundbesitz mit mehr als 100 ha hielt), bei den Zuteilungen aber sind rumänische Landlose und Zwergbauern bevorzugt berücksichtigt worden.

Ebenso schwer trug im neugeschaffenen Königreich der Serben, Kroaten und Slowenen die Landwirtschaft an der Erblast einer unseligen Vergangenheit. Die jahrhundertelange Zugehörigkeit der einzelnen Landesteile zu völlig unterschiedlichen Rechtsordnungen hatte bleibende Spuren hinterlassen. Auf dem Boden des südslawischen Königreiches stießen unmittelbar aufeinander ein vornehmlich in Slowenien, Kroatien und Serbien vorherrschender bäuerlicher Klein- und Kleinstbesitz mit einem in römisch-rechtlichen mediterranen Traditionen wurzelnden Pachtsystem (sog. Kolonatsverfassung im Hinterland der dalmatinischen Städte) und einem aus osmanischer Zeit erhaltenen muslimischen Großgrundbesitz (sog. çiftliks in Bosnien, Herzegowina und Südserbien/Mazedonien), der von christlichen Hintersassen (Kmeten) bewirtschaftet wurde. Die Relikte einer patriarchalischen Stammesordnung mit einer teilweise extensiven Viehwirtschaft hatten sich am längsten in Montenegro erhalten, während im Vorfeld der habsburgischen Südostexpansion madjarische und österreichische Magnatenfamilien in Slawonien und in der Vojvodina einen ansehnlichen Latifundienbesitz angesammelt hatten. In Kroatien-Slawonien entfiel 1885 auf Besitzungen über 1000 Katastraljoch (die weiten Waldgebiete eingerechnet) ein Bodenanteil von 22,46 %, in der Vojvodina von 6,55 % (1918). Über eine Fläche zwischen 100–1000 ha verfügten zur gleichen Zeit in Kroatien-Slawonien 5,22 % und in der Vojvodina 13,37 % der Höfe, unter den bäuerlichen Mittelbetrieben dominierten hier die Donauschwaben. Die jugoslawische Innenpolitik ist in der Zwischenkriegszeit an der gigantisch anmutenden Aufgabe gescheitert, die doch erheblichen regionalen Entwicklungsunterschiede abzubauen und einen fairen Interessensausgleich zwischen den heterogenen Landesteilen vorzubereiten. Die Integrationsbemühungen sind sehr rasch von dem erbitterten serbisch-kroatischen Antagonismus überlagert worden, in dem der kroatischen Bauernpartei eine zentrale Rolle zufallen sollte.

Im Südteil der Balkanhalbinsel ist die Lösung der Landfrage in einem unmittelbaren Zusammenhang zu sehen mit dem Niedergang des Osmanischen Reiches. Im Vorfeld der Reichszentrale Istanbul hatte der muslimische Großgrundbesitz jahrhundertelang eine dominierende Rolle gespielt. Die schrittweise territoriale Bereinigung der «Orientalischen Frage» hatte einen mehr oder minder radikalen Wechsel der Eigentumsverhältnisse zur Folge. In Griechenland hatte nach der Vertreibung der Türken der Staat die Grundbesitzrechte der muslimischen Agas an sich gezogen. Die Weitergabe dieser «nationalen Ländereien» (ethnikai gaiai) an griechische Bauern, vornehmlich an verdiente Krieger während des Freiheitskampfes, wurde zu einem den inneren Frieden gefährdenden Dauerthema. Da sie als Sicherheit für die auf dem Londoner Kapitalmarkt aufgenommene Anleihe dienten, war die bayerische Regentschaft in der Verfügungsfreiheit erheblich eingeschränkt. Den Erfolg des Dotationsgesetzes, das am 26. 5./7. 6. 1835 unter der Regierung Armansperg erlassen wurde, behinderten zudem die allzu rigorosen Ausführungsbestimmungen. Die Hoffnungen der landhungrigen Pächter und Teilbauern auf einen wirtschaftlich tragfähigen Eigenbesitz sind aus fiskalischen Interessen bitter enttäuscht worden. Kapitalkräftige Aufkäufer und Spekulanten aus den griechischen Handelszentren haben in der Folgezeit den größten Gewinn gezogen. Die Gebietserwerbungen von 1881 (Thessalien), 1912/13 (Mazedonien, Epirus) und 1919 (West-Thrazien) haben die Stellung des Großgrundbesitzes im griechischen Staate weiter gestärkt. Die aus der osmanischen Erbmasse übernommene Agrarverfassung war in dieser Region von den typischen Çiftlik-Dörfern bestimmt. Deren Besitzer saßen meist in den Städten als Rentiers. Die Verwaltung besorgten Großpächter, die ein Massenheer von Teilbauern zur Bewirtschaftung heranzogen. Landwirtschaftliche Großbetriebe – meist mit extensiver Viehwirtschaft – zählten zu den Ausnahmen. Griechenlands Agrarstruktur war geprägt durch die Vielzahl der Klein- und Kleinstbetriebe von Teilbauern auf den Ländereien von Großgrundbesitzern. Auf den Jonischen Inseln, die 1876 an den griechischen Staat fielen, hatte sich mit der sog. Emphyteusis (eigentlich «Anpflanzung») eine dem Erbpachtverhältnis verwandte Einrichtung auf römisch-rechtlicher Grundlage erhalten, aus der insbesondere gräzisierte Grundbesitzer italienischer Herkunft Profit zogen.

Bei der Ablösung der osmanischen Herrschaft mußte sich die griechische Regierung vertraglich verpflichten, die Rechte der türkischen Grundbesitzer zu achten. Sie hat nur bei staatlichen Ländereien und Besitzungen der Toten Hand (vakuf) die Rechtsnachfolge angetreten, die Übernahme des übrigen türkischen Grundbesitzes mußte auf privatrechtlichem Wege abgewickelt werden. Dabei hatte das Massenheer der verarmten Teilbauern das Nachsehen gegenüber kapitalkräftigen Anlegern. Die Notwendigkeit, auf einer beschränkten Anbaufläche einem seit den Balkankriegen anwachsenden Flüchtlingsstrom eine Existenzgrundlage im Mutterlande zu sichern, brachte schließlich die Regierung in Zugzwang. Die Ausnahmesituation nach dem kleinasiatischen Fiasko – Griechenland hatte mit dem Flüchtlingsstrom aus der Türkei, Sowjetrußland, Bulgarien u. a. Ländern eine Bevölkerungsvermehrung von über einem Viertel zu bewältigen – erforderte außergewöhnliche Maßnahmen. Von den Einzelgesetzen zur Durchführung einer Bodenreform sind schließlich 40% der gesamten landwirtschaftlichen Nutzfläche erfaßt worden, mehr als in irgendeinem anderen Balkanland in der Zwischenkriegszeit.

Die Aufteilung des Großgrundbesitzes war im benachbarten Bulgarien dagegen kein brennendes Thema der innenpolitischen Auseinandersetzungen mehr. Mit dem Abzug der Türken war das Land in bulgarischen Besitz übergegangen. Reste eines Großgrundbesitzes, der 1897 auf 0,1% der Betriebe mit 6,5% Landanteil zusammengeschmolzen war, hielten sich meist nur in staatlicher und kirchlicher Hand. Das Bild der bulgarischen Landwirtschaft in der Zwischenkriegszeit wurde ganz eindeutig von der dominierenden Stellung der Klein- und Kleinstbetriebe bestimmt. Schon zur Jahrhundertwende fielen 87,3% der Höfe in diese Kategorie (mit einem Besitz zwischen 0–10 ha und einem Anteil von 49% an der Ackerfläche). Der Anbau von Sonderkulturen – Tabak, Ölfrüchte, Baumwolle, Wein – sicherte insbesondere einem marktorientierten Mittelbauerntum eine günstigere Ertragslage. Die Wirtschaftlichkeit der bäuerlichen Betriebe gefährdeten aber erhebliche Kompensationszahlungen, die für die Ablösung der Eigentumsrechte aus türkischer Hand nach der Erringung der nationalen Unabhängigkeit zu erbringen waren, und eine durch Bevölkerungsvermehrung und Erbteilungen verursachte schrittweise Reduzierung und Parzellierung der Anbauflächen. Pauperisierte Bauern füllten die Reihen eines besitzlosen Landproletariats ohne Zukunftschancen und gaben einer sich radikalisierenden bäuerlichen Protestbewegung Rückhalt, aus der der Bulgarische Nationale Bauernbund sein Wählerpotential schöpfte. Er repräsentierte den neuen Typ von Bauernparteien, die seit der Jahrhundertwende zu den klassischen bürgerlichen Parteien der Konservativen und Liberalen in den ostmitteleuropäischen und südosteuropäischen Agrargesellschaften in Konkurrenz traten. Allein in Bulgarien ist es den Bauernvertretern gelungen, die Stimmenmehrheit zu erreichen und unter Stambolijski zur bestimmenden politischen Kraft im Lande zu werden. Das Experiment nahm mit dem Militärputsch vom 9. Juni 1923 ein blutiges Ende.

Die «grüne Erhebung»

Die Bauernbewegungen, die in den Nachfolgestaaten des Versailler Systems die Parteienlandschaft während der 20er Jahre so entscheidend veränderten, sind von zeitgenössischen Beobachtern als eine tiefgreifende historische Wende verstanden worden. G. K. Chesterton fühlte sich an die Bekehrung Konstantins oder an die Französische Revolution erinnert. Viele sahen in der Regeneration Europas auf bäuerlicher Grundlage eine hoffnungsvolle Zukunftsperspektive. Den meist der Intelligenzschicht entstammenden Ideologen eines Agrarianismus schwebte das Idealbild einer bäuerlichen Lebenswelt vor, die auf den traditionellen Werten der Humanität, des Friedens, der Ordnung, der Familie und der Nation gründete und sich gegen die Verderbtheit der urbanen Industriegesellschaft stellte. Den Vordenkern der russischen Volkstümler-Ideologie der 70er und 80er Jahre des 19. Jahrhunderts waren u. a. Constantin Stere in Rumänien und der Kroate Antun Radić verpflichtet. Organisationszentrum der «Grünen Internationale» wurde Prag, wo seit 1921 das Internationale Agrarbüro als Informations- und Koordinationsstelle fungierte und sich unter Antonín Švehla, dem bedeutenden Führer der Tschechoslowakischen Republikanischen Argrarpartei und zeitweiligen Ministerpräsidenten (1920–1926) um eine Aktionsgemeinschaft aller Bauernparteien bemühte. Auf dem Höhepunkt der Entwicklung zur Zeit der Weltwirtschaftskrise gehörten ihm aus Südosteuropa der «Bulgarische Nationale Bauernbund» (Bălgarski Zemedelski Naroden Săjuz, gegr. 1899 in Pleven), die rumänische Nationale Bauernpartei (Partidul Naţional-Ţaranesc, gegr. 1926, hervorgegangen aus den Zaranisten unter I. Mihalache, C. Stere und V. Madgearu) und die «Kroatische Bauernpartei» (Hrvatska Seljačka Stranka, gegr. 1904 von den Brüdern Stjepan und Antun Radić) an.

Ihre zeitweilig beachtlichen Stimmenerfolge bei den Parlamentswahlen verdankten die ostmitteleuropäischen Bauernparteien der Umbruchsituation am Ende des Ersten Weltkrieges. Sie sind als konsequente Verfechter einer durchgreifenden Bodenreform und damit als Interessenvertreter der bäuerlichen Bevölkerungsmehrheit angetreten. In die sich formierende «Grüne Front» reihten sich radikale bürgerliche Reformer ein. Eine aufblühende Dorfliteratur nahm sich der Sorgen und Nöte des kleinen Mannes an und warb mit realistischen Mileuschilderungen für Hilfsmaßnahmen zugunsten der leidenden Landbevölkerung. Die von dem rumänischen Soziologen und Philosophen Dimitrie Gusti (1880–1955) inspirierte Dorfforschung in Rumänien und in Ungarn bereitete in den 30er Jahren durch statistische Erhebungen und Beobachtungen vor Ort eine exakte wissenschaftliche Bestandsaufnahme des dörflichen Lebens und der Entwicklungsdefizite auf dem flachen Lande vor.

Die Erfolgsbilanz der bäuerlichen Bewegung weist allerdings in den einzelnen Balkanstaaten erhebliche Unterschiede auf. Am wenigsten änderte sich in Ungarn. Nach den radikalen Enteignungsmaßnahmen der Räterepublik, die am 3. Arpil die entschädigungslose Überführung des Groß- und Mittelbesitzes über 100 Katastraljoch in Staatseigentum verfügt hatte, zeigte Reichsverweser M. Horthy nur wenig Neigung zu spürbaren Eingriffen in die bestehenden Eigentumsrechte. Das «Gesetz über die richtige Verteilung des Bodenbesitzes» der Teleki-Regierung vom 7. Dezember 1920 betraf nur einen Teil des absentistisch verwalteten Kirchen- und Großgrundbesitzes. Insgesamt wurden nur 7,3 % der Landesfläche für Bodenreformmaßnahmen eingezogen, nur rund 5,5 % der bebaubaren Ackerfläche wurden an neue

Besitzer weitergegeben. Die große Zahl der Begünstigten (insgesamt 686000 Personen), die sich vornehmlich aus Kriegerwitwen, verwundeten Veteranen, Zwergbesitzern und landlosen landwirtschaftlichen Arbeitern, aber auch aus Beamten und Angestellten rekrutierte, ließ nur minimale Landzuweisungen (Durchschnittsgröße 1,9 Katastraljoch) zu. Wohl war als Folge der ungarischen Bodenpolitik ein beträchtlicher Zuwachs bei der Gesamtzahl der Bodeneigentümer zu verzeichnen, doch die Besitzstruktur Rumpfungarns mit ihrer ungleichen Verteilung des Bodens ist davon nur unwesentlich berührt worden. Der Großgrundbesitz verfügte weiterhin über ein Drittel der landwirtschaftlichen Nutzfläche.

Einschneidendere Umverteilungen ließen sich in den südosteuropäischen Nachbarstaaten Ungarns durchsetzen. In Jugoslawien wurden 12% der Ackerfläche herangezogen, der Anteil der Großbetriebe über 100 ha an der verfügbaren Ackerfläche sank auf 2,8%. Die rumänische Bodenreform von 1917–1921 hat den Großgrundbesitz (über 100 ha) zerschlagen, er verlor 66,2% seiner Fläche (d. i. 29,7% der landwirtschaftlich genutzten Fläche des Landes).

Spektakuläre Wahlerfolge haben in Bulgarien dem Wortführer einer radikalen Bauernbewegung für eine kurze Übergangsphase sogar die alleinige Regierungsverantwortung gebracht. Schon aus den Augustwahlen des Jahres 1919 war der Bauernbund, der aus genossenschaftlichen Zusammenschlüssen auf regionaler Ebene und Selbsthilfeeinrichtungen der Bauern 1899 zu einer gemeinsamen politischen Interessenvertretung des bulgarischen Landvolkes geformt worden war, als stärkste Parlamentsfraktion hervorgegangen. Im Oktober 1919 trat ihr Führer und Chefideologe Aleksandăr Stambolijski an die Spitze einer Koalitionsregierung. Seit den Neuwahlen vom März 1920 hielt sich eine Alleinregierung der Agrarier bis zum Militärputsch vom 9. Juni 1923 im Amt. Bei den Parlamentswahlen des Jahres 1923 steigerte sie ihren Stimmenanteil auf 53% (mit 86% der Sitze). Sie brachten in dieser Zeit eine Reihe wichtiger innenpolitischer Reformgesetze auf den Weg. Mit der Einführung der Arbeitspflicht initiierten sie einen vielbeachteten Versuch, die bulgarische Jugend für Gemeinschaftsaufgaben zu mobilisieren. In Stambolijskis Vorstellungswelt verbanden sich radikaldemokratische, betont antimonarchistische Züge mit antibürgerlichen Ressentiments. Um die ersehnte heile Welt des Landmannes vor den verderblichen Einflüssen einer dekadenten städtischen Gesellschaft abzuschirmen, scheute er auch vor dem Einsatz demagogischer Mittel und vor Gewaltanwendung gegen politische Gegner durch die Parteimiliz der «Orangenen Garde» nicht zurück. Er säte Zwietracht und schuf sich fanatische Feinde unter den Militärs, der bürgerlichen Opposition und den mazedonischen Revolutionären, die auch hinter seinen außenpolitischen Aktionen Verrat an der bulgarischen Sache witterten. Dem Putsch vom 9. Juni 1923 folgte die blutige Abrechnung mit dem Vordenker des bulgarischen Agrarianismus. Stambolijski wurde in seinem Heimatort

Slavovica, in den er sich mit wenigen Getreuen zurückgezogen hatte, aufgespürt und am 14. Juni auf bestialische Weise ermordet. Mit ihm verschwanden nach einem knapp vierjährigen Intermezzo, in dem sie die alleinige Regierungsverantwortung trugen, die Agrarier als bestimmte Gruppierung wieder aus der bulgarischen Innenpolitik.

Ein ähnlich tragisches Ende nahm im benachbarten Jugoslawien der von der kroatischen Bauernpartei getragene Versuch, eine weitere Demokratisierung der Gesellschaft und den föderativen Umbau der Staatsverfassung mit den bäuerlichen Standesinteressen in Einklang zu bringen. Auch den kroatischen Bauernführer Stjepan Radić ereilte dabei noch in den zwanziger Jahren ein gewaltsamer Tod. Er wurde am 20. Juni 1928 bei einem Revolverattentat eines montenegrinischen Extremisten der Radikalen Partei in der Skupština (Parlament) schwer verwundet und starb wenige Tage später. Die kroatische Bauernbewegung hatte sich aber zu diesem Zeitpunkt schon längst von einer Vertretung agrarischer Standesinteressen in Richtung auf eine autonomistische, gegen den serbischen Zentralismus und Unitarismus gerichtete nationalkroatische Sammlungsbewegung entfernt. Die Forderung seines Nachfolgers in der Parteiführung. Dr. Vladimir Mačeks, nach einer förderativen Umgestaltung der jugoslawischen Verfassung beantwortete König Alexander (1921–1934) im Januar 1929 mit der Aufhebung der Verfassung von 1921 (Vidovdan-Verfassung) und der Ausrufung der Königsdiktatur. Sein Beispiel fand in den 30er Jahren Nachahmer in den anderen Balkanstaaten.

Die Krise des Parlamentarismus

Das parlamentarische Regierungssystem war im Laufe des 19. Jahrhunderts als etwas Fremdes von außen in die völlig andersgeartete politische Wirklichkeit Südosteuropas verpflanzt worden. Es lag im Sinne der interventionsfreudigen Großmächte, den landfremden, auf einen balkanischen Fürstenthron berufenen Herrschern und den einheimischen Fürsten ein starkes parlamentarisches Gegengewicht an die Seite zu stellen. Das belgische Verfassungsmodell, das in beispielhafter Weise auf dem Prinzip der Volkssouveränität aufgebaut war, hatte bei der westlich gebildeten Intelligenzschicht unter den Balkanvölkern einen nachhaltigen Eindruck hinterlassen und die Verfassungsdiskussionen in allen Balkanstaaten entscheidend beeinflußt. In der Verfassungswirklichkeit allerdings ging von diesen revolutionären republikanischen und konstitutionellen Ideen eine korrumpierende Wirkung aus. Das parlamentarische Leben in Südosteuropa war immer nur die Angelegenheit einer zahlenmäßig kleinen Oberschicht. Sie hatte sich weitgehend ihrer Standesbindungen entledigt und ein neues oligarchisches Bewußtsein entwickelt, das sich mit Gewinn der parlamentarischen Maschinerie zur Durchsetzung egoistischer Ziele bediente. Der großen Masse der bäuerlichen

Bevölkerung war von den mangelnden bildungsmäßigen Voraussetzungen (Analphabetentum in Jugoslawien im Jahre 1921 noch durchschnittlich 51,5% – wenn auch mit erheblichen regionalen Differenzierungen zwischen 8,8% in Slowenien und 83,8% in Mazedonien) und einem jahrhundertelangen staatsfeindlichen Denken her der Zugang zum westlichen Parlamentarismus und zu einer echten demokratischen Gesinnung versperrt. So fehlte in den Balkanstaaten zur Ausbalancierung der innerstaatlichen Interessengegensätze ein echtes Gegenüber von Staat und politisch mündiger und organisierter Gesellschaft sowie eine wirksame Kontrolle von Legislative und Exekutive.

In sämtlichen Balkanstaaten zeigten sich erhebliche Funktionsstörungen des parlamentarischen Regierungssystems. Hinter den Verfassungskämpfen des 19. und 20. Jahrhunderts in Serbien, Bulgarien, Griechenland und Rumänien standen sich weniger Fürstenmacht und Parlamentarismus unversöhnlich gegenüber als oligarchische Gruppierungen, in die auch das Fürstenhaus unlösbar verstrickt war.

Beispielhaft war die Verfassungsentwicklung in Serbien verlaufen. Hier hatte Miloš Obrenović im Jahre 1838 sich erst nach einer Intervention des Sultans in eine Einschränkung seiner autokratischen Regierungsweise gefunden. Schon ein Jahr später war er von oligarchischen senatorischen Kreisen (die sog. türkische Verfassung von 1838 hatte die Einsetzung eines Rates von 17 Senatoren verfügt, denen ein übermächtiger Einfluß eingeräumt war) zur Thronentsagung gezwungen worden. Seinen Sohn Milan hinderte eine tödliche Krankheit an der Übernahme der Regierung, der zweite Sohn Michael scheiterte schon nach drei Jahren an der vom Senat gestützten Regentschaft. Sein Nachfolger Alexander Karadjordjević (1842–1859), der Sohn des legendären Karadjordje, regierte als Exponent des Senats, ohne der Skupština einen nennenswerten Einfluß auf die Regierung einzuräumen. Sie ist erst 1858 wieder zusammengetreten und holte den greisen Miloš Obrenović nochmals auf den Thron zurück. Mit der Verfassung des Jahres 1861 schuf sich sein Nachfolger Michael (1860–1868) ein Instrumentarium, das ihn in der Durchführung seiner vorausschauenden Balkanpolitik wenig behinderte. Seine Ermordung im Jahre 1868 bedeutete einen Rückfall in oligarchische Zustände (‹Pfingstverfassung› der Regentschaft), die erst seit der Verfassung von 1888 und endgültig in der Verfassung von 1903 durch ein parlamentarisches System abgelöst wurden. Es stand aber zunehmend im Zeichen einer beherrschenden Figur: Nikola Pašić. Die zentralistischen Vorstellungen seiner Radikalen Partei haben die Verfassung des neuen jugoslawischen Königreiches vom Jahre 1921 entscheidend geprägt und die Zugeständnisse der Deklaration von Korfu an den kroatischen Föderalismus überspielt. Die kroatischen und slowenischen Abgeordneten hatten folgerichtig der St. Veits-Verfassung ihre Zustimmung versagt und waren mehrheitlich der Abstimmung in der Skupština ferngeblieben.

In Bulgarien hatte eine massive russische Einwirkung den liberalen Ideen zum Sieg verholfen. Die Verfassung vom April 1878 (sogenannte Tărnovo-Verfassung) zählte mit ihrem Einkammersystem und der Ministerverantwortlichkeit zu den fortschrittlichsten Verfassungsentwürfen in Südosteuropa, obwohl die bulgarische Agrargesellschaft kein funktionsfähiges parlamentarisches Regierungssystem zu tragen vermochte. Vergeblich suchte Alexander von Battenberg eine Umgehung der einschneidenden Verfassungsbestimmungen (1881–1883). Der jugendliche Ferdinand drohte unter dem autoritären Regiment Stambolovs aus der politischen Verantwortung verdrängt zu werden. Er konnte sich zwar 1894 seines unbequemen Partners entledigen, durch seine glücklose Außenpolitik verspielte er aber den Thron. Unter seinem Nachfolger Boris III. beherrschte der Terrorismus der IMRO immer mehr die politische Bühne, nachdem der Bauernbund Stambolijskis und die stark im Parlament vertretenen Kommunisten nach dem Putsch des Jahres 1923 in den Untergrund abgedrängt worden waren. Das Land geriet an den Rand des Bürgerkrieges. Als Ausweg aus der hoffnungslosen Situation bot sich auch hier die Königsdiktatur an. Der Offiziersputsch unter Oberst Damian Velčev vom 19. Mai 1934 und die Übergangsregierung Kimon Georgiev (1934/35), die mit der Zerschlagung der IMRO-Organisation und einer fortschrittlichen Bauernpolitik zur inneren Beruhigung einen wesentlichen Beitrag geleistet hatte, haben den Schritt des Königs vorbereitet. Boris III. benutzte die königstreuen Offiziere jedoch nur als Werkzeuge, um seinen früheren Einfluß auf die Regierung zurückzugewinnen. Er übte durch eine konsequente Entpolitisierung der Armee bis zu seinem Tode (23. August 1943) ein ganz persönliches, auf ausgewählte Vertrauensleute gestütztes Regiment aus.

In dieser Methode sollte er im benachbarten Rumänien einen Nachahmer finden. Auch König Carol von Rumänien, der wegen seiner Verbindung mit Magda Lupescu zunächst von der Thronfolge ausgeschlossen worden war und schon 1925 außer Landes ging, wußte sich nach seiner Rückkehr im Jahre 1930 (als Carol II. 1930–1940) als beherrschende politische Figur in den Vordergrund zu spielen und schließlich über die bestehenden parlamentarischen Einrichtungen hinweg die Regierung des Landes unter seine Kontrolle zu bringen (neue Verfassung Rumäniens von 1938).

Auf griechischem Boden hatten die Freiheitskämpfer, und viele Freiwillige aus dem philhellenischen Lager mit ihnen, schon lange vor der Sicherung der nationalen Unabhängigkeit von einer Wiederbelebung der «attischen Demokratie» geträumt. Der revolutionäre Dichter Rhigas Pheräos Velestinlis hatte sich mit seinem Verfassungsentwurf für ein freies Griechenland eng an das französische Vorbild angelehnt. Die regionalen Verfassungen der 20er Jahre, die von den «Nationalversammlungen» abgesegnet wurden, atmeten den Geist des Konstitutionalismus, der bürgerlichen Freiheitsrechte und der repräsentativen Volksherrschaft. Nur widerwillig hatten die Griechen sich unter dem Diktat der Schutzmächte mit dem monarchischen Regime eines Landfremden ausgesöhnt. Dem persönlichen Absolutismus König Ottos setzte die Revolution von 1843 ein jähes Ende. Die Verschwörer trotzten dem Herrscher eine liberale Verfassung ab (März 1844). Nach dem erzwungenen Thronverzicht des Wittelsbachers schränkte die neue Verfassung von 1864 die königlichen Prärogativen weiter ein und gab dem Volkswillen durch die Einführung des Einkammersystems ein stärkeres Gewicht. Obwohl in der parlamentarischen Praxis persönliche Verbindungen hinter den Kulissen, Klientel- und Patronatsverhältnisse, mehr zählten als ein im Wählerwillen verankertes politisches Mandat, war dem Monarchen in den beiden großen Richtungsparteien der «Liberalen» und der «Konservativen» künftig ein politischer Führungsanspruch vorgegeben, dem er auf Dauer die Legitimation bei den wechselnden Regierungsbildungen nicht versagen konnte. Ein Monarch, der sich über parlamentarische Mehrheiten hinwegzusetzen versuchte, riskierte den Verfassungskonflikt. König Konstantin I., der während des Ersten Weltkrieges als Schwager Kaiser Wilhelms II. eine neutrale Linie verfolgte und sich dem Begehren seines ententefreundlichen Premiers Eleftherios Venizelos nach einem Kriegsbeitritt an der Seite der Alliierten widersetzte, provozierte eine verhängnisvolle «Nationale Spaltung» (Ethnikos dichasmos) zwischen Royalisten und Venizelisten. Sie sollte sich als unüberbrückbar erweisen. Der grundsätzliche Dissens über die künftige Staatsform Griechenland in den beiden Lagern, der die Innenpolitik in der Zwischenkriegszeit lähmte, gab politisierenden Offiziersgruppen wiederholt eine Chance. Ein Plebiszit vom 13. April 1924 hatte sich für eine Republik – nach der Proklamation durch die Nationalversammlung am 25. März 1924 – entschieden, aber der erbitterte Widerstand monarchistischer Kreise hatte nur noch instabile politische Verhältnisse zugelassen. Der Putsch royalistischer Offiziere des Jahres 1935, der die Republik beseitigte und König Georg II. die Rückkehr ermöglichte, hat allerdings in der Praxis nicht mehr zu einer Restitution des monarchischen Systems in Griechenland geführt, sondern General Ioannis Metaxas mit diktatorischen Vollmachten in den Sattel verholfen («Diktatur des 4. August 1936»). Er war der Exponent einer nur kleinen rechtsextremistischen Gruppe, die dem Vorbild des faschistischen Deutschland und Italien nacheiferte. Trotzdem konnte er sich bis zu seinem Tode am 29. 1. 1941 an der Macht halten.

Die Verfassungsentwicklung Albaniens hat entgegen den Vorstellungen der Großmächte eine Funktionsteilung zwischen monarchischer Spitze und parlamentarischen Kontrollinstanzen nie gekannt. Die unversöhnlichen sozialen Spannungen zwischen den zumeist muslimischen Großgrundbesitzern und der Masse der Landbevölkerung erschwerten das Aufbauwerk in dem leidgeprüften Land. Nur mit Mühe hatte es in den turbulenten Kriegs- und Nachkriegsjahren unter den fremden Besatzungstruppen seine nationale Selbstbestimmung behauptet. Während des Ersten Weltkrieges hatte Albanien seine Randgebiete an Montenegro und Serbien, deren Truppenverbände später von den Österreichern abgelöst wurden, und an Griechenland verloren. Italien hatte sich noch im Oktober 1914 durch eine Landung vor Valona eine günstige Ausgangsposition zur Wahrung seiner Interessen gesichert. Der Zusammenbruch der Mittelmächte sah neben französischen und serbischen Kontingenten italienische Soldaten als Besatzung im größten Teil des Landes. Nur der Unnachgiebigkeit Präsident Wilsons und dem geschickten Taktieren ihrer Vertreter auf der Pariser Friedenskonferenz verdankten es die Albaner, daß eine zweiseitige Verständigung Italiens und Griechenlands über eine Aufteilung des Landes (Venizelos-Tittoni-Vereinbarung vom 29. Juli 1919) und ein britisch-französischer Vermittlungsvorschlag zugunsten jugoslawischer Gebietserwerbungen in Nordalbanien zu Fall kamen. Eine nationale Erhebung erzwang im Mai 1920 den vollständigen Rückzug der Italiener.

In den hitzigen innenpolitischen Auseinandersetzungen standen sich zwei Sozialgruppierungen unversöhnlich gegenüber: die von Shefqet Vërlaci geführte ‹Progressive Partei› der konservativen muslimischen Landbesitzer und die fortschrittlichen, reformistischen Kräfte um den aus dem amerikanischen Exil zurückgekehrten orthodoxen Bischof Fan S. Noli, der über einen starken Rückhalt unter den landhungrigen Bauern in Südalbanien verfügte. Durch die Heirat mit der Tochter Shefqet Vërlacis entwickelte sich der skrupellose Machtpolitiker Ahmed Zogu aus einem Anhänger der Reformbewegung zu einem entschiedenen Verfechter der konservativen Standesinteressen. Die Unzufriedenheit im Land, die vorübergehend Noli an die Spitze der Regierung brachte (1924), zwang Zogu zur Flucht nach Belgrad. Schon nach wenigen Monaten, am 13. Dezember 1924, überschritt er mit jugoslawischer Unterstützung – auch Reste der weißrussischen Wrangel-Armee hatten sich angeschlossen – erneut die albanische Grenze und übernahm die Macht im Staate. Die Nationalversammlung wählte ihn am 31. Januar 1925 zum Präsidenten. Mit der auf seine Person zugeschnittenen Verfassung vom 7. März 1925 und italienischer Finanzhilfe sicherte sich Zogu eine starke Stellung, die er am 1. Dezember 1928 durch die Annahme des Königtitels mit einem herrscherlichen Glanze verklärte.

Eine italienische Finanzgruppe hatte die Nationalbank Albaniens errichtet und die Kontrolle der albanischen Wirtschaft gewonnen. Nur unter erheblichen Schwierigkeiten vermochte Zogu die Folgen des von Italien erzwungenen Tirana-Paktes vom 27. November 1927 auszugleichen und eine unabhängige politische Linie zwischen Italien und Jugoslawien durchzuhalten. In der entscheidenden Phase der Auseinandersetzung fehlte ihm der notwendige Rückhalt im Volk und die Unterstützung von außen, um den ultimativen italienischen Forderungen in wirksamer Weise zu begegnen. Am 8. April 1939 rückten italienische Landungstruppen in Tirana ein. König Zogu I. setzte sich nach Griechenland ab.

In einer sich zusehends verschärfenden nationalen und internationalen Krisensituation sind die demokratischen Bauernparteien Südosteuropas schon seit der Mitte der 20er Jahre an den Rand des politischen Geschehens gedrängt worden. In den 30er Jahren verloren sie endgültig das Spiel an autoritäre oder diktatorische Regime, deren Handlanger auch vor dem Einsatz terroristischer Mittel in der innenpolitischen Auseinandersetzung nicht zurückschreckten. Den Einstieg in antiparlamentarische Regierungsformen erleichterten jene typischen «Königsdiktaturen», die sich in ausweglosen Situationen als probate Lösungen anboten, da sie mit der Unterstützung royalistischer Militärkreise rechnen konnten. Sie sind allerdings nur in Ausnahmefällen und immer nur vorübergehend – in der Hochphase des direkten nationalsozialistischen Einflusses in Südosteuropa – zu Terrorregimes faschistischen Charakters entartet.

Weltwirtschaftskrise und Faschismus

Das politische Überleben und die Manövrierfähigkeit der Nachfolgestaaten des Versailler Systems ist wohl am nachhaltigsten durch den desolaten Zustand des Wirtschaftssystems behindert worden. Zu einer dauerhaften Sanierung des Agrarsektors durch Landumverteilungen, Abzug der überschüssigen ländlichen Arbeitskräfte und zukunftsorientierte Infrastrukturmaßnahmen fehlten der politische Wille oder die finanziellen Möglichkeiten. Eine rasche und spürbare Entlastung durch devisenbringende Exportgeschäfte und neue Arbeitsplätze im industriellen Bereich war unter den ungünstigen allgemeinwirtschaftlichen Ausgangsbedingungen nicht zu erwarten. Teilweise erhebliche Kriegsverluste und Reparationsforderungen, die mit den Grenzregelungen verfügten Zerschlagungen eingespielter Wirtschaftsbeziehungen und ein verhängnisvoller ökonomischer Nationalismus verschärften die Anpassungsschwierigkeiten nicht unerheblich. Auf der Suche nach neuen Absatzmärkten traten die Balkanländer als konkurrierende Anbieter agrarischer Produkte auf, die zudem unter dem Preisdruck der überseeischen Überschußproduktion einen immer bescheideneren Gewinn abwarfen. Auslandsanleihen zur Finanzierung notwendiger Investitionen waren wegen der zerrütteten öffentlichen Finanzen nur unter extrem ungünstigen Bedingungen hereinzuholen. Für den Zinsendienst mußte ein immer größerer Anteil am Staatshaushalt reserviert werden. Eine galoppierende Inflation gefährdete die Währungsstabilität und die Kreditfähigkeit der Länder.

Bei der Sanierung der öffentlichen Haushalte hat der Völkerbund in Genf während der 20er Jahre in beträchtlichem Umfange Hilfestellung geleistet. Schon 1920 sind auf der internationalen Finanzkonferenz, die vom 24. September bis 8. Oktober in Brüssel tagte, Richtlinien für Rekonstruktionspläne entwickelt und Finanzhilfen in Aussicht gestellt worden. Sie waren verbunden mit erheblichen Auflagen an die nationale Wirtschaftspolitik, die zu einschneidenden flankierenden Maßnahmen angehalten wurde. Der Wirtschaftsraum der ehemaligen Donaumonarchie war allein in fünf nationale Märkte zerschlagen worden. In den neuen Staaten mit den meisten territorialen Zugewinnen (Königreich der Serben, Kroaten und Slowenen, Groß-Rumänien) waren die unterschiedlichen Währungssysteme in den einzelnen Landesteilen zu harmonisieren, in Albanien fehlte ein eigenes Bankensystem. Eine Vereinheitlichung des Steuer- und Abgabewesens war dringend geboten, der Staatshaushalt mußte auf eine solide Grundlage gestellt werden.

Der Hungerwinter 1918/19, der Freund und Feind in gleicher Weise durch Versorgungsengpässe und Brennstoffmangel in Mitleidenschaft zog, hat die akute Notlage eines «kranken und sterbenden Kontinents» (J.M. Keynes) in drastischer Weise vor Augen geführt. Eine großzügige Hungerhilfe der Alliierten ist noch im Jahre 1919 angelaufen. Sie wäre ohne aktive Beteiligung der Amerikaner und Kanadier von den ausgebluteten europäischen Staaten nicht zu finanzieren gewesen. Mit der Abwickelung der wenig koordinierten Hilfsprogramme wurde im Februar 1919 der Generaldirektor der American Relief Administration, Herbert Hoover, betraut. Zu einem weitergehenden finanziellen Engagement zur Wiederbelebung der europäischen Wirtschaft war aber die US-Regierung nicht bereit, sie setzte mehr auf die Kräfte des Marktes und auf private Initiative. Der Ausfall des Hauptkreditgebers während der Kriegsjahre wurde zu einer harten Bewährungsprobe des Versailler Systems, dem nach den politischen Regelungen der Pariser Verträge noch eine solide wirtschaftliche Absicherung fehlte. Der Völkerbund war nur in beschränktem Maße in der Lage, bei der Finanzierung nationaler Rekonstruktionsplänen einzuspringen.

Unter den Nachfolgestaaten waren die Kriegsverlierer durch die Friedensregelungen und Reparationsforderungen besonders hart betroffen. Das auch durch die innenpolitischen Wirren im Zusammenhang mit der Räterepublik leidgeprüfte Ungarn hat 1924 nur die direkte Intervention des Völkerbundes vor dem Staatsbankrott bewahren können. Zur Stabilisierung ihrer Staatsfinanzen mußten nahezu alle Regierungen fremde Hilfe in Anspruch nehmen. Nur das Königreich der Serben, Kroaten und Slowenen, das wegen der völlig unterschiedlich strukturierten Landesteile mit erheblichen Integrationsproblemen zu kämpfen hatte, steuerte schon für das Wirtschaftsjahr 1920/21 – allerdings vergeblich – aus eigener Kraft einen ausgeglichenen Haushalt an. Rumänien legte erstmals 1922/23 ein stabiles Budget vor. Es mußte den politisch motivierten Verzicht auf Auslandskapital für sein aufwendiges Industrialisierungsprogramm mit einer inflatorischen Abwertung des Lei bezahlen. Der Währungsverfall konnte erst 1929 nach der Ablösung der Liberalen Partei aus der Regierungsverantwortung aufgefangen werden. Am spätesten ist das Budgetgleichgewicht in Bulgarien (1928/29) erreicht worden. Die wirtschaftliche Konsolidierung war nur der direkten Hilfe des

Völkerbundes zu verdanken. Das Währungsgefüge aller Balkanstaaten blieb krisenanfällig. Die gesetzlichen Voraussetzungen für die Stabilisierung des jugoslawischen Dinar sind mit französischem Beistand sogar erst wenige Tage vor dem Bankenzusammenbruch in Österreich 1931 geschaffen worden.

Die Weltwirtschaftskrise traf die Balkanstaaten in einer hoffnungsvollen Übergangsphase. Nach den verfügbaren Wirtschaftsdaten begann sich ein Ende der Anpassungs- und Umstellungsschwierigkeiten abzuzeichnen. Die Trends zu einem bescheidenen Wirtschaftswachstum stabilisierten sich. Die Folgen einer tiefgreifenden Absatz- und Finanzkrise hatten nach 1918 ein radikales Umdenken erzwungen. Einen Ausweg versprachen allein die klassischen Instrumentarien einer autoritären Wirtschaftsführung, die auf Devisenbewirtschaftung und protektionistische Maßnahmen setzte. Dem freien Handel blieb keine Chance mehr.

Mit extrem hohen Schutzzöllen suchte vor allem die rumänische Regierung, ein günstiges Investitionsklima zu schaffen und die finanziellen Ressourcen im eigenen Lande zu mobilisieren. Die nationalen Wirtschaftsplaner profitierten in den ersten Nachkriegsjahren von der desolaten Ausgangslage. Der rapide Verfall der Landeswährungen hatte nicht nur negative Auswirkungen. Die Geldentwertung milderte die Belastungen des Staatshaushalts durch Tilgungsverpflichtungen für Kriegsanleihen und Vorkriegsschulden und stimulierte zur Flucht in Sachwerte, aus der die Investitionsgüterindustrie und der Außenhandel Gewinn zogen. Ein inflationsbedingter Anlageboom förderte in allen Balkanländern in der ersten Hälfte der 20er Jahre industrielle Neugründungen, die überschüssige Arbeitskräfte aus der Landwirtschaft abzogen. Die verfügbaren statistischen Angaben belegen in den einzelnen Sektoren beachtliche jährliche Zuwachsraten, allerdings teilweise von einem extrem niedrigen Ausgangsniveau aus. Schätzungen beziffern den Anstieg der Industrieproduktion auf 22% in Jugoslawien (zwischen 1926–1929) und Ungarn (zwischen 1925–1929), auf 25% in Rumänien (zwischen 1926–1928) und gar auf 100% in Bulgarien (zwischen 1921–1929). Die stetige wirtschaftliche Expansion spiegelt sich auch in den wachsenden Zahlen der Außenhandelsstatistik wider, obwohl sich hier im Falle Ungarns und Jugoslawiens in überproportionaler Weise die gesteigerten Agrarexporte niederschlugen.

Gemessen an den fortgeschrittenen europäischen Industriestaaten waren allerdings die Anzeichen für einen dauerhaften Modernisierungsschub immer noch recht bescheiden. Im europäischen Vergleich waren die südosteuropäischen Agrarstaaten Rumänien, Bulgarien und Jugoslawien am unteren Ende der Skala geblieben. Die ungünstigen infrastrukturellen Ausgangsbedingungen hatten sich in den Grunddaten während der 20er und 30er Jahre kaum verändert. Umgerechnet zu konstanten Preisen war der Beitrag der Landwirtschaft zum Nationaleinkommen zwischen 1924 und 1938 nahezu gleichgeblieben in Jugoslawien (46,9% im Jahre 1924 gegenüber 46,1% 1938), einen nur geringfügigen Rückgang verzeichneten Bulgarien (von 53,4% auf 50,9%, allerdings bei einem gleichzeitigen Anstieg der in der Landwirtschaft beschäftigten Arbeitskräfte) und Ungarn (von 33,4% auf 30,1%) und nur in Rumänien hatte sich – vor allem dank der gesteigerten Erdölförderung – ein struktureller Wandel (Rückgang des Agraranteils um 9% von 39,8% auf 30,9%) abzuzeichnen begonnen.

Die Wachstumshemmnisse, die aus der strukturellen Rückständigkeit der südosteuropäischen Agrarstaaten resultierten, hielten die Arbeitsproduktivität sowohl in der Landwirtschaft wie im industriellen Sektor auf einem vergleichsweise niedrigen Niveau. Obwohl die in den 20er Jahren nach Südosteuropa gelenkten Finanzströme vom Volumen her die Anleihen aus den Vorkriegsjahren übertrafen, sind die erwarteten stimulierenden Auswirkungen auf Wirtschaft und Gesellschaft weitgehend ausgeblieben. Nur ein relativ bescheidener Prozentsatz ist in industrielle Wachstumsbranchen investiert worden, ein Teil mußte unter ungünstigen Bedingungen zur kurzfristigen Abdeckung der Zahlungsverpflichtungen eingesetzt werden. Schon aus diesem Grunde waren die Balkanstaaten bei der gigantischen Aufgabe überfordert, mit den unter ungünstigen Voraussetzungen erwirtschafteten Überschüssen auf die Dauer die Rückzahlungen der Auslandsverpflichtungen zu garantieren. Eine planvolle, auf die regionalen Gegebenheiten besser abgestimmte Wirtschaftsförderung zur Verbesserung der Infrastruktur und zur Erschließung und Nutzung der natürlichen Ressourcen lag nicht im primären Interesse der Investoren aus Frankreich und Belgien (zu einem geringeren Teile auch aus Großbritannien und Italien), die nach vorteilhaften Geldanlagen suchten und allenfalls sich den politischen Zielsetzungen ihrer Regierungen verpflichtet fühlten. Das deutsche Kapital suchte zunächst kaum nach Beteiligungen in den südosteuropäischen Ländern. Es war durch die Enteignungsmaßnahmen der Siegerstaaten besonders hart getroffen worden.

Die Balkanländer hatten die relative wirtschaftliche Erholung und Stabilisierung bis Ende der 20er Jahre mit einer extrem hohen Auslandsverschuldung erkaufen müssen. Der fällige Schuldendienst fraß einen Teil der Exporterlöse wieder auf, die dringend für weitere Investitionsmaßnahmen benötigt wurden. Im Jahre 1928 mußte Bulgarien 12,3%, Rumänien 14,6%, Ungarn 17,9% und Jugoslawien 18,1% der Exporteinnahmen zur Schuldentilgung abzweigen. Die Folgen des großen Wirtschaftskraches, der mit dem Zusammenbruch der Österreichischen Creditanstalt in Wien im Mai 1931 Südosteuropa in seinen Grundfesten erschütterte, haben innerhalb weniger Wochen in einer unaufhaltsamen Kettenreaktion das mühsam ausbalancierte Gefüge der öffentlichen Finanzen zum Einsturz gebracht. Der im Vergleich zu Industrieerzeugnissen überproportionale Sturz der Agrarpreise wirkte sich auf die Zahlungsbilanz der südosteuropäischen Agrarstaaten in doppelter Weise verheerend aus: der drastische Rückgang der Exporterträge konnte trotz einer erheblichen Steigerung der Ausfuhren nicht mehr aufgefangen werden, und die relative Verteuerung der Industrieprodukte erzwang gleichzeitig höhere Aufwendungen für die notwendigen Importe. Ungarn, Jugoslawien und Bulgarien sahen sich schon 1932 zur vorübergehenden Einstellung ihrer laufenden Zahlungsverpflichtungen gezwungen, Rumänien mußte 1933 folgen. Der Schuldendienst für Auslandsanleihen verschlang inzwischen 48% der Außenhandelserträge in Ungarn, 36% in Rumänien und Jugoslawien und 22% in Bulgarien. Durch eine strenge Devisenzwangswirtschaft wurde versucht, ein weiteres Ausufern der Finanzmisere zu verhindern. Der Agrarmarkt hatte in den einzelnen Ländern Preiseinbrüche für Getreide bis zu ⅔ des ursprünglichen Wertes zu verkraften, während gleichzeitig die Exportmöglichkeiten drastisch beschnitten wurden. Einkommensminderungen um 57,6% in Rumänien, um 51,8% in Bulgarien und um 35,8% in Bulgarien trieben zahlreiche Bauernwirtschaften in den Ruin. Hilfe von außen war in einer Welt, die aus den Fugen zu geraten drohte, nicht mehr zu erwarten.

Für ein internationales Krisenmanagement fehlten wirksame Instrumentarien der Globalsteuerung und weithin auch noch der politische Wille. Die Kriegsereignisse und die friedensvertraglichen Regelungen hatten tiefe Gräben zwischen den verfeindeten europäischen Staaten aufgerissen, die sich nur schwer wieder füllen ließen. Dem deutsch-französischen Ausgleich im Westen (Locarno-Vertrag 1925) war keine vergleichbare Regelung im Osten gefolgt. Die Weimarer Regierung versagte sich allen vertraglichen Bindungen, die ihre Bewegungsfreiheit eingeschränkt hätte. Schon Stresemann sah in der unsicheren Lage der Nachfolgestaaten einen wirksamen Hebel, den deutschen Revisionsforderungen Nachdruck zu verleihen. In seiner letzten Völkerbundsrede vom 9. September 1929 hatte er noch als Antwort auf Briands Plan einer europäischen Föderation die Segnungen einer weiteren wirtschaftlichen Annäherung beschworen und für einen Abbau der Handelshemmnisse plädiert. Doch die zuvor schon auf internationalen Konferenzen ausgearbeiteten konkreten Planungen scheiterten an den nationalen Vorbehalten. Erst am Vorabend der Weltwirtschaftskrise war es mit den im sog. Young-Plan vorgesehenen Modalitäten gelungen, die Abwicklung der deutschen Reparationszahlungen auf eine realistische Grundlage zu stellen. Weitere Schritte zu solidarischen gesamteuropäischen Lösungen unterblieben wegen der ungelösten nationalen Gegensätze und einer sich verschärfenden deutsch-französischen Rivalität in Ostmitteleuropa und im Donauraum. Mit dem Aufkommen des Nationalsozialismus und seiner nach Osten gerichteten Großraumpolitik zeichnete sich ein gewaltsames Ende des Versailler Systems immer deutlicher ab.

«Kleine Entente» und «Balkanbund»

Die französische Politik hatte es in den 20er Jahren versäumt, die politischen Vereinbarungen der Pariser Friedensregelungen über militärische Absprachen zur Erhaltung des Status quo hinaus durch einen engeren Wirtschaftsverbund der betroffenen Kleinstaaten dauerhaft abzusichern. Der Völkerbund hat die ihm zugedachte vermittelnde Rolle immer weniger zu spielen vermocht. Die von der französischen Diplomatie geförderten Anläufe zu regionalen Zusammenschlüssen – Baltischer Block, Kleine Entente, Balkanbund – führten nur zu Teillösungen mit beschränkter Geltungsdauer und diskriminierenden Ausgrenzungen von Nachbarstaaten.

Aus bilateralen Absprachen zur Abwehr revisionistischer ungarischer Forderungen und zur Verhinderung einer habsburgischen Restauration ist ein Zweckbündnis ostmittel- und südosteuropäischer Staaten hervorgewachsen, dem in der cordon-sanitaire-Politik Frankreichs in Ostmitteleuropa eine Schlüsselfunktion zugedacht war. Seine geistigen Wurzeln liegen in jenem «Neuen Europa» der kleinen Völker, für das T.G. Masaryk seit Ausbruch des Ersten Weltkrieges im westlichen Exil leidenschaftlich geworben hatte und das er aus den Trümmern der verhaßten Donaumonarchie aufzubauen hoffte. Angesichts der akuten ungarischen Gefahr auf der Pariser Friedenskonferenz ist daraus nur eine kleine Lösung der unmittelbar betroffenen Anrainerstaaten geworden. Konkrete Formen nahm sie erstmals an mit der Beistandsverpflichtung gegenüber unprovozierten Angriffen Ungarns, die sich die tschechoslowakische Republik und das Königreich der Serben, Kroaten und Slowenen vertraglich zusicherten. Das Defensivbündnis wurde am 14. August 1920 in Belgrad mit den Unterschriften von E. Beneš und dem jugoslawischen Außenminister M. Ninčić besiegelt, eine Militärkonvention vom 1.8.1921 regelte die für den Bündnisfall vorgesehenen Maßnahmen. Analoge Defensivallianzen mit entsprechenden Militärkonventionen zwischen Prag und Bukarest (unterzeichnet am 23. April 1921 in Bukarest) und zwischen Belgrad und Bukarest vom 7. Juni 1921 (mit Stoßrichtung gegen bulgarische Revisionsforderungen) schlossen sich an. Als Laufzeit waren zunächst nur zwei Jahre vorgesehen, doch wurde schon bald nach dauerhafteren Bindungen und nach Ausweitung einer unter den Kleinstaaten abgestimmten Interessenvertretung auf den internationalen Konferenzen Ausschau gehalten, in die schrittweise auch die ehemaligen Gegner einbezogen werden sollten (14. März 1924 Vertrag der Staaten der Kleinen Entente mit Ungarn, 27. Januar 1924 sog. Pakt von Rom zwischen Jugoslawien und Italien zur friedlichen Beilegung des Rijeka-Konfliktes, 16. September 1926 italienisch-rumänischer Freundschaftsvertrag). Die Dachkonstruktion eines gemeinsamen Bündnissystems, das erst mit dem Belgrader Vertrag vom 21. Mai 1929 zu einem formalen Abschluß gebracht wurde, ist mit tatkräftiger Hilfestellung der französischen Diplomatie gezimmert worden. Zu einem wichtigen Verbindungsglied wurde der am 3. März 1921 in Bukarest unterzeichnete polnisch-rumänische Vertrag, der ein gemeinsames Vorgehen gegenüber russischen territorialen Ambitionen vorsah. Polen hatte sich kurz zuvor im Pariser Vertrag vom 19. Februar 1921 der französischen Rückendeckung versichert. In der Folgezeit hat Frankreich mit flankierenden bilateralen Verträgen (25. Januar 1924 Freundschafts- und Bündnisvertrag mit der tschechoslowakischen Republik, 10. Juni 1926 Freundschaftsvertrag mit Rumänien, 11. November 1927 mit Jugoslawien) den Absprachen innerhalb der Kleinen Entente Rückhalt zu geben versucht, für einen kollektiven Sicherheitspakt, ein Ost-Locarno, reichte der Atem nicht mehr aus. Die Gemeinsamkeiten unter den Vertragspartnern schmolzen sehr rasch dahin, als die heraufziehenden Unwetter der internationalen Politik (Balkanambitionen Mussolinis, Weltwirtschaftskrise, Aufstieg des Nationalsozialismus) je nach dem Grad der Betroffenheit abweichende Reaktionen auslösten. In einer sehr unterschiedlichen akuten Bedrohungslage war es den Militärexperten nicht möglich, zu einer gemeinsamen Verteidigungsdoktrin und zu wirksamen militärischen Kooperationen zu finden. Der polnisch-tschechische Streit um Teschen verhinderte eine wirksame Flankensicherung. Für die immer mehr um den Absatz ihrer Agrarexporte besorgten Partner in Südosteuropa hatten weder der französische Markt noch die industriell hochentwikkelte Tschechoslowakei Abnahmegarantien zu bieten. Sie gerieten mit fortschreitender Krise in den Sog deutscher Wirtschaftsinteressen.

Vergeblich hatten die Agrarproduzenten von Estland bis in den Balkanraum seit dem Frühjahr 1930 in hektisch sich ablösenden Konferenzrunden in Warschau, Bukarest und Belgrad Anläufe unternommen, über einen Agrarblock ein Anbieterkartell zu schmieden. Dem wachsenden Angebotsdruck aus Übersee (USA, Kanada, Argentinien und Australien) und den Folgen eines unaufhaltsamen Preisverfalles waren sie nicht gewachsen. Das Ausscheren aus der Solidargemeinschaft sicherte das nackte Überleben, nachdem die erhoffte Hilfe des Völkerbundes und der westlichen Industriestaaten ausgeblieben war. Die Weltwirtschaftskonferenz von 1927 (4.–23. Mai 1927 in Genf) hatte ebensowenig wie die nachfolgende Zollfriedenskonferenz (Februar–März 1930 in Genf) dem Protektionismus Einhalt zu gebieten vermocht. Die im Tardieu-Plan vorgesehene Sanierung der Donaustaaten scheiterte auf der Londoner Donaukonferenz vom 6.–8. April 1932 am Einspruch Deutschlands, das um seine Absatzmärkte fürchtete und an einer Ausweitung des französischen Einflusses wenig interessiert war. Es hatte sich längst auf eine konsequente Bilateralisierung seiner Handelsbeziehungen nach Südosteuropa umgestellt. Sie war die logische Folgerung aus einer umsichgreifenden Kontingentierungspolitik, zu der sich viele Staaten genötigt sahen, und einer Abwendung vom Goldstandard, der die Konvertierbarkeit der Währungen in Frage stellte und die Manövrierfähigkeit bei der Verwendung der Deviseneinnahmen erheblich einschränkte. Am 21. September 1931 hatte

Großbritannien zusammen mit den Ländern des Commonwealth (sog. Sterling-Block) die Golddeckung der Währung aufgegeben, die skandinavischen Länder, Estland und Portugal waren dem Beispiel gefolgt, die Tschechoslowakei und Japan schlossen sich wenig später an. Der von Frankreich, Italien, der Schweiz, Belgien, den Niederlanden und Polen getragene Goldblock brach 1934 auseinander. Die internationale Absatz- und Finanzkrise zwang zu weitergehenden Eingriffen in das Wirtschaftsgeschehen, zu einer völligen Abkehr vom Freihandelsprinzip.

Mit der Aufkündigung der Meistbegünstigung in den alten Handelsverträgen war für Deutschland der Weg frei für reglementierende Maßnahmen im Außenhandel, die über Einfuhr- und Zollkontingente direkt in Kompensationsabmachungen (bulgarischer Tabak gegen deutsches Eisenbahnmaterial) mündeten. Clearingabkommen der Notenbanken sorgten für die gegenseitige Verrechnung. Über Präferenzabkommen haben sich die Balkanstaaten noch 1931 (Rumänien, Ungarn) den Zugang zum deutschen Markt offengehalten, in den beiden folgenden Jahren fanden sich alle Regierungen Südosteuropas zu Clearingvereinbarungen bereit. Nach Hitlers Machtübernahme, im sog. «Neuen Plan» des Reichsbankpräsidenten und Wirtschaftsministers H. Schacht vom September 1934, wurde das wirtschaftspolitische Ziel in Südosteuropa, den Einfuhrbedarf an Rohstoffen und Nahrungsmitteln zu decken und Exportgarantien für deutsche Industrieexporte festzuschreiben, unmittelbar mit politischen Nebenabsichten gegen den französischen und italienischen Einfluß gekoppelt. Für die nationalsozialistische Großraumideologie wurden die kleinen Völker an der Ost- und Südostgrenze des Reiches zu einer leicht verfügbaren Manövriermasse. Finanzielle Vergünstigungen, wie sie in den Musterverträgen mit Ungarn (21. Februar 1934) und Jugoslawien vorgesehen waren, dienten als werbewirksame Empfehlung für die neuen Partnerschaftsbeziehungen.

Gegen die drohende deutsche Gefahr formierte sich Widerstand. Der Aufstieg des Nationalsozialismus mobilisierte die Gegner deutscher Hegemonialbestrebungen. Die Staaten der Kleinen Entente rückten nochmals enger zusammen. Schon am 16. Februar 1933 erneuerten sie in Genf im sog. Organisationspakt ihre Bündnisvereinbarungen. Ein Ständiger Rat der Außenminister oder ihrer Beauftragten und regelmäßige Zusammenkünfte sollten für eine stärkere Abstimmung der gemeinsamen Außenpolitik sorgen. Es wurde auch ein Wirtschaftsrat aus Fachleuten der beteiligten Länder eingerichtet, der konkrete Vorschläge für eine engere wirtschaftliche Kooperation ausarbeiten sollte. Erstmals auch nahm ein Zusammenschluß der Balkanstaaten selbst zu einem regionalen Sicherungssystem konkretere Formen an.

Der Gedanke einer Balkanföderation hatte während der nationalen Befreiungskämpfe in verschiedenen Varianten die Gemüter bewegt. Doch die politische Vision eines brüderlichen Kampfbundes gegen den verhaßten

Unterdrücker erschöpfte sich in den heißen Phasen der militärischen Konfrontation in partiellen Solidaritätsaktionen. In den Freiwilligenverbänden fanden sich auf den Schlachtfeldern des 19. Jahrhunderts Angehörige aller Völkerschaften des Balkans zusammen, am grünen Tisch der Politiker, die um vorteilhafte Grenzregelungen feilschten, hatten engstirnige nationale Interessen Vorrang. Die Solidarität der Balkanvölker ist in den unseligen Volkstumskämpfen der Jahrhundertwende vollends zerrieben worden. Die Bestimmungen der Pariser Vorortsverträge hatten in den nachbarlichen Beziehungen einen Scherbenhaufen hinterlassen. Einer aufgeputschten öffentlichen Meinung waren versöhnliche Gesten über die Grenzen hinweg erst dann wieder zuzumuten, als leidige Streitfragen bereinigt waren und bedrohliche Entwicklungen von außen gemeinsame Abwehraktionen anmahnten. Die entscheidenden Hindernisse wurden 1929 mit der Beilegung der griechisch-türkischen (Freundschaftsvertrag vom 27. März 1929) und der jugoslawisch-bulgarischen (Pirot-Abkommen vom 5. November 1929 zur Befriedung der beiderseitigen Grenzzone in Mazedonien) Erbfeindschaft aus dem Wege geräumt. Seit 1930 boten die sog. Balkan-Konferenzen, die abwechselnd in den Hauptstädten der einzelnen Partnerländer zusammentraten (5.–12. 10. 1930 in Athen, 20.–26. 10. 1931 in Istanbul, 22.–29. 10. 1933 in Bukarest, 4.–11. 11. 1933 in Saloniki), ein institutionalisiertes Gesprächsforum, das weitere Annäherungsschritte ausloten und vorbereiten sollte. Den nächsten Schritt zu einem förmlichen Pakt wollten Bulgarien und Albanien wegen unüberwindlicher Schwierigkeiten in strittigen Grenz- und Minderheitenfragen schon nicht mehr mitgehen. Die Balkan-Entente, zu deren Unterzeichnung am 9. Februar 1934 in Athen sich Rumänien, Jugoslawien, Griechenland und die Türkei einfanden, verstand sich nur noch als ein Instrument zur Erhaltung des Status quo. Formal blieb der Balkan-Pakt bis zum Herbst 1940 wirksam, doch die Beitrittsofferte der Signatare ist bei den abseits stehenden Nachbarn ohne Resonanz geblieben. Trotz seiner unbestreitbaren politischen und kulturellen Bedeutung erwies er sich dem Nationalsozialismus ebensowenig gewachsen wie die «Kleine Entente».

Südosteuropa im Zweiten Weltkrieg

Mit dem machtpolitischen Übergreifen Italiens auf albanischen Boden geriet die Balkanhalbinsel am Vorabend des Zweiten Weltkrieges wiederum sichtbar in den Einzugsbereich äußerer Mächte, die in der Uneinigkeit und wirtschaftlichen wie politischen Schwäche der Balkanstaaten günstige Ansatzpunkte und Agitationsmöglichkeiten fanden. Die nach Osten und Südosten ausgreifende expansive Politik Hitler-Deutschlands (1938 Anschluß Österreichs, 1938/39 Eingliederung der Tschechoslowakei) hatte die Bindungen der in der ‹Kleinen Entente› vereinten Staaten mit Frankreich gelokkert; das Erstarken der deutschen Wirtschaft brachte sie in zunehmende Abhängigkeit vom deutschen Wirtschaftspartner. Im Jahre 1938 wickelte z. B. Bulgarien 63,6% seines Exports und 57,9% seines Imports, Jugoslawien je ca. 50% von Export und Import, Rumänien 35,9% seines Exports und 48,5% seines Imports mit dem Deutschen Reich ab. Entsprechend hatte sich die Verschuldung von englischen, belgischen, französischen Geldgebern immer einseitiger auf das deutsche Kapital verlagert.

Angesichts der wachsenden deutschen und italienischen Bedrohung und der offensichtlichen Unfähigkeit Frankreichs und des Völkerbundes, die Integrität der Balkanstaaten weiterhin zu garantieren, rückten die einzelnen Regierungen immer deutlicher von den Beistandsverpflichtungen der Entente-Verträge ab. In Rumänien bedeutete die Ablösung von Nicolae Titulescu als Außenminister durch Victor Antonescu im August 1936 eine Absage an den strikt deutschfeindlichen Kurs und eine gleichzeitige Annäherung an Polen. In Jugoslawien kam Stojadinović im Januar 1937 zu einer freundschaftlichen Übereinkunft mit dem lange verfemten Bulgarien und schloß im März 1937 einen aufsehenerregenden Nichtangriffspakt mit Mussolini. Er handelte sich damit nicht nur günstige Wirtschaftsbedingungen ein, sondern die wichtige Zusage der italienischen Regierung, von einer weiteren Unterstützung der terroristischen Ustaša-Bewegung in Kroatien abzusehen. Es war ein verzweifelter Versuch, dem nationalen Sicherheitsbedürfnis durch die Absage an ein nur noch fiktives kollektives Sicherheitssystem und die Flucht in zweiseitige Absprachen aufzuhelfen. Unter den Auswirkungen des Zweiten Weltkrieges haben aber nur die wenigsten Vereinbarungen dieser Art ihre Bewährungsprobe bestanden.

Die unerwartet raschen Waffenerfolge Hitler-Deutschlands gegenüber Polen und Frankreich bewogen die Sowjetunion, am 26. Juni 1940 in ultimativer Form von Rumänien die Abtretung Bessarabiens und Teile der Bukowina zu fordern, die ihm im geheimen Zusatzprotokoll zum deutsch-sowjetischen Nichtangriffspakt vom August 1939 von Hitler zugestanden worden waren. Deutschland und Italien rieten zur Annahme und gaben auch ungarischen und bulgarischen Gebietsansprüchen auf Siebenbürgen bzw. die Süddobrudscha im sogenannten zweiten Wiener Schiedsspruch vom 30. August 1940 bzw. im Vertrag von Craiova vom 7. September 1940 ohne Rücksprache mit der sowjetischen Regierung statt. König Carol mußte der nationalen Erregung im Lande weichen und zugunsten seines Sohnes Michael zurücktreten (September 1940). Die autoritäre Regierung des Generals Ion Antonescu handelte mit ihrer deutlichen Absage an die bisherige Politik der Balkanallianz und durch Anlehnung an die Achsenmächte zumindest eine Garantie des stark beschnittenen Staatsterritoriums ein. Die Entsendung deutscher Instruktionstruppen nach Rumänien erregte aber nicht nur das Mißtrauen Moskaus über den wachsenden Einfluß Hitlers in Südosteuropa, auch Mussolini sah sich – im Vorgriff auf den schon beschlossenen Waffengang mit der Sowjetunion – zu jener verhängnisvollen Aggression gegen Griechenland verleitet (Kriegserklärung am 28. Oktober 1940), um den albanischen Brückenkopf weiter auszubauen. Die unerwartete Vernichtung des Angreifers in der denkwürdigen Abwehr-Schlacht von Metsovo (11. November 1940) und der griechische Gegenstoß auf albanisches Territorium zogen die Intervention Deutschlands nach sich. Südosteuropa wurde wiederum zum Kriegsschauplatz fremder Mächte.

Innerhalb weniger Wochen wurden die notwendigen Vorbereitungsmaßnahmen getroffen. Das eng an die Achsenmächte gebundene Bulgarien gab noch im Januar 1941 seine Zustimmung zum Durchmarsch deutscher Truppen (von Rumänien her) und trat – wie schon vorher (November 1940) Ungarn und Rumänien – am 1. März 1941 dem Dreimächtepakt zwischen Deutschland, Italien und Japan bei. Dem massiven Druck von deutscher Seite nachgebend fand sich auch die jugoslawische Regierung am 25. März 1941 zur Unterschrift unter einen Vertragstext bereit, der gegen die Zusicherung der Neutralität jugoslawisches Territorium von künftigen deutschen Truppenbewegungen ausnahm und einen Erwerb Salonikis in Aussicht stellte. Dieses Entgegenkommen der Regierung Cvetković wurde im eigenen Land jedoch nicht honoriert. Am 27. März brachte in Belgrad ein Militärputsch eine überraschende Wende. Regent Paul (seit 1934) resignierte, und der noch minderjährige Peter bestieg als König Peter II. den jugoslawischen Thron. Eine Militärregierung unter General Dušan Simović übernahm die Führung des Landes und suchte einen vorsichtigen Neutralitätskurs zwischen den Machtblöcken zu steuern. Am Morgen des 6. April holte Deutschland aber mit einem verheerenden Luftangriff auf Belgrad zum Gegenschlag aus und warf in einem nur wenige Wochen währenden Blitzkrieg den jugoslawischen und griechischen Widerstand nieder. Belgrad fiel am 12. April und Athen am 27. April 1941 in deutsche Hände. Für vier Jahre, bis zum Ausgang des Jahres 1944, war so die gesamte Balkanhalbinsel nochmals unter einem einheitlichen Herrschaftssystem gewaltsam geeint.

Die deutsche Militärverwaltung gab zusammen mit den verbündeten Regierungen (Italien, Bulgarien, Rumänien und Ungarn) naturgemäß den in den Zwischenkriegsjahren unterdrückten revisionistischen und separatistischen Tendenzen neuen Auftrieb. Noch einmal setzten jetzt umfassende territoriale Umverteilungen ein, die die Pariser Friedensregelungen den Wünschen der 1918 besiegten Nationen entsprechend revidieren sollten. Bulgarien sah seine alten mazedonischen Forderungen nunmehr weitgehend erfüllt, Ungarn gewann die 1920 in Trianon verlorenen südlichen Gebiete (Baranya, Batschka) zurück. Im Nordwesten kam es zu einem deutsch-italienischen Interessenausgleich: das Deutsche Reich beanspruchte von Slowenien die Untersteiermark und Teile von Krain, Italien besetzte Laibach/Ljubljana, die dalmatinische Adriaküste und die Mehrzahl der vorgelagerten Inseln (mit Ausnahme von Pago/Pag, Brazza/Brač und Lesina/Hvar), einen

Teil Bosniens und der Herzegowina. Mussolini behielt außerdem Albanien, das um das Kosovo-Gebiet erweitert wurde, und übte über Montenegro ein Protektorat aus.

Die deutsche Besatzungspolitik

Die deutschen Truppen waren als Verbündete wie auch als Aggressoren und Besatzer auf dem südosteuropäischen Kriegsschauplatz erschienen. Mit entsprechend unterschiedlichen Reaktionen begegnete ihnen die betroffene Zivilbevölkerung. In den unter Militärverwaltung stehenden Gebieten ergab sich eine erhebliche Bandbreite zwischen Resignation oder Desinteresse, verschiedenen Abstufungen der Duldung oder des zivilen Ungehorsams, der Kollaboration oder des erbitterten Widerstandes im Untergrund und in der offenen Rebellion. Unter den ansässigen deutschen Volksgruppen, die als ethnische Minderheiten in den Nationalstaaten neuen Typs nach 1918 unter erschwerten Bedingungen um die rechtliche Gleichstellung als Staatsbürger und um die Erhaltung ihrer kulturellen Traditionen zu kämpfen hatten, ist die Präsenz deutschen Militär- und Verwaltungspersonals mit erheblicher Erleichterung aufgenommen worden. Die Volkstumsarbeit der ca. 270000 Ungarndeutschen, der ca. 1040000 Donauschwaben, deren Siedlungsgebiete sich auf Ungarn, Jugoslawien und Rumänien verteilten, und der ca. 250000 Siebenbürger Sachsen konnte mit wohlwollender Hilfe der deutschen Stellen rechnen. In Griechenland und in Jugoslawien setzte ein mit brutaler Grausamkeit geführter Partisanenkrieg die Zivilbevölkerung den Repressalien und Vergeltungsaktionen der Besatzungsmacht aus. Sie hinterließen tiefe Wunden und eine andauernde Verbitterung.

Die deutsche militärische Präsenz in Südosteuropa war aus einer Hilfsaktion für den bedrängten italienischen Verbündeten geboren. Vordringliches Ziel der kriegerischen Operationen war es, die offene Flanke im Mittelmeerraum zu sichern, ohne die Aufmarschpläne gegen die Sowjetunion zu gefährden. Für den großen Schlag gegen den kommunistischen Erzfeind im Osten ist die Waffenhilfe der südosteuropäischen Verbündeten gerne in Anspruch genommen worden. Am Rußlandfeldzug haben sich rumänische und ungarische Truppen beteiligt. Das Ustaša-Regime ermöglichte es kroatischen Freiwilligen, sich eigenen Verbänden anzuschließen. Nur der bulgarische Verbündete vermied eine unmittelbare Waffenhilfe und trat auch nicht durch eine förmliche Kriegserklärung an die Seite der Angreifer, war aber als Mitunterzeichner des Dreimächtepaktes (1. März 1941) und des Antikominternpaktes (25. November 1941) in die ideologische Stoßrichtung der Kriegsplanungen eingebunden.

Das Deutsche Reich hatte in Südosteuropa neben strategischen vornehmlich wirtschaftliche Interessen. In der Konzeption der nationalsozialistischen

Großraumwirtschaft war den Agrarländern Ost- und Südosteuropas als Zulieferer für den deutschen Markt eine auf die Bedürfnisse einer Industriegesellschaft abgestimmte Rolle zugedacht. Außerdem sollte in den eroberten Territorien im Osten Lebensraum für deutsche bäuerliche Siedler geschaffen werden. Mit ihren Agrareporten haben die Balkanländer während der Kriegsjahre die hochgeschraubten Erwartungen deutscher Wirtschaftssachverständiger erheblich enttäuscht. Die Ernteerträge selbst in den verbündeten Staaten fielen beträchtlich zurück. Nur als Rohstofflieferanten wurden sie in wichtigen Teilbereichen – ungarisches Bauxit bzw. Mangan, rumänisches Öl – eine Stütze der deutschen Kriegswirtschaft. Erst unter den kriegsbedingten Engpässen ist das Industripotential durch Produktionsverlagerungen besser genutzt worden.

Bei der politischen Neuordnung der Balkanhalbinsel wurde den revisionistischen Wünschen der verbündeten Staaten in großzügiger Weise Rechnung getragen. Griechisches und jugoslawisches Territorium wurde als Beute freigegeben. In Griechenland beanspruchte die deutsche Besatzungsmacht nur die strategisch wichtigen Positionen – das Gebiet um Saloniki und Athen und einen Gebietsstreifen entlang der türkischen Grenze sowie die Inseln –, der weitaus größte Teil wurde den Italienern überlassen, in Mazedonien und Nordostgriechenland (Griechisch-Thrazien) rückten bulgarische Truppen ein. Der jugoslawische Vielvölkerstaat wurde völlig zerschlagen. Unter dem deutschen Militärbefehlshaber Serbien verblieb nur noch der Kernraum des ehemaligen serbischen Königreiches um Belgrad. An die Spitze einer Zivilregierung wurde am 29. August 1941 General Milan Nedić berufen, im Banat übernahmen Repräsentanten der deutschen Volksgruppe die Gebietsverwaltung.

Ein nennenswerter Einfluß des Nationalsozialismus auf das Parteiengefüge und die politische Ordnung in den verbündeten Staaten ist nur im Ustaša-Staat erkennbar. Auf Agitatoren radikaler Bewegungen, die während der Krisenzeit Ende der zwanziger Jahre am äußersten rechten Rande des Parteienspektrums sich zu formieren begannen, hatte zunächst der italienische Faschismus als Organisationsmodell eine sehr viel stärkere Faszinationskraft ausgeübt. Als südosteuropäischer Ableger des Nationalsozialismus hat sich keiner der rumänischen, ungarischen oder kroatischen Parteiideologen empfunden, die das demokratische System durch einen autoritären Führerstaat abzulösen hofften. In ihrem fanatischen Sendungsbewußtsein, mit dem sie sich zu Herolden einer moralischen Erneuerung der Gesellschaft berufen fühlten, blieben sie in Wertvorstellungen befangen, die von der konservativen Elite in den südosteuropäischen Ländern mitgetragen wurden. Mit dem Nationalsozialismus teilten die beiden bekanntesten Bewegungen, die «Eiserne Garde» (eigentl. Legion «Erzengel Michael») Codreanus in Rumänien und die «Pfeilkreuzler» des Ferenc Szálasi in Ungarn den Nationalismus und das antidemokratische, korporative Denken, die antibolschewistischen und antisemitischen Ressentiments. Das imperialistische Lebensraum-Programm Hitlers und der nationalsozialistische Kirchenkampf waren ihnen fremd. In Codreanus Weltanschauung war das orthodoxe Erbe ein fester Bestandteil der nationalen Kultur. Man hat im Unterschied zum «Mittelklasse-Faschismus» in Westeuropa von einem Agrarfaschismus in Osteuropa gesprochen. Dem widerspricht allerdings, daß Codreanu seit 1930 seine begeisterungsfähige Anhängerschaft vornehmlich aus dem Umfeld der Aufsteigergeneration, der Gymnasiasten und Jungakademiker, rekrutierte, die in einer antisemitischen Studentenbewegung politisiert worden waren. Außerdem ist ein Einbruch in das Arbeitermilieu gelungen. Die Pfeilkreuzler in Ungarn gewannen Zulauf aus den unteren Schichten des herrschenden Systems (Armeeoffiziere, Grundbesitzer, christliche Bourgeoisie) und aus den rückständigsten proletarischen Elementen. Die Attraktivität der legionären Ideale in Rumänien – Manneszucht, moralische Erneuerung, nationalpatriotische Einstellung – erklärt sich aus den herben Enttäuschungen einer jungen Generation, die in einer im Umbruch befindlichen, krisengeschüttelten Agrargesellschaft sich um ihre Zukunftschancen betrogen sah. Die verbreiteten Zweifel an der Funktionsfähigkeit demokratischer Einrichtungen und Verfahrensweisen gaben einen günstigen Nährboden ab für skrupellose nationalistische Agitatoren, die fremdenfeindliche antisemitische Ressentiments geschickt als Angriff gegen die bestehende Ordnung zu nutzen verstanden. Die verfahrene innenpolitische Situation rief nach autoritären Lösungen. Es war die Stunde der starken Männer. Das parlamentarische Regime ist in allen Balkanländern in den 30er Jahren durch Militärputsche oder durch Staatsstreiche, die von der Hofkamarilla und dem König gesteuert wurden, außer Kraft gesetzt worden.

Der Nationalsozialismus ist dabei nur in Ausnahmefällen als Steigbügelhalter für Gesinnungsfreunde in Erscheinung getreten. In Rumänien war die Legionärsbewegung mit der Ermordung des inhaftierten Codreanu (30. 11. 1938) ihres Führers beraubt worden, nur wenige Tage nachdem König Carol II. auf einer inoffiziellen Deutschlandreise persönlich mit Hitler und Göring zusammengetroffen war. Seit dem Staatsstreich vom 10. Februar hatte der König die Initiative an sich gezogen. Die innenpolitische Kräfteverteilung änderte auch nicht mehr sein Rücktritt, den der neue starke Mann, General Ion Antonescu, nach dem Fiasko des Wiener Schiedsspruches vom 30. August 1940 am 6. September erzwungen hatte. Die Ausrufung des «Nationallegionären Staates» am 14. September mit Beteiligung der Eisernen Garde unter Horia Sima gab Antonescu freie Hand. Durch ihre Vergeltungsmaßnahmen an politischen Gegnern und unliebsamen Politikern, denen u. a. V. Madgearu und N. Iorga zum Opfer fielen, diskreditierten sich die Legionäre als politische Kraft in der breiten Öffentlichkeit. Auf dem Höhepunkt einer blutigen Machtprobe bereitete Antonescu dem Treiben ein Ende und riß die Alleinherrschaft mit Billigung Hitlers an sich. Er zählte in der sich abzeichnenden deutsch-sowjetischen Konfrontation als der zuverlässigere Bündnispartner. Mehr als politisches Exil in Deutschland hatten die nationalsozialistischen Stellen für die geschlagenen Legionäre nicht anzubieten. Erfolgreicher schlugen sich die Pfeilkreuzler, sie mußten allerdings bis 1944 auf ihre Chance warten. Erst die direkte deutsche Intervention brachte sie in der Schlußphase des Krieges für wenige Monate an die Macht, als Reichsverweser Horthy am 15. Oktober 1944 den einseitigen Rückzug der ungarischen Truppen aus dem Kampfgeschehen befohlen hatte.

Katastrophale Folgen hatte die nationalsozialistische Präsenz im Balkanraum für die dortigen jüdischen Gemeinden. Die traditionsreiche sephardische Judengemeinde Salonikis ist während der deutschen Besetzung fast ganz verschwunden, ein Teil der griechischen Juden rettete sich in den Untergrund oder kämpfte auf seiten der Partisanen. Innerhalb von zwei Monaten ist Anfang 1943 die Deportation der Juden von Saloniki mit kalter Präzision abgewickelt worden. Auf dem Boden des ehemaligen Jugoslawien war das Vernichtungswerk schon 1941 in Gang gesetzt worden. Das Ustaša-Regime in Kroatien wetteiferte in der Lösung der Judenfrage mit dem nationalsozialistischen Vorbild und wirkte bei den Deportationen in die Todeslager aktiv mit. Einen nennenswerten Widerstand gegen die nationalsozialistischen Vernichtungspläne gab es in Bulgarien. Nur aus den mit deutscher Hilfe neuerworbenen Gebieten sind sämtliche Juden deportiert worden; ihre Zahl wird auf 15000 geschätzt. Auf dem eigentlichen bulgarischen Territorium traten wohl nach 1940 auch antijüdische Gesetze in Kraft, doch wehrten sich Regierung und Bevölkerung einvernehmlich bis Kriegsende gegen eine Auslieferung der bulgarischen Juden. Um so eifriger beteiligte sich die rumänische Öffentlichkeit an der Ausgrenzung der Juden. Rumänien hatten neben Ungarn schon im 19. Jahrhundert jüdische Emigrantengruppen, die der restriktiven Judenpolitik des russischen Reiches und periodischen Pogromen zu entfliehen suchten, als grenznahes Zufluchtsland gewählt. Sie sind schon damals nicht mit offenen Armen aufgenommen worden. Die antisemitischen Provokationen verstärkten sich nach 1918, als Randgebiete mit einem erheblichen jüdischen Minderheitenanteil Großrumänien zugeschlagen wurden. Im Landesdurchschnitt zählten die Juden im Rumänien der Zwischenkriegszeit nur etwa 4% (in absoluten Zahlen 1930 knapp 730000), doch in der Bukowina und in Bessarabien, das im russischen Reich zum sog. Ansiedlungsrayon, der den Juden erlaubten Siedlungszone, gehört hatte, stellten sie ca. 15% der Gesamtbevölkerung. In ihrem konservativen, streng orthodox-jüdischen Habitus stießen sie in der rumänischen Agrargesellschaft auf wachsende Ablehnung, die sich unter den Gardisten und Antonescu in einen regelrechten Vernichtungsfeldzug mit behördlicher Duldung steigerte. Nur dank der Korruption des Regimes und der tolerierten Ausnahmeregelungen überlebte etwa die Hälfte der rumänischen Juden. Ein großer Teil nutzte die halblegalen Möglichkeiten der Auswanderung.

Im Gegensatz zu Rumänien hatten die Juden in Ungarn schon im 19. Jahrhundert die rechtliche Gleichstellung erreicht (Gesetz vom 27. Dezember 1867). Ihre Identifizierung mit der ungarischen Nation erleichterten die beruflichen Aufstiegschancen, die den assimilationsbereiten Staatsbürgern mosaischen Glaubens eine den bürgerlichen Berufen abgeneigte madjarische Adelsgesellschaft bot. Der Konzentrationsgrad der Juden in der Hauptstadt Budapest zeigt deutlich die Integration der Juden an. Sie hielt auch unter den verschärften Bedingungen eines regierungsamtlichen Antisemitismus, mit dem das Horthy-Regime der Verbindung mit Italien und Deutschland den Tribut zu zollen hatte. Von den Deportationen blieben die madjarisierten Juden Trianon-Ungarns zunächst weitgehend verschont. Nach der deutschen Besetzung des Landes (19. März 1944) setzten eine hinhaltende Obstruktion ungarischer Stellen und die Proteste der Weltöffentlichkeit, die über intakte Auslandsverbindungen durch das Zionistische Rettungs- und Hilfskomitee in den USA und den neutralen Staaten (Schweden) über die Vorgänge informiert worden war, dem Vernichtungswerk Adolf Eichmanns Grenzen. Die Hälfte der im Budapester Ghetto zusammengetriebenen Juden – ca. 100000 – überlebten das Inferno. Zwischen Mai und Juli 1944 sind überhastet und unter grausamen Begleitumständen Massendeportationen organisiert worden. Während der Schreckensherrschaft der Pfeilkreuzler waren die Juden nahezu schutzlos der Willkür preisgegeben. Die Zahl der gewaltsam aus Ungarn deportierten Juden wird auf 434000 geschätzt, nur etwa 120000 überlebten.

Neben der Judenfrage ist während des Zweiten Weltkrieges in Südosteuropa unter dem Einfluß Hitler-Deutschlands das Nationalitätenproblem erneut aufgerollt worden. Aus den Wiener Schiedssprüchen von 1938 und 1940 haben die verbündeten Ungarn und Bulgarien, dem im anschließenden Vertrag von Craiova am 7. September 1940 die Süddobrudscha zugesprochen wurde, den größten territorialen Gewinn gezogen. Aus der Zerschlagung Jugoslawiens und Griechenlands ergaben sich weitere Arrondierungen. Im rumänisch-ungarischen Dauerkonflikt um Siebenbürgen brachte die Option Hitlers zugunsten Ungarns König Carol II. um seinen Thron. Die Staatskrise nutzte I. Antonescu zur Festigung seiner autoritären Machtbefugnisse. Mit der Teilnahme an dem zunächst erfolgreichen Ostfeldzug ist der vorübergehende Verlust Bessarabiens mehr als ausgeglichen worden: das Gebiet zwischen Dnestr und südlichem Bug wurde als Transnistrien Rumänien zugeschlagen, rumänische Verwaltungskompetenzen wurden bis in die Südukraine ausgedehnt.

Zu den folgenreichsten Maßnahmen der nationalsozialistischen Politik in Jugoslawien zählte die einseitige Parteinahme zugunsten der Kroaten. Die im April 1941 vorgenommene Abtretung eines unabhängigen, kroatischen Staates konnte allerdings mit einer breiten Zustimmung im Volk rechnen, da sich das Verhältnis zwischen Serben und Kroaten bis zur Unerträglichkeit zugespitzt hatte. Die anfängliche Bereitschaft der Kroaten nach dem Zusammenbruch der Donaumonarchie am Ausgang des Ersten Weltkrieges, mit dem serbischen Brudervolk im Sinne der Korfuer Deklaration eine enge politische Bindung einzugehen, war in den Nachkriegsjahren bald einer deutlichen Ernüchterung gewichen, als der auf Korfu erreichte Ausgleich zwischen dem großserbischen Programm des serbischen Ministerpräsidenten Pašić und dem südslawischen Föderalismus der Kroaten in der politischen Wirklichkeit immer mehr unter der Einwirkung eines Belgrader Zentralismus zerbrökkelte. In den in rascher Folge einander ablösenden Kabinetten hielten die Serben als das eigentliche Staatsvolk die Schlüsselpositionen besetzt. Die sogenannte Vidovdan-Verfassung vom 28. Juni 1921 trug allzu deutlich die Handschrift Pašićs und stieß bei den kroatischen Repräsentanten, insbesondere der Bauernpartei der Brüder Antun († 1919) und Stjepan Radić, auf scharfe Ablehnung. Parlamentsboykott, Polizeimaßnahmen und eine vorübergehende Koalitionsregierung Pašićs-Radić (1925) bildeten die wechselnden Stationen einer erbitterten kroatisch-serbischen Auseinandersetzung, die mit der Ermordung Radićs in der Belgrader Skupština (1928) ihren Höhepunkt erreichte.

Zur Wahrung der Staatseinheit entschloß sich König Alexander in dieser ausweglosen innenpolitischen Situation und unter dem Eindruck der drohenden Einkreisung durch Italien und seine Verbündeten (Ungarn, Albanien und Bulgarien) zum Staatsstreich. Der Nachfolger Radićs, Dr. Vladimir Maček, wurde verhaftet. Eine Neueinteilung des Staates, der nunmehr offiziell den Namen ‹Jugoslawien› annahm, in neun Banate mit der Präfektur Belgrad sah von jeglichen historisch gewachsenen Grenzziehungen ab. Sie begünstigte aber deutlich das serbische Element durch die administrative Trennung der von Kroaten bewohnten Gebiete. Unter der Einwirkung antiserbischer Emigrantenkreise wurden die kroatischen Politiker in den folgenden Jahren immer stärker in den Radikalismus gedrängt.

Die Kampforganisation des rechtsgerichteten Abgeordneten Dr. Ante Pavelić, die sich zunächst als ‹Domobran› (Heimwehr), später als ‹Ustaša› (der Aufständische) bezeichnete, verband sich mit der bulgarischen IMRO-Organisation gegen den bestehenden Staat. Erste Aufstandsversuche in Kroatien wurden blutig unterdrückt. Die Gewaltakte auf beiden Seiten nahmen immer erschreckendere Formen an. Während seines Staatsbesuches in Frankreich am 9. Oktober 1934 fiel König Alexander zusammen mit seinem Gastgeber, dem französischen Außenminister Barthou, in Marseille einem Attentat der kroatischen und bulgarischen Terroristen zum Opfer. Dieser sinnlose Anschlag hat der kroatischen Sache im In- wie im Auslande außerordentlich geschadet.

Erst im Zeichen verschärfter internationaler Spannungen und bedrohlicher Entwicklungen an der jugoslawischen Nord- und Nordwestgrenze machte Prinzregent Paul mit der Abberufung der Regierung Stojadinović den Weg zu einem kroatisch-serbischen Ausgleich frei. Nach mehrwöchigen Verhandlungen einigten sich am 26. August 1939 der Premier Cvetković und Dr. Maček in dem sog. ‹Übereinkommen› *(Sporazum)* auf eine föderative Umgestaltung des jugoslawischen Königreiches und einen Autonomiestatus für Kroatien. Maček trat mit fünf kroatischen Ministern in das Kabinett ein. Der Ausbruch des Zweiten Weltkriegs ließ jedoch die Hoffnungen auf eine gedeihliche Zusammenarbeit der beiden Partner sehr rasch wieder gegenstandslos werden.

Für seine expansiven Absichten im dalmatinischen Raum hatte Mussolini schon längst auf die Ustaša-Bewegung des in Italien lebenden Pavelić gesetzt. Da sich Maček einer Zusammenarbeit mit den Nationalsozialisten versagte, erhob Hitler schließlich keine Einwände, als am 10. April 1941 Slavko Kvaternik in Zagreb im Namen Pavelićs den ‹Unabhängigen Staat Kroatien› ausrief. Am 15. April übernahm Pavelić als ‹Poglavnik› (Führer) die Staatsführung in Zagreb, die durch die Italien zugestandenen Gebietsabtretungen im Volk schon zu Beginn stark belastet war. Der Widerstand oppositioneller kroatischer Kreise wurde gewaltsam gebrochen. Mit seiner unnachsichtigen Juden- und Serbenverfolgung hat der Ustaša-Staat eine blutige Erinnerung hinterlassen, die auch den mit beispielloser Grausamkeit geführten Partisanenkrieg der Gegenseite mit einem düsteren Licht umgibt.

Südosteuropa wurde unter den besonderen Bedingungen der deutschen Besetzung zum Schauplatz eines erbitterten Partisanenkrieges, des Brudermordens und der Selbstzerfleischung. In diesem mörderischen Kleinkrieg haben sich schließlich die neuen Kräfte durchzusetzen verstanden, die nach dem Abzug der deutschen Truppen beim Neuaufbau einer politischen Ordnung eine bestimmende Rolle spielen sollten.

VIII.

Von der nationalen zur sozialen Revolution

Partisanenkrieg und «Nationale Fronten»

Die Partisanentätigkeit in dem besiegten und zerstückelten Jugoslawien lebte schon in der Anfangsphase der deutschen Besetzung auf. Nicht nur oppositionelle und patriotisch gesinnte Freiwillige, auch Teile der geschlagenen regulären Truppen schlossen sich nach der Selbstauflösung der geheimen Front gegen die Fremdherrschaft an. Tiefgreifende politische Meinungsverschiedenheiten über die Nah- und Fernziele der Widerstandsbewegung ließen eine Vielzahl rivalisierender Gruppierungen entstehen. Zum Sammelpunkt einer großserbisch und königlich gesinnten Partisanenabteilung wurden in Westserbien die Tschetnik-Verbände *(četnici)* des jugoslawischen Obersten Draža Mihailović. Seit 1942 handelte er als General im offiziellen Auftrag der Londoner Exilregierung, der er als Kriegsminister angehörte. Seine streng antikroatische und antikommunistische Einstellung brachte ihn aber zusehends in eine hoffnungslose Isolierung.

Einen wachsenden Zulauf fanden dagegen die linksorientierten Partisanenverbände. Ihrer überlegenen militärischen Organisation und ihren populären sozialrevolutionären Parolen sollte die Zukunft gehören. Von Anfang an hatten sich kommunistische Kräfte mit Erfolg in den Aufbau dieser Widerstandsbewegung eingeschaltet und sehr rasch die Führungspositionen an sich gezogen. Seit September 1941 begann in den westserbischen Bergen der Aufstieg des Generalsekretärs (seit 1937) der kommunistischen Partei Jugoslawiens, des gebürtigen Kroaten Josip Broz, genannt Tito (Parteiname ‹Walter›), zur beherrschenden Figur des jugoslawischen Widerstandes. Absprachen mit Mihailović schlugen fehl. Seither entzweite eine erbitterte Feindschaft die beiden getrennt – und gegeneinander – operierenden Partisanenbewegungen. Die unbestreitbaren Erfolge Titos haben schließlich auch die Alliierten bewogen, Mihailović die weitere Unterstützung zu versagen und die kommunistisch gelenkte ‹Volksbefreiungsarmee› mit der alleinigen Kriegführung in Jugoslawien zu betrauen.

Tito verstand es, durch eine Mobilisierung der linksgerichteten antifaschistischen patriotischen Kräfte (Gründung des ‹Antifaschistischen Rates der nationalen Befreiung Jugoslawiens› in Bihać im November 1942) nach bewährtem Volksfront-Muster die Basis seiner Bewegung so zu erweitern, daß er nach dem Abzug der Besatzungstruppen als alleiniger Anwärter auf die politische Führung eines befreiten Jugoslawien zur Verfügung stand. Mit der Bildung einer Art provisorischer Regierung im Rahmen des ‹Antifaschistischen Rates›, einer Gründung des ‹Nationalkomitees zur Befreiung Jugoslawiens› im November 1943 in Jajce, und der sofortigen Einrichtung nationaler Befreiungskomitees in den freigekämpften Gebieten war einem kommenden politischen Neuaufbau schon weitgehend vorgegriffen und der Weg zur Volksdemokratie vorgezeichnet. Das gleiche Verfahren einer ‹Vaterländischen Front› gegen Faschismus und Fremdherrschaft leitete auch in den übrigen Balkanstaaten mit der Befreiung gleichzeitig eine Linksorientierung und eine politische und soziale Revolution großen Stils ein.

Diese Revolutionierung der südosteuropäischen Länder hat ein enges Zusammenspiel zwischen der linksgerichteten Partisanenbewegung und der sowjetischen Außenpolitik vorbereiten helfen. Der tiefe Einbruch der Roten Armee in das Zentrum der Balkanhalbinsel während der Endphase der Niederkämpfung Hitler-Deutschlands ist aber durch die Kriegsplanung der Westmächte zu einem erheblichen Teil mitverschuldet worden. Sie hatte Südosteuropa lange Zeit nur als Nebenkriegsschauplatz in ihre strategischen Überlegungen einbezogen. Die vorrangig auf Griechenland und die Mittelmeerpositionen gerichteten britischen Interessen haben das balkanische Hinterland weitgehend ausgeklammert. Erst der Einmarsch sowjetischer Truppen in Rumänien im April 1944 (am 23. August 1944 entließ König Michael die Regierung des Marschalls Antonescu und erklärte den Kriegsaustritt Rumäniens) und in Bulgarien am 8. September 1944 veranlaßten verspätet den britischen Premier Winston Churchill, eine zweiseitige Vereinbarung mit Stalin über eine Interessensphärenabgrenzung in Südosteuropa anzuregen. Bei einer Besprechung am 9. Oktober 1944 in Moskau gewann Churchill die Zustimmung Stalins, der Sowjetunion in Rumänien und Großbritannien in Griechenland einen beherrschenden Einfluß bei der politischen Neuordnung (jeweils 90%) zuzugestehen, Bulgarien mit 75% der sowjetischen Einflußsphäre zuzurechnen und in Ungarn und Jugoslawien das gegenseitige Mitspracherecht auf jeweils 50% zu begrenzen. Unter den gegebenen Umständen war es ein verzweifelter Versuch Churchills, in den von der Roten Armee besetzten Balkanstaaten wenigstens noch eine bescheidene Rechtsgrundlage für eine notwendige Interessenwahrnehmung der Westmächte einzuhandeln. Dieses Spiel mit Prozentzahlen wurde allerdings sehr rasch durch die Ereignisse überholt.

Der deutsche Rückzug aus Griechenland seit dem 2. September 1944 hatte ein tief gespaltenes Land hinterlassen, das die Ablösung der linksgerichteten Partisanenverbände durch reguläre Regierungstruppen und den Übergang der politischen Macht an die zurückgekehrte Exilregierung Papandreou nur nach einem mehrjährigen blutigen Bürgerkrieg (1946–1949) zu vollziehen in der Lage war. Bulgarien hatte sich nach dem Staatsstreich König Michaels in Rumänien vom August 1944, der der Roten Armee den Weg über die Donau öffnete, durch eine Regierungsumbildung und einen einseitigen Kriegsaustritt vor der drohenden sowjetischen Invasion vergeblich zu retten versucht. Am 5. September 1944 erklärte die Sowjetunion Bulgarien den Krieg und besetzte innerhalb weniger Tage das gesamte Land, ohne auf das Waffenstillstandsangebot des Premiers Kosta Muraviev zu reagieren. In den von Moskau diktierten Waffenstillstandsvereinbarungen vom 28. Oktober wurden der Abzug der bulgarischen Verbände aus Griechenland und Jugoslawien sowie die Beteiligung an der Niederkämpfung der deutschen Truppen verfügt. Die Regierungsgewalt war schon am 9. September an ein Übergangskabinett der ‹Vaterländischen Front› übergegangen. Die Regierungsverantwortung lag bei einem führenden Mitglied des Zveno-Offiziersbundes, Oberst Kimon Georgiev, der schon 1934 nach dem Staatsstreich der Militärs eine bulgarische Regierung gebildet hatte. Mit dem Innen- und Justizministerium hielten jedoch die Kommunisten die entscheidenden Ressorts fest in der Hand.

Auch im benachbarten Rumänien erkämpften sich die Kommunisten in der bekannten Volksfront-Taktik den Eintritt ins Kabinett und den Weg zur Alleinherrschaft. Schon im Juni 1944 waren durch ein Volksfront-Abkommen zwischen den Kommunisten und den Führern der demokratischen Parteien (Maniu, Dinu Brătianu, Titel Petrescu) die Weichen gestellt worden, obwohl die Vereinbarung nur wenige Monate Bestand hatte. Sowohl die ‹Nationale Bauernpartei› Manius als auch die Nationalliberalen Brătianus erteilten der ‹National-Demokratischen Front› (FND) des Dr. P. Groza eine Absage. Die Entwicklung zur Volksdemokratie war aber nicht mehr aufzuhalten. Am 30. Dezember 1947 dankte König Michael ab.

In Jugoslawien hatten sich die Tito-Partisanen in der letzten Kriegsphase von Bosnien aus nach Serbien durchgekämpft und gemeinsam mit der Roten Armee am 20. Oktober 1944 die Hauptstadt Belgrad eingenommen. Vorausgegangen waren eine Besprechung mit Stalin, zu der sich Tito ohne Wissen der Engländer im September aus seinem Hauptquartier auf der dalmatinischen Insel Lissa (Vis) begeben hatte, und eine Festlegung künftiger Aktionspläne. Die unter den Augen der Engländer auf Lissa zustande gekommene Koalitionsabsprache mit der Londoner Exilregierung Šubašić hat diesen Alleingang Titos nicht lange überdauert. Wohl war es durch den Eintritt Šubašićs (als Außenminister) und weiterer Angehörige der königlichen Exilregierung in das Kabinett zu einer Koalitionsregierung gekommen, doch zu den für die Entscheidung über die künftige Staatsform ausschlaggebenden Wahlen vom 11. November 1945 wurde nur die kommunistisch gelenkte Volksfront Jugoslawiens zugelassen. Die bürgerlichen Politiker stellten angesichts dieser Beschränkungen ihre Ämter zur Verfügung. Am 29. November 1945 rief die Verfassungsgebende Versammlung die ‹Föderative Volksrepublik Jugoslawien› aus.

Albanien ging den gleichen Weg. Schon während der italienischen Besetzung hatte sich in enger Anlehnung an die Partisanenbewegung Titos um die linksgerichtete ‹Nationale Befreiungsbewegung› (LNÇ = *Lëvizja Nacional Çlirimtare*) seit 1942 ein nationales Widerstandszentrum herausgebildet. Einer mehr konservativen patriotischen ‹Nationalen Front› (BK = *Balli Kombëtar*), hinter der die republikanisch gesinnten Landbesitzer Südalbaniens standen, fehlte ein vergleichbarer Zulauf. Wie im benachbarten Jugoslawien kam eine dauerhafte Verständigung zwischen den rivalisierenden Partisanengruppierungen nicht zustande. Seit Oktober 1943 herrschte zwischen den beiden Bewegungen ein offener Kriegszustand. Italiens Ausscheiden aus dem Krieg (September 1943) hatte die Konfrontation mit der deutschen Besatzungsmacht zur Folge. Diese ernsthafte Bewährungsprobe ist nach jugoslawischem Vorbild erfolgreich durchgestanden worden. Die LNÇ erweiterte sich zu einer kommunistisch gelenkten politischen Sammlungsbewegung. Nach dem Rückzug der deutschen Truppenverbände etablierte sie sich als neue Regierung des Landes und verhinderte eine Wiederherstellung der Monarchie.

In der Führung der kommunistischen Partei Albaniens hatte der westlich gebildete Enver Hoxha den radikalen, auf das Landproletariat des Südens gestützten Flügel des Koci Xoxe längst überspielt und auch in der LNÇ die zogistisch und legitimistisch gesinnten Kräfte in die Separation getrieben (Abas Kupi). So konnte er im November 1944 an die Spitze einer kommunistischen Regierung in Tirana treten. In einer geschickt inszenierten Wahl vom 2. Dezember 1945 ließ sich seine ‹Demokratische Volksfront› das Mandat zur Einführung der republikanischen Staatsform übertragen. Am 11. Januar 1946 wurde die Republik ausgerufen.

Ungarns Weg in die Nachkriegszeit ist ebenso wie in Rumänien und in Bulgarien durch die Rote Armee geebnet worden. Wohl in keinem Land des Donau- und Balkanraumes waren schon von der politischen Tradition und den ererbten Sozialstrukturen her für eine revolutionäre Umgestaltung der Gesellschaft nach sowjetischem Vorbild so wenige Voraussetzungen gegeben. Nach den stürmischen Tagen der gescheiterten kommunistischen Machtergreifung in der Räterepublik Béla Kuns (21. 3. 1919–1. 8. 1919) hatten die restaurativen Kräfte die Oberhand gewonnen. Die Ära Horthy garantierte den Fortbestand der bestehenden gesellschaftlichen Ordnung. Selbst in der brennenden Bodenreformfrage sind den Großgrundbesitzern gravierende Eingriffe in ihre Eigentumsrechte erspart geblieben. Die Überzeugung, daß eine Änderung der unhaltbaren Verhältnisse unaufschiebbar geworden war, hatte sich bei Kriegsende in allen politischen Lagern verfestigt, doch neigte die Mehrheit der Bevölkerung, soweit Rückschlüsse aus dem Wahlverhalten in einer außen- wie innenpolitischen Ausnahmesituation erlaubt sind, mehr einer schrittweisen Lösung der anstehenden Probleme zu. Sie verhalf bei den Novemberwahlen 1945 der wiedergegründeten Unabhängigen Partei der Kleinen Landwirte, Landarbeiter und Bürger mit 57% der abgegebenen Stimmen zu einem deutlichen Vorsprung vor den weit abgeschlagenen Kommunisten (mit 16,9%) und damit zur Regierungsverantwortung unter Zoltán Tildy.

Daß sich diese in den ersten und letzten relativ freien Wahlen ermittelten Stimmenverhältnisse nicht unmittelbar im politischen Alltag Nachkriegsungarns umsetzen ließen, lag an den realen Machtgegebenheiten eines besetzten Landes. Unter dem Schutz der Roten Armee waren zwischen September 1944, als sowjetische Truppenverbände erstmals über die ungarische Staatsgrenze vorstießen, und dem 4. 4. 1945, als der letzte deutsche Soldat ungarischen Boden verlassen hatte, die Weichenstellungen für eine künftige «sozialistische» Umorientierung schon vorgenommen worden, noch bevor eine frei gewählte Regierung in Budapest die Verantwortung übernehmen konnte. Im befreiten Ostungarn konstituierte sich in Szeged aus Parteiführern, die am 4. 11. 1944 aus der Sowjetunion anreisten, die Kommunistische Partei Ungarns. Im Aktionsprogramm vom 30. 11. 1944 «zum demokratischen Wiederaufbau und Aufstieg Ungarns» waren schon jene Minimalforderungen fixiert, auf die die «Ungarische Nationale Unabhängigkeitsfront», ein Zusammenschluß der von der Besatzungsmacht zugelassenen Parteien (Sozialdemokraten, Bürgerlich-Demokratische Partei, Nationale Bauernpartei und Kommunisten) unter Einbeziehung der Gewerkschaften, am 2. Dezember 1944 verpflichtet wurde: volksdemokratische Revolution, Bodenumverteilung zugunsten der Landlosen und Landarmen, Verstaatlichungsmaßnahmen in der Großindustrie und im Bankenwesen. Sie hielten sich formal noch im Rahmen radikal-bürgerlicher Reformvorstellungen, für die Kommunisten aber waren sie nur die Vorstufe zu weitergehenden Eingriffen in die bestehende Staats- und Gesellschaftsordnung. Gestützt auf die sowjetische Truppenführung meldeten sie bei der Neuorganisation des politischen Lebens auf lokaler Ebene durch sog. Nationalkomitees ihren Führungsanspruch an. In der Provisorischen Nationalversammlung, die nach den Wahlen vom 21. Dezember 1944 in Debrecen zusammentrat, hielten von den 230 Sitzen die Kommunisten als stärkste Partei 71, mit einem deutlichen Vorsprung vor der Partei der Kleinen Landwirte (55 Sitze). An die Spitze der sich am 22. Dezember konstituierenden Provisorischen Regierung trat der ehemalige Horthy-General Béla Dálnoki Miklós. Die kommunistischen Regierungsmitglieder begnügten sich vorerst mit den Ressorts für Landwirtschaft, Handel und Verkehr sowie Volkswohlfahrt. Knapp vier Jahre später war Ungarn fest im Griff einer kommunistisch geführten Einheitspartei der Linken.

Auf dem Weg zur «Volksdemokratie»

Die Balkanstaaten waren, mit Ausnahme Griechenlands, kommunistisch geworden trotz der in Jalta von den Alliierten bekräftigten Selbstbestimmungsrechte der befreiten Völker und trotz einer zahlenmäßig wenig bedeutenden kommunistischen Parteiorganisation in den betroffenen Ländern. Nur in Jugoslawien und Bulgarien hatten die Kommunisten bereits in den zwanziger Jahren nennenswerte Wahlerfolge zu verzeichnen gehabt. Bei den Wahlen zur Belgrader Skupština vom November 1920 waren ihnen 58 der 419 Sitze zugefallen, in die bulgarische Volksvertretung (Sobranie) waren sie nach den Wahlen vom März 1920 als zweitstärkste Fraktion nach der Agrariern Stambolijskis eingezogen. Die Erschließung eines Wählerreservoirs unter der verarmten und für sozialrevolutionäre Parolen zugänglichen Landbevölkerung hatte das Fehlen eines klassenkampfbewußten Industrieproletariats (die Stimmengewinne der jugoslawischen Kommunisten von 1920 entfielen auf die mazedonischen und montenegrinischen Agrargebiete, nicht auf das industriell fortgeschrittene Slowenien) wohl ausgleichen können, die vielfachen Behinderungen der Parteiarbeit und rigorose Eingriffe der Regierungen ließen aber keine funktionsfähigen Parteiorganisationen entstehen. Die kommunistische Partei Jugoslawiens wurde kurz nach ihrem spektakulären Wahlerfolg schon verboten und blieb bis in den Zweiten Weltkrieg hinein in die Illegalität gedrängt. In Bulgarien verloren die Kommunisten nach dem Sturze Stambolijskis 1924 ihre Parlamentssitze. Ihre terroristischen Anschläge der zwanziger Jahre (Höhepunkt war das verheerende Bombenattentat in der Sophien-Kathedrale vom 16. April 1925) haben ihnen zudem erhebliche Sympathieverluste eingetragen.

Ohne Zweifel hat die offizielle Komintern-Politik in der nationalen Frage (für Selbstbestimmungsrecht der Minderheiten) den Kommunisten in Jugoslawien die Agitationsmöglichkeiten im Volk erheblich beschnitten, da sie einer Unterstützung separatistischer Bestrebungen gleichkam und die Abspaltung nationaler Flügel begünstigte. Erst das vorbehaltlose Bekenntnis Titos zum Nationalitätsprinzip als taktischer Waffe im gemeinsamen Befreiungskampf ermöglichte den Kommunisten einen tiefen Einbruch in das nationale Lager. Aus der Sicht der späteren Ereignisse sollte aber gerade diese erzwungene Untergrundtätigkeit der kommunistischen Parteien in den Balkanländern sich als der entscheidende Vorteil in der Resistance erweisen. Die illegalen Parteiorganisationen verfügten über genügend geschulte Kader zur Übernahme wichtiger Führungsaufgaben. Mit ihrer straffen inneren Organisation und der kompromißlosen Unterordnung unter das Führungsprinzip konnten die kommunistischen Partisanenverbände ihre Überlegenheit über andere Widerstandsgruppen voll ausspielen, als nach dem Abzug der deutschen Besatzungstruppen die Neuordnung des staatlichen Lebens anstand. Tito hat sich weder von den alliierten Militärmissionen im Lande noch von Stalin und der Roten Armee, deren Verbände gemeinsam mit den Partisanen am 20. Oktober 1944 Belgrad freigekämpft hatten, die Entscheidungsfreiheit nehmen lassen. Über die «Volksfront», die fest in kommunistischer Hand war, ist ohne Verzug der Aufbau einer sozialistischen Gesellschaft betrieben worden.

Jugoslawien stellte sicher im Jahre 1945 einen Sonderfall dar. Allenfalls noch im benachbarten Albanien hatte eine von Kommunisten geführte Partisanenbewegung ähnlich günstige Voraussetzungen für eine unmittelbare Machtübernahme geschaffen. In allen anderen Balkanstaaten mußten die Kommunisten nach Jahren der Illegalität und Unterdrückung aus einer Minderheitenposition, ohne ausreichende Basis, antreten und sich der Konkurrenz rivalisierender Parteien stellen. Dieser Sachverhalt ist nicht ohne Einfluß auf ihr taktisches Verhalten und auf ihr Aktionsprogramm geblieben. Sicherlich hat die Anwesenheit der Roten Armee zu einer Verzerrung der Wettbewerbsbedingungen unter den zugelassenen demokratischen Parteien geführt. Zunächst aber waren die Kommunisten selbst gefordert, durch einen attraktiven Forderungskatalog in der Bevölkerung um Unterstützung zu werben. Durch populäre Maßnahmen ließ sich auch am ehesten das latente Mißtrauen ausräumen und der Verdacht zerstreuen, daß sie nur als Handlanger in fremdem Auftrag handelten.

Die Herkunft der Führungskader konnte durchaus Zweifel nähren. Nur in Jugoslawien und in Albanien ist den Kommunisten der direkte Weg aus dem heimischen Untergrund zur Macht vorgezeichnet gewesen. In Griechenland ist durch die energische Intervention der westlichen Alliierten eine vergleichbare Entwicklung verhindert worden. Der kommunistische Widerstand konnte allerdings erst nach einem mehrjährigen blutigen Bruderkampf (1946–1949) niedergerungen werden. In den übrigen Balkanstaaten sind die kommunistischen Führer der ersten Stunde im Troß der Roten Armee direkt aus den Schulungszentren der sowjetischen Bruderpartei angereist. Kommunistische Widerstandskämpfer aus dem Untergrund hatten zunächst einen schweren Stand gegenüber den «Moskauern», zu denen in Ungarn die Gruppe um Mátyás Rákosi, József Révai, Ernő Gerő, Zoltán Vas und Imre Nagy zählten, in Rumänien Ana Pauker, Vasile Luca und Emil Bodnăraş, die alle drei nichtrumänischer Herkunft waren. Beherrschende Figur unter den «Moskauern» in Bulgarien war der populäre Generalsekretär der Komintern, Georgi Dimitrov. Er war erst mit erheblicher Verzögerung am 4. November 1945 nach 22jähriger Abwesenheit wieder in seine Heimat zurückgekehrt. Gemeinsam mit Vasil Kolarov hatte er nach dem Verbot der bulgarischen Kommunistischen Partei und der Zerschlagung ihrer Kader von Moskau aus über das Auslandsbüro der Kommunistischen Partei Bulgariens die Fäden in der Hand gehalten. Über die auf seine Anregung hin 1942 gegründete «Vaterländische Front» war schon vor der militärischen Niederlage Bulgariens das Terrain für ein Volksfrontbündnis vorbereitet, das nach den Beschlüssen des 7. Komintern-Kongresses in Moskau vom Jahre 1935 zur Niederringung des Faschismus in Europa als vorrangiges Ziel allen Bruderparteien vorgeschrieben war.

Mit dem werbewirksamen, aber nichtssagenden Slogan von der «Demokratie neuen Typs» oder der «Volksdemokratie» ist von den Kommunisten für ein Zusammengehen aller antifaschistischen, demokratischen Kräfte geworben worden, das als Zweckbündnis für die Übergangsphase zur Diktatur des Proletariats gedacht war. Die spätere offizielle Geschichtsschreibung in den Ländern des kommunistischen Blocks in Ostmittel- und Südosteuropa hat die zügige «Sowjetisierung» als Ergebnis planvoller Parteiarbeit gewürdigt. Aus den «Lehren» des russischen Oktobers seien die zeitgemäßen Schlußfolgerungen gezogen und so der Sieg des Sozialismus ermöglicht worden. Das Dogma von der unfehlbaren und allwissenden Partei ließ in der Retrospektive keine andere Deutung der turbulenten Ereignisse in den unmittelbaren Nachkriegsjahren zu. Trotz der Ungunst der Quellenlage drängt sich allerdings eher die Vermutung auf, daß die Emissäre aus Moskau keine fertigen Konzepte im Reisegepäck mitführten und nicht gehalten waren, ohne Rücksicht auf die lokalen Gegebenheiten eine einheitliche Marschroute zu verfolgen. Schon die notwendige Rücksichtnahme auf die Verbündeten zwang Stalin zu einer zumindest formalen Beachtung parlamentarischer Spielregeln. Daß sie von den kommunistischen Vertretern in allen Ländern mit nahezu den gleichen Mitteln – Scheinkoalition und nachfolgende Spaltung der Bündnispartner, Zugriff auf Innenministerium und Polizei, Mobilisierung der Straße – unterlaufen worden sind, spricht noch nicht für eine abgestimmte vorausschauende Planung. Sie boten sich als erfolgversprechende Hilfen zur Machtergreifung von selbst an. Stalin hat als Antwort auf die Fultoner Rede W. Churchills vom 5. März 1946, in der erstmals von einem «Eisernen Vorhang» gesprochen wurde, ein sowjetisches Sicherheitsinteresse in Finnland, Polen, Rumänien, Bulgarien und Ungarn geltend gemacht. Über diese Länder seien die Deutschen in die Sowjetunion eingedrungen. Um sich für die Zukunft abzusichern, müsse man sich um loyale Regierungen bemühen. Eine derartige Loyalität nicht nur über vertragliche Zusagen, sondern über eine radikale Veränderung des Gesellschaftssystems dauerhaft garantieren zu wollen, mag eine verständliche Wunschvorstellung gewesen sein, das Beispiel Finnland aber zeigt, daß selbst in einer sensiblen Grenzzone im Hinterland der Millionenstadt Leningrad der Verzicht auf eine einheitliche Lösung für Stalin und seine Berater nicht undenkbar war. Die rasche «Sowjetisierung» ist wohl ebenso ein Ergebnis kommunistischer Agitation und brüderlicher Hilfe der Sowjetunion wie des mangelnden Gegendruckes der westlichen Alliierten, die ohne einheitliches Konzept sich aus ihren Positionen hinausdrängen ließen und ihren potentiellen Bündnispartner unter den nichtkommunistischen Parteien in den entscheidenden Augenblicken die notwendige Hilfe versagten. Als 1947 die von G.F. Kennan, dem geheimnisvollen Mister X, formulierte Doktrin der «Eindämmung» ein Umdenken in der amerikanischen Außenpolitik signalisierte, waren die Versäumnisse der Vergangenheit ohne den Einsatz kriegerischer Mittel schon nicht mehr ungeschehen zu machen. Zu mehr als einer Schadensbegrenzung reichten die diplomatischen Offensiven der USA nicht mehr. Sie schlugen sich in der Truman-Doktrin vom 12. März und im Marshall-Plan zur wirtschaftlichen Aufbauhilfe für Europa vom Juni 1947 nieder. Die Sowjetunion konterte mit der Einrichtung des Kommunistischen Informationsbüros (Kominform) in Belgrad (30. September 1947), das die engere Zusammenarbeit und die politische Abstimmung unter allen Arbeiterparteien Europas koordinieren sollte.

Das Jahr 1947 markierte einen deutlichen Wendepunkt in den Ost-West-Beziehungen der Nachkriegsjahre, den Beginn des «Kalten Krieges», der in seinen negativen Auswirkungen unmittelbar auf die Staaten Südosteuropas im sowjetischen Einflußbereich durchschlug. Das Einvernehmen der ehemaligen Alliierten reichte nur noch zu einer Bereinigung der Kriegsfolgen im Verhältnis zu den kleineren «Feindstaaten». Nach zähen, mehrfach unterbrochenen Verhandlungsrunden sind am 10. Februar 1947 in Paris die Friedensverträge mit Italien, Rumänien, Ungarn, Bulgarien und Finnland unterzeichnet worden. Sie enthielten politische, militärische und wirtschaftliche Auflagen, regelten die Schadensersatzforderungen der kriegführenden Mächte und stellten in den innerbalkanischen Beziehungen den territorialen Status quo ante wieder her. Ungarn, Rumänien und Bulgarien hatten auf die Gebietserwerbungen der Zwischenkriegs- und Kriegszeit wieder Verzicht zu leisten. Die beiden Wiener Schiedssprüche wurden annulliert und die Aufteilung des jugoslawischen Territoriums rückgängig gemacht. Die im Vertrag von Craiova (7. September 1940) von Rumänien abgetretene Süddobrudscha verblieb bei Bulgarien.

Die Neufestlegung der italienisch-jugoslawischen Grenze hat nochmals eine Welle nationaler Emotionen entfacht. Jugoslawien gewann schließlich neben der Insel Pelagosa/Palagruža und Zadar den größten Teil der Provinz Venezia Giulia (Hafen von Pola/Pula, Isonzo-Tal und Istrien), mußte aber auf Triest verzichten, das als Freistaat unter internationale Kontrolle gestellt wurde. Eine Beilegung des jahrelangen Streites um Triest gelang erst im Abkommen vom 5. Oktober 1954, das Italien in der Zone A (Stadt und unmittelbare Umgebung) und Jugoslawien in der Zone B (Hinterland) die Zivilverwaltung zugestand.

Macht und Ohnmacht der Parteien

Die innenpolitischen Konkurrenten und Gegner der Kommunisten haben nach der Niederlage Hitler-Deutschlands das Feld nicht kampflos geräumt.

In den interalliierten Vereinbarungen der Kriegsjahre war wiederholt die Wiederherstellung der demokratischen Grundrechte in den befreiten Ländern als gemeinsames Kriegsziel beschworen worden. In der Deklaration zum Abschluß der Konferenz von Teheran (1. 12. 1943) war von einer «Weltfamilie demokratischer Nationen» die Rede, die allen offenstehen solle, und schon 1941 hatten sich die USA und Großbritannien in der Atlantik-Charta, die F.D. Roosevelt und W.S. Churchill an Bord des Schlachtschiffes «Prince of Wales» gemeinsam unterzeichneten, darauf festgelegt, «das Recht aller Völker, sich diejenige Regierungsform zu wählen, unter der sie leben wollen», zu achten und den jetzt gewaltsam unterdrückten Völkern die Souveränitätsrechte und Selbstregierung zurückzugeben. Dementsprechend hatte die Konferenz von Jalta (4.–11. 2. 1945) vorgesehen, am bevorstehenden Wiederaufbau der befreiten europäischen Staaten alle demokratisch gesinnten Elemente der Bevölkerung zu beteiligen und möglichst rasch über freie Wahlen Regierungen zu bilden, die vom Willen des Volkes getragen sind. In den Waffenstillstandsvereinbarungen mit Rumänien (12. 9. 1944), Bulgarien (28. 10. 1944) und Ungarn (20. 1. 1945) waren Alliierte Kontrollkommissionen aus Vertretern der Sowjetunion, der USA und Großbritanniens vereinbart worden. Sie sollten jeweils vor Ort unter sowjetischer Federführung bis zur endgültigen Friedensregelung die Einhaltung der Vertragsbestimmungen überwachen. Die Anwesenheit von Amerikanern und Briten sollte sich allerdings wegen der mangelnden Machtbefugnisse als wenig taugliches Mittel erweisen, gegenüber der Allgewalt der Besatzungsmacht einen fairen Interessenausgleich unter den streitenden Parteien zu garantieren und einer einseitigen Bevorzugung der Kommunisten gegenzusteuern.

In Jugoslawien und Albanien fehlten selbst diese bescheidenen Einflußmöglichkeiten. Tito ließ sich in seinem Übereifer, rasch vollendete Tatsachen zu schaffen und den sofortigen Übergang zur sozialistischen Gesellschaft zu proklamieren, auch durch Stalin nicht bremsen, der ein behutsameres Vorgehen aus taktischen Erwägungen vorgezogen hätte. Die Vorentscheidungen waren längst auf den Sitzungen des Antifaschistischen Rates der Volksbefreiung Jugoslawiens getroffen worden. Für einen Parteienpluralismus war trotz des Übereinkommens mit der Exilregierung kein Platz mehr. Die 1945 in Belgrad gegründete «Volksfront» (Gründungskongreß des «Sozialistischen Bundes der Werktätigen Jugoslawiens» vom 5.–7. 8. 1945) trieb alle politischen Gruppierungen in die tödliche Umklammerung der Kommunisten. Die Wahlen zur Verfassungsgebenden Versammlung vom 11. 11. 1946 bestätigten die Volksfront mit annähernd 90% der Stimmen als alleinbestimmende politische Kraft. Die Proklamation der «Föderativen Volksrepublik Jugoslawien» am 29. 11. 1946 war nur noch eine Formsache. Die am 30. 1. 1947 gebilligte Verfassung lehnte sich in wesentlichen Bestimmungen an die Stalin-Verfassung von 1936 an. Das Jugoslawien Titos verstand sich als getreue Nachbildung der Sowjetunion.

Auch im benachbarten Albanien war ohne nennenswerte Einwirkungsmöglichkeit der Sowjetunion und der westlichen Alliierten unmittelbar aus der Partisanenbewegung heraus ein von den Kommunisten geführter Einparteienstaat entstanden. Für den problemlosen Übergang sorgte nach jugoslawischem Vorbild die «Demokratische Front», die aus der «Nationalen Befreiungsfront» der Kriegsjahre hervorgegangen war und sich mit der Aufnahme einzelner nichtkommunistischer Parteienvertreter als Sammelbecken aller demokratischen Kräfte des Landes darstellte. Ihr fielen bei den Wahlen zur Konstituierenden Versammlung vom Dezember 1945 sämtliche Sitze zu. Die Proklamation der Volksrepublik Albanien wurde am 11. 1. 1946 einstimmig gebilligt, die Verfassung daraufhin am 14. 3. erlassen.

In den ehemaligen Feindstaaten Rumänien, Bulgarien und Ungarn stand den Kommunisten ein langwierigerer Marsch durch die Institutionen bevor. Schon bei den behutsamen Ablösungsversuchen aus der Kriegskoalition mußten sie den Repräsentanten der traditionellen Parteien den Vortritt lassen und in den sich bildenden nationalen Fronten sich mit der Rolle des Juniorpartners zunächst begnügen. In Rumänien erzwangen die westlichen Alliierten nach dem Sturz Antonescus und der Bildung einer Regierung der National-demokratischen Front unter dem kommunistenfreundlichen Führer der «Landarbeiterfront» Petru Groza die Öffnung des Kabinetts für die Nationale Bauernpartei und die Nationalliberale Partei, mehr als einen Beobachterstatus vermochten sie aber in der als Kompromißlösung vereinbarten Regelung auf der Moskauer Außenministerkonferenz vom Dezember 1945 nicht durchzusetzen. Den populären Politikern der alten Garde I. Mihalache, I. Maniu und C. Brătianu wurde von der Besatzungsmacht die aktive Mitbeteiligung verwehrt. Im Herbst 1947 sind sie in spektakulären Schauprozessen endgültig ausgeschaltet, ihre Parteien durch Parlamentsvotum verboten worden. Am 30. Dezember 1947 wurde König Michael zum Thronverzicht gezwungen. Die neugewählte Konstituierende Versammlung billigte am 13. April 1948 die Verfassung einer Volksrepublik Rumänien.

In Bulgarien hatten die Kommunisten wohl seit 1942 in der «Vaterländischen Front», einem Zusammenschluß oppositioneller Parteigruppierungen von der linksorientierten «Pladne»-Gruppe des Bulgarischen Nationalen Bauernbundes über die Sozialdemokraten und den einflußreichen Zveno-Bund bis zu den Kommunisten, einen starken Rückhalt für den bevorstehenden Kampf um die Macht im Staate. Das Bündnis war am 17. 7. 1942 auf Initiative G. Dimitrovs und des Moskauer Auslandsbüros der Partei zustande gekommen, sein politischer Aktionsradius war aber in einem Lande, das einen neutralen Kurs steuerte und sich formal nicht im Kriegszustand mit der Sowjetunion befand, zunächst sehr beschränkt. Eine in der bulgarischen Bevölkerung tief verwurzelte pro-russische Einstellung legitimierte den moralischen Anspruch der bürgerlichen Parteien auf die politische Führungsrolle. Erst mit dem Einmarsch der Roten Armee war für die Vaterländische

Front der Weg zur Regierungsverantwortung frei. Dabei bewährten sich Mitglieder des Zveno-Bundes als Steigbügelhalter der Kommunisten. An der ersten Kabinettsbildung waren sie mit dem Ministerpräsidenten K. Georgiev, dem Kriegsminister D. Velčev und dem Informationsminister D. Kazasov an führenden Positionen beteiligt. Eine ernsthafte Gefahr drohte vom Bauernbund des ehemaligen Bauernführers Stambolijski, der weiterhin unter der bäuerlichen Bevölkerung große Sympathien genoß und unter dem aus dem westlichen Exil zurückgekehrten Generalsekretär Georgi M. Dimitrov-Gemeto immer unverhohlener einen antikommunistischen Kurs steuerte. Dieser wurde schließlich unter dem massiven Druck einer Verleumdungskampagne aus seinem Amt verdrängt und erneut ins Exil gezwungen. In seine Rolle wuchs sehr rasch der Nachfolger N. Petkov, der Führer der Pladne-Gruppe innerhalb des Bauernbundes, hinein. Von den Kommunisten gesteuerte innerparteiliche Richtungskämpfe brachten seine Position ins Wanken. Mit seinem Ausscheiden aus der Regierung am 27. Juli 1945 distanzierte er sich von den offensichtlichen Wahlmanipulationen und löste eine folgenschwere Regierungskrise aus, die hohe Wellen schlug und die amerikanische Regierung zur Intervention veranlaßte. Den Ausgang der Wahlen hat die schließlich durchgesetzte Verschiebung des Wahltermins nicht mehr beeinflußt, obwohl oppositionelle Kandidaten einen nicht unerheblichen Stimmenanteil verbuchen konnten. Ein Plebiszit vom 8. 9. 1946 beseitigte die Monarchie, am 15. 9. 1946 wurde Bulgarien zur Volksrepublik erklärt (Verfassung vom 4. 12. 1947). Ein Jahr später folgte die letzte blutige Abrechnung mit dem innenpolitischen Gegner. Am 6. Juni 1947 wurde der prominente Oppositionspolitiker N. Petkov verhaftet, wegen Hochverrat am 16. 8. 1947 in einem entwürdigenden Schauprozeß zum Tode verurteilt und trotz des Einspruchs der Alliierten hingerichtet (23. 9. 1947). Im September 1946 schon war der in Armeekreisen populäre Oberst D. Velčev, einer der Gründungsväter und herausragender Repräsentant des Zveno-Bundes in der Regierung, auf den Posten des Bevollmächtigten Bulgariens in der Schweiz abgeschoben worden.

Den Ungarn hat selbst ein eindeutiges Wählervotum zugunsten einer parlamentarischen Demokratie ein gleiches Schicksal wie den Nachbarvölkern im Donauraum nicht ersparen können. Nach bewährtem Muster hatten die Kommunisten mit der Gründung der «Ungarischen nationalen Unabhängigkeitsfront» am 2. 12. 1944 die konkurrierenden Parteien in die Disziplin eines gemeinsamen Linksblockes einzubinden und mit einem gemäßigten Reformprogramm um Wählerstimmen zu werben versucht. Eine breite Zustimmung erhofften sie sich von der Radikallösung der Agrarfrage. Um so enttäuschender endeten für Rákosi und seine Gesinnungsfreunde die landesweiten Wahlen vom 6. 11. 1945. Mit einem mageren Stimmenanteil von 16,9% rangierten sie unter den Blockparteien nur an dritter Stelle, weit abgeschlagen hinter der siegreichen «Unabhängigen Partei der Kleinen Landwirte, Landarbeiter und Bürger», die mit 56,9% einen deutlichen Wählerauftrag für sich verbuchen konnte. Die Kommunisten mußten sich selbst noch von ihrem sozialdemokratischen Bündnispartner (17,4%) überrunden lassen. Sowjetischer Druck und die Blockdisziplin hinderten die Führer der Kleinlandwirte-Partei, den überwältigenden Wahlsieg auszukosten. Wohl fielen ihren Repräsentanten die leitenden Staatsorgane zu – Zoltán Tildy wurde am 1. 2. 1946 von der Nationalversammlung zum ersten Präsidenten der Republik gewählt, Ference Nagy am 4. 2. 1946 mit der Regierungsbildung beauftragt –, die inhaltliche Bestimmung der ungarischen Politik mußten sie aber immer mehr den Kommunisten überlassen. Unter der Salamitaktik Rákosis, der geschickt Fraktionsbildungen ausnutzte, zerbröckelte die Mehrheit, Einschüchterungen und gezielte Verhaftungen brachten lästige Konkurrenten zum Schweigen. Ministerpräsident F. Nagy demissionierte am 30. 5. 1947, der Präsident der Nationalversammlung Béla Varga und der ehemalige Generalsekretär der Nationalen Bauernpartei Imre Kovács flohen ins Schweizer Exil. Am 30. Juli 1948 mußte Z. Tildy auf das Präsidentenamt verzichten, er lebte bis 1956 in Budapest unter Hausarrest. Die Sozialdemokratische Partei ging nach der erzwungenen Vereinigung vom 12. 6. 1948 in der «Partei der Ungarischen Werktätigen» unter Generalsekretär Rákosi auf. Am 15. 12. 1947 hatten die letzten amerikanischen und britischen Mitglieder der Alliierten Kontrollkommission ungarischen Boden verlassen, eineinhalb Jahre später war auch Ungarn als Volksrepublik (die Verfassung wurde am 18. 8. 1949 vom Parlament gebilligt und trat am 20. 8. 1949 in Kraft) in die sozialistische Staatenwelt integriert.

Außerhalb blieben unter den kleinen Völkern in Ostmittel- und Südosteuropa im Vorfeld des sowjetischen Kolosses nur die Staaten an den äußersten Rändern, Finnland im Norden, das sich unter Wahrung der freiheitlich-demokratischen Ordnung mit dem östlichen Nachbarn arrangierte (sog. Paasikivi-Kekkonen Linie) sowie die Türkei und Griechenland im Süden, denen die Truman-Doktrin, die der amerikanische Präsident am 12. 3. 1947 vor einer gemeinsamen Sitzung beider Häuser des Kongresses verkündete, eine wirksame Unterstützung des Westens in Aussicht gestellt hatte.

Die Intervention der USA bereitete auch dem mörderischen Bürgerkrieg in Griechenland schließlich ein Ende. Seine Fronten hatten sich schon während der deutschen Besatzung abzuzeichnen begonnen. Unter allen Widerstandsgruppen hatten die kommunistischen Partisanen sich nicht ohne Erfolg auf Volksfrontbasis zu organisieren begonnen. Am 27. 9. 1941 wurde die «Nationale Befreiungsfront» (EAM) gegründet, am 10. 4. 1942 entstand als ihre militärische Formation die «Griechische Volksbefreiungsarmee» (ELAS), die in enger Zusammenarbeit mit bulgarischen und jugoslawischen Partisanenverbänden zu einer verschworenen Truppe mit beachtlicher Schlagkraft heranwuchs. Zu ihren legendären Führergestalten zählte Athanasios Klaras, der unter dem Decknamen Ares Veluchiotes bekannt geworden ist. Er war gemeinsam mit Helfern der republikanischen Partisanen (EDES –

Nationale Republikanische Griechische Liga des Generals Napoleon Zervas) und einer britischen Sabotagetruppe unter Hauptmann C.M. Woodhouse (Mission «Harling») an der spektakulären Sprengung des Gorgopotamos-Viadukts an der strategisch wichtigen Bahnlinie von Saloniki nach Athen in der Nacht vom 25. 11. 1942 beteiligt. 1943 hielten die EAM-Verbände schon weite Teile des Festlandes, insbesondere die höher gelegenen Regionen, unter Kontrolle. Sie waren auch als politische Kraft von Großbritannien und der Exilregierung nicht mehr zu ignorieren. An der Frage der Monarchie scheiterten alle Verständigungsbemühungen. In den blutigen Zusammenstößen zwischen den beiden rivalisierenden Partisanenbewegungen EAM und EDES im Winter 1943–44, wurde ein tiefgreifender politischer Dissens sichtbar, der sich nur noch notdürftig durch Stillhalteabkommen kanalisieren ließ. Die selbstbewußten kommunistischen Aufstandsführer beugten sich nur widerwillig der Parteiräson, die unter dem Druck der Stalin-Churchill-Vereinbarung (sog. Prozentabkommen) eine Beteiligung an der Regierung der nationalen Einheit unter Georgios Papandreou (15. 8. 1944, als Ergebnis der Libanonkonferenz vom 17.–20. 5. 1944) und die Bildung eines gemeinsamen Oberbefehls über die im Lande kämpfenden Truppen unter Einschluß der Briten (Abkommen von Caserta, 26. 9. 1944) dringend geboten erscheinen ließ. Am 18. Oktober 1944 landete mit britischer Hilfe die Papandreou-Regierung in Griechenland, am 10. 12. 1944 sollte die Demobilisierung der Partisanen aller Couleur den Übergang zu einer Zivilregierung einleiten. Über die Modalitäten der Waffenniederlegung entbrannte sehr schnell ein heftiger Streit, der sich am 3. 12. 1944 während einer von der EAM organisierten Massendemonstration in Athen zur blutigen Auseinandersetzung steigerte, als die Regierung zur gewaltsamen Auflösung Waffen einsetzte. Die britische Schutzmacht wurde in die Straßenkämpfe hineingezogen. Ihr massierter Aufmarsch bewog die kommunistische Führung schließlich zum Nachgeben in der Vereinbarung von Varkiza (12. 2. 1945). Sie hatte allerdings in einer sich polarisierenden innenpolitischen Atmosphäre nicht lange Bestand. Die Kommunisten boykottierten die Wahlen vom 31. 3. 1946 und ermöglichten so den Wahlsieg einer rechten Koalition. Nach dem Plebiszit vom 1. 9. 1946, das mit 68,3% der abgegebenen Stimmen zugunsten einer Wiederherstellung der Monarchie am 27. 10. 1946 König Georg II. die Rückkehr nach Griechenland ermöglichte, weitete sich die Untergrundtätigkeit kommunistischer Guerillakämpfer zu einem Flächenbrand. Eine noch im Oktober 1946 gebildete «Demokratische Armee Griechenlands» übernahm unter dem Kommando von Markos Vafiadis die Kampfführung, scheiterte aber an der eigenen Unfähigkeit, städtische Stützpunkte unter Kontrolle zu bringen, und an der wachsenden massierten Militärhilfe der Amerikaner für die reguläre Armee. Der Tito-Stalin-Konflikt entzog ihr schließlich die Rückendeckung, als sich die griechischen Kommunisten auf die Seite Stalins schlugen. Tito ließ im Juli 1949 die Grenzen nach Griechenland abriegeln. In den äußersten Nordwesten abgedrängt retteten sich die Reste der kommunistischen Verbände zusammen mit der KP-Führung im Herbst 1949 über die albanische Grenze. Sie hinterließen ein ausgeblutetes, in seinen Grundfesten erschüttertes Land, das nach den aufgeputschten leidenschaftlichen Bruderkämpfen einen mühsamen Weg der nationalen Versöhnung und der Demokratisierung anzutreten hatte.

Der Ostblock unter Stalin
Integration und Desintegration

Aus der Sicht Stalins mußte sich der «volksdemokratische» Weg zur Vorfeldsicherung des Sowjetimperiums im vorgelagerten Ländergürtel Ostmittel- und Südosteuropas in den Nachkriegsjahren als Ideallösung anbieten. Er ist sehr behutsam, aber konsequent beschritten worden. Die Sowjetunion nutzte ohne übertriebene Hast die Anwesenheit der Roten Armee zu einer politischen Terrainbereinigung. Betroffen waren in gleicher Weise die Verbündeten wie die ehemaligen Feindstaaten. Im verständlichen sowjetischen Sicherheitsinteresse sollten nunmehr Vorkehrungen getroffen werden, um einem möglichen Aggressor künftig zum Aufmarsch gegen die Sowjetunion die territoriale Basis zu entziehen. Das aus den Linkskoalitionen der Volksfrontpolitik in der Endphase der kriegerischen Auseinandersetzungen geborene Konzept der «Volksdemokratie» ließ zunächst mehrere Varianten im Zusammenwirken der politischen Kräfte zu. Die Kommunisten vermieden – von den Sonderfällen Jugoslawien und Albanien abgesehen – den möglichen direkten Zugriff zur Macht und zogen es vor, in Regierungskoalitionen die Bereitschaft breiter Bevölkerungskreise zu radikaldemokratischen Maßnahmen – Bodenreformen, Verstaatlichung von Großindustrie und Banken – zu systemverändernden Eingriffen in die bestehenden Gesellschaftsstrukturen zu nutzen. Die innenpolitischen Veränderungen in Italien und Frankreich, die den Kommunisten zu einer starken Stellung in den Parlamenten verhalfen, nährten vorübergehend die Hoffnungen auf einen europaweiten Trend zu günstigen evolutionären Entwicklungen.

Daneben versäumte es die Sowjetunion von Anfang an nicht, ihre dominierende Stellung in Ostmittel- und Südosteuropa auf dem ökonomischen Sektor auszubauen und über eine enge wirtschaftliche Anbindung in bilateralen Verträgen (u. a. mit Bulgarien am 14. 3. 1945, mit Rumänien am 8. 5. 1945, mit Ungarn am 27. 8. 1945), die gemeinsame Wirtschaftsunternehmungen (joint ventures) einschlossen, Einwirkungsmöglichkeiten offenzuhalten. Der Außenhandel der südosteuropäischen Staaten orientierte sich von der ersten Stunde an vollständig um auf den sowjetischen Wirtschaftspartner. In den Waffenstillstandsvereinbarungen mit den Feindstaaten und in den Pariser Friedensverträgen von 1947 waren die Reparationsforderungen und

Transferleistungen (Übereignungen von Feindeigentum etc. an die UdSSR) festgelegt worden. Sie erreichten in Rumänien 14–15% des gesamten Nationaleinkommens (oder 47% des Etats von 1947/48) und in Ungarn 10% des Nationaleinkommens 1946/47 und eigneten sich als Zwangsmittel politischer Disziplinierung. Die Unterhaltsverpflichtung für die sowjetischen Besatzungstruppen schuf zusätzliche ökonomische Abhängigkeiten.

Die Völker Südosteuropas sind nicht im Gleichschritt in den Sozialismus geführt worden. Die ordnungspolitische Umorientierung ihres Gesellschafts- und Wirtschaftssystems vollzog sich in kleinen, zeitlich nicht abgestimmten Kursänderungen, die anfangs von einem breiten Konsens im linken Parteienspektrum bis hin zu den progressiven Bürgerlichen mitgetragen waren. Überfällige Bodenreformmaßnahmen sind so schon Anfang 1945 eingeleitet worden. Dringender Handlungsbedarf ergab sich vor allem in Ungarn, wo die Zerschlagung des Großgrundbesitzes und die Umverteilung des Landes bislang ausgeblieben war. Das Gesetz vom 15. März 1945 sah die entschädigungslose Enteignung aller Güter über 1000 Katastraljoch (d. i. 576 ha) vor und legte als künftige Obergrenze 100 (in der Umgebung Budapests 50) Katastraljoch fest. Im Vollzug des Gesetzes ist ein Drittel des bebauten Landes konfisziert, ein Viertel umverteilt worden. Von dem rumänischen Reformgesetz vom 23. März 1945 sind 8% des Kulturlandes erfaßt worden, die Obergrenze für Grundbesitz wurde auf 50 ha angesetzt. Im August 1945 zogen Jugoslawien (Gesetz vom 29. 8.) und Albanien (Gesetz vom 30. 8.) nach. In Jugoslawien wurden nur noch maximale Betriebsgrößen bis zu 45 ha (sie reduzierten sich auf 25–35 ha, sofern sie der Besitzer nicht selbst bewirtschaftete) zugelassen.

Von den Enteignungsmaßnahmen sind neben dem adeligen und kirchlichen Großgrundbesitz Staatsfeinde und volksfremdes Eigentum betroffen worden. In Jugoslawien stammten 41% des eingezogenen Landes aus volksdeutschem Besitz. Das einst blühende deutsche Mittelbauerntum in der Vojvodina ist auf diesem Wege weitgehend durch serbische Zuwanderer abgelöst worden. Es wurde in der turbulenten Endphase des Krieges in den Strudel hineingezogen, der die in verschiedenen regionalen Schwerpunkten siedelnden Jugoslawien-Deutschen durch Vergeltungsmaßnahmen, Deportationen und Aussiedlungen nahezu völlig auslöschte. Die gesetzliche Grundlage hatte ein AVNOJ-Beschluß geschaffen, der allen Deutschen als Kollaborateuren die staatsbürgerlichen Rechte entzog. Im benachbarten Ungarn stützten sich die Aussiedlungsaktionen von Ungarndeutschen, von denen etwa 250000 Personen erfaßt wurden, auf Beschlüsse des Potsdamer Abkommens zur Rückführung deutscher Siedler. Das beschlagnahmte Feindeigentum bildete auf dem industriellen Sektor den Grundstock der Kapitaleinlagen, die von der Sowjetunion in die gemischten Gesellschaften in Rumänien und Ungarn eingebracht wurden. In den Firmenstatuten war den sowjetischen Partnern ein weitgehender Einfluß auf die Geschäftsführung zugestanden worden. Als bequeme Instrumente zur Einführung planwirtschaftlicher Elemente im Vorgriff auf eine künftige Umgestaltung des Wirtschaftssystems waren sie aber schon vom Volumen her untauglich. Einer stärkeren Einflußnahme des Staates auf das Wirtschaftsgeschehen waren auch die Koalitionspartner der Kommunisten nicht abgeneigt. Zu den ersten Verstaatlichungsmaßnahmen haben nichtkommunistische, radikaldemokratisch gesinnte Politiker bereitwillig die Hand gereicht. Die Ausweitung des staatlichen Sektors in der Wirtschaft und die Verstärkung staatlicher Kontrollmechanismen gehörten zum Standardrepertoire der Wirtschaftspolitik in der Rekonstruktionsphase der ersten Nachkriegsjahre. Die umfassenden Verstaatlichungsgesetze markieren nur noch den Endpunkt einer schleichenden Entwicklung. Er ist in den verbündeten Staaten früher erreicht worden (in Albanien und Jugoslawien schon 1946) als in den ehemaligen Feindstaaten, die endgültig erst 1948 auf den gemeinsamen Kurs einschwenkten (Bulgarien im Dezember 1947, Ungarn 25. März 1948, Rumänien 11. Juni 1948). Zu diesem Zeitpunkt hatten längst die Fronten des kalten Krieges zu Blockbildungen und Abschottungen geführt und die eigentliche sozialistische Phase nach sowjetischem Modell in den volksdemokratischen Ländern eingeleitet. Das amerikanische Hilfsangebot an alle europäischen Regierungen vom 5. Juni 1947 hatte den Stein ins Rollen gebracht. Um die Blocksolidarität nicht zu gefährden – Prag hatte die Einladung zur Wirtschaftskonferenz in Paris am 7. Juli akzeptiert, mußte aber am 10. Juli widerrufen, Jugoslawien und Ungarn bekundeten ebenso Interesse wie Polen –, sah sich die Sowjetunion zu einer Gegeninitiative mit Kreditzusagen und Handelspräferenzen genötigt. Bislang hatten einzelne osteuropäische Staaten von den Hilfsgeldern profitiert, die über den Unterstützungsfond der Vereinten Nationen (UNRRA – United Nations Relief and Rehabilitation Administration, gegründet durch die Washingtoner Vereinbarung vom 9. 11. 1943) u. a. nach Albanien, Ungarn und Jugoslawien geflossen waren, desgleichen hatten sie an anderen Unterstützungsprogrammen der westlichen Alliierten teilgenommen. Noch 1947 hatte das amerikanische Rote Kreuz Rumänien eine großzügige Nahrungshilfe gewährt, schweizerische und amerikanische Banken fanden sich neben den Regierungen zu Kredittransaktionen bereit, um die labilen Währungen in Ungarn und Rumänien zu stützen.

Nunmehr waren energische Gegenmaßnahmen zur politischen, ideologischen und wirtschaftlichen Konsolidierung der osteuropäischen Staatengemeinschaft aus eigener Kraft gefordert. Sie wurden eingeleitet durch die Gründung des Kommunistischen Informationsbüros (KOMINFORM) im September 1947 und endeten mit der Bildung des Rates für gegenseitige Wirtschaftshilfe (COMECON) am 25. Januar 1949. Zur politischen Absicherung wählte die Sowjetunion ein System bilateraler Verträge über Freundschaft, Zusammenarbeit und gegenseitigen Beistand, die mit nahezu gleichlautenden Vertragsbestimmungen die beteiligten Länder auf den sowjetischen Kurs festlegten und untereinander verketteten. Die sowjetische Version der Lagertheorie hatte A.A. Ždanov auf der Gründungskonferenz des Kominform entwickelt, zu der sich die Vertreter der kommunistischen Parteien und Arbeiterparteien der UdSSR, Bulgariens, Jugoslawiens, Polens, Rumäniens, der Tschechoslowakei, Ungarns, Frankreichs und Italiens vom 22.–27.9.1947 im schlesischen Szklarska Poręba (Schreiberhau) einfanden. Der von ihm konstatierte Weltgegensatz zwischen Imperialismus und Sozialismus, zwischen antidemokratischen Regierungssystemen und den Ländern der neuen Demokratie war zugleich eine Aufforderung an Ungarn und Rumänien, dem Beispiel des damaligen Musterschülers Jugoslawien nachzueifern und die bisher noch praktizierte Duldung bourgeoiser Elemente zu beenden. Die «Volksdemokratien» Ostmittel- und Südosteuropas stellten sich beschleunigt um auf das sowjetische Modell einer Einparteienherrschaft stalinistischen Typs mit Zentralverwaltungswirtschaft, Überführung der Produktionsmittel in Gemeineigentum und Zwangskollektivierungen in der Landwirtschaft.

Stalin forderte im sowjetischen Sicherheitsinteresse raschen Vollzug. Dabei ließen sich unschöne Begleiterscheinungen – Schauprozesse gegen unliebsame Politiker bis hin zum sog. Prager Fenstersturz Jan Masaryks vom 10. März 1948 – nicht mehr vermeiden. Der Richtungsstreit wurde bis in die Reihen der Kommunisten hineingetragen, deren nationalbolschewistisch gesinnte Flügel stärkere Eigenrechte forderten und weiterhin einen eigenen Weg zum Sozialismus reklamierten. Die Richtungskämpfe wurden überlagert durch Animositäten zwischen den ehemaligen einheimischen Untergrundkämpfern und den aus Moskau entsandten Parteikadern, die auf einen streng stalinistischen Kurs eingeschworen waren. Im innerparteilichen Machtkampf in Ungarn stand die Rákosi-Gruppe gegen so unterschiedliche Persönlichkeiten wie László Rajk, der das Amt des Innen- bzw. Außenministers bekleidete, bis er am 30.5.1949 verhaftet und wegen trotzkistischer und titoistischer Verfehlungen hingerichtet wurde, oder das ZK-Mitglied János Kádár und der Außenminister von 1949–1951 Gyula Kállai, die 1951 zu mehrjährigen Freiheitsstrafen verurteilt wurden. In der rumänischen Kommunistischen Partei gewann noch zu Lebzeiten Stalins die entgegengesetzte Richtung die Oberhand. Die zunächst tonangebenden Moskowiter Ana Pauker und Vasile Luca mußten den einheimischen Stalinisten um Gheorghe Gheorghiu-Dej weichen und wurden 1952 aus der Partei hinausgedrängt. Im sog. Kominform-Konflikt des Jahres 1948 provozierte Stalin den wohl folgenschwersten Richtungsstreit in einer Phase, in der die sozialistische Staatengruppe sich soeben erst durch das verschachtelte System bilateraler Bündnisverträge ein gemeinsames Dach gezimmert hatte. Die Mehrzahl der innerbalkanischen Vereinbarungen fielen in die Monate unmittelbar nach der Ždanov-Rede auf dem Gründungskongreß des Kominform. Am 27.11.1947 hatten Jugoslawien und Bulgarien abgeschlossen, am 8.12.1947 Jugoslawien und Ungarn, am 16.12.1947 Bulgarien und Albanien und am 19.12.1947 Jugoslawien und Rumänien, in der ersten Jahreshälfte 1948 folgten die Verträge zwischen Bulgarien und Rumänien (16.1.), Bulgarien und Ungarn (16.7.). Außerdem waren die entsprechenden zweiseitigen Verbindungen zu Polen und zur Tschechoslowakei hergestellt worden. Die jeweiligen Freundschaftsverträge mit der Sowjetunion (Rumänien 4.2.1948, Ungarn 18.2.1948, Bulgarien 18.3.1948) banden die Balkanstaaten in eine auf 20 Jahre terminierte Interessengemeinschaft gegen eine mögliche Aggression Deutschlands oder seiner Verbündeten ein. Jugoslawien hatte schon am 11.4.1945 den Moskauer Vertrag vom 5.4.1941 erneuert. Daß ausgerechnet der langjährige Weggefährte Stalins Unwillen erregte, lag an den politischen Aktivitäten, die Tito im Zusammenhang mit den Plänen zu einer kommunistischen Balkan-Föderation zu entfalten begann. Über die wahren Hintergründe des öffentlich ausgetragenen Dissenses, der schließlich den Bruch Jugoslawiens mit der Sowjetunion heraufbeschwor, lassen sich nur Vermutungen anstellen, die Folgen des Bruderzwistes sind handgreiflicher zu fassen.

Der Föderationsgedanke an sich hatte unter den sozialistischen Denkern in Südosteuropa eine lange Tradition. Er bot sich zur Sicherung der labilen Unabhängigkeit der Kleinstaaten ebenso an wie zur Entschärfung der Nationalitätenfragen, die in einer Atmosphäre aufgeputschter chauvinistischer Leidenschaften die zwischenstaatlichen Beziehungen erheblich belasteten. Die jugoslawische Parteiführung hatte sich nach qualvollen internen Auseinandersetzungen und Fraktionskämpfen 1934 zu einem Kurswechsel in der nationalen Frage entschieden. Unter dem Druck der Komintern-Beschlüsse revidierte sie auf der 4. Landeskonferenz in Ljubljana ihre Einstellung zum Selbstbestimmungsrecht der jugoslawischen Völker und gab den Weg zu eigenständigen Parteiorganisationen in Slowenien und Kroatien frei. Die föderative Parteistruktur hat sich während der deutschen Besetzung zur Mobilisierung der Abwehrkräfte in einem gemeinsamen antifaschistischen Volksbefreiungskampf sehr bewährt. Sie bot in der verfahrenen Mazedonienfrage einen möglichen Ausweg an. Gemeinsam mit Georgi Dimitrov, dem er seit seiner Moskauer Zeit im Balkansekretariat der Komintern freundschaftlich verbunden war, schmiedete Tito an einer Lösung, die allen Beteiligten, den Bulgaren, den Jugoslawen und den Bewohnern Mazedoniens selbst, den Vorteil bot, das Gesicht zu wahren und gleichzeitig das politische Gewicht der Balkanstaaten zu stärken geeignet war. Am 1. August 1947 hatten sich Tito und Dimitrov in Bled auf eine intensive politische, wirtschaftliche und kulturelle Zusammenarbeit geeinigt. Die den Bulgaren unannehmbaren früheren Pläne einer jugoslawischen Föderation, der Bulgarien als weiteres Mitgliedsland beitreten sollte waren endgültig aufgegeben worden. Am 27. November 1947 haben Tito und Dimitrov als erste den Reigen der bilateralen Freundschaftsverträge eröffnet. Wenig später, im Januar 1948 überraschte Dimitrov mit der Ankündigung, daß Sondierungen für erweiterte Föderationspläne unter Einschluß der ostmitteleuropäischen Länder und Griechenlands denkbar seien. Dies veranlaßte Stalin zu einem energischen Einspruch. Auf einer eilig einberufenen Krisensitzung der Parteigremien in Moskau beugten sich die bulgarischen Vertreter dem Druck Moskaus, während Tito sich einer eindeutigen Festlegung entzog. Er beharrte auf der Eigenständigkeit Jugoslawiens. Die in der Vergangenheit sich häufenden Einmischungsversuche der Moskauer Zentrale hatten offensichtlich das Selbstwertgefühl des erfolgreichen Revolutionärs auf eine harte Probe gestellt. Stalin reagierte unerwartet heftig, um den renitenten Tito zu isolieren und in die Knie zu zwingen. Er rief am 18. März 1948 die russischen Militärberater aus Jugoslawien zurück, am folgenden Tag wurden die zivilen Fachleute abgezogen. Am 27. März 1948 listete ein von Stalin und Molotov abgezeichneter Brief des Zentralkomitees der KPdSU sämtliche Verfehlungen der jugoslawischen Genossen auf. Als die erwartete Palastrevolution ausblieb und der Sicherheitschef A. Ranković moskaufreundliche Oppositionsgruppen in Partei, Verwaltung und Armee zerschlagen konnte, ließ Stalin es zum offenen Bruch kommen: auf der nach Bukarest einberufenen Konferenz der Kominform-Staaten wurde Jugoslawien am 28. Juni 1948 ausgeschlossen, über die verantwortliche Parteiführung das Femeurteil gesprochen mit der unverhohlenen Aufforderung an die Jugoslawen, sie zur Umkehr zu bewegen oder abzusetzen. Tito antwortete mit einer großangelegten Verhaftungswelle und schwor die jugoslawischen Parteigremien auf seine Linie ein. Der Bruch ist erst nach dem Tode Stalins durch den Versöhnungsbesuch einer hochrangig besetzten sowjetischen Partei- und Regierungsdelegation unter N. Chruščev und N.A. Bulganin in der Belgrader Deklaration vom 2. Juni 1956 gekittet worden. Der Preis war hoch. Die jugoslawische Führung ließ sich nachträglich den eigenständigen Weg zum Sozialismus absegnen und die Gleichberechtigung bestätigen.

Der Sieg des Stalinismus in Südosteuropa

Stalins eklatanter Mißerfolg in Jugoslawien zog alle Bruderparteien in Mitleidenschaft. Die Loyalitätsanforderungen wurden höher geschraubt. Der Druck, bislang tolerierte Systemabweichungen zu korrigieren und in allen Einzelheiten dem sowjetischen Vorbild nachzueifern, verstärkte sich. Das kleine Albanien, das im Schlepptau des großen Bruders Jugoslawien sich wirtschaftlich über Wasser gehalten hatte, sah sich zu einer folgenschweren Überprüfung seiner nachbarschaftlichen Beziehungen veranlaßt. Schon am 1. 7. 1948 wurden sämtliche Verträge mit Jugoslawien aufgekündigt. Durch rigorose Säuberungen des Partei- und Regierungsapparates von projugoslawischen Repräsentanten der Führungselite entledigte sich Enver Hoxha gleichzeitig lästiger Konkurrenten. Der einflußreiche Innenminister Koçi Xoxe wurde mit seinem Anhang aus der Partei ausgeschlossen und am 10. 6. 1949 hingerichtet.

Köpfe rollten auch in den anderen Volksdemokratien. In inszenierten Schauprozessen gegen ranghohe Parteimitglieder boten projugoslawische Einstellungen und nationalistische Verfehlungen beliebte Angriffspunkte der Anklage, der Spionagevorwurf fehlte ebenfalls nicht. In Ungarn traf es L. Rajk, in Bulgarien Trajčo Kostov, er wurde am 17. 12. 1949 hingerichtet (und 1956 ebenso rehabilitiert wie Rajk). Prominente Opfer in den anderen Volksdemokratien waren Rudolf Slánsky in der Tschechoslowakei, Władysław Gomulka in Polen und mit zeitlicher Verzögerung Ana Pauker bzw. Vasile Luca in Rumänien.

Im stalinistischen Verständnis waren die Volksdemokratien nur noch lokale Varianten der Diktatur des Proletariats. Der daraus resultierende Monopolanspruch der Kommunistischen Partei hat die politische Landschaft in den moskautreuen Staaten Südosteuropas völlig verwandelt. Die Kommunisten drängten an die Schalthebel der Macht, der begrenzte Parteienpluralismus der ersten Nachkriegsjahre wurde durch den Führungsanspruch einer kommunistischen Machtelite beendet, die sich nach sowjetischem Vorbild als Avantgarde der werktätigen Massen verstand. In den neuen, zweiten Verfassungstexten in Ungarn (18. 8. 1949), Albanien (4. 7. 1950) und Rumänien (24. 9. 1952) wurde die Ausgrenzung der bürgerlichen und feudalen Relikte und die führende Rolle der Kommunisten festgeschrieben. Die Nachzügler Ungarn und Rumänien glichen damit ihre Verfassungen dem sowjetischen Vorbild an und folgten dem Vorgehen der anderen Balkanstaaten, die schon in ihren ersten «volksdemokratischen» Verfassungen diesen Weg eingeschlagen hatten (Jugoslawien 31. 1. 1946, Albanien 14. 3. 1946, Bulgarien 4. 12. 1947). Bulgarien behielt formal sein Zwei-Parteien-System auch in der Hochphase des Stalinismus bei, doch seit der Hinrichtung Petkovs führt der Bulgarische Nationale Bauernbund nur noch ein Schattendasein ohne eigenes Profil. Die übrigen Staaten zogen eine Einheitslösung vor, kaschierten aber die kommunistische Alleinherrschaft durch Listenverbindungen in einem geschlossenen Parteienblock: die sog. «Front der Volksdemokratie» in Rumänien (seit 27. 2. 1948), die «Ungarische Unabhängigkeits-Volksfront» vom 1. 2. 1949. In Albanien und Jugoslawien hatten sich die Volksbefreiungsbewegungen von Anfang an als Ausdruck des Volkswillens verstanden und nach der Beendigung der Kampfhandlungen die Zulassung konkurrierender Parteien unterbunden.

Das Bemühen der Parteiführungen um eine möglichst naturgetreue Nachbildung sowjetischer Modelle führte zu einer Reihe institutioneller Angleichungen und zu abgestimmten Verhaltensweisen. Sie treten besonders augenfällig in Erscheinung in der Neuordnung des Wirtschaftssystems und in der Kulturpolitik. Die einheitliche Wirtschaftsplanung zur Forcierung der

Industrialisierungsanstrengungen, die Verdrängung des privaten Sektors aus dem Wirtschaftsgeschehen und die Kollektivierung der Landwirtschaft waren wesentliche Zielvorgaben im Zeichen der Fünf-Jahres-Pläne. Sie setzten in Bulgarien 1949 ein, Ungarn folgte 1950, Rumänien und Albanien 1951. Jugoslawien hatte wie auch auf anderen Gebieten schon vor dem Bruch mit Stalin die Vorreiterrolle übernommen und 1947 mit dem Einstieg in die zentrale Planung begonnen. Ein aufgeblähter bürokratischer Apparat in den zentralen Planungsbehörden arbeitete die Wirtschaftspläne aus und überwachte ihre Durchführung. In den Schwerpunkten und Produktionsziffern waren sie auf die Bedürfnisse der Sowjetwirtschaft zugeschnitten. Koordinierungsaufgaben bei der Abstimmung der nationalen Wirtschaftspläne sollte der «Rat für gegenseitige Wirtschaftshilfe» (COMECON) übernehmen, den Vertreter der Sowjetunion, Bulgariens, Ungarns, Polens, Rumäniens und der Tschechoslowakei am 25. 1. 1949 als Antwort auf den Marshall-Plan in Moskau gegründet hatten. Albanien schloß sich am 23. 2. 1949 an. Jugoslawien wurde wegen der bestehenden Differenzen der Beitritt verwehrt. Die Arbeit des gemeinschaftlichen Beratungsgremiums in Wirtschaftsfragen beschränkte sich zunächst auf Empfehlungen an die Mitgliedsstaaten für den bilateralen Handel. Erst seit 1954 widmete sie sich verstärkt der Koordinierung der nationalen Volkswirtschaftspläne.

Die Verstaatlichungsmaßnahmen der unmittelbaren Nachkriegsjahre haben der Wirtschaft in den Balkanländern die Umstellung auf einen rigorosen staatlichen Dirigismus erleichtert. Zu Anfang der 50er Jahre war beispielsweise in Bulgarien die Industrie des Landes schon vollständig in der Hand des Staates, der Handel zu 98% sozialisiert. In Albanien und Jugoslawien waren noch früher – bis 1948 – gleiche Voraussetzungen geschaffen worden. In Ungarn und Rumänien erreichte die Verstaatlichung der Industrie 1952 jeweils 97%, die entsprechenden Zahlen für den Handel waren 82% in Ungarn und 76% in Rumänien.

Mit den Kollektivierungserfolgen in der Landwirtschaft blieben die Balkanstaaten dagegen weit hinter dem sowjetischen Vorbild zurück. Nur der treue Verbündete Bulgarien konnte mit beeindruckenden Zuwachsraten in der Anfangsphase der Werbekampagnen aufwarten, die mit Musterbetrieben (Kolchosen) und Maschinen-Traktoren-Stationen den Bauern die Vorteile kollektiven Wirtschaftens nahebringen sollten. Der sozialistische Sektor der Landwirtschaft (Kollektive und Staatsgüter zusammen) hatte Ende 1953 einen Anteil von 63% an der Ackerfläche des Landes, durch massiven staatlichen Druck ist er bis Ende 1957 auf 90% hochgetrieben worden. In Albanien ist die eigentliche Kollektivierungsphase erst 1957 angelaufen. Die landschaftlichen Gegebenheiten haben eine extensive Verwendung genossenschaftlicher Produktionsweisen wenig begünstigt. Heute ist auch hier die Landwirtschaft zu 90% kollektiviert. In Rumänien hatte über den Tod Stalins hinaus der privatbäuerliche Betrieb seine beherrschende Position behauptet.

Der sozialistische Sektor – landwirtschaftliche Produktionsgenossenschaften, Kolchosen und Sovchosen etc. – stagnierte 1953 bei ca. 25%, erst seit 1955 ist der privatbäuerliche Anteil schrittweise auf unter 10% heruntergedrückt worden. Ungarns Kollektivierungsbemühungen sind durch ein Auf und Ab gekennzeichnet. Auf der Basis der Freiwilligkeit waren die zahlreichen Kleinstbauern, die durch die Bodenreform in den Besitz eines eigenen Landstückes gekommen waren, nicht zum Verzicht auf die private Produktion zu bewegen. 1953, bei einem Kollektivierungsgrad von 39%, setzte eine rückläufige Tendenz ein, während der turbulenten Ereignisse des Jahres 1956 kehrte die Mehrzahl der Bauern den Kollektiven wieder den Rücken. Sie sind erst in den folgenden Jahren wieder zurückgeholt worden. In Jugoslawien ist erst nach der Kominform-Krise im Frühjahr 1949 die Entscheidung für Zwangskollektivierungen gefallen, 1952 wurde das Experiment zunächst abgebrochen, die meisten Kollektive lösten sich wieder auf. Im zweiten Anlauf ist es mit neuen Formen sozialistischer Kooperative versucht worden.

Die Kollektivierungen in der Landwirtschaft waren nur die Folgen einer veränderten Wirtschaftsgesinnung. Die Hauptsorge der Planer konzentrierte sich auf die Prestigeobjekte eines stalinistischen Industrialisierungsrausches. Die notwendigen Modernisierungen und Veränderungen der südosteuropäischen Agrargesellschaften wurde mit Brachialgewalt herbeigezwungen, Hüttenkombinate, Raffinerien, Stahlwerke aus dem Boden gestampft. Den Preis für die gigantischen Anstrengungen bei knappen finanziellen Ressourcen hatten die Arbeiter und privaten Haushalte zu tragen, mit niedrigen Löhnen, schlechten Arbeitsbedingungen, Versorgungsengpässen, die zu Rationierungen der Lebensmittel zwangen, und Geldentwertungen.

Die Erfolgsbilanz der forcierten Industrialisierung läßt sich an den enormen Zuwachsraten der Industrieproduktion, die sich bei niedrigen Basiszahlen besonders hoch ausnehmen, ablesen. Nimmt man die Verstädterung als Indikator gesellschaftlichen Wandels, dann wird der qualitative Sprung in den Zehnjahresschritten von 1950–1961–1971 (in Bulgarien von 27,5% über 38,8% auf 54,7%, in Rumänien von 24,7% über 32,5% auf 41,1%, in Jugoslawien von 25,9% über 29,8% auf 35,3%) deutlich erkennbar. Altehrwürdige Städte wandelten durch den sprunghaften Anstieg der Bevölkerung, die sich in den neugeschaffenen Industriestandorten im Einzugsbereich zusammendrängte, völlig ihr Gesicht. Um Industrieansiedlungen auf der grünen Wiese entstanden neuartige städtische Zentren mittlerer Größenordnung (u. a. Dunapentele, das ehemalige Sztálinváros, in Ungarn oder Dimitrovgrad in Bulgarien).

Die Kehrseite der von oben verordneten Angleichung an das sowjetische Vorbild war eine Verödung des kulturellen Lebens. Die noch von A.A. Ždanov, dem sowjetischen Kulturpapst, kurz vor seinem Tode 1948 entfachte Kampagne gegen Kosmopolitismus, gegen bürgerliche Dekadenz und gegen die reaktionäre westeuropäische imperialistische Kultur, traf die abhängigen sozialistischen Länder mit voller Wucht. Die traditionellen Westverbindungen, aus denen die Künstler und Literaten der Balkanländer bisher ihre Anregungen geschöpft hatten, wurden gewaltsam unterbrochen. Der «Sozialistische Realismus» des Spätstalinismus erzwang einen sterilen Konformismus und eine strenge ideologische Ausrichtung auf die Moskauer Zentrale. Die historisch gewachsenen unterschiedlichen Bildungseinrichtungen wurden auf die sowjetischen Standards umgestellt. Die Abschaffung des kirchlichen Schulwesens war in allen Balkanländern Teil eines ideologischen Kirchenkampfes, der gleichzeitig einer unbequemen und einflußreichen gesellschaftlichen Institution galt.

Am rigorosesten unter den südosteuropäischen Staaten hat Albanien mit seiner religiös-kirchlichen Vergangenheit gebrochen. Seit 1967 rühmt es sich offiziell, der erste atheistische Staat der Welt zu sein. In allen Verfassungen ist die marxistische Grundforderung nach einer völligen Trennung von Kirche und Staat festgeschrieben worden. Administrative Schikanen, willkürliche Eingriffe unterer Instanzen und Verhaftungen von Priestern und Ordensleuten behinderten schon früh eine Entfaltung der kirchlichen Arbeit. Besonderen Argwohn erregten die Westverbindungen einzelner Glaubensgemeinschaften. Die 1948 in Rumänien verfügte Zwangsvereinigung der griechisch-unierten Kirche Siebenbürgens mit der rumänischen orthodoxen Kirche war die logische Konsequenz einer auf Abgrenzung festgelegten Regierungspolitik. Zur Disziplinierung der über 1,5 Mill. Gläubigen und ihrer Priester und Hierarchen mußten scharfe Repressivmaßnahmen eingesetzt werden. Bischof Iuliu Hossu von Cluj/Klausenburg, den Papst Paul VI. am 28.4.1969 «in pectore» zum Kardinal ernannte, starb nach langjähriger Kerkerhaft 1970 im orthodoxen Kloster Căldăruşani, das ihm schließlich als Zwangsaufenthalt zugewiesen worden war. Der Primas von Ungarn, der Erzbischof von Gran und Kardinal József Mindszenty, die Symbolfigur des hartnäckigen Widerstandes der ungarischen Katholiken gegen die Kirchenpolitik der Kommunisten, wurde am 26.12.1948 verhaftet und am 8.2.1949 zu lebenslanger Kerkerhaft verurteilt. In Bulgarien mußte der Exarch der orthodoxen Kirche, der Metropolit Stefan von Sofia, im Oktober 1948 resignieren und sich in ein Kloster zurückziehen. Die neue Kirchenführung arrangierte sich mit dem kommunistischen System und kehrte nach 540jähriger Unterbrechung am 1.5.1953 zur alten Patriarchatsverfassung zurück (die allerdings erst 1961 vom Konstantinopolitaner Patriarchat anerkannt wurde). Die anderen Religionsgemeinschaften in Bulgarien überstanden die stalinistische Unterdrückungszeit weniger glimpflich. Im Februar 1949 mußten sich 15 prominente Repräsentanten protestantischer Kirchengemeinschaften (u.a. der Methodisten, Baptisten, Evangeliumschristen, Pfingstgemeinde) wegen Hochverrates und Devisenvergehen vor Gericht verantworten, sie wurden zu langjährigen Freiheitsstrafen verurteilt. Gegen den Oberhirten der zahlenmäßig kleinen katholischen Kirche, den Bischof von Nikopolis E. Bosilkov, wurde sogar das Todesurteil verhängt, er starb wenig später im Gefängnis. Sehr viel früher schon war der Kirchenkampf in Jugoslawien zum offenen Konflikt eskaliert. Im harten Vorgehen Titos gegen die kroatische katholische Kirche sind auch alte Rechnungen aus der Kriegszeit beglichen worden. Dem Zagreber Erzbischof Alojzije Stepinac sind in einem aufsehenerregenden Prozeßverfahren Kriegsverbrechen, Zwangsbekehrungen von Serben und Mordtaten während des Ustaša-Regimes und Untergrundtätigkeit zur Last gelegt worden. Er wurde am 11. 10. 1946 zu einer 16jährigen Gefängnisstrafe verurteilt, nach fünf Jahren in seinem Heimatort unter Hausarrest gestellt. Die jugoslawische Justiz hat damit einem der unerbittlichsten Gegner des Regimes, der wiederholt Übergriffe der Behörden und Schikanen gegen die Gläubigen öffentlich angeprangert hatte, die weiteren Wirkungsmöglichkeiten entzogen. Der Hirtenbrief der katholischen Bischöfe vom 20. 9. 1945, in dem eine radikale Absage an die rechtswidrigen Praktiken des kommunistischen Staates formuliert worden war, hatte den Stein ins Rollen gebracht. Die Dauerfehde mit der katholischen Kirche und dem Vatikan, der den inhaftierten Zagreber Erzbischof am 3. 12. 1952 den Kardinalspurpur verlieh, zog sich über mehrere Jahre hin.

Zwischen Einheit und Vielfalt

Stalins Bruch mit Tito hatte weiterreichende Konsequenzen für die sozialistische Weltbewegung als im Sommer 1948 abzusehen war. Der erzwungene Schulterschluß der Moskauer Verbündeten stärkte zwar die Blocksolidarität, und die stalinistischen Herrschaftsmethoden beseitigten die letzten Reste oppositionellen Denkens, doch die politische und ideologische Gegenoffensive der Jugoslawen brachte zusehends den Monopolanspruch der KPdSU ins Wanken. Schon um des nackten Überlebens willen sah sich Tito zu einem Kurswechsel genötigt. Mitte 1948 wickelte Jugoslawien 90% seiner Importe und 56% seiner Exporte mit seinen sozialistischen Partnerländern ab. Sie kündigten nunmehr in kürzester Frist sämtliche Wirtschaftsvereinbarungen, um Tito durch einen vollständigen Wirtschaftsboykott zum Nachgeben zu zwingen. Tito antwortete mit einer vorsichtigen Öffnung gegenüber dem Westen, dessen Kredite die angeschlagene jugoslawische Wirtschaft über Wasser hielten, bis über Lieferkontrakte neue Abnehmer für jugoslawische Waren gefunden waren. Und Tito zahlte den politischen Preis: am 10. 7. 1949 schloß er die Grenze zum benachbarten Griechenland und entzog damit den aufständischen Kommunisten in Griechenland die rückwärtigen Verbindungen. Ihr Abzug auf albanisches Territorium beendete nur wenige Monate später den griechischen Bürgerkrieg.

Die ideologische Gegenoffensive der Jugoslawen beließ es nicht bei einem verbalen Schlagabtausch, der verwerfliche stalinistische Praktiken anprangerte. Die Stalinismus-Kritik leitete über zu einer radikalen Veränderung der gesellschaftlichen Praxis, in der ein Gegenmodell zur Sowjetgesellschaft entwickelt wurde, das auf Dezentralisierung und die Arbeiterselbstverwaltung in der Produktion setzte. Die gesetzlichen Grundlagen für diesen sog. Selbstverwaltungssozialismus sind seit 1950, beginnend mit dem Gesetz vom 26. 6. 1950 über die Arbeiterkollektive geschaffen worden. Die neuen Prinzipien des gesellschaftlichen Aufbaus von unten her über die Selbstverwaltungseinrichtungen der unmittelbaren Produzenten sind in der neuen Verfassung vom 13. 1. 1953 verankert worden. Mit einer Liberalisierung des innenpolitischen Systems hatten diese Maßnahmen zunächst wenig gemein. Auf das innerstaatliche Machtmonopol wollte der «Bund der Kommunisten Jugoslawiens» (die Umbenennung der Partei erfolgte auf dem 6. Parteikongreß in Zagreb, 2.–7. 11. 1952) keineswegs verzichten. Milovan Djilas, der alte Kampfgefährte Titos, der weitergehende Forderungen erhoben hatte, mußte Anfang 1954 ZK und Partei verlassen. Staat und Parteiapparat mochten auf dirigistische Eingriffe in das Wirtschaftsgeschehen noch nicht verzichten.

Trotz westlicher Warenlieferungen und amerikanischer Militärhilfe blieb Jugoslawien nach 1948 der sozialistischen Staatengemeinschaft verbunden. Zwischen den beiden verfeindeten Militärblöcken suchte es einen neutralen Kurs zu steuern, der es nach Stalins Tod vorübergehend an der Seite Indiens und Ägyptens an die Spitze einer blockfreien Bewegung um Männer wie Nehru, Nasser, Haile Selassie, Sukarno u. a. führte. Auf der Reise durch Indien, Indonesien, Birma, Äthiopien und Ägypten an der Jahreswende 1954/55 warb Tito für ein Aufbrechen der starren Fronten, für ein friedliches Zusammenleben aller Menschen und für eine wirtschaftliche Unterstützung der Entwicklungsländer. Im Juli 1956 traf er sich mit Nehru und Nasser auf der Adriainsel Brioni zu einer Abstimmung der gemeinsamen Politik, fünf Jahre später war Belgrad Gastgeber einer ersten Gipfelkonferenz der blockfreien Staaten (1.–6. 9. 1961), zu der über 20 Länder Vertreter entsandten. In der Balkanpolitik griff Tito alte Pläne eines engeren Zusammenschlusses der südosteuropäischen Nachbarn wieder auf und verabredete in mehreren Anläufen und bilateralen Verhandlungsrunden mit Griechenland und der Türkei die Wiederaufnahme normaler Beziehungen und gemeinsame Verteidigungsanstrengungen gegen eine drohende Aggression. Die drei ungleichen Gesprächspartner einigten sich auf die Unterzeichnung eines Freundschaftsvertrages (am 28. 2. 1953 in Ankara), der jährliche Außenministertreffen und eine Zusammenarbeit der Generalstäbe vorsah. Er wurde am 9. 8. 1954 ergänzt durch eine Militärallianz, die auf 20 Jahre terminiert war und bis zur Aufkündigung stillschweigend verlängert werden sollte.

Inzwischen hatte der Tod Stalins (5. 3. 1953) Bewegung in die starren Fronten gebracht. Die neue sowjetische Führung unter Malenkov und Chruščev sah sich im Zeichen eines «Neuen Kurses» veranlaßt, von stalinistischen Exzessen abzurücken und auch das Verhältnis zu den sozialistischen Brudervölkern zu überprüfen. Der Druck aus Moskau lockerte sich, Liberalisierungstendenzen in der Innenpolitik der sozialistischen Länder kündigten sich an, weckten Hoffnungen und Erwartungen in der Bevölkerung der einzelnen Länder, die von den Regierenden nicht einzulösen waren. Die Enthüllungen Chruščevs über die Verbrechen Stalins, mit denen er die Delegierten des 20. Parteikongresses der KPdSU am 14.–25. 2. 1956 in Moskau überraschte und schockierte, lösten noch im gleichen Jahr dramatische Erschütterungen im Herrschaftsgefüge der Ostblockstaaten aus. In Polen mußte Chruščev mit der Wahl W. Gomulkas zum Parteisekretär am 19. 10. 1956 einen nationalkommunistischen Regimewechsel hinnehmen und auf polnisches Drängen die Symbolgestalt sowjetischer Präsenz, den seit Oktober 1949 als Verteidigungsminister amtierenden Marschall K.K. Rokossovskij zurückbeordern. In Ungarn glitten der Partei die Zügel vollends aus der Hand, als der allgewaltige Stalinist Rákosi auf sowjetischen Druck hin am 18. Juli 1956 abgetreten war. Ende Oktober befand sich nach Studentenunruhen das Land im offenen Aufruhr, der nur durch den Einsatz sowjetischer Panzer niedergewalzt werden konnte (10./11. 11. 1956). Seither leitete János Kádár als Vertrauensmann Moskaus jenen vorsichtigen und erfolgreichen Reformkurs ein, der Ungarn einen evolutionären Entwicklungsweg mit beachtlichen innovatorischen Impulsen in Gesellschaft und Wirtschaft eröffnen sollte.

Möglichkeiten und Grenzen der Entstalinisierung in den zwischenstaatlichen Beziehungen der sozialistischen Ländern spiegeln sich in den Höhen und Tiefen des sowjetisch-jugoslawischen Verhältnisses wider. Im Bußgang von Belgrad (27. 5.–2. 6. 1955) hatte die sowjetische Führung den Sünden der Vergangenheit abgeschworen und in der gemeinsamen Deklaration vom 2. Juni die Achtung der beiderseitigen Souveränität, der Unabhängigkeit und territorialen Integrität, der Gleichberechtigung und der Nichteinmischung in die inneren Angelegenheiten bekräftigt. Titos eigener Weg, das jugoslawische Modell des Sozialismus, war durch die höchsten Weihen abgesegnet worden. Nach den Oktoberereignissen in Polen und Ungarn 1956 galten diese Spielregeln nicht mehr. Um ein Ausufern nationalkommunistischer Parolen einzugrenzen, die den Führungsanspruch Moskaus in Frage zu stellen drohten, wurde in einer heftigen Pressekampagne das Feindbild des abtrünnigen Jugoslawien erneuert. Im gleichen zeitlichen Zusammenhang sind zusätzliche institutionelle Formen des engeren Zusammenschlusses in der sozialistischen Staatengemeinschaft erprobt worden. Am 14. Mai 1955 hatten sich die in Warschau versammelten Vertreter der UdSSR, Albaniens, Bulgariens, der Deutschen Demokratischen Republik, Polens, Rumäniens, der Tschechoslowakei und Ungarns zu einem Freundschafts- und Beistandspakt auf zwanzig Jahre (sog. Warschauer Pakt) entschlossen. Auf der 7. Tagung des Rates für gegenseitige Wirtschaftshilfe in Ostberlin vom 18.–25. 5. 1956 wurden die Absichten der Sowjetunion überdeutlich, die politisch-ideologische Loyalität der Mitgliedsländer über eine weitere Wirtschaftsintegration an die Moskauer Führungsmacht zu binden. Die einzelstaatlichen Wirtschaftspläne sind in ihren Produktionszielen und Schwerpunkten dem laufenden sowjetischen Fünf-Jahres-Plan angeglichen worden. Zur Schadensbegrenzung nach den polnischen und ungarischen Unruhen war Chruščev eifrig bemüht, in bilateralen Vereinbarungen die Beziehungen zu den Verbündeten neu zu ordnen und durch Zugeständnisse einen Wildwuchs nationalkommunistischer und «titoistischer» Forderungen zu verhindern. Vom 26. 11.–3. 12. 1956 weilte eine rumänische Parteidelegation unter Gheorgiu-Dej in Moskau und brachte neben wirtschaftlichen Zusagen die Anerkennung eines rumänischen Weges zum Sozialismus nach Hause mit. 1958 zog sich die Rote Armee vom rumänischen Territorium zurück. Kádár erreichte in mehrtägigen Verhandlungen (20.–28. 3. 1957) ein Wirtschaftshilfeabkommen, um mit sowjetischen Krediten, Waren- und Rohstofflieferungen einen Ausweg aus der desolaten Wirtschaftslage seines Landes zu finden, und einigte sich über einen zeitlich befristeten Truppenstationierungsvertrag. Kurz zuvor hatte eine bulgarische Regierungsdelegation (15.–21. 2. 1957) sich auf die Fortsetzung der freundschaftlichen gegenseitigen Beziehungen verständigt. Tito war nur zu einer beschränkten Zusammenarbeit bereit und geriet immer mehr ins Kreuzfeuer der sowjetischen Kritik. Die Feierlichkeiten zum 40. Jahrestag der Oktoberrevolution boten einen passenden Anlaß, vor einer kommunistischen Weltkonferenz Bilanz zu ziehen und einmütige Geschlossenheit zu demonstrieren. Die jugoslawische Vertretung (Kardelj, Ranković) zeigte in der entscheidenden Frage wenig Bereitschaft, von den früheren Vereinbarungen abzurücken und eine Vorrangstellung der Sowjetunion zu akzeptieren. Das neue Parteiprogramm des Bundes der Kommunisten Jugoslawiens, das vom 7. Parteikongreß in Ljubljana (22.–26. 5. 1958) als Manifest des jugoslawischen Weges gebilligt wurde, nahm die sowjetische Führung zum Anlaß, Tito und seine Anhänger mit dem Vorwurf des Revisionismus zu überziehen und in sich steigernden Angriffen den jugoslawischen Verrat am Sozialismus anzuprangern. Die moskauhörige kommunistische Weltbewegung einigte sich wie zu Stalins Zeiten auf Boykottmaßnahmen und blies in einer beispiellosen Pressekampagne zur Verfemung der Abtrünnigen.

Die Geschlossenheit der von Chruščev organisierten Abwehrfront hielt nicht lange vor. Gerade auf dem Balkan zeigten sich erste Risse. Albanien mißtraute der Standfestigkeit der sowjetischen Führung in der Jugoslawien-Frage und hielt nach einem verläßlicheren Partner Ausschau. Es nutzte die Chance des sich verschärfenden sowjetisch-chinesischen Konfliktes und schlug sich auf die Seite Chinas (bis 1978). Chruščevs Besuch in Tirana (25. 5.–3. 6. 1959) hat die Absetzbewegung Enver Hoxhas nicht mehr aufhalten können, auf dem 22. Parteikongreß der KPdSU (17.–31. 10. 1961) verkündete er den Bruch mit Albanien. Die sowjetischen Berater und Spezialisten im Lande wurden zurückgerufen. Albanien wandelte sich zum Kostgänger der Chinesen, die Rumänen wurden zu Nutznießern des Bruderzwistes. In der rumänischen Führung hatte sich wachsender Unmut wegen der unverhohlenen wirtschaftlichen Bevormundung durch die sowjetischen Planer angestaut. Ihre vergeblichen Vermittlungsversuche zwischen Moskau und Peking im März 1964 veranlaßten die rumänische Führung am 22. 4. 1964 mit einer eigenen Erklärung über die Grundsatzfragen der internationalen kommunistischen und Arbeiterbewegung hervorzutreten. Ihr Pochen auf nationale Unabhängigkeit und Gleichberechtigung unterschied sich kaum noch von den Prinzipien des Titoismus. So war es keine Überraschung, daß die Rumänen vier Jahre später gemeinsam mit den Jugoslawen, aber auch den Albanern und Chinesen zu denjenigen kommunistischen Staaten gehörten, die einen scharfen Protest gegen die sowjetische Intervention in der Tschechoslowakei einlegten. Unter den südosteuropäischen Staaten hatten die Bulgaren und Ungarn sich mit Truppenkontingenten an der Invasion beteiligt, die drei anderen sozialistischen Staaten verweigerten sich – der Kommunismus auf dem Balkan bot ein Bild der Zerrissenheit. Es fand seine Entsprechung auf der Gegenseite im Streit der NATO-Partner Griechenland und Türkei um Zypern und in der Suspendierung der griechischen Demokratie im Obristenputsch vom 21. 4. 1967. Der alte Balkan zeigte wieder sein Gesicht.

Die Wiederkehr «balkanischer Verhältnisse»?

Die Balkanstaaten sind auch in ihrer inneren Entwicklung seit den 60er Jahren immer mehr von ihrer Geschichte eingeholt worden. Wohl hatte sich in allen sozialistischen Ländern der Trend zu einem radikalen Umbau der überkommenen Agrargesellschaft in den 50er und 60er Jahren weiter verstärkt. Die Kollektivierung der Landwirtschaft war in allen Ländern – mit den Ausnahmen Polen (1960: 12,6%) und Jugoslawien (1960: 10,4%) – im zweiten Anlauf nach 1957 im Rahmen der von der unterschiedlichen Landschaftsstruktur vorgegebenen Möglichkeiten weitgehend abgeschlossen worden. Das Arbeitsplatzangebot im nichtindustriellen Sektor war weiterhin stark rückläufig. Im Jahre 1965 fand nur noch in Albanien, in Rumänien (56,7%) und in Jugoslawien (57,7%) über die Hälfte der arbeitenden Bevölkerung in der Landwirtschaft oder Forstwirtschaft eine Beschäftigung. Immer mehr Landbewohner zog es in die städtischen und industriellen Zentren. 1965 schwankte der Urbanisierungsgrad der Balkangesellschaften auf einer Bandbreite von 33% (Albanien) bis 49,7% (Rumänien). Der Ausbau des Bildungswesens öffnete breiteren Schichten der Bevölkerung Aufstiegschancen. Nach den hektischen Ausbrüchen der Chruščev-Ära versprach die lange Amtsperiode Leonid Brežnevs als Generalsekretär der KPdSU (1964–1982) eine geruhsamere Entwicklung. Es ist bezeichnend, daß die institutionelle Beharrlichkeit der neuen Brežnev-Ära in der Sowjetunion korrespondiert mit einer ungewöhnlichen personellen Kontinuität im obersten Parteiamt der sozialistischen Länder. Živkov in Bulgarien (seit 1954), Kádár in Ungarn (seit 1956), Ceauşescu in Rumänien (seit 1964) stehen neben den Veteranen Tito und Enver Hoxha als die Sachwalter eines Systems, das in einer sich wandelnden Umwelt Beharrung und Fortschritt im Gleichgewicht und unter Kontrolle zu halten versucht. Das Experimentieren mit ökonomischen Reformen tangierte die politische Führungsrolle noch wenig, nur in Jugoslawien verlegte der weitere Ausbau des Marktsozialismus in den Reformen seit 1965 die Entscheidungsbefugnisse für Produktion und Gewinnverteilung immer mehr in die «Basisorganisationen der assoziierten Arbeit» und setzte damit gesellschaftliche Mechanismen in Gang, die immer mehr der Kontrolle der Wirtschaftsplaner entglitten. Einen ähnlichen Sog löste in Ungarn der im November 1965 beschlossene «Neue Ökonomische Mechanismus» aus. Er zielte wohl nicht wie in Jugoslawien und im «Prager Frühling» auf eine neue, ungarische, Konzeption einer sozialistischen Gesellschaft ab, sondern nur auf eine Effektivitätssteigerung über eine konsequente Dezentralisierung der Planung, mehr Wettbewerb und Markt. Westlicher Technologietransfer war als Modernisierungshilfe eingeplant. Er erforderte eine Öffnung des ungarischen Marktes für den Handel mit Hartwährungsländern. Als Folge davon sank der Anteil des ungarischen Außenhandels mit sozialistischen Ländern seit der Mitte der 70er Jahre von ⅔ der Ein- und Ausfuhren auf knapp über die Hälfte ab (1984: 53,9%), die Importe aus kapitalistischen Ländern erreichten 1984 34,9%. Die boomartige Belebung der Wirtschaft half, lästige Erblasten der Vergangenheit abzutragen und zukunftsorientierte Investitionen zu tätigen. Ebenso unverkennbar aber mehrten sich die Zeichen für eine destabilisierende Wirkung. Die ungarische Exportwirtschaft setzte sich den nicht mehr steuerbaren Konjunktur-, Nachfrage- und Preisschwankungen des Weltmarktes aus und nahm einen existenzbedrohenden Zuwachs der Auslandsverschuldung in Kauf.

Immer unkontrollierbarer erwiesen sich die gesellschaftlichen Konsequenzen. Der freie Handel unterlief die ideologischen Kontrollen und Sperren. Die Unterzeichnung der Helsinki-Schlußakte (1. 8. 1975) weckte Hoffnungen im Lande und gab nonkonfirmistischen Kräften Auftrieb. Aus dem Widerspruch von Theorie und Praxis hatten längst kritische Denker unter den Marxisten den Auftrag abgeleitet, über alternative Gesellschaftsentwürfe nachzudenken. Eine Gruppe von Soziologen und Philosophen aus dem Schülerkreis von Georg Lukács, die eine gemeinsame Denkrichtung der sog. «Budapester Schule» vertrat, ist schon vorher mit der Partei in Konflikt geraten. 1973 wurden u. a. A. Hegedűs, J. Kis, M. Vajda, die wohl bedeutendste Soziologin Ungarns Agnes Heller sowie ihre Mitstreiter György und Maria Márkus und G. Bencze wegen ihrer Verfehlungen mit Parteiausschluß bestraft. In Jugoslawien hatte sich in der Gruppe um die Zagreber Philosophen-Zeitschrift «Praxis», der u. a. Sv. Stojanović, G. Petrović und M. Marković angehörten und die mit ihren regelmäßigen philosophischen Gesprächsrunden in der Sommerschule auf Korčula internationales Aufsehen erregte, ein ähnliches kritisches Potential versammelt. 1975 mußte die Zeitschrift ihr Erscheinen einstellen, eine Reihe der beteiligten Philosophieprofessoren mußten ihre Lehrstühle räumen.

Den Weg der südosteuropäischen Staaten in die 90er Jahre verdüstern der drohende Zusammenbruch des Wirtschaftsgefüges, das unter der drückenden Last der Auslandsschulden seine Manövrierfähigkeit zu verlieren droht, die ungelösten Nachfolgeregelungen bei der bevorstehenden Ablösung der «alten Männer» an der Parteispitze und die ererbten ungelösten Nationalitätenfragen, die zunehmend an Brisanz gewinnen. Ein Rückfall in den alten Antagonismus der Nationalitäten könnte sich für den jugoslawischen Bundesstaat zu einer existenzbedrohenden Krise ausweiten. Seit dem Tode Titos (4. 5. 1980) fehlt in Jugoslawien die Integrationsfigur, die über den auseinanderstrebenden Eigeninteressen der Teilrepubliken notfalls mit sanfter Gewalt und der Autorität des Staatsgründers den Einheitsgedanken zur Geltung brachte. Schon zu seinen Lebzeiten ließ sich der alte Gegensatz zwischen dem wirtschaftlich entwickelten Kroatien und der Belgrader Zentrale nur mühsam unter Kontrolle halten. In den Krisenmonaten des Jahres 1971, als eine Welle nationalistischer Ressentiments in Kroatien hochgespült wurde und eine politisierte Studentenschaft sich in Zagreb auf die Straßen begab, griff Tito unnachsichtig durch. Er ließ die Führungsgarnitur der kroatischen Parteiorganisation (u. a. die Parteichefin Savka Dabčević-Kučar) und den ZK-Sekretär M. Tripalo, auswechseln und umfassende Säuberungen im Partei- und Regierungsapparat vornehmen. Die in der Verfassung vom 21. 1. 1974 nach seinem Ausscheiden vorgesehene Regelung eines kollektiven Staatsoberhauptes, die jeder Republik und Provinz eine gleichberechtigte Teilhabe an der obersten Staatsführung garantieren soll und einen rotierenden Wechsel im Vorsitz vorsieht, hat die Bewährungsprobe in der Praxis noch nicht bestanden. In dem mehrheitlich von Albanern besiedelten Kosovo – sie stellen heute 1,2 Mill. von den 1,5 Mill. Einwohnern – wird die Forderung nach einer eigenen Republik immer lauter. Den Serben ist die Preisgabe einer Provinz, die im Mittelalter zur Kernzone des serbischen Staates zählte und mit dem berühmten Amselfeld (Kosovo Polje) bei Priština über eine der symbolträchtigsten Landschaften der serbischen Geschichte verfügt, nur schwer vermittelbar. Die Folgen für das Verhältnis zum verfeindeten albanischen Nachbarn wären kaum abzuschätzen. 1981 eskalierte der jahrelange Kleinkrieg erstmals zum offenen Aufruhr, den nur ein massiver Einsatz von Polizei und Militär wieder eindämmen konnte (1987 mußte erneut der Ausnahmezustand verhängt werden). Die Gerichtsverfahren gegen Rädelsführer weckten zwangsläufig neue Animositäten. Die sozialen Ungleichgewichte in der Provinz – wirtschaftliche Unterentwicklung, Überbevölkerung, Arbeitslosigkeit, verminderte Ausbildungschancen –, die von den Sprechern der Albaner der serbischen Zentrale in Belgrad angelastet werden, sind nur langsam auszuräumen.

Jugoslawien bleibt weiterhin auch durch das Mazedonien-Problem in seinen Beziehungen zu Bulgarien und zu Griechenland belastet. Nachdem sich in den 50er Jahren die von Tito und Dimitrov angestrebte föderative Lösung zerschlagen hatte, haben Publizisten und Historiker den Disput über die beiderseitigen Ansprüche über Jahre hinweg mit wechselnder Intensität weitergeführt, ein Ende ist nicht abzusehen. In der rumänischen Ideologiediskussion hat der Nationsbegriff inzwischen am ursprünglichen Marxschen Ansatz vorbei einen universellen Charakter gewonnen, der für eine räumliche Kontinuität über zwei Jahrtausende von den Geto-Dakern bis zum Conducător (Führer) Ceauşescu hinreichende Argumente bereithält und konkurrierenden ungarischen Ansprüchen in Siebenbürgen im vollen Wortsinn den Boden entzieht. Durch die Rückgliederung Nordsiebenbürgens im Pariser Friedensvertrag 1947 hatte Rumänien ein Minderheitenproblem des bürgerlichen Großrumäniens der Zwischenkriegszeit zurückgewonnen, das zunächst im Geiste der kommunistischen Brüderlichkeit in relativ großzügiger Weise geregelt wurde. Es ist anzunehmen, daß der Druck aus Moskau der ungarischen Minderheit (nach der Volkszählung vom 21. Februar 1956 1 587 675 Personen) einen Sonderstatus mit ungarischsprachigen Schulen, Theatern und Folklore-Gruppen, eigenen Zeitungen und Buchverlagen und einer speziellen politischen Vereinigung, dem «Ungarischen Volksbund», sicherte. In der Verwaltungsreform von 1952 wurde ihnen eine Autonome Region (Tîrgu Mureş) im Szekler-Gebiet zugestanden. Seit dem ungarischen Aufstand von 1956 sind die meisten Vergünstigungen zurückgenommen worden. Die Integration der ungarischen Minderheit bestimmte nunmehr die offizielle Politik und veranlaßte die Budapester Regierung zu entsprechenden Gegenreaktionen. Die ungarische Bolyai-Universität in Cluj/Klausenburg ist in diesem Zusammenhang mit der rumänischen Babeş-Universität zusammengelegt worden, der ungarische Schulunterricht wurde auf einzelne Klassen in rumänischen Schulen reduziert, die Autonome Region durch Umgliederung in ihrem ungarischen Charakter verändert, der Anteil der Ungarn sank von 77% auf 62%. Die neue Verwaltungseinteilung von 1968 beseitigte die Autonome Region ganz, gab aber den Ungarn in den neuen Provinzen Harghita mit 88,1% und Covasna mit 79,4% einen höheren Bevölkerungsanteil als in den alten Verwaltungsgebieten. Dennoch blieb das nachbarschaftliche Verhältnis zwischen Ungarn und Rumänien in der Siebenbürgenfrage gestört und anfällig für nationalistische Parolen.

Zu welchen Exzessen eine auf eine einheitliche Nation fixierte Minderheitenpolitik auch heute noch unter kommunistischem Vorzeichen fähig ist, hat die bulgarische Staats- und Parteiführung an der Jahreswende 1984/85 vorgeführt. Durch administrativen Druck und unter Einsatz von Gewaltmitteln ist ein erheblicher Teil der türkischen Minderheit, die ca. 10% der Landesbewohner mit knapp 1 Mill. Personen stellt, zum Namenwechsel gezwungen worden. Mit der von oben verordneten Zwangsbulgarisierung sollte ein Minderheitenproblem zumindest optisch bereinigt werden, das der Vision vom Ein-Nationen-Staat widerspricht. 1950 waren die Bemühungen gescheitert, im Einvernehmen mit Ankara durch Umsiedlungen das Problem zu lösen. In der Zypernfrage haben die Türkei und Griechenland ihren Dissens mit Waffengewalt ausgetragen. Die Leittragenden waren die ansässigen türkischen und griechischen Zyprioten, die nach der türkischen Invasion vom 20. 7. 1974 zwangsweise umgesiedelt wurden und heute mit einer geteilten Insel zu leben haben.

Mit dem Sieg des Kommunismus in der Nachkriegszeit brach in der Geschichte Südosteuropas eine neue Epoche an. Die aus der osmanischen und habsburgischen Herrschaft entlassene balkanische Staatenwelt wurde nach einer kurzen und wechselvollen Übergangsphase erneut in einen imperialen Rahmen hineingezwängt, dessen Grenzen sich weit nach Mitteleuropa vorgeschoben hatten. Es kam in diesem Zusammenhang zu einer Wirtschafts- und Sozialrevolution ungeheueren Ausmaßes, die mit der Zwangskollektivierung, dem forcierten Aufbau einer Schwerindustrie und der Abwendung vom ‹bürgerlichen› Westen jahrhundertealte Lebensgewohnheiten zerschnitt und die überstürzte Angleichung an eine moderne arbeitsteilige Industriegesellschaft erzwang.

Die balkanische Vielfalt ist allerdings über diesem massiven Eingriff nicht verlorengegangen. Sie hat ihre Geschichtsmächtigkeit auch unter den veränderten Bedingungen behauptet und die Maximen eines internationalistischen Marxismus mit nationalen Formen angereichert.

In der Gegenwart mehren sich in den Balkanstaaten die Anzeichen, die auf ein wachsendes Selbstbewußtsein und ein deutliches Streben nach größerer Eigenständigkeit schließen lassen, das sich in gleicher Weise gegen eine politische wie wirtschaftliche Bevormundung durch den sowjetischen Partner richtet. Die gegenwärtigen Regierungen suchen unter dem Sachzwang der unausweichlich auf sie zukommenden inneren Entwicklungsprobleme neue und jeweils eigene Wege, die in zunehmendem Maß gerade aus der Rückbesinnung auf die nationale Vergangenheit ihre Legitimierung erfahren. Auch der Kommunismus als eine die nationale Vielfalt der Balkanländer überformende Ideologie der Gegenwart vermag sich dieser ‹aufsummierten› Vergangenheit auf die Dauer nicht zu entziehen.

Die südosteuropäische Staatenwelt, die aus den Nationalitätenkämpfen des 19. und beginnenden 20. Jahrhunderts zu ihren jetzigen Grenzen gefunden hat, ist unter der Erblast der Vergangenheit immer noch nicht zur Ruhe gekommen. An der gigantischen Aufgabe, innerhalb nur einer Generation den Entwicklungssprung von einer Agrar- zu einer Industriegesellschaft herbeizwingen zu wollen, ist der Kommunismus gescheitert. Die Länder Südosteuropas sind unter kommunistischer Führung im Armenhaus Europas geblieben. Ob der Balkan unter den Enkeln Titos, Hoxhas, Kádárs, Živkovs und Ceauşescus wieder zum Pulverfaß Europas wird, ist eine bange Frage an die Zukunft. Daß sich 1988 erstmals seit Kriegsende Vertreter der sechs Balkanstaaten Jugoslawien, Albanien, Bulgarien, Griechenland, Rumänien und der Türkei auf Einladung der Belgrader Regierung zu einem Meinungsaustausch zusammenfanden, könnte ein hoffnungsvolles Zeichen dafür sein, daß jenseits aller Blockbildungen und ideologischen Gegensätze den Bewohnern Südosteuropas die gemeinsamen Aufgaben stärker bewußt werden und einvernehmliche Regelungen gesucht werden.

IX.

Das Ende der Volksdemokratien – Rückkehr nach Europa?

Schneller als erwartet mußten im Sog der radikalen politischen Veränderungen innerhalb der Sowjetunion und in Ostmitteleuropa die kommunistischen Machthaber auch in den Ländern Südosteuropas auf ihr bislang unbestrittenes Herrschaftsmonopol verzichten. Im Wendejahr 1989 überstürzten sich die Ereignisse in einem geradezu atemberaubenden Tempo und führten wie in einer Kettenreaktion allenthalben zur Ablösung des abgewirtschafteten alten Systems. Der Enkelgeneration der kommunistischen Staatsgründer fiel in einer immer verfahreneren innenpolitischen Situation beinahe über Nacht die schwierige Aufgabe zu, nach einem neuen innergesellschaftlichen Ausgleich zu suchen, um die wirtschaftliche Überlebensfähigkeit zu sichern, den weiteren rapiden Verfall der öffentlichen Ordnung aufzuhalten und die drohende Pauperisierung breiterer Bevölkerungsschichten abzuwenden.

Anders als in den Ländern Ostmitteleuropas, deren weitverzweigte Oppositionsgruppen schon über einschlägige politische Erfahrungen im Umgang mit den kommunistischen Machthabern und über tragfähige organisatorische Strukturen verfügten, waren die südosteuropäischen Gesellschaften im Jahre 1989 auf die abrupte Umkehrung der bestehenden Machtverhältnisse im Sowjetimperium und den völligen Zusammenbruch der kommunistischen Alleinherrschaft noch kaum vorbereitet. Nur widerwillig hatten die Parteiführungen in den Balkanländern auf die weitreichenden Veränderungen während der Gorbačev-Ära reagiert und sich allenfalls in Teilbereichen von der sowjetischen Führung zu gewissen Zugeständnissen drängen lassen. Selbst angesichts einer sich immer drohender abzeichnenden Wirtschafts- und Versorgungskrise hatten sich die verantwortlichen Staats- und Parteigremien nur zögernd auf eine freiere Erörterung weiterführender Reformüberlegungen eingelassen, die mehr auf die Regulierungsmechanismen marktwirtschaftlicher Kräfte setzten und die überholten planwirtschaftlichen Konzepte in Frage stellten. Vereinzelt hatten sich wohl auch schon in Südosteuropa Sprecher von Initiativgruppen zu Wort gemeldet, die eine sofortige Einlösung der KSZE-Beschlüsse forderten, Menschenrechtsverletzungen anprangerten und drängende ökologische Fragen aufzuwerfen wagten. Nicht selten verhalfen – wie auch in der Sowjetunion – renommierte Wissenschaftler, Künstler, Dichter und Theaterleute den neuen Ideen und Forderungen zu einer gewissen Breitenwirkung (in Rumänien u.a. Ana Blandiana, Doina Cornea, Mircea Dinescu, in Bulgarien Blaga Dimitrova, Georgi Mišev oder der «Klub für Glasnost und Umgestaltung» und die Bewegung «Ökoglasnost», die aus dem «Komitee zum Schutz der Stadt Ruse» hervorgegangen war). Die Rekrutierungsbasis dieser oppositionellen Gruppierungen beschränkte sich aber vorerst noch weitgehend auf einen lokalen Einzugsbereich, auf elitäre Intellektuellenzirkel und studentische Debattierklubs, die als Organisationszentren für eine wirksamere landesweite Öffentlichkeitsarbeit noch kaum geeignet waren. Zum Aufbau einer breiteren Oppositionsbewegung, die jungen Talenten eine Profilierungschance im politischen Tagesgeschäft geboten hätte, fehlte es noch an den rechtlichen und institutionellen Voraussetzungen.

Nur in Ungarn reichten die Wurzeln oppositioneller Denkrichtungen bis in die 70er Jahre zurück. Systemkritische Gedanken fanden in der freieren Atmosphäre des Kádárismus einen besonders günstigen Nährboden. Ihnen vor allem ist es zuzuschreiben, daß ungarische Wissenschaftler und Intellektuelle eine Vorreiterrolle in der Erarbeitung alternativer gesellschaftlicher Entwicklungsmodelle übernehmen konnten und so in Ungarn im Wendejahr 1989 ein vergleichsweise sanfter und zügiger Übergang zu einer postkommunistischen Gesellschaft gelungen ist. Nicht zufällig waren ungarische Schriftsteller und Publizisten maßgeblich an der regen «Mitteleuropa»-Diskussion der letzten Jahre und an der Suche nach einem Mittelweg zwischen den großen Machtblöcken beteiligt gewesen. Die ungarische Staats- und Parteiführung hatte schon frühzeitig im engeren Regionalverbund mit den Donau- und Alpenstaaten und in der Öffnung zum westeuropäischen Wirtschaftsraum eine Überlebenschance in einer ungewissen Zukunft gesucht.

Im benachbarten Jugoslawien hatten sich erst nach Titos Tod günstigere Bedingungen für einen offenen innergesellschaftlichen Diskurs herauszubilden begonnen. Die Verfassungsreform von 1974, die den Republiken mehr Rechte einräumte und über den periodischen Wechsel im Vorsitz des Staatspräsidiums deren Eigeninteressen stärker einbinden sollte, hatte auf längere Sicht den zentrifugalen Kräften einen mächtigen Auftrieb gegeben. Zumindest auf Republiksebene konnten sich nunmehr nonkonformistische Ideen besser entfalten, die den vorgegebenen Rahmen der marxistischen Ideologie zu sprengen drohten. An einen radikalen Bruch mit der Vergangenheit, wie er nach 1989 plötzlich angezeigt war, wagten aber wohl nur die kühnsten Vordenker unter den Reformern zu denken.

Noch ist es zu früh, in der Rückschau auf die revolutionären Entwicklungen in den drei zurückliegenden Jahren seit 1989 eine Bilanz des in Gang gekommenen umfassenden Reformprozesses in den Ländern Südosteuropas ziehen zu wollen. Noch fehlt der zeitliche Abstand zu den turbulenten Ereignissen. Über wichtige interne Vorgänge reichen die für eine ausgewogene Urteilsbildung erforderlichen verläßlichen Informationen bei weitem noch nicht aus. Nur in groben Zügen lassen sich beim augenblicklichen Kenntnisstand Gemeinsamkeiten und Unterschiede in den Entwicklungstrends aufzeigen, die den umfassenden Transformationsprozeß im Übergang von der kommunistischen Alleinherrschaft zu einer pluralistischen Gesellschaft in den einzelnen Ländern prägen.

Augenfällig ist, daß der Umschwung in Südosteuropa in der Regel nicht abrupt erfolgt ist. Eine klare Absage an das kommunistische Regime läßt sich aus dem bisherigen Wahlverhalten nur mit erheblichen Einschränkungen herauslesen. In einem entstehenden innergesellschaftlichen Machtvakuum waren eher die gleitenden Übergänge bestimmend. Der demokratische Aufbruch manifestierte sich in sehr unterschiedlichen Formen und Abstufungen. Schon frühzeitig begann sich ein deutliches Nord-Süd-Gefälle abzuzeichnen. Der für viele Oppositionsparteien enttäuschende Ausgang der ersten freien Wahlen ist ein deutliches Indiz dafür, daß die radikalen Veränderungen keineswegs durch den elementaren Freiheitsdrang bislang entmündigter und geknechteter Staatsbürger erzwungen worden sind. In Südosteuropa war es nicht das «Volk», das sich in einem spontanen revolutionären Aufbruch eines verhaßten Regimes entledigt hätte. Die bestimmenden Anstöße zur Auflösung jener offensichtlichen Tautologie, die seit dem Ende des Zweiten Weltkrieges in der künstlichen Wortschöpfung «Volks-Demokratie» enthalten war und die von Anfang an nur zur Verschleierung der unbeschränkten Machtausübung einer kleinen Führungsclique diente, kamen von außen.

So sehr sich auch die Parteiführungen in den einzelnen Balkanländern dagegen wehren mochten, sie gerieten doch unweigerlich in den Strudel jenes radikalen Systemwechsels, der unter dem neuen Kremlführer Michail Gorbačev nach 1985 das Mutterland des Sozialismus erfaßt hatte. Es war ein von oben verordneter letzter, wenn auch untauglicher Rettungsversuch des kommunistischen Machtsystems, der sich hinter der griffigen Formel von glasnost und perestrojka verbarg. Die Zeichen standen längst auf Sturm. Von der kaum mehr kontrollierbaren Entwicklung in Polen war eine nachhaltige Signalwirkung ausgegangen. Den um die Gewerkschaft der Solidarność sich organisierenden oppositionellen Gruppierungen war der Nachweis gelungen, daß sich die Stimme des Volkes auch in einer Diktatur Gehör zu schaffen vermag und eine friedliche Ablösung des kommunistischen Machtsystems möglich ist. Die Lockerung der Pressezensur und der Verzicht auf das Ideologie- und Machtmonopol der herrschenden Kommunistischen Partei ebnete in Polen den Weg für einen politischen Pluralismus und konkurrierende gesellschaftliche Gruppierungen. Die in den KSZE-Beschlüssen geforderte Öffnung der Grenzen, die den freien Meinungsaustausch und ungehinderte Begegnungen der Menschen ermöglichen sollte, ließ die letzten Dämme brechen.

Den «Weg nach Europa» haben in der Endphase des alten Regimes vornehmlich Reformkommunisten gewiesen, die sich aus Überzeugung oder schmerzlich gewonnener Einsicht in die Reformunfähigkeit des herrschenden Systems von ihrer Partei abzuwenden begannen. Ihren stärksten

Rückhalt hatten sie in einer ideologiefernen technischen Intelligenz und einer sich radikalisierenden Studentenschaft. In Ungarn markierte der «Tag der nationalen Versöhnung», der am 16. 6. 1989 begangen wurde, die symbolische Abkehr vom Kádár-Regime. In Budapest wurde unter der Anteilnahme einer großen Bevölkerungsmenge Imre Nagy, der Ministerpräsident während des Aufstandes von 1956, in einer Art nachgeholtem Staatsbegräbnis am Jahrestag seiner Hinrichtung feierlich in den Zentralfriedhof umgebettet. Schon einen Monat zuvor, am 2. 5. 1989, war im beiderseitigen Einvernehmen begonnen worden, die österreichisch-ungarischen Grenzbefestigungsanlagen abzubauen. Als schließlich in der Nacht vom 11. auf 12. September den Flüchtlingen aus der DDR die Durchreise in die Bundesrepublik Deutschland gestattet wurde, war der Zerfall der bisherigen volksdemokratischen Ordnung nicht mehr aufzuhalten. Innerhalb weniger Tage überstürzten sich die Ereignisse und rissen schließlich die Länder des gesamten Ostblocks mit sich fort.

Während allerdings in Ostmitteleuropa – von Polen bis Ungarn – in einem geradezu beispiellosen Vorgang, der den Vergleich mit der Französischen Revolution des Jahres 1789 nahelegt, innerhalb nur weniger Wochen das Machtmonopol einer korrupten kommunistischen Gerontokratie vollständig gebrochen und die volksdemokratische Ordnung der Nachkriegszeit hinweggefegt worden ist, haben sich in den Balkanländern die Strukturen des alten Systems noch länger gehalten.

In Ungarn war schon 1988 mit János Kádár der Repräsentant eines kommunistischen Herrschaftssystems abgetreten, das sich längst von den stalinistischen Unterdrückungsmethoden abgewandt und mehr Bürgernähe gesucht hatte. Der ungarische «Gulaschkommunismus» hatte insbesondere in den außenwirtschaftlichen Beziehungen auf eine stärkere Kommunikation mit dem «Klassenfeind» gesetzt, der Bevölkerung in der persönlichen Lebensführung bis dahin unbekannte Freiräume gesichert und in zunehmendem Maße auch abweichende Meinungsäußerungen geduldet. Unter diesen Voraussetzungen fanden nicht nur radikale Reformkommunisten, die in den Parteigremien längst fällige Reformen der Partei anmahnten (z. B. Imre Pozsgay), sondern auch scharfe Kritiker der kommunistischen Alleinherrschaft eine günstige Agitationsbasis. Sie ist von oppositionellen Gruppen aller Schattierungen seit Anfang der 80er Jahre genutzt worden. Kádár hat so unwissentlich noch vor Gorbačev die postkommunistische Ära vorbereiten helfen. Den völligen Ausstieg Ungarns aus der Vergangenheit im Jahre 1989 hat er aber nur noch am Rande miterlebt. Er ist am 6. Juli 1989 gestorben, zwei Monate nachdem er durch ZK-Beschluß vom 8. 5. aus dem Zentralkomitee der Partei ausgeschlossen worden war. Inzwischen hatten sich längst unter dem Schutz des neuen Versammlungs- und Vereinsgesetzes oppositionelle Parteien etabliert. Seit dem 13. 6. 1989 bereitete ein «Runder Tisch» die Ablösung der kommunistischen Alleinherrschaft vor. Bei den ersten freien Wahlen zum ungarischen Einkammerparlament am 25.3. 1990 (mit Stichwahl am 8.4.) hatten die Sozialisten, die nach der Auflösung der bisherigen Staatspartei Anfang Oktober 1989 die reformbereiten Kräfte in eine Partei sozialdemokratischen Zuschnitts (MSZMP = Ungarische Sozialistische Arbeiterpartei) zusammenzuführen versuchten, keine Chance mehr. Sie landeten weit abgeschlagen mit 3,68 % der Stimmen auf den Komitatslisten. Selbst die Mehrheitspartei der ersten Nachkriegswahlen, die wiedererstandene Kleinlandwirtepartei, mußte sich mit einem relativ geringen Stimmenanteil von 11,76% im ersten Wahlgang bescheiden. Die Ungarische Sozialdemokratische Partei scheiterte gar an der 4%-Hürde und verfehlte den Einzug ins neue Parlament. Von den 52 Parteien, die Kandidaten aufgestellt hatten, waren nach Auszählung aller Stimmen in den Nachwahlen schließlich nur sechs im Parlament vertreten. Die Regierungsverantwortung fiel an das «Ungarische Demokratische Forum», das ein breites Spektrum liberaler, christlicher, sozialdemokratischer und traditionalistisch-nationaler Strömungen repräsentiert und mit József Antall den Ministerpräsidenten in einer Koalitionsregierung mit der Christlich-Demokratischen Partei und der Unabhängigen Kleinlandwirtepartei stellte. Die sehr brüchige Absicherung des neuen parlamentarischen Systems in der Bevölkerung zeigte sich schon in dramatischer Weise bei den nachfolgenden Kommunalwahlen vom 30. September bzw. 14. Oktober 1990. Hatten bei den Parlamentswahlen im ersten Wahlgang immerhin noch 63% der Wahlberechtigten ihre Stimme abgegeben, sank die Beteiligung nunmehr auf 40% ab. Von der Wahlenthaltung profitierten vornehmlich die unabhängigen Kandidaten. Sie stellten 71% der Gemeindevertreter und 82% der Bürgermeister in den ländlichen Gemeinden. Unter den Parlamentsparteien lag landesweit der Bund der Freien Demokraten deutlich vor dem Demokratischen Forum.

In Bulgarien hatten ebenfalls schon Reformer innerhalb der Partei die Wende eingeleitet, noch bevor eine breitere Bewegung aus Bürgerrechtlern und Umweltschützern massiven Druck von unten ausüben konnte. Eine nennenswerte Opposition hatte sich erst allmählich seit 1988 in «informellen Gruppen» zu organisieren begonnen. Als Diskussionsforum der Dissidenten machten vor allem von sich reden der «Klub für Glasnost und Demokratie» unter seinem Vorsitzenden Želju Želev, die «Unabhängige Gewerkschaft Podkrepa» oder die Umweltschutzbewegung «Eko-glasnost», die den erstmals 1987 in Ruse zum Ausdruck gebrachten Bürgerprotest gegen den Raubbau an der Natur landesweit zu organisieren versuchte. Ein sichtbares Zeichen für einen Neubeginn in der bulgarischen Innenpolitik setzte am 10. November 1989 der überraschende Sturz Živkovs. Der 78-jährige selbstherrliche Partei- und Staatschef wurde das Opfer einer von Reformisten um Außenminister Petar Mladenov angezettelten Fronde. Mladenov beendete damit die 34-jährige Herrschaft eines Mannes, der längst den Kontakt zur Wirklichkeit in seinem Lande verloren hatte. Er löste Živkov in den obersten Partei- und Staatsämtern ab und suchte durch personelle Umbesetzungen in den Parteigremien und durch demonstrative Zugeständnisse verlorenes Terrain in der Bevölkerung zurückzugewinnen. Die BKP verzichtete auf ihren Führungsanspruch und kündigte die Ausarbeitung einer neuen Verfassung in einem demokratischen rechtsstaatlichen Verfahren an. Schon am 29. Dezember 1989 wurde ein radikaler Kurswechsel in der Türkenfrage vollzogen, die in den vergangenen Jahren dem außenpolitischen Renomee des Živkov-Regimes schweren Schaden zugefügt und die Beziehungen zum türkischen Nachbarn erheblich belastet hatte. Die Bereitschaft zum Dialog mit allen gesellschaftlichen Gruppen war verbunden mit dem Angebot, den unschuldigen Opfern des kommunistischen Machtmißbrauchs in den ersten Nachkriegsjahren Gerechtigkeit widerfahren zu lassen. Rehabilitiert wurden u.a. der ehemalige Parteichef Trajčo Kostov, der im Zusammenhang mit dem Kominformkonflikt als Titoist gebrandmarkt und hingerichtet worden war, und der legendäre Bauernführer Nikola Petkov, dessen Erbe nunmehr mehrere Gruppierungen innerhalb und außerhalb der bisherigen Blockpartei der «Bulgarischen Bauernpartei» (BZNS) beanspruchten.

Ermittlungen wegen schweren Amtsmißbrauches führten schließlich am 18. 1. 1990 zur Verhaftung Živkovs und zur Vorbereitung eines förmlichen Prozeßverfahrens. Inzwischen hatten sich am 7.12. 1989 führende Oppositionsgruppen zu einem Dachverband «Union demokratischer Kräfte» (UDK) zusammengeschlossen. Auch die Kommunistische Partei zog Konsequenzen aus ihrer diskreditierten Vergangenheit und nannte sich am 3. April 1990 in «Bulgarische Sozialistische Partei» (BSP) um. Die ersten freien Wahlen vom 10. und 17. 6. 1990 brachten trotz des überraschenden Wahlerfolges der ehemaligen Kommunisten – sie gewannen begünstigt durch das Wahlsystem 52,75% der Sitze, die UDK mußte sich mit 36% begnügen – eine politische Pattsituation in der sog. Großen Verfassungsgebenden Volksversammlung (Veliko Narodno Săbranie). Die Polarisierung in ein sozialistisches und ein antikommunistisches Lager zeigte sich bei der mühsamen Wahl des neuen Staatspräsidenten, die nach mehrfachen Anläufen schließlich am 1.8. 1990 der Oppositionsführers Želju Želev im 6. Wahlgang überraschend für sich entscheiden konnte. Für das politische Klima in Bulgarien ist bezeichnend, daß auch in den nachfolgenden Parlamentswahlen vom Oktober 1991 die UKD trotz hoher Wahlbeteiligung von 80% mit 34,36% nur knapp vor der Wahlkoalition der ehemaligen Kommunisten (33,14%) lag, dafür aber die «Bewegung für Rechte und Freiheiten», die politische Vertretung der bulgarischen Türken, einen überraschend hohen Stimmenanteil von 7,55% für sich verbuchen konnte. Die beiden konkurrierenden Bauernbünde scheiterten dagegen an der 4%-Klausel.

Unmittelbarer Auslöser für den spektakulären Sturz des Diktators

Ceauşescus in Rumänien waren Unruhen in der westrumänischen Provinz, deren Hintergründe immer noch nicht restlos aufgeklärt sind. Sie entzündeten sich an behördlichen Übergriffen gegen die ungarische Minderheit im Banat. Am 16. 12. 1989 hatte sich in Temeswar eine eher spontane Protestbewegung gebildet, um die drohende Zwangsumsiedlung des reformierten Pastors László Tökés in ein nordsiebenbürgisches Dorf zu verhindern. Sie erhielt unter der ansässigen ungarischen, deutschen und rumänischen Bevölkerung immer weiteren Zulauf. Das brutale Vorgehen der Sicherheitskräfte wurde zum Fanal für einen landesweiten Protest, den eine innerparteiliche Gruppierung um Ion Iliescu, Petre Roman und Silviu Brucan, die sich zu einer «Front der nationalen Rettung» zusammengeschlossen hatten, zur Machtübernahme in Bukarest nutzte. Der Conducător Nicolae Ceauşescu und seine Frau wurden von den Drahtziehern des Umsturzes als Symbolfiguren des verhaßten Regimes geopfert. Sie wurden in einem überstürzt angeordneten zweifelhaften Militärgerichtsverfahren zum Tode verurteilt und ohne Aufschub am 25. 12. 1989 hingerichtet. Die Fäden der künftigen Politik hielt die Verschwörergruppe um Iliescu fest in der Hand. Sie suchte ein enges Einvernehmen mit dem sowjetischen Partner und bot in ihren ersten Entscheidungen eine dosierte Mischung aus populistischen Zugeständnissen und sozialistischer Prinzipientreue. Am 20. Mai 1990 holte sich Iliescu bei den Parlaments- und Präsidentenwahlen nachträglich das Mandat des Volkes. Sie wurden zu einem überwältigenden Vertrauensbeweis für den Bezwinger Ceauşescus, der 85,07% der abgegebenen Stimmen für sich verbuchen konnte und seine beiden Konkurrenten von der Nationalliberalen Partei (Radu Câmpeanu mit 10,64%) und der Nationalen Christlich-Demokratischen Bauernpartei (Ion Raţiu mit 4,29%), den wiederbegründeten beiden Traditionsparteien Rumäniens, weit hinter sich ließ. Zu den ersten freien Wahlen seit Kriegsende waren Kandidaten aus über 70 Parteien angetreten. Die siegreiche «Front» profitierte allerdings nur vorübergehend von der Popularität ihres Präsidenten. Ihr Wählerreservoir hatte sie vornehmlich unter einer verunsicherten Landbevölkerung, die bei einer überstürzten Rückkehr «bürgerlicher» Verhältnisse um ihren Besitzstand fürchtete. Die «Front» verstand es dank ihres beherrschenden Einflusses auf die Massenmedien sehr geschickt, während der kurzen Wahlkampfphase diese Ängste zu schüren. Die kritische Intelligenz wie überhaupt die städtische Bevölkerung verhielt sich eher reserviert. In den Minderheitengebieten, in Siebenbürgen und im Banat, gingen viele Wahlkreise an die Vertreter des Demokratischen Verbandes der Ungarn verloren. Schon bei den nächsten Kommunalwahlen mußte die «Front», die auf dem Wege zu einer neuen Staatspartei begriffen war, fast in allen Landesteilen teilweise aufsehenerregende Einbußen hinnehmen. Ihre Bewährungsprobe in der praktischen Politik hat sie angesichts einer sich dramatisch verschlechternden Wirtschaftslage und einer betonten Zurückhaltung des Auslandes und der westlichen Investoren immer noch nicht bestanden. Über das Tempo der Reformpolitik kam es schließlich zum Bruch zwischen dem Präsidenten und dem Regierungschef Roman, der einen forcierteren marktwirtschaftlichen Kurs steuern wolle. Roman, der die reformistischen Kräfte der «Front» um sich scharte, blieb allerdings die Wählergunst versagt. In den jüngsten Parlaments- und Präsidentschaftswahlen vom September 1992 behauptete sich entgegen allen Wahlprognosen Iliescus neugegründete «Demokratische Front der nationalen Rettung» als stärkste politische Kraft des Landes.

Am längsten sperrten sich die Kommunisten Albaniens unter dem Hoxha-Nachfolger Ramiz Alia gegen eine Machtteilung, obwohl sie seit Ende des Jahres 1989 durch Demonstrationen, landesweite Streiks und durch die Massenflucht in ausländische Missionen immer mehr unter Druck geraten waren. Vor dem Zentralkomitee der albanischen Kommunistischen Partei hatte Ramiz Alia am 17. April 1990 erstmals die Bereitschaft zu grundlegenden Veränderungen signalisiert und die Umrisse eines künftigen Reformprogrammes skizziert. Der wachsende Unmut der Bevölkerung ließ sich aber schließlich auch durch die am 7. Juli 1990 vorgenommenen Umbesetzungen in der Führungsspitze von Staat und Partei allein nicht mehr besänftigen. In der «Demokratischen Partei» hatten sich inzwischen oppositionelle Kräfte, die zur Ablösung der Kommunisten bereit waren, zu einem Zweckbündnis zusammengefunden. Zu ihren Gründungsmitgliedern zählten auch Reformkommunisten wie der junge Wirtschaftswissenschaftler Gramoz Pashko, der sich nunmehr als engagierter Vorkämpfer marktwirtschaftlicher Prinzipien profilierte und auf Hilfe ausländischer Kapitalgeber setzte. Der erhoffte Wahlerfolg blieb zunächst aus. Bei den ersten freien Wahlen am 31. März 1991 errangen die Kommunisten bei einer hohen Wahlbeteiligung von 98,20% mit fast 2/3 der Sitze nochmals einen überraschend deutlichen Wahlerfolg. Für sie stimmte vornehmlich die ländliche Bevölkerung, deren Zukunftsängste die Parteiagitatoren geschickt für ihre Ziele auszunutzen verstanden. Die großen Städte wurden zur Domäne der Demokratischen Partei, deren Kandidat in Tirana sogar dem amtierenden Staatschef Ramiz Alia den Wahlkreis abnehmen konnte. Versuche der in ihrer Machtausübung vorerst bestätigten Kommunisten, der wachsenden Krise im Lande wie bisher in der alleinigen Regierungsverantwortung Herr zu werden, scheiterten allerdings schon nach wenigen Wochen. Ernsthafte Versorgungsengpässe und eine zunehmende Arbeitslosigkeit trieben die Menschen auf die Straßen und zu riskanten und aufsehenerregenden Fluchtunternehmungen über die Grenzen des Landes, deren Begleitumstände die Weltöffentlichkeit aufrüttelten und die Nachbarstaaten zu abschreckenden Abwehrmaßnahmen zwangen. Am 11. Juni 1991 konstituierte sich nach zähen Verhandlungsrunden eine Koalitionsregierung unter maßgeblicher Beteiligung der Opposition. Ein knappes Jahr später wurden die Kommunisten am 22. 3. 1992 abgewählt, Ramiz Alia trat am 3. 4. 1992 zurück. Am

9.4. 1992 folgte ihm der Vorsitzende der Demokratischen Partei Sali Berisha im Amt des Staatspräsidenten nach.

Nur mit erheblicher Mühe konnten in den Balkanländern nach dem Machtverlust der Kommunisten aufbrechende innergesellschaftliche Konflikte, die sich zu bürgerkriegsähnlichen Zuständen auszuweiten drohten, durch Verhandlungen am Runden Tisch oder Absprachen mit der sich formierenden außerparlamentarischen Opposition zumindest notdürftig eingedämmt werden. Für die zerstrittenen Republiken in Jugoslawien kam jedoch schon jede Hilfe zu spät. Seit Titos Tod fehlte die allseits respektierte Integrationsfigur, die den jugoslawischen Föderationsgedanken an die neuen Herausforderungen angepaßt und einem überzogenen nationalen Egoismus Einhalt geboten hätte. Die fortschreitende Aushöhlung der Bundesorgane war mit den verfügbaren Mitteln auf die Dauer nicht mehr aufzuhalten. Jugoslawien ist am mangelnden Konsens der politischen Führungsschichten und an den zentrifugalen Kräften, die mit dem rapiden wirtschaftlichen Niedergang des Landes einen immer stärkeren Auftrieb erhielten, zerbrochen. Die Zeit arbeitete für die Republiken, die immer mehr Kompetenzen an sich zogen und eifersüchtig über ihre nationalen Interessen wachten. Die Bundesorgane wurden zusehends ihrer Kompetenzen beraubt und lahmgelegt. Gegen die galoppierende Inflation war auch der neue Ministerpräsident Ante Marković, der bei seinem Amtsantritt am 17. März 1989 einen radikalen marktwirtschaftlich orientierten Kurswechsel angekündigt hatte, trotz anfänglicher Erfolge machtlos. Die Preissteigerungsrate erreichte im September 1989 gegenüber dem Vorjahresmonat 1181 % und im Dezember sogar die Rekordhöhe von 2665 %. Wirtschaftliche Not mobilisierte die Arbeitermassen zum offenen Protest gegen die Regierung. Angesichts der von Monopolbetrieben bestimmten Organisationsstruktur des jugoslawischen Wirtschaftsraumes, die ein ideologisch verbrämter Selbstverwaltungssozialismus hinterlassen hatte, und einer immensen Auslandsverschuldung mußten selbst wohlgemeinte, mit dem Internationalen Währungsfond abgestimmte Reformmaßnahmen versagen. Sie hatten eine drastische Dinarabwertung, die weitgehende Preisfreigabe, eine Einfuhrliberalisierung und einen Lohnstop vorgesehen. Dem Bundeshaushalt flossen schließlich aus den Republiken keine Steuern und Zollabgaben mehr zu. Die Bundesregierung verlor die Kontrolle über den Geldumlauf und die Deviseneinnahmen des Landes. Jugoslawien zerfiel in mehrere konkurrierende Wirtschaftsmärkte, die sich voneinander abzuschotten begannen. Ende 1989 kündigte schließlich Serbien die wirtschaftliche Zusammenarbeit mit Slowenien auf.

Von der schleichenden Zersetzung des Bundesstaates blieb selbst die bislang allmächtige kommunistische Partei nicht mehr verschont. Der Bund der Kommunisten Jugoslawiens löste sich in acht konkurrierende Parteiorganisationen auf. Der vorgezogene XIV. Parteikongreß vom Januar 1990 mußte nach dem Auszug der slowenischen Delegierten am Morgen des 23. Januar 1990 ergebnislos abgebrochen werden.

Unterschiedliche Vorstellungen über ein künftiges Zusammenleben der Völker und Republiken in einem gemeinsamen Staatswesen waren schon bald nach Titos Tod offen diskutiert worden. Ein latentes Mißtrauen gegenüber den Nationalitäten und die wachsende Furcht vor separatistischen Tendenzen provozierten im Verlaufe des Jahres 1989 polizeiliche Übergriffe und administrative Willkürmaßnahmen in dem mehrheitlich albanischen Kosovo und in der Vojvodina und führten schließlich zur Suspendierung der Autonomierechte, die beiden Provinzen in der Verfassung zugestanden worden waren.

Das aggressive Vorgehen der von den Serben dominierten Bundeszentrale mobilisierte den Widerstand in den Republiken, die ihre eigenen Rechte bedroht sahen. Seit dem Bekenntnis des ZK der slowenischen Kommunisten vom 17. Januar 1989 zum politischen Pluralismus war der Weg frei für ein Mehrparteiensystem in Slowenien und für einen immer offeneren Schlagabtausch zwischen den konkurrierenden politischen Richtungen. Am 27. September 1990 bahnte sich ein folgenreicher Verfassungskonflikt an, als Slowenien vorsorglich in seine Verfassung das Sezessionsrecht einfügte und durch eine Volksabstimmung am 23. 12. 1990 absegnen ließ. Die Zentrale reagierte mit einer Klage vor dem Verfassungsgerichtshof. Zur Entscheidung über das weitere Schicksal Jugoslawiens wurden von beiden Seiten zunächst die Verfassungsjuristen aufgeboten. Die erhoffte Bestandsgarantie eines gemeinschaftlichen Staatswesens, dessen Existenzberechtigung von den Bewohnern in den einzelnen Teilrepubliken selbst in zunehmendem Maße angezweifelt wurde, war mit juristischen Mitteln allein nicht mehr zu erreichen. Die Gegensätze eskalierten zum offenen Konflikt.

Eine wachsende Polarisierung unter den konkurrierenden Gruppierungen bei den anstehenden Wahlen verhinderte eine tragfähige politische Lösung. Im Buhlen um die Wählergunst griffen selbst kommunistische Politiker immer unverhohlener zu populistischen Parolen und suchten sich als Fürsprecher ihres Volkes und dessen angeblich bedrohter nationaler Rechte zu profilieren. Die alte Nomenklatura verstand es geschickt, sich auf die bislang ungewohnten Spielregeln des parlamentarischen Systems umzustellen und mit griffigen nationalbolschewistischen Forderungen Wählerstimmen einzuwerben.

Für die auffallende Ambivalenz des Wählerverhaltens bietet Slowenien ein anschauliches Beispiel. Hier hatten sich die antikommunistischen bürgerlichen Parteien am 7. Dezember 1989 in Ljubljana zu einem Oppositionsblock DEMOS (Demokratische Union Sloweniens) zusammengeschlossen. In den ersten freien Wahlen seit Kriegsende erreichten sie unter den 14 konkurrierenden Parteien auf Anhieb die absolute Mehrheit im Parlament. Bei den Präsidentschaftswahlen mußte dagegen der Parteivorsitzende Joze

Pučnik in der Stichwahl am 22.4. 1990 dem Spitzenkandidaten der Kommunisten Milan Kučan den Vortritt lassen.

Auch in Kroatien hatte sich am 17. Juni 1989 mit dem ehemaligen Partisanengeneral Dr. Franjo Tudjman, der 1967 in Ungnade gefallen und anfang der 80er Jahre wegen nationalistischer Verfehlungen für längere Zeit inhaftiert worden war, ein altgedienter Gefolgsmann Titos an die Spitze der bürgerlich-nationalen Sammlungsbewegung «Kroatische demokratische Union» (HDZ/Hrvatska demokratska zajednica) gestellt. Er führte seine Partei am 22./23.4. 1990 (Stichwahl am 6./7.5.) zu einem überragenden Wahlerfolg und sicherte sich schon im ersten Wahlgang das Präsidentenamt. Als anerkannter nationaler Führer hat er den Kroaten den Weg zur staatlichen Unabhängigkeit gewiesen. Sein Vorgehen ließ er am 19. Mai 1991 durch ein Referendum absichern, am 25. Juni 1991 wurde die Unabhängigkeitserklärung im Parlament ratifiziert. Die völkerrechtliche Anerkennung dieses Schrittes konnte allerdings erst nach verlustreichen militärischen Auseinandersetzungen, in deren Verlauf die Bundesarmee und serbische Freischärler ein Drittel des kroatischen Staatsterritoriums okkupierten, am 15. Januar 1992 erreicht werden.

In der Republik Makedonien hatten in den Wahlen vom 11. und 25. November 1990 die Nationalisten in der alten «Inneren Makedonischen Revolutionären Organisation» (VMRO) vor den Kommunisten und der albanischen «Partei der demokratischen Prosperität» die Nase vorn. In Bosnien-Herzegowina blieben den Kommunisten nur ganze 14 Mandate. Den Löwenanteil der Parlamentssitze teilten sich die Vertreter der nationalen Parteien (86 Muslime, 70 Serben und 45 Kroaten).

Die Abwahl der Kommunisten in den Republiken Slowenien, Kroatien, Makedonien und Bosnien-Herzegowina blieb für die Kommunistische Partei in Serbien, die sich am 16. Juli 1990 zur «Sozialistischen Partei Serbiens» umbenannt hatte, ebenso ohne unmittelbare Folgen wie für die Partei in Montenegro. Im Kampf um den Bestand des Staates und die gefährdete serbische Vormachtstellung scharten sich die Massen um ihre bisherige Führung. Noch im Jahre 1990 konnte die zu Sozialisten gewandelten ehemaligen Kommunisten mit den aus früheren Zeiten gewohnten Traumergebnissen aufwarten. In der Volksabstimmung vom 1. und 2. Juli 1990 verbuchte Slobodan Milošević fast 97% der Stimmen für seinen von der Opposition heftig befehdeten Vorschlag, die neue Verfassung noch vor den Neuwahlen auszuarbeiten. Die Herbstwahlen endeten in Montenegro mit der absoluten Mehrheit der Kommunisten, in Serbien lagen sie mit 78% der Sitze weit vor der nationalistischen Oppositionspartei «Serbische Erneuerungsbewegung» des Vuk Drašković, die sich mit 7,6% begnügen mußte.

Nach den separatistischen Vorgängen in Slowenien und Kroatien schwenkte Milošević immer unverhohlener auf einen großserbischen Kurs um. Die moralische Rechtfertigung lieferte ein Memorandum der Serbischen Akademie der Wissenschaften, das im Oktober 1986 bekannt geworden war. Dessen Verfasser hatten wohl mit eindringlichen Worten eine Systemänderung und mehr Demokratisierung angemahnt, gleichzeitig aber auch heftig die Benachteiligung Serbiens und die bestehende Dreiteilung der serbischen Siedlungsgebiete beklagt. Milošević setzte es sich zum Ziel, aus der zerfallenden Föderation zumindest ein serbisch dominiertes Rest-Jugoslawien zu retten, das eine territoriale Verbindung aller serbischen Siedlungsgebiete garantieren sollte. Nach dem Ausbruch offener Kampfhandlungen gelang es serbischen Freischärlern im engen Einvernehmen mit Einheiten der Bundesarmee und durch den massiven Einsatz schwerer Waffen bis Herbst 1992, die Serben in Bosnien, in der Krajina und in Ostkroatien über eine Landbrücke mit dem serbischen Mutterland zu verbinden. Die Eroberung Bosanski Brods am 7. Oktober 1992 war der vorläufige Endpunkt einer zielstrebigen und erfolgreichen strategischen Planung serbischer Militärs. Die okkupierten Territorien wurden durch gewaltsame «ethnische Säuberungen», die Hunderttausende kroatischer und muslimischer Bewohner um Haus und Hof brachten und als Flüchtlinge einem ungewissen Schicksal überließen, abgesichert. Übergriffe gegen wehrlose Zivilisten, Internierungs- und Todeslager für Kriegsgefangene und ein beispielloser Bombenterror markierten 1991–1992 in Kroatien und in Bosnien-Herzegowina die neue Phase eines brutalen Volkstumskampfes auf der Balkanhalbinsel, der für ein friedliches Zusammenleben der Bewohner in naher Zukunft nur wenig Hoffnung läßt.

Meinungspluralismus, Mehrparteiensystem und offene Diskussion der wirtschaftlichen und gesellschaftlichen Probleme waren in Ost- und Südosteuropa wesentliche Errungenschaften des Systemwechsels seit 1989. Ihre sachgerechte Handhabung setzte bisher ungewohnte Eigeninitiative und eine radikale Umstellung eingeübter Verhaltensweisen voraus. Der aus der staatlichen Bevormundung entlassene Wähler hatte erhebliche Schwierigkeiten, das parteitaktische Spiel hinter den Kulissen zu durchschauen und seine Stimme in einer sich atomisierenden Parteienlandschaft wirksam zur Geltung zu bringen. Nur in Ausnahmefällen begegneten ihm auf den Wahllisten vertraute Parteinamen aus der schon weit zurückliegenden parlamentarischen Phase in der Zwischenkriegszeit. Im Wildwuchs einer Parteigründungsorgie ging dem einfachen Mann auf der Straße jegliche Orientierung verloren. Die verunsicherte ländliche Bevölkerung war mit den komplizierten Wahlverfahren nur wenig vertraut. Sie bevorzugte bei der Stimmgabe eher Repräsentanten des alten Regimes, die auf ihre Zukunftsängste einzugehen wußten und mit wohlfeilen Versprechungen Wähler anlockten.

Auffallend hoch ist in allen Balkanstaaten die Repräsentanz geisteswissenschaftlicher Berufe in den Regierungsämtern und in den Führungsgremien der neuen Parteien. In den debattierfreudigen «Gelehrtenparlamenten» fehlt es häufig noch an der nötigen Kompromißbereitschaft und an der

Sachkompetenz, um angemessene Antworten auf die anstehenden drängenden Fragen in Wirtschaft und Gesellschaft zu finden. Die beängstigenden Zahlen über Stimmenthaltungen selbst bei den Kommunalwahlen signalisieren schon eine wachsende Desillusionierung in der Bevölkerung. Sie verstärkt ihrerseits bei den um die Wählergunst buhlenden Mandatsträgern einen verhängnisvollen Hang zu populistischen Entscheidungen und zu unhaltbaren Versprechungen.

Die Balkanländer sind im Schicksalsjahr 1989 weder Schauplatz «sanfter Revolutionen» noch Vorreiter eines unbezweifelbaren demokratischen Aufbruchs geworden. Bislang sind keine länderübergreifenden einheitlichen Verlaufsformen des radikalen Umgestaltungsprozesses zu erkennen. Das Schlagwort der «unvollendeten» oder der «unterbrochenen» Revolution kennzeichnet wohl treffender den augenblicklichen Entwicklungsstand. In den Konturen einer postkommunistischen Gesellschaft, die sich erst undeutlich abzuzeichnen beginnen, prägen sich unverkennbare länderspezifische Eigentümlichkeiten aus. Eine noch wenig entwickelte politische Kultur ermöglichte es mehr als anderswo wendigen ehemaligen Kommunisten, bei dem eher gleitenden Übergang zu einem pluralistischen parlamentarischen System nach westlichem Vorbild eine nicht unwesentliche Geburtshelferrolle zu spielen und ohne nennenswerten Widerstand in die neuen Führungspositionen einzurücken. Populistische Politiker bedienen sich geschickt des nationalistischen Vokabulars. Es findet bei einer ungebildeten und durch die radikalen gesellschaftlichen Umbrüche verängstigten Bevölkerung eher Anklang als die Mahnungen und Sparappelle einsichtiger Fachleute, die auf die hoffnungslose Wirtschaftslage verweisen und an den Gemeinsinn appellieren. Kommunismus und Nationalismus sind in Südosteuropa inzwischen eine unheilvolle Allianz eingegangen. Ungeachtet spektakulärer Einzelaktionen behindert und verzögert in der gegenwärtigen Umbruchsphase eine nur halbherzige Abkehr von der unseligen Vergangenheit die voreilig proklamierte «Rückkehr nach Europa». Zur Umstellung auf die neuen marktwirtschaftlichen Gegebenheiten einer pluralistischen Gesellschaft fehlen noch die notwendigen mentalen Voraussetzungen und die praktischen Erfahrungen.

Eine rasche Behebung der wirtschaftlichen Misere und der unübersehbaren materiellen Schäden, die eine jahrzehntelange kommunistische Mißwirtschaft hinterlassen hat, ist mit den vorhandenen bescheidenen Eigenmitteln kaum zu erwarten. Die Krisenerscheinungen einer Wirtschaft im Umbruch, die den harten Marktgesetzen noch nicht gewachsen ist, sind unübersehbar. Sie zeigen sich in einer Hyperinflation, in einem katastrophalen Produktionsrückgang, der aus dem fast völligen Zusammenbruch der bisherigen Wirtschaftsbeziehungen im Rat für gegenseitige Wirtschaftshilfe resultiert, und in einer rasch steigenden Arbeitslosigkeit.

Eine spürbare Verbesserung der harten Lebensbedingungen ist noch nicht absehbar. Die ehemaligen COMECON-Länder haben auf den internationalen Finanzmärkten ihre Kreditfähigkeit weitgehend eingebüßt. Die Folgekosten einer hohen Auslandsverschuldung belasten den Staatshaushalt, der bei dem derzeitigen chronischen Devisenmangel nur durch massive Finanzhilfen des Auslandes auszugleichen ist. An zukunftsweisende Investitionen ist noch kaum zu denken. Der wirtschaftliche Aufschwung läßt damit zwangsläufig länger auf sich warten, als dem Ansehen der jungen Demokratie zuträglich ist. Greifbarer sind heute schon die negativen Auswirkungen einer mehr marktorientierten Wirtschaftspolitik. Sie verlangt einer ohnehin nur unzureichenden versorgten Bevölkerung zusätzliche hohe Opfer und Entbehrungen ab. Von den Auswirkungen eines sich verschärfenden Wettbewerbs sind insbesondere die sozial schwachen gesellschaftlichen Gruppen (kinderreiche Familien, Rentner und Kranke) hart betroffen. Sie müssen ohne Zukunftsperspektive teilweise schon unter der Armutsgrenze leben.

Der Bürgerkrieg in Jugoslawien hat vor den Augen der Weltöffentlichkeit ein Schreckensszenario heraufbeschworen, das auf europäischem Boden längst der Vergangenheit anzugehören schien. Er hat eine breite Blutspur hinterlassen und Millionen von Menschen aus ihren angestammten Wohnsitzen vertrieben. Die beispiellosen Grausamkeiten eines fanatischen Volkstumskampfes haben eine tiefe Kluft zwischen den Völkern und Menschen aufgerissen, die sich wohl erst in Jahrzehnten wieder schließen läßt. Er hat zudem eine Pandorabüchse geöffnet, aus der in einem multiethnischen Umfeld nur weiteres Unheil entstehen kann. Die einvernehmliche Regelung strittiger Minderheiten- und Grenzfragen wird durch die ererbten Feindbilder und überzogene Forderungen aller Beteiligten erheblich erschwert, wenn nicht unmöglich gemacht. Verheerende Auswirkungen eines rigorosen Sprachnationalismus auf die gesamte Krisenregion zeichnen sich schon jetzt ab. Sie werden das gutnachbarschaftliche Verhältnis auf Dauer vergiften. Die in den Pariser Vorortsverträgen 1919–20 mühsam ausgehandelten Grenzregelungen des Versailler Systems stehen erneut zur Disposition. Der Balkanraum wird auf längere Sicht wohl nicht mehr zur Ruhe kommen, sofern sich die Interessengegensätze nicht im Rahmen einer übergreifenden europäischen Friedensordnung entschärfen und ausgleichen lassen.

Die bisherigen europapolitischen Anläufe zu einer dauerhaften Konfliktlösung waren allerdings nur wenig ermutigend. Weder verfügen die zuständigen Einrichtungen, die Europäische Gemeinschaft in Brüssel oder die KSZE, über ein wirksames Krisenmanagement, um ein rasches Einvernehmen unter den beteiligten Regierungen herbeizuführen, noch über wirksame Druckmittel, um die Entscheidungen vor Ort wirksam durchsetzen zu können. In der Makedonienfrage blockiert Griechenland die Handlungsfähigkeit der Europäischen Gemeinschaft. Im Kosovo verweigert Serbien der albanischen Bevölkerungsmehrheit konsequent das Selbstbestimmungsrecht und provoziert eine gefährliche separatistische Strömung, die auch auf die Albaner in der benachbarten makedonischen Republik übergreifen könnte. In der Vojvodina fürchtet die zahlenmäßig nicht unerhebliche ungarische Minderheit um ihre Existenz. Siebenbürgen droht erneut zum Zankapfel zwischen Rumänien und Ungarn zu werden. Jugoslawien, das noch im Jahre 1978 innerhalb der UNO die Initiative zu einer bahnbrechenden internationalen Minderheitenpolitik ergriffen hatte, ist nunmehr selbst zum Opfer seiner ungelösten Nationalitätenfragen geworden. Die militärische Auseinandersetzung um Bosnien-Herzegowina droht alle Nachbarn in einen verheerenden Dauerkonflikt hineinzuziehen. An eine Rückführung der aus den serbisch beherrschten Gebieten in Kroatien vertriebenen Bewohner ist vorerst kaum zu denken. Das Recht des Stärkeren, die brutale Gewalt, hat Fakten geschaffen, die ohne den neuerlichen Einsatz militärischer Zwangsmittel kaum ungeschehen zu machen sind. Europa steht vor einer ernsten Bewährungsprobe.

Gefragt ist in gleicher Weise ein stärkeres finanzielles Engagement wie eine friedensstiftende Vermittlerrolle der europäischen Staaten und das in einer Zeit, in der die Anziehungskraft des europäischen Einigungsgedanken selbst in den westlichen Ländern zu erlahmen beginnt und die schwindenden wirtschaftlichen Ressourcen den Handlungsspielraum der Regierungen immer mehr einengen. Die Balkanstaaten sehen einer ungewissen Zukunft entgegen. Sie haben sich den harten Gesetzen des Marktes zu stellen und gleichzeitig unter sehr viel ungünstigeren Rahmenbedingungen als in der Zwischenkriegszeit einen enormen Entwicklungsrückstand aufzuholen, den eine jahrelange kommunistische Mißwirtschaft verursacht hat. Mit besonders ungünstigen Startbedingungen haben die Völker im ehemaligen Jugoslawien zu rechnen. Durch den monatelangen mörderischen Bürgerkrieg ist in weiten Teilen des Landes die Infrastruktur nahezu völlig vernichtet worden. Die bekannten Touristenorte haben nach den enormen Kriegszerstörungen vorerst ihre Attraktivität für ausländische Besucher eingebüßt. Ein Wiederaufbau der verwüsteten Dörfer und Städte wird größte Anstrengungen kosten und Milliardensummen verschlingen. Sie werden auf absehbare Zeit wohl kaum aus eigener Kraft über den Güterexport und Dienstleistungen zu erwirtschaften sein. Die vielbeschworene «Rückkehr nach Europa» wird aber nicht nur im ehemaligen Jugoslawien, sondern in allen Balkanländern zu einem dornenreichen, beschwerlichen Weg. Auf die neuen, noch nicht gefestigten demokratischen Institutionen warten noch harte Bewährungsproben. Sie sind nur mit großzügiger Hilfe von außen zu bewältigen. Auf dem Prüfstand steht die europäische Solidargemeinschaft.

Epilog 1995

Auch sechs Jahre nach der Wende ist ein Ende der krisenhaften Entwicklungen in den Ländern des ehemaligen Sowjetblockes immer noch nicht abzusehen. Die vielfach unterschätzten internen und externen Schwierigkeiten, die eine rasche Umstellung auf ein demokratisches System und eine freiheitliche Wirtschaftordnung verhinderten, sind immer noch nicht behoben. Im wirtschaftlichen Überlebenskampf haben nur wenige Länder den unerwarteten Produktionseinbruch auffangen und wieder festeren Boden unter den Füßen gewinnen können. Das Schicksal der südosteuropäischen Region ist überschattet durch das andauernde Kriegsgeschehen im ehemaligen Jugoslawien. In Bosnien wurde der Weg zu gewaltsamen Lösungsversuchen beschritten. Der Krieg hat den Serben, die ihre militärische Überlegenheit rücksichtslos ausspielten und alle Vermittlungsbemühungen der internationalen Staatengemeinschaft brüsk zurückwiesen, wohl erhebliche Geländegewinne eingebracht, aber eine dauerhafte Friedenssicherung hat bisher keine der streitenden Parteien anzubieten. Der militärische Konflikt hat das ausgeblutete Land in eine immer ausweglosere Situation manövriert und der Bevölkerung nur sinnloses Leiden beschert. Bis die Waffen schweigen, werden die immer noch ungelösten schwierigen Transformationsprobleme in der öffentlichen Diskussion kaum die gebührende Aufmerksamkeit finden.

Daß die erhofften raschen wirtschaftlichen Erfolge nach der Wende bisher ausgeblieben sind und die Mehrheit der Bevölkerung sich mit ihren Alltagssorgen alleingelassen fühlt, belastet den Neubeginn mit einer schweren Hypothek. In allen Ländern ist halbherzigen Reformen vor einer Schocktherapie nach polnischem Vorbild der Vorzug gegeben worden. Sie haben den notwendigen Selbstreinigungsprozeß innerhalb der politischen Eliten gehemmt und den Umbau der veralteten Strukturen hinausgezögert. Die ungelöste Eigentumsfrage erweist sich als ein gravierendes Hindernis bei Investitionsentscheidungen und erschwert das dringend erwünschte Engagement ausländischer Geldgeber. Sie lähmt die Privatinitiave und läßt wertvolle Ressourcen brachliegen. Die betroffenen Menschen empfinden für die neue politische Klasse nur wenig Sympathie und kaum Dank. Ihr Wahlverhalten orientiert sich eher an nostalgischen Erinnerungen. Die Schrecken der Vergangenheit verblassen zusehends. Mit der Rückkehr der gewandelten alten Nomenklatura kündigt sich inzwischen in einzelnen Ländern schon wieder eine neue Trendwende an. Notwendige Reformgesetze werden wieder zurückgenommen oder im administrativen Vollzug verschleppt.

Immerhin deuten die aktuellen Wirtschaftsdaten inzwischen auf eine allmähliche Besserung hin. Der Außenhandel entwickelt sich zum Wachstumsmotor. Er signalisiert eine zunehmende Integration einzelner Balkanländer in die Weltwirtschaft. Überdurchschnittliche Wachstumsraten hellen die Zukunftsperspektiven auf, die bislang durch eine hohe Inflationsrate und eine starke Arbeitslosigkeit verdüstert waren. Anders als in den GUS-Ländern ist die Rezession, die seit 1990 einen tiefen Einbruch in der gesamten Industrieproduktion verursacht hatte und die bisherigen außenwirtschaftlichen Verbindungen gefährdete oder ganz unterbrach, in Südosteuropa weitgehend überwunden. Selbst das am meisten betroffene Albanien hat die Talsohle durchschritten. Als Hort der Stabilität hebt sich Slowenien heraus, dessen Wirtschaft schon wieder das alte Produktionsniveau erreicht hat und eine der höchsten Zuwachsraten des Bruttoinlandsproduktes aufweist.

Für eine kontinuierliche Wirtschaftsentwicklung fehlen die stabilen politischen Rahmenbedingungen. Noch immer ist es nicht gelungen, die offenkundigen Störfaktoren in den Außenbeziehungen zu beseitigen und den neuen Staaten Südosteuropas sichere Grenzen zu garantieren. Ungünstige äußere Umstände wie die Embargopolitik gegenüber dem ehemaligen Jugoslawien und die unversöhnliche Haltung Griechenlands in der strittigen Mazedonienfrage bergen zusätzliche Gefahren für die politische und wirtschaftliche Stabilität in den unmittelbaren Anrainerstaaten. Grenzstreitigkeiten und ungelöste Minderheitenfragen belasten weiterhin die nachbarschaftlichen Beziehungen.

Die Völker Südosteuropas verdanken ihre eigenstaatlichen Existenz der Sprengwirkung der nationalen Idee. Sie war zu Beginn dieses Jahrhunderts stark genug, die großen ostmitteleuropäischen und südosteuropäischen Länderkonglomerate endgültig zu zerschlagen. Die Territorien der modernen Balkanstaaten sind der Erbmasse des Osmanischen Reiches und der Habsburger Monarchie entnommen. Am Ende des Jahrhunderts der kleinen Nationalstaaten ist Ernüchterung eingekehrt. Im Rückblick sind die Defizite nationalstaatlicher Ordnungsversuche und die verheerenden Auswirkungen, die ein rigoroser Sprachnationalismus in einem multiethnischen Umfeld auslösen muß, augenfällig geworden. Die Kräfte des «Neuen Europa», für das während des Ersten Weltkrieges der künftige tschechoslowakische Präsident Thomáš Masaryk in den westlichen Hauptstädten die Werbetrommel gerührt hatte, reichten für den Neuaufbau einer stabilen Staatenordnung nicht mehr aus. Masaryk selbst war mit der missionarischen Vision angetreten, den bisher unterdrückten kleinen Völkern zu ihrem Recht zu verhelfen. Er war noch optimistisch genug, in einem freiheitlichen und demokratischen Europa die negativen Folgen einer unvermeidlichen «Balkanisierung» überwinden zu können. In seinen späteren Erinnerungen rechtfertigte er den notwendigen Bruch mit der Vergangenheit. «Den großen Nationen», schreibt er, «namentlich den Engländern und Amerikanern, die geradezu an kontinentale Maßstäbe gewöhnt sind, bei denen Sprachenfragen keine Rolle spielen, erscheint die Befreiung der zahlreichen kleinen Nationen und die Entstehung kleinerer Staaten politisch und sprachlich als eine beschwerliche und unangenehme «Balkanisierung». Aber die Verhältnisse sind, wie sie eben sind, durch Natur und Geschichte gegeben: durch hundertjährige Gewalt vereinfachten die Türkei, Österreich-Ungarn, Deutschand und Rußland halb Europa, aber eben durch Gewalt und mechanisch, also nur auf einige Zeit; durch Freiheit und Demokratie läßt sich die Balkanisierung abschaffen, und zwar noch besser.»

Masaryks Zukunftsvision von einer neuen stabilen Staatenordnung in Ostmittel- und Südosteuropa nach dem monarchischen Zeitalter harrt immer noch ihrer Verwirklichung. Die schrecklichen Ereignisse in Bosnien und der Hercegovina sind nicht dazu angetan, in absehbarer Zeit auf ein friedliches Zusammenleben der Balkanvölker in sicheren Grenzen zu hoffen. Sie sind das zwangsläufige Ergebnis eines übersteigerten und aggressiven Nationalismus. Er läßt sich nur schwer wieder aus den Köpfen jener Menschen entfernen, die den Einredungen verbohrter Ideologen erlegen sind. Nur ein grundlegender Bewußtseinswandel verspricht einen Ausweg. Immer mehr droht im Kriegsgeschehen in Vergessenheit zu geraten, daß sich gerade in der Geschichte Südosteuropas durch die Jahrhunderte ein reicher Schatz fruchtbarer interethnischer Erfahrungen angesammelt hat. Sie müßten in einer Zeit aufgewühlter nationalistischer Leidenschaften und Exzesse den betroffenen Menschen erneut bewußt gemacht werden. Dazu wird es in Zukunft noch einer mühsamen Aufklärungsarbeit bedürfen.

Südosteuropa in der deutschen Forschung

Die historischen Schicksale der Balkanvölker und ihre wechselnden Lebensbedingungen in den Jahrhunderten der Fremdherrschaft haben schon früh das wissenschaftliche Interesse geweckt. Über die griechischen gelehrten Emigranten, die nach der osmanischen Eroberung Konstantinopels an den westeuropäischen Fürstenhöfen und Studienzentren Aufnahme fanden, sind in der Zeit des Humanismus und der Renaissance Studien an griechischen Handschriften angeregt worden, die wachsende Expansion des Islam hielt ein politisches Interesse an den Vorgängen auf der Balkanhalbinsel im Abendland wach. Reisende, die in diplomatischer Mission an den Sultanshof die unterworfenen christlichen Regionen durchquerten, Kaufleute und Flüchtlinge reicherten die Kenntnisse mit immer neuen und aktuellen Details an. So sind im 16. und 17. Jahrhundert die Grundlagen für die klassischen Studien, für die Byzantinistik und Orientalistik, für die orthodoxe Kirchenkunde und für die Islamkunde gelegt worden.

Zu den deutschen Humanisten des 16. Jahrhunderts mit ausgeprägten Balkaninteressen wie Hieronymus Wolf (1516–1580) aus Öttingen, dem langjährigen Leiter der Fuggerschen Bibliothek in Augsburg, Martin C. Crusius (1526–1607) und Johannes Leunclavius (1533–1593), dem großen Orientalisten, traten im 17. Jahrhundert bedeutende Gelehrtengestalten aus Frankreich wie der Jesuit Philippe Labbé (1607–1667), der Dominikaner Jacque Goar (1601–1653) und insbesondere der geniale Charles Dufresne sieur du Cange (1610–1688), dessen Lexikon der griechischen Sprache des Mittelalters seine Bedeutung bis heute nicht verloren hat.

Mit der siegreichen Offensive der Habsburger im Donauraum seit dem Ausgang des 17. Jahrhunderts gerieten im Umkreis des Wiener Hofes neben den Ungarn die slawischen Völker Südosteuropas immer stärker in das Blickfeld der Gelehrten. Das philologische Rüstzeug ist an den Universitäten Wien und Prag erarbeitet worden, wo Gelehrte aus den slawischen Völkern der Donaumonarchie – u. a. die Tschechen J. Dobrovský, J. Jungmann und Fr. Palacký, der protestantische Slowake P. J. Šafařík und J. Kollár, der Slowene B. Kopitar – an der Grundlegung der vergleichenden slawischen Sprachwissenschaft und Altertumskunde beteiligt waren. Den universalhistorischen Rahmen für die Einordnung der verwirrenden, ethnisch und sprachlich differenzierten Völkerwelt Nord-, Ost- und Südosteuropas in das abendländische Geschichtsbild hat der Göttinger Universalhistoriker August Ludwig von Schlözer (1735–1809) skizziert. Er ist durch die Forschungsarbeiten seiner Schüler und Nachfolger in der nächsten Generation mit Leben gefüllt worden.

Seit der Wende zum 19. Jahrhundert entstanden die ersten großen Synthesen nationaler Geschichten südosteuropäischer Völker auf wissenschaftlicher Grundlage, und ein gleichbleibendes gelehrtes Interesse hat die Balkanvölker durch das Jahrhundert auf ihrem beschwerlichen Weg zur Selbständigkeit begleitet. Die Griechenlandbegeisterung der Philhellenen regte zu vielbändigen Quellenstudien zum griechischen Mittelalter und zur Zeitgeschichte an (Karl Hopf, Jakob Philipp Fallmerayer, Karl Mendelssohn Bartholdy), Aufstieg und Niedergang des Osmanischen Reiches dokumentierten Joseph Freiherr von Hammer-Purgstall (1774–1856) und Johann Wilhelm Zinkeisen (1803–1863) in ihren monumentalen Serienwerken, selbst Leopold von Ranke registrierte mit Aufmerksamkeit den serbischen Aufstand gegen die osmanische Fremdherrschaft und der Tscheche Josef

Konstantin Jireček (1854–1918), einer der profundesten Kenner des Balkans seiner Zeit, profilierte sich 1876 mit einer «Geschichte der Bulgaren».

Die aus internationaler Zusammenarbeit erwachsene Südosteuropa-Forschung bot seit ihrer Grundlegung in der Humanistenzeit vornehmlich die Außenansicht der Balkanhalbinsel. Die globalen, großräumigen Zusammenhänge der geschichtlichen Vorgänge in Vergangenheit und Gegenwart standen zwangsläufig im Vordergrund. Hinzu traten die aktuellen beziehungsgeschichtlichen Aspekte. Die balkanische Innenansicht in nationalgeschichtlicher Vereinzelung ist vornehmlich zum Anliegen einer Geschichtsschreibung geworden, die in den selbständigen Balkanstaaten seit der Jahrhundertwende an den Universitäten und Akademien betrieben worden ist. Heute bemüht sich eine interdisziplinär angelegte Südosteuropa-Forschung beiden Aspekten gerecht zu werden. Sie arbeitet in ihren breitgefächerten Einzeldisziplinen auf internationaler Ebene seit 1963 in der «Association internationale d'études du Sud-est européen» zusammen, einer Regionalkommission der UNESCO, die in den südosteuropäischen Mitgliedsländern regelmäßige internationale Kongresse ausrichtet und länderübergreifende Kooperationen anregt. Der Sitz des Sekretariates ist Bukarest. Balkanistik-Institute, die in den Balkanländern eingerichtet worden sind, übernehmen wichtige Koordinierungsaufgaben und betreuen einschlägige Schriftenreihen und Zeitschriften.

Die wichtigsten Fachorgane aus südosteuropäischen Ländern, die über die laufenden Forschungsarbeiten informieren, sind:

Revue des études sud-est européennes (Bukarest, seit 1963)
Balkan Studies (Thessalonike, seit 1960)
Etudes balcaniques (Sofia, seit 1964)
Balcanica (Belgrad, seit 1970)

Die AIESEE in Bukarest gibt seit 1963 jährlich in zwei Heften ein «Bulletin de l'Association d'études du Sud-est européen» heraus.

Am Aufbau einer wissenschaftlichen Südosteuropa-Forschung waren Gelehrte aus dem deutschen Sprachraum von den Anfängen an maßgeblich beteiligt gewesen. Bei der Institutionalisierung einer breiter gestreuten interdisziplinären Zusammenarbeit übernahm Wien mit der Einrichtung der Balkankommission bei der Wiener Akademie der Wissenschaften im Jahre 1897 eine Vorreiterrolle. Zu einer wichtigen Sammelstelle für den Nordwestbalkan hatte sich bis zum Untergang der Monarchie das «Bosnisch-herzegowinische Institut für Balkanforschung» in Sarajevo (gegründet 1904) unter der rührigen Leitung von Carl Patsch entwickelt. In der Zwischenkriegszeit sind in Deutschland Berlin (Ungarisches Institut 1917, Südostausschuß in der Deutschen Akademie 1935), Leipzig (Südosteuropa- und Islam-Institut 1917, Institut für Mittel- und Südosteuropäische Wirtschaftsforschung 1928, Südosteuropa Institut und erstes Extraordinariat für südosteuropäische Geschichte an einer deutschen Universität unter Leitung von Prof. Dr. Georg Stadtmüller) und München (Südost-Institut, 1930–1945 unter dem Namen: Institut zur Erforschung des deutschen Volkstums im Süden und Südosten) hinzugetreten. Wichtige Teilbereiche betreuen das Weltwirtschaftsinstitut in Kiel und das Orientinstitut in Hamburg.

In der akademischen Lehre bildet heute in der Bundesrepublik Deutschland die Geschichte Südosteuropas einen Teil des Faches Osteuropäische Geschichte. Südosteuropäische Spezialisierungen in der Ausrichtung der Lehrstühle haben sich vornehmlich in München, Hamburg, Berlin und Bochum ergeben.

Als interdisziplinäres Koordinierungsorgan der deutschen Südosteuropa-Forschung und als Nationalkomitee bei der Association Internationale d'études du Sud-est européen fungierte lange Zeit der Arbeitskreis Südosteuropa bei der Deutschen Forschungsgemeinschaft. Mit der Herausgabe der grundlegenden Ländermonographien des Südosteuropa-

Handbuches und der deutschen Kongreßbände für die Internationalen Südosteuropa-Kongresse der AIESEE hat er unter dem langjährigen Vorsitz von Prof. Dr. K.-D. Grothusen eine verdienstvolle Arbeit geleistet. Neuerdings versucht die 1986 bei der Akademie der Wissenschaften zu Göttingen gegründete Südosteuropa-Kommission unter der Leitung von Prof. Dr. R. Lauer diese Aufgabe fortzuführen.

Institutioneller Mittelpunkt der deutschen Südosteuropa-Forschung ist heute München. Es beherbergt nicht nur die reichsten Bibliotheksbestände und Sammlungen zum gesamten Donau- und Balkanraum, sondern es ist gleichzeitig Sitz der 1952 gegründeten «Südosteuropa-Gesellschaft» und verfügt mit dem Südost-Institut über das deutsche Zentralinstitut, das sich in seiner historischen und gegenwartskundlichen Abteilung schwerpunktmäßig mit Geschichte und Gegenwart der südosteuropäischen Länder befaßt. Das Südost-Institut ist außerdem Herausgeber der beiden Fachorgane der deutschen Südosteuropa-Forschung, des Jahrbuches «Südost-Forschungen. Internationale Zeitschrift für Geschichte, Kultur und Landeskunde Südosteuropas» und der Zeitschrift «Südosteuropa. Zeitschrift für Gegenwartsforschung».

Zur institutionellen Entwicklung der Osteuropaforschung im deutschsprachigen Raum in der Nachkriegszeit vgl. jetzt:

Oberländer, E. (Hg.), Geschichte Osteuropas. Zur Entwicklung einer historischen Disziplin in Deutschland, Österreich und der Schweiz (1945–1990). Stuttgart 1992 (= Quellen und Studien zur Geschichte des östlichen Europa 35)

Lukan, W./Vogel, J. (Hgg.), Handbuch der Osteuropaforschung. Institutionen und Forscher der westlichen Welt. Bearbeitet von Andreas Gottsmann. Wien u.a. 1995.

Bibliographie

Gliederung

Mit Rücksicht auf den Leserkreis werden vornehmlich Werke in deutscher bzw. westlichen Sprachen verzeichnet. Bevorzugt wurden Untersuchungen, denen sich weiterführende Quellen- und Literaturhinweise entnehmen lassen oder die einen Einblick in den gegenwärtigen Forschungsstand vermitteln können.

1. Bibliographien und allgemeine Hilfsmittel

Wegweiser zum Schrifttum

Eine Auswahl des wesentlichen Schrifttums zum Gesamtraum Südosteuropas (teilweise mit erläuternden Hinweisen zum Inhalt und zur wissenschaftlichen Bedeutung) findet sich in folgenden Werken:

Bernath, M. (Hg.), Historische Bücherkunde Südosteuropas. Bisher erschienen: Band 1. Mittelalter in 2 Teilbänden. Band 2. Neuzeit. Teil 1: Osmanisches Reich. Makedonien, Albanien. München 1978–1988 (= Südosteuropäische Arbeiten 76, 1 bis 3)

Horecky, P.L. (ed.), Southeastern Europe. A guide to basic publications. Chicago, London 1969

Jelavich, Ch. (ed.), Language and Area Studies: East Central and Southeastern Europe. Chicago 1969

Répertoire d'Etudes balkaniques. 1966–1975. Band 1: Histoire des peuples balkaniques (XVe s.–1945). Band 2: Histoire de la culture des peuples balkaniques. Sofija 1983–1984

Laufende Bibliographien

Südost-Institut, München (Hg.), Südosteuropa-Bibliographie. Bisher erschienen: Band 1: 1945–1950. Hrsg. von F. Valjavec. 2 Teile. München 1956–1959. Band 2: 1951–1955. Red. G. Krallert-Sattler. 2 Teile. München 1960–1962. Band 3: 1956–1960. Red. G. Krallert-Sattler. 2 Teile. München 1964–1968. Band 4: 1961–1965. Red. G. Krallert-Sattler. 2 Teile. München 1971–1973. Band 5: 1966–1970. Red. G. Krallert-Sattler. 2 Teile. Band 6,1: Rumänien 1971–1980. Red. M. Stoy und G. Seewann. München 1976–1992

Bibliographie d'études balkaniques. Band 1, Sofija 1968. Erfaßt Literatur ab Erscheinungsjahr 1960 in Jahresbänden, zuletzt Band 15, Sofija 1983 (Schrifttum von 1980)

Balkanike Bibliographia. Thessalonike 1973 ff.

Bibliographien allgemein

Nehring, K., Veröffentlichungen zur Geschichte Südosteuropas in der Bundesrepublik Deutschland 1971–1980; 1980–1985; 1986–1990, in: Südostforschungen 40 (1981) S. 285–315; 45 (1986) S. 241–265 und 50 (1991) S. 259–302

Grothusen, K.-D. (Hg.), Südosteuropa-Veröffentlichungen aus der Bundesrepublik Deutschland 1984–1988. Zusammengestellt von J. Džambo. München 1989 (= Südosteuropa-Studien 41)

Borov, T., Dembowska, M., Tomescu, M., Drtina, J., Kuzmík, J., Bélley, P., Die Bibliographie in den europäischen Ländern der Volksdemokratie. Entwicklung und gegenwärtiger Stand. Leipzig 1960

Teich, G., Bibliographie der Bibliographien Südosteuropas. Ein Beitrag zur Bibliographie über den Gesamtraum Südosteuropa sowie über Albanien, Griechenland und die Türkei, in: Wirtschaftswissenschaftliche Südosteuropa-Forschung. Grundlagen und Erkenntnisse. München 1963, S. 177–213 (= Südosteuropa-Schriften, Band 4)

Katalog des Schrifttums über den Donauraum. Band 1: Allgemeiner Teil und Jugoslawien. Bearbeitet von K. Grossheide. Hildesheim 1987 (= Niedersächsische Landesbibliothek Hannover)

Periodicals in the history, ethnography, literature, folklore and linguistics of the Balkan peoples: reference book. Sofia 1984

Ausgewählte Spezialbibliographien

Rostankowski, P., Degenhardt, B., Liebmann, C.-C., Aktuelle Bibliographie deutsch-, englisch- und französischsprachiger Arbeiten zur Geographie Osteuropas. Teil I. Berlin 1978. Teil II. hrsg. von P. Rostankowski, S. Luber, D. Krüger. Berlin 1982 (= Bibliographische Mitteilungen des Osteuropa-Instituts an der Freien Universität, Heft 17 und 23)

Kessler, W., Ost- und südosteuropäische Heimatbücher und Ortsmonographien nach 1945. Eine Bibliographie zur historischen Landeskunde der Vertreibungsgebiete. München, New York, Paris 1979

Stokes, G. (ed.), Nationalism in the Balkans. An Annotated Bibliography. New York, London 1984

Jessup, J.E., Balkan military history: a bibliography. New York u. a. 1986

Ćurčić, S., Art and architecture in the Balkans: an annotated bibliography. Boston 1984

Seewann, G. (Hg.), Bestandskatalog der Bibliothek des Südost-Instituts München. Band 1. Druckschriften 1529–1945. Unter Mitarbeit von G. Bartl und W. Kömives. München 1990 (= Südosteuropa-Bibliographie Ergänzungsband 1)

Kessler, W. (Hg.), Bücherei des deutschen Ostens. Bestandskatalog. Band 4. Habsburger Monarchie, Böhmische Länder, Südosteuropa (Ungarn, Rumänien, Karpatenländer). Herne 1987

Kessler, W. (Hg.), Ostdeutsches Kulturgut in der Bundesrepublik Deutschland. Ein Handbuch der Einrichtungen und Vereinigungen mit ihren Beständen. Hg. von der Stiftung Ostdeutscher Kulturrat. München 1989

Heppner, H., Alltag am Balkan. 14. bis 16. Jahrhundert. Ein bibliographischer Versuch. Krems 1989 (= Medium Aevum Quotidianum 18)

Sandanova, L. u.a. (Bearb.), Centres et institutions culturels et éducatifs des peuples balkaniques, XVe-XIXe ss. Bibliographie. Sofia 1989

Rohwer, J. (Hg.), Neue Forschungen zum Ersten Weltkrieg. Literaturberichte und Bibliographien. Koblenz 1985 (= Schriften der Bibliothek für Zeitgeschichte 25)

Hillgruber, A., Südost-Europa im Zweiten Weltkrieg. Literaturbericht und Bibliographie. Frankfurt 1962 (= Schriften der Bibliothek für Zeitgeschichte. Weltkriegsbücherei, Heft 1)

Rohwer, J. und Müller, H. (Hg.), Neue Forschungen zum Zweiten Weltkrieg: Literaturberichte und Bibliographien aus 67 Ländern. Koblenz 1990 (= Schriften der Bibliothek für Zeitgeschichte 28)

Pajević, M., Siefkes, F., Sozialistische Wirtschaft im Wandel. Deutsch- und englischsprachige Literatur aus dem Jahre 1990 zur wirtschaftlichen Umgestaltung in Osteuropa. Kiel 1991 (= Kieler Schnellbibliographien zu aktuellen Wirtschaftsthemen Band 4. Dito zum Jahre 1991. Kiel 1991

Roth, K., Wolf, G. (eds.), South Slavic Folk Culture. A Bibliography of Literature in English, German, French on Bosnian-Hercegovinian, Bulgarian, Macedonian, Montenegrin and Serbian Folk Culture. Columbus, Ohio 1994.

Länderspezifische (historische) Bibliographien

World bibliographical series (Oxford and Santa Barbara, Calif.):

Vol. 1: Horton, J.J., Yugoslavia. Revised and expanded edition. 1990

Vol. 15: Kabdebo, Th., Hungary. 1980

Vol. 17: Clogg, M.J. and Clogg, R., Greece. 1980

Vol. 27: Güçlü, M., Turkey. 1981
Vol. 28: Kitromilides, P. M. and Evriviades, M. L., Cyprus. 1982
Vol. 59: Deletant, A. and Deletant, D., Romania. 1985
Vol. 94: Bland, W..B., Albania. 1988
Vol. 107: Crampton, R. J., Bulgaria. 1989

Weiss, G., Byzanz. Kritischer Forschungs- und Literaturbericht 1968–1985. München 1986 (= Historische Zeitschrift. Sonderheft 14)

Daniel, O., Albanie, une bibliographie historique. Paris 1985

Hetzer, A., Roman, V.S., Albanien. Ein bibliographischer Forschungsbericht. Mit Titelübersetzungen und Standortnachweisen. München u. a. 1983 (= Bibliographien zur Regionalen Geographie und Landeskunde 3)

Körner, Chr., Bartl, P. (Bearb.), Katalog der Bibliothek des Albanien-Instituts e. V. München. München 1977

Pundeff, M.V., Bulgaria. A Bibliographic Guide. Washington 1965

La science historique bulgare. Bibliographie. – Periodisch erscheinende Zusammenfassung des gesamten historischen Schrifttums, zuletzt Band 5. 1980–1984. Sofia 1985

Slavčeva, C., Istoričeska bălgaristika v čužbina 1944–1980. Bibliografski spravočnik. Sofija 1983

Gečeva, K., Bălgarskata kultura prez văzraždaneto. Bibliografija. Bălgarska i čužda knižnina 1878–1983. Sofija 1986

Kulman, D., Literaturbericht über die Geschichte Bulgariens. Veröffentlichungen 1945–1970, in: Historische Zeitschrift. Sonderheft 5, München 1973, S. 536–583

Tematična preporačitelna bibliografija. 1300 godini Bălgarija. Sofija 1973

Trinadeset veka Bălgarija. Istoričeska bibliografija. Sofija 1980

Slavčeva-Ribarova, C., Bălgarija prez epochata na socializma. Istoričeska bibliografija 1944–1984. Sofija 1986

Dimaras, C. Th., Koumarianou, C., Droulia, L., Modern Greek Culture. A selected bibliography (in English-French-German-Italian). Athen ^{4}1974

Quinze ans de bibliographie historique en Grèce (1950–1964). Athen 1966

Cinq ans de bibliographie historique en Grèce (1965–1969). Athen 1970

Quatre ans de bibliographie historique en Grèce (1970–1973). Athen 1974

Asdrachas, S.I., Bibliographikos hodegos, in: N. G. Svoronos, Episkopese tes neohellenikes historias. Athen 1976, S. 157–324

Hösch, E., Literaturbericht über die Geschichte Neugriechenlands 1453–1945. Veröffentlichungen 1945–1970, in: Historische Zeitschrift. Sonderheft 5. München 1973, S. 421–535

Tadić, J. (ed.), Dix années d'historiographie yougoslave 1945–1955. Belgrad 1955

Grafenauer, B., Šidak, J., Tadić, J. (eds.), Historiographie yougoslave 1955–1965. Belgrad 1965

The Historiography of Yugoslavia 1965–1975. Belgrad 1975

Džambo, J., Bibliographie zur Zeitgeschichte Jugoslawiens. In: Jugoslawien am Ende der Ära Tito. Band 2. Innenpolitik. Hrsg. von K.-D. Grothusen, O.N. Haberl, W. Höpken. München 1986. S. 187–296

Grothusen, K.-D., Literaturbericht über die Geschichte Jugoslawiens. Veröffentlichungen 1945–1966, in: Historische Zeitschrift, Sonderheft 3, München 1969, S. 355–430

Terry, G. M., Yugoslav history: a bibliographic index to English-language articles. 2. Aufl. Nottingham 1990 (= Astra Soviet and East European bibliographies 10)

Historiographie de Macédoine (1945– 1970). 2 Bde. Skopje 1970–1972

Istoria României, Ghid bibliografic. Bukarest 1968

Bibliografia istorică a României. Bukarest. Band 1: 1944–1969 (1970); Band 2: Secolul XIX. tom 1 (1972); Band 3: Secolul XIX. tom 5 (1974); Band 4: 1969–1974 (1975); Band 5: 1974–1979 (1980); Band 6: 1974–1984 (1985); Band 7: 1984–1989 (1990)

Weczerka, H., Literaturbericht über die Geschichte Rumäniens (bis 1945). Veröffentlichungen 1944–1970, in: Historische Zeitschrift. Sonderheft 5, München 1973, S. 324–420

Deutsch, R., Istoricii şi ştiinţa istorică din România 1944–1969. Bukarest 1970

Bibliografie Macedo-Română. Freiburg 1984

Roth, H. (Hg.), Repertorium transylvanicum. Eine Einführung in die wissenschaftliche Literatur über Siebenbürgen. München 1990 (= Veröffentlichungen des Südostdeutschen Kulturwerks B/52)

Études historiques hongroises. – Ein Verzeichnis, das in Abständen von fünf Jahren erscheint, zuletzt Band 7. The Selected Bibliography of Hungarian Historical Science 1985–1989. Budapest 1990

Hitchins, K., Hungarica 1961–1974. Literaturbericht über Neuerscheinungen zur Geschichte Ungarns von den Arpaden bis 1970. München 1981 (= Historische Zeitschrift. Sonderhefte 9)

Bakó, E. (ed.), Guide to Hungarian Studies. 2 Bde. Standford 1973

Kornrumpf, H.-J., unter Mitarbeit von Kornrumpf, J., Osmanische Bibliographie mit besonderer Berücksichtigung der Türkei in Europa. Leiden 1973 (= Handbuch der Orientalistik. I, Ergänzungsband VIII)

Hazai, Gy. und Kellner-Heinkele, B. (Hg.), Bibliographisches Handbuch der Turkologie: eine Bibliographie der Bibliographien vom 18. Jahrhundert bis 1979. Wiesbaden 1986

2. Handbücher und Hilfsmittel

Einführungen

Grundfragen der südosteuropäischen Geschichte und ihrer Zuordnung zur Gesamtdisziplin der Geschichte Osteuropas diskutieren:

Zernack, K., Osteuropa. Eine Einführung in seine Geschichte. München 1977

Stökl, G., Osteuropa und die Deutschen. Geschichte und Gegenwart einer spannungsreichen Nachbarschaft. Stuttgart ³1982

Kaser, K., Südosteuropäische Geschichte und Geschichtswissenschaft. Eine Einführung. Wien, Köln 1990

Nachschlagewerke

Filip, J., Enzyklopädisches Handbuch zur Ur- und Frühgeschichte Europas. 2 Bde. Prag 1966

Ziegler, K., Sontheimer, W., Gärtner, H. (Hg.), Der kleine Pauly. Lexikon der Antike. Auf der Grundlage von Paulys Realencyklopädie der classischen Altertumswissenschaft bearbeitet unter Mitwirkung zahlreicher Fachgelehrter. 5 Bde. München 1979

Kowalenko, L., Libuda, G., Lehr-Spławiński, Th. (Hg.), Lexicon antiquitatum Slavicarum. Słownik starożytności słowiańskich. 7 Bde. Warschau u. a. 1961–1984

Dinekov, P. (ed.), Kirilo-Metodievska enciklopedija v tri toma. Bd. 1. Sofija 1985

Lexikon des Mittelalters. Band 1, München, Zürich 1983 ff. Erscheint in Lieferungen

Wessel, K. (Hg.), Reallexikon zur Byzantinischen Kunst. Unter Mitwirkung von M. Restle. Band 1, Stuttgart 1966 ff.

Onasch, K., Liturgie und Kunst der Ostkirche in Stichworten unter Berücksichtigung der Alten Kirche. Leipzig 1981

Nyssen, W. u.a. (Hg), Handbuch der Ostkirchenkunde. Bisher 2 Bände, Düsseldorf 1984–1989

Mazal, O., Handbuch der Byzantinistik. Graz 1988

The Encyclopaedia of Islam. New Edition. Ed. by C.E. Bosworth, E. van Donzel, B. Lewis, Ch. Pellat. Leiden 1954ff. – erscheint in Lieferungen

Kreiser, K., Wielandt, R. (Hg.), Lexikon der islamischen Welt. Völlig überarbeitete Neuausgabe. Stuttgart u.a. 1992 (= Urban Bücher 200)

Bernath, M. (Hg.), Biographisches Lexikon zur Geschichte Südosteuropas. 4 Bde. München 1974–1981

Bérenger, J., Lexique historique de l'Europe danubienne, XVIe–XXe siècle. Paris 1976

Wende, F. (Hg.), Lexikon zur Geschichte der Parteien in Europa. Stuttgart 1981

Kaser, K., Handbuch der Regierungen Südosteuropas (1833–1980). 3 Bde. Graz 1981–1984 (= Zur Kunde Südosteuropas II/9-11)

Truhart, P., Regents of Nations. Systematic Chronology of States and Their political Representatives in Past and Present. A Biographical Reference Book. Part III,1. Central-, Eastern-, Northern-, Southern-, South East Europe. München u.a. 1986

Matz, K.-J., Wer regierte wann? Regententabellen zur Weltgeschichte. Neuausgabe München 1992 (= dtv Nachschlagwerke 3294)

Shoup, P. S., East European and Soviet Data Handbook. Political, Social, and Developmental Indicators, 1945–1975. New York 1981

Bonwetsch, B., Grieger, M. (Hg.), Was früher hinterm Eisernen Vorhang lag. Kleine Osteuropakunde vom Baltikum bis Bessarabien. Dortmund 1991

Rehder, P. (Hg.), Das neue Osteuropa von A-Z. Staaten, Völker, Minderheiten, Religionen, Kulturen, Sprachen, Literaturen, Geschichte, Politik, Wirtschaft, Neueste Entwicklungen in Ost- und Südosteuropa. München 1992

Kreiser, K., Kleines Türkei-Lexikon. Wissenswertes über Land und Leute. München 1992

White, St. (Hg.), Political and economic encyclopaedia of the Soviet Union and Eastern Europe. Harlow, Essex 1990 (= Longman Current affairs)

White, St. (Hg.), Handbook of Reconstruction in Eastern Europe & the Soviet Union. Harlow, Essex 1991 (= Longman Current affairs)

Stroynowski, J. (Hg.), Who's who in the Socialist Countries of Europe. 3 Bde. München u.a. 1989

Szajkowski, B. (Hg.), New political parties of Eastern Europe & the Soviet Union. Harlow, Essex 1992 (= Longman Current affairs)

Horak, S. M., Eastern European National Minorities 1919–1980. Littleton, Col. 1985

Quellenkunde

Schmid, H.F., Le pubblicazioni di fonti storiche medioevali nei paesi slavi, in Romania e Ungheria, in: La pubblicazione delle fonti del medioevo europeo negli ultimi 70 anni (1883–1953). Rom 1954, S. 141–210

Bák, J., Mittelalterliche Geschichtsquellen in chronologischer Übersicht. Nebst einer Auswahl von Briefsammlungen. In Zusammenarbeit mit H. Quirin und P. Hollingworth. Wiesbaden 1987

Repertorium fontium historiae medii aevi primum ab Augusto Potthast digestum, nunc cura collegii historicorum e pluribus nationibus emendatum et auctum. Rom 1952ff.

Kämpfer, F., Stichel, R. und Zernack, K. (Hgg.), Glossar zur frühmittelalterlichen Geschichte im östlichen Europa. Begründet v. J. Ferluga, M. Hellmann, H. Ludat. Serie A:

Lateinische Namen bis 900. 3 Bände. Wiesbaden 1973–1988. Serie B: Griechische Namen bis 1025. 3 Bände. Wiesbaden 1974–1988 (mehr nicht erschienen).

Karayannopoulos, J., Weiss, G., Quellenkunde zur Geschichte von Byzanz (324–1453). 2 Halbbände, Wiesbaden 1982

Winckelmann, F. und Brandes, W. (Hg.), Quellen zur Geschichte des frühen Byzanz (4.–9. Jahrhundert). Bestand und Probleme. Berlin, Amsterdam 1990 (= Berliner Byzantinische Arbeiten 55)

Herrmann, J. (Hg.), Griechische und lateinische Quellen zur Frühgeschichte Mitteleuropas bis zur Mitte des 1. Jahrtausends u.Z. 2 Bde. Berlin 1988–1990

Armbruster, A., Der Donau-Karpatenraum in den mittel- und westeuropäischen Quellen des 10.-16. Jahrhunderts. Eine historiographische Imagologie. Köln, Wien 1990 (= Studia Transylvanica 17)

Guerico, M. (Red.), Les documents diplomatiques. Importante source des études balkaniques. Actes de la Conférence scientifique internationale, Tutzing-Munich, 4–6 mai 1986. Rom 1988 (= Ministero per i Beni Culturali e Ambientali. Pubblicazioni degli Archivi di Stato. Saggi 9)

Teich, G., Topographie der Osteuropa-, Südosteuropa- und DDR-Sammlungen. München, New York 1978

Lukan, W., Peyfuss, M. D., Ost- und Südosteuropa-Sammlungen in Österreich. Verzeichnis der Bibliotheken, Institute, Archive und Museen. 2. Aufl. Wien, München 1990 (= Schriftenreihe des Österreichischen Ost- und Südosteuropa-Instituts 15)

Balcanica. Guide to the Polish archives relative to the history of the Balkan countries. Warschau 1979

Horecky, P.L. (ed.), East Central and Southeast Europe. A handbook of library and archival resources in North America. Chicago 1976

Kurucz, Gy., Guide to documents and manuscripts in Great Britain relating to the Kingdom of Hungary from the earliest times to 1800. London 1992

Historische Atlanten

Jedin, H., Latourette, K.S., Martin, J. (Hg.), Atlas zur Kirchengeschichte. Die christlichen Kirchen in Geschichte und Gegenwart. Freiburg 1970, Neuauflage 1987

Atlas po bălgarska istorija. Sofija 1963

Történelmi atlasz. Budapest 1967

Stefan, P. (ed.), Atlas pentru istoria României. Bukarest 1983

Pitcher, D.E., An Historical Geography of the Ottoman Empire from earliest times to the end of the sixteenth century. Leiden 1972

Atlas der Donauländer. Wien 1970–1989

Brice, W.C. (ed.), An historical atlas of Islam. Leiden 1981

Československý vojenský atlas. Prag 1965 (Indexband 1966)

Bălgarski voenen atlas. Sofija 1979

Atlas Ost- und Südosteuropa. Aktuelle Karten zu Ökologie, Bevölkerung und Wirtschaft. Herausgeber: Österreichisches Ost- und Südosteuropa-Institut, Wien 1989 ff. – erscheint in Lieferungen. – Sonderkarte mit Begleittext von W. Weilguni, A. Suppan, V. Heuberger, K. Koch, Die Wahlen des Jahres 1990 in Mittel-, Ost- und Südosteuropa. Stuttgart 1991

Povijesni atlas. Zagreb 1969

Magocsi, P. R., Historical Atlas of East Central Europe. Seattle and London 1993 (= A History of East Central Europe vol. 1)

Chronologie, Datensammlungen

Grumel, V., La chronologie. Paris 1958

Magyarország történeti kronológiája a kezdetektől 1970-ig. 4 Bde. Budapest, Neuauflage 1983–1984

Giurescu, C.C. (ed.), Chronological History of Romania. Bukarest 1974

Terzijski, P., Socialističeska Bălgarija v dati i săbitija. Chronika. Sofija 1984

Hronologija oslobodilačke borbe naroda Jugoslavije 1941–1945. Belgrad 1964

Ferenc, T./Filipič, F. u. a., Kronologija naprednega delavskega gibanja na Slovenskem (1868–1980). Ljubljana 1981

Kersopoulos, J. G., Chronologie albanaise. Faits historiques, politiques, économiques, données statistiques etc. depuis le V. siècle a. J. C. jusqu' à nos jours, in: Les Balkans 9 (1937) S. 161–239

Bihl, W., Von der Donaumonarchie zum Zweiten Weltkrieg. Daten zur österreichischen Geschichte seit 1867. Wien 1989

Pfetsch, Fr. R. (Hg.), Konflikte seit 1945. Daten-Fakten-Hintergründe. (Ploetz-Redaktion). Freiburg 1991

Bulletin analytique de documentation politique, économique et sociale contemporaine. Paris (erscheint monatlich)

Archiv der Gegenwart (1931/32 ff.). Erscheinungsweise 14täglich

The Annual Register. – Zuletzt: The Annual Register 1991. 223rd Edition. Ed. by Alan J. Day. Harlow, Essex 1992

Das «Radio Free Europe/Radio Liberty Research Institute» gibt seit 1990 einen wöchentlich erscheinenden «Research Report» heraus und täglich eine zusammenfassende Berichterstattung über wichtige Ereignisse in den Ländern Ost- und Südosteuropas: «RFE/RL Daily Report»

Weithmann, M. W., Balkan-Chronik. 2000 Jahre zwischen Orient und Okzident. Regensburg 1995

Landeskunde, Historische Geographie

Die Balkanstaaten. Jugoslawien, Albanien, Bulgarien, Griechenland. Luzern 1963

Puls, W. W. (Hg.), Fischer Länderkunde. Band 8: Europa. Hg. und bearbeitet von W. Sperling u. A. Karger. Frankfurt 1978

Turnock, D., Eastern Europe. A Historical Geography 1815–1945. London, New York 1989

Mellor, R.E.H., Eastern Europe. A Geography of the Comecon Countries. London 1975

Blanc, A., Géographie des Balkans. 2. Aufl. Paris 1971

Carter, F.W. (ed.), A Historical Geography of the Balkans. London 1977

Cvijić, I., La péninsule balkanique. Géographie humaine. Paris 1918

Ancel, J., Peuples et nations des Balkans. Géographie politique. 2. Aufl. Paris 1941

Maull, O., Einheit und Gliederung Südosteuropas, in: Leipziger Vierteljahresschrift für Südosteuropa 1, 4 (1937) S. 3–20

Gavazzi, M., Die kulturgeographische Gliederung Südosteuropas (Ein Entwurf), in: Südost-Forschungen 15 (1956) S. 5–21

Philippson, A., Die griechischen Landschaften. Eine Landeskunde. 4 Bde. Frankfurt 1950–1959

Jireček, C., Die Heerstraße von Belgrad nach Constantinopel und die Balkanpässe. Eine historisch-geographische Studie. Prag 1877

Philippson, A., Das byzantinische Reich als geographische Erscheinung. Leiden 1939

Koder, J., Der Lebensraum der Byzantiner. Historisch-geographischer Abriß ihres mittelalterlichen Staates im östlichen Mittelmeerraum. Graz 1984

Lienau, C. und Prinzing, G. (Hg.), Albanien. Beiträge zu Geographie und Geschichte. Münster ^{2}1986

Spiridonakis, B.G., Essays on the historical geography of the Greek world in the Balkans during the Turkokratia. Thessalonike 1977

Lauffer, S., Griechenland. Lexikon der historischen Stätten. Von den Anfängen bis zur Gegenwart. München 1989

Lienau, C., Griechenland. Geographie eines Staates an der europäischen Südperipherie. Darmstadt 1989

Popescu-Spineni, M., Rumänien in seinen geographischen und kartographischen Quellen. Vom Altertum bis an die Schwelle unseres Jahrhunderts. Wiesbaden 1987

Wagner, E., Historisch-statistisches Ortsnamenbuch für Siebenbürgen. Mit einer Einführung in die historische Statistik des Landes. Köln, Wien 1977 (= Studia Transylvanica 4)

Kornrumpf, H.-J., Die Territorialverwaltung im östlichen Teil der europäischen Türkei vom Erlaß der Vilayetordnung (1864) bis zum Berliner Kongreß (1878) nach amtlichen osmanischen Veröffentlichungen. Freiburg 1976

–, Die Territorialverwaltung im östlichen Teil der europäischen Türkei vom Berliner Kongreß (1878) bis zu den Balkankriegen (1912/13) nach amtlichen osmanischen Veröffentlichungen. München 1983

Birken, A., Die Provinzen des Osmanischen Reiches. Wiesbaden 1976

Hammond, N. G. L., Epirus. The geography, the ancient remains, the history and the topography of Epirus and adjacent areas. Oxford 1967

Sprachen

Mayer, A., Die Sprache der alten Illyrer. 1. Einleitung. Wörterbuch der Illyrischen Sprachreste. 2. Etymologisches Wörterbuch des Illyrischen. Grammatik der illyrischen Sprache. Wien 1957–1959 (= Schriften der Balkankommission. Linguistische Abteilung 15,16)

Detschev, D., Die thrakischen Sprachreste. Wien 1957

Haarmann, H., Elemente einer Soziologie der kleinen Sprachen Europas. Band 1. Materialien zur Sprachökologie. Hamburg ^{3}1983

Sandfeld, K., Linguistique balkanique. Problèmes et résultats. Paris 1930

Schaller, W., Die Balkansprachen. Eine Einführung in die Balkanphilologie. Heidelberg 1975

Solta, G.R., Einführung in die Balkanlinguistik mit besonderer Berücksichtigung des Substrats und des Balkanlateinischen. Darmstadt 1980

Haarmann, H., Balkanlinguistik. 2 Bde. Tübingen 1978

Reiter, N. (Hg)., Ziele und Wege der Balkanlinguistik. Beiträge zur Tagung vom 2.–6. März 1981 in Berlin. Wiesbaden 1983 (= Osteuropa-Institut an der Freien Universität Berlin. Balkanologische Veröffentlichungen 8)

Mihăescu, H., La langue latine dans le sud-est de l'Europe. Bukarest 1978

Glaub-Kaltwasser, P., Zur Entstehung und Verbreitung des Balkanslavischen: Versuch einer dialektologischen Deutung. Saarbrücken 1991

Diels, P., Die slawischen Völker. Mit einer Literaturübersicht von A. Adamczyk. Wiesbaden 1963 (= Veröffentlichungen des Osteuropa-Institutes München 11)

Rehder, P. (Hg.), Einführung in die slavischen Sprachen. Darmstadt ^{2}1991

Panzer. B., Die slavischen Sprachen in Gegenwart und Geschichte. Sprachstrukturen und Verwandtschaft. Frankfurt u.a. 1991 (= Heidelberger Publikationen zur Slavistik A. Linguistische Reihe, Band 3)

Popović, I., Geschichte der serbokroatischen Sprache. Wiesbaden 1960
Steinke, K., Die russischen Sprachinseln in Bulgarien. Heidelberg 1990 (= Slavica N.F.)
Bray, R.G.A. de, Guide to the South Slavonic languages. Ohio Columbus ³1980
Lexikon der romanistischen Linguistik. Band 3. Die einzelnen romanischen Sprachen und Sprachgebiete von der Renaissance bis zur Gegenwart: Rumänisch, Dalmatisch/Istroromanisch, Friaulisch, Ladinisch, Bündnerromanisch. Heidelberg 1989
Puşcariu, S., Die rumänische Sprache. Ihr Wesen und ihre volkliche Prägung. Leipzig 1943
Browning, R., Medieval and Modern Greek. Cambridge ²1983
Hazai, Gy., Handbuch der türkischen Sprachwissenschaft. Teil I. Wiesbaden 1990
Breu, W. (Hg.), Aspekte der Albanologie: Akten des Kongresses «Stand und Aufgaben der Albanologie heute», 3.-5. Oktober 1988, Univ. Köln. Wiesbaden 1991 (= Balkanologische Veröffentlichungen 18)
Jokl, N., Linguistisch-kulturhistorische Untersuchungen aus dem Bereich des Albanischen. Berlin, Leipzig 1923
Décsy, Gy., Einführung in die finnisch-ugrische Sprachwissenschaft. Wiesbaden 1965
Schubert, G., Ungarische Einflüsse in der Terminologie des öffentlichen Lebens der Nachbarsprachen. Wiesbaden 1982
Hadrovics, L., Ungarische Elemente im Serbokroatischen. Köln, Wien 1985
Hannick, Chr. (Hg.), Sprachen und Nationen im Balkanraum. Die historischen Bedingungen der Entstehung der heutigen Nationalsprachen. Köln, Wien 1987 (= Slawistische Forschungen 56)

3. Geschichte des Gesamtraumes

Gesamtdarstellungen

Forbes, N., Toynbee, A.J., Mitrany, D., Hogarth, G., The Balkans. A History of Bulgaria, Serbia, Greece, Rumania, Turkey. Oxford 1915
Schevill, F., History of the Balkan Peninsula. From the Earliest Times to the Present Day. New York 1922. Neudruck New York 1966
Randa, A., Der Balkan. Schlüsselraum der Weltgeschichte. Von Thrake zu Byzanz. Graz, Salzburg, Wien 1949
–, Der Balkan von Diokletian bis Tito. Zürich 1950
Stadtmüller, G., Geschichte Südosteuropas. München 1950. Neudruck München 1976
Ristelhueber, R., Histoire des peuples balkaniques. Paris 1950. – Erweiterte englische Ausgabe: A History of the Balkan Peoples by R. Ristelhueber. Edited and Translated by Sh.D. Spector. New York 1971
Farkas, J. von, Südosteuropa. Ein Überblick. Göttingen 1955
Stavrianos, L.S., The Balkans since 1453. New York 1958
Halecki, O., Grenzraum des Abendlandes. Eine Geschichte Ostmitteleuropas. Salzburg 1956
Jelavich, Ch. and B., The Balkans. Englewood Cliffs, N.J. 1965
Bernath, M., Die Südslawen, in: Die Welt der Slawen. Hrsg. von Hans Kohn. Band 1. Die West- und Südslawen. Frankfurt, Hamburg 1960, S. 209–287
Sugar, P.F., Treadgold, D.W. (Hgg.), A History of East Central Europe. – Für Südosteuropa bisher folgende Bde.: Band 5: P.F. Sugar, Southeastern Europe under Ottoman Rule, 1354–1804. Seattle, London 1977. Band 6: R.A. Kann, V.D. Zdeněk, The Peoples of the Eastern Habsburg Lands, 1526–1918. Seattle, London 1984. Band 8: Ch. and

B. Jelavich, The Establishment of the Balkan National States, 1804–1920. Seattle, London 1977 und Band 9: J. Rothschild, East Central Europe between the Two World Wars. Seattle, London 1974

Schieder, Th. (Hg.), Handbuch der europäischen Geschichte. 7 Bde. in 8, Stuttgart 1968–1987

Castellan, G., History of the Balkans from Mohammed the Conqueror to Stalin (= East European Monographs 325). Irvington, N.Y. 1991

Conze, W., Ostmitteleuropa. Von der Spätantike bis zum 18. Jahrhundert. Hg. und mit einem Nachwort versehen von Kl. Zernack. München 1992

Epochendarstellungen

a. Ältere Zeit

Fine, J. V., The Early Medieval Balkans. A Critical Survey from the 6th to the Late 12th Century. Ann Arbor 1983

–, The Late Medieval Balkans. A Critical Survey from the Late Twelfth Century to the Ottoman Conquest. Ann Arbor 1987

Dvornik, F., The Slavs. Their Early History and Civilization. Boston 1956

–, The making of Central and Eastern Europe. London 1949

–, The Slavs in European History and Civilization. New Brunswick 1962

–, The Slavs between East and West. Milwaukee 1964

Braun, M., Die Slawen auf dem Balkan bis zur Befreiung von der türkischen Herrschaft. Leipzig 1941

Sedlar, J. W., East Central Europe in the Middle Ages, 1000–1500. Seattle and London 1994 (= A History of East Central Europe vol. 3)

b. Neuzeit

Stavrianos, L.S., The Balkans 1815–1914. New York 1963

Jelavich, B., A History of the Balkans. Vol. 1: Eighteenth and Nineteenth Centuries. Vol. 2: Twentieth Century. Cambridge 1983

The Near East in modern times. Vol. 1. Arnakis, G. G., The Ottoman Empire and the Balkan States to 1900. Vol. 2. Arnakis, G. G., Vucinich, W. S., Forty crucial years 1900–1940. Vol. 3. Second World War and after 1940–1960. Austin, New York 1969–1973

Miller, W., The Balkans. Roumania, Bulgaria, Servia and Montenegro. With new chapter containing their history from 1896 to 1922. London ³1923

Heymann, E., Balkan. Kriege, Bündnisse, Revolutionen. 150 Jahre Politik und Schicksal. Berlin 1938

c. Zeitgeschichte

Crampton, R.J., Eastern Europe in the Twentieth Century. London, New York 1994

Wolff, R.L., The Balkans in Our Time. Rev. ed. New York 1978

South-eastern Europe. A political and economic survey. London 1939

Macartney, C.M., Palmer, A.W., Independant Eastern Europe. A History. London, New York 1962 (Paperback-Ausgabe 1966)

Seton-Watson, H., Osteuropa zwischen den Kriegen 1918–1941. Paderborn 1948

Toynbee, A. and V. M. (eds.), Survey of International Affairs 1939–1946. Hitler's Europe. London 1954

Betts, R.R., (ed.), Central and South East Europe 1945–1948. London, New York 1950

Seton-Watson, H., Die osteuropäische Revolution. München 1956

Fejtö, F., Die Geschichte der Volksdemokratien. 2 Bde. Graz, Wien, Köln 1972

East-Central Europe under the Communists. Mid-European Center. – Mit folgenden Sammelbänden, hrsg. von: St. Skendi, Albania. New York 1956. L.A.D. Dellin, Bulgaria, New York 1957. St. Fischer-Galati, Romania. New York 1957. R.F. Byrnes, Yugoslavia. New York 1957

Grothusen, K.-D. (Hg.), Südosteuropa-Handbuch. Göttingen 1975 ff. Bisher mit folgenden Bänden: Jugoslawien (1975), Rumänien (1977), Griechenland (1980), Türkei (1985), Ungarn (1987) und Bulgarien (1990) und Albanien (1993)

Rothschild, J., Return to diversity: a political history of East Central Europe since World War II. New York, Oxford 1989. 2. Auflage New York, London 1993

Brown, J. F., Eastern Europe and Communist Rule. Durham, London 1988. Zweite Ausgabe unter dem Titel: Surge to Freedom: The End of Communist Rule in Eastern Europe. Durham 1991

Lemberg, H. (Hg.), Sowjetisches Modell und nationale Prägung: Kontinuität und Wandel in Ostmitteleuropa nach dem Zweiten Weltkrieg. Marburg 1991 (= Historische und landeskundliche Ostmitteleuropastudien 7)

Zeman, Z. A. B., The making and breaking of communist Europe. Oxford 1991

Althammer, W. (Hg.), Südosteuropa in der Ära Gorbatschow. Auswirkungen der sowjetischen Reformpolitik auf die südosteuropäischen Länder. München 1987 (= Südosteuropa aktuell 2)

Weithmann, M. W., Krisenherd Balkan. Ursprünge und Hintergründe des aktuellen Konflikts. München 1992

Weithmann, M. W. (Hg.), Der ruhelose Balkan. Die Konfliktregionen Südosteuropas. München 1993 (= dtv 4612)

Regionalgeschichten, Randgebiete

a. Adriaraum

Wilkes, J.J., Dalmatia. London 1969 (= History of the provinces of the Roman Empire 2)

Voinovitch, L. de, Histoire de Dalmatie. 2 Bde. Paris 1934

Steindorff, L., Die dalmatinischen Städte im 12. Jahrhundert. Studien zu ihrer politischen Stellung und gesellschaftlichen Entwicklung. Köln, Wien 1984 (= Städteforschung. Reihe A. Darstellungen 20)

Kretschmayr, H., Geschichte von Venedig. 3 Bde. Gotha, Stuttgart 1905–1934

Cessi, R., Storia della Repubblica di Venezia. 2 Bde. Mailand 1944–1946

–, La Repubblica di Venezia e il problema adriatica. Neapel 1953

Hellmann, M., Grundzüge der Geschichte Venedigs. Darmstadt ^{3}1989 (= Wissenschaftliche Buchgesellschaft. Grundzüge 28)

Chambers, D., Pullan, B., Venice. A documentary history 1450–1630. Oxford 1992

Thiriet, F., La Romanie vénitienne au moyen âge. Le développement et l'exploitation du domaine colonial vénitien. XIIe–XVe siècle, Paris 1959

Beck, H.-G., Manoussacas, M., Pertusi A. (eds.), Venezia centro di mediazione tra Oriente e Occidente (secoli XV–XVI). Aspetti e problemi. 2 Bde. Florenz 1977

Duroselle, J.-B., Le conflit de Trieste, 1943–1954. Brüssel 1966

Foretić, V., Povijest Dubrovnika do 1808. 2 Bde. Zagreb 1980

Carter, F.W., Dubrovnik (Ragusa). A classical city state. London, New York 1972

Bauer, E., Drei Leopardenköpfe in Gold. Österreich in Dalmatien. Wien, München 1973

b. Makedonien

Brailsford, H. N., Macedonia. Its Races and Their Future. London 1906 (Nachdruck New York 1971)

Wilkinson, H.R., Maps and Politics. A Review of the Ethnographic Cartography of Macedonia. Liverpool 1951
Barker, E., Macedonia. Its Place in Balkan Power Politics. London 1950 (Neudruck Westpoint, Conn. 1980)
Vacalopoulos, A. E., History of Macedonia, 1354–1833. Thessalonike 1973
Sakellariou, M.B. (ed.), Macedonia. 4000 years of Greek history and civilization. Athen 1983 (= Greek lands in history)
Pribichevich, S., Macedonia. Its people and history. University Park, London 1982
Makedonien. Eine Dokumentensammlung. Sofia 1982
Kofos, E., National Heritage and National Identity: Nineteenth and Twentieth Century Macedonia. Athen 1991

c. Siebenbürgen

Makkai, L., Histoire de Transylvanie. Paris 1946
Daicoviciu, C., Constantinescu, M. (eds.), Brève histoire de la Transylvanie. Bukarest 1965
Mittelstraß, O., Beiträge zur Siedlungsgeschichte Siebenbürgens im Mittelalter. München 1961
Köpeczi, B. (Hg.), Kurze Geschichte Siebenbürgens. Budapest 1990
Kessler, W. (Hg.), Gruppenautonomie in Siebenbürgen: 500 Jahre siebenbürgisch-sächsische Nationsuniversität. Köln, Wien 1990 (= Siebenbürgisches Archiv 24)
Schaser, A., Josephinische Reformen und sozialer Wandel in Siebenbürgen. Die Bedeutung des Konzivilitätsreskriptes für Hermannstadt. Stuttgart 1989 (= Quellen und Studien zur Geschichte des östlichen Europa 29)

d. Habsburgermonarchie

Wolfram, H., Die Geburt Mitteleuropas. Geschichte Österreichs vor seiner Entstehung. Wien 1987
Wandruszka, A., Urbanitsch, P. (Hg.), Die Habsburgermonarchie 1848–1918. 6 Bde. in 7, Wien 1973–1989. (Band 1: Die Wirtschaftliche Entwicklung. Band 2: Verwaltung und Rechtswesen. Band 3, in 2 Teilbänden: Die Völker des Reiches. Band 4: Die Konfessionen. Band 5: Die bewaffnete Macht. Band 6,1: Die Habsburgermonarchie im System internationaler Beziehungen)
Plaschka, R.G., Mack, K. (Hg.), Die Auflösung des Habsburgerreiches. Zusammenbruch und Neuorientierung im Donauraum. Wien 1970

e. Die Militärgrenze

Amstadt, J., Die k.k. Militärgrenze 1522–1881. 2 Bde. Würzburg 1969
Die k.k. Militärgrenze. Beiträge zu ihrer Geschichte. Wien 1973
Die österreichische Militärgrenze. Geschichte und Auswirkungen. Wien 1982
Preradovich, N. von, Des Kaisers Grenzer. 300 Jahre Türkenabwehr. Wien, München, Zürich 1970
Kaser, K., Freier Bauer und Soldat. Die Militarisierung der agrarischen Gesellschaft in der kroatisch-slowenischen Militärgrenze (1535–1881). Graz 1986
Rothenberg, G.E., Die österreichische Militärgrenze in Kroatien 1522 bis 1881. Wien, München 1970
Göllner, C., Die Siebenbürgische Militärgrenze. Ein Beitrag zur Sozial- und Wirtschaftsgeschichte 1762–1851. München 1974
Bracewell, C. W., The Uskoks of Senj. Piracy, Banditry, and Holy War in the Seventeenth-Century Adriatic. Ithaca, London 1992

f. Bukowina und Bessarabien

Nandris, G., Bessarabia and Bukovina. London 1968

Dima, N., Bessarabia and Bukovina. The Soviet-Romanian Territorial Dispute. Boulder, New York 1982

Beck, E., Bibliographie zur Landeskunde der Bukowina. Literatur bis zum Jahre 1965. München 1966 (= Veröffentlichungen des Südostdeutschen Kulturwerkes 19)

Turczynski, E., Geschichte der Bukowina in der Neuzeit. Zur Sozial- und Kulturgeschichte einer mitteleuropäischen Landschaft. Wiesbaden 1993 (= Studien der Forschungsstelle Ostmitteleuropa an der Universität Dortmund 14)

Meurs, W. P., The Bessarabian Question in Communist Historiography. Nationalist and Communist Politics and History-Writing. New York 1994

g. Zypern

Hill, G.F., History of Cyprus. 4 Bde. Cambridge 1940–1952

Maier, F.G., Cypern. Insel am Kreuzweg der Geschichte. München [2]1982

Tzermias, P., Geschichte der Republik Zypern. Mit Berücksichtigung der historischen Entwicklung der Insel während der Jahrtausende. Tübingen 1991

Choisi, J., Wurzeln und Strukturen des Zypernkonfliktes 1878 bis 1990. Ideologischer Nationalismus und Machtbehauptung im Kalkül konkurrierender Eliten. Stuttgart 1992 (= Studien zur modernen Geschichte 43)

4. Ländergeschichten

Albanien

Fjalori Enciklopedik Shqiptar. Tirana 1985

Historia e Shqipërisë në tre vëllime (Geschichte Albaniens in drei Bänden). Bisher erschienen: Band 1–2. Tirana 1959–1965. Ergänzter Neudruck der beiden ersten Bände als: Historia e popullit shqiptar. Prishtina 1969

Historia e Shqipërisë në katër vëllime. 4 Bde. (Bd. 1 noch nicht erschienen). Tirana 1983–1984

Arš, G. L./Senkevič, I. G./Smirnova, N.D., Kratkaja istorija Albanii (Kurze Geschichte Albaniens). Moskau 1965

Frasheri, K., The History of Albania. A Brief Survey. Tirana 1964

Pollo, S./Puto, A., The History of Albania from its Origins to the Present Day. London 1981

Marmullaku, R., Albania and the Albanians. London 1975

Prifti, P.R., Socialist Albania since 1944: Domestic and Foreign Developments. Cambridge 1978

Franke, P. R., Albanien im Altertum. Mit 2 Beiträgen von Muzafer Korkuti und Helmut Freis. Feldmeilen 1990

Eggebrecht, A. (Hg.), Albanien. Schätze aus dem Land der Skipetaren. Mainz 1988 (Ausstellungskatalog)

Koch, G. Albanien. Kunst und Kultur der Skipetaren. Köln 1989

Altmann, F.-L. (Hg.), Albanien im Umbruch. Eine Bestandsaufnahme. München 1990

Grothusen, K.-D. (Hg.), Albanien in Vergangenheit und Gegenwart. München 1991 (= Südosteuropa-Studien 48).

Hibbert, R., Albania's national liberation struggle. The bitter victory. London, New York 1991

Ducellier, A., La façade maritime de l'Albanie au Moyen Age. Durazzo et Valona du XIe au XVe siècle. Thessalonike 1981

Hall, D., Albania and the Albanians. London 1994

Bartl, P., Albanien. Vom Mittelalter bis zur Gegenwart. Regensburg 1995

Eberhart, H., Kaser, K. (Hg.), Albanien – Stammesleben zwischen Tradition und Moderne. Wien, Köln, Weimar 1995

Bulgarien

Jireček, C., Geschichte der Bulgaren. Prag 1876
Zlatarski, V.N., Istorija na bălgarskata dăržava prěz srednitě věkove. 3 Bde. in 4 Sofija 1918–1940
Slatarski, W.N., Staneff, N., Geschichte der Bulgaren. 2 Bde. Leipzig 1917
Istorija na Bălgarija. Red. D. Kosev u. a. 3 Bde. Sofija ²1961–1964
Istorija na Bălgarija v četirinadeset toma. 14bändige Gesamtdarstellung. Bisher erschienen: Band 1–7 (bis 1903). Sofija 1979–1991
Evans, St. G., A short history of Bulgaria. London 1960
Kosev, D., Christov, Ch., Angelov, D., Bulgarische Geschichte. Sofia 1963
Lang, D.M., The Bulgarians. From pagan times to the Ottoman conquest. London 1976
Runciman, S., A history of the first Bulgarian Empire. London 1930
Wolff, R.L., The Second Bulgarian Empire. Its Origins and History to 1204, in: Speculum 24 (1949) S. 167–206
Macdermott, M., A history of Bulgaria 1393–1885. London 1962
–, A short history of modern Bulgaria. Cambridge u. a. 1987
Gjuzelev, V., Bulgarien zwischen Orient und Okzident: Die Grundlagen seiner geistigen Kultur vom 13. bis 15. Jahrhundert. Wien, Köln, Weimar 1993
Hypchick, D. P., The Bulgarians in the Seventeenth Century. Slavic Orthodox Society and Culture under Ottoman Rule. North Carolina and London 1993
Perry, D. M., Stefan Stambolov and the Emergence of Modern Bulgaria, 1870–1895. North Carolina and London 1993
Bell, J. D., Peasants in Power: Alexander Stamboliski and the Bulgarian Agrarian National Union, 1899–1923. Princeton 1977
Hatschikjan, M. A., Tradition und Neuorientierung in der bulgarischen Außenpolitik 1944–1948. Die «nationale Außenpolitik» der Bulgarischen Arbeiterpartei (Kommunisten). München 1988 (= Südosteuropäische Arbeiten 86)
Hatschikjan, M. A., Der unsanfte Übergang. Bulgariens Weg der politischen Erneuerung. St. Augustin 1991 (= Forschungsinstitut der Konrad-Adenauer-Stiftung. Innere Studien 23/1991)
Höpken, W. (Hg.), «Revolution» auf Raten – Bulgariens schwieriger Weg zur Demokratie. München 1993

Griechenland

Hopf, K., Geschichte Griechenlands vom Beginn des Mittelalters bis auf unsere Zeit. 2 Bde. Leipzig 1867–1868. Neudruck New York 1960 (= Ersch-Gruber, Allgemeine Encyklopädie der Wissenschaften und Künste Band 85–86)
Historia tou hellenikou ethnous. 14 Bände. Athen 1970–1977
Bakalopoulos, A. E., Historia tou neou hellenismou. Bisher erschienen: 7 Bde. Thessalonike 1961–1986. – Englische Übersetzung des einleitenden Bandes: A. E. Vacalopoulos, Origins of the Greek nation. The Byzantine period, 1204–1461. New Brunswick, N.J. 1970 und des 2. Bandes: The Greek Nation, 1453–1669. The Cultural and Economic Background of Modern Greek Society. New Brunswick 1976
Zakythinos, D.A., The Making of Modern Greece. From Byzantium to Independence. Oxford 1976

Svoronos, N. G., Histoire de la Grèce moderne. Paris 1953 (= Que sais-je? Nr. 578)
Clogg, R., A short history of modern Greece. Cambridge u. a. ²1986
Bakalopoulos, A., Griechische Geschichte von 1204 bis heute. Köln 1985
Tzermias, P., Neugriechische Geschichte. Eine Einführung. Tübingen 1986
Clogg, R., A Concise History of Greece. Cambridge 1992 (= Cambridge Concise Histories)
Hering, G., Die politischen Parteien Griechenlands 1821–1936. München 1992 (= Südosteuropäische Arbeiten 90)
Richter, H. A., Griechenland im 20. Jahrhundert. Köln 1990
Fleischer, H., Im Kreuzschatten der Mächte – Griechenland 1941–1944 (Okkupation – Resistance – Kollaboration). Frankfurt u. a. 1978
Vlavianos, H., Greece, 1941–1949. From Resistance to civil war. The strategy of the Greek Communist Party. London 1991
Frazier, R., Anglo-American relations with Greece. The coming of the Cold War 1942–1947. London 1991
Tzermias, P., Konstantin Karamanlis. Versuch einer Würdigung. Tübingen 1992
Axt, H.-J., Die PASOK. Aufstieg und Wandel des verspäteten Sozialismus in Griechenland. Bonn 1985
Heydenreuter, R., Murken, J., Wünsche, R. (Hgg), Die erträumte Nation. Griechenlands Wiedergeburt im 19. Jahrhundert. München 1993
Pettifer, J., The Greeks. The Land and the people since the War. London 1993
Fleischer, H., Im Kreuzschatten der Mächte: Griechenland 1941–1944. Okkupation, Résistance, Kollaboration. 2 Bände Frankfurt, Bern 1986
Richter, H. A., Griechenland im 20. Jahrhundert. Band 1. Megali Idea, Republik, Diktatur. Köln 1990
Tzermias, P., Die Identitätssuche des neuen Griechentums. Eine Studie zur Nationalfrage mit besonderer Berücksichtigung des Makedonienproblems. Freiburg/Schweiz 1994
Zervakis, P. A., Justice for Greece. Der Einfluß einer gräkoamerikanischen Interessengruppe auf die Außenpolitik der USA gegenüber Griechenland, 1945–1947. Stuttgart 1994 (= Studien zur modernen Geschichte Band 47)
Weithmann, M. W., Griechenland. Vom Frühmittelalter bis zur Gegenwart. Regensburg 1994

Jugoslawien und die historischen Landschaften

a. Gesamtdarstellungen

Pregled istorije jugoslovenskih naroda. Band 1. Belgrad 1963
Istorija naroda Jugoslavije. 2 Bde. Belgrad 1953–1960 (mit slowenischer und kroatischer Parallelausgabe, reicht bis zur Mitte des 18. Jahrhunderts)
Haumont, E., La formation de la Yougoslavie (XVe–XXe siècles). Paris 1930
Kostelski, Z., The Yugoslavs. The history of the Yugoslavs and their states to the creation of Yugoslavia. New York 1952
Heppell, M., The history of the Yugoslav lands up to the outbreak of the First World War. London 1961
Clissold, St. (ed.), A short history of Yugoslavia. From early times to 1966. Cambridge/England 1966
Bartl, P., Grundzüge der jugoslawischen Geschichte. Darmstadt 1985 (= Wissenschaftliche Buchgesellschaft. Grundzüge 60)
Dedijer, V., Božić, I., Ćirković, S., Ekemčić, M., History of Yugoslavia. New York 1974

b. Serbien

Istorija srpskog naroda. Auf 6 Bde. geplante Gesamtdarstellung. Bisher erschienen: Bd. 1, 2, 4 (1.2), 5 (1.2), 6 (1.2). Belgrad 1981 ff.

Kanitz, F. Ph., Das Königreich Serbien und das Serbenvolk von der Römerzeit bis zur Gegenwart. Band 1–3. Leipzig 1904–1914

Jireček, C., Geschichte der Serben. Band 1–2, 1. Gotha 1911–1918

–, Staat und Gesellschaft im mittelalterlichen Serbien. Studien zur Kulturgeschichte des 13.–15. Jahrhunderts. 4 Bde. Wien 1912–1919 (= Denkschriften der Kaiserlichen Akademie der Wissenschaften in Wien. Phil.-hist. Klasse)

Mladenovic, M., L'Etat serbe au moyen âge. Son Caractère. Paris 1931

Petrovich, M.B., A History of Modern Serbia 1804–1918. 2 Bde. New York, London 1976

Emmert, Th. A., Serbian Golgotha Kosovo, 1389. New York 1990 (= East European monographs 278)

Boestfleisch, H.-M., Modernisierungsprobleme und Entwicklungskrisen. Die Auseinandersetzung um die Bürokratie in Serbien 1839–1858. Frankfurt 1987 (= Studien zur Geschichte Südosteuropas 3)

Bogdanović, D., Kosovo. Vergangenheit und Gegenwart. Zürich, Lausanne 1992

c. Kroatien

Klaić, V., Povijest Hrvata od najstarijih vremena do svršetka XIX stoljeća. 5 Bde. Zagreb 1899–1911 (Neudruck 1972–1975)

Klaić, N., Povijest Hrvata u ranom srednjem vijeku. Zagreb 1971

Šišić, F. von, Geschichte der Kroaten. 1. Teil (bis 1102). Zagreb 1917

Preveden, F. A., A History of the Croatian People from their Arrival on the Shores of the Adriatic to the Present Day. New York 1955

Eterovich, F., Spalatin, Chr. (eds.), Croatia: land, people and culture. 2 Bde. Toronto 1964–1970

Guldescu, St., History of the Medieval Croatia. The Hague 1964

Guldescu, St., The Croatian-Slavonian Kingdom 1526–1792. The Hague, Paris 1970

Kiszling, R., Die Kroaten. Der Schicksalsweg eines Südslawenvolkes. Graz, Köln 1956

Hory, L., Broszat, M., Der kroatische Ustascha-Staat 1941–1945. Stuttgart [2]1965 (= Schriftenreihe der Vierteljahreshefte für Zeitgeschichte Nr. 8)

Gross, M., Die Anfänge des modernen Kroatien. Gesellschaft, Politik und Kultur in Zivil-Kroatien und -Slawonien in den ersten dreißig Jahren nach 1848. Köln, Weimar 1993

d. Slowenien

Hödl, G. (Hg.), Karantanien und der Alpen-Adria-Raum im Frühmittelalter. 2. St. Veiter Historikergespräche. Wien, Köln 1992

Huttenbach, H. R. and Vodopivec, P. (Hgg.), Voices from the Slovene Nation 1990–1992. New York 1993 (= Sonderheft der Zeitschrift «Nationalities Papers)

Mal, J., Probleme aus der Frühgeschichte der Slowenen. Laibach 1939

Lončar, D., The Slovenes. A Social History. Cleveland 1939

Grafenauer, B., Zgodovina slovenskega naroda. 2 Bde. Ljubljana [2]1964–1965

e. Bosnien

Klaić, V., Geschichte Bosniens von den ältesten Zeiten bis zum Verfalle des Königreiches. Leipzig 1885

Ćirković, S., Istorija srednjovekovne bosanske države. Belgrad 1964

Klaić, N.. Srednjovjekovna Bosna. Zagreb 1989

Balic, S., Das unbekannte Bosnien. Europas Brücke zur islamischen Welt. Köln, Wien, Weimar 1992 (= Kölner Veröffentlichungen zur Religionsgeschichte 23)
Donia, R.J., Islam under the Double Eagle: The Muslims of Bosnia and the Hercegovina, 1878–1914. New York 1981.
Džaja, S.M., Bosnien-Herzegowina in der österreichisch-ungarischen Epoche (1878–1918). Die Intelligentsia zwischen Tradition und Ideologie. München 1994 (= Südosteuropäische Arbeiten Band 93)
Malcolm, N., Bosnia. A Short History. London 1994
Haselsteiner, H., Bosnien-Herzegowina. Die Orientkrise und die südslawische Frage. Wien, Köln, Weimar 1995

f. Montenegro

Istorija Crne Gore. Bisher erschienen: 4 Bde. in 5 (reicht bis 1851). Titograd u. a. 1967–1981
Heer, C.: Territorialentwicklung und Grenzfragen von Montenegro in der Zeit seiner Staatswerdung 1830–1887. Bern u.a. 1981

g. Makedonien

Istorija na makedonskiot narod. 3 Bde. Skoplje 1969
Hammond, N.G., A history of Macedonia. Oxford 1988
Libal, W., Mazedonien zwischen den Fronten. Junger Staat mit alten Konflikten. Wien, Zürich 1993

h. Königreich der Serben, Kroaten und Slowenen – Jugoslawien

Djordjevic, D., Fischer-Galati, S. (eds.), The Creation of Yugoslavia, 1914–1918. Santa Barbara, Calif. 1980
Gesemann, G., Heymann, E., März, J., Oertzen, F.W. von, Schmaus, A., Stelè, F., Wirsing, G., Das Königreich Südslawien. Leipzig 1935
Markert, W. (ed.), Jugoslawien. Köln, Graz 1954 (= Osteuropa-Handbuch, Band 1)
Kerner, R.J. (ed.)., Yugoslavia, Berkeley 1949
Ludat, H. (ed.), Jugoslawien zwischen West und Ost. Probleme seiner Geschichte, Wirtschaft und Politik. Gießen 1961
Singleton, F., Twentieth Century Yugoslavia. New York 1976
Sundhaußen, H., Geschichte Jugoslawiens 1918–1980. Stuttgart 1982
Grothusen, K.-D., Haberl, O.N., Höpken, W. (Hg.), Jugoslawien am Ende der Ära Tito. 2 Bde. München 1983–1986
Petranović, B., Istorija Jugoslavije 1918–1978. Belgrad 1981
Gow, J., Legitimacy and the military. The Yugoslav crisis. London 1991
Lydall, H., Yugoslavia in crisis. Oxford 1989
Razumovsky, D. Gräfin, Chaos Jugoslawien. Historische Ursachen, Hintergründe, Perspektiven (= Serie Piper Aktuell 1577). München 1991
Rusinow, D. (Hg.), Yugoslavia: A Fractured Federalism. Washington 1988 (= Wilson Center perspectives)
Beckmann-Petey, M., Der jugoslawische Föderalismus. München 1990 (= Untersuchungen zur Gegenwartskunde Südosteuropas 29)
Ramet, R. (Hg.), Yugoslavia in the 1980s. Boulder, Col. 1985
Ramet, S.P., Balkan babel. Politics, culture and religion in Yugoslavia. Boulder, Colorado 1992
Furkes, J., Schlarp, K.-H. (Hg.), Jugoslawien: Ein Staat zerfällt. Der Balkan – Europas Pulverfaß. Hamburg 1991 (= rororo aktuell 13074)
Libal, W., Das Ende Jugoslawiens. Chronik einer Selbstzerstörung. Wien, Zürich 1991

Reißmüller, J. G., Der Krieg vor unserer Haustür. Hintergründe der kroatischen Tragödie. Stuttgart 1992

Garde, P., Vie et mort de la Yougoslavie. Paris 1992

Siccama, J. G. (Hg.), The uncertain future of Yugoslavia. Amsterdam 1992 (= Yearbook of European Studies)

Gelhard, S., Ab heute ist Krieg. Der blutige Konflikt im ehemaligen Jugoslawien. Frankfurt 1992 (= Fischer Taschenbuch 11496)

Donaufürstentümer – Rumänien

Jorga, N., Geschichte des rumänischen Volkes im Rahmen seiner Staatsbildungen. 2 Bde. Gotha 1905 (= Allgemeine Staatengeschichte I. Geschichte der europäischen Staaten 34)

–, Histoire des Roumains et de la Romanité orientale. 10 Bde. in 11, Bukarest 1937–1945

Giurescu, C., Istoria românilor. 3 Bde. in 5. Bukarest 1938–1946

Istoria Romîniei. 4 Bde. Bukarest 1960–1964 (reicht bis 1878)

Höpker, W., Rumänien diesseits und jenseits der Karpaten. München 1936

Seton-Watson, R.W., A history of the Roumanians from Roman times to the completion of unity. Cambridge/England 1934 (Nachdruck 1963)

Oţetea, A. (ed.), The history of the Romanian people. New York 1970

Cândea, V., Kurze Geschichte Rumäniens. Bukarest 1977

Giurescu, C.C. und D.C., Geschichte der Rumänen. Bukarest 1980

Giurescu, D.C., Illustrierte Geschichte des rumänischen Volkes. Bukarest 1982

Fischer-Galati, St., The New Rumania. From People's Democracy to Socialist Republic. Cambridge/Mass., London 1967

Constantinescu, M., Daicoviciu, C., Pascu, S., Histoire de la Roumanie des origines à nos jours. Bukarest 1970

Castellan, R., Histoire de la Romanie. Paris 1984

Florescu, R., Rumania. A history. Beckeham 1986

Georgescu, V., The history of the Romanians. London 1991

Armbruster, A., Auf den Spuren der eigenen Identität. Ausgewählte Beiträge zur Geschichte und Kultur Rumäniens. Bukarest 1991

Shafir, M., Romania. Politics, Economics, and Society. London 1985

Tontsch, G. H., Das Verhältnis von Partei und Staat in Rumänien. Kontinuität und Wandel 1944–1982. Köln 1985 (= Abhandlungen zum Ostrecht 17)

Gabanyi, A. U., Die unvollendete Revolution. Rumänien zwischen Diktatur und Demokratie. München, Zürich 1990 (= Serie Piper 1271)

Ratesh, N., Romania: the entangled revolution. New York 1991 (= The Washington Papers 152)

Wagner, R., Sonderweg Rumänien. Bericht aus einem Entwicklungsland. Berlin 1991 (= Rotbuch Taschenbuch 37)

Wagner, R., Frauendorfer, H. (Hg.), Der Sturz des Tyrannen. Rumänien und das Ende einer Diktatur. Reinbeck 1990 (rororo aktuell 12839)

Schmidt, J., Populismus oder Marxismus. Zur Ideengeschichte der radikalen Intelligenz Rumäniens 1875–1915. Tübingen 1992

Jowitt, K. (ed.), Social Change in Romania 1860–1940. Berkeley 1978

Chirot, D., Social Change in a Peripheral Society. The Creation of a Balkan Colony. New York 1976

Hitchins, K., Rumania 1866–1947. Oxford 1994

Lizeveanu, I., Cultural Politics in Greater Romania. Regionalism, Nation Building, and Ethnic Struggle, 1918–1930. Ithaca, N. Y. 1995

Fischer-Galati, St., Twentieth Century Romania. Second edition New York 1991
Nelson, D. (ed.), Rumania after Tyranny. Boulder, Colo. 1992
Gregori, I., Schaser, A. (Hgg.), Rumänien im Umbruch. Chancen und Probleme europäischer Integration. Bochum 1993
Völkl, E., Rumänien. Vom 19. Jahrhundert bis zur Gegenwart. Regensburg 1995

Ungarn

Magyarország története tíz kötetben. Von der auf 10 Bände geplanten Gesamtdarstellung bisher erschienen Bd.: 1 (1.2), 3 (1.2), 4 (1.2), 5 (1.2), 6 (1.2), 7 (1.2) und 8 (1.2) Budapest 1976–1989
Hóman, B., Geschichte des ungarischen Mittelalters. 2 Bde. Berlin 1940–1943
Farkas, J. von, Ungarns Geschichte und Kultur in Dokumenten. Wiesbaden 1955
Uhlirz, K.-M., Handbuch der Geschichte Österreichs und seiner Nachbarländer Böhmen und Ungarn. 4 Bde. Graz 1927–1944, dazu die Neubearbeitung: M. Uhlirz, Handbuch der Geschichte Österreich-Ungarns. 1. Bd. Graz, Wien, Köln 1963
Macartney, C.A., October Fifteenth. A History of Modern Hungary, 1929–1945. 2 Bde. Edinburgh 1956–1957
–, Geschichte Ungarns. Stuttgart 1971
Pamlényi, E. (Hg.), Die Geschichte Ungarns. Budapest 1971
Door, R., Neueste Geschichte Ungarns. Von 1917 bis zur Gegenwart. Berlin-Ost 1982
Hoensch, J.K., Geschichte Ungarns 1867–1983. Stuttgart u. a. 1984
Bogyay, Th. von, Grundzüge der Geschichte Ungarns. Darmstadt [4]1990 (= Wissenschaftliche Buchgesellschaft. Grundzüge 10)
Hanák, P. (Hg.), Die Geschichte Ungarns von den Anfängen bis zur Gegenwart. Essen 1988
Sugar, P. (Hg.), A History of Hungary. Bloomington 1990
Kósa, L., Die Ungarn, ihre Geschichte und Kultur. Budapest 1994.
Hoensch, J. K., Ungarn-Handbuch. Geschichte, Politik, Wirtschaft. Hannover 1991
Lendvai, P., Das eigenwillige Ungarn. Von Kádár zu Grósz. Zürich [2]1988
Timmermann, H. (Hg.), Ungarn nach 1945. Saarbrücken-Scheidt 1990
Bango, J., Die postsozialistische Gesellschaft Ungarns. München 1991 (= Studia Hungarica 39)
Brunner, G. (Hg.), Ungarn auf dem Weg der Demokratie. Von der Wende bis zur Gegenwart. Bonn 1992

5. Geschichtsepochen

Der alte Balkan

Danov, Chr., Altthrakien. Berlin 1976
Wiesner, J., Die Thraker. Studien zu einem versunkenen Volk des Balkans. Stuttgart u. a. 1963 (= Urban Bücher 41)
Islami, S. (dir.), Les Illyriens. Aperçue historique. Tirana 1985
Frommer, H., Die Illyrer. Viertausend Jahre europäischer Geschichte. Vom Dritten Jahrtausend bis zum Beginn der Neuzeit. Karlsruhe 1988
Lochner-Hüttenbach, F., Die Pelasger. Wien 1960 (= Arbeiten aus dem Institut für vergleichende Sprachwissenschaft, Graz, H. 6)

Papazoglu, F., The Central Balkan tribes in pre-roman times: Triballi, Autariatae, Dardanians, Scordisci and Moesians. Amsterdam 1978

Einleitung in die klassische Altertumswissenschaften. Ein Informationsbuch von einem Autorenkollektiv unter Leitung von J. Irmscher. Berlin-Ost 1986

Schlette, F., Kelten zwischen Alesia und Pergamon. Leipzig [3]1980

Völkerwanderung – Migrationen

Diesner, H.-J., Die Völkerwanderung. Leipzig, Gütersloh 1976

Barloewen, W.-D. von (Hg.), Abriß der Geschichte antiker Randkulturen. München 1961 (= Oldenbourgs Abriß der Weltgeschichte)

Lemerle, P., Invasions et migrations dans les Balkans depuis la fin de l'époque romaine jusqu'au VIIIe siècle, in: Revue historique 211 (1954) S. 265–308

Ditten, H., Zur Bedeutung der Einwanderung der Slawen, in: Studien zum 7. Jahrhundert in Byzanz. Probleme der Herausbildung des Feudalismus. Hrsg. von H. Köpstein und F. Winkelmann. Berlin 1976, S. 73–160

Ditten, H., Ethnische Verschiebungen zwischen der Balkanhalbinsel und Kleinasien vom Ende des 6. bis zur zweiten Hälfte des 9. Jahrhunderts. Berlin 1993 (= Berliner Byzantinistische Arbeiten 59)

Maenchen-Helfen, O.J., Die Welt der Hunnen. Eine Analyse ihrer historischen Dimension. Wien 1978

Altheim, F., Geschichte der Hunnen, 5 Bde. Berlin 1959–1962

Hänsel, B. (Hg.), Die Völker Südosteuropas vom 6. bis 8. Jahrhundert. München 1987 (= Südosteuropa-Jahrbuch 17)

Wolfram, H., Geschichte der Goten. München [2]1980

Pohl, W., Die Awaren. Ein Steppenvolk in Mitteleuropa 567–822 n. Chr. München 1988

Szádeczky-Kardoss, S., Ein Versuch zur Sammlung und chronologischen Anordnung der griechischen Quellen der Awarengeschichte nebst einer Auswahl von anderssprachigen Quellen. Szeged 1972

Kollautz, A., Miyakawa, H., Geschichte und Kultur eines völkerwanderungszeitlichen Nomadenvolkes. Die Jou-Jan der Mongolei und die Awaren in Mitteleuropa. 2 Teile, Klagenfurt 1970

Avenarius, A., Die Awaren in Europa. Bratislava, Amsterdam 1974

Lipták, P., Avars and Ancient Hungarians. Budapest 1983

Dines, I., Die Ungarn um die Zeit der Landnahme. Budapest 1972

Göckenjan, H., Hilfsvölker und Grenzwächter im mittelalterlichen Ungarn. Wiesbaden 1972 (= Quellen und Studien zur Geschichte des östlichen Europa 5)

Sós, A. Cs., Die slawische Bevölkerung Westungarns im 9. Jahrhundert. München 1973

Moravcsik, Gy., Byzantinoturcica. Band 1: Die byzantinischen Quellen der Geschichte der Turkvölker. Berlin-Ost [2]1958

Ethnogenese der Balkanvölker

Kandler-Pálsson, B. (Hg.), Ethnogenese europäischer Völker. Stuttgart, New York 1986

Boev, P., Rassetypen der Balkanhalbinsel und der ostägäischen Inselwelt und deren Bedeutung für die Herkunft ihrer Bevölkerung. Sofia 1972

Schramm, G., Eroberer und Eingesessene. Geographische Lehnnamen als Zeugen der Geschichte Südosteuropas im ersten Jahrtausend n. Chr. Stuttgart 1981

Duridanov, I., Die Hydronomie des Vardarsystems als Geschichtsquelle. Sofia 1975

Les Illyriens et la genèse des Albanais. Tirana 1971
Stadtmüller, G., Forschungen zur albanischen Frühgeschichte. Wiesbaden [2]1966 (= Albanische Forschungen 2)
Peinsipp, W., Das Volk der Shkypetaren. Geschichte, Gesellschafts- und Verhaltensordnung. Ein Beitrag zur Rechtsarchäologie und zur soziologischen Anthropologie des Balkans. Wien 1985
The Albanians and their territories. Tirana 1985
Problèmes de la formation du peuple albanais, de sa langue et de sa culture: choix des documents. Tirana 1985
Beševliev, V., Die protobulgarische Periode der bulgarischen Geschichte. Amsterdam 1981
Angelov, D.S., Die Entstehung des bulgarischen Volkes. Berlin-Ost 1980
Philippide, A., Originea Românilor. 2 Bde. Jassy 1923–1927
Bârzu, L., Der Fortbestand der Rumänen im ehemaligen Dazien. Bukarest 1981
Armbruster, A., La romanité des roumains. Histoire d'une idée. Bukarest 1971
Weithmann, M.W., Die slawische Bevölkerung auf der griechischen Halbinsel. Ein Beitrag zur historischen Ethnographie Südosteuropas. München 1978 (= Beiträge zur Kenntnis Südosteuropas und des Nahen Orients 31)
Malingoudis, Ph., Studien zu den slawischen Ortsnamen Griechenlands. Wiesbaden 1981
Herrmann, E., Slawisch-germanische Beziehungen im südostdeutschen Raum von der Spätantike bis zum Ungarnsturm. Ein Quellenbuch mit Erläuterungen. München 1965
Grafenauer, B., Die ethnische Gliederung und geschichtliche Rolle der westlichen Südslawen im Mittelalter. Ljubljana 1966
Jireček, C., Die Romanen in den Städten Dalmatiens während des Mittelalters. 3 Bde. Wien 1901–1904 (= Denkschriften der Kaiserlichen Akademie der Wissenschaften in Wien. Phil.-hist. Klasse 48,3 und 49,1.2)
Djurdjev, B., Die historisch-ethnischen Veränderungen bei den südslawischen Völkern nach der türkischen Eroberung. Graz 1974
Golden, P. B., An introduction to the history of the Turkic people. Ethnogenesis and state formation in medieval and early modern Eurasia and the Middle East. Wiesbaden 1992 (= Turcologica 8)

Byzanz

Ostrogorsky, G., Geschichte des byzantinischen Staates. München [3]1963
Hussey, J.M. (ed.), The Cambridge Medieval History. Band 4: The Byzantine Empire. Teil 1: Byzantium and its Neighbours. Teil 2: Government, Church and Civilization. Cambridge 1966–1967
Obolensky, D., The Byzantine Commonwealth. Eastern Europe 500–1453. London 1971
Wirth, P., Grundzüge der byzantinischen Geschichte. Darmstadt [2]1989
Schreiner, P., Byzanz. München 1986 (= Oldenbourgs Grundriß der Geschichte, Band 22)
Zakythinos, D.A., Byzantinische Geschichte 324–1071. Wien, Köln, Graz 1979
Eickhoff, E., Macht und Sendung. Byzantinische Weltpolitik. Stuttgart 1981
Moravcsik, Gy., Byzantium and the Magyars. Amsterdam 1970
Browning, R., Byzantium and Bulgaria. London 1975
Soulis, G. Chr., The Serbs and Byzantium during the reign of Tsar Stephan Dusan (1331–1355) and his successors. Washington 1984
Dujčev, I., Medioevo bizantino-slavo. 3 Bde. Rom 1965–1971
Ducellier, A. (Hg.), Byzanz. Das Reich und die Stadt. Frankfurt 1990
Tzermias, P., Das andere Byzanz. Konstantinopels Beitrag zu Europa. Freiburg (Schweiz) 1991

Hetherington, P., Byzantine and Medieval Greece. Churches, castles and art. London 1991
Weiss, G., Peloponnes. Zu den Ursprüngen der europäischen Kultur im Süden Griechenlands. Köln 1994.

Osmanisches Reich

Endreß, G., Einführung in die islamische Geschichte. München 1982
Hammer-Purgstall, J. von, Geschichte des Osmanischen Reiches. 10 Bde. Budapest 1827–1835. Nachdruck Graz 1963
Zinkeisen, J.W., Geschichte des Osmanischen Reiches in Europa. 7 Bde. und Reg. Hamburg bzw. Gotha 1840–1863
Jorga, N., Geschichte des Osmanischen Reiches nach den Quellen dargestellt. 5 Bde. Gotha 1908–1913
Brockelmann, C., Geschichte der islamischen Völker und Staaten. München, Berlin ²1943
Holt, P.M./Lambton, A.K.S./Lewis, B. (eds.), The Cambridge History of Islam. 2 Bde. in 4 Teilen. Neudruck Cambridge 1978–1980
Matuz, J., Das Osmanische Reich. Grundlinien seiner Geschichte. Darmstadt ²1990
Shaw, S.J. and E.K., History of the Ottoman Empire and Modern Turkey. 2 Bde. Cambridge 1967 u. 1977
Werner, E., Die Geburt einer Großmacht – die Osmanen. (1300–1481). Ein Beitrag zur Genesis des türkischen Feudalismus. 3., bearb. und erw. Aufl. Berlin 1978
Inalcik, H., The Ottoman Empire: The Classical Age, 1300–1600. New York 1973
Lewis, B., The Emergence of Modern Turkey. London 1961
Grothusen, K.-D. (Hg.), Die Türkei in Europa. Göttingen 1979
Kienitz, F.-K., Städte unter dem Halbmond. Geschichte und Kultur der Städte in Anatolien und auf der Balkanhalbinsel im Zeitalter der Sultane 1071–1922. München 1972
Papoulia , B.D., Ursprung und Wesen der «Knabenlese» im osmanischen Reich. München 1963 (= Südosteuropäische Arbeiten 59)
Bryer, A. and Lowry, H. (Hg.), Continuity and change in late Byzantine and early Ottoman society. Birmingham, Dumbarton Oaks, Washington, D.C. 1986
Majer, H.G. (Hg.), Die Staaten Südosteuropas und die Osmanen. München 1989 (= Südosteuropa Jahrbücher 19)
Heygi, K. – Zimányi, V.. Muslime und Christen. Das Osmanische Reich in Europa. Budapest 1988
Panzac, D. (ed.), Les Balkans à l'époque ottomane. Aix-en-Provence 1993
Kitsikis, D., L'Empire Ottoman. Paris 1985

Die Orientfrage

Ancel, J., Manuel historique de la question d'Orient (1792–1930). Paris ⁴1931
Sax, C. von, Geschichte des Machtverfalls der Türkei bis Ende des 19. Jahrhunderts und die Phasen der «orientalischen Frage» bis auf die Gegenwart. 2., bis zum Konstantinopler Frieden (29. September 1913) ergänzte Aufl. Wien 1913
Anderson, M.S., The Eastern Question, 1774–1923. A study in international relations. New York 1966, verbesserter Neudruck London 1983
–, (ed.), The Great Powers and the Near East, 1774–1923. London 1970
Czeike, F. (Hg.), Die Türkenkriege in der historischen Forschung. Wien 1983 (= Forschungen und Beiträge zur Wiener Stadtgeschichte 13)
Djordjevic, D., Fischer-Galati, S. (eds.), The Balkan Revolutionary Tradition. New York 1981

Heiss, G., Klingenstein, G. (Hg.), Das Osmanische Reich und Europa 1683–1789: Konflikt, Entspannung und Austausch. München 1983

Vaughan, D., Europe and the Turks. A Pattern of Alliances 1350–1700. Liverpool 1954

Setton, K., The Papacy and the Levant (1204–1566). 2 Bde. Philadelphia 1976–1978

Bartl, P., Der Westbalkan zwischen Spanischer Monarchie und Osmanischem Reich. Zur Türkenkriegsproblematik an der Wende vom 16. zum 17. Jahrhundert. Wiesbaden 1974 (= Albanische Forschungen 14)

Schulze, W., Reich und Türkengefahr im späten 16. Jahrhundert. Studien zu den politischen und gesellschaftlichen Auswirkungen einer äußeren Bedrohung. München 1978

Eickhoff, E., Venedig, Wien und die Osmanen. Umbruch in Südosteuropa, 1645–1700. Neuausgabe Stuttgart 1988

Die Türken vor Wien und die Entscheidung an der Donau 1683. Ausstellungskatalog. Wien 1983

Davison, R.H., Reform in the Ottoman Empire, 1856–1876. Princeton 1963

Ursinus, M., Regionale Reformen im Osmanischen Reich am Vorabend der Tanzimat. Reformen der rumelischen Provinzialgouverneure im Gerichtssprengel Manastir (Bitola) zur Zeit der Herrschaft Sultan Mahmuds II., 1808–1839. Berlin 1982 (= Islamkundliche Untersuchungen 73)

Scheben, Th., Verwaltungsreformen der frühen Tanzimatzeit. Gesetze, Maßnahmen, Auswirkungen. Von der Verkündigung des Ediktes von Gülhane 1839 bis zum Ausbruch des Krimkrieges 1853. Frankfurt u.a. 1991 (= Europäische Hochschulschriften. Reihe 3. Geschichte und ihre Hilfswissenschaften 454)

Melville, R., Schröder, H.-J. (Hg.), Der Berliner Kongreß von 1878. Die Politik der Großmächte und die Probleme der Modernisierung in Südosteuropa in der zweiten Hälfte des 19. Jahrhunderts. Wiesbaden 1982

Bernath, M., Nehring, K. (Hg.), Friedenssicherung in Südosteuropa. Föderationsprojekte und Allianzen seit dem Beginn der nationalen Eigenstaatlichkeit. Neuwied 1985

Tietze, A. (Hg.), Habsburgisch-osmanische Beziehungen. Wien 1985 (= Wiener Zeitschrift für die Kunde des Morgenlandes. Beiheft 13)

Nationale Wiedergeburt, nationalstaatliche Bewegungen

Sundhaußen, H., Der Einfluß der Herderschen Ideen auf die Nationsbildung bei den Völkern der Habsburgermonarchie. München 1973

Les Lumières et la formation de la conscience nationale chez les peuples du Sud-Est Européen. Bukarest 1970

Sziklay, L. (ed.), Aufklärung und Nationen im Osten Europas. Budapest 1983

Plaschka, R. G., Suppan, A., Haselsteiner, H., Zum Begriff des Nationalismus und zu seinen Strukturen in Südosteuropa im 19. und zu Beginn des 20. Jahrhunderts, in: Österreichische Osthefte 20 (1978), S. 48–78

Gewehr, W.M., The Rise of Nationalism in the Balkans 1800–1930. New York 1931 (Neudruck 1967)

Niederhauser, E., The Rise of Nationality in Eastern Europe. Budapest 1982

Djordjević, D., Revolutions nationales des peuples balkaniques 1804–1914. Belgrad 1965

Reiter, N., Gruppe, Sprache, Nation. Berlin, Wiesbaden 1984

Reiter, N. (Hg.), Nationalbewegungen auf dem Balkan. Berlin, Wiesbaden 1983

Henderson, G.P., The Revival of Greek Thought, 1620–1830. Albany 1970

Skëndi, St., The Albanian National Awakening 1878–1912. Princeton N.J. 1967

Bartl, P., Die albanischen Muslime zur Zeit der nationalen Unabhängigkeitsbewegung (1878–1912). Wiesbaden 1968 (= Albanische Forschungen 8)

Faensen, J., Die albanische Nationalbewegung. Berlin, Wiesbaden 1980

Barany, G., Stephen Széchenyi and the Awakening of Hungarian Nationalism, 1791–1841. Princeton, N.J. 1968

Rogel, C., The Slovenes and Yugoslavism, 1890–1914. Boulder 1977

Kessler, W., Politik, Kultur und Gesellschaft in Kroatien und Slawonien in der ersten Hälfte des 19. Jahrhunderts. Historiographie und Grundlagen. München 1981 (= Südosteuropäische Arbeiten 77)

Džaja, S.M., Konfessionalität und Nationalität Bosniens und der Herzegowina. Voremanzipatorische Phase 1463–1804. München 1984 (= Südosteuropäische Arbeiten 80)

Turczynski, E., Konfession und Nation. Zur Frühgeschichte der serbischen und rumänischen Nationsbildung. Düsseldorf 1976

Behschnitt, W.D., Nationalismus bei Serben und Kroaten 1830–1914. Analyse und Typologie der nationalen Ideologie. München 1980 (= Südosteuropäische Arbeiten 74)

Jelavich, Ch., Tsarist Russia and Balkan Nationalism. Russian Influence in the Internal Affairs of Bulgaria and Serbia, 1879–1886. Berkeley and Los Angeles 1958

Bernath, M., Habsburg und die Anfänge der rumänischen Nationswerdung. Leiden 1972 (= Studien zur Geschichte Osteuropas 15)

Turczynski, E., Von der Aufklärung zum Frühliberalismus. Politische Trägergruppen und deren Forderungskatalog in Rumänien. München 1985 (= Südosteuropäische Arbeiten 81)

Prodan, D., Supplex Libellus Valachorum. Aus der Geschichte der rumänischen Nationsbildung 1700–1848. Köln, Wien, Bukarest 1982

Hitchins, K., Die Idee der Nation bei den Rumänen in Transsilvanien: 1691–1848. Bukarest 1989

Georgescu, V., Political Ideas and the Enlightenment in the Romanian Principalities, 1750–1831. New York 1971

Adanır, F., Die Makedonische Frage. Ihre Entstehung und Entwicklung bis 1908. Wiesbaden 1979 (= Frankfurter Historische Abhandlungen 20)

Jong, J. de, Der nationale Kern des makedonischen Problems. Ansätze und Grundlagen einer makedonischen Nationalbewegung (1890–1903). Ein Beitrag zur komparativen Nationalismusforschung. Frankfurt, Bern 1980

Prokopowitsch, E., Die rumänische Nationalbewegung in der Bukowina und der Dako-Romanismus. Ein Beitrag zur Geschichte des Nationalitätenkampfes in Österreich-Ungarn. Graz, Köln 1965

Peyfuß, M.D., Die aromunische Frage: ihre Entwicklung von den Ursprüngen bis zum Frieden von Bukarest (1913) und die Haltung Österreich-Ungarns. Wien 1974

19. Jahrhundert

Deletant, D. and Hanak, H. (Hg.), Historians as nation-builders. Central and South-East Europe. London 1988

Vucinich, W. S. (ed.), The First Serbian Uprising 1804–1813. Boulder 1981

Clogg, R. (ed.), Balkan Society in the Age of Greek Independence. London 1981

Wilharm, I., Die Anfänge des griechischen Nationalstaates 1833–1843. München, Wien 1973 (= Studien zur Geschichte des neunzehnten Jahrhunderts 5)

Driault, E., Lhéritier, M., Histoire diplomatique de la Grèce de 1821 à nos jours. 5 Bde. Paris 1925–1926

Konstantinou, E. und Wiedenmann, K. (Hg.), Europäischer Philhellenismus. Ursachen und Wirkungen. Band 1. Neuried 1989; Band 2: Konstantinou, E. (Hg.), Die europäische philhellenische Literatur bis zur ersten Hälfte des 19. Jahrhunderts. Frankfurt u. a. 1992

Petropoulos, J.A., Politics and Statecraft in the Kingdom of Greece, 1833–1843. Princeton 1968

Matešić, J. und Heitmann, K. (Hg.), Südosteuropa in der Wahrnehmung der deutschen Öffentlichkeit. Vom Wiener Kongreß (1815) bis zum Pariser Frieden (1856). München 1990

Maier, L., Rumänien auf dem Weg zur Unabhängigkeitserklärung 1866–1877. Schein und Wirklichkeit liberaler Verfassung und staatlicher Souveränität. München 1989 (= Südosteuropäische Arbeiten 88)

Schmidt, J., Populismus und Marxismus. Zur Ideengeschichte der radikalen Intelligenz Rumäniens 1875–1915. Tübingen 1992 (= Wissenschaftliche Reihe/ Tübinger Gesellschaft 1)

Schmidt, E., Die verfassungsrechtliche und politische Struktur des rumänischen Staates in ihrer historischen Entwicklung. München 1932

Haufe, H., Die Wandlung der Volksordnung im rumänischen Altreich. Agrarverfassung und Bevölkerungsentwicklung im 19. und 20. Jahrhundert. Stuttgart 1939

Jelavich, B., Russia and the Formation of the Rumanian National State, 1821–1878. Cambridge 1983

McClellan, W.D., Svetozar Marković and the Origins of Balkan Socialism. Princeton 1964

Grothusen, K.-D. (Hg.), Ethnogenese und Staatsbildung in Südosteuropa. Göttingen 1974

Stavrianos, L.S., Balkan Federation. A History of the Movement toward Balkan Unity in Modern Times. Northampton/Mass. 1944 (Neudruck Hamden/Conn. 1964)

Hajek, A., Bulgarien unter der Türkenherrschaft. Stuttgart 1925

–, Bulgariens Befreiung und staatliche Entwicklung unter seinem ersten Fürsten. München, Berlin 1939

Choliolčev, Chr., Mack, K., Suppan, A. (Hgg.), Nationalrevolutionäre Bewegungen in Südosteuropa im 19. Jahrhundert. Wien, München 1992

20. Jahrhundert

Vucinich, W.S., Serbia between East and West. The events of 1903–1908. Stanford/Cal. 1954

Simmons, R.E., German Balkan diplomacy: 1906–1913. The genesis and implementation of a war-risk policy. Ann Arbor 1982

Macfie, A.L., The Strait Question, 1908–36. Thessaloniki 1993 (= Institute for Balkan Studies 236)

Schöllgen, G., Imperialismus und Gleichgewicht. Deutschland, England und die orientalische Frage 1871–1914. München 1984

Friedrich, W.U., Bulgarien und die Mächte 1913–1915. Ein Beitrag zur Weltkriegs- und Imperialismusgeschichte. Wiesbaden, Stuttgart 1985 (= Quellen und Studien zur Geschichte des östlichen Europa 21)

Kent, M. (ed.), The Great Powers and the End of the Ottoman Empire. London 1984

Seton-Watson, H. and Chr., The Making of a New Europe: R.W. Seton-Watson and the Last Years of Austria-Hungary. Seattle 1981

Plaschka, R.G., Mack, K. (Hgg.), Die Auflösung des Habsburgerreichs. Zusammenbruch und Neuordnung im Donauraum. Wien 1970

Deák, F., Hungary at the Paris Peace Conference. The Diplomatic History of the Treaty of Trianon. New York 1942

Spector, S.D., Rumania at the Paris Peace Conference: A Study of the Diplomacy of Ioan I.C. Brătianu. New York 1962

Lederer, I.J., Yugoslavia at the Paris Conference: A Study in Frontier-Making. New Haven 1963
Petsalis-Diomidis, N., Greece at the Paris Peace Conference, 1919. Thessalonike 1979
Smith, M.L., Ionian Vision: Greece in Asia Minor, 1919–1922. London 1973
Ormos, M., From Padua to the Trianon 1918–1920. Budapest 1990
Les conséquences des traités de paix de 1919–1920 en Europe centrale et sud-orientale. Colloque de Strasbourg, 24–26 mai 1984. Strasbourg 1987
Schatkowski-Schilcher, L. und Scharf, C. (Hg.), Der Nahe Osten in der Zwischenkriegszeit 1919–1939. Die Interdependenz von Politik, Wirtschaft und Ideologie. Stuttgart 1989 (= Veröffentlichungen des Instituts für Europäische Geschichte Mainz, Beiheft 22)
Schmidt-Neke, M., Entstehung und Ausbau der Königsdiktatur in Albanien (1912–1939). Regierungsbildungen, Herrschaftsweisen und Machteliten in einem jungen Balkanstaat. München 1987 (= Südosteuropäische Arbeiten 84)
Recker, M.-L., England und der Donauraum, 1919–1929. Problem einer europäischen Nachkriegsordnung. Stuttgart 1976 (= Veröffentlichungen des Deutschen Historischen Instituts in London 3)
Troebst, S., Mussolini, Makedonien und die Mächte 1922–1930. Die «Innere Makedonische Revolutionäre Organisation» in der Südosteuropapolitik des faschistischen Italien. Köln, Wien 1987 (= Dissertationen zur neueren Geschichte 19)
Höpfner, Chr., Deutsche Südosteuropapolitik in der Weimarer Republik. Frankfurt, Bern 1982
Kerner, R.J., Howard, H.N., The Balkan Conferences and the Balkan Entente 1930–1933. A Study in the Recent History of the Balkan and Near East Peoples. Berkeley 1936
Kiszling, R., Die militärischen Vereinbarungen der Kleinen Entente 1929–1937. München 1959 (= Südosteuropäische Arbeiten 54)
Adam, M., Richtung Selbstvernichtung. Die Kleine Entente 1920–1938. Wien 1988
Reichert, G., Das Scheitern der Kleinen Entente. Internationale Beziehungen im Donauraum von 1933 bis 1938. München 1971
Beer, K.P., Zur Entwicklung des Parteien- und Parlamentssystem in Rumänien 1928–1933. Die Zeit der national-bäuerlichen Regierungen. 2 Bde. Frankfurt, Bern 1983
Hitchens, M.G., Germany, Russia, and the Balkans. Prelude to the Nazi-Soviet Non-Agression Pact. Boulder, Colo, New York 1983
Schreiber, G., Stegemann, B. und Vogel, D. (Hgg.), Das Deutsche Reich und der Zweite Weltkrieg. Band 3: Der Mittelmeerraum und Südosteuropa. Von der «non belligeranza» Italiens bis zum Kriegseintritt der Vereinigten Staaten. Stuttgart 1984
Hillgruber, A., Hitler, König Carol und Marschall Antonescu. Die deutsch-rumänischen Beziehungen 1938–1944. Wiesbaden 1954
Miller, M.L., Bulgaria during the Second World War. Stanford 1975
Hoppe, H.-J., Bulgarien – Hitlers eigenwilliger Verbündeter. Eine Fallstudie zur nationalsozialistischen Südosteuropapolitik. Stuttgart 1979 (= Studien zur Zeitgeschichte 15)
Brandes, D., Großbritannien und seine osteuropäischen Alliierten, 1939–1943. Die Regierungen Polens, der Tschechoslowakei und Jugoslawiens im Londoner Exil vom Kriegsausbruch bis zur Konferenz von Teheran. München, Wien 1989 (= Veröffentlichungen des Collegium Carolinum 59)
Knoll, H., Jugoslawien in Strategie und Politik der Alliierten 1940–1943. München 1986 (= Südosteuropäische Arbeiten 82)
Hoptner, J.B., Yugoslavia in Crisis, 1934–1941. New York 1962
Haberl, O.N., Die Emanzipation der KP Jugoslawiens von der Kontrolle der Komintern/KPdSU 1941–1945. München 1974

Kalbe, E., Antifaschistischer Widerstand und volksdemokratische Revolution in Südosteuropa. Das Hinüberwachsen des Widerstandskampfes gegen den Faschismus in die Volksrevolution (1941–1944/45). Ein revolutionsgeschichtlicher Vergleich. Berlin-Ost 1974

Birke, E., Neumann, R. (Hg.), Die Sowjetisierung Ost-Mitteleuropas. Untersuchungen zu ihrem Ablauf in den einzelnen Ländern. Frankfurt, Berlin 1959

Tomashewski, J., The Socialist Regime in East Central Europe. The Establishment and Consolidation 1944–67. London. New York 1989

Hoensch, J.K., Sowjetische Osteuropapolitik 1945–1975. Kronberg 1977

Hacker, J., Der Ostblock. Entstehung, Entwicklung und Struktur 1939–1980. Baden-Baden 1980

Boll, M.M., Cold War in the Balkans: American foreign policy and the emergence of Communist Bulgaria, 1943–1947. Lexington 1984

Woodhouse, C.M., The Struggle for Greece, 1941–1949. London 1976

Saiu, I., The Great Powers and Rumania, 1944–1946. A Study of the Early Cold War Era. Boulder 1992 (= East European Monographs)

Heumos, P., Die Konferenzen der sozialistischen Parteien Zentral- und Osteuropas in Prag und Budapest 1946 und 1947. Darstellung und Dokumentation. Wiesbaden 1985

Braun, A., Small-state security in the Balkans. Totowa, NJ., London 1983

Uschakow, A., Frenzke, D., Der Warschauer Pakt und seine bilateralen Bündnisverträge. Analyse und Texte. Berlin 1987

Tönnes, B., Sonderfall Albanien. Enver Hoxhas «eigener Weg» und die historischen Ursprünge seiner Ideologie. München 1980 (= Untersuchungen zur Gegenwartskunde Südosteuropas 16)

Ghermani, D., Die nationale Souveränitätspolitik der SR Rumänien. 1. Teil. Im Rahmen des sowjetischen Bündnissystems. München 1981 (= Untersuchungen zur Gegenwartskunde Südosteuropas 17)

Clogg, R., Yannopoulos, G. (eds.), Greece under Military Rule. London 1972

McNeill, W.H., The Metamorphosis of Greece since World War II. Chicago 1978.

Carlton, D., Aschaerf, C. (eds.), South-Eastern Europe after Tito. A powder-keg for the 1980s? London 1983

Stanković, S., Titos Erbe. Die Hypothek der alten Richtungskämpfe ideologischer und nationaler Fraktionen. München 1981 (= Untersuchungen zur Gegenwartskunde Südosteuropas 18)

Wagenlehner, G. (Hg.), Von der Ost-West-Konfrontation zur Europäischen Friedensordnung. München 1992 (= Südosteuropa-Studien 50)

Pinder, J., The European Community and Eastern Europe. London 1991 (Catham House papers)

Haberl, N. O., Hecker, H. (Hg.), Unfertige Nachbarschaften. Die Staaten Osteuropas und die Bundesrepublik Deutschland. Essen 1990

Aus Politik und Zeitgeschichte: Beilage zur Wochenzeitung Das Parlament B 14/92: Reuter, J., Jugoslawien vor dem Zerfall; Karasimeonov, G., Vom Kommunismus zur Demokratie in Bulgarien; Gabanyi, A. U., Rumänien zwischen Revolution und Restauration; Bata, J., Albaniens Weg zur Demokratie. Bonn 1992

Faschismus

Sugar, P. F. (ed.), Native Fascism in the Successor States, 1918–1945. Santa Barbara 1981

Orlov, D., The Nazis in the Balkans: A Case Study of Totalitarian Politics. Pittsburgh 1968

Lackó, M., Arrow-Cross Men. National Socialists, 1933–1945. Budapest 1969

Heinen, A., Die Legion «Erzengel Michael» in Rumänien. Soziale Bewegung und politische Organisation. Ein Beitrag zum Problem des internationalen Faschismus. München 1986 (= Südosteuropäische Arbeiten 83)

Szöllös-Janze, M.: Die Pfeilkreuzlerbewegung in Ungarn. Historischer Kontext, Entwicklung und Herrschaft. München 1989 (= Studien zur Zeitgeschichte 35)

Lee, St. J., The European Dictatorships 1918–1945. London, New York 1989

Gilberg, T., Nationalism and Communism in Romania: the Rise and Fall of Ceauşescu's Personal Dictatorship. Boulder, Col. 1990

Kommunismus

Kovrig, B., Communism in Hungary from Kun to Kádař. Stanford 1979

Lahav, Y., Der Weg der Kommunistischen Partei Ungarns zur Macht. 2 Bde. München 1985–1986 (= Studia Hungarica 19,1–2)

Rothschild, J., The Communist Patry of Bulgaria. Origins and Development 1883–1936. New York 1959

Oren, N., Bulgarian Communism: The Road to Power, 1934–1944. New York 1971

–, Revolution Administered: Agrarianism and Communism in Bulgaria. Baltimore 1973

Bell, J. D., The Bulgarian Communist Party from Blagoev to Zhivkov. Stanford 1986

Kousoulas, D.G., Revolution and Defeat: The Story of the Greek Communist Party. London 1965

King, R.R., History of the Romanian Communist Party. Stanford 1980

Avakumović, I., History of the Communist Party of Yugoslavia. I. Aberdeen 1964

Johnson, A.R., The Transformation of Communist Ideology: The Yugoslav Case, 1945–1953. Cambridge/Mass. 1972

Hunter, B., Soviet-Yugoslav Relations 1948–1972: A Bibliography of Soviet, Western, and Yugoslav Comment and Analysis. New York 1976

Hodos, G. H., Schauprozesse. Stalinistische Säuberungen in Osteuropa 1948–54. Frankfurt, New York 1988

Fehér, F. und Heller, A., Diktatur über die Bedürfnisse. Hamburg 1979

Wende 1989 – Postkommunistische Periode

Curry, J. L. (Hg.), Dissent in Eastern Europe. New York 1983

Ash, T. G., Ein Jahrhundert wird abgewählt. Aus den Zentren Mitteleuropas 1980–1990. München, Wien 1990

Dahrendorf, R., Betrachtungen über die Revolution in Europa. Stuttgart 1990

Oschlies, W., Wir sind das Volk! Zur Rolle der Sprache bei den Revolutionen in der DDR, Tschechoslowakei, Rumänien und Bulgarien. Wien 1990

Ramet, S. P., Social currents in Eastern Europe: the sources and meaning of the great transformation. Durham u. a. 1991

Heller, A., Feher, F., From Yalta to glasnost. The dismantling of Stalin's empire. Oxford 1990

Batt, J., East Central Europe from reform to transformation. London 1991 (= Catham House papers)

Deppe, R., Dubiel, H., Rödel, U. (Hg.), Demokratischer Umbruch in Osteuropa. Frankfurt 1991

Cviić, Chr., Remaking the Balkans. London 1991 (= Catham House papers)

Duffek, K., Fröschel, E. (Hg.), Die demokratischen Revolutionen in Mittel- und Osteuropa. Herausforderungen für die Sozialdemokratie. Wien 1991

Bischof, H., Analyse der ersten freien Wahlen in Osteuropa. Ungarn, Tschechoslowakei,

Rumänien, Bulgarien. Bonn 1990 (= Abt. Außenpolitik im Forschungsinstitut der Friedrich-Ebert-Stiftung)
Story, J. (Hg.), The new Europe. Government, politics and economy. Oxford 1992
Timmermann, H. (Hg.), Probleme des postkommunistischen Übergangs in Deutschland und Ungarn. Saarbrücken 1992 (= Forum: Politik 14/ Dokumente und Schriften der Europäischen Akademie Olzenhausen 68)
Selbourne, D., Death of the Dark Hero: Eastern Europe, 1987–90. London 1990
Bonwetsch, B., Grieger, M. (Hgg.), Was früher hinterm Eisernen Vorhang lag. Kleine Osteuropakunde vom Baltikum bis Bessarabien. Dortmund 1991
Altmann, F.-L., Hösch, E. (Hgg.), Reformen und Reformer in Osteuropa. Regensburg 1994
Volle, A. und Wagner, W. (Hgg.), Der Krieg auf dem Balkan. Die Hilflosigkeit der Staatenwelt. Bonn 1994 (= Beiträge und Dokumente aus dem Europa-Archiv)
Calic, M.-J., Der Krieg in Bosnien-Hercegovina. Ursachen-Konfliktstrukturen-Internationale Lösungsversuche. Frankfurt 1995 (= edition suhrkamp)
Fowkes, B., The Rise and Fall of Communism in Eastern Europe. Basingstoke, London, New York 1994
Lauer, R. und Lehfeld, W. (Hgg.), Das jugoslawische Desaster. Historische, sprachliche und ideologische Hintergründe. Wiesbaden 1995
Meier, V., Wie Jugoslawien verspielt wurde. München 1995

6. Minderheiten, Nationalismus

Demographie – Statistiken

Bevölkerungsentwicklungen in Südosteuropa. Jugoslawien, Ungarn, Rumänien. München 1964 (= Untersuchungen zur Gegenwartskunde Südosteuropas 5)
Bohmann, A., Bevölkerung und Nationalitäten in Südosteuropa. Köln 1969 (= Menschen und Grenzen, Band 2)
Kostanick, H.L. (ed.), Population and Migration Trends in Eastern Europe. Boulder 1977
Frumkin, G., Population Changes in Europe since 1939. A Study of Population Changes in Europe during and since World War II as shown by the Balance Sheets of Twenty-four European Countries. New York 1951
Karpat, K.H., Ottoman population, 1830–1914: demographic and social characteristics. Madison, Wisc. 1984
Kraas-Schneider, F., Bevölkerungsgruppen und Minoritäten. Handbuch der ethnischen, sprachlichen und religiösen Bevölkerungsgruppen der Welt. Stuttgart, Wiesbaden 1989
World directory of minorities. Ed. and comp. by Minority Rights Group. Pref. by Alan Phillips. Main comp. Hugh Poulton u. a. Harlow, Essex 1990 (= Longman international reference)
Weinberg, M. (Hg.), World racism and related inhumanities. A country-by-country bibliography. Westport, CT. 1992 (= Bibliographies and Indexes in World History No. 26)
Crkvenčić, I. (Hg.), Geopolitical and demographical issues of Croatia. Zagreb 1991 (= Geographical Papers 8, Department of Geography, University of Zagreb)

Nationalitätenfragen

a. Geschichtliche Hintergründe

Klebel, E., Siedlungsgeschichte des deutschen Südostens. München 1940
Kaindl, R.F., Geschichte der Deutschen in den Karpatenländern. 3 Bde. Gotha 1907–1911

Weczerka, H., Das mittelalterliche und frühneuzeitliche Deutschtum im Fürstentum Moldau. München 1960 (= Buchreihe der Südostdeutschen Historischen Kommission 4)

Rhode, G. (Hg.), Tausend Jahre Nachbarschaft. Deutsche in Südosteuropa. München 1981

Die Donauschwaben. Deutsche Siedlung in Südosteuropa. Ausstellungskatalog. Hg. vom Innenministerium Baden-Württemberg. Eberl, I. u. a. (Bearb.), Sigmaringen ²1989

Hanák, P., Ungarn in der Donaumonarchie. Probleme der bürgerlichen Umgestaltung eines Vielvölkerstaates. München, Wien 1984

Klemens, L., Ethnische Minderheiten in Europa. München 1995

Senz, I., Die Donauschwaben. München 1994 (= Studienbuchreihe der Stiftung Ostdeutscher Kulturrat Band 5)

Kann, R.A., Das Nationalitätenproblem der Habsburgermonarchie. Geschichte und Ideengehalt der nationalen Bestrebungen vom Vormärz bis zur Auflösung des Reiches im Jahre 1918. 2 Bde. Graz, Köln 1964

Wagner, E. (Bearb.), Quellen zur Geschichte der Siebenbürger Sachsen 1191–1975. Köln, Wien ²1981

Braude, B., Lewis, B. (eds.), Christian and Jews in the Ottoman Empire. The Functioning of a Plural Society. 2 Bde. New York, London 1982

Karpat, K., An Inquiry into the Social Foundations of Nationalism in the Ottoman State: From Social Estates to Classes, from Millets to Nations. Princeton 1973

Perry, D. M., The Politics of Terror: The Macedonian Liberation Movements, 1893–1903. Durham 1988

Les Aroumains. Paris 1989 (= Centre d'études des civilisations de l'Europe centrale et du sud-est. Cahier Nr. 8)

Rohr, R. (Hg.), Die Aromunen. Sprache – Geschichte – Geographie. Hamburg 1987 (= Balkan-Archiv NF. 5)

Winnifrith, T. J., The Vlachs: the History of a Balkan People. London, Duckworth 1987

Pinson, M. (ed.), The Muslims of Bosnia-Herzegovina. Their Historic Development from the Middle Ages to the Dissolution of Yugoslavia. Washington 1994

Norris, H. T., Islam in the Balkans. Religion and Society between Europe and the Arab World. London 1994

Alexandris, A., The Greek Minority of Istanbul and Greek-Turkish Relations 1918–1974. 2. Ausgabe Athen 1992

Benz, W. (Hg.), Dimension des Völkermords. Die Zahl der jüdischen Opfer des Nationalsozialismus. München 1991 (= Quellen und Darstellungen zur Zeitgeschichte 33)

Jäckel, E. (Hg.), Enzyklopädie des Holocaust: die Verfolgung und Ermordung der europäischen Juden. 3 Bände Berlin 1993

Manoschek, W., «Serbien ist judenfrei». Militärische Besatzungspolitik und Judenvernichtung in Serbien 1941/42. München 1993

Fischer, R., Entwicklungsstufen des Antisemitismus in Ungarn 1867–1939. Die Zerstörung der magyarisch-jüdischen Symbiose. München 1988 (= Südosteuropäische Arbeiten 85)

Schödl, G.: Kroatische Nationalpolitik und «Jugoslavenstvo». Studien zu nationaler Integration und regionaler Politik in Kroatien-Dalmatien am Beginn des 20. Jahrhunderts. München 1990 (= Südosteuropäische Arbeiten 89)

Schenk, A., Deutsche in Siebenbürgen. Geschichte und Kultur. München 1992

Böhm, J., Die Deutschen in Rumänien während der Weimarer Republik 1919–1933. 1991

Komjathy, A., Stockwell, R., German minorities and the Third Reich: ethnical Germans of East Central Europe between the Wars. New York u. a. 1980

Jachomowski, D., Die Umsiedlung der Bessarabien-, Bukowina- und Dobrudschadeutschen. Von der Volksgruppe in Rumänien zur «Siedlungsbrücke» an der Reichsgrenze. München 1984 (= Buchreihe der Südostdeutschen Historischen Kommission 22)

Völkl, E., Der Westbanat 1941–1944. Die deutsche, die ungarische und andere Volksgruppen. München 1991 (= Studia Hungarica 38)

Balling, M. O., Von Reval bis Bukarest: statistisch-biographisches Handbuch der Parlamentarier der deutschen Minderheiten in Ostmittel- und Südosteuropa 1919–1945. Kopenhagen 1991

b. Gegenwart

King, R.R., Minorities under Communism. Nationalities as sources of tension among Balkan Communist states. Cambridge/Mass. 1973

Shoup, P., Communism and the Yugoslav National Question. New York 1968

Ramet, S. P., Nationalism and Federalism in Yugoslavia, 1962–1991. Second edition Bloomington 1992

Irvine, J. A., The Croat Question. Politics in the Formation of the Yugoslav Socialist State. Boulders, Ohio 1993

Suppan, A., Heuberger, V., Kolar, O. und Vyslonzil, E. (Hgg.), Nationen, Nationalitäten, Minderheiten. Probleme des Nationalismus in Jugoslawien, Ungarn, Rumänien, der Tschechoslowakei, Bulgarien, Polen, der Ukraine, Italien und Österreich 1945–1990. München 1994 (= Schriftenreihe des Österr. Ost- und Südosteuropa-Instituts Band 22)

Schieder, Th. (Hg.), Dokumentation der Vertreibung der Deutschen aus Ost-Mitteleuropa. Bd. 2, 3 und 5, Bonn 1956–1961

Wehler, H.-U., Nationalitätenpolitik in Jugoslawien. Die deutsche Minderheit 1918–1978. Göttingen 1980

Troebst, S., Die bulgarisch-jugoslawische Kontroverse um Makedonien 1967–1982. München 1983 (= Untersuchungen zur Gegenwartskunde Südosteuropas 23)

Riedl, F.H., Das Südostdeutschtum in den Jahren 1918–1945. München 1962

Schönfeld, R. (Hg.), Nationalitätenprobleme in Südosteuropa. München 1987 (= Untersuchungen zur Gegenwartskunde Südosteuropas 25)

Reuter, J., Die Albaner in Jugoslawien. München 1982 (= Untersuchungen zur Gegenwartskunde Südosteuropas 20)

Elazar, D.J., The Balkan Jewish Communities: Yugoslavia, Bulgaria, Greece and Turkey. Lanham, Md. 1984

Border & Territorial Disputes. Harlow, Essex [3]1992

Tudjman, Fr., Die Nationalitätenfrage im heutigen Europa. Södertälje 1986

Pamir, P., The Balkans: nationalism, NATO and the Warshaw Pact. London 1985

Klein, G. and Reban, M.J. (Hg.), The Politics of Ethnicity in Eastern Europe. Boulder 1981

Poulton, H., The Balkans. Minorities and States in Conflict. London 1991 (= Minority rights publications)

Brunner, G. und Lemberg, H. (Hg.), Nationalitätenprobleme und Regionalismus in Ostmittel- und Südosteuropa im Zeichen des politischen Umbruchs. München 1992

Mommsen, M. (Hg.), Nationalismus in Osteuropa. Gefahrvolle Wege in die Demokratie. München 1992

Seewann, G. (Hg.), Minderheitenfragen in Südosteuropa. München 1992 (= Untersuchungen zur Gegenwartskunde Südosteuropas 27)

Mihok, B., Ethnostratifikation im Sozialismus, aufgezeigt an den Beispielländern Ungarn und Rumänien. Frankfurt, Bern 1990

Verdery, K., National ideology under socialism: identity and cultural politics in Ceaușescu's Romania. Berkeley, Calif. 1991

Illyés, E., Nationale Minderheiten in Rumänien. Wien 1981.
Oschlies, W., Rumäniendeutsches Schicksal 1918–1988. Köln 1988
Hösch, E. und Seewann, G. (Hgg.), Aspekte ethnischer Identität. Ergebnisse des Forschungsprojekts «Deutsche und Magyaren als nationale Minderheiten im Donauraum». München 1991 (= Buchreihe der Südostdeutschen Historischen Kommission Band 35)
Banac, I., The National Question in Yugoslavia. Origin and History. Ithaca 1984
Cuvalo, A., The Croatian national movement 1966–1972. New York 1990 (= East European monographs 282)
Büschenfeld, H., Kosovo. Nationalitätenkonflikt im Armenhaus Jugoslawiens. Köln 1991 (= Problemräume Europas 11)
Roux, M., Les Albanais en Yugoslavie. Minorité nationale, territoire et développement. Paris 1992
Haberl, O. N., Parteiorganisation und nationale Frage in Jugoslawien. Berlin 1976
Bettelheim, P., Prohinig, S. und Streibel, R. (Hgg.), Antisemitismus in Osteuropa. Aspekte einer historischen Kontinuität. Wien 1992
Brunner, G. (Hg.), Die Deutschen in Ungarn. München 1989 (= Südosteuropa-Studien 45)
Aschauer, W., Zur Produktion und Reproduktion einer Nationalität: die Ungarndeutschen. Stuttgart 1992 (= Erdkundliches Wissen 107)
Puxon, G., Roma: Europe's Gypsies. London 1987 (= MRG Report)
Crowe, D. and Kolsti, J. (Hgg.), The Gypsies of Eastern Europe. Armonk, N. Y., London 1991
Fienbork, G. (Hg.), Die Roma. Hoffen auf ein Leben ohne Angst. Roma aus Osteuropa berichten. Hamburg 1991 (= rororo aktuell)
Babic, S. (Hg.), International Symposium Romani Language and Culture (1986, Sarajevo). Sarajevo 1989
Shaikh, F. (Hg.), Islam & Islamic Groups: A worldwide reference guide. Harlow, Essex 1992
Samsir, B. N., The Turks of Bulgaria (1878–1985). London 1988
Seewann, G. (Hg.), Minderheiten als Konfliktpotential in Ostmittel- und Südosteuropa. München 1995 (= Untersuchungen zur Gegenwartskunde Südosteuropas Band 31)

7. Kunst- und Kulturgeschichte

Völker und Kulturen Südosteuropas. Kulturhistorische Beiträge. München 1959
Reichenkron, G., Schmaus, A. (Hg.), Die Kultur Südosteuropas. Ihre Geschichte und ihre Ausdrucksformen. München 1964
Die Volkskultur der südosteuropäischen Völker. München 1962
Wünsch, W. (Hg.), Volksmusik Südosteuropas. München 1966
Eberhardt, C. und Weiß, G. (Hgg.), Volks- und Kunstmusik in Südosteuropa. Regensburg 1989
Mais, A., Volksmusikinstrumente der Balkanländer. Katalog. Wien 1969
Zagiba, F., Das Geistesleben der Slawen im frühen Mittelalter. Die Anfänge des slawischen Schrifttums auf dem Gebiet des östlichen Mitteleuropa vom 8. bis 10. Jahrhundert. Wien, Köln 1971
Matl, J., Die Kultur der Südslawen. In: Handbuch der Kulturgeschichte. Frankfurt 1966
Schneeweis, E., Serbokroatische Volkskunde. Bd. 1: Volksglaube und Volksbrauch. Berlin 1961 (= Grundriß der slavischen Philologie und Kulturgeschichte 14)

Kretzenbacher, L., Volkskunde im Mehrvölkerraum. Aufsätze zu Ethnologie und Kulturgeschichte in Mittel- und Südosteuropa. München 1989 (= Beiträge zur Kenntnis Südosteuropas und des Nahen Orients 41)

Burkhart, D., Kulturraum Balkan. Studien zur Volkskunde und Literatur Südosteuropas. Berlin, Hamburg 1989 (= Lebensformen 5)

Roth, K. (Hg.), Die Volkskultur Südosteuropas in der Moderne. München 1992 (= Südosteuropa-Jahrbuch 22)

Roth, K. (Hg.), Südosteuropäische Popularliteratur im 19. und 20. Jahrhundert. München 1993 (= Südosteuropa-Schriften Band 13)

Polewoi, W. M., Die Kunst Griechenlands. Von den Anfängen bis zur Gegenwart. Dresden 1991

Lauer, R. (Hg.), Die Kultur Griechenlands in Mittelalter und Neuzeit. Göttingen 1994

Burkhart, D. (Hg.), Körper, Essen und Trinken im Kulturverständnis der Balkanvölker. Wiesbaden, Berlin 1990 (= Balkanologische Veröffentlichungen 19)

Fehér, G., Szelényi, K., Kónya, K., Türkisches und balkanisches Kunsthandwerk. Budapest 1975

Volbach, W.F., Lafontaine-Dosogne, J. (Hg.), Byzanz und der christliche Osten. Berlin 1968 (= Propyläen Kunstgeschichte, Band 3)

Wessel, K. (Hg.), Kunst und Geschichte in Südosteuropa. Recklinghausen 1973

Grabar, G., Die mittelalterliche Kunst Osteuropas. Baden-Baden 1968

Sas-Zaloziecky, W., Die byzantinische Baukunst in den Balkanländern und ihre Differenzierung unter abendländischen und islamischen Einwirkungen. Studien zur Kunstgeschichte der Balkanländer. München 1955 (= Südosteuropäische Arbeiten 46)

Jorga, N., Byzance après Byzance. Continuation de l'Histoire de la vie byzantine. Bukarest 1935. Neudruck Bukarest 1971

Panaitescu, P.P., Einführung in die Geschichte der rumänischen Kultur. Bukarest 1977

Nastase, D., L'heritage impérial byzantin dans l'art et l'histoire des pays roumains. Mailand 1976

Hootz, R., Kunstdenkmäler in Rumänien. Ein Bildhandbuch. Einleitung, Erläuterungen und Bildauswahl von V. Vartasianu. München, Berlin 1986

Hamann-Mac Lean, R., Grundlegung zu einer Geschichte der mittelalterlichen serbischen Monumentalmalerei in Serbien und Makedonien vom 11. bis zum frühen 17. Jahrhundert. Gießen 1963

Radojčić, S., Geschichte der serbischen Kunst. Berlin 1969

Medakovic, D., Serbischer Barock. Strömungen im Donauraum. Wien 1991

Tschilingirov, A., Kulturgeschichte im Prisma: Bulgarien vom Altertum bis 1878. Leipzig ^{2}1986

Tschilingirov, A., Die Kunst des christlichen Mittelalters in Bulgarien. München 1979

Kiel, M., Art and society in Bulgaria in the Turkish period. A sketch of the economic, juridical and artistic preconditions of Bulgarian Post-Byzantine art and its place in the development of the art of the Christian Balkans, 1360/70–1700. A new interpretation. Assen u. a. 1985

Székely, A., Illustrierte Kulturgeschichte Ungarns. Leipzig, Budapest 1978

Parsons, N. T., Hungary. A cultural and historical guide. Budapest 1990

Valjavec, F., Geschichte der deutschen Kulturbeziehungen zu Südosteuropa. 5 Bde. München 1953–1970

Thierfelder, F., Ursprung und Wirkung der französischen Kultureinflüsse in Südosteuropa. Berlin 1943

Völkl, E., Das rumänische Fürstentum Moldau und die Ostslawen im 15. bis 17. Jahrhundert. Wiesbaden 1975

Goltschnigg, D. und Schwob, A. (Hg.), Die Bukowina: Studien zu einer versunkenen Literaturlandschaft. Tübingen 1990

Philippi, P. (Hg.), Siebenbürgen als Beispiel europäischen Kulturaustausches. Köln, Wien 1975

Kós, K., Siebenbürgen: Kulturhistorischer Abriß. Budapest 1989

Richter, L. und Olschowsky, H. (Hg.), Literaturen Ost- und Südosteuropas. Ein Sachwörterbuch. Leipzig 1990

Lauer, R. (Hg.), Die Moderne in den Literaturen Südosteuropas. München 1991 (= Südosteuropa Jahrbücher 20)

8. Kirchengeschichte

Stadtmüller, G., Die Christianisierung Südosteuropas als Forschungsproblem, in: Kyrios 6 (1943), S. 61–102

Spinka, M., A History of Christianity in the Balkans. A Study in the Spread of Byzantine Culture among the Slavs. Chicago 1933

Vlasto, A.P., The Entry of the Slavs into Christendom. An Introduction to the Medieval History of the Slavs. Cambridge 1970

Wolfram, H., Conversio Bagoariorum et Carantanorum. Das Weißbuch der Salzburger Kirche über die erfolgreiche Mission in Karantanien und Pannonien. Wien, Köln, Graz 1979

Piffl-Percevic, Th./Stirneman, A. (Hg.), Der heilige Method, Salzburg und die Slawenmission. Innsbruck, Wien 1987 (= Pro Oriente 11)

Zagiba, F. (Hg.), Das heidnische und christliche Slaventum. 2 Bde. Wiesbaden 1969–1970 (= Acta II Congressus internationalis historiae Slavicae Salisburgo-Ratisbonensis anno 1967 celebrati)

Dvornik, F., Byzantine Missions among the Slavs. SS. Constantine-Cyril and Methodius. New Brunswick 1970

Waldmüller, L., Die ersten Begegnungen der Slawen mit dem Christentum und den christlichen Völkern vom VI. bis VIII. Jahrhundert. Die Slawen zwischen Byzanz und Abendland. Amsterdam 1976

Barton, P.F., Die Frühzeit des Christentums in Österreich und Südostmitteleuropa bis 788. Wien 1975

Ritter, A. M. (Hg.), Die Anfänge des Christentums unter den Völkern Ost- und Südosteuropas. Heidelberg 1990

Gjuzelev, V. und Pillinger R. (Hg.), Das Christentum in Bulgarien und auf der übrigen Balkanhalbinsel in der Spätantike und im frühen Mittelalter. Wien 1987

Schramm, G., Anfänge des albanischen Christentums. Die frühe Bekehrung der Bessen und ihre langen Folgen. Freiburg 1994.

Waldmüller, L, Die Synoden in Dalmatien, Kroatien und Ungarn. Von der Völkerwanderung bis zum Ende der Arpaden (1311). Paderborn 1987 (= Konziliengeschichte Reihe A. Darstellungen)

Onasch, K., Einführungen in die Konfessionskunde der orthodoxen Welt. Berlin 1962 (= Sammlung Göschen, Band 1197/1197a)

Hasluck, F.W., Christianity and Islam under the Sultans. 2 Bde. Oxford 1929

Hadrovics, L., Le peuple serbe et son église sous la domination turque. Paris 1947

Papadopoullos, Th. H., Studies and Documents Relating to the History of the Greek Church and People under Turkish Domination. Brüssel 1952 (= Bibliotheca Graeca Aevi Posterioris Band 1)

Podskalsky, G., Griechische Theologie in der Zeit der Türkenherrschaft (1453–1821). Die Orthodoxie im Spannungsfeld der nachreformatorischen Konfessionen des Westens. München 1988
Zach, Chr., Orthodoxe Kirche und rumänisches Volksbewußtsein im 15. bis 18. Jahrhundert. Wiesbaden 1977 (= Schriften zur Geistesgeschichte des östlichen Europa 11)
–, Die bosnische Franziskanermission des 17. Jahrhunderts im südöstlichen Niederungarn. München 1979 (= Studia Hungarica 13)
Obolensky, D., The Bogomils. A Study in Balkan Neo-Manichaeism. Cambridge/Engl. 1948
Loos, M., Dualist Heresy in the Middle Ages. The Hague 1974
Fine, J.V.A. Jr., The Bosnian Church. A New Interpretation. Boulder/Col. 1975
Džaja, S.M., Die «Bosnische Kirche» und das Islamisierungsproblem Bosniens und der Herzegowina in den Forschungen nach dem Zweiten Weltkrieg. München 1978 (= Beiträge zur Kenntnis Südosteuropas und des Nahen Orients 28)
Murko, M., Die Bedeutung der Reformation und Gegenreformation für das geistige Leben der Südslawen. Heidelberg 1927
Weber, G. und R. (Hg.), Luther und Siebenbürgen. Ausstrahlungen von Reformation und Humanismus nach Südosteuropa. Köln, Wien 1985
Wild, G., Die Deutsche Evangelische Kirche in Jugoslawien: 1918–1941. München 1980
Alexander, S., Church and State in Yugoslavia since 1945. Cambridge u. a. 1979
Beeson, T., Mit Klugheit und Mut. Die religiöse Situation in Osteuropa. Wien, Freiburg, Basel 1979
Lendvai, P. (Hg.), Religionsfreiheit und Menschenrechte. Bilanz und Aussicht. Graz, Köln, Wien 1983
Kasack, W. (Hg.), Der Geistliche und seine Gemeinde in Osteuropa. Zur Situation in der Gegenwart. Berlin 1986 (= Osteuropaforschung 20)
Heyer, F., Die Orientalische Frage im kirchlichen Lebenskreis. Das Einwirken der Kirchen des Auslands auf die Emanzipation der orthodoxen Nationen Südosteuropas 1804–1912. Wiesbaden 1991 (= Schriften zur Geistesgeschichte des östlichen Europa 19)
Adriány, G., Geschichte der Kirche Osteuropas im 20. Jahrhundert. Paderborn 1992
Ramet, P. (Hg.), Eastern Christianity and Politics in the Twentieth Century. Durham, London 1988 (= Christianity under Stress 1)
Popovic, A., L'Islam balkanique. Les musulmans du sud-est européen dans la période post-ottoman. Berlin 1986 (= Veröffentlichungen des Osteuropa-Instituts an der Freien Universität Berlin 11)

9. Sozialgeschichte

Stoianovich, T., A study in Balkan civilization. New York 1967
Gesemann, G., Heroische Lebensform. Zur Literatur und Wesenskunde der balkanischen Patriarchalität. Berlin 1943
Jelavich, Ch. and B. (eds.), The Balkans in Transition. Essays on the Development of Balkan Life and Politics since the Eighteenth Century. Berkeley and Los Angeles 1963, Neudruck Hamden, Conn. 1974
Kaser, K., Hirten, Kämpfer, Stammeshelden. Ursprünge des balkanischen Patriarchats. Wien 1992
Lauer, R. und Majer, H. G. (Hgg.), Höfische Kultur in Südosteuropa. Göttingen 1994

Heppner, H. (Hg.), Hauptstädte in Südosteuropa: Geschichte, Funktion, Nationale Symbolkraft. Wien, Köln, Weimar 1994

Reiter, N., Sundhaussen, H. (Hgg.), Allgemeinbildung als Modernisierungsfaktor. Zur Geschichte der Elementarbildung in Südosteuropa von der Aufklärung bis zum Zweiten Weltkrieg. Berlin 1994 (= Balkanologische Veröffentlichungen 23)

Sterbling, A., Modernisierungsprobleme südosteuropäischer Gesellschaften. 1993

Todorova, M. N., Balkan Family Structure and the European Pattern: Demographic Development in Ottoman Bulgaria. Washington 1993

Reiter, N. (Hg.), Die Stellung der Frau auf dem Balkan. Beiträge zur Tagung vom 3.–7. September 1985 in Berlin. Berlin 1987

Communal Families in the Balkans: The Zadruga. Essays by Philip E. Mosley and Essays in His Honour. Ed. by R.F. Byrnes. London 1976

Ronneberger, F., Teich, G. (Hg.), Von der Agrar- zur Industriegesellschaft. Sozialer Wandel auf dem Lande in Südosteuropa. 20 Folgen. Darmstadt 1970–1972

Schönfeld, R. (Hg.), Reform und Wandel in Südosteuropa. München 1985 (Untersuchungen zur Gegenwartskunde Südosteuropas 26)

Puskás, J. (Hg.), Overseas Migration from East Central and Southeastern Europe 1880–1940. Budapest 1990

Coing, H. (Hg.), Handbuch der Quellen und Literatur der neueren europäischen Privatrechtsgeschichte. III. Band: Das 19. Jahrhundert. 5. Teilband: Südosteuropa. 1988

Marko, J., Boric, T., Slowenien – Kroatien – Serbien. Die neuen Verfassungen. Wien 1992 (= Studien zu Politik und Verwaltung 39)

10. Wirtschaftsgeschichte

Kellenbenz, H. u. a. (Hg.), Handbuch der europäischen Wirtschafts- und Sozialgeschichte. Bisher erschienen sind die Bände 1–3, 5–6 Stuttgart 1980–1990

Lampe, J. R., Jackson, M.R., Balkan Economic History, 1550–1950. From Imperial Borderlands to Developing Nations. Bloomington 1982

Henning, J., Südosteuropa zwischen Antike und Mittelalter. Archäologische Beiträge zur Landwirtschaft des 1. Jahrtausends unserer Zeitrechnung. Berlin 1987 (= Schriften zur Ur- und Frühgeschichte 42)

Märkte und Warenaustausch im pannonischen Raum. Vorträge des 4. Internationalen Symposiums «Ethnographia Pannonica» in Székesfehérvár 1987. Székesfehérvár 1988

Bashan, E., Economic life of the Jews in the Balkans and Anatolia 1453–1600. Oxford 1991

Roth, K. (Hg.), Handwerk in Mittel- und Südosteuropa. Mobilität, Vermittlung und Wandel im Handwerk des 18. bis 20. Jahrhunderts. München 1987 (= Südosteuropa-Studien 38)

Chirot, D. (Hg.), The Origins of Backwardness in Eastern Europe. Economics and Politics from the Middle Ages Until the Early Twentieth Century. Berkeley, Los Angeles, London 1989

Ashtor, A., Levant Trade in the Later Middle Ages. Princeton 1983

Todorov, N., The Balkan City, 1400–1900. Seattle, London 1983

Chatzioannou, M.C.-Tabaki, A. (red.), Actes du IIe Colloque internationale d'histoire (Athènes, 18–25 septembre 1983): Économies méditerranéennes équilibres et intercommunications, XIIIe–XIXe siècles. 3 Bde. Athen 1985–1986

McGowan, B., Economic Life in Ottoman Europe: Trade, Taxation, and the Struggle for Land, 1600–1800. Cambridge, Paris 1981

Busch-Zantner, R., Agrarverfassung, Gesellschaft und Siedlung in Südosteuropa. Unter besonderer Berücksichtigung der Türkenzeit. Leipzig 1938

Stoianovich, T., The conquering Balkan merchant, in: Journal of Economic History 20,2 (1960) S. 234–313

Beuermann, A., Fernweidewirtschaft in Südosteuropa. Ein Beitrag zur Kulturgeographie des östlichen Mittelmeergebietes. Braunschweig 1967

La révolution industrielle dans le Sud-Est européen. Hamburg 1976

Groß, H., Südosteuropa. Bau und Entwicklung der Wirtschaft. Leipzig 1937

Sering, M. (Hg.), Die agrarischen Umwälzungen im außerrussischen Osteuropa. Ein Sammelwerk. Berlin, Leipzig 1930

Sanders, T. (ed.), Collectivization of Agriculture in Eastern Europe. Lexington 1958

Berend, I.T., Ránki, Gy., Economic Development in East-Central Europe in the Nineteenth and Twentieth Centuries. New York 1974

Kaser, M.C., Radice, E.A. (eds.), The Economic History of Eastern Europe, 1919–1975. – Auf 5 Bände geplante Gesamtdarstellung, bisher erschienen sind 3 Bde. Oxford 1985–1986

Die politische und wirtschaftliche Situation der Länder des pannonischen Raumes zwischen den zwei Weltkriegen. Eisenstadt 1981

McGrew, W. W., Land and Revolution in Modern Greece, 1800–1881. The Transition in the Tenure and Exploitation of Land from Ottoman Rule to Independence. Kent, Ohio 1985

McCarthy, J., The Arab World, Turkey, and the Balkans 1878–1914: A handbook of historical statistics. Boston, Mass. 1982

Sundhaußen, H., Historische Statistik Serbiens 1834–1914. Mit europäischen Vergleichsdaten. München 1989 (= Südosteuropäische Arbeiten 87)

Lampe, J.R., The Bulgarian Economy in the Twentieth Century. London, Sydney 1986

Tomasevich, J., Peasants, Politics, and Economic Change in Yugoslavia. Stanford 1955

Stoianovich, Tr., Between East and West: The Balkan and Mediterranean Worlds. Band 1 und 2: Economies and Societies. New Rochelle, N. Y. 1992 (= Studia Balcanica, Islamica et Turcica 1–2)

Calic, M.-J., Sozialgeschichte Serbiens 1815–1941. Der aufhaltsame Fortschritt während der Industrialisierung. München 1994 (= Südosteuropäische Arbeiten Band 92)

Kontetzki, H., Agrarpolitischer Wandel und Modernisierung in Jugoslawien. Zwischenbilanz einer sozialistischen Entwicklungsstrategie. Nürnberg 1986

Berend, I., Ránki, Gy., Hungary: A Century of Economic Development. New York 1974

Roberts, H.L., Rumania. Political Problems of an Agrarian State. New Haven 1951

Turnock, D., The Rumanian Economy in the Twentieth Century. London, Sidney 1986

Teichova, A., Cottrell, Ph.L. (eds.), International Business and Central Europe, 1918–1939. Leicester, New York 1983

Sundhaußen, H., Wirtschaftsgeschichte Kroatiens im nationalsozialistischen Großraum 1941–1945. Das Scheitern einer Ausbeutungsstrategie. Stuttgart 1983 (= Studien zur Zeitgeschichte 23)

Schlarp, K.-H., Wirtschaft und Besatzung in Serbien 1941–1944. Ein Beitrag zur nationalsozialistischen Wirtschaftspolitik in Südosteuropa. Wiesbaden 1986

Spulber, N., The Economics of Communist Eastern Europe. Cambridge/Mass. 1957

Schönfeld, R. (Hg.), Südosteuropa in Weltpolitik und Weltwirtschaft der achtziger Jahre. München 1983 (= Untersuchungen zur Gegenwartskunde Südosteuropas 21)

Gianaris, N. V., The economics of the Balkan countries: Albania, Bulgaria, Greece, Romania, Turkey, and Yugoslavia. New York 1982

Csaba, L., Eastern Europe in the world economy. Cambridge u. a. 1990
Grenzebach, W. S. jr., Germany's Informal Empire in East-Central Europe. German Economic Policy toward Yugoslavia and Rumania, 1933–1939. Wiesbaden 1988 (= Veröff. des Instituts für Europäische Geschichte Mainz. Abteilung Universalgeschichte 128)
Teichova, A., Kleinstaaten im Spannungsfeld der Großmächte. Wirtschaft und Politik in Mittel- und Südosteuropa in der Zwischenkriegszeit. Wien 1988
Schönfeld, R. (Hg.), Industrialisierung und gesellschaftlicher Wandel in Südosteuropa. München 1989
Bolz, K. (ed.), Die wirtschaftliche Entwicklung in den sozialistischen Ländern Osteuropas zur Jahreswende 1986/87. Hamburg 1987
Bolz, K. (Hg.), Die wirtschaftliche Entwicklung in den sozialistischen Ländern Osteuropas zur Jahreswende 1987/88. Hamburg 1988
Althammer, W. (Hg.), Vom Plan zum Markt. Stand und Aussichten der Wirtschafsreformen in Südosteuropa. München 1990 (= Südosteuropa aktuell 9)
Clarke, R. (Hg.), Hungary: The Second Decade of Economic Reform. Chicago 1989
Wädekin, K.-E. (Hg.), Die Agrarwirtschaft Südosteuropas im Wandel. München 1992 (= Südosteuropa aktuell 13)
Wildermuth, A., Die Krise der albanischen Landwirtschaft. Lösungsversuche der Partei- und Staatsführung unter Ramiz Alia. Neuried 1989 (= Wirtschaft und Gesellschaft Südosteuropas 6)
Jaehne, G., Land- und Ernährungswirtschaft in Albanien. Berlin 1991 (= Osteuropastudien der Hochschulen des Landes Hessen. Reihe I. Gießener Abhandlungen zur Agrar- und Wirtschaftsforschung des europäischen Ostens 180)
Tonch, H., Wirtschaft und Politik auf dem Balkan. Untersuchungen zu den deutsch-rumänischen Beziehungen in der Weimarer Republik unter besonderer Berücksichtigung der Weltwirtschaftskrise. Frankfurt u. a. 1984
Szlajfer, H. (ed.), Economic Nationalism in East-Central Europe, 1918–39. Genf 1990
Weber, E., Stadien der Außenhandelsverflechtungen Ostmittel- und Südosteuropas. 1971
Boross, E. A., Inflation and industry in Hungary 1918–1929. Berlin 1994 (= Schriften der Historischen Kommission zu Berlin 3)
Good, D. F., Der wirtschaftliche Aufstieg des Habsburgerreiches: 1750–1914. Wien, Köln, Graz 1986 (= Forschungen zur Geschichte des Donauraumes Band 7)
Berend, I. T. (ed.), Transition to a Market Economy at the End of the 20th Century. Übergang zur Marktwirtschaft am Ende des 20. Jahrhunderts. München 1994 (= Südosteuropa-Studien Band 54)
Kaiser, D. E., Economic Diplomacy and the Origins of the Second World War: Germany, Britain, France and Eastern Europe, 1930–1939. Princeton 1980
Haselsteiner, H. (Hg.), Wirtschafts- und Kulturbeziehungen zwischen dem Donau- und dem Balkanraum seit dem Wiener Kongreß. 1991 (= Zur Kunde Südosteuropas II/17)
Fischer, J., Messner, F., Wolmuth, K. (Hgg.), Die Transformation der osteuropäischen Länder in die Marktwirtschaft. Münster, Hamburg 1992

Eine laufende Dokumentation der wirtschaftlichen und rechtlichen Entwicklungen sowie der Bildungs- und Wissenschaftspolitik in den Ländern Ost- und Südosteuropas bieten die vom Österreichischen Ost- und Südosteuropa-Institut in Wien herausgegebenen periodischen Veröffentlichungen: Presseschau Ostwirtschaft (erscheint monatlich); Ost-Dokumentation Wirtschaft (zehn Ausgaben im Jahr); Dokumentation der Gesetze und Verordnungen Osteuropas (DGVO – Spezialdokumentation, die jahrgangsweise die Gesetzesblätter der einzelnen Länder erschließt); Ost-Dokumentation Bildungs- und Wissenschaftspolitik

Zeittafel

2. Jahrtausend v. Chr. Einwanderung thrakischer Stämme in den Nordostbalkan

1250–1150 Illyrisch-dorische Wanderung

8./7. Jh. Illyrier siedeln im nordwestlichen Balkan zwischen Adria, Save-Donau, Ohrid-See und Nordepirus

um 750–um 650 Griechische Kolonisation der nördlichen Ägäis

7. Jh. Beginn der griechischen Kolonisation in der Adria

627 Gründung der griechischen Kolonie Dyrrhachion (als Epidamnos)

7./6. Skythische Stämme erscheinen an der unteren Donau, in Siebenbürgen und in den Karpaten

um 513/2 Skythenzug des Perserkönigs Dareios I. (522–486)

um 450–341 Odrysenreich

um 400–260 Reich der illyrischen Taulantier

358–341 Thrakerkriege Philipps II. von Mazedonien

284–217 Reich der Dardaner

281/0–um 212 Kelten in Thrakien

um 260–168 Südillyrisches Reich von Skodra

229–228 1. Illyrischer Krieg der Römer gegen Königin Teuta

um 200 Die Daker erscheinen in Siebenbürgen und in der Walachei

200–100 Einflüsse der keltischen Latène-Kultur bei den thrakischen Dakern und Geten

um 180–35/33 Reich der Delmaten

168, 6. 6. Entscheidender Sieg des Aemilius Paullus bei Pydna im 3. römisch-makedonischen Krieg (171–168)

148 Macedonia römische Provinz

120–100 Thrakerkriege Roms

um 70–44 Dakerreich des Burebista

35–33 Delmatische Kriege Octavians

33 Pannonia römische Provinz

29 Bastarner und Daker dringen in Mösien und Thrakien ein

6–9 n. Chr. Pannonischer Aufstand

40–45 Sarmatische Jazygen besetzen Theißebene

44 Mösien römische Provinz

46–679 Thrakien römische Provinz

um 85–107 Dakerreich des Decebalus

106–271 Dacia römische Provinz

um 240 Die Goten erscheinen an der unteren Donau

375 Hunneninvasion – Beginn der sog. Völkerwanderung

378 Schlacht von Adrianopel

395 Reichsteilung des Theodosios

445–453 Attila Alleinherrscher

476 Untergang des weströmischen Reiches

6. Jh. Slawische Landnahme – erste Slaweneinfälle auf Reichsterritorium

um 560 Die Avaren fallen in das Donaugebiet ein

567 Die gemeinsam operierenden Avaren und Langobarden besiegen die Gepiden

568 Abzug der Langobarden nach Italien

568 Die Avaren erobern Sirmium

582–602 Kaiser Maurikios kämpft gegen Avaren und Slawen

602 Zusammenbruch der Donaugrenze gegen Avaren und Slawen

622 Kaiser Herakleios schließt Frieden mit den Avaren

623/4 Errichtung des westslawischen Samoreiches

626 Fürstentum Karantanien

626 Avaren und Sasaniden belagern Konstantinopel

679/80 Die Proto-Bulgaren unter Asparuch dringen über die Donau auf Reichsterritorium vor und lassen sich um Varna nieder

681–1018 Erstes bulgarisches Reich

um 745 Die Fürsten Karantaniens erken-

nen die Oberhoheit des bairischen Herzogs an
788 Karl d. Gr. erobert Gebiet der slowenischen Stämme – Besetzung Istriens
795/96 Fränkische Truppen stürmen den Avarenring zwischen Donau und Theiß
802–814 Bulgarenchan Krum
803 Pannonische Mark in Westungarn
811, 26. 7. Vernichtende Niederlage des Kaisers Nikephoros I. gegen den Bulgarenchan Krum
813, 22. 6. Die Bulgaren schlagen Kaiser Michael Rangabe und stoßen bis vor Konstantinopel vor
819–823 Aufstand der Kroaten und Slowenen unter Fürst Ljudevit gegen die fränkische Herrschaft
830–894 Großmährisches Reich
845–864 Fürst Trpimir vereinigt einen Teil Kroatiens unter seiner Herrschaft
Mitte 9. Jh. Serbisches Fürstentum unter Vlastimir
860 Erster Angriff der «Russen» auf Konstantinopel
863 Mission der Slawenlehrer Kyrillos und Methodios in Mähren
864 Der Bulgarenchan Boris-Michael läßt sich taufen
893 Preslav wird bulgarische Hauptstadt
893–927 Bulgarenchan Simeon – das Goldene Zeitalter des ersten bulgarischen Reiches
894–896 Ungarische Landnahme in der pannonischen Ebene unter Árpád
907 Untergang des Großmährischen Reiches in der Schlacht bei Preßburg gegen die Madjaren
917, 20. 8. Der Bulgarenzar Simeon vernichtet byzantinisches Heer am Acheloos bei Anchialos
925 Unabhängiges Königreich Kroatien unter Tomislav
955, 10. 8. Abwehr der Madjaren in der Schlacht auf dem Lechfeld bei Augsburg
967/8 Kriegszüge des Kiewer Fürsten Svjatoslav gegen Bulgarien
972 Byzanz erobert Nordostbulgarien zurück
976–1014 Westbulgarisches Reich unter dem Zaren Samuel
997–1038 Stephan der Heilige, König der Ungarn
1000 Gründung des Erzbistums Gran – Venedig erobert Dalmatien
1001, 1. 1. Krönung Stephans zum ungarischen König
1014, 29. 7. Sieg des Kaisers Basileios II. gegen Samuel in den Gebirgspässen des Kleidion (Ključ) im Strumagebiet (Schlacht von Belasica)
1018 Basileios II. erobert Ochrid, Ende des westbulgarischen Reiches
1040/41 Aufstand des Peter Deljan
1054, 16. 7. Große Kirchenspaltung
1071 Robert Guiskard erobert Bari, in der Schlacht von Mantzikert unterliegt Kaiser Romanos IV. den Seldschuken
1072 Aufstand des Georgi Vojtech gegen Byzanz
1076 Päpstliche Legaten krönen Demetrius Zvonimir zum König der Kroaten
1077 Päpstliche Königskrone für Michael von Zeta
1091 Der ungarische König László I. erobert Slawonien
1091, 29. 4. Die mit den Kumanen verbündeten Byzantiner vernichten in der Schlacht am Levunion-Gebirge die Pečenegen
1102 «pacta conventa» – der kroatische Adel schließt sich Ungarn an
12. Jh. Mitte Beginn der deutschen Einwanderung in Siebenbürgen
1166 Stefan Nemanja wird Groß-Župan von Raszien
um 1170 Stefan Nemanja gründet serbischen mittelalterlichen Staat
1180 Bosnisches Fürstentum unter Ban Kulin (1180–1204)
1181 Dalmatien ungarisch
1185–1187 Aufstand der Brüder Peter und Asen, Begründung des sog. 2. bulgarischen Reiches
1185–1393 Zweites bulgarisches Reich (Tărnovo)
1185 Die Normannen erobern Dyrrhachion und Thessalonike
1190 Byzanz erkennt serbische Unabhängigkeit an

1204, 13. 4. Die Kreuzfahrer erobern Konstantinopel
1205, 4. 4. Kaiser Balduin wird von den Bulgaren bei Adrianopel geschlagen
1217 Serbien wird Königreich
1219 Sava wird in Nikäa zum autokephalen Erzbischof der Serben geweiht
1222 Adelsprivileg des ungarischen Königs Andreas II. – sog. Goldene Bulle
1224 Privileg der Siebenbürger Sachsen, sog. Andreanum
1224 Der Despot von Epiros Theodoros Angelos bemächtigt sich Thessalonikes und läßt sich zum Kaiser krönen
1230, 9. 3. Schlacht bei Klokotnica an der Marica, der Bulgarenzar Ivan II. Asen besiegt den Kaiser von Thessalonike Theodoros Angelos
1241/42 Tatarenvorstoß verwüstet Ungarn und den Donauraum
1261, 13. 3. Vertrag von Nymphaion
1261, 25. 7. Kaiser Michael VIII. zieht in Konstantinopel ein, Restauration der Paläologen
1282 Rudolf I. gewinnt Kärnten und Krain
14. Jh. Entstehung der Fürstentümer Walachei und Moldau
1301 Die Arpaden in Ungarn sterben aus
1330, 28. 7. Bulgarische Niederlage gegen die Serben in der Schlacht von Velbužd
1342–1382 Ludwig I. der Große aus dem Hause Anjou König von Ungarn
1346, 16. 4. Stefan Dušan läßt sich vom serbischen Patriarchen in Skoplje zum Kaiser krönen
1349, 21. 5 Gesetzbuch (Zakonik) des Stefan Dušan
1352 Die Osmanen besetzen erstmals europäischen Boden
1358, 18. 2. Frieden von Zara/Zadar zwischen Ludwig von Ungarn und Venedig
1371, 26. 9. Serbische Niederlage in der Schlacht an der Marica
1377 Der bosnische Ban Tvrtko I. nimmt den Titel eines Königs der Serben, Bosniens, des Küstengebietes und der westlichen Länder an
1382 Die Osmanen erobern Sofia
1386–1418 Mircea der Alte Herrscher der Walachei
1387 Thessalonike türkisch
1389, 15. 6. Schlacht auf dem Amselfeld (Kosovo Polje)
1393, 17. 6. Tărnovo wird türkisch
1394, 10. 10 Der walachische Fürst Mircea der Alte besiegt die türkischen Invasionstruppen bei Rovine
1396, 25. 9. Ein abendländisches Kreuzzugsheer unter König Sigismund wird bei Nikopolis geschlagen
1396 Die Türken erobern Vidin
1400 Die Osmanen erobern die Dobrudscha
1421 Das Fürstentum Zeta wird an das Serbische Despotat des Fürsten Stefan Lazarević angeschlossen
1423 Thessalonike venezianisch
1431 Aus den eroberten albanischen Territorien werden zwei Sandschaks (Albanien und Dibra) gebildet
1443–1468 Aufstand der albanischen Stämme unter Skanderbeg gegen die türkische Herrschaft
1444, 10. 11. Schlacht bei Varna
1444 Die Zeta erkennt die venezianische Oberhoheit an
1448 Fürstentum Herzegowina
1451–1481 Mehmed II. der Eroberer
1453, 29. 5. Mehmed II. erobert Konstantinopel
1456, 21./22. 7. Johannes Hunyadi sprengt den türkischen Belagerungsring um Belgrad
1457–1504 Stephan III. der Große Herrscher der Moldau
1458–1490 Matthias Corvinus in Ungarn
1458 Athen türkisch
1459 Smederevo fällt an Mehmed II.
1463–1479 (1502) Venezianisch-türkischer Krieg
1468, 17. 1. Skanderbeg stirbt
1470, 12. 7. Die Türken erobern Negroponte (Euböa)
1479, 25. 1. Venezianisch-türkischer Friedensvertrag
1499, 12. 8. Vernichtende Niederlage der venezianischen Flotte vor Modon
1520–1566 Süleiman II. der Große
1526, 29. 8. Schlacht bei Mohács
1527 Der kroatische Landtag wählt Ferdinand zum König von Kroatien

1529, 29. 9.–15. 10. Süleimans Truppen belagern Wien

1538, 24. 2. Vertrag zwischen Ferdinand I. und Johann Zápolya

1541, 29. 8. Die Truppen Süleimans besetzen Ofen und Pest

1541 Siebenbürgen unter Einschluß des Banats und des sog. Partiums als autonomes Fürstentum unter türkischer Souveränität

1552 Die Türken erobern Veszprém und Temesvár

1556 Die Türken erobern Kostajnica und fallen in der Krain ein

1571 Venedig muß Zypern räumen

1571, 7. 10 Seeschlacht von Lepanto

1583 Bosnien und Herzegowina werden zum Paschalyk Bosnien zusammengefaßt

1595 Die kaiserlichen Truppen erobern Gran zurück

1600 Michael der Tapfere (Mihai Viteazul) vereinigt erstmals die Walachei, die Moldau und Siebenbürgen unter einer Herrschaft

1602 Die Türken erobern Stuhlweißenburg

1606, 11. 11. Friede von Zsitvatorok

1630, 5. 10 Statuta Valachorum

1645 Linzer Friede mit Georg Rákóczy I.

1645–1669 25jähriger Krieg um Kreta (Kandia)

1656–1678 Sog. Restauration der Köprülü

1660 Seid Ali Pascha erobert Großwardein

1664, 1. 8. Der kaiserliche Feldherr Montecuccoli siegt bei St. Gotthard an der Raab/Mogersdorf gegen die Türken

1664, 10./20. 8. Friede von Vasvár (Eisenburg)

1683, 14.7.–12. 9. Belagerung Wiens durch die Türken

1685/6 Die Venezianer erobern unter Francesco Morosini die Peloponnes (Morea)

1686, 18. 6.–2. 9. Herzog Karl von Lothringen belagert und erstürmt Ofen

1688 Die kaiserlichen Truppen gewinnen Lippa, Gradisca, Peterwardein, Belgrad und Stuhlweißenburg

1688 Aufstand im nordwestbulgarischen Čiprovec gegen die Türkenherrschaft

1690, 21. 8. Leopoldinisches Diplom für die Serben in Südungarn garantiert Glaubensfreiheit und eigene Kirchenorganisation

1690 Die Türken erobern Nisch, Vidin, Semendria und Belgrad zurück

1691, 4./14. 12. Durch Leopoldinisches Diplom wird Siebenbürgen Teil des Habsburgerreiches

1697 Kirchenunion in Siebenbürgen

1699, 26. 1. Friede von Karlowitz

1711 Friede von Sathmar

1711, 7./17. 10. Beginn der Phanariotenherrschaft in der Moldau

1714–1718 Türkisch-venezianischer Krieg, die Venezianer verlieren die Peloponnes

1715, 25. 12./1716, 5. 1. Beginn der Phanariotenherrschaft in der Walachei

1718, 21. 7. Friede von Passarowitz

1718–1739 Oltenien und das Banat unter habsburgischer Herrschaft

1735–1739 Russisch-türkischer Krieg

1739, 18. Sept. Friede von Belgrad

1745 Gründung der Hofdeputation in Banaticis, Transylvanicis et Illyricis in Wien

1746, 5./16.8. Aufhebung der Leibeigenschaft in der Walachei unter Konstantin Mavrokordatos

1749, 6./17. 4. Agrarreform in der Moldau, Aufhebung der Leibeigenschaft und Regulierung der bäuerlichen Verpflichtungen

1768–1774 Russisch-türkischer Krieg

1770, 25./26. 7. Russischer Seesieg über die türkische Flotte bei Çeşme

1774, 10./21. 7. Friede von Kütschük Kainardscha

1775, 7./18. 5. Bukowina habsburgisch

1784 Bauernaufstand unter Horea, Cloşca und Crişan in Siebenbürgen

1787–1791 Zweiter Türkenkrieg Katharinas II.

1791 Petition der Rumänen Siebenbürgens «Supplex Libellus Valachorum»

1797, 17. 10. Friede von Campo Formio

1799–1806 Russisch-türkisches Protektorat über die Jonischen Inseln

1804–1813 Erster serbischer Aufstand
1806–1812 Russisch-türkischer Krieg
1806, 24. 12. Die aufständischen Serben erobern Belgrad
1807–1814 Französische Besetzung der Jonischen Inseln
1809–1814 Slowenische und kroatische Gebiete sind in den sog. Illyrischen Provinzen vereinigt
1812, 16./28. 5. Friede von Bukarest, Bessarabien russisch
1814 Gründung des griechischen Geheimbundes der Hetärie der Philiker in Odessa
1815, 11./23. 4.–10. 10. Zweiter serbischer Aufstand unter Miloš Obrenović
1821–1829 Griechischer Freiheitskampf gegen die türkische Fremdherrschaft
1821, 23. 1./4. 2. Beginn des Aufstandes unter Tudor Vladimirescu in der Walachei
1821, 6. 3. Alexander Ypsilanti leitet in der Moldau den griechischen Aufstand ein
1821, 25. 3./6. 4. Beginn der griechischen Erhebung auf der Peloponnes
1822 Ende der Phanariotenherrschaft in den Donaufürstentümern
1822, 5. 2. Ali Pascha von Janina wird ermordet
1826 Gewaltsame Auflösung der Janitscharentruppe
1826, 23. 3./4. 4. Petersburger Protokoll zwischen Rußland und Großbritannien
1826, 25. 9. Russisch-türkische Konvention von Akkerman
1827, 6. 7. Londoner Konvention zur Errichtung eines griechischen Staates
1827, 20. 10. Seeschlacht von Navarino
1828–1829 Russisch-türkischer Krieg
1828, Mai–1834, April Russische Okkupationsverwaltung in den Donaufürstentümern
1829, 2./14. 9. Friede von Adrianopel
1830 Erbliche Fürstenwürde für Miloš Obrenović
1830, 3. 2. Die Londoner Konferenz erkennt die Unabhängigkeit Griechenlands an
1830, 30. 3. «Organisches Statut» für die Donaufürstentümer
1832, 8. 8. Die griechische Nationalversammlung in Nauplion wählt den Wittelsbacher Otto zum König
1833, 8. 7. Vertrag von Hunkâr Iskelesi
1835, 2. 2. Erste serbische Verfassung
1837, 15. 5. Offizielle Eröffnung der Universität Athen
1838, 10. 12. Vom Sultan oktroyierte serbische Verfassung (sog. Türkische Verfassung)
1839, 3. 11. Hatt-i Şerif von Gülhane
1840 Im ungarischen Reichstag löst das Ungarische das Lateinische als Verhandlungssprache ab
1840, 14. 7. Londoner Konvention der Großmächte sichert dem Sultan Hilfe gegen Mehmed Ali zu
1841, 13. 7. Londoner Konvention zur Schließung der Meerengen für alle Kriegsschiffe
1844 Großserbisches Programm des I. Garašanin – Eröffnung der Nationalbibliothek und des Nationalmuseums in Belgrad – serbisches Bürgerliches Gesetzbuch nach österreichischem Vorbild
1849, 19. 4./1. 5. Russisch-türkische Konvention von Balta Liman sichert den Donaufürstentümern Autonomiestatus
1849, 22. 9./2. 10. Siebenbürgen wird Provinz der Habsburgermonarchie unter einem direkt dem Wiener Hof unterstellten Gouverneur in Hermannstadt.
1849, 13. 8. Kapitulation der ungarischen Revolutionsarmee in Világos (Şiria) bei Arad
1851 Die russischen und türkischen Besatzungstruppen räumen die Donaufürstentümer
1852 Montenegro wird erbliches Fürstentum
1853–1856 Krimkrieg
1853, 2. 3. Der Kaiser in Wien bestätigt die Bauernbefreiung im Banat
1855 Gesetzbuch des montenegrinischen Fürsten Danilo
1856, 8./20. 2. Aufhebung der Leibeigenschaft in der Walachei
1856, 15. 2. Das osmanische Reichsgesetz Hatti-i-Humayun verfügt die Gleichberechtigung der Christen

1859 Doppelwahl des Fürsten Alexandru Ioan Cuza zum Fürsten in der Moldau (5./17. 1.) und in der Walachei (24. 1./5. 2.)
1860, 8./20. 10. Autonomiestatus für Siebenbürgen
1861, 11./23. 12. Fürst A.I. Cuza proklamiert Vereinigung der Donaufürstentümer
1862, 23. 10. Sturz König Ottos in Griechenland
1864, 24. 3. Ionische Inseln griechisch
1864, 4./16. 7. Gründung der Universität Bukarest
1864, 14. 8. Gesetz über Agrarreform in Rumänien
1866 Gründung der Südslawischen Akademie der Wissenschaften und Schönen Künste in Agram/Zagreb
1867, 8. 6. Österreichisch-ungarischer Ausgleich
1867 Abzug der noch in Serbien verbliebenen türkischen Garnisonen
1868, 30. 1. Ungarisch-kroatischer Ausgleich
1869, 19. 10. Offizielle Eröffnung der ersten Eisenbahnlinie in Rumänien von Bukarest nach Giurgiu
1870, 27. 2. Ferman zur Errichtung eines bulgarischen Exarchates
1872, 12. 10. Gründung der Universität Klausenburg
1874 Gründung der Universität Agram/Zagreb
1876, 20. 4./2. 5. Beginn des April-Aufstandes in Bulgarien
1876, 23. 12. Erste türkische Verfassung (Midhat-Verfassung)
1877, 19. 3. Eröffnung des ersten türkischen Parlaments
1877, 12./24. 4.–1878, 19./31. 1. Russisch-türkischer Krieg
1877, 9. 5. Unabhängigkeitserklärung Rumäniens
1878, 5. 1. Russische Truppen erobern Sofia
1878, 19. 2./3. 3. Vorfriede von San Stefano
1878, 10. 6. Albanische Liga von Prizren
1878, 1./13. 7. Unterzeichnung des Berliner Vertrages
1879, Türkischer Staatsbankrott
1879, 16. 4. Die Konstituierende Versammlung von Tărnovo billigt die bulgarische Verfassung
1879, 17. 4. Alexander Battenberg wird zum bulgarischen Fürsten gewählt
1881, 14. 3. Rumänien wird Königreich
1881, 27. 4. Die liberale Tărnovo-Verfassung in Bulgarien wird sistiert
1881, 2. 7. Thessalien und ein Teil von Epirus an Griechenland
1881, 20. 12. Einrichtung einer internationalen Finanzkontrolle zur Schuldentilgung des Osmanischen Reiches
1882, 6. 3. Serbien wird Königreich unter Milan Obrenović
1885, 1. 5. Die rumänische orthodoxe Kirche wird autokephal
1885, 9./21. 8. Fürst Alexander Battenberg wird durch eine Offiziersverschwörung zum Thronverzicht gezwungen
1885, 6. 9. Aufstand in Ostrumelien führt zur Vereinigung mit Bulgarien
1885, 2. 11.–9. 12. Bulgarisch-serbischer Krieg
1886, 19. 2./3. 3. Bulgarisch-serbischer Friedensvertrag von Bukarest
1887, 25. 6. Ferdinand von Sachsen-Koburg wird zum bulgarischen Fürsten gewählt
1887, 12. 5. Erstes Industrieförderungsgesetz in Rumänien
1889 Reise Kaiser Wilhelms II. nach Istanbul
1891, 20. 7. Gründungskongreß der bulgar. Sozialdemokratischen Partei in Buzludža.
1893, 31. 3.–3. 4. Gründungskongreß der Sozialdemokratischen Arbeiterpartei Rumäniens in Bukarest
1893 Gründung der IMRO
1896–1897 Antitürkischer Aufstand auf Kreta
1897, 17. 4.–4. 12. Türkisch-griechischer Krieg
1898, 29. 5. Großbritannien, Rußland und Frankreich einigen sich in Paris mit Griechenland auf eine internationale Finanzkontrolle des griechischen Haushaltes

1903, 5. 3. In Istanbul wird die Konzession für Deutschland zum Bau der Bagdad-Bahn unterzeichnet

1903, 10. 6. Alexander Obrenović und Königin Draga fallen in Belgrad einem Attentat zum Opfer

1903, 20. 7. Ilinden (Elias-Tag)-Aufstand in Mazedonien

1903, 29. 9. Österreichisch-russische Übereinkunft von Mürzsteg über Mazedonien

1907, 8./21. 2. Bauernaufstand in Rumänien

1908, 3. 7. Die Jungtürkische Revolution beginnt

1908, 5. 10. Bosnische Annexionskrise. Österreich-Ungarn proklamiert die Annexion Bosniens und der Herzegowina. Fürst Ferdinand von Bulgarien nimmt den Zarentitel an und erklärt Unabhängigkeit

1908, 12. 10. Kreta proklamiert Vereinigung mit Griechenland

1908, 14.–21. 11. Erster albanischer Nationalkongreß in Monastir

1909, 6. 4. Die Türken erkennen die Unabhängigkeit Bulgariens an

1910, 29. 8. Fürst Nikola von Montenegro nimmt Königstitel an

1911, 28. 9.–1912, 18. 10. Italienisch-türkischer Krieg

1912, 9. 10.–1913, 30. 5. Erster Balkankrieg

1912, 28. 11. Albanische Unabhängigkeitserklärung

1913, 17./30. 5. Londoner Friedensvertrag beendet 1. Balkankrieg

1913, 29. 6.–10. 8. Zweiter Balkankrieg

1913, 16./29. 7. bulgarisch-türkischer Friedensvertrag von Konstantinopel

1913, 29. 7. Die Londoner Botschafterkonferenz erkennt die Unabhängigkeit Albaniens an

1913, 28. 7./10. 8. Bukarester Friedensvertrag zwischen Bulgarien und den Gegnern im sog. 2. Balkankrieg Serbien, Griechenland, Rumänien und Montenegro

1914, 15./28. 6. Attentat von Sarajevo

1914, 28. 7. Österreichisch-ungarische Kriegserklärung an Serbien

1914, 12. 8. Österreichisch-ungarische Truppen überschreiten Grenze nach Serbien

1914, 29. 10. Kriegsbeitritt der Türkei an der Seite Deutschlands

1915, 30. 5. Serbische Emigranten bilden in London den Südslawischen Ausschuß (Jugoslavenski odbor) unter Ante Trumbić

1915, 26. 4. Alliiertes Landungsunternehmen bei Gallipoli

1915, 12. 10. Bulgarien schließt sich den Mittelmächten an

1916, 16./26. 8. Kriegserklärung Rumäniens an Österreich-Ungarn

1916, 23. 11./6. 12. Deutsch-österreichische Truppen besetzen Bukarest

1917, 30. 5. Mai-Deklaration, die südslawischen Abgeordneten im Wiener Reichsrat schließen sich den Tschechen an und fordern Bundesstaat mit Gleichberechtigung für alle Nationalitäten

1917, 20. 7. Deklaration von Korfu zur Union der Südslawen

1918, 8. 1. Wilsons «14 Punkte»

1918, 1.–3. 2. Matrosenaufstand in Cattaro

1918, 6. 2. Bessarabien erklärt Unabhängigkeit von Rußland

1918, 9.–11. 4. Kongreß der Unterdrückten Nationen Österreich-Ungarns in Rom

1918, 24. 4./7. 5. Separatfrieden zwischen Rumänien und den Mittelmächten in Bukarest

1918, 14.–18. 9. Die Alliierten durchbrechen die bulgarische Front

1918, 3. 10. Der Bulgarenzar Ferdinand verzichtet zugunsten seines Sohnes Boris auf den Thron

1918, 6. 10. Südslawische Abgeordnete bilden in Zagreb einen Nationalrat

1918, 16. 10. Manifest Kaiser Karls an die Völker der Monarchie

1918, 29. 10. Der kroatische Landtag beschließt den Austritt aus der Donaumonarchie

1918, 30. 10. Waffenstillstand von Mudros. Das Osmanische Reich scheidet aus dem Krieg aus

1918, 3. 11. Österreich-Ungarn schließt Waffenstillstand mit der Entente

1918, 4. 11. Prinzregent Alexander zieht in Belgrad ein

1918, 18. 11./1. 12. Die Rumänen Siebenbürgens und des Banats votieren auf der großen Nationalversammlung in Alba Iulia für den Anschluß an Rumänien

1918, 19. 11. Montenegrinische Nationalversammlung beschließt Vereinigung mit Serbien

1918, 1. 12. Prinzregent Alexander proklamiert in Belgrad den gemeinsamen Staat der Serben, Kroaten und Slowenen

1918, 16./29. 12. Gesetz über Landenteignung in der Walachei und in der Moldau

1919, 21. 3.–1. 8. Räterepublik unter Béla Kun in Ungarn

1919–1922 Griechisch-türkischer Krieg

1919, April–Nov. Die rumänischen Truppen beteiligen sich an der Niederwerfung der Räterepublik in Ungarn und besetzen Budapest

1919, 28. 4. Völkerbundsatzung wird von der Vollversammlung gebilligt

1919, 15. 5. Griechische Truppen landen in Smyrna (Izmir)

1919, 12. 9. Gabriele D'Annunzio besetzt mit seinen Freiwilligen Rijeka/Fiume

1919, 17. 9. Friedensvertrag von St. Germain en Laye

1919, 27. 11. Friedensvertrag von Neuilly-sur-Seine

1920, 16. 3. Britische Truppen besetzen Instanbul

1920, 4. 6. Friedensvertrag von Trianon

1920, 10. 8. Friedensvertrag von Sèvres

1920, 14. 8. Beistandsvertrag zwischen dem Königreich der Serben, Kroaten und Slowenen und der Tschechoslowakei – erster Schritt zur sog. «Kleinen Entente»

1920, 5. 12. Restauration der Monarchie in Griechenland durch Plebiszit

1921, 3. 3. Verteidigungsbündnis zwischen Rumänien und Polen

1921, 23. 4. Tschechoslowakisch-rumänischer Bündnisvertrag

1921, 8. 5. Gründung der Kommunistischen Partei Rumäniens

1921, 7. 6. Beistandsvertrag zwischen Rumänien und dem Königreich der Serben, Kroaten und Slowenen

1921, 28. 6. Vidovdan-Verfassung im Königreich der Serben, Kroaten und Slowenen

1921, 23. 7. Donauschiffahrtskonvention

1921, 1. 8. Verbot der jugoslawischen Kommunistischen Partei

1922, 18. 9. Evakuierung der griechischen Truppen aus Kleinasien abgeschlossen

1922, 11. 10. Waffenstillstand von Mudania zwischen Großbritannien, Frankreich, Italien und der Türkei

1922, 12. 11. Italienisch-jugoslawischer Grenzvertrag von Rapallo

1923, 9. 6. Sturz Stambolijskis

1923, 24. 7. Griechisch-türkischer Friedensvertrag von Lausanne

1923, 29. 10. Proklamation der türkischen Republik

1924, 27. 1. Vertrag von Rom (Adriapakt)

1924, 3. 3. Abschaffung des Kaliphats

1924, 25. 3. Griechenland wird Republik

1924, 24. 4. Verbot der KP Rumäniens

1925, 21. 1. Albanien wird Republik

1925, 1. 2. Ahmed Zogu wird albanischer Präsident

1925, 16. 4. Bombenattentat in der Kathedrale von Sofia

1926, 26. 3. Polnisch-rumänischer Garantievertrag

1926, 10. 6. Französisch-rumänischer Freundschaftsvertrag

1926, 27. 11. Erster Tirana-Pakt zwischen Mussolini und Albanien

1927, 24. 6. Gründung der «Legion Erzengel Michael» (seit 1930 «Eiserne Garde») in Rumänien

1927, 11. 11. Französisch-jugoslawischer Freundschaftsvertrag

1927, 22. 11. Zweiter Tirana-Pakt

1928, 20. 6. Revolverattentat in der Skupština in Belgrad

1928, 1. 9. Albanien wird Monarchie unter A. Zogu

1929, 6. 1. Auflösung des Parlaments in Belgrad, Königsdiktatur Alexanders

1929, 27. 3. Jugoslawisch-griechischer Freundschaftsvertrag

1929, 3. 10. Jugoslawien als Name des südslawischen Staates, Gesetz über die Neueinteilung des Königreiches
1930, 5.–13. 10. Erste Balkankonferenz in Athen
1931, 27. 5. Bildung des sog. Nationalen Blocks in Bulgarien
1933, 16. 2. Organisationsstatut der Kleinen Entente
1933, 17. 10. Rumänisch-türkischer Freundschafts- und Nichtangriffsvertrag
1934, 9. 2. Balkanpakt
1934, 19. 5. Staatsstreich in Bulgarien
1934, 9. 10. Ermordung des jugoslawischen Königs Alexander in Marseille
1934, 28. 11. Rumänisch-türkisch-jugoslawische Militärkonvention
1935, 3. 11. Restauration der Monarchie in Griechenland
1936, 20. 7. Meerengenabkommen von Montreux
1936, 9. 11. Militärkonvention zwischen den Staaten des Balkanpaktes Rumänien, Jugoslawien, Griechenland und Türkei
1937, 24. 1. Bulgarisch-jugoslawischer «ewiger» Freundschaftsvertrag
1938, 10. 2. Königsdiktatur in Rumänien
1938, 13. 3. Anschluß Österreichs an Hitlerdeutschland
1939, 7. 4. Italienische Besetzung Albaniens
1939, 12. 4. Albanien in Personalunion mit Italien
1940, 27. 5. Öl-Waffen-Pakt zwischen Deutschland und Rumänien
1940, 30. 8. 2. Wiener Schiedsspruch
1940, 6. 9. General Ion Antonescu zwingt König Carol II. zum Thronverzicht
1940, 7. 9. Rumänien tritt die Süddobrudscha an Bulgarien ab
1940, 27. 9. Dreimächtepakt zwischen Deutschland, Italien und Japan
1940, 28. 10. Beginn des italienisch-griechischen Krieges (1940–1941) in Albanien
1940, 23. 11. Beitritt Rumäniens zum Dreimächtepakt
1941, 1. 3. Beitritt Bulgariens zum Dreimächtepakt
1941, 7. 3. Britische Verbände landen in Griechenland
1941, 25. 3. Beitritt Jugoslawiens zum Dreimächtepakt
1941, 27. 3. Militärputsch in Belgrad
1941, 5. 4. Jugoslawisch-sowjetischer Freundschaftsvertrag
1941, 6. 4. Beginn des deutschen Balkanfeldzuges, Luftangriff auf Belgrad
1941, 9. 4. Saloniki von deutschen Truppen besetzt
1941, 17. 4. Kapitulation Jugoslawiens
1941, 21. 4. Griechenland kapituliert
1941, 27. 4. Deutsche Truppen besetzen Athen
1941, 18. 5. Römische Protokolle
1941, 4. 7. Entscheidung des Politbüros der KP Jugoslawiens zum bewaffneten Aufstand
1941, 24. 9. Die Tito-Partisanen erobern Užice
1942, 5. 6. Kriegserklärung der USA an Bulgarien und Rumänien
1942, 16. 9. Bildung der albanischen Befreiungsfront
1942, 26. 11. Bildung des Antifaschistischen Volksbefreiungsrates Jugoslawiens (AVNOJ) in Bihać
1943, 3. 9. Kapitulation Italiens
1943, 29. 11. Zweite AVNOJ-Tagung in Jajce
1943, 15. 12. Die UdSSR bricht die Beziehungen zur jugoslawischen Exilregierung ab
1944, 20. 6. Bildung des Nationaldemokratischen Blocks in Rumänien
1944, 23. 8. Sturz Antonescus
1944, 5. 9. Kriegserklärung der UdSSR an Bulgarien
1944, 9. 9. Regierung der Nationalen Front in Bulgarien
1944, 12. 9. Rumänien schließt Waffenstillstand mit Sowjetunion und den Alliierten
1944, 9. 10. Prozentvereinbarung zwischen Stalin und Churchill in Moskau
1944, 18. 10. Rückkehr der griechischen Regierung unter G. Papandreou
1944, 20. 10. Tito-Partisanen und Rote Armee erobern Belgrad

1944, 28. 10. Bulgarien schließt Waffenstillstand mit den Alliierten
1944, 17. 11. Die albanische nationale Befreiungsarmee besetzt Tirana
1944, 29. 11. Tag der Befreiung Albaniens
1944, 4. 12. Massendemonstration von EAM-ELAS in Athen, Beginn des griechischen Bürgerkrieges
1945, 4.–11. 2. Konferenz in Jalta
1945, 12. 2. Konferenz von Varkiza, die griechischen Kommunisten stimmen einer Auflösung ihrer militärischen Verbände zu
1945, 23. 2. Türkische Kriegserklärung an Deutschland und Japan
1945, 7. 3. Bildung einer Provisorischen Regierung des Demokratischen Föderativen Jugoslawiens unter B. Tito und I. Šubašić
1945, 15. 3. Agrarreform in Ungarn
1945, 19. 3. Die UdSSR kündigt Nichtangriffspakt mit der Türkei zum 7. 11. 1945
1945, 23. 3. Bodenreform in Rumänien
1945, 11. 4. Vertrag über Freundschaft gegenseitigen Beistand und Zusammenarbeit zwischen Jugoslawien und der UdSSR
1945, 12. 6. Anglo-amerikanische Truppen besetzen Triest
1945, 23. 8. Gesetz über Agrarreform und Kolonisation in Jugoslawien
1945, 29. 8. Agrarreform in Albanien
1945, 22. 10. Gheorghe Gheorghiu-Dej wird Generalsekretär der rumänischen KP
1945, 18. 11. Parlamentswahlen in Bulgarien
1945, 29. 11. Verfassungsgebende Nationalversammlung in Belgrad proklamiert Republik
1945, 2. 12. Wahlen zur Verfassungsgebenden Versammlung in Albanien
1946, 11. 1. Albanien wird Volksrepublik
1946, 31. 1. Verfassung der Föderativen Volksrepublik Jugoslawien
1946, 12. 3. Agrarreform in Bulgarien
1946, 14. 3. 1. Verfassung der Volksrepublik Albanien
1946, 1. 6. Marschall Antonescu nach Todesurteil hingerichtet
1946, 11. 7. Todesurteil an Draža Mihailović vollstreckt
1946, 8. 8. Sowjetische Note an Türkei zur Revision des Meerengenvertrages von Montreux
1946, 1. 9. Plebiszit in Griechenland für Rückkehr von König Georg II.
1946, 8. 9. Bulgarisches Referendum für Einführung der Volksrepublik
1946, 11. 10. Der Erzbischof von Zagreb Stepinac wird zu Zwangsarbeit verurteilt
1946, 27. 10. Parlamentswahlen in Bulgarien
1946, 19. 11. Erste Parlamentswahlen in Rumänien nach Kriegsende
1947, 10. 2. Pariser Friedensverträge mit Rumänien, Italien, Ungarn, Bulgarien und Finnland
1947, 12. 3. Der amerikanische Präsident proklamiert in einer Botschaft an den Kongreß die sog. Truman-Doktrin
1947, 28. 4. Erster Fünfjahrplan in Jugoslawien
1947, 22.–27. 9. Gründung des Kominform auf der Konferenz der sozialistischen Staaten in Szklarska Poręba (Schreiberhau)
1947, 23. 9. Der Führer der bulgarischen Agrarier N. Petkov wird in Sofia hingerichtet
1947, 7. 11. Der Bau der ersten Eisenbahnstrecke Albaniens von Durrës nach Peqin vollendet
1947, 4. 12. Verfassung der Volksrepublik Bulgarien
1947, 30. 12. In Rumänien wird die Monarchie durch eine Volksrepublik abgelöst
1948, 4. 2. Vertrag über Freundschaft, Zusammenarbeit und gegenseitigen Beistand zwischen Rumänien und der UdSSR
1948, 18. 2. Vertrag über Freundschaft, Zusammenarbeit und gegenseitigen Beistand zwischen Ungarn und der UdSSR
1948, 21.–23. 2. Vereinigung der Kommunisten und Sozialdemokraten in Rumänien zur «Rumänischen Arbeiterpartei» (seit 1965 Rumänische KP)

1948, 18. 3. Vertrag über Freundschaft, Zusammenarbeit und gegenseitigen Beistand zwischen Bulgarien und der UdSSR
1948, 13. 4. Verfassung der Volksrepublik Rumänien
1948, 11. 6. Gesetz über Nationalisierung der Industrie, der Banken, Versicherungen, Bergwerke und des Transportwesens in Rumänien
1948, 28. 6. Kominform-Resolution gegen Jugoslawien
1948, 18. 8. Die UdSSR, Bulgarien, Ungarn, Rumänien, die Ukrainische Sowjetrepublik, die Tschechoslowakei und Jugoslawien unterzeichnen in Belgrad eine Donauschiffahrts-Konvention
1948, 28. 12. Erster rumänischer Wirtschaftsplan für 1949
1949, 25. 1. Rat für gegenseitige Wirtschaftshilfe (COMECON)
1949, 16. 10. Ende des Bürgerkrieges in Griechenland
1950, 26. 6. Gesetz über die Arbeiterselbstverwaltung in Jugoslawien
1950, 15. 12. Gesetz über den Fünfjahrplan 1951–1955 in Rumänien
1952, 24. 9. Neue rumänische Verfassung
1953, 28. 2. Vertrag über Freundschaft und Zusammenarbeit zwischen Jugoslawien, Griechenland und Türkei
1954, 9. 8. Die Türkei, Griechenland und Jugoslawien schließen in Bled einen Vertrag über politische Zusammenarbeit und gegenseitige Hilfe
1954, 5. 10. Londoner Übereinkommen in der Triestfrage
1955, 14. 5. Warschauer Pakt
1955, 27. 5.–2. 6. Chruščev und Bulganin besuchen Tito in Belgrad
1955, 2. 6. Belgrader Deklaration
1955, 14. 12. UNO-Beitritt Bulgariens, Rumäniens und Albaniens
1956, 17. 4. Das Kominform-Büro in Bukarest wird aufgelöst
1956, 23. 10. Studentenunruhen in Ungarn weiten sich zu einer allgemeinen Erhebung aus
1956, 26. 10. Sowjetische Truppen greifen in den ungarischen Aufstand ein
1957, 17. 4. Sowjetisch-albanischer Vertrag über Zusammenarbeit und wirtschaftliche Hilfe
1957, 7. 7. Die Dobrudscha als erste Region Rumäniens mit voller Kollektivierung der Landwirtschaft
1959, 19. 2. Großbritannien, Griechenland und die Türkei einigen sich in London auf die Errichtung einer unabhängigen Republik Cypern
1959, 25. 5. Besuch Chruščevs in Albanien
1960, 27. 5. Militärputsch in der Türkei unter General J. Gürsel
1961, 21. 3. Verfassungsreform in Rumänien, Schaffung eines Staatsrates als Kollektivorgan der Staatsführung unter dem Präsidenten Gheorghiu-Dej
1962, 30. 4. Abschluß der Kollektivierung der Landwirtschaft in Rumänien
1963, 7. 4. Neue Verfassung in Jugoslawien, Tito wird Präsident auf Lebenszeit
1965, 19.–24. 7. 9. Parteikongreß in Rumänien, Wahl N. Ceauşescus zum Generalsekretär
1965, 21. 8. Neue rumänische Verfassung – Sozialistische Republik Rumänien
1966, 1. 7. Sturz Rankovićs in Jugoslawien
1967, 21. 4. Militärputsch in Griechenland
1971, 16. 5. Die neue bulgarische Verfassung bezeichnet Bulgarien als sozialistischen Staat der Werktätigen in Stadt und Land
1974, 21. 2. Neue Verfassung in Jugoslawien
1974, 28. 3. N. Ceauşescu wird Präsident der Sozialistischen Republik Rumänien
1975, 1. 10. Lösung der Triestfrage im Vertrag von Osimo
1976, 29. 12. Albanien erklärt sich in seiner neuen Verfassung als «Sozialistische Volksrepublik»
1977, 7. 2. Schweres Erdbeben in Rumänien
1977, 27. 11. Nach 20jähriger Bauzeit wird in Jugoslawien das Wasserwirtschaftssystem Donau-Theiß fertiggestellt

1978, 6. 1. Die USA übergeben an Ungarn die Stefanskrone und die ungarischen Krönungsinsignien

1978, 21. 1. Das Gesetz über die «Betriebsdemokratie» sichert in begrenztem Umfange Mitbestimmungsrechte in den ungarischen Betrieben zu

1978, 7. 7. China stellt laut Mitteilung seine Wirtschafts- und Militärhilfe an Albanien ein

1980, 11. 3. In der Autonomen Provinz Kosovo in Jugoslawien beginnen Studentenunruhen an der Universität Priština, die auf weite Bevölkerungskreise übergreifen

1980, 4. 5. Tod Titos

1983, Blutige Säuberungen in Albanien gegen Anhänger des sog. Shehu-Clans

1984, 26. 5. Eröffnung des seit 1949 in Bau befindlichen Donau-Schwarzmeer-kanals in Rumänien

1985, 11. 4. Tod Enver Hoxhas

1985, 25. 8. Der seit 1940 bestehende Kriegszustand zwischen Griechenland und Albanien wird beendet, Griechenland verzichtet auf Nordepirus

1986, 21. 1. Eine von 212 serbischen Intellektuellen unterzeichnete Petition «Gegen die Verfolgung der Serben in Kosovo» wird veröffentlicht.

1986, 11. 9. Griechenland und Bulgarien schließen ein Nichtangriffsabkommen ab

1986, Sept. Memorandum der «Gruppe von Akademikern der Serbischen Akademie der Wissenschaften, geleitet von A. Isaković, über die aktuellen gesellschaftlichen Fragen in unserem Lande»

1987, 1. 1. Ein vom bulgarischen Ministerrat verabschiedetes «Regelwerk über die wirtschaftliche Tätigkeit» führt die Selbstverwaltung in der Wirtschaft ein. Ende der zentralen Planwirtschaft.

1987, 30. 9.–02. 10. 8. Plenartagung des ZK des BdK Serbiens billigt den nationalistischen Kurs unter Slobodan Milošević.

Zeittafel der aktuellen Ereignisse 1988–1995

1988, 1. 1. Ungarn führt ein modernes Steuerwesen nach westlichem Vorbild ein
In Bulgarien gibt ein Regulativ über die wirtschaftliche Tätigkeit den Unternehmen größere Freiheiten. Die staatliche Plankommission wird aufgelöst

1988, 24.–26. 2. Außenministerkonferenz der Balkanstaaten in Belgrad

1988, 20. 5. Der ungarische Ministerpräsident Károly Grósz löst Kádár im Parteivorsitz ab

1988, 25. 6. In Luxemburg wird eine gemeinsame Erklärung von EG und RGW zur Einrichtung offizieller Beziehungen unterzeichnet

1988, 3. 9. Gründung des «Ungarischen Demokratischen Forums»

1988, 28. 8. Der ungarische Ministerpräsident und Parteichef Károly Grósz und Ceauşescu treffen sich in Arad zu einem Gespräch über die Behandlung der ungarischen Minderheit in Rumänien

1988, 26. 9. Erstes Handels- und Kooperationsabkommen zwischen der EG und einem Ostblockland (Ungarn)

1988, 6. / 7. 10. Massendemonstrationen serbischer Nationalisten erzwingen Absetzung der Provinzregierung und der Parteiführung der Vojvodina

1988, 22. 10. 39 Ergänzungen der Bundesverfassung weiten in Jugoslawien die Möglichkeiten privater Erwerbstätigkeit in allen Wirtschaftsbereichen erheblich aus. Der Bundesrat wird abgeschafft und der Einfluß der Partei auf staatliche Instanzen beschnitten

1988, 23. 10. Das auf dem 17. ZK-Plenum des Bundes der Kommunisten Jugoslawiens beschlossene Programm zur Wirtschaftsreform und zur Lösung der ethnischen Konflikte wird veröffentlicht

1988, 17. 11. Massendemonstration der Albaner im Kosovo gegen die serbische Politik

1988, 13. 11. Neugründung der «Partei der Kleinlandwirte» in Ungarn

1988, 19. 12. In Ungarn konstituiert sich die «Demokratische Liga unabhängiger Gewerksschaften»

1988, 29. 12. Neues jugoslawisches Unternehmensgesetz

1989, 1. 1. In Ungarn treten das neue Gesellschaftsgesetz und das Investitionsgesetz für Ausländer in Kraft

1989, 9. 1. Erlaß Nr. 56 des Staatsrates über die Reorganisation der Wirtschaftstätigkeit leitet neue marktorientierte Wirtschaftsordnung in Bulgarien ein. Die «Firma» wird zur grundlegenden Unternehmensform

1989, 11. 1. Das ungarische Parlament beschließt Gesetz über die Gründung von Vereinigungen und über Versammlungsfreiheit
Nach Massenprotesten wegen der schlechten Wirtschaftslage tritt in Montenegro die gesamte Staats- und Parteiführung zurück

1989, 17. 1. ZK-Beschluß des BdK Sloweniens für politischen Pluralismus beendet Machtmonopol der Kommunisten

1989, 11. 2. In Plovdiv wird eine unabhängige bulgarische Gewerkschaft gegründet

1989, 16. 2. Neues Bankengesetz in Jugoslawien

1989, 20.–21. 2. Das ZK-Plenum der Ungarischen Sozialistischen Arbeiterpartei verzichtet auf Führungsrolle der Partei

1989, 26. 2. Das jugoslawische Staatspräsidium entsendet Bundespolizei in den Kosovo zur Unterdrückung der Unruhen

1989, 9. 3. Die UN-Menschenrechtskommission wirft Rumänien massive Verletzung der Menschenrechte vor

1989, 16. 3. Der liberale kroatische Wirtschaftsexperte Ante Marković wird jugoslawischer Ministerpräsident

1989, 23. 3. Das Parlament von Kosovo stimmt mehrheitlich der geplanten Verfassungsänderung in Serbien zu
Streikrecht in Ungarn

1989, 28. 3. Verfassungsänderung in Serbien tritt in Kraft – Aufhebung der regionalen Autonomie in der Provinz Kosovo und in der Vojvodina

1989, 2. 5. Abbau der Grenzsperranlagen zwischen Ungarn und Österreich

1989, 8. 5. Der Vorsitzende der serbischen KP Slobodan Milošević wird Präsident der serbischen Republik, sein Nachfolger im Parteiamt wird Bogdan Trifunović

1989, 10. 5. Das bulgarische Parlament beschließt Erleichterungen für Auslandsreisen

1989, 13. 06.–18. 9. Gespräche am Nationalen Runden Tisch bereiten in Ungarn den Übergang zur parlamentarischen Demokratie vor

1989, 14.–16. 6. Weltwirtschaftsgipfel in Paris beschließt Unterstützung der osteuropäischen Reformländer, sofern bestimmte wirtschaftliche Forderungen erfüllt werden (Politik des nichtinflatorischen Wachstums, marktorientierte Preisbildung, devisenerwirtschaftender Export, Konvertibilität der Währung, steigende Produktivität, Privatisierung)

1989, 16. 6. Tag der nationalen Versöhnung in Ungarn, feierliche Umbettung Imre Nagys in den Zentralfriedhof in Budapest

1989, 17. 6. Gründung der «Kroatischen demokratischen Gemeinschaft» (HDZ/Hrvatska demokratska zajednica) unter Franjo Tudjman

1989, 28. 6. Nationale Demonstration der Serben anläßlich der 600-Jahrfeier der Schlacht auf dem Amselfeld. Feierliche Überführung der sterblichen Überreste des Fürsten Lazar

1989, 6. 7. János Kádár gestorben

1989, 22. 7. Durch Nachwahlen (Stichwahlen am 22. 7. bzw. 5. 8.) erhalten in Ungarn erstmals 3 Oppositionspolitiker des «Ungarischen Demokratischen Forums» einen Parlamentssitz

1989, 21. 8. Die Türkei schließt die Grenzen zu Bulgarien

1989, 1. 9. Neues Paß- und Reiserecht in Bulgarien

1989, 11. 9. Ungarn öffnet Westgrenze für DDR-Flüchtlinge

1989, 26. 9. Die EG-Kommission legt einen detaillierten «Aktionsplan für die wirtschaftliche Unterstützung Polens und Ungarns» durch die 24 OECD-Länder vor
Unbeschränkte Ausreisefreiheit für ungarische Staatsbürger

1989, 27. 9. Das slowenische Parlament billigt Verfassungsreform (Souveränität des slowenischen Volkes, Mehrparteiensystem, Abschaffung der Todesstrafe, Recht auf Austritt aus der jugoslawischen Föderation)

1989, 5. 10. Gesetz über die Außenhandelstätigkeit in Jugoslawien

1989, 7. 10. Selbstauflösung der «Ungarischen Sozialistischen Arbeiterpartei» auf dem 14. Parteitag und Neugründung einer «Ungarischen Sozialistischen Partei»

1989, 18./19. 10. Verfassungsreform in Ungarn mit Übergang zum Mehrparteiensystem, Einrichtung eines Verfassungsgerichtes und des Amtes eines Staatspräsidenten

1989, 23. 10. Ungarn gibt sich eine neue Verfassung und wird «Ungarische Republik»

1989, 30. 10. Eröffnung eines Kriegsgerichtsverfahrens in Titova Mitrovica gegen den früheren BdK-Chef von Kosovo Azem Vllasi und 14 Mitangeklagte.
Das ungarische Parlament beschließt Baustopp des Donaukraftwerkes Nagymaros

1989, 10. 11. Entmachtung Živkovs, Nachfolger wird Petar Mladenov

1989, 10./11. 11. Die Donau-Alpenstaaten Ungarn, Jugoslawien, Österreich und Italien vereinbaren in Budapest eine engere Kooperation

1989, 12. 11. Slobodan Milošević gewinnt die Präsidentschaftswahlen in Serbien mit 86% der Stimmen

1989, 17. 11. Mladenov löst Živkov auch als Staatsratsvorsitzenden ab

1989, 20.–24. 11. XIV. Parteitag der rumänischen KP – «Kongreß der großen Siege des Sozialismus in Rumänien»1989, 29. 11. Serbien verhängt Wirtschaftsblockade über Slowenien

1989, 7. 12. 9 führende Oppositionsgruppen in Bulgarien schließen sich zu einem Dachverband «Union demokratischer Kräfte» zusammen

1989, 13. 12. Die Bulgarische KP verzichtet auf Machtmonopol

1989, 15. 12. Proteste in Temesvár (Timişoara) wegen Vorgehen der Behörden gegen den reformierten ungarischen Pfarrer László Tökés weiten sich zu Massendemonstrationen und zu einem regelrechten Volksaufstand aus (16. bis 20. 12.)

1989, 19. 12. Mehrparteiensystem in Kroatien

1989, 20. 12. Ausnahmezustand im Kreis Temeswar

1989, 22. 12. Nach Generalstreik und Massendemonstrationen in Bukarest wird Ceauşescu auf der Flucht nahe Tîrgovişte festgenommen

1989, 23. 12. Eine «Front der Nationalen Rettung» unter Ion Iliescu übernimmt in Bukarest die Macht und verkündet ein umfassendes Reformprogramm

1989, 25. 12. Nicolae Ceauşescu und seine Frau Elena werden von einem Militärsondergericht zum Tode verurteilt und hingerichtet

1989, 26. 12. Wiederbegründung der Nationalen Bauernpartei in Rumänien

1989, 27. 12. Das jugoslawische Bundesparlament billigt das Wirtschaftssanierungsprogramm der Regierung Marković, das zuvor (19. 12.) vom serbischen Parlament abgelehnt worden war

1989, 29. 12. Kurskorrektur in der bulgarischen Türkenpolitik

1989, 31. 12. Verordnung über die Zulassung von Parteien in Rumänien. Gründung des «Gesamtvölkischen Komitees zur Verteidigung der nationalen Interessen» in Kardžali/Bulgarien

1990, 1. 1. Staatspräsident Ion Iliescu kündigt Auflösung der Securitate und Abschaffung der Todesstrafe an

1990, 4. 1. Auf dem gemeinsamen Außenministertreffen beschließt die Gruppe der 14 Industriestaaten, weiteren 5 Ostblockstaaten (ČSFR, DDR, Bulgarien, Rumänien, Jugoslawien) zu helfen

1990, 5. 1. Amnestie für alle politischen Gefangenen in Rumänien

1990, 6. 1. Neukonstituierung der «National-Liberalen Partei» (Partidul National Liberal) in Rumänien

1990, 8. 1. Neue Paß- und Reiseverordnung sichert allen Bürgern in Rumänien Reisefreiheit zu, allerdings ohne Devisenzuteilung

1990, 15. 1. Das bulgarische Parlament streicht Führungsrolle der KP aus Verfassung

1990, 16. 1. In Bulgarien beginnen Gespräche am Runden Tisch zwischen Regierung und den oppositionellen Gruppen über politische und wirtschaftliche Reformen (nach Unterbrechung zweite Gesprächsrunde ab 6. 2.)

1990, 18. 1. Haftbefehl gegen Živkov u.a. wegen Aufwiegelung zu nationaler Feindschaft

1990, 20.–23. 1. XIV. Außerordentliche Parteikongreß des Bundes der Kommunisten Jugoslawiens verzichtet auf Machtmonopol der Kommunisten. In der Nacht zum 23. 1. wird der Parteitag nach Auszug der slowenischen Delegation, deren weitergehende Demokratisierungs- und Föderalisierungsforderungen abgelehnt worden waren, ergebnislos abgebrochen

1990, 24. 1. Beginn neuer Unruhen in Kosovo

1990, 1. 2. Die «Front der Nationalen Rettung» und Vertreter der politischen

Parteien in Rumänien beschließen, einen Provisorischen Rat zu bilden, der bis zu den Wahlen als gesetzgebendes Organ fungieren soll.
Die Regierung in Belgrad geht gegen die albanischen Demonstranten in der Provinz Kosovo mit Panzern und Kampfflugzeugen vor

1990, 4. 2. Die KP Sloweniens trennt sich als «Partei der Demokratischen Reformen» (SKA-SDR) von der Bundespartei.
Der Vorsitzende der außenpolitischen Kommission in der «Front der Nationalen Rettung» Silviu Brucan erklärt seinen Rücktritt

1990, 9. 2. Konstituierung des «Provisorischen Rates» in Bukarest

1990, 7. 3. Slowenien streicht «Sozialistisch» aus dem Staatsnamen und nennt sich «Republik Slowenien»

1990, 8. 3. Verordnung über freies Unternehmertum in Rumänien

1990, 15.–22. 3. Ethnische Konflikte und Ausschreitungen in Siebenbürgen zwischen Rumänen und Ungarn

1990, 20.–21. 3. In Siebenbürgen kommt es in Tîrgu Mureş zu blutigen Zusammenstößen zwischen Ungarn und Rumänen

1990, 25. 3. Die erste freie Wahlen in Ungarn (Stichwahl am 8. 4.) bringen dem Ungarischen Demokratischen Forum insgesamt 42,5% (164 Sitze), dem Bund der Freien Demokraten 24,4% (92 Sitze), der Kleinlandwirte Partei 11,4% (44 Sitze), der Ungarischen Sozialistischen Partei 8,5% (33 Sitze), dem Bund der Jungen Demokraten (Fidesz) 5,7% (21 Sitze) und der Christlich-demokratischen Volkspartei 5,7% der Stimmen (21 Sitze)

1990, 29. 3. Der bulgarische Ministerpräsident Lukanov legt dem Parlament ein radikales Wirtschaftsreformprogramm vor

1990, 30. 3. Der Runde Tisch in Bulgarien einigt sich auf wesentliche Reformmaßnahmen (u. a. Verfassungsänderung, Wahlrecht, Parteiengesetz)

1990, 3. 4. Das bulgarische Parlament beschließt Wahl- und Parteiengesetz, Abschaffung des Staatsrates und Streichung von «Sozialistisch» im Staatsnamen. Mladenov wird neuer Staatspräsident

1990, 8. 4. Sieg der Nea Dimokratia unter Konstantin Mitsotakis bei den Parlamentswahlen in Griechenland mit 48,88% und 150 der 300 Parlamentssitze. Mit der Stimme des einzigen Abgeordneten der Mitte-Rechts-Partei DIANA löst am 11. 4. Mitsotakis Papandreou als Ministerpräsident ab.
Sieg des bürgerlichen Verbunds DEMOS (Demokratische Union Sloweniens) bei den ersten freien Wahlen (Stichwahl am 22. 4.) in Slowenien (55% der Stimmen und 47 der 80 Mandate in der ersten Kammer)

1990, 9. 4. Die ČSFR und Ungarn vereinbaren eine gemeinsame «Nationalitätencharta»

1990, 11. 4. Wegen der Unruhen in Kosovo erklären der Ministerpräsident und sein Stellvertreter ihren Rücktritt

1990, 17. 4. Ramiz Alia verkündigt im ZK der Partei Richtlinien einer Reformpolitik.
Serbien übernimmt die Polizeigewalt in der Provinz Kosovo

1990, 22. 4. Bei der Stichwahl in Slowenien setzt sich der ehemalige KP-Chef Milan Kučan mit 58,36% gegen den DEMOS-Vorsitzenden Jože Pučnik als Präsident durch

1990, 22./23. 4. Erste freie Wahlen in Kroatien (Stichwahl am 6./7. 5.)

1990, 24. 4. Der ehemalige Parteichef von Kosovo A. Vllasi und seine Mitangeklagten werden vom Kreisgericht in Titova Mitrovica freigesprochen

1990, 6. 5. Grenzöffnung am Pruth zwischen der Moldauischen SSR und Rumänien

1990, 8. 5. Gesetz zur Wirtschaftsreform in Albanien.
Die EG schließt ein Handels- und Kooperationsabkommen mit Bulgarien

1990, 9. 5. Das albanische Parlament beschließt Reisefreiheit

1990, 11./12. 5. Besuch des Generalsekretärs der UNO Pérez de Cuéllar in Tirana

1990, 14. 5. Die Glaubensfreiheit in Albanien wird legalisiert und das Recht auf einen Paß und auf Auslandsreisen zugestanden

1990, 16. 5. In Slowenien konstituiert sich die erste freigewählte bürgerliche Regierung unter Lojze Peterle.
In Ungarn stellt der Wahlsieger Jószef Antall seine Regierung vor

1990, 20. 5. Präsidentschafts- und Parlamentswahlen in Rumänien. Iliescu erhält 85,7%, seine Partei «Front der Nationalen Rettung» 66,31% bei der Wahl zum Abgeordnetenhaus und 67,02% bei der Wahl zum Senat. Zur Wahl gestellt hatten sich 73 Parteien und Wahlbündnisse

1990, 27. 5. Die ČSFR wird als Vollmitglied in die Vierergruppe der Donau-Alpenstaaten (nunmehr sog. Pentagonale) aufgenommen
Tudjman wird kroatischer Präsident

1990, 8. 6. Ein Handels- und Kooperationsabkommen zwischen der EG und Rumänien wird paraphiert

1990, 10. 6. Wahlsieg der Sozialisten (Bulgarische Sozialistische Partei) in Bulgarien (Stichwahl am 17. 6.). Sie erreichen 53% der Stimmen und 211 der 400 Mandate in der Verfassungsgebenden Versammlung, die «Union der demokratischen Kräfte» (UDK) nur 36% und 144 Mandate

1990, 13.–15. 6. Bergarbeiter gehen in Bukarest gewaltsam gegen Oppositionelle vor

1990, 20. 6. Ion Iliescu wird als Präsident Rumäniens vereidigt

1990, 26. 6 Durch Gesetz werden alle albanischen Behörden im Kosovo suspendiert und durch serbische ersetzt

1990, 28. 6. Regierungsbildung in Rumänien unter Ministerpräsident Petre Roman, der die Einführung der Marktwirtschaft ankündigt

1990, 29. 6. Kopenhagener Erklärung zur menschlichen Dimension der KSZE und zu den Minderheitenrechten

1990, 1. /2. 7. Regierung setzt sich beim Referendum in Serbien mit ihrem Vorschlag durch, die geplante Verfassungsänderung vor den Wahlen vorzunehmen

1990, 2. 7. Unabhängigkeitserklärung Sloweniens
In Tirana beginnt Massenflucht der Albaner in westliche Botschaften.
114 albanische Abgeordnete erklären in Priština vor dem Parlamentsgebäude die Unabhängigkeit des Kosovo

1990, 5. 7. Serbien stellt den Kosovo unter Zwangsverwaltung und verfügt Absetzung der Regierung und Auflösung des Regionalparlaments

1990, 6. 7. Der bulgarische Staatspräsident Mladenov wird durch den Druck der Öffentlichkeit zum Rücktritt gezwungen

1990, 10. 7. Konstituierende Sitzung der neugewählten bulgarischen Nationalversammlung in der alten Hauptstadt Tărnovo

1990, 12. 7. Ausreisegenehmigung für die mehr als 4500 albanischen Botschaftsflüchtlinge nach Italien

1990, 16./17. 7. Sonderkongreß der BdK Serbiens beschließt Zusammengehen mit der «Sozialistischen Allianz» zu einer «Sozialistischen Partei Serbiens», Vorsitzender wird Milošević

1990, 20. 7. Parteiengesetz in Serbien legalisiert Mehrparteiensystem

1990, 25. 7. In der Krajina wird ein Serbischer Nationalrat gebildet, der die Souveränität des serbischen Volkes in Kroatien verkündet und die Selbstverwaltung fordert.
Das jugoslawische Bundesparlament beschließt Gesetz über die Zulassung politischer Parteien

1990, 26. 7. Verfassungsänderungen in Kroatien, die Republikrechte in politischen und wirtschaftlichen Fragen gegen Bundesrecht stellen

1990, 30. 7. Die UdSSR und Albanien vereinbaren die Wiederaufnahme der 1961 abgebrochenen diplomatischen Beziehungen

1990, 31. 7. Albanien läßt ausländische Investitionen zu.
Bosnien-Herzegowina erklärt sich durch Verfassungsänderung zum souveränen und demokratischen Staat

1990, 1. 8. Nach dem Rücktritt Mladenovs wird im 6. Wahlgang der frühere Dissident Želju Želev als Kompromißkandidat erster nichtkommunistischer Staatspräsident Bulgariens.
Erstes Gipfeltreffen der Regierungschefs der sog. Pentagonale (ČSFR, Ungarn, Österreich, Italien und Jugoslawien) in Venedig

1990, 2. 8. Eine vom bulgarischen Parlament verabschiedete Erklärung zum Jahrestag des Ilinden-Aufstandes von 1903, aus der Ansprüche auf Makedonien herauszulesen sind, führt zu Verstimmungen in Belgrad

1990, 3. 8. Das ungarische Parlament wählt den Schriftsteller Arpád Göncz zum Staatspräsidenten

1990, 8. 8. Das jugoslawische Bundesparlament beschließt Verfassungsänderungen, die u. a. die Selbstverwaltung der Betriebe aufheben und Marktwirtschaft, Rechtstaatlichkeit und Pluralismus einführen

1990, 19. 8.–2. 9. Referendum unter den Serben in der Krajina billigt Autonomieforderung

1990, 26. 8. Bei schweren Ausschreitungen im Anschluß an eine Großdemonstration im Stadtzentrum von Sofia wird die Parteizentrale der ehemaligen KP gestürmt und teilweise in Brand gesteckt

1990, 7. 9. Die suspendierten albanischen Abgeordneten des Kosovo rufen in dem Dorf Kačanik feierlich nochmals die «Republik Kosovo» aus und beschließen eine neue Verfassung

1990, 25. 9. Bulgarien wird Mitglied der Weltbank und des Internationalen Währungsfonds (IWF)

1990, 27. 9. Verfassungsänderung in Slowenien bestätigt Recht auf Sezession, Mehrparteiensystem, Abschaffung der Todesstrafe, eigene Territorialverteidigung und eigene Entscheidungsbefugnis über Finanzbeitrag zum Bundeshaushalt

1990, 28. 9. Gegen die Verfassungsänderung in Slowenien erhebt das jugoslawische Bundesparlament Klage vor dem Verfassungsgerichtshof.
Serbien gibt sich eine neue demokratische Verfassung. Die frühere Autonomie für die Provinzen Kosovo und Vojvodina wird nicht mehr hergestellt

1990, 30. 9./14. 10. Wegen geringer Beteiligung sind bei den Kommunalwahlen in Ungarn Nachwahlen erforderlich. Bei den Bürgermeisterwahlen setzen sich vornehmlich unabhängige Kandidaten, darunter viele ehemalige Kommunisten, durch. Die Regierungspartei muß starke Einbußen hinnehmen

1990, 1. 10. Ein «Serbischer Nationalrat» proklamiert Unabhängigkeit der Serben in Kroatien

1990, 3. 10. In Bukarest wird eine dem Ministerpräsidenten unterstellte «Konsultativkommission der Regierung zur Stabilisierung der Deutschen in Rumänien» gebildet

1990, 6. 10. Die am 2. 10. angekündigte slowenisch-kroatische Vereinbarung über eine künftige jugoslawische Konföderation wird veröffentlicht

1990, 19. 10. Der rumänische Ministerpräsident Roman legt dem Parlament ein umfassendes wirtschaftliches Reformprogramm vor

1990, 21. 10. Mit Wirkung vom 1. 11. kündigt Serbien in Teilbereichen (Steuer, Abgaben) wirtschaftliche Gemeinsamkeit mit Bundesorganen auf

1990, 24./25. 10. Außenministerkonferenz der Balkanstaaten in Tirana

1990, 25. 10. Der bekannte albanische Schriftsteller Ismail Kadare erbittet in Frankreich politisches Asyl

1990, 26. 10. Landesweiter Protest der Taxifahrer und Transportunternehmer in Ungarn legt den gesamten Verkehr lahm

1990, 1. 11. Abwertung des Leu in Rumänien und Freigabe aller Preise mit Ausnahme der Grundnahrungsmittel und der Energie

1990, 4. 11. Erste öffentliche katholische Meßfeier unter freiem Himmel in Shkoder nach Aufhebung des Religionsverbots in Albanien

1990, 6. 11. Ungarn wird als erstes ehemaliges Ostblockland in Rom in den Europarat aufgenommen

1990, 7. 11. Ramiz Alia verspricht auf dem 12. ZK-Plenum der albanischen KP freie Wahlen und politische Reformen

1990, 9. 11. Neues Namensrecht in Bulgarien schützt die ethnischen Minderheiten vor Diskriminierung und Zwangsbulgarisierung

1990, 11. 11. Erste freie Parlamentswahlen in Makedonien (zweiter Wahlgang am 25. 11.) bringen den ehemaligen Kommunisten, die mit zwei Listenvorschlägen (Bund der Kommunisten und Partei des Demokratischen Übergangs) antraten, 50 der 120 Parlamentssitze. Stärkste Fraktion wird die im Juli wiederbegründete nationale und antikommunistische «Innere Makedonische Revolutionäre Organisation» (IMRO, bulgar. VMRO) mit 37 Sitzen. Auf die «Partei der demokratischen Prosperität» der Albaner entfallen 25 Sitze

1990, 12. 11. Zur Forcierung der wirtschaftlichen Reformen erhält die rumänische Regierung vom Parlament weitgehende Vollmachten

1990, 16. 11. Die Volksrepublik Bulgarien wird zur «Republik» Bulgarien

1990, 17. 11. In Belgrad wird als Nachfolgeorganisation des BKJ der «Bund der Kommunisten/Bewegung für Jugoslawien» gegründet

1990, 18. 11. Bei den ersten freien Parlamentswahlen in Bosnien-Herzegowina (zweiter Wahlgang am 2. 12.) erreichen die nichtkommunistischen nationalen Parteien (SDA = muslimische Vereinigung für Demokratische Aktion, SDS = Serbische Demokratische Allianz und HDZ = Kroatische Demokratische Gemeinschaft) 201 der 240 Sitze in der ersten Kammer (Rat der Bürger)

1990, 21. 11. Die 34 Staats- und Regierungschefs der KSZE-Staaten verabschieden eine «Charta von Paris für ein neues Europa».
Das kroatische Parlament billigt die neue Verfassung

1990, 7. 12. Ministerpräsident einer Übergangsregierung in Bulgarien wird der parteilose Jurist Dimitar Popov

1990, 9. 12. Wahlsieg der ehemaligen Kommunisten in Serbien (zweiter Wahlgang am 23. 12.). Die Sozialistische Partei erreicht im ersten Wahlgang 87 der 250 Mandate. Die Albaner boykottieren die Wahl. Republikspräsident Slobodan Milošević wird mit 65,3 % in seinem Amt bestätigt.
Bei den Wahlen in Montenegro erreichen die ehemaligen Kommunisten 83 der 125 Sitze.
Der Altkommunist Kiro Gligorov wird Präsident der makedonischen Republik
Studentendemonstrationen und Straßenunruhen in Tirana

1990, 12. 12. Unter dem Eindruck der anhaltenden Demonstrationen in Tirana werden 5 Mitglieder des Politbüros entlassen. Das 13. ZK-Plenum der kommunistischen Partei der Arbeit Albaniens beschließt ferner, politische Parteien zuzulassen und im Frühjahr 1991 Parlamentswahlen auszuschreiben

1990, 13.–14. 12. Unruhen in Shkodër werden durch Einsatz von Polizei und Armee-Einheiten niedergeschlagen

1990, 14.12. Unter Führung der Universitätsprofessoren Gramoz Pashko und Sali Berisha wird als erste Oppositionspartei die «Demokratische Partei Albaniens» gegründet

1990, 17. 12. Dekret über die Zulassung politischer Organisationen und Parteien in Albanien

1990, 20. 12. In Bosnien-Herzegowina wird der nichtkommunistische Muslime Alija Izetbegović zum Präsidenten gewählt.
Koalitionsregierung in Bulgarien unter D. Popov

1990, 21. 12. Nexhmije Hoxha, die Frau des ehemaligen Partei- und Regierungschefs

in Albanien, tritt als Präsidentin der «Demokratischen Front» zurück.
Durch Dekret werden alle Stalinbilder und -statuen in Albanien entfernt

1990, 22. 12. Neue kroatische Verfassung stellt Landesrecht über Bundesrecht und bestimmt die «Republik Kroatien» als einheitlichen und souveränen Staat.
Die Serben proklamieren die Autonomie der Krajina.
Regierungsumbildung in Albanien, Reformgegner werden entfernt. Erste legale Massendemonstration der Opposition in Tirana

1990, 23. 12. In Montenegro wird nach dem triumphalen Wahlerfolg des BdK Montenegros der Kommunist Moimir Bulatović im zweiten Wahlgang als Präsident bestätigt.
In der Volksabstimmung in Slowenien sprechen sich 88,5% für Unabhängigkeit aus

1990, 25. 12. Dem ehemaligen rumänischen König Michael wird am Bukarester Flughafen die Einreise verweigert

1990, 26. 12. Slowenien erklärt sich zum selbständigen Staat.
Ramiz Alia kündigt auf einer Sonderparteikonferenz der KP den schrittweisen Übergang Albaniens zur Marktwirtschaft an

1990, 29. 12. Durch Verordnung wird die erste oppositionelle Zeitung in Albanien, das Parteiorgan der «Demokratischen Partei», zugelassen

1991, 1. 1. Im Handel zwischen den RGW-Staaten tritt ein neuer Verrechnungsmodus (Weltmarktpreise, harte Währung) in Kraft

1991, 3. 1. Die Parlamentsparteien in Bulgarien unterzeichnen eine vertragliche Vereinbarung über einen friedlichen Übergang zur Demokratie

1991, 9. 1. Das jugoslawische Staatspräsidium ordnet die Entwaffnung der Bevölkerung an

1991, 18. 1. Erster muslimischer Gottesdienst (Freitagsgebet) nach 23 Jahren in der Etem Bey Moschee in Tirana

1991, 22. 1. Die in Albanien lebenden Griechen gründen eine eigene Partei OMONIA

1991, 1. 2. Preisliberalisierung in Bulgarien

1991, 14. 2. Bodengesetz in Rumänien ermöglicht die Auflösung der Produktionsgenossenschaften.

1991, 15./16. 2. Polnisch-tschechoslowakisch-ungarisches Gipfeltreffen. Vereinbarung einer Regionalkooperation

1991, 20. 2. Machtverzicht der Kommunisten in Albanien. Staats- und Parteichef Rasmiz Alia kündigt Koalitionsregierung an. Das Denkmal des Staatsgründers Enver Hoxha auf dem Skanderbeg-Platz in Tirana wird von einer aufgebrachten Menschenmenge gestürzt.
Das slowenische Parlament empfiehlt den Austritt aus dem jugoslawischen Vielvölkerstaat und stellt durch Verfassungsänderung die Rechtshoheit der Republik fest

1991, 21. 2. Das kroatische Parlament stellt Republikrecht über Bundesrecht

1991, 22. 2. Landgesetz in Bulgarien regelt die Rückgabe kollektivierten Eigentums an die früheren Besitzer

1991, 25. 2. In Sofia beginnt Prozeß gegen Živkov.
Der politische Konsultativrat des Warschauer Paktes beschließt die Auflösung der militärischen Strukturen bis zum 31. 3.

1991, 28. 2. Die Serben von Knin erklären sich unabhängig von Kroatien

1991, 1. 3. Das jugoslawische Staatspräsidium erklärt Austritt Sloweniens und Kroatiens als rechtswidrig

1991, 2. 3. Blutige Auseinandersetzungen in Pakrac zwischen kroatischer Polizei und serbischen Milizen

1991, 3. 3. Proklamation der serbischen autonomen Provinz Krajina

1991, 7. 3. Massenflucht aus Albanien, mehr als 10000 Albaner gehen im Hafen von Brindisi trotz Verbot der italienischen Behörden an Land

1991, 12. 3. Wiederaufnahme der albanisch-amerikanischen diplomatischen Beziehungen

1991, 18. 3. Staatspräsidium in Jugoslawien durch Obstruktion des serbischen Blocks handlungsunfähig

1991, 31. 3. Gefechte zwischen serbischen Freischärlern und kroatischen Milizen im Nationalpark von Plitvice veranlaßt die Bundesarmee zum Eingreifen.
Die ersten freien Wahlen in Albanien (Stichwahl am 7. April) bringen Sieg der Kommunisten, sie gewinnen 56,17% der Stimmen und 169 der 250 Parlamentssitze. Die oppositionelle Demokratische Partei erreicht nur 38,71% und 75 Sitze

1991, 1. 4. Freigabe der Lebensmittelpreise in Rumänien

1991, 5. 4. Rumänien erneuert den Freundschaftsvertrag mit der UdSSR

1991, 23. 4. Das ungarische Parlament beschließt Entschädigungsgesetz für enteigneten Landbesitz

1991, 24. 4. Die ungarische Regierung Antall veröffentlicht ihr minderheitenpolitisches Programm

1991, 30. 4. Das albanische Parlament verabschiedet ein provisorisches Verfassungsgesetz der «Republik Albanien»

1991, 2. 5. Ramiz Alia wird vom albanischen Parlament erneut zum Staatspräsidenten («Vorsitzender des Präsidiums der Volksversammlung») gewählt

1991, 3. 5. Kardinal Mindszenty wird nach Esztergom umgebettet

1991, 4. 5. Das jugoslawische Staatspräsidium ermächtigt die Bundesarmee, künftig in Nationalitätenkonflikte einzugreifen

1991, 11. 5. Die Serben in der Banija schließen sich in einem Referendum dem «Serbischen Autonomen Gebiet Krajina» an

1991, 12. 5. Die Serben in der Krajina sprechen sich für einen Anschluß an Serbien/Montenegro aus

1991, 15. 5. Verfassungskrise in Jugoslawien. Der Kroate Stipe Mesić wird nicht turnusgemäß nach dem Rotationsprinzip als Vorsitzender im Staatspräsidium bestätigt

1991, 19. 5. Volksabstimmung in Kroatien billigt mit großer Mehrheit (94,3%) die staatliche Selbständigkeit

1991, 4. 6. Generalstreik in Albanien

1991, 7. 6. Die türkische Parlamentsfraktion in Bulgarien zieht sich mit Protest aus der Diskussion um die neue Verfassung zurück

1991, 10.–13. 6. Die «Partei der Arbeit Albaniens» nennt sich auf ihrem 10. Parteikongreß der «Erneuerung» in «Sozialistische Partei Albaniens» um

1991, 11. 6. Regierungsumbildung in Albanien. Im Koalitionskabinett Ylli Bufis ist erstmals die bürgerliche Opposition vertreten

1991, 17. 6. Die letzten sowjetischen Truppen verlassen Ungarn

1991, 19. 6. Albanien wird KSZE-Mitglied

1991, 25. 6. Einen Tag früher als angekündigt proklamieren Slowenien und Kroatien ihre Unabhängigkeit.
Gesetz über die Bulgarische Nationalbank als zentrale Notenbank in Bulgarien

1991, 26. 6. Das ungarische Parlament beschließt ein Entschädigungsgesetz für frühere Landenteignungen.
Die jugoslawische Bundesarmee rückt mit Panzern gegen Slowenien vor, um die Grenzen gegen Österreich und Ungarn zu sichern. Erste schwere Gefechte mit slowenischer Territorialverteidigung am 27. 6.
Der Vorsitzende der EG-Kommission, Jacques Delors, erteilt in Belgrad allen separatistischen Bestrebungen in Jugoslawien eine Absage, ebenso äußert sich US-Präsident George Bush

1991, 27. 6. In Budapest wird die Auflösung des Rates für gegenseitige Wirtschaftshilfe (RGW) beschlossen

1991, 28. 6. Die Internationale Atomenergiebehörde verlangt die sofortige Stillegung des bulgarischen Kernkraftwerkes Kozloduj.
Die Gipfelkonferenz der EG in Luxemburg beschließt, die Außenminister Luxemburgs, Italiens und der Niederlande

nach Belgrad zu entsenden. Alle Finanz- und Wirtschaftshilfen werden vorerst eingefroren

1991, 30. 6. Die von der EG entsandte Troika erreicht in Belgrad eine vorläufige Vereinbarung über Feuereinstellung, Aussetzung der Unabhängigkeitserklärung Sloweniens und Kroatiens und Wahl Mesićs zum Staatspräsidenten

1991, 1. 7. Auflösung des Warschauer Paktes in Prag.
Der Kroate Stipe Mesić wird zum jugoslawischen Staatsoberhaupt gewählt

1991, 2. 7. Der berüchtigte Geheimdienst Sigurimi in Albanien wird aufgelöst und durch die Polizeiorganisation «Nationaler Informationsdienst» unter Irakli Mian Kocollari ersetzt.
Bombardierung des Flughafens von Lubljana

1991, 3. 7. Waffenstillstand in Slowenien

1991, 5. 7. EG beschließt Waffenembargo gegen Jugoslawien

1991, 7. 7. EG-Vermittlungsaktion in Jugoslawien hat Teilerfolg, die Verselbständigung Kroatiens und Sloweniens wird für drei Monate ausgesetzt (Deklaration von Brioni)

1991, 12. 7. Das bulgarische Parlament verabschiedet die neue Verfassung der «Republik Bulgarien», die u.a. die Einrichtung eines Verfassungsgerichtes vorsieht.
Slowenien und Kroatien gehen zu einer eigenen Geldpolitik über

1991, 15. 7. Die jugoslawische Bundesarmee greift erstmals bei Petrinja kroatische Verbände an

1991, 18. 7. Das jugoslawische Staatspräsidium beschließt Rückzug der Bundesarmee aus Slowenien innerhalb von drei Monaten

1991, 26./27. 7. Gipfeltreffen der Donau-Alpen-Staaten (Pentagonale) in Dubrovnik. Durch den Beitritt Polens Erweiterung zur Hexagonale

1991, 29. 7. Gesetz über die Privatisierung der Staatsbetriebe in Rumänien

1991, 1. 8. Die jugoslawische Bundesarmee geht in Ostkroatien zusammen mit den aufständischen Serben zum Angriff über. Teilmobilmachung in Kroatien
Das bulgarische Parlament beschließt, den auslaufenden Freundschaftsvertrag mit der UdSSR von 1967 nicht mehr zu verlängern

1991, 15. 8. Das bulgarische Parlament billigt das neue Wahlgesetz

1991, 27. 8. Unabhängigkeitserklärung der Moldauischen Sowjetrepublik

1991, 3. 9. Generalstreik der Albaner im Kosovo

1991, 7. 9. Eröffnung der Jugoslawien-Friedenskonferenz in Den Haag unter Beteiligung der Präsidenten der 6 Teilrepubliken und der 12 EG-Außenminister

1991, 8. 9. In der «Erklärung von Genf» fordern Persönlichkeiten aus allen Teilen Jugoslawiens eine Beendigung des Krieges.
Volksabstimmung in Makedonien erbringt 74% Ja-Stimmen für Unabhängigkeit

1991, 12. 9. In Sofia wird eine bulgarisch-rumänische Deklaration über gutnachbarschaftliche Beziehungen und Zusammenarbeit unterzeichnet

1991, 15. 9. Unabhängigkeitserklärung der jugoslawischen Teilrepublik Makedonien

1991, 17. 09.–09. 12. Die jugoslawische Bundesmarine verhängt eine Blockade über die kroatischen Adriaküstenstädte

1991, 19. 9. In Bukarest wird ein türkisch-rumänischer Freundschaftsvertrag unterzeichnet

1991, 26. 9. Der rumänische Ministerpräsident P. Roman tritt zurück, Nachfolger wird der parteilose frühere Finanzminister Theodor Stolojan

1991, 26.–30. 9. Geheimes Plebiszit in Kosovo. Über 90% der Wähler für eine selbständige Republik Kosovo

1991, 4. 10. Der jugoslawische Staatspräsident Mesić wird im Staatspräsidium durch die serbische Fraktion überstimmt, die über das Mehrheitsprinzip der anwesenden Mitglieder die Macht übernimmt. Ende Jugoslawiens als Bundesstaat

1991, 7. 10. In Sofia wird ein griechisch-bulgarischer Freundschafts- und Kooperationsvertrag unterzeichnet

1991, 8. 10. Slowenien und Kroatien vollziehen nach Ablauf des Moratoriums die Unabhängigkeit

1991, 9. 10. Deutsch-bulgarischer Freundschaftsvertrag

1991, 10. 10. Rückzug der Bundesarmee aus Kroatien wird beschlossen

1991, 13. 10. Das Oppositionsbündnis «Union der demokratischen Kräfte» (UDK) überrundet bei den zweiten freien Wahlen in Bulgarien mit 34,36% knapp die Wahlkoalition der ehemaligen Kommunisten (33.14%). Die «Bewegung für Rechte und Freiheiten» der türkischen Minderheit erreicht 7,55%

1991, 15. 10. Das Parlament in Bosnien-Herzegowina beschließt gegen den Willen der serbischen Vertreter ein Referendum über eine Unabhängigkeitserklärung.
Albanien wird Mitglied der Weltbank und des Internationalen Währungsfonds

1991, 25.–27. 10. Die Muslime im Sandschak von Novipazar sprechen sich in einem Referendum für eine kulturell-territoriale Autonomie aus

1991, 5. 11. Aufhebung sämtlicher Preiskontrollen in Albanien

1991, 6. 11. Rumänien führt die innere Konvertibilität des Leu ein

1991, 8. 11. Die EG verhängt Wirtschaftssanktionen gegen Belgrad.
Neue Minderheits-Regierung in Bulgarien unter Filip Dimitrov, die gemeinsam von der «Union Demokratischer Kräfte» und der «Bewegung für Rechte und Freiheiten» getragen wird

1991, 9. /10. 11. Getrenntes Referendum der Serben in Bosnien-Herzegowina für Verbleib in einem erneuerten Jugoslawien

1991, 10. 11. Kroaten und Muslime stimmen für Unabhängigkeit Bosnien-Herzegowinas

1991, 18. 11. Die jugoslawische Bundesarmee erobert das 87 Tage umkämpfte Vukovar.
Repräsentanten von 30 Ortschaften gründen in der herzegowinischen Stadt Grude die kroatische Gemeinschaft Herzeg-Bosna

1991, 20. 11. Nach der Konstituierung eines eigenständigen Staates beschließt das makedonische Parlament eine neue Verfassung

1991, 21. 11. Das rumänische Parlament billigt den neuen Verfassungstext

1991, 25. 11. Der Europarat in Straßburg suspendiert die Mitgliedschaft Jugoslawiens

1991, 27. 11. Die jugoslawische Regierung erbittet offiziell die Entsendung von UN-Friedenstruppen

1991, 28. 11. In Bukarest wird ein griechisch-rumänischer Freundschaftsvertrag unterzeichnet

1991, 4. 12. Neue kroatische Verfassung

1991, 5. 12. Ungarn beschließt nach dem Verzicht Wiens, die Weltausstellung 1996 alleine in Budapest auszurichten.
Rücktritt S. Mesićs als Vorsitzender des jugoslawischen Staatspräsidiums

1991, 8. 12. Referendum über die neue Verfassung in Rumänien bringt 77,3% Ja-Stimmen

1991, 15. 12. Der Weltsicherheitsrat beschließt, Beobachter nach Jugoslawien zu entsenden.
Unterzeichnung eines Assoziierungsabkommens zwischen der EG und Ungarn.
EG-Außenminister einigen sich in Brüssel auf gemeinsamen Stufenplan in der Jugoslawienpolitik

1991, 18. 12. Deutsch-ungarischer Freundschafts- und Kooperationsvertrag wird in Bonn paraphiert

1991, 19. 12. Der jugoslawische Premierminister Ante Marković tritt zurück
Die Serben in der Krajina erklären ihre Autonome Region als Republik
Die Bundesrepublik beschließt, Slowenien und Kroatien anzuerkennen, sofern bis 23. 12. ein entsprechender Wunsch geäußert wird

1991, 21. 12. Die Serben in Bosnien-Herzegowina rufen eine eigene Republik aus

1991, 23. 12. Neue slowenische Verfassung

1991, 30. 12. Regierungskrise in Slowenien, die Koalitionsregierung bricht auseinander

1992, 7.–16. 1. Volkszählung in Rumänien ergibt Gesamtbevölkerung von 22760449.
Das ungarische Parlament billigt das Gesetz über die Privatisierung der Kollektive in Landwirtschaft, Industrie und im Dienstleistungsbereich

1992, 8. 1. Resolution 727 des UN-Sicherheitsrates zur Entsendung von 50 Militärbeobachtern nach Jugoslawien

1992, 9. 1. Fortsetzung der Jugoslawien-Konferenz in Brüssel.
Serbiens Präsident Milošević erklärt das Ende des Krieges in Kroatien und warnt Milan Babić, den Präsidenten der «Serbischen Republik Krajina» in einem offenen Brief vor Widerstand gegen die UN-Truppen.
Die bosnischen Serben unter Radovan Karadžić rufen die «Serbische Republik Bosnien- Herzegowina» aus

1992, 10. 1. In Bukarest wird ein 15-jähriger Freundschaftsvertrag zwischen Rumänien und der ČSFR unterzeichnet

1992, 11./12. 1. Trotz Verbot sprechen sich die Albaner im Kosovo in einem Referendum für volle politisch-territoriale Autonomie aus

1992, 14. 1. Eine Vorausabteilung der UN-Truppen trifft in Jugoslawien ein

1992, 15. 1. Völkerrechtliche Anerkennung der Unabhängigkeit Sloweniens und Kroatiens durch die EG-Staaten.
Bulgarien erkennt die Souveränität der vier bisherigen jugoslawischen Teilrepubliken unter Einschluß Makedoniens an

1992, 16. 1. Gesetz über Auslandsinvestitionen in Bulgarien

1992, 19. 1. Želju Želev wird in der Stichwahl erneut zum bulgarischen Präsidenten gewählt

1992, 25. 1. Die Parlamentsmehrheit der Kroaten und Muslime in Bosnien-Herzegowina beschließt Volksabstimmung über Unabhängigkeit zum 28. 1. und 1. 3.

1992, 28. 1. Unterzeichnung eines bulgarisch-rumänischen Freundschaftsvertrages

1992, 6. 2. Makedonien kommt in einer Verfassungsreform den von der EG geforderten Auflagen nach.
In Budapest wird der deutsch-ungarische Freundschafts- und Nachbarschaftsvertrag unterzeichnet

1992, 9. 2. Bei den Kommunalwahlen in Rumänien (zweiter Wahlgang am 23. 2.) behält die Front ihre Mehrheit, verliert aber deutlich in den größeren Städten

1992, 12. 2. Serbien und Montenegro beschließen die Bildung eines neuen jugoslawischen Staates (parlamentarische Billigung am 22. 2.)

1992, 21. 2. Die Partei der Kleinlandwirte verläßt die Regierungskoalition in Ungarn

1992, 24. 2. Die Partei der Griechen in Albanien OMONIA erreicht nach dem Verbot ethnischer oder religiöser Parteien im albanischen Parteiengesetz vom Juli 1991 als «Union für die Menschenrechte» die Zulassung zur Wahl.
Der UN-Sicherheitsrat beschließt die Entsendung von UN-Truppen nach Jugoslawien für 12 Monate (Resolution 743)

1992, 25. 2. Der Stadtrat von Sofia beschließt, das Dimitrov-Mausoleum im Stadtzentrum abzureißen

1992, 29. 2./1. 3. Die Kroaten und Muslime in Bosnien-Herzegowina votieren in einem Referendum für die Unabhängigkeit (Wahlbeteiligung 63%, Ja-Stimmen 99,4%)

1992, 1. 3. Referendum über ein erneuertes Jugoslawien in Montenegro bringt 95,9% Ja-Stimmen (Wahlbeteiligung 66%)

1992, 17. 3. Ein zwischen den drei Volksgruppen in Lissabon ausgehandeltes

Abkommen sieht eine Kantonsbildung in Bosnien-Herzegowina vor

1992, 22. 3. Bei den vorgezogenen zweiten freien Nachkriegswahlen (Stichwahl am 29. 3.) verfehlt die Demokratische Partei unter Führung Sali Berishas in Albanien nur knapp die 2/3-Mehrheit (62% der Stimmen und 92 der 140 Parlamentssitze) und beendet die Ära der kommunistischen Vorherrschaft. Die Sozialisten gewinnen nur 25,7% und 38 Sitze, die Sozialdemokraten 4,3% und 7 Sitze, die Union für die Menschenrechte (vertritt die griechische Minderheit) 2,9% und 2 Sitze und die Republikanische Partei 3,1% und 1 Sitz. Wahlbeteiligung: 90,3%

1992, 25. 3. Schwerer militärischer Zusammenstoß zwischen Kroaten und der jugoslawischen Bundesarmee bzw. serbischen Freischärlern an der Brücke zwischen Bosanski und Slavonski Brod

1992, 27. 3. Der Abzug der jugoslawischen Bundesarmee aus Makedonien ist abgeschlossen

1992, 31. 3. Großdemonstration der Albaner in Skopje für politische und territoriale Autonomie in Makedonien.
Anhänger Iliescus gründen eigene «Demokratische Front der nationalen Rettung»

1992, 2. 4. Rücktritt der Regierung Vislon Ahmetis in Albanien, sie bleibt geschäftsführend im Amt

1992, 3. 4. Der albanische Staatspräsident Ramiz Alia tritt zurück. Endgültiges Ende der 45jährigen kommunistischen Herrschaft in Albanien.
Neues Gesetz über Landbesitz und private Landnutzung in Bulgarien

1992, 4. 4. Der Präsident von Bosnien-Herzegowina ordnet Generalmobilmachung an

1992, 7. 4. Die EG und die USA erkennen Bosnien-Herzegowina an.
Die Serben in Bosnien-Herzegowina erklären in Banja Luka die Unabhängigkeit der «Serbischen Republik Bosnien-Herzegowina» und ziehen sich aus den zentralen Republikorganen zurück

1992, 9. 4. Das albanische Parlament wählt den Vorsitzenden der «Demokratischen Partei» Sali Berisha zum Staatspräsidenten. Neuer Regierungschef wird (13. 4.) sein Parteifreund Aleksandër Meksi

1992, 12. 4. Die Führer der drei Volksgruppen in Bosnien-Herzegowina einigen sich unter EG-Vermittlung auf einen Waffenstillstand, der nicht eingehalten wird

1992, 21. 4. Ein deutsch-rumänischer Partnerschaftsvertrag wird in Bukarest unterzeichnet

1992, 22. 4. Bundesaußenminister Genscher besucht Albanien

1992, 23. 4. Privatisierungsgesetz in Bulgarien

1992, 24.–27. 4. Triumphaler Empfang für den früheren König Michael bei seinem privaten Besuch in Rumänien

1992, 27. 4. Proklamation einer neuen «Föderativen Republik Jugoslawien» in Belgrad durch die Vertreter Serbiens und Montenegros mit neuer Verfassung

1992, 2. 5. Die EG-Außenminister schließen sich in der Makedonienfrage dem griechischen Standpunkt an und machen eine Anerkennung der Republik Makedonien von einer Änderung des Namens abhängig

1992, 4. 5. Die jugoslawische Volksarmee kündigt Rückzug aus allen Republiken, auch aus Bosnien-Herzegowina, an

1992, 6. 5. In Ankara wird ein bulgarisch-türkischer Vertrag über Freundschaft, gutnachbarliche Beziehungen, Sicherheit und Zusammenarbeit unterzeichnet.
Der albanische Dichter Ismail Kadare kehrt nach 18-monatigem Exil in seine Heimat zurück

1992, 7. 5. Bulgarien wird in den Europarat aufgenommen.
Ungarn kündigt an, zum 25. 5. aus dem Vertrag von 1977 mit der ČSFR über den Bau des Staudammes von Gabčikovo-Nagymaros auszusteigen

1992. 11. 5. Albanien unterzeichnet gemeinsam mit Estland, Lettland und Litauen in Paris einen Assoziierungsvertrag mit der EG

1992, 12. 5. Die KSZE-Staaten schließen die jugoslawische Delegation bis Monatsende von der Beratung über Bosnien-Herzegowina aus und fordern Abzug der Bundesarmee

1992, 20. 5. Das bosnische Verteidigungsministerium gründet eine eigene reguläre Armee

1992, 21. 5. Bulgarien und Griechenland unterzeichnen in Athen einen Freundschafts- und Kooperationsvertrag.
Kroatien, Slowenien und Bosnien-Herzegowina werden Mitglieder der UNO

1992, 24. 5. Die Albaner im Kosovo führen – aus serbischer Sicht illegale – Wahlen durch. Als einziger Präsidentschaftskandidat wird Ibrahim Rugova, der Führer der «Demokratischen Allianz», gewählt

1992, 26. 5. Die EG beschließt Handelsembargo gegen Rest-Jugoslawien

1992, 30. 5. UNO-Resolution 757 verhängt Sanktionen gegen Rest-Jugoslawien

1992, 31. 5. Wahlen in Albanien.
In Serbien und Montenegro wird das Bundesparlament Rest-Jugoslawiens gewählt

1992, 2. 6. Der ungarische Verfassungsgerichtshof setzt den 1. 12. 1992 als Termin für den Erlaß eines Minderheitengesetzes

1992, 5. 6. Albanien wird zur Diskussionsrunde über Sicherheitsfragen innerhalb der NATO, dem North Atlantic Cooperation Council (NACC), zugelassen.
Die jugoslawische Volksarmee räumt die Marschall-Tito-Kaserne in Sarajevo

1992, 8. 6. Der Weltsicherheitsrat der UN beschließt die Entsendung von 1100 Blauhelmen und 60 Beobachtern nach Sarajevo.
Der parteilose Schriftsteller Dobrica Ćosić wird erster Präsident des neuen Jugoslawien

1992, 18. 6. Verbände des Kroatischen Verteidigungsrates besetzen Mostar

1992, 25. 6. 11 Staaten der Schwarzmeerregion und der angrenzenden Gebiete (Türkei, Griechenland, Albanien, Rußland, Rumänien Bulgarien, Ukraine, Moldawien, Armenien, Georgien und Aserbeidschan) unterzeichnen in Istanbul eine Deklaration über «Wirtschaftliche Zusammenarbeit des Schwarzen Meeres». Sie sieht den freien Handel und Kapitalfluß sowie Gemeinschaftsprojekte und den Aufbau einer Schwarzmeer-Bank vor

1992, 28. 6. Blitzbesuch des französischen Staatspräsidenten Mitterand in Sarajevo

1992, 29. 6. Die Resolution 761 des UN-Sicherheitsrates ermächtigt den Generalsekretär, weitere Einheiten der UN-Schutztruppe zur Sicherung des Flughafens von Sarajevo einzusetzen.
Die serbischen Verbände räumen den Flughafen Sarajevo

1992, 2. 7. Eröffnung der EG-Luftbrücke nach Sarajevo.
Milan Panić, ein amerikanischer Unternehmer serbischer Herkunft, wird Ministerpräsident der Bundesrepublik Jugoslawien

1992, 3. 7. Die «Kroatische Gemeinschaft Herzeg-Bosna» unter Mate Boban beschließt Einrichtung einer Übergangsregierung und Aufbau einer eigenen Verwaltung

1992, 8. 7. Rest-Jugoslawien wird von der KSZE zunächst bis 14. 10. 1922 ausgeschlossen

1992, 9. 7. Gemeinsame Erklärung der Präsidenten Kroatiens und von Bosnien-Herzegowina in Helsinki zur Unabhängigkeit und territorialen Integrität von Bosnien-Herzegowina

1992, 10. 7. Die NATO und die Westeuropäische Union beschließen, Kriegsschiffe zur Überwachung der UN-Sanktionen gegen Rest-Jugoslawien zu entsenden.
Die Bundesrepublik Jugoslawien wird bis Mitte Oktober von allen Beratungen der KSZE ausgeschlossen

1992, 21. 7. Die Präsidenten Tudjman und Izetbegović unterzeichnen in Zagreb eine Vereinbarung über engere Zusammenarbeit

1992, 26. 7. Bei den Kommunalwahlen in Albanien steigern die ehemaligen Kommunisten ihren Stimmenanteil auf über 41% und erreichen fast die regierende Demokratische Partei

1992, 26.–28. 8. Jugoslawienkonferenz in London

1992, 2. 8. Stichwahl in Kroatien bestätigt Tudjman als Präsidenten

1992, 3. 9. Beginn der Jugoslawienkonferenz der EG und UNO in Genf

1992, 4. 9. Živkov wird vom bulgarischen Obersten Gerichtshof zu 7 Jahre Haft und einer hohen Geldstrafe verurteilt

1992, 19. 9. Resolution des UN-Sicherheitsrates bekräftigt, daß die neue Bundesrepublik Jugoslawien nicht automatisch die Rechtsnachfolge der SFR Jugoslawien antreten könne

1992, 22. 9. Die Bundesrepublik Jugoslawien wird aus der Generalversammlung der UNO ausgeschlossen

1992, 27. 9. Präsidentschafts- und Parlamentswahlen in Rumänien. Iliescu geht mit großem Vorsprung (47,34%) in die Stichwahl, seine «Demokratische Front der nationalen Rettung» bleibt stärkste Partei. Sie erhält 117 der 328 Mandate, die «Demokratische Konvention» 82 und die «Front» des ehemaligen Ministerpräsidenten Petre Roman nur 43

1992, 30. 9. Die Bürgerkriegsparteien in Bosnien-Herzegowina vereinbaren in Genf, über eine Entmilitarisierung Sarajevos zu verhandeln

1992, 7. 10. Mit der Eroberung von Bosanski Brod schließen die Serben die Landverbindung von Serbien über Nordbosnien bis Südwestkroatien (Krajina).
Der UNO-Sicherheitsrat beschließt die Einrichtung eines Ausschusses, der Menschenrechtsverletzungen im ehemaligen Jugoslawien untersuchen soll

1992, 9. 10. Der UN-Sicherheitsrat verhängt ein Flugverbot für Militärmaschinen über Bosnien-Herzegowina

1992, 11. 10. Iliescu gewinnt Stichwahl mit 61,43%

1992, 28. 10. Serbische Verbände erobern Jajce

1992, 20. 12. Präsidentenwahl in Serbien. Milošević behauptet sich gegen seinen Herausforderer Panić im Amt.

1993, 2.–4. 1. Die Präsidenten Jugoslawiens, Bosniens und Kroatiens und die Volksgruppenführer Karadžić und Boban beraten gemeinsam in Genf u. a. über den von den Vermittlern Cyrus Vance und Lord Owen vorgelegten Friedensplan, der eine Kantonalisierung Bosnien-Hercegovinas in 10 Gebietseinheiten, d.i. eine Aufteilung in je 3 Provinzen für die 3 Volksgruppen und in die multinationale Hauptstadtregion Sarajevo vorsieht

1993, 8. 1. In Tirana wird der erste Prozeß gegen ehemalige KP-Funktionäre eröffnet

1993, 19. 1. Slowenien und Kroatien werden Mitglieder des Internationalen Währungsfonds (IMF)

1993, 22. 1. Kroatischer Vorstoß gegen die Krajina-Serben im dalmatinischen Hinterland von Zadar zur Sicherung der zerstörten Maslenica-Brücke

1993, 1. 2. Assoziierungsabkommen zwischen der EG und Rumänien

1993, 22. 2. Die UNO beschließt einen internationalen Strafgerichtshof zur Verfolgung von Kriegsverbrechen im ehemaligen Jugoslawien

1993, 8. 3. Assoziierungsabkommen zwischen der EG und Bulgarien

1993, 12. 3. Das moldauische Parlament verabschiedet ein umfassendes Privatisierungsprogramm

1993, 31. 3. Der Sicherheitsrat der UNO gestattet NATO-Flugzeugen den Abschuß von Militärmaschinen über Bosnien

1993, 3. 4.–5. 5. Kämpfe zwischen Kroaten und den bosnischen Muslime in Zentralbosnien

1993, 7. 4. Mazedonien wird unter dem

vorübergehenden Namen «Ehemalige jugoslawische Republik Mazedonien» in die UNO aufgenommen

1993, 10. 4. Wegen der Hyperinflation in der Bundesrepublik Jugoslawien wird der Dinar drastisch abgewertet

1993, 12. 4. Erster Kampfeinsatz der NATO in Bosnien-Hercegovina (Operation «Deny Flight» – Flugverbot)

1993, 17. 4. Der UN-Sicherheitsrat beschließt verschärfte Sanktionen gegen Rest-Jugoslawien, die am 27.4. in Kraft treten

1993, 25. 4. Papst Johannes Paul II. besucht auf einer Pastoralreise Albanien

1993, 6. 5. Durch die Resolution 824 des UN-Sicherheitsrates werden Schutzzonen um die Städte Srebrenica, Goražde, Žepa, Tuzla, Sarajevo und Bihać in Bosnien-Hercegovina eingerichtet

1993, 9.–18. 5. Kämpfe zwischen Moslems und Kroaten um Mostar

1993, 14. 5. Slowenien wird Mitglied des Europarates

1993, 15./16. 5. Die bosnischen Serben lehnen in einer Volksabstimmung mit 96% der Stimmen, bei einer Wahlbeteiligung von 92%, den Vance-Owen-Friedensplan ab

1993, 17. 5. Die Witwe Enver Hoxhas, Nexhimije Hoxha, wird im Berufungsverfahren wegen Korruption und Machtmißbrauch zu 11 Jahren Gefängnis verurteilt

1993, 31. 5. Der Jugoslawische Präsident Dobrica Ćosić wird seines Amtes enthoben

1993, 4. 6 Das Mandat der UNPROFOR zur Abwehr von Angriffen auf die Schutzzonen in Bosnien-Hercegovina wird erweitert

1993, 16. 6. Die Präsidenten Serbiens und Kroatiens schlagen in einem neuen Teilungsplan für Bosnien-Hercegovina eine lose Konföderation der drei Republiken vor

1993, 19./20. 6. Die Serben in der Krajina sprechen sich mit 98,61% der Stimmen für eine souveräne «Republik Serbische Krajina» aus

1993, 30. 6. Boris Jelzin unterzeichnet während eines Staatsbesuches in Athen einen Vertrag über Freundschaft und Zusammenarbeit mit Griechenland

1993, 25. 6. Der aus Lesbos stammende Priester Chrisostomos Maidonis wird aus Albanien ausgewiesen. Als Gegenmaßnahme verfügt die griechische Regierung die Deportation von 20000 Albanern innerhalb einer Woche

1993, 9. 7. Das ungarische Parlament verabschiedet das neue Minderheitengesetz

1993, 5. 8. Das Parlament in Moldova verweigert die Ratifizierung der von dem moldauischen Präsidenten Mircea Snegur in Moskau unterzeichneten Beitrittserklärung zur Wirtschaftsunion der GUS

1993, 17. 8.–14. 9. Kämpfe um Mostar zwischen Kroaten und den bosnischen Muslime

1993, 24. 8. Die bosnischen Kroaten proklamieren offiziell die «Kroatische Republik Herceg-Bosna» mit der Hauptstadt Mostar

1993, 14. 9. Die Präsidenten Tudjman und Izetbegović einigen sich in Genf auf eine Einstellung aller Kampfhandlungen zum 18.9.

1993, 25. 9. Die Region Bihać trennt sich als «Autonome Provinz West-Bosnien» unter Präsident Fikret Abdi von der bosnischen Zentralregierung

1993, 1. 10. Währungsreform in der Bundesrepublik Jugoslawien

1993, 4. 10. Rumänien wird Mitglied des Europarates

1993, 10. 10. Bei den vorgezogenen Parlamentswahlen in Griechenland gewinnt die PASOK unter Andreas Papandreou mit 46,9% Stimmen die absolute Mehrheit der Parlamentssitze und löst die regierenden «Neue Demokratie» des Ministerpräsidenten Mitsotakis in der Regierungsverantwortung ab

1993, 9. 11. Kroaten zerstören die historische Brücke in Mostar

1993, 20. 11. Der albanische König Leka I., der am Vortag erstmals nach 54 Jahren wieder in seine Heimat zurückgekehrt war, wird des Landes verwiesen

1993, 12. 12. Der erste demokratisch gewählte ungarische Ministerpräsident Jószef Antall stirbt in Budapest

1994, 1. 2. Das Assoziierungsabkommen Ungarns mit der EU tritt in Kraft

1994, 19. 1. Der Vermittler der Europäischen Union, Lord Owen, teilt den ergebnislosen Verlauf der Friedensgespräche über Bosnien-Hercegovina in Genf mit.

1994, 24. 1. Emission des neuen Dinar in der Bundesrepublik Jugoslawien

1994, 17. 2. Die Serben ziehen nach dem Ultimatum der NATO ihre schweren Waffen um Sarajevo zurück. Griechenland verfügt ein Handelsembargo gegen Mazedonien und schließt den Hafen von Saloniki

1994, 18. 2. Griechenland blockiert alle Zollübergänge nach Mazedonien

1994, 23. 2. Der albanische Präsident Berisha unterzeichnet in Brüssel nach Ungarn, Rumänien und Bulgarien den Beitritt seines Landes zur «NATO-Partnerschaft für den Frieden»

1994, 27. 2. Vorgezogene Parlamentswahlen in Moldova

1994, 28. 2. Erster Flugangriff der NATO in Nordbosnien

1994, 17. 3. Die Blockade Sarajevos wird aufgehoben

1994, 18. 3. Der Gründungsvertrag für eine muslimisch-kroatische Föderation in Bosnien wird in Washington unterzeichnet

1994, 30. 3. Waffenstillstand in der Krajina

1994, 8. 5. Wahlsieg der Ungarischen Sozialistischen Arbeiterpartei (MSZP) – Stichwahl am 29. 5.

1994, 31. 5. Der Kroate Kresimir Zubak wird erster Präsident der kroatisch-muslimischen Föderation in Bosnien

1994, 2. 6. Die Genfer Bosnien-Konferenz wird auf unbestimmte Zeit verschoben

1994, 5. 7. Die Internationale Kontaktgruppe legt einen neuen Teilungsplan für Bosnien-Hercegovina vor, der den Serben 49% des Territoriums zuspricht, der kroatisch-muslimischen Föderation 51%

1994, 15. 7. Gyula Horn wird neuer ungarischer Ministerpräsident

1994, 23. 7. Hans Koschnick übernimmt als EU-Administrator die Verwaltung in Mostar

1994, 4. 8. Nach der Ablehnung des internationalen Friedensplanes durch das Parlament der bosnischen Serben in Pale bricht Rest-Jugoslawien offiziell die Beziehungen ab und schließt die Grenzen

1994, 10./11. 9. Papstbesuch in Kroatien

1994, 6. 11. Die von der regierenden Demokratischen Partei und dem Präsidenten Berisha vorgelegte neue albanische Verfassung wird in einer Volksabstimmung mit 53,9% Nein-Stimmen abgelehnt

1994, 18. 12. Wahlsieg der Sozialistischen Partei in Bulgarien

1994, 31. 12. Die Kriegsparteien in Bosnien vereinbaren für 4 Monate die völlige Einstellung von Feindseligkeiten zum 1. 1. 1995

1995, 25. 1. Der Vorsitzende der Sozialistischen Partei in Bulgarien Jean Videnov wird neuer Regierungsschef

1995, 9. 5. Das ungarische Parlament stimmt dem Privatisierungsgesetz zu, das zur Überwachung und Koordinierung eine «Staatliche Privatisierungs- und Vermögensverwaltungs AG» vorsieht

1995, 3. 6. Die Verteidigungsminister Westeuropas und der USA beschließen die Aufstellung einer multinationalen Brigade. An der schnellen Eingreiftruppe zur Verstärkung der UNPROFOR in Bosnien beteiligen sich Großbritannien, Frankreich und Italien

1995, 11. 7. Die bosnischen Serben erobern die UN-Schutzzone Srebrenica und zwingen die muslimische Bevölkerung zum Abzug

1995, 25. 7. Die UN-Schutzzone Žepa wird von den Serben besetzt

Orts- und Personenregister

Glossar

Aga ursprüngl. osmanischer Offizierstitel, dann allg. Würdenträger
Armatolen militärische Hilfstruppe – im Osmanischen Reich aus der christlichen Bevölkerung rekrutiert
Arnauten Albaner
Aromunen Makedorumänen

Ban (Banus) bosn. Herrschertitel, kroat. Stammeshäuptling, ungar. Markgraf
Baschi-Bozuk muslimische irreguläre Truppen, eigtl. «Wirrköpfe»
Bey (Beg) Oberst bzw. Gouverneur
Beylerbey (Beglerbeg) d. i. Fürst der Fürsten, General bzw. Generalgouverneur
Bunjewatzen serbokroat. Splittergruppe in Südungarn

Četnici (Tschetniks) serb. Freischärler
Chan mongol.-türk. Herrschertitel
Čiftlik Bauernhof, Landgut

Derbendschi Paß- und Straßenwächter im Osman. Reich
Devşirme Knabenlese
Divan eigentl. Register, bes. Kanzlei der Hohen Pforte, Staatsrat
Dragoman Pfortendolmetscher

Ethnarch Führer des Volkes, Oberhaupt eines millet
Exarch Oberhaupt autokephaler Kirchen
Eyalet ursprüngl. allgemein Land oder Herrschaftsbezirk, dann Bezeichnung für Generalgouvernement im Osmanischen Reich

Ferman Dekret

Gagausen türk. Volksgruppe christlich-orthodoxer Konfession

Hajduken ungar. Grenzmiliz im Türkenkampf, bulgar. Freischärler
Hatt-i Humayun kaiserliches Reskript
Hatt-i Şerif Kabinettsorder des Sultans
Hetäristen Mitglieder des griechischen Geheimbundes
Hospodar rumänischer Herrschertitel

Imam Theologe, Prediger in der Moschee, Titel des Chalifen
IMRO (bulgar. VMRO) Innere Makedonische Revolutionäre Organisation

Janitscharen eigentl. die neue Truppe – osmanische Elitetruppe, ursprünglich rekrutiert durch «Knabenlese» aus der christlichen Bevölkerung
Jobagyen hörige Bauern in Ungarn

Kadi Richter
Kapudan Pascha Großadmiral des Osmanischen Reiches
Klephten eigentl. «Räuber», griech. Freischärler
Kmeten bäuerliche Pächter (Bosnien, Herzegowina)
Knez serb. Dorfvorsteher, auch Fürst
Kolonat bäuerliches Zeitlehen
Komitadschi – bulgar. Aufständische in Mazedonien
Komitat ungar. Grafschaft und Verwaltungsbezirk
Königsboden «fundus regius» – der den Siebenbürger Sachsen zugewiesene Siedlungsraum
Kutzowalachen Aromunen

Millet nicht muslimische Religionsgemeinschaft im Osmanischen Reich
Morlaken (Maurovlachen) dalmatinische Slawen

Diese Karte entnahm ich dem Buch

Haben Sie dieses Buch
❐ gekauft ❐ geschenkt bekommen?

Was war für Ihre Kaufentscheidung ausschlaggebend?
(Mehrfachnennungen möglich)

❐ Beratung in der Buchhandlung
❐ Präsentation des Titels in der Buchhandlung
❐ Prospekte/Verzeichnisse
❐ Rezensionen/Bücherlisten
❐ Empfehlung durch Freunde u. Bekannte
❐ Umschlag/Ausstattung
❐ Themen
❐ Werbung/Anzeigen, und zwar in

Ihre Altersgruppe?

❐ bis 30 Jahre ❐ 30 - 45 Jahre
❐ 46 - 60 Jahre ❐ über 60 Jahre

Welche Zeitungen/Zeitschriften lesen Sie regelmäßig?

Welche Themen sähen Sie gerne im Verlag C.H.Beck?

Pallikaren griechische Freischärler
Partium partes regni Hungariae applicatae bzw. adnexae – ostungarische Grenzgebiete
Pascha Titel oberster Militärs und Zivilbeamter im Osmanischen Reich
Paschalyk Provinz unter einem Pascha
Phanar Griechenviertel in Istanbul, Sitz des Patriarchen
Primaten griech. Notabeln, Repräsentanten der Selbstverwaltungsorgane

Raitzen Raszier, habsburg. Bezeichnung für Serben
Raya (Reaya) eigentl. die Herde, osmanische Bezeichnung der Steuerpflichtigen, meist auf die christlichen Untertanen bezogen

Sabor kroat. Ständeversammlung (Landtag), Parlament
Săbranie bulgar. Nationalversammlung, Parlament
Sandschak (Sanğaḳ), eigentl. Fahne, osmanische Bezeichnung für kleinere Verwaltungseinheit
Scheriat (Šeri'a) das heilige Recht des Islam
Schokatzen (Šokci) serbokroat. Splittergruppe in Südungarn
Schopen Slawisierte Balkanromanen in Westbulgarien
Sipahi osmanischer Lehnsreiter
Skupština serbisches Parlament
Szekler ungarischer Volksstamm im östlichen Siebenbürgen

Tanzimat d. i. die wohlwollende Anordnung, Bezeichnung für die 1839 beginnende Reformperiode im Osmanischen Reich
Thema Militärischer Verwaltungsbezirk im Byzantinischen Reich
Timar erbliches Militärlehen im osmanischen Staat, Kleinpfründe
Tsakonen alter griechischer Stamm auf der Peloponnes
Tschobani eigentl. Hirten, Aromunen

Ulema die Gelehrten im osmanischen Staat, islamische Theologen
Uskoken orthodoxe Balkanflüchtlinge
Ustasche eigentl. kroat. «Aufständische»

Vakuf (vaḳf) geistliches Grundeigentum der Moscheen und gemeinnützigen Stiftungen im Osmanischen Reich
Vidovdan St. Veitstag (15. Juni a. St./ 28. Juni n. St.)
Vojniken (Voynuken) christliche Milizionäre im Osmanischen Reich
Voivod Heerführer, alter Fürstentitel in den Donaufürstentümern

Zadruga «Hauskommunion», bäuerliche Großfamilie aus mindestens zwei Familienzweigen, die in Produktions- und Gütergemeinschaft leben, verbreitet in den Zentralgebieten Südosteuropas
Zinzaren Balkanromanen, Aromunen
Župan dux, Gebietsvorsteher kroat. Burggraf

Südosteuropa am Anfang des 10. Jhds.

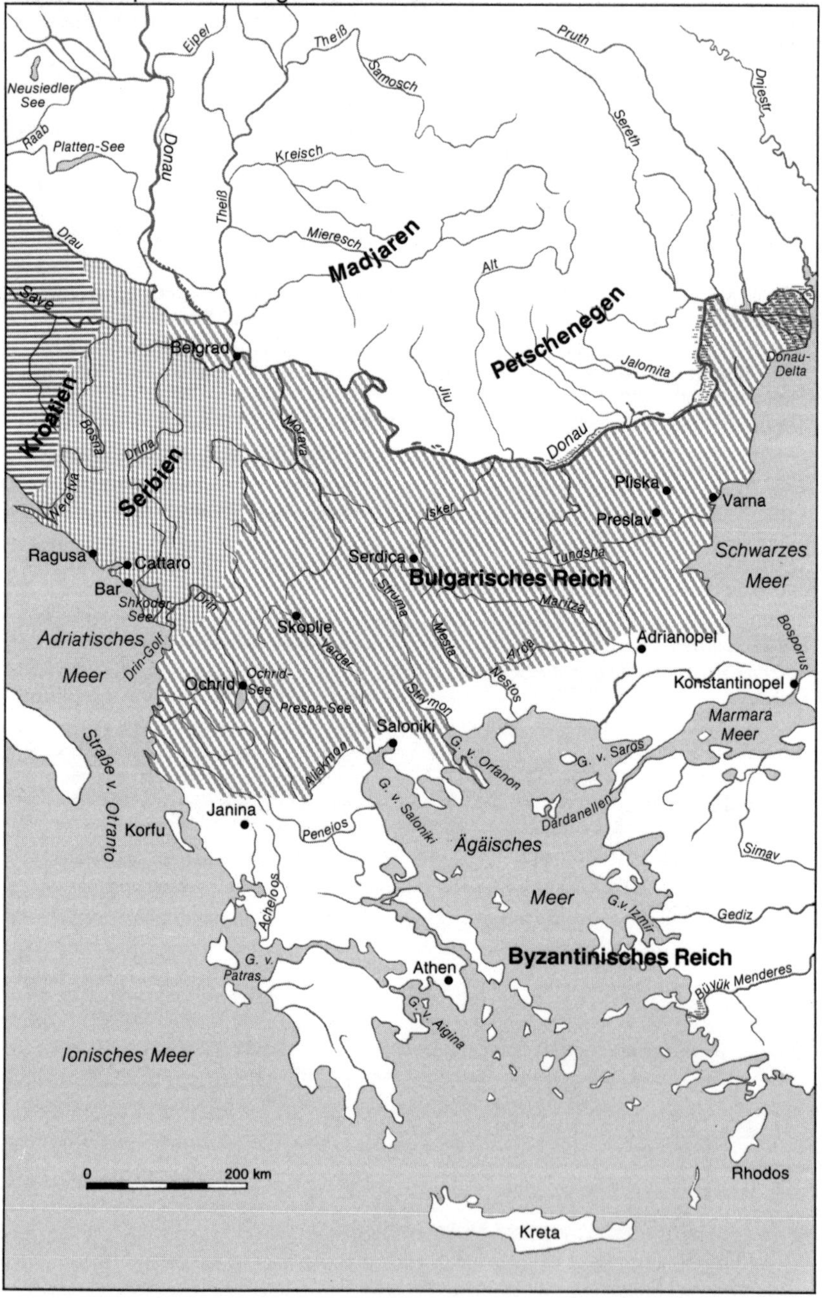

Die Balkanländer in der Mitte des 14. Jhds.

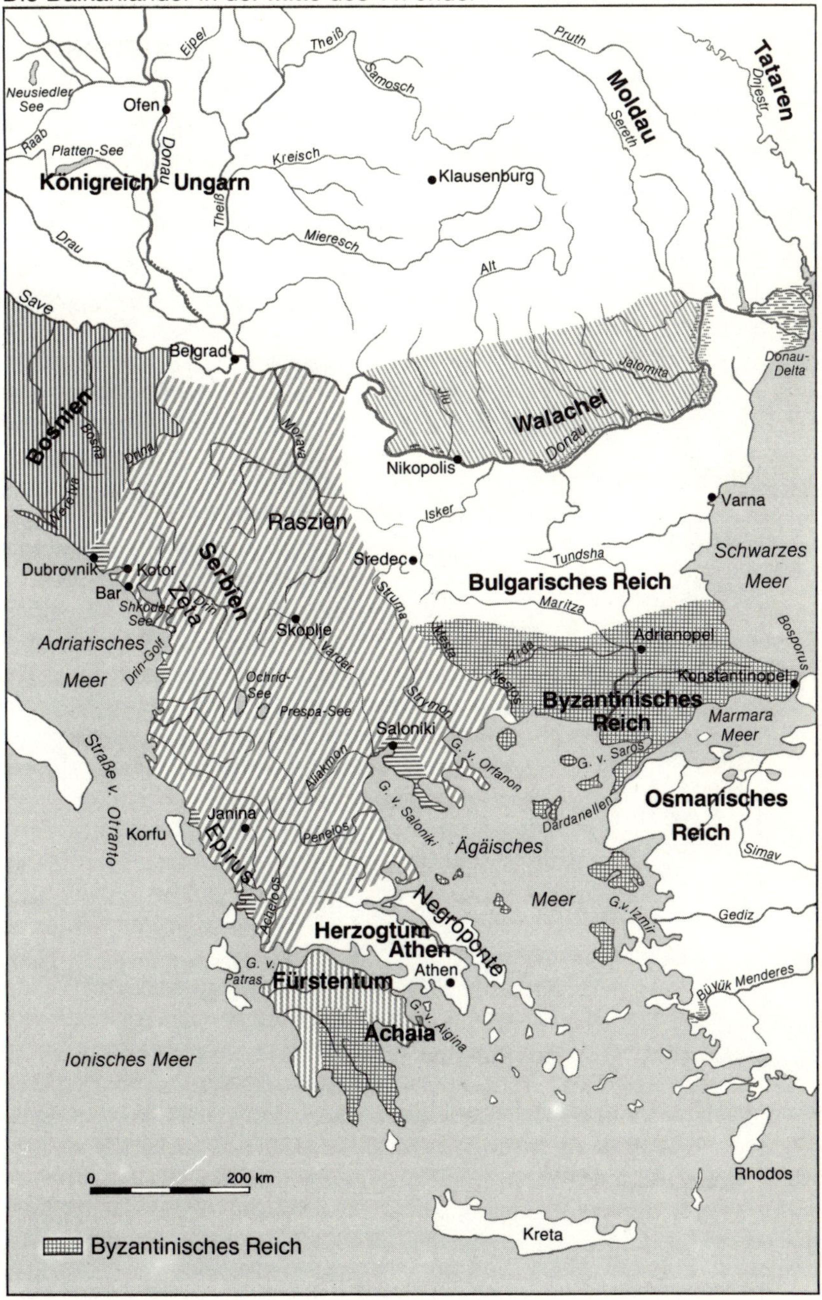

Die Balkanländer nach dem Berliner Kongreß (1878-1881)

Zur osteuropäischen Geschichte

Hans-Joachim Torke (Hrsg.)
Historisches Lexikon der Sowjetunion
1917/22–1991
1993. 401 Seiten. Leinen

Margareta Mommsen (Hrsg.)
Nationalismus in Osteuropa
Gefahrvolle Wege in die Demokratie
1992. 205 Seiten. Paperback
Beck'sche Reihe Band 477

Adam Krzeminski
Polen im 20. Jahrhundert
Ein historischer Essay
1992. 213 Seiten. Paperback
Beck'sche Reihe Band 476

Mark Zborowski/Elizabeth Herzog
Das Schtetl
Die untergegangene Welt der osteuropäischen Juden
Aus dem Amerikanischen von Hans Richard.
3. Auflage. 1992. 363 Seiten mit 19 Abbildungen.
Gebunden

Jörg K. Hoensch
Geschichte Böhmens
Von der slavischen Landnahme bis ins 20. Jahrhundert
2., aktualisierte und ergänzte Auflage. 1992.
580 Seiten. Leinen

Roland Götz/Uwe Halbach
Politisches Lexikon GUS
2., überarbeitete Auflage. 1993.
307 Seiten mit 24 Graphiken und
12 Karten. Paperback
Beck'sche Reihe Band 852

Verlag C. H. Beck München